Studien zum Medizin- und Gesundheitsrecht

Herausgegeben von
Steffen Augsberg, Karsten Gaede, Jens Prütting

13

Studien zum Medizin- und Gesundheitsrecht

herausgegeben von
Moritz Augsberg, Katrin Fabrizcak, Kaya Fenning

15

Jil Schneider

Deaktivierung von Implantaten am Lebensende

Eine Einordnung in die Kategorien des
Behandlungsabbruchs und der Tötung auf Verlangen
am Beispiel von Herzschrittmacher und ICD

Mohr Siebeck

Jil Schneider, geboren 1991; Studium der Rechtswissenschaften an der Universität Osnabrück; 2016 Erstes Staatsexamen; Referendariat am Hanseatischen Oberlandesgericht in Hamburg; 2018 Zweites Staatsexamen; Syndikusrechtsanwältin am Universitätsklinikum Hamburg-Eppendorf; 2023 Promotion an der Bucerius Law School und LL.M. an der Universität Münster (Masterstudiengang Medizinrecht).

Zugl.: Hamburg, Bucerius Law School, Diss., 2022

ISBN 978-3-16-162705-7 / eISBN 978-3-16-163262-4
DOI 10.1628/978-3-16-163262-4

ISSN 2699-6855 / eISSN 2699-6863 (Studien zum Medizin- und Gesundheitsrecht)

Die Deutsche Nationalbibliothek verzeichnet diese Publikation in der Deutschen Nationalbibliographie; detaillierte bibliographische Daten sind über *https://dnb.de* abrufbar.

© 2024 Mohr Siebeck Tübingen. www.mohrsiebeck.com

Das Werk einschließlich aller seiner Teile ist urheberrechtlich geschützt. Jede Verwertung außerhalb der engen Grenzen des Urheberrechtsgesetzes ist ohne Zustimmung des Verlags unzulässig und strafbar. Das gilt insbesondere für die Verbreitung, Vervielfältigung, Übersetzung und die Einspeicherung und Verarbeitung in elektronischen Systemen.

Das Buch wurde von Gulde-Druck in Tübingen aus der Times gesetzt, auf alterungsbeständiges Werkdruckpapier gedruckt und gebunden.

Printed in Germany.

Vorwort

Die vorliegende Arbeit wurde im Januar 2023 an der Bucerius Law School – Hochschule für Rechtswissenschaft – in Hamburg als Dissertation angenommen. Die mündliche Prüfung fand am 5. Mai 2023 statt. Der Arbeit liegen der Stand von Gesetzeslage, Rechtsprechung und Literatur zum Zeitpunkt der Fertigstellung im April 2022 zugrunde. Die im Zuge der Betreuungsrechtsreform zum 01.01.2023 erfolgten Gesetzesanpassungen sowie die nach Fertigstellung der Arbeit erschienene Dissertation „Sterbehilfe bei Cyborgs – Technische Implantate am Lebensende" von Dr. Claudia Stühler konnten daher nicht mehr berücksichtigt werden.

Mein größter Dank gebührt meinem Doktorvater, Prof. Dr. Karsten Gaede, der mir die Möglichkeit gab, als externe Doktorandin berufsbegleitend bei ihm zu promovieren und der mir stets mit wertvollem Rat und Denkanstößen zur Seite stand. Prof. Dr. Thomas Rönnau danke ich für die zügige Zweitbegutachtung dieser Arbeit.

Für die Förderung der Publikation dieser Arbeit durch einen Druckkostenzuschuss bedanke ich mich bei der Johanna und Fritz Buch Gedächtnis-Stiftung, Hamburg.

Ein großer Dank gilt auch meiner Kollegin und Mentorin Dr. Holke-Leonie Doench für ihre Förderung und Bestärkung in meinem berufsbegleitenden Vorhaben. Ohne sie wäre diese Arbeit nicht entstanden. Auch meinen weiteren Kolleginnen und Kollegen des Geschäftsbereichs Recht am Universitätsklinikum Hamburg-Eppendorf, vor allem meinen Kolleginnen und Kollegen aus dem Medizin- und Gesundheitsrecht, möchte ich für ihre Unterstützung und ihren Zuspruch herzlich danken.

Eine große Bereicherung stellte für mich der fachliche Austausch mit meinen Mitpromovenden Dr. Johannes Brocks, Dr. Kilian Friedrich und Tom Wolk dar. Meinem Mitpromovenden Dr. Kilian Friedrich sowie meiner Freundin Esther Eva Witt danke ich darüber hinaus für wertvolle Kommentare im Rahmen der Endredaktion dieser Arbeit.

Für gewinnbringende Diskussionen und kritische Anmerkungen aus der medizinischen Perspektive bin ich meinem Bruder, Dr. med. Jan Niklas Albrecht, zutiefst verbunden. Meinem Vater, Prof. Dr. rer. soc. Wolfgang Ludwig Schneider, danke ich für sein stetes Interesse an der Entwicklung meiner Überlegungen und die sorgsame Endredaktion dieser Arbeit.

Meinem Partner, Dr. Thomas Leißing, möchte ich insbesondere für seine Geduld und seinen Zuspruch im Rahmen der Erstellung meiner Arbeit danken, sowie sein großes Verständnis für die in mein Vorhaben investierte Zeit. Auch meinen Freunden danke ich von Herzen für ihre Bestärkung und das nie aufgekommene Unverständnis bei knapper zeitlicher Verfügbarkeit.

Mein abschließender und besonderer Dank gilt jedoch meiner Familie, für ihre stete und bedingungslose Unterstützung meines gesamten Ausbildungsweges und, insbesondere meiner Mutter und meinem Vater, für ihre Zeit und Liebe. Ihnen widme ich diese Arbeit.

Hamburg, im August 2023 *Jil Schneider*

Inhaltsübersicht

Vorwort V
Inhaltsverzeichnis IX
Abkürzungsverzeichnis XVII

Kapitel 1: Untersuchungsgegenstand und Gang der Untersuchung   1

A. Einführung und Problemaufriss 1
B. Medizinische Relevanz der juristischen Fragestellung 4
C. Zentrale Fragestellungen und Gang der Untersuchung 6

Kapitel 2: Rechtslage zum willensgemäßen Abbruch lebenserhaltender Maßnahmen durch den Arzt und ihre dogmatischen Grundlagen 9

A. Grundlagen des Strafrechts zur Sterbehilfe 9
B. Zentrale Linien der Rechtsentwicklung zum aktiven Abbruch lebenserhaltender Maßnahmen durch den Arzt 33
C. Rezeption der BGH-Rechtsprechung von 2010 im rechtswissenschaftlichen Schrifttum 49

Kapitel 3: Abgrenzungsproblem bei der strafrechtlichen Bewertung der Deaktivierung von Herzschrittmachern und ICD . . 121

A. Medizinisch-technischer Hintergrund der Versorgung mit Herzschrittmachern und ICD und Folgen für die strafrechtliche Bewertung 121
B. Lebensverkürzende Deaktivierungen von Herzschrittmachern und ICD in der strafrechtlichen Bewertung 146

Kapitel 4: Lösungsansätze für das aufgedeckte Abgrenzungsproblem zwischen Behandlungsmittel und Körperbestandteil 167

A. Methodische Vorbemerkung: Rechtliche und medizin-ethische Lösungsansätze 167

B. Lösungsansätze aus der rechtlichen sowie der medizin-ethischen Literatur und ihre Übertragung in das deutsche Strafrecht 169

C. Alternativvorschlag de lege ferenda: Einführung einer neuen Kategorie sog. integraler Geräte 231

D. Fazit: Bewertung der Zulässigkeit einer lebensverkürzenden Deaktivierung von Herzschrittmachern und ICD 256

Kapitel 5: Empfehlungen für den praktischen Umgang mit einem Deaktivierungsbedarf de lege lata 263

A. Empfehlungen für behandelnde Ärzte 263

B. Empfehlungen für betroffene Patienten 287

C. Zusammenfassende Bewertung 297

Kapitel 6: Resümee 299

A. Wesentliche Ergebnisse der Untersuchung 299

B. Schlussbemerkung 307

Literatur 311
Sachverzeichnis 325

Inhaltsverzeichnis

Vorwort V
Inhaltsübersicht VII
Abkürzungsverzeichnis XVII

Kapitel 1: Untersuchungsgegenstand und Gang der Untersuchung 1
A. Einführung und Problemaufriss 1
B. Medizinische Relevanz der juristischen Fragestellung 4
C. Zentrale Fragestellungen und Gang der Untersuchung 6

Kapitel 2: Rechtslage zum willensgemäßen Abbruch lebenserhaltender Maßnahmen durch den Arzt und ihre dogmatischen Grundlagen 9
A. Grundlagen des Strafrechts zur Sterbehilfe 9
   I. Verfassungsrechtlicher Rahmen des Strafrechts zur Sterbehilfe . . 10
   II. Zulässige Formen der Sterbehilfe in Abgrenzung zur strafbaren Tötung 13
   III. Normzweck des § 216 StGB im Lichte des Verfassungsrechts . . 21
      1. Überblick über die vertretenen Normzweckbegründungen 22
      2. Stellungnahme: § 216 StGB als abstraktes Gefährdungsdelikt . . . 24
   IV. Zusammenfassende Bewertung 32
B. Zentrale Linien der Rechtsentwicklung zum aktiven Abbruch lebenserhaltender Maßnahmen durch den Arzt 33
   I. Schrifttum vor dem BGH-Urteil von 2010 33
      1. Strafloses Unterlassen 34
      2. Strafloses Tun 37
      3. Unerheblichkeit der Differenzierung zwischen Tun und Unterlassen 39
      4. Strafbarkeit 40

Inhaltsverzeichnis

   5. Zusammenfassende Bewertung 40
 II. Strafgerichtliche Rechtsprechung vor dem BGH-Urteil von 2010   41
   1. Urteil des LG Ravensburg 1986 42
    a) Entscheidung 42
    b) Bewertung der Entscheidung 43
   2. BGH-Urteil im Kemptener Fall 1994 44
    a) Entscheidung 44
    b) Bewertung der Entscheidung 45
   3. Zusammenfassende Bewertung 46
 III. BGH-Rechtsprechung von 2010 – der Fall Putz und die rechtliche
   Kategorie des Behandlungsabbruchs 46
C. Rezeption der BGH-Rechtsprechung von 2010 im
  rechtswissenschaftlichen Schrifttum 49
 I. Bewertung der Einwilligungslösung des BGH 50
   1. Zustimmung zur Einwilligungslösung des BGH 50
   2. Kritik an der Einwilligungslösung des BGH 52
    a) Begriff des Behandlungsabbruchs 52
    b) Rechtfertigung durch (mutmaßliche) Einwilligung 53
    c) Aufgabe der Differenzierung zwischen Tun und Unterlassen . . 56
    d) Ausführungen zum Verhältnis von Straf- und
      Betreuungsrecht 57
    e) Abwägung des BGH 58
    f) Unterbliebene Berücksichtigung der fehlenden medizinischen
      Indikation 59
   3. Stellungnahme zur Kritik an der Einwilligungslösung des BGH . . 60
    a) Begriff des Behandlungsabbruchs 60
    b) Rechtfertigung durch (mutmaßliche) Einwilligung 63
    c) Aufgabe der Differenzierung zwischen Tun und Unterlassen . . 65
    d) Ausführungen zum Verhältnis von Straf- und
      Betreuungsrecht 65
    e) Abwägung des BGH 66
    f) Unterbliebene Berücksichtigung der fehlenden medizinischen
      Indikation 67
   4. Zusammenfassende Bewertung der Einwilligungslösung
     des BGH 69
 II. Alternative normative Begründungen der Straffreiheit
   von Behandlungsabbrüchen im Schrifttum nach dem Urteil
   von 2010 71
   1. Behandlungsabbruch als Tatbestandsausschluss 72
    a) Teleologische Reduktion 72
    b) Ausschluss der objektiven Zurechnung des Erfolges 74

c) Wegfall der Garantenpflicht 76
d) Enger Kausalitätsbegriff und rechtliche Zuweisung des
   rettenden Kausalverlaufs zum Patienten 78
2. Behandlungsabbruch als Rechtswidrigkeitsausschluss 80
   a) Nothilfe, § 32 StGB 80
   b) Rechtfertigender Notstand, § 34 StGB 82
   c) Selbstbestimmungsrecht als Rechtfertigungsgrund 84
III. Stellungnahme: Zur Straffreiheit des Abbruchs lebenserhaltender
     medizinischer Maßnahmen und ihrer rechtsdogmatischen
     Begründung 85
  1. Herleitung der Straflosigkeit willensgemäßer
     Behandlungsabbrüche am Maßstab der §§ 212, 216 StGB 85
     a) Ausschluss einer objektiv zurechenbaren Tötung 86
        aa) Gesetzesübergreifende systematische Normauslegung ... 87
        bb) Verfassungskonforme Normauslegung 91
        cc) Wahrung der Grenzen der Normauslegung 95
            (1) Vereinbarkeit mit der prinzipiellen Zielsetzung
                der Norm 96
            (2) Keine Überschreitung der Wortlautgrenze 99
        dd) Vorzüge der Lösung über die objektive Zurechnungslehre
            in Anknüpfung an eine Normauslegung 102
        ee) Berücksichtigung möglicher Einwände gegen eine Lösung
            über die objektive Zurechnungslehre 104
            (1) Unbestimmtheit der objektiven Zurechnungslehre ... 105
            (2) Überflüssigkeit der objektiven Zurechnungslehre ... 107
            (3) Fehlverortung des Lösungsvorschlags auf
                Tatbestandsebene 108
            (4) Zusammenfassende Bewertung 110
     b) Kriterien für die Straffreiheit eines Behandlungsabbruchs ... 111
  2. Stellungnahme zu den alternativen normativen
     Begründungsvorschlägen nach dem BGH-Urteil von 2010 112
     a) Stellungnahme zu sonstigen Tatbestandslösungen 113
     b) Stellungnahme zu den Rechtfertigungslösungen 116
  3. Zusammenfassende Bewertung 118

Kapitel 3: Abgrenzungsproblem bei der strafrechtlichen
Bewertung der Deaktivierung von Herzschrittmachern und ICD .. 121

A. Medizinisch-technischer Hintergrund der Versorgung
   mit Herzschrittmachern und ICD und Folgen für die
   strafrechtliche Bewertung 121
   I. Herzschrittmacher- und ICD-Typen 122

XII Inhaltsverzeichnis

II. Indikation und medizinisch-technische Funktionsweise	123
1. Herzschrittmacher	124
2. ICD	126
3. Zusammenfassende Bewertung	128
III. Gründe für eine Deaktivierung am Lebensende	129
1. Herzschrittmacher	129
a) Deaktivierung bei vitaler Schrittmacherabhängigkeit	130
b) Deaktivierung bei fehlender vitaler Schrittmacherabhängigkeit	132
c) Zusammenfassende Bewertung	132
2. ICD	133
IV. Deaktivierung der Geräte aus medizinisch-technischer Sicht	134
1. Herzschrittmacher	134
2. ICD	135
V. Fallkonstellationen mit resultierendem Abgrenzungsbedarf zwischen §§ 212, 216 StGB und zulässigem Behandlungsabbruch	136
1. Herzschrittmacher	137
a) Vitale Schrittmacherabhängigkeit	137
b) Fehlende vitale Schrittmacherabhängigkeit	138
2. ICD	140
a) Eintritt einer tödlichen tachykarden Herzrhythmusstörung	140
b) Ausbleiben einer tödlichen tachykarden Herzrhythmusstörung	142
c) Palliative ICD-Deaktivierung – Straflose Maßnahme der indirekten aktiven Sterbehilfe?	142
VI. Zusammenfassende Bewertung	145
B. Lebensverkürzende Deaktivierungen von Herzschrittmachern und ICD in der strafrechtlichen Bewertung	146
I. Abgrenzungsproblem bei der Anwendung der BGH-Rechtsprechung	147
1. Schwierigkeiten bei der Einordnung von Herzschrittmachern und ICD in die Kategorie des medizinischen Behandlungsmittels	149
a) Besonderheiten der Versorgung mit Herzschrittmachern und ICD	150
b) Rechtswissenschaftlicher Forschungsstand zur Anwendung der BGH-Rechtsprechung auf die Deaktivierung von Herzschrittmachern	155
2. Bisherige rechtliche Ausdifferenzierung des Behandlungsbegriffs	156

Inhaltsverzeichnis XIII

II. Abgrenzungsproblem der BGH-Rechtsprechung – Anlass
für die Rückkehr zu einer Bewertung auf Grundlage der
Unterlassungsdogmatik? 159
   1. Deaktivierung von Herzschrittmachern und ICD als strafloses
Unterlassen der Weiterbehandlung? 160
      a) Einordnung der Deaktivierung als „Unterlassen durch Tun" . . 161
      b) Einordnung der Deaktivierung als reines Unterlassen 163
   2. Strafbarkeit der Deaktivierung von Herzschrittmachern und ICD
auf Grundlage eines engen Kausalitätsbegriffs und der rechtlichen
Zuweisung des rettenden Kausalverlaufs zum Patienten? 165
   3. Zusammenfassende Bewertung 166

Kapitel 4: Lösungsansätze für das aufgedeckte Abgrenzungsproblem zwischen Behandlungsmittel und Körperbestandteil 167

A. Methodische Vorbemerkung: Rechtliche und medizin-ethische
Lösungsansätze 167
B. Lösungsansätze aus der rechtlichen sowie der medizin-ethischen
Literatur und ihre Übertragung in das deutsche Strafrecht 169
   I. Bewertung auf Grundlage der Belegenheit der
Versorgungsmaßnahme 171
   II. Bewertung auf Grundlage sachenrechtlich orientierter Kriterien . . 174
      1. Abhängigkeit der Rechtsnatur von der Art der Verbindung 176
         a) Wesentlicher Bestandteil des Körpers 176
         b) Feste Verbindung mit dem Körper 180
         c) Verbindung mit dem Körper als sog. biofixture 184
      2. Einheitliche Bewertung der Rechtsnatur von Implantaten
als Sachen 186
   III. Bewertung auf Grundlage der Rolle des Behandlers nach
Implantation 187
      1. Das Kriterium der „ongoing physician agency" 188
      2. Das Kriterium der Steuerung maschineller Maßnahmen 190
      3. Zusammenfassende Bewertung 190
   IV. Bewertung auf Grundlage des Kausalverhältnisses zwischen
Deaktivierung und Todeseintritt 193
   V. Bewertung auf Grundlage der Funktion der
Versorgungsmaßnahme 197

1. Funktionsorientierte Differenzierung im medizin-ethischen Diskurs 198
2. Funktionsorientierte Differenzierung im deutschen Strafrecht ... 202
3. Funktionsorientierte Differenzierung in der amerikanischen Rechtsliteratur 207
4. Untersuchung abgewandelter funktionsorientierter Bewertungskriterien 210
   a) Rein funktioneller Ersatz 210
   b) Vorschlag de lege lata: Funktioneller und physischer Ersatz .. 215
      aa) Mögliche Kriterien 215
      bb) Anwendung auf die Deaktivierung von Herzschrittmachern und ICD 219
      cc) Anwendung auf die Deaktivierung anderer Implantate .. 219
      dd) Konsequenzen für die Bewertung eines Implantats als Sache oder Körperbestandteil 222
         (1) Konsequenzen zu Lebzeiten des Implantat-Trägers .. 223
         (2) Konsequenzen nach dem Tod des Implantat-Trägers .. 224
      ee) Kritische Würdigung des vorgeschlagenen Ansatzes 228

C. Alternativvorschlag de lege ferenda: Einführung einer neuen Kategorie sog. integraler Geräte 231
   I. Abstufung der Eingriffsmöglichkeiten zu Deaktivierungszwecken 233
   II. Ausdifferenzierung einer Kategorie integraler Geräte 236
      1. Definition integraler Geräte 236
         a) Aktives Gerät 236
         b) Teilweise oder vollständige Implantation 238
         c) Enge Verbindung mit dem Körper 241
         d) Kein Ersatz einer lebenswichtigen Körperstruktur 243
      2. Einordnung verbleibender medizinischer Versorgungsmaßnahmen 244
         a) Versorgungsmaßnahmen als Körperbestandteil 244
         b) Versorgungsmaßnahmen als Behandlungsmittel 245
   III. Bewertung der Beendigung unterschiedlicher medizinischer Versorgungsmaßnahmen auf Basis der vorgenannten Grundsätze. . 246
   IV. Integration der Kategorie integraler Geräte in das Normengefüge 250
   V. Verhältnis zu anderen Reformvorschlägen zum Strafrecht der Sterbehilfe 253

D. Fazit: Bewertung der Zulässigkeit einer lebensverkürzenden Deaktivierung von Herzschrittmachern und ICD 256
   I. Zulässigkeit de lege lata 256
   II. Zulässigkeit de lege ferenda 259

Kapitel 5: Empfehlungen für den praktischen Umgang mit einem Deaktivierungsbedarf de lege lata ... 263

A. Empfehlungen für behandelnde Ärzte ... 263
    I. Deaktivierungen von Herzschrittmachern und ICD aus der Perspektive von Berufsrecht und ärztlichen Organisationen 264
        1. Berufsrechtliche Bewertung ... 264
        2. Bewertung durch ärztliche Organisationen ... 266
    II. Rechtliche Erwägungen zum Umgang mit der Deaktivierung von Herzschrittmachern und ICD ... 269
        1. Aufklärung über die Deaktivierungsmöglichkeit ... 270
            a) Grundsätzliches zum „Ob" und „Wann" der Aufklärung 270
            b) Nähere Maßgaben zur Aufklärung über eine ICD-Deaktivierung ... 273
            c) Nähere Maßgaben zur Aufklärung über eine Herzschrittmacher-Deaktivierung ... 276
        2. Umgang mit einer akuten Deaktivierungssituation ... 279
        3. Umgang mit einer Verweigerung der Gerätedeaktivierung aus Glaubens- oder Gewissensgründen ... 283

B. Empfehlungen für betroffene Patienten ... 287
    I. Regelung in einer Patientenverfügung ... 288
    II. Formulierungen zur Deaktivierung von Herzschrittmachern und ICD in einer Patientenverfügung ... 289
        1. Formulierung des Deaktivierungswunsches beim ICD ... 290
        2. Formulierung des Deaktivierungswunsches beim Herzschrittmacher ... 293
        3. Ergänzung durch einen Aufklärungsverzicht ... 295
        4. Formulierung bei nicht gewünschter Gerätedeaktivierung ... 296

C. Zusammenfassende Bewertung ... 297

Kapitel 6: Resümee ... 299

A. Wesentliche Ergebnisse der Untersuchung ... 299
    I. Kapitel 2 – Rechtslage zum willensgemäßen Abbruch lebenserhaltender Maßnahmen ... 299
    II. Kapitel 3 – Abgrenzungsproblem bei der strafrechtlichen Bewertung der Deaktivierung von Herzschrittmachern und ICD ... 300
    III. Kapitel 4 – Lösungsansätze für das aufgedeckte Abgrenzungsproblem ... 302

IV. Kapitel 5 – Empfehlungen für den praktischen Umgang mit
    einem Deaktivierungsbedarf de lege lata 306
B. Schlussbemerkung 307

Literatur 311
Sachverzeichnis 325

Abkürzungsverzeichnis

AV	atrioventrikuläre/r/s
AWMF	Arbeitsgemeinschaft der Wissenschaftlichen Medizinischen Fachgesellschaften
BÄK	Bundesärztekammer
BfArM	Bundesamt für Arzneimittel und Medizinprodukte
CIED	Cardiovascular Implantable Electronic Device(s)
CRT-D	Kardiale Resynchronisations-Therapie
ders.	derselbe
dies.	dieselbe(n)
ECMO	Extrakorporale Membranoxygenierung
EKG	Elektrokardiogramm
EU-MDR	Europäische Verordnung für Medizinprodukte (EU) 2017/745
GKV	Gesetzliche Krankenversicherung
ggf.	gegebenenfalls
gr.	griechisch
ICD	Implantierbare(r) Kardioverter-Defibrillator(en) – engl. Implantable Cardioverter-Defibrillator
KBV	Kassenärztliche Bundesvereinigung
LVAD	Left Ventricular Assist Device(s)
MBO-Ä	(Muster-)Berufsordnung für die in Deutschland tätigen Ärztinnen und Ärzte – MBO-Ä 1997 – in der Fassung der Beschlüsse des 121. Deutschen Ärztetages 2018 in Erfurt, geändert durch Beschluss des Vorstands der Bundesärztekammer am 14.12.2018
Patientenverfügungsgesetz	Drittes Gesetz zur Änderung des Betreuungsrecht vom 29.07.2009, BGBl. I 2009, 2286 f.
PEG	Perkutane endoskopische Gastrostomie
RVAD	Right Ventricular Assist Device(s)
sog.	sogenannte/r/s
TAH	Total Artificial Heart
TAVI	Transkatheter-Aortenklappenimplantation

Für weitere verwendete Abkürzungen wird auf *Kirchner, Hildebert*, Abkürzungsverzeichnis der Rechtssprache, 10. Auflage, Berlin 2021, verwiesen.

Kapitel 1

Untersuchungsgegenstand und Gang der Untersuchung

A. Einführung und Problemaufriss

Stetiger technischer Fortschritt prägt unsere Lebenswelt. Der modernen Medizin eröffnet er durch Innovationen, insbesondere im Bereich der Medizinprodukte, fortwährend neue Möglichkeiten, unser Leben auch im Falle schwerster Krankheiten zu erhalten und zu verlängern. Die lebensrettenden technischen Errungenschaften haben jedoch eine Kehrseite: Denn die Hilfe zum Überleben kann sich zu einer Bürde im Sterben entwickeln.[1]

Viele Menschen äußern gegenüber Angehörigen oder Ärzten[2] ihren Wunsch, „nicht an Schläuchen zu sterben" und treffen teilweise auch entsprechende Vorkehrungen in einer Patientenverfügung. Dabei leitet sie zumeist die Vorstellung, in einem entscheidungsunfähigen, womöglich vegetativen Zustand durch von außen an den Körper angeschlossene Maschinen wie ein Beatmungsgerät oder invasive Dauermaßnahmen wie eine PEG-Sonde[3] künstlich am Leben gehalten zu werden, obwohl eine Aussicht auf Besserung ihres Gesundheitszustandes nicht mehr besteht.

Bis zum richtungsweisenden Urteil des BGH im viel beachteten Fall *Putz* im Jahr 2010[4] bestand jedoch erhebliche Unsicherheit, ob ein aktives Abschalten lebenserhaltender Maschinen oder die aktive Beendigung lebenserhaltender invasiver Dauermaßnahmen als Maßnahme der sog. passiven Sterbehilfe[5] rechtlich zulässig ist, oder eine gemäß §§ 212, 216 StGB verbotene aktive Tötung des

---

[1] *Eser*, in: Auer/Menzel/Eser, S. 75.
[2] Aus Gründen der besseren Lesbarkeit wird in dieser Arbeit das generische Maskulinum verwendet; die Bezeichnungen sollen aber selbstverständlich stets Personen aller Geschlechter erfassen.
[3] Die PEG-Sonde ermöglicht eine künstliche Nahrungszufuhr.
[4] BGH, Urteil vom 25.06.2010 – 2 StR 454/09, BGHSt 55, 191 ff.
[5] Zum Begriff und den Ausprägungen der Sterbehilfe näher in Kapitel 2 unter A. II. Der für die Sterbehilfe zum Teil synonym verwendete Begriff der Euthanasie (gr. eu = schön und thánatos = Tod) wird angesichts seiner menschenverachtenden Pervertierung durch den Nationalsozialismus und der dadurch noch heute geprägten Begriffsassoziationen in dieser Arbeit nicht verwendet. Zur Vorzugswürdigkeit des Begriffs der Sterbehilfe auch auf Grund seiner höheren

sterbenden Patienten darstellt.⁶ Der BGH beabsichtigte, diese Unsicherheit zu beseitigen, indem er entschied, dass es für die strafrechtliche Zulässigkeit irrelevant sei, ob die konkrete Abbruchhandlung als Tun oder Unterlassen qualifiziert werde: Eine Sterbehilfe durch den Abbruch lebenserhaltender medizinischer Behandlungsmaßnahmen auf Grundlage des (mutmaßlichen) Patientenwillens sei in beiden Fällen als sog. Behandlungsabbruch nicht strafbar.⁷

Die Entscheidung des BGH im Fall *Putz* betraf die Durchtrennung des Versorgungsschlauches einer von außen an den Körper angeschlossenen PEG-Sonde, mit deren Hilfe Patienten künstlich ernährt werden. Bei schwerkranken Herzpatienten nehmen technische Lebenserhaltungsmaßnahmen heute jedoch vielfach eine Form an, die bisher weder Gegenstand eines BGH-Urteils noch eines Urteils unterinstanzlicher Gerichte war: Durch eine Versorgung mit einem implantierten Herzschrittmacher oder einem implantierbaren Kardioverter-Defibrillator (ICD⁸) werden lebenswichtige Körperfunktionen durch vollständig körper*interne* technische Geräte aufrechterhalten.⁹ Diese können am Lebensende für ihren Träger ebenfalls zur Bürde werden. Auch im Sterben gibt der Herzschrittmacher kontinuierlich den Impuls ab, der den Herzschlag mit der zum Überleben notwendigen Frequenz aufrechterhält.¹⁰ Der ICD droht sogar teils schmerzhafte elektrische Schocks abzugeben, wenn bei dem Sterbenden bestimmte Herzrhythmusstörungen auftreten.¹¹

Präzision *Saliger*, KritV 2001, 382, 392 ff. Zum Ganzen MüKo-StGB/*Schneider*, Vor § 211, Rz. 98, Fn. 392 m.w.N.

⁶ Vgl. nur das in der Vorinstanz im Fall *Putz* ergangene Urteil des LG Fulda (Urteil vom 30.04.2009 – 16 Js 1/08 – 1 Ks), mit dem der Angeklagte Putz noch wegen versuchten Totschlags verurteilt wurde, weil er der Tochter einer künstlich ernährten Patientin den Rechtsrat erteilt hatte, die künstliche Ernährung entsprechend dem mutmaßlichen Willen ihrer Mutter selbständig durch Durchtrennung des Zuführungsschlauches der Sonde zu beenden.

⁷ Hierzu und zu den Voraussetzungen eines straflosen Behandlungsabbruchs im Einzelnen BGH, Urteil vom 25.06.2010 – 2 StR 454/09, BGHSt 55, 191 ff., Rz. 28–37; dazu näher unten in Kapitel 2 unter B. III.

⁸ Grundlage dieser Abkürzung ist die englische Bezeichnung des Gerätes als Implantable Cardioverter-Defibrillator (ICD).

⁹ Vgl. zum diesbezüglichen Fehlen einschlägiger Rechtsprechung auch *Dann/Mandera*, Ethik in der Medizin 28 (2016), 333, 334.

¹⁰ Diese Beschreibung geht von einer beim betroffenen Patienten bestehenden Schrittmacher-Abhängigkeit aus, die so ausgeprägt ist, dass ohne Schrittmacheraktivität keine ausreichende Pumpfunktion des Herzens mehr gewährleistet ist und die Schrittmacherdeaktivierung folglich zum zeitnahen Tod führt, vgl. *Reith/Janssens*, Medizinische Klinik – Intensivmedizin und Notfallmedizin 109 (2014), 19, 25. Näheres zum medizinischen Hintergrund der Herzschrittmacherversorgung folgt in Kapitel 1 unter B. sowie ausführlich in Kapitel 3 unter A.

¹¹ *Reith/Janssens*, Medizinische Klinik – Intensivmedizin und Notfallmedizin 109 (2014), 19, 23. Näheres zum medizinischen Hintergrund der Versorgung mit einem ICD folgt in Kapitel 1 unter B. sowie ausführlich in Kapitel 3 unter A.

Vor diesem Hintergrund kann am Lebensende eines Herzpatienten bei ihm selbst oder dem für ihn zuständigen rechtlichen Vertreter der Wunsch zur Deaktivierung eines Herzschrittmachers oder ICD entstehen. Deren strafrechtliche Zulässigkeit richtet sich insbesondere danach, ob und ggf. wie sich die Rechtsprechung des BGH zum Behandlungsabbruch auf solche vollständig körperinternen technischen Geräte übertragen lässt. Sowohl die körperliche Integration als auch der dauerhafte Verbleib und die ständige und weitgehend autonome Funktionstätigkeit von Herzschrittmachern und ICD im Körper des Patienten[12] werfen die Frage auf, ob hinsichtlich der Beendigung der Versorgung mit einem Herzschrittmacher bzw. ICD die gleichen Dispositionsmöglichkeiten für Patienten bestehen, die der BGH im Fall *Putz* für die körperextern angeschlossene Ernährungssonde anerkannt hat. Das Strafrecht setzt patientenautonomen Entscheidungen am Lebensende durch das Verbot der Tötung auf Verlangen Grenzen – daher kann ein Patient beispielsweise nicht verlangen, dass die Funktion eines transplantierten Organs in seinem Körper beendet werde.[13] Doch wird die Grenze, die das Tötungsverbot etabliert, womöglich auch dann überschritten, wenn ein vollständig körperinterner Herzschrittmacher oder ein ICD auf Wunsch des Patienten mit tödlicher Folge deaktiviert wird – oder handelt es sich dabei um eine zulässige, ja sogar gebotene, Umsetzung von Patientenautonomie?

Für die behandelnden Ärzte entscheidet die Beantwortung dieser Frage darüber, ob sie sich durch eine dem Patientenwillen entsprechende Deaktivierung von Herzschrittmachern und ICD wegen eines Tötungsdeliktes strafbar machen oder durch die Verweigerung der Deaktivierung möglicherweise eine strafbare Körperverletzung begehen.

Für betroffene Herzpatienten entscheidet die strafrechtliche Zulässigkeit des Abschaltens von Herzschrittmachern und ICD über die Reichweite ihres Selbstbestimmungsrechts am Lebensende.

Die vorliegende Arbeit widmet sich daher der Aufgabe, die ärztliche Beendigung von Herzschrittmacher- und ICD-Therapien auf der Grundlage des (mutmaßlichen) Patientenwillens aus strafrechtlicher Perspektive zu beleuchten und zu bewerten, ob die BGH-Rechtsprechung zum Behandlungsabbruch aus dem Jahr 2010 auf diese speziellen Konstellationen einer Deaktivierung technischer Geräte übertragbar ist bzw. gemacht werden kann.[14] Dabei sollen auch die medi-

---

[12] Dazu eingehend in Kapitel 3 unter A. II.
[13] Vgl. dazu auch *Reith/Janssens*, Medizinische Klinik – Intensivmedizin und Notfallmedizin 109 (2014), 19, 21 f.
[14] Die Arbeit beschränkt sich dabei bewusst auf die Durchführung einer Deaktivierung durch behandelnde *Ärzte* und geht nicht auf die davon getrennt zu betrachtende Deaktivierung von Herzschrittmachern und ICD durch Dritte wie z. B. Angehörige ein. Auf Grund des für die erfolgreiche Deaktivierung notwendigen medizinisch-technischen Hintergrundwissens und

zinischen Aspekte von Herzschrittmacher- und ICD-Therapien dargestellt werden, die Ausgangs- und Anknüpfungspunkt der rechtlichen Beurteilung sind.

B. Medizinische Relevanz der juristischen Fragestellung

Die Frage nach der Zulässigkeit des Abschaltens von Herzschrittmachern und ICD gewinnt angesichts der steigenden Lebenserwartung und dem Ausbau medizinischer Indikationen für diese Versorgungsmöglichkeiten im Falle von Herzerkrankungen zunehmend an Bedeutung.[15] Im Jahr 2014 wies Deutschland mit 29.620 implantierten ICD die höchste Implantationsdichte für diese Geräte im europäischen Vergleich auf.[16] Zudem waren circa ein Drittel der ICD-Patienten in westlichen Ländern gemäß einer Schätzung aus dem gleichen Jahr älter als 70 Jahre.[17]

Der ICD dient zuvörderst der Verhinderung des plötzlichen Herztodes seines Trägers.[18] Beim Auftreten bestimmter tachykarder Herzrhythmusstörungen[19] bis hin zum sog. Kammerflimmern[20] kann er einen elektrischen Schock (Defibrilla-

---

dem Auftreten dieser Behandlungssituation bei in der Regel medizinisch betreuten Schwerkranken ist davon auszugehen, dass Deaktivierungsversuche durch Angehörige hier im Gegensatz zu Deaktivierungsversuchen bei externen Geräten, wo der durch einen Laien leicht ausführbare Druck auf den Aus-Knopf oder die Trennung der Verbindung des Gerätes zum Körper genügen, die Ausnahme darstellen. Soweit in der Arbeit also vom (willensgemäßen) Behandlungsabbruch gesprochen wird, ist hiermit der Behandlungsabbruch gemeint, der auf Grund eines dahingehenden (mutmaßlichen) Patientenwillens *durch den behandelnden Arzt* vorgenommen wird. Sollte ausnahmsweise einmal der Behandlungsabbruch durch Dritte thematisiert werden, wird dieser stets als solcher bezeichnet.

[15] Vgl. *Lampert/Hayes et al.*, Heart Rhythm 7 (2010), 1008; *Waltenberger/Schöne-Seifert et al.*, Der Kardiologe 11 (2017), 383, 384.

[16] *Waltenberger/Schöne-Seifert et al.*, Der Kardiologe 11 (2017), 383, 387.

[17] *Reith/Janssens*, Medizinische Klinik – Intensivmedizin und Notfallmedizin 109 (2014), 19, 22.

[18] Vgl. *Lampert/Hayes et al.*, Heart Rhythm 7 (2010), 1008; *Waltenberger/Schöne-Seifert et al.*, Der Kardiologe 11 (2017), 383, 385.

[19] Ein tachykarder Herzrhythmus bezeichnet einen zu schnellen Herzrhythmus; vgl. *Klepzig/Klepzig*, S. 139. Der ICD adressiert dabei neben dem Kammerflimmern die sog. ventrikulären Tachykardien (Kammertachykardien); *Waltenberger/Schöne-Seifert et al.*, Der Kardiologe 11 (2017), 383, 387. Näheres dazu in Kapitel 3 unter A. II.

[20] Kammerflimmern bezeichnet eine Herzrhythmusstörung, bei der der Herzmuskel auf Grund ungeordneter elektrischer Impulse nicht ordnungsgemäß kontrahiert („flimmert") und somit die Pumpfunktion des Herzens nicht mehr gegeben ist. Vgl. *Klepzig/Klepzig*, S. 205; *Kramme*, in: Kramme, Medizintechnik, Kapitel 26, S. 467. Näheres dazu in Kapitel 3 unter A. II.

B. Medizinische Relevanz der juristischen Fragestellung

tion) abgeben, der den normalen Herzrhythmus wiederherstellen soll.[21] Die Defibrillationsfunktion wird insoweit nur in Akutsituationen aktiv. Außerhalb einer solchen Akutsituation hat das Abschalten des ICD daher grundsätzlich nicht den unmittelbaren Tod seines Trägers zur Folge.[22]

Die beschriebene Defibrillationsfunktion des ICD kann seinem Träger im Sterbeprozess erhebliche Probleme bereiten. Die mittels Defibrillation therapierten ventrikulären Tachykardien, das Kammerflimmern oder der Herzstillstand können regelmäßig Teil des natürlichen Sterbeprozesses sein.[23] Der ICD kann dessen ungeachtet auch in der Sterbephase seines Trägers auf Kammerflimmern mit der Abgabe eines elektrischen Schocks reagieren, den der Patient oft nicht nur als unangenehm, sondern häufig als äußerst schmerzhaft empfindet.[24]

Anders als die Versorgung mit ICD wird die Versorgung mit Herzschrittmachern bereits seit mehreren Jahrzehnten medizinisch praktiziert.[25] Angesichts ihres kontinuierlich hohen Stellenwertes in der Versorgung bestimmter Herzerkrankungen werden diese Geräte ständig fortentwickelt.[26] Der Herzschrittmacher wird im Gegensatz zum ICD bei der Behandlung bloßer bradykarder Arrhythmien[27] eingesetzt. Die durch den Herzschrittmacher erfolgende Elektrostimulation verursacht grundsätzlich keine Missempfindungen.[28] Dennoch kann bei schwerstkranken Patienten in der letzten Lebensphase vereinzelt der Wunsch entstehen, ihren Herzschrittmacher zu deaktivieren, weil sich ihre Sterbephase und die mit dieser verbundenen Leiden dadurch ggf. verkürzen lassen:[29] Ist der Patient vital auf seinen Herzschrittmacher angewiesen, verstirbt er im Anschluss an die Deaktivierung unmittelbar.

---

[21] Neben dieser Hauptfunktion kann der ICD auch – wie ein Herzschrittmacher – bradykarden Herzrhythmusstörungen durch Elektrostimulation entgegenwirken; *Waltenberger/Schöne-Seifert et al.*, Der Kardiologe 11 (2017), 383, 387. Eine Bradykardie bezeichnet einen zu langsamen Herzrhythmus; vgl. *Klepzig/Klepzig*, S. 128. Näheres dazu in Kapitel 3 unter A.II.

[22] Etwas anderes gilt nur dann, wenn der ICD zugleich eine Schrittmacherfunktion bei einem vital davon abhängigen Patienten erfüllt. Näheres dazu in Kapitel 3 unter A.III.1. lit. a.

[23] *Aumiller*, CardioVasc 15 (2015), 18. Hierzu und zum Folgenden *Pfeiffer/Hagendorff et al.*, Herzschrittmachertherapie + Elektrophysiologie 26 (2015), 134.

[24] *Pfeiffer/Hagendorff et al.*, Herzschrittmachertherapie + Elektrophysiologie 26 (2015), 134. Dazu näher in Kapitel 3 unter A.III.2.

[25] *Lampert/Hayes et al.*, Heart Rhythm 7 (2010), 1008.

[26] Vgl. zur neueren Entwicklung kabelloser Herzschrittmacher *Winter/Fehske et al.*, Deutsches Ärzteblatt 2017 – Supplement Perspektiven der Kardiologie, 12 ff.

[27] Zum Begriff der Bradykardie siehe bereits oben in Fn. 21. Bedarf es zusätzlich einer Geräteversorgung auf Grund tachykarder Herzrhythmusstörungen, kommt ein ICD zum Einsatz; dazu bereits in Fn. 19, 21.

[28] *Aumiller*, CardioVasc 15 (2015), 18, 19.

[29] Hierzu und zum Folgenden vgl. *Reith/Janssens*, Medizinische Klinik – Intensivmedizin und Notfallmedizin 109 (2014), 19, 25. Dazu näher in Kapitel 3 unter A.III.1. lit. a.

Medizinisch relevant wird die Deaktivierungsmöglichkeit in der Sterbephase auf Grund der mit elektrischen Schocks verbundenen Unannehmlichkeiten oder gar Schmerzen insbesondere im Falle von ICD. Aber auch bei Herzschrittmachern kann sich wie gezeigt in der Praxis die Frage nach der Deaktivierungsoption stellen. Für die Entscheidung des Arztes, eine Deaktivierung durchzuführen, ist in diesen Fällen die rechtliche Zulässigkeit von grundlegender Bedeutung.

C. Zentrale Fragestellungen und Gang der Untersuchung

Die vorliegende Abhandlung wird die strafrechtliche Einordnung einer ärztlichen Beendigung von Herzschrittmacher- und ICD-Therapien auf der Grundlage des (mutmaßlichen) Patientenwillens untersuchen. Im Zentrum steht die Frage, ob es sich hierbei um einen nach dem geltenden Recht zulässigen Behandlungsabbruch im Sinne der BGH-Rechtsprechung aus dem Jahr 2010[30] handelt, oder um eine gemäß §§ 212, 216 StGB strafbare Tötung. Die Untersuchung nimmt den folgenden Gang:

1. In Kapitel 2 dieser Arbeit wird die deutsche Rechtslage zum Abbruch lebenserhaltender Maßnahmen durch den Arzt dargestellt. Um den Ausgangs- und Anknüpfungspunkt der BGH-Rechtsprechung zu verdeutlichen, sollen zunächst die Grundlagen des Strafrechts zur Sterbehilfe skizziert und die in der Untersuchung aufgeworfene Problemstellung rechtlich verortet werden. Anschließend werden die zentralen Linien der Rechtsentwicklung zum aktiven Abbruch lebenserhaltender Maßnahmen vor dem Urteil des BGH im Jahr 2010 umrissen und darauf aufbauend die aktuelle Rechtslage erörtert, die der BGH im Fall *Putz* prägte. Dabei werden die Rechtsprechungsgrundsätze und ihre dogmatischen Grundlagen einer kritischen Prüfung unterzogen. Zu diesem Zweck werden die Reaktionen auf das BGH-Urteil im Fall *Putz* systematisiert und analysiert. In diesem Zusammenhang erfolgt eine Auseinandersetzung mit den zentralen Kritikpunkten an der dogmatischen Begründung des Urteils, insbesondere mit der vielfach bemängelten Inkonsistenz im Hinblick auf das strafbewehrte Verbot der Tötung auf Verlangen gemäß § 216 StGB.[31] Auf dieser Grundlage soll eine eigene Bewertung der BGH-Rechtsprechung erfolgen und ein Vorschlag für eine dogmatisch konsistente Herleitung der Straflosigkeit des Behandlungsabbruchs

---

[30] BGH, Urteil vom 25.06. 2010 – 2 StR 454/09, BGHSt 55, 191.

[31] Analyse und Darstellung werden dabei – soweit dies ohne inhaltsändernde Verkürzungen möglich ist – auf den für die Untersuchung zentralen *ärztlichen* Behandlungsabbruch beschränkt. Zu dieser Beschränkung bereits oben in Kapitel 1 unter A., Fn. 14.

gemacht werden. Die strafrechtliche Zulässigkeit eines willensgemäßen Behandlungsabbruchs wird der Arbeit daraufhin als Maßstab zugrunde gelegt.

2. Im Anschluss an die Prüfung der dogmatischen Grundlagen einer Straflosigkeit des willensgemäßen ärztlichen Behandlungsabbruchs sollen die Grundsätze des Behandlungsabbruchs in Kapitel 3 der Arbeit Anwendung auf die Deaktivierung von Herzschrittmachern und ICD finden. Zu diesem Zweck werden die medizinischen Hintergründe der Herzschrittmacher- und ICD-Versorgung dargelegt und untersucht, in welchen Fallkonstellationen die Einordnung ihrer Beendigung angesichts der Strafandrohung der §§ 212, 216 StGB Bedeutung erlangt. Der sich anschließende Versuch, die Deaktivierung von Herzschrittmachern und ICD mit Hilfe des Maßstabs der BGH-Rechtsprechung rechtlich einzuordnen, fördert ein grundlegendes Problem in der Abgrenzung der Kategorie des Behandlungsabbruchs von einer strafbaren Tötung zutage, das einer eindeutigen strafrechtlichen Bewertung der Deaktivierung von Herzschrittmachern und ICD entgegensteht. Daher wird diskutiert, ob das herausgearbeitete Abgrenzungsproblem einen hinreichenden Anlass zur Abkehr von der Kategorie des Behandlungsabbruchs und zur Rückkehr zu Alternativkonzepten bietet, die die Straflosigkeit des aktiven Abbruchs lebenserhaltender Maßnahmen an einer Bewertung als Unterlassungsdelikt festmachen.

3. Nachdem in Kapitel 3 die Eignung der dort aufgegriffenen Alternativkonzepte zur Vermeidung des dargestellten Abgrenzungsproblems bei der Anwendung der Kategorie des Behandlungsabbruchs auf die Deaktivierung von Herzschrittmachern und ICD abgelehnt wurde, werden in Kapitel 4 verschiedene Lösungsansätze beleuchtet, mit deren Hilfe die Rechtsprechung zum Behandlungsabbruch auch auf diese Geräte anwendbar gemacht werden könnte. Dabei werden nicht nur die wenigen im rechtlichen Schrifttum in Deutschland auffindbaren Lösungsansätze, sondern insbesondere auch Lösungsansätze aus der (internationalen) medizinethischen Literatur untersucht, die entscheidende Impulse für die rechtliche Beurteilung des Abbruchs von Herzschrittmacher- und ICD-Therapien liefern könnten. Zudem werden Vorschläge aus der amerikanischen Rechtsliteratur einbezogen. Darauf aufbauend wird die Erarbeitung eigener Bewertungskriterien de lege lata sowie de lege ferenda in den Fokus der Arbeit gerückt, die das Abgrenzungsproblem zwischen zulässigem Behandlungsabbruch und strafbarer Tötung bei einer Deaktivierung von Herzschrittmachern und ICD einer konsistenten Lösung zuführen sollen, die dem Normzweck der §§ 212, 216 StGB sowie der Ratio des Behandlungsabbruchs hinreichend Rechnung trägt. Die vorgeschlagenen Bewertungskriterien werden auch an anderen rechtlich schwer einzuordnenden technischen Versorgungskonstellationen erprobt, um ihre Tauglichkeit über die hier untersuchten Anwendungsfälle hinaus abzusichern. Abschlie-

ßend soll erörtert werden, welcher gesetzgeberische Handlungsbedarf für eine Umsetzung des de lege ferenda vorgeschlagenen Lösungsansatzes besteht.

4. Die in Kapitel 4 befürwortete strafrechtliche Einordnung der Deaktivierung von Herzschrittmachern und ICD ist Anknüpfungspunkt der in Kapitel 5 folgenden Empfehlungen zum medizinisch-praktischen Umgang mit der Problematik de lege lata. Hier sollen zentrale Folgefragen behandelt werden, die sich in der Behandlungspraxis sowohl Ärzten als auch Patienten bei einer strafrechtlichen Zulässigkeit der Deaktivierung von Herzschrittmachern und ICD stellen. Dabei werden auch Empfehlungen ärztlicher Berufsverbände einbezogen; im Vordergrund stehen jedoch rechtliche Aspekte des Umgangs mit Deaktivierungssituationen.

5. Im letzten Kapitel werden die wesentlichen Ergebnisse der Ausarbeitung zusammengefasst. Die Arbeit endet mit einer Schlussbemerkung, die die Bedeutung der untersuchungsgegenständlichen Fragestellung erneut in den Fokus rückt.

Kapitel 2

Rechtslage zum willensgemäßen Abbruch lebenserhaltender Maßnahmen durch den Arzt[1] und ihre dogmatischen Grundlagen

A. Grundlagen des Strafrechts zur Sterbehilfe[2]

Die im ersten Kapitel aufgeworfene Problemstellung, ob eine Deaktivierung von Herzschrittmachern und ICD strafrechtlich zulässig ist, kann als Unterfall der Frage verortet werden, unter welchen Voraussetzungen ein Arzt lebenserhaltende Maßnahmen aktiv abbrechen darf.[3] Bevor der Fokus auf diese spezifische Konstellation der Sterbehilfe gelegt wird, soll der dem geltenden Strafrecht zur Sterbehilfe zugrunde liegende verfassungsrechtliche Rahmen skizziert werden (hierzu I.). Anschließend erfolgt ein grundsätzlicher Überblick über die herkömmlich unterschiedenen Formen zulässiger Sterbehilfe in Abgrenzung zur strafbaren Tötung (hierzu II.). In diesem Zusammenhang zeigt sich die maßgebliche Bedeutung der Strafnorm des § 216 StGB im Strafrecht zur Sterbehilfe, die auch eine durch den freiverantwortlichen Wunsch des Sterbewilligen motivierte

---

[1] Soweit in dieser Arbeit vom (willensgemäßen) Behandlungsabbruch gesprochen wird, ist hiermit der Behandlungsabbruch gemeint, der auf Grund eines dahingehenden (mutmaßlichen) Patientenwillens *durch den behandelnden Arzt* vorgenommen wird. Steht ein Behandlungsabbruch durch Dritte in Rede, wird dieser stets als solcher bezeichnet; vgl. dazu bereits oben in Kapitel 1 unter A., Fn. 14. Dieser Umstand findet im weiteren Verlauf der Arbeit keine erneute Erwähnung.

[2] Der Begriff der Sterbehilfe wird in dieser Arbeit für sämtliche der unten in Kapitel 2 unter A. II. vorgestellten, dem Willen des Betroffenen entsprechenden lebensverkürzenden Maßnahmen der Sterbehilfe einschließlich des aktiven Abbruchs lebenserhaltender Maßnahmen verwendet.

[3] Wird ein technisch vollständig automatisiert ablaufender Vorgang abgebrochen, wird die Fallgruppe des aktiven Abbruchs lebenserhaltender Maßnahmen zumeist als sog. technischer Behandlungsabbruch bezeichnet; vgl. hierzu *Roxin*, in: Roxin/Schroth, Medizinstrafrecht, S. 94 f. Auf die Verwendung dieser Bezeichnung wird nachfolgend verzichtet, da sie manche der in dieser Untersuchung ebenfalls thematisierten Konstellationen nicht erfasst, wie beispielsweise die Durchtrennung des Zuführungsschlauches im Rahmen der künstlichen Ernährung, die auf manuelle Verbindung der Spezialnahrung mit dem Zuführungsschlauch angewiesen ist und damit nicht voll automatisiert abläuft.

Fremdtötung sanktioniert. Der damit verbundene Normzweck des § 216 StGB ist ein zentraler Anknüpfungspunkt für die spätere Einordnung der BGH-Rechtsprechung im Fall *Putz* aus dem Jahr 2010 sowie der untersuchungsgegenständlichen Fragestellung. Daher soll erörtert werden, welcher legitime Strafgrund der Norm im Lichte des durch die Verfassung vorgegebenen Rahmens entnommen werden kann (hierzu III.).

I. Verfassungsrechtlicher Rahmen des Strafrechts zur Sterbehilfe

Eine Betrachtung strafrechtlicher Fragen zur Sterbehilfe bedarf der Vergegenwärtigung des verfassungsrechtlichen Rahmens, innerhalb dessen sich einfachrechtliche Regelungen in diesem Bereich bewegen dürfen. Der BGH selbst hob in seinem Urteil im Fall *Putz* aus dem Jahr 2010 hervor, dass die darin aufgeworfenen strafrechtsspezifischen Fragen zum Abbruch lebenserhaltender Maßnahmen „im Lichte der Verfassungsordnung" zu entscheiden seien.[4]

Auf verfassungsrechtlicher Ebene konfligieren im Bereich der Sterbehilfe verschiedene Prinzipien und Rechtsgüter miteinander. Auf der einen Seite besteht eine staatliche Pflicht zum Schutz des Lebens, der die §§ 211, 212, 216 StGB dienen; auf der anderen Seite sind die Menschenwürde, das Selbstbestimmungsrecht, sowie das Recht des Patienten auf körperliche Unversehrtheit zu wahren.

Gemäß Art. 2 Abs. 2 Satz 1 Var. 1 GG hat jeder Mensch das Recht auf Leben. Zwar dienen die im Grundgesetz verbürgten Freiheitsgrundrechte in erster Linie der Abwehr staatlicher Eingriffe.[5] Art. 2 Abs. 2 Satz 1 Var. 1 GG ist jedoch zugleich eine Verpflichtung des Staates immanent, das Leben der Grundrechtsträger aktiv zu schützen.[6] Inhaltlich umfasst der Grundrechtsschutz das biologischphysische Dasein von seiner Entstehung bis zum Tod des Menschen.[7]

Dem Schutz des Lebens dient im Strafrecht insbesondere das Fremdtötungsverbot, das in den §§ 211, 212 und 216 StGB niedergelegt ist. § 216 StGB sieht eine Strafbarkeit der Fremdtötung selbst bei einer – sonst grundsätzlich rechtfer-

---

[4] BGH, Urteil vom 25.06.2010 – 2 StR 454/09, BGHSt 55, 191 ff., Rz. 25.

[5] ErfK/*Schmidt*, Grundgesetz Einleitung, Rz. 25 ff.; Jarass/Pieroth/*Jarass*, Vor Art. 1 GG, Rz. 3. Zur klassischen abwehrrechtlichen Funktion der Grundrechte auch *Volkmann*, in: Herdegen/Masing et al., § 16, Rz. 42.

[6] Zur Herleitung der Schutzpflicht, die in Art. 2 Abs. 2 Satz 1 Var. 1 GG nicht explizit ist, vgl. Dürig/Herzog/Scholz/*Di Fabio*, Art. 2 Abs. 2 Satz 1 GG, Rz. 41–43.

[7] Jarass/Pieroth/*Jarass*, Art. 2 GG, Rz. 81. Der genaue Zeitpunkt des Einsetzens des Lebensschutzes sowie seines Endes ist hingegen umstritten. Im Hinblick auf das vorliegend besonders bedeutsame Ende des Lebensschutzes herrscht insoweit Uneinigkeit, ob das unwiederbringliche Erlöschen der Hirnfunktionen als in der Medizin vorherrschende Todesdefinition („Hirntod") oder der irreversible Herz-Kreislauf-Stillstand („Herztod") maßgeblich ist; dazu ebd. m.w.N. sowie Sachs/*Rixen*, Art. 2 GG, Rz. 141 f., m.w.N. in Fn. 324.

tigend wirkenden – Einwilligung des Opfers in seine Tötung vor.[8] Ursprünglich ohne das Bewusstsein möglicher Auswirkungen auf medizinstrafrechtliche Sachverhalte entworfen,[9] wurde § 216 StGB auch nach dem Aufkommen strafrechtlicher Bewertungsprobleme im Kontext der Sterbehilfe unverändert beibehalten.[10] Die Tötung auf Verlangen blieb damit strafbar, ohne dass Bereichsausnahmen für bestimmte Konstellationen der Sterbehilfe gesetzlich verankert wurden. Den beabsichtigten Lebensschutz gedachte man durch ein derart umfassend gestaltetes Fremdtötungsverbot am wirksamsten gewährleisten zu können.[11]

Das Strafrecht zur Sterbehilfe muss jedoch auch denjenigen verfassungsrechtlichen Gütern angemessene Geltung verschaffen, die mit einem derart weitreichenden Lebensschutz konfligieren. Zu nennen sind insoweit die Menschenwürde (Art. 1 Abs. 1 GG), das Selbstbestimmungsrecht (Art. 2 Abs. 1 i. V. m. Art. 1 Abs. 1 GG) sowie das Recht auf körperliche Unversehrtheit (Art. 2 Abs. 2 Satz 1 Var. 2 GG).[12]

Die Menschenwürde ist gemäß Art. 1 Abs. 1 Satz 2 GG von der staatlichen Gewalt zu schützen (Schutzrecht) und zu achten (Abwehrrecht). Vom Schutzbereich der Menschenwürde erfasst wird die Subjektqualität des Menschen.[13] Nach der noch heute herrschenden Objektformel folgt daraus ein Abwehrrecht gegen staatliches Handeln, das den Menschen zum bloßen Objekt degradiert,[14] wobei ein derartiges staatliches Handeln gerade Verachtung für den Wert des Menschen als solchen ausdrücken muss.[15]

---

[8] Nach dem Wortlaut des § 216 StGB ist eine Tötung auch bei Veranlassung zur Tat durch das „ausdrückliche und ernstliche Verlangen des Getöteten" strafbar.
[9] § 216 StGB entstammt der Gesetzgebung des 19. Jahrhunderts, zu deren Zeit sich die Patientenautonomie als Rechtskonzept erst zu entwickeln begann; *Holzhauer*, ZRP 2004, 41, 42. Zum Wandel der Arzt-Patienten-Beziehung weg von einem durch ärztliche Fürsorge dominierten, hin zu einem durch das Selbstbestimmungsrecht des Patienten geprägten Verhältnis im Laufe des 20. Jahrhunderts *Härle*, FPR 2007, 47 f.; dazu auch *Magnus*, S. 16 ff.
[10] Der Tatbestand des § 216 StGB hat seit seiner Einführung keine inhaltlichen Änderungen erfahren; LK-StGB/*Rissing-van Saan*, § 216, Entstehungsgeschichte. Im Zuge der Großen Strafrechtsreform 1969 wurde er bewusst nicht inhaltlich angepasst; dazu *Holzhauer*, ZRP 2004, 41, 42.
[11] Vgl. *Holzhauer*, ZRP 2004, 41, 43. Die Norm des § 216 StGB ist auf Grund ihres autonomiebegrenzenden Charakters umstritten – zunehmend wird hinterfragt, ob die Strafnorm noch einen verfassungsrechtlich zulässigen Inhalt aufweist; eine partielle Verfassungswidrigkeit der Norm annehmend bspw. *Lindner*, NStZ 2020, 505, 508. Zum Ganzen näher in Kapitel 2 unter A. III. 2.
[12] Vgl. BVerwG, Urteil vom 02.03.2017 – 3 C 19/15, BVerwGE 158, 142 ff., Rz. 23 ff.; *Hufen*, NJW 2018, 1524, 1525 f.
[13] Jarass/Pieroth/*Jarass*, Art. 1 GG, Rz. 6.
[14] Dürig/Herzog/Scholz/*Herdegen*, Art. 1 Abs. 1 GG, Rz. 36.
[15] Diese weitere Konkretisierung der ansonsten sehr weitreichenden Objektformel findet sich in einer Entscheidung des Bundesverfassungsgerichts; BVerfG, Urteil vom 15.12.1970 –

Die Würde des Menschen ist auch im Sterben zu achten. Was ein würdevolles Sterben konkret ausmacht, mag sich für jeden Menschen anders darstellen; für den Sterbenden zentral ist dabei aber stets die Achtung seines Selbstbestimmungsrechts. Das Selbstbestimmungsrecht ist als Bestandteil des Allgemeinen Persönlichkeitsrechts Ausfluss der Menschenwürde und der Allgemeinen Handlungsfreiheit, Art. 2 Abs. 1 i.V.m. Art. 1 Abs. 1 GG.[16] Im medizinrechtlichen Kontext schützt es die Freiheit des Patienten, selbst zu entscheiden, ob er sich einer medizinisch indizierten Behandlung unterziehen möchte oder nicht.[17] Gegen seinen selbstbestimmten Willen darf eine Behandlung grundsätzlich nicht durchgeführt werden. Dies gilt auch dann, wenn das Unterlassen der Behandlung zum Tod des Patienten führt: Nach der Rechtsprechung des BVerfG beinhaltet das Selbstbestimmungsrecht auch das Recht auf ein selbst bestimmtes Sterben.[18] Somit stehe dem Einzelnen das Recht zu, „nach freiem Willen lebenserhaltende Maßnahmen abzulehnen und auf diese Weise einem zum Tode führenden Krankheitsgeschehen seinen Lauf zu lassen".[19] Das Recht auf selbst bestimmtes Sterben erstrecke sich darüber hinaus auch auf die Freiheit, selbstbestimmt die Entscheidung zu treffen, sein Leben eigenhändig zu beenden und bei der Umsetzung die Hilfe Dritter in Anspruch zu nehmen.[20]

Die Wahrung des grundgesetzlich verankerten Selbstbestimmungsrechts mit seinem immanenten Menschenwürdegehalt muss der Staat durch entsprechende einfachgesetzliche Bestimmungen gewährleisten. Ermöglicht er eine Durchsetzung der Behandlungsfreiheit nicht und oktroyiert er dem Patienten bei entgegenstehender freiverantwortlicher Willensbildung eine Zwangsbehandlung, berührt dies nicht nur die von Art. 1 Abs. 1 GG garantierte Menschenwürde und verletzt das Selbstbestimmungsrecht, sondern greift darüber hinaus auch in das durch Art. 2 Abs. 2 Satz 1 Var. 2 GG gesicherte Recht auf körperliche Unver-

---

2 BvF 1/69, 2 BvR 629/68, 2 BvR 308/69, BVerfGE 30, 1 ff., Rz. 81. Zu den Schwächen der Objektformel BVerfG, Urteil vom 03.03.2004 – 1 BvR 2378/98, 1 BvR 1084/99, BVerfGE 109, 279 ff., Rz. 117. Zum Ganzen auch Dürig/Herzog/Scholz/*Herdegen*, Art. 1 Abs. 1 GG, Rz. 37.

[16] Zur dogmatischen Herleitung Dürig/Herzog/Scholz/*Di Fabio*, Art. 2 Abs. 1 GG, Rz. 128. Nach a.A. ist das Selbstbestimmungsrecht des Patienten in Art. 2 Abs. 2 GG begründet, siehe dazu Sachs/*Rixen*, Art. 2 GG, Rz. 212.

[17] Hierzu und zum Folgenden BGH, Urteil vom 25.06.2010 – BGHSt 55, 191 ff., Rz. 23 und Rz. 35.

[18] BVerfG, Urteil vom 26.02.2020 – 2 BvR 2347/15, 2 BvR 651/16, 2 BvR 1261/16, 2 BvR 1593/16, 2 BvR 2354/16, 2 BvR 2527/16, BVerfGE 153, 182 ff., Rz. 204 ff.

[19] Hierzu und zum Folgenden BVerfG, Urteil vom 26.02.2020 – 2 BvR 2347/15, 2 BvR 651/16, 2 BvR 1261/16, 2 BvR 1593/16, 2 BvR 2354/16, 2 BvR 2527/16, BVerfGE 153, 182 ff., Rz. 209 m.w.N. zur diesbezüglichen BGH-Rechtsprechung; vgl. auch BVerfG, Beschluss vom 26.07.2016 – 1 BvL 8/15, BVerfGE 142, 313 ff., Rz. 74.

[20] BVerfG, Urteil vom 26.02.2020 – 2 BvR 2347/15, 2 BvR 651/16, 2 BvR 1261/16, 2 BvR 1593/16, 2 BvR 2354/16, 2 BvR 2527/16 BVerfGE 153, 182 ff., Rz. 203 ff.

sehrtheit ein: Jede ärztliche Behandlung stellt nach ständiger Rechtsprechung zunächst eine tatbestandsmäßige Körperverletzung dar, deren Rechtswidrigkeit grundsätzlich erst durch die (mutmaßliche) Einwilligung des Betroffenen entfällt.[21] Fehlt eine solche Rechtfertigung, handelt es sich bei einer dennoch vorgenommenen ärztlichen Maßnahme um eine strafbare Körperverletzung und damit einen Eingriff in die körperliche Unversehrtheit. Auch vor diesem Hintergrund muss das Strafrecht zur Sterbehilfe einen hinreichenden Raum für die Umsetzung patientenautonomer Entscheidungen im Sterben lassen.

Die gegensätzlichen Zielrichtungen, die ein wirksamer Lebensschutz auf der einen Seite und die Gewährleistung von Menschenwürde, Patientenautonomie sowie körperlicher Unversehrtheit auf der anderen Seite dem Strafrecht zur Sterbehilfe vorgeben, erfordern einen Spagat, mit dem sich Schrifttum und Rechtsprechung in den vergangenen Jahrzehnten in verschiedenen Fallkonstellationen immer wieder auseinandersetzten.[22] Die auf diese Weise geprägten Fallgruppen zulässiger sowie unzulässiger Sterbehilfe sollen nachfolgend skizziert werden. Den Ausgangspunkt bilden dabei die strafrechtlichen Tötungstatbestände der §§ 211, 212, 216 StGB. Insbesondere die letztgenannte Strafnorm ist für die Bestimmung der Grenzen strafrechtlich zulässiger Sterbehilfe von entscheidender Bedeutung.

II. Zulässige Formen der Sterbehilfe in Abgrenzung zur strafbaren Tötung

§ 212 StGB stellt die Tötung eines Menschen unter Strafe. § 211 StGB qualifiziert eine derartige Tötung bei Hinzutreten eines der dort niedergelegten Merkmale als Mord.[23] § 216 Abs. 1 StGB sieht eine – im Vergleich zu den §§ 212, 211 StGB geringere – Strafandrohung auch für denjenigen vor, der einen anderen

---

[21] Zu dieser Schlussfolgerung vgl. auch *Ipsen*, Schünemann-FS, S. 107, 113; zur ständigen Rechtsprechung vgl. die Entscheidung des Reichsgerichts, RG, Urteil vom 31.05.1894 – 1406/94, RGSt 25, 375, 382 und nachfolgende BGH-Entscheidungen, zuletzt BGH, Urteil vom 22.12.2010 – 3 StR 239/10, NStZ 2011, 343, 345; BGH, Urteil vom 04.10.1999 – 5 StR 712/98, BGHSt 45, 219 ff., Rz. 5; BGH, Urteil vom 29.06.1995 – 4 StR 760/94, NStZ 1996, 34, 35 m. Anm. *Ulsenheimer* NStZ 1996, 132. Zu dieser Rechtsprechung und ihrer Begründetheit eingehend *Ulsenheimer/Gaede*, in: Ulsenheimer/Gaede, Arztstrafrecht, Kapitel 1, Rz. 343 ff., 350 ff.

[22] Als frühe Beiträge zur Debatte seien hier beispielhaft genannt BGH, Urteil vom 04.07.1984 – 3 StR 96/84, BGHSt 32, 367 ff.; *Bockelmann*, S. 112, 125 Anm. 45; *Roxin*, Engisch-FS, S. 380, 395 ff. Zur Auseinandersetzung mit der Problematik siehe auch die in Kapitel 2 unter B. sowie unter C. I. und C. II. aufgeführten Stimmen aus Literatur und Rechtsprechung.

[23] Dieser Beschreibung liegt die – umstrittene – Auffassung zugrunde, dass § 211 StGB im Verhältnis zu § 212 StGB einen Qualifikationstatbestand darstellt; vgl. dazu Schönke/Schröder/*Eser/Sternberg-Lieben*, Vor § 211 StGB, Rz. 5.

Menschen tötet, nachdem er durch dessen ausdrückliches und ernsthaftes Verlangen zur Tötung bestimmt worden ist.

Das deutsche Strafrecht stellt damit nicht nur Fremdtötungen gegen den Willen des Opfers unter Strafe, sondern verbietet auch Tötungen, die durch einen entsprechenden – gesicherten – Willen des Getöteten motiviert sind.[24] Auf derartige Fremdtötungen ist der Privilegierungstatbestand[25] des § 216 StGB beschränkt; liegt das darin vorausgesetzte *ausdrückliche und ernstliche Verlangen* des Sterbewilligen nicht vor, so sind die §§ 212, 211 StGB einschlägig. Vor diesem Hintergrund bedarf es einer kurzen Erörterung, wann ein derartiges Verlangen, das eine Bestrafung gemäß §§ 212, 211 StGB verhindert, anzunehmen ist.

Der Begriff „Verlangen" erfordert ein über ein bloßes Einverständnis des Sterbewilligen hinausgehendes Einwirken auf den Täter, das in seiner Qualität dem Verhalten eines Anstifters gleichkommt, wobei nicht erforderlich ist, dass der Sterbewillige bei dem Täter überhaupt erst die Bereitschaft zur Tötung weckt.[26] Ein *ausdrückliches* Verlangen liegt vor, wenn der Sterbewillige eindeutig und unmissverständlich seinen Willen geäußert hat.[27] Das ist dann nicht der Fall, wenn keine explizite Willensäußerung vorliegt und lediglich Anhaltspunkte bestehen, die zur Annahme einer mutmaßlichen Einwilligung des Sterbewilligen in seine Tötung führen. Die *Ernstlichkeit* des Verlangens setzt voraus, dass dem Verlangen zusätzlich eine freiverantwortliche Willensentschließung zugrunde liegt.[28]

Sind die vorgenannten Voraussetzungen gegeben, ist der Tatbestand des § 216 StGB für die strafrechtliche Einordnung der Tat einschlägig.[29] § 216 StGB bildet damit den zentralen Ausgangspunkt für die Identifikation zulässiger lebensverkürzender Maßnahmen auf Wunsch des Betroffenen. Bei einem bloß mutmaßlichen Sterbewillen bleibt mangels ausdrücklichen Verlangens jedoch die Strafnorm des § 212 StGB maßgeblich.

Im Spannungsfeld eines gemäß §§ 212, 216 StGB strafbaren Tötungsdelikts und einer zulässigen Sterbehilfe bewegen sich die herkömmlich differenzierten Fallgruppen der Sterbehilfe.[30] Dabei handelt es sich um die *direkte aktive Sterbe-*

---

[24] Die Gründe hierfür werden in Kapitel 2 unter A. III. beleuchtet.
[25] Zur hier vertretenen Auffassung, dass § 216 StGB im Verhältnis zu § 212 StGB rechtstechnisch einen Privilegierungstatbestand darstellt, siehe Lackner/Kühl/*Kühl*, Vor §§ 211 ff. StGB, Rz. 24; MüKo-StGB/*Schneider*, § 216, Rz. 1.
[26] Schönke/Schröder/*Eser/Sternberg-Lieben*, § 216 StGB, Rz. 5.
[27] Hierzu und zum Folgenden Schönke/Schröder/*Eser/Sternberg-Lieben*, § 216 StGB, Rz. 7.
[28] Schönke/Schröder/*Eser/Sternberg-Lieben*, § 216 StGB, Rz. 8.
[29] Bei einem sonstigen Verlangen, das diese Anforderungen nicht erfüllt, wird hingegen regelmäßig eine Bewertung als Totschlag gemäß § 212 StGB nahe liegen.
[30] Der Begriff der Sterbehilfe wird in dieser Arbeit nur für lebensverkürzende Maßnahmen verwendet; dazu bereits oben in Kapitel 2 unter A., Fn. 2. Maßnahmen, die bei einem weiten Begriffsverständnis auch als Sterbehilfe aufgefasst werden könnten, aber keine lebensverkür-

A. Grundlagen des Strafrechts zur Sterbehilfe 15

hilfe, die *indirekte aktive Sterbehilfe* sowie die *passive Sterbehilfe*,[31] die im Anschluss an den Fall *Putz* unter den dort vom BGH entworfenen Oberbegriff des *Behandlungsabbruchs* eingeordnet wurde.[32]

---

zende Wirkung entfalten, werden mangels strafrechtlicher Relevanz nicht aufgegriffen; vgl. dazu auch Matt/Renzikowski/*Safferling*, § 212 StGB, Rz. 37.

[31] BGH, Urteil vom 25.06.2010 – 2 StR 454/09, BGHSt 55, 191 ff., Rz. 27. Zu diesen Fallgruppen eingehend *Laux/Röbel et al.*, Archiv für Kriminologie 2013, 1 ff.; *dies.*, Archiv für Kriminologie 2013, 73 ff. sowie *Roxin*, in: Roxin/Schroth, Medizinstrafrecht, S. 87 ff. Die Begrifflichkeiten orientieren sich an den vor allem in der Rechtsliteratur vor dem Urteil des BGH im Jahr 2010 gebräuchlichen Kategorien der Sterbehilfe, die – abgesehen von der passiven Sterbehilfe – in der Kategorienbildung nach wie vor weit verbreitet sind; zu den Fallgruppen *Saliger*, KritV 2001, 382, 385 f sowie *Kaufmann*, MedR 1983, 121 f.; zur noch heute gebräuchlichen Verwendung der Fallgruppenbezeichnungen vgl. Matt/Renzikowski/*Safferling*, § 212 StGB, Rz. 37 ff.

Teilweise wird in der Literatur vor dem Urteil im Jahr 2010 noch eine übergeordnete Differenzierung verwendet, die nach dem Zeitpunkt unterscheidet, zu dem eine Maßnahme der Sterbehilfe durchgeführt wird: Wird Sterbehilfe nach dem Einsetzen des Sterbevorgangs geleistet, handelt es sich danach um eine „Hilfe beim Sterben" oder eine „Sterbehilfe im engeren Sinne". Setzt die Sterbehilfe hingegen bereits vor dem eigentlichen Sterbevorgang ein, wird sie teilweise als „Hilfe zum Sterben" oder „Sterbehilfe im weiteren Sinne" bezeichnet; zur Terminologie *Roxin*, in: Roxin/Schroth, Medizinstrafrecht, S. 83 sowie NK-StGB/*Neumann*, Vor § 211 StGB, Rz. 93.

Vor Erlass des Dritten Gesetzes zur Änderung des Betreuungsrechts vom 29.07.2009 (sog. Patientenverfügungsgesetz, BGBl. I 2009, 2286 f.) ist umstritten gewesen, ob eine Sterbehilfe vor dem Einsetzen des eigentlichen Sterbevorgangs als von vornherein unzulässig bewertet werden müsste. Auf zivilrechtlicher Ebene besteht diesbezüglich durch die nunmehr in § 1901a Abs. 3 BGB eingefügte Vorschrift Rechtsklarheit; eine Unterscheidung nach dem Zeitpunkt der Hilfeleistung ist für ihre rechtliche Beurteilung heute obsolet. Gemäß § 1901a Abs. 3 BGB sind die in einer Patientenverfügung getroffenen Behandlungsentscheidungen oder – für den Fall einer fehlenden aktuellen Patientenverfügung – der mutmaßliche Wille des betroffenen Patienten *unabhängig vom Krankheitsstadium* zu befolgen; vgl. dazu auch BGH, Beschluss vom 17.09.2014 – XII ZB 202/13, BGHZ 202, 226 ff. In Anbetracht dessen muss auch für die strafrechtliche Rechtslage die Unterscheidung zwischen „Hilfe beim Sterben" und „Hilfe zum Sterben" heute als unerheblich gelten. Anderenfalls müsste ein Arzt, der mit dem Wunsch eines Patienten zur Leistung von Sterbehilfe vor dem Einsetzen des eigentlichen Sterbevorgangs konfrontiert würde, sich entscheiden, ob er eine zivilrechtliche Pflichtverletzung begeht oder sich wegen eines Tötungsdeliktes strafbar macht. Die Verursachung eines derartigen Dilemmas für den Normadressaten wäre mit dem Gebot der Einheit der Rechtsordnung schwerlich vereinbar und würde die Durchsetzung des zivilrechtlichen Gebotes konterkarieren; vgl. hierzu auch die Argumentation bei *Rosenau*, Rissing-van Saan-FS, 547, 557 f.

In der vorliegenden Untersuchung wird vor diesem Hintergrund davon ausgegangen, dass das Krankheitsstadium bei der strafrechtlichen Bewertung einer Handlung der Sterbehilfe keine Relevanz mehr hat. Davon geht auch der BGH im Fall *Putz* aus; BGH, Urteil vom 25.06.2010 – 2 StR 454/09, BGHSt 55, 191 ff., Rz. 16 und 24.

[32] Ebenfalls von Bedeutung, wenn auch nicht im Fokus der vorliegenden Arbeit, sind Maßnahmen der *Suizidhilfe*. Gegenwärtig sind Maßnahmen der Suizidhilfe generell nicht strafbar,

Von diesen Formen der Sterbehilfe ist lediglich die *direkte aktive Sterbehilfe* als Tötungsdelikt strafbar. Darunter wird jede Form der gezielten Tötung (also eine Tötung mit dolus directus 1. Grades) eines sterbenden oder unheilbar kranken Menschen verstanden, um seinem Leid ein Ende zu setzen,[33] wobei der Begriff in der Regel nur für Tötungen verwendet wird, die dem selbstbestimmt gebildeten Willen des Kranken entsprechen.[34] Sonstige Tötungen mit dem Ziel der Leidensbeendigung, die ohne oder gar gegen den Willen des Kranken vorgenommen werden, sind keine Fallgruppe der direkten aktiven Sterbehilfe und können ohne Weiteres als Fälle des § 212 oder § 211 StGB eingeordnet werden.[35] Bei einer direkten aktiven Sterbehilfe im Sinne der obigen Definition kommt hingegen, sofern der Sterbewillige ein ernstliches und ausdrückliches Tötungsverlangen geäußert hat, nur der mildere Strafrahmen des § 216 StGB zur Anwendung. Die direkte aktive Sterbehilfe stellt damit nach gegenwärtiger Rechtslage eine strafbare Tötung auf Verlangen dar.

Abgrenzungsprobleme zu § 216 StGB werfen die Fälle der *indirekten aktiven Sterbehilfe* auf. Diese Fallgruppe bezeichnet speziell die medizinisch indizierte Behandlung mit schmerzlindernden Medikamenten, die als in Kauf genommenen, aber unbeabsichtigten[36] und unvermeidbaren Nebeneffekt auch eine Verkür-

---

nachdem das BVerfG im Jahr 2020 die in § 217 StGB a. F. bestehende Kriminalisierung bestimmter Suizidhilfeformen (Verbot der geschäftsmäßigen Förderung der Selbsttötung) für verfassungswidrig und nichtig erklärte; dazu BVerfG, Urteil vom 26.02.2020 – 2 BvR 2347/15, 2 BvR 651/16, 2 BvR 1261/16, 2 BvR 1593/16, 2 BvR 2354/16, 2 BvR 2527/16, BVerfGE 153, 182 ff. Um Maßnahmen der straflosen Suizidbeihilfe von einer gemäß § 216 StGB strafbaren Tötung auf Verlangen abzugrenzen, stellt die Rechtsprechung maßgeblich auf die Tatherrschaft über die todbringende Handlung ab: Nehme der Sterbewillige selbst die todbringende Handlung vor und halte damit das zu seinem Tode führende Geschehen in seinen Händen, könne es sich bei der Mitwirkung Dritter lediglich um Suizidbeihilfe handeln; liege die Herrschaft über die tödliche Handlung hingegen in der Hand des Dritten, bestehe die für die Anwendbarkeit der Tötungsdelikte erforderliche Tatherrschaft eines anderen als des Sterbewilligen; so zuletzt BGH, Urteil vom 03.07.2019 – 5 StR 132/18, BGHSt 64, 121 ff., Rz. 17; siehe dazu auch Schönke/Schröder/*Eser/Sternberg-Lieben*, Vor §§ 211 ff., Rz. 36. Im Einzelfall kann die Unterscheidung zwischen Tötung auf Verlangen und Suizidbeihilfe erhebliche Abgrenzungsprobleme verursachen; dazu im Einzelnen MüKo-StGB/*Schneider*, § 216, Rz. 31 ff. Bei den untersuchungsgegenständlichen Deaktivierungen von ICD und Herzschrittmachern wird die Deaktivierungshandlung nicht durch den Patienten selbst, sondern durch (regelmäßig medizinisch behandelnde) Dritte durchgeführt, sodass das Vorliegen einer bloßen Suizidbeihilfe in dieser Konstellation nicht in Betracht kommt. Die Abgrenzung der straflosen Suizidbeihilfe zu einer strafbaren Tötung auf Verlangen wird in der Arbeit daher nicht ausführlicher erörtert.

[33] *Laux/Röbel et al.*, Archiv für Kriminologie 2013, 1, 5; *Lindner*, JZ 2006, 373.
[34] *Lindner*, JZ 2006, 373; *Lipp*, in: Laufs/Katzenmeier/Lipp, Kapitel VI, Rz. 99.
[35] Vgl. *Laux/Röbel/Parzeller*, Archiv für Kriminologie 2013, 1, 5.
[36] Zu diesem Merkmal u. a. BGH, Urteil vom 07.02. 2001 – 5 StR 474/00, BGHSt 46, 279 ff., Rz. 8 und BGH, Urteil vom 15.11.1996 – 3 StR 79/96, BGHSt 42, 301 ff., Rz. 25. Nach

zung des Lebens des sterbenden Patienten zur Folge hat.³⁷ Grundsätzlich würde eine solche vorsätzlich vorgenommene, lebensverkürzende Behandlung den Tatbestand eines (versuchten) Tötungsdeliktes verwirklichen. Dennoch ist die Straflosigkeit einer dem (mutmaßlichen) Patientenwillen entsprechenden indirekten aktiven Sterbehilfe heute anerkannt.³⁸ Die angestrebte Schmerzlinderung wird dabei im Interesse des Patienten als legitimes Mittel der Sterbehilfe gewertet; die Unterscheidung zur direkten aktiven Sterbehilfe knüpft an die Willensrichtung des Behandelnden, der eine Schmerzlinderung und gerade keine Lebensverkürzung beabsichtige.³⁹ Dogmatisch wird die Straflosigkeit der indirekten aktiven Sterbehilfe teilweise über eine fehlende Tatbestandsmäßigkeit des ärztlichen Verhaltens begründet. So wird insbesondere die Ansicht vertreten, der Tod des Patienten sei dem Arzt nicht objektiv zurechenbar.⁴⁰ Es liege bereits kein unerlaubtes Risiko vor, wenn der Arzt dem Schmerzlinderungsinteresse des Patienten in einem solchen Fall entspreche und der Patient das damit einhergehende Risiko einer Lebensverkürzung bei Kenntnis der Sachlage akzeptiere. Andere Stimmen in Rechtsprechung und Literatur sprechen sich für eine Rechtfertigungslösung aus.⁴¹ Zumeist wird hierbei auf eine Rechtfertigung der indirekten aktiven Sterbehilfe gemäß § 34 StGB rekurriert.⁴² Das Interesse des Patienten an einem menschenwürdigen Tod überwiege das Interesse an einem geringfügig

---

dem Wortlaut kommt damit im Hinblick auf die Vorsatzform für eine Einstufung als zulässige indirekte aktive Sterbehilfen neben dolus eventualis zumindest auch dolus directus 2. Grades in Betracht, eine zielgerichtete Absicht im Sinne eines dolus directus 1. Grades dürfte hingegen ausscheiden; dazu *Laux/Röbel et al.*, Archiv für Kriminologie 2013, 1, 21 f.

³⁷ BGH, Urteil vom 15.11.1996 – 3 StR 79/96, BGHSt 42, 301 ff., Rz. 25; *Laux/Röbel et al.*, Archiv für Kriminologie 2013, 1, 19.

³⁸ Schönke/Schröder/*Eser/Sternberg-Lieben*, Vor §§ 211 ff. StGB, Rz. 26 m.w.N.

³⁹ MüKo-StGB/*Schneider*, Vor § 211, Rz. 105. Zu den im Rahmen einer indirekten aktiven Sterbehilfe denkbaren Vorsatzformen bereits oben in Fn. 36.

⁴⁰ Hierzu und zum Folgenden vgl. *Kaufmann*, MedR 1983, 121, 122, Fn. 3, der in Fällen indirekter aktiver Sterbehilfe die Verwirklichung eines erlaubten Risikos annimmt. Kritisch dazu *Merkel*, JZ 1996, 1145, 1148 ff. Andere Begründungen operieren beispielsweise mit einer Begrenzung des normativen Schutzbereiches der §§ 212, 216 StGB oder erachten Maßnahmen der indirekten aktiven Sterbehilfe auf Grundlage ihres sozialen Gesamtsinns als nicht tatbestandsmäßig; zum Ganzen MüKo-StGB/*Schneider*, Vor § 211, Rz. 106 f. m.w.N. Siehe auch *Laux/Röbel et al.*, Archiv für Kriminologie 2013, 1, 20.

⁴¹ Hierzu und zum Folgenden BGH, Urteil vom 07.02.2001 – 5 StR 474/00, BGHSt 46, 279 ff., Rz. 8; BGH, Urteil vom 15.11.1996 – 3 StR 79/96, BGHSt 42, 301 ff., Rz. 25; *Otto*, Jura 1999, 434, 440 f. Kritisch dazu *Merkel*, JZ 1996, 1145, 1147 f.

⁴² Beispielhaft genannt seien insoweit *Kutzer*, NStZ 1994, 110, 115; MüKo-StGB/*Schneider*, Vor § 211, Rz. 110 ff.; NK-StGB/*Neumann*, Vor § 211, Rz. 103 m.w.N. Die ebenfalls teilweise befürwortete Lösung über eine (mutmaßliche) Einwilligung des Patienten vermag angesichts der kaum zu begründenden Vereinbarkeit einer Einwilligungslösung mit § 216 StGB nicht zu überzeugen; dazu eingehend MüKo-StGB/*Schneider*, Vor § 211, Rz. 109; NK-StGB/

längeren Leben unter vernichtenden Schmerzen.[43] Sämtliche Lösungsansätze sehen sich mit der grundsätzlichen Schwierigkeit konfrontiert, das umfassende Fremdtötungsverbot für medizinisch sinnvolle lebensverkürzende Behandlungsmaßnahmen einer strafrechtsdogmatisch konsistenten Einschränkung zuzuführen.[44]

Erhebliche Abgrenzungsprobleme im Hinblick auf § 216 StGB bereitete – zumindest bis zum BGH-Urteil im Fall *Putz* 2010 – auch die Fallgruppe der strafrechtlich grundsätzlich zulässigen *passiven Sterbehilfe*. Schon eine präzise Definition des Begriffs fällt nicht leicht. Grob umrissen beinhaltet die passive Sterbehilfe Konstellationen eines Verzichts auf (weitere) lebenserhaltende bzw. -verlängernde Maßnahmen auf Grundlage des (mutmaßlichen) Patientenwillens.[45] In der begrifflichen Differenzierung zu den beiden zuvor dargestellten Fallgruppen aktiver Sterbehilfe liegt eine Beschränkung der passiven Sterbehilfe auf Unterlassungen nahe, durch die Sterbehilfe geleistet wird. Vor diesem Hintergrund unstreitig von der Fallgruppe der passiven Sterbehilfe erfasst sind zumindest die dem (mutmaßlichen) Patientenwillen entsprechende Nichteinleitung sowie die spätere Nichtfortführung lebenserhaltender Maßnahmen durch den Arzt.[46] Unterlassene Wiederbelebungsmaßnahmen oder die Einstellung der wei-

---

Neumann, Vor § 211, Rz. 103. Zum Widerspruch zwischen Einwilligungslösung und § 216 StGB vgl. unten in Kapitel 2 unter C.I.2. lit. b. sowie C.I.3. lit. b.

[43] BGH, Urteil vom 15.11.1996 – 3 StR 79/96, BGHSt 42, 301, 305. Auch das BGH-Urteil von 2010 greift die Fallgruppe der indirekten aktiven Sterbehilfe auf und spricht sich für eine Rechtfertigungslösung aus, wobei der BGH darin nun auf eine (mutmaßliche) Einwilligung des Patienten und nicht mehr auf einen rechtfertigenden Notstand abstellt, BGH, Urteil vom 25.06.2010 – 2 StR 454/09, BGHSt 55, 191 ff., Rz. 34. Zu den Problemen einer solchen Begründung vgl. Fn. 42 sowie unten in Kapitel 2 unter C.I.2. lit. b. sowie C.I.3. lit. b.

[44] Dies zeigt sich für die Tatbestandslösungen beispielsweise in dem berechtigten Einwand, dass das Rekurrieren auf einen sozialen Gesamtsinn oder die Betrachtung als erlaubtes Risiko ein Wertungsergebnis aufzeigt, das jedoch noch einer entsprechenden Begründung harrt; dazu MüKo-StGB/*Schneider*, Vor § 211, Rz. 107. Die Rechtfertigung über § 34 StGB sieht sich insbesondere mit den Einwänden konfrontiert, nicht für die Auflösung interner Rechtsgüterkollisionen konzipiert zu sein und das Überwiegen des Schmerzlinderungsinteresses gegenüber dem Höchstwert Leben nicht frei von Wertungswidersprüchen herleiten zu können; dem entgegentretend MüKo-StGB/*Schneider*, Vor § 211, Rz. 110 ff., der jedoch zugesteht, dass „ein Knirschen im Gebälk der Strafrechtsdogmatik" auch für den Lösungsweg über § 34 StGB „unüberhörbar" sei. Das vertretene Meinungsspektrum soll hier nur angedeutet werden; eine weitergehende Untersuchung zur Begründung der Straffreiheit indirekter aktiver Sterbehilfe sprengt den Rahmen dieser Arbeit und muss anderen Untersuchungen vorbehalten bleiben.

[45] Vgl. Schönke/Schröder/*Eser/Sternberg-Lieben*, Vor §§ 211 ff. StGB, Rz. 27.

[46] MüKo-StGB/*Schneider*, Vor § 211, Rz. 114. Vgl. hierzu auch *Roxin*, in: Roxin/Schroth, Medizinstrafrecht, S. 92 ff., wobei Roxin den technischen Behandlungsabbruch orientiert an normativen Kriterien als Unterlassen der Weiterbehandlung einordnet und dementsprechend ebenfalls der Fallgruppe der passiven Sterbehilfe zuordnet, S. 94 f.

teren künstlichen Ernährung sind demnach typische Fälle einer zulässigen passiven Sterbehilfe.

An der skizzierten Unterscheidung zwischen aktiver und passiver Sterbehilfe orientierte sich auch die Rechtsprechung vor dem BGH-Urteil von 2010.[47] Die Zulässigkeit der Unterlassung von Behandlungsmaßnahmen wurde mit dem verfassungsrechtlich gewährleisteten Selbstbestimmungsrecht begründet, das es dem Patienten erlaube, eine medizinisch indizierte Behandlung bei vorhandener Einsichts- und Urteilsfähigkeit abzulehnen.[48] Die Einordnung des Abbruchs laufender Lebenserhaltungsmaßnahmen durch *aktives Tätigwerden* in die Kategorien zulässiger passiver oder unzulässiger direkter aktiver Sterbehilfe gestaltete sich jedoch problematisch. Zwar drängt sich die Frage auf, warum ein aktives Durchtrennen des Zuführungsschlauches einer PEG-Sonde zur Einstellung einer künstlichen Ernährung anders zu bewerten sein sollte als die unterlassene Zuführung von Sondennahrung, die als passive Sterbehilfe einzustufen wäre. Die gleiche Frage stellt sich bei der Bewertung der Beendigung einer bereits eingeleiteten technischen Beatmungsmaßnahme durch aktive Betätigung des Schaltknopfs im Vergleich zur passiven Nichteinleitung der künstlichen Beatmung. Die Einordnung der geschilderten Handlungen als zulässige Maßnahmen der Sterbehilfe bereitete im Strafrecht jedoch seit jeher Probleme. Da sie naturalistisch betrachtet ein aktives Tätigwerden voraussetzen und keinen Abbruch der Lebenserhaltung durch ein bloßes Unterlassen herbeiführen, liegt ihre Zuordnung zur Kategorie der direkten aktiven Sterbehilfe und mithin eine Strafbarkeit nach §§ 212, 216 StGB nahe: Der Druck auf den Aus-Knopf und der Schnitt durch den Schlauch *beabsichtigen* gerade ein „Sterben lassen"; der Tod des Patienten infolge einer ärztlichen Tätigkeit ist damit Verhaltensziel.

Eine – insofern begrifflich konsequente – Einordnung des aktiven Abbruchs laufender Lebenserhaltungsmaßnahmen als unzulässige direkte aktive Sterbehilfe würde jedoch erhebliche Wertungsprobleme verursachen: So bliebe die Einstellung der künstlichen Ernährung durch unterlassene Nahrungszufuhr straflos; die Einstellung der weiteren Ernährung mittels Durchtrennung des Zuführungsschlauchs hingegen, die für den Patienten mit identischen Wirkungen verbunden

---

[47] Die Frage, ob eine Sterbehilfe durch Tun oder Unterlassen vorlag, beurteilte die Rechtsprechung dabei normativ anhand des Schwerpunktes der Vorwerfbarkeit des in Rede stehenden Verhaltens; vgl. dazu BGH, Urteil vom 13.09.1994 – 1 StR 357/94, BGHSt 40, 257 ff., Rz. 30 f.; vgl. explizit zur durch den BGH angewendeten Abgrenzungsformel BGH, Urteil vom 14.03.2003 – 2 StR 239/02, NStZ 2003, 657 f., Rz. 5. Zur Abgrenzung von strafbarer und strafloser Sterbehilfe in der Rechtsprechung vor dem BGH-Urteil von 2010 siehe auch *Ipsen*, Schünemann-FS, S. 107 ff.

[48] Zur hier geschilderten Begründung für die Straflosigkeit der Nichteinleitung bzw. Nichtfortführung lebenserhaltender bzw. -verlängernder Maßnahmen *Laux/Röbel et al.*, Archiv für Kriminologie 2013, 73, 74 f. sowie näher in Kapitel 2 unter A. I. und II.

ist – er bekommt keine lebenswichtige Nahrung mehr – würde als Tötungsdelikt gewertet werden. Lediglich die *Phänotypik* der Nichtfortführung der künstlichen Ernährung unterscheidet sich in beiden Varianten. Den beschriebenen Wertungsunterschied vermag dies jedoch kaum zu rechtfertigen. Im Schrifttum vor dem Jahr 2010 wurden vor diesem Hintergrund verschiedene Wege vorgeschlagen, um die Konstellationen des aktiven Abbruchs laufender Behandlungsmaßnahmen gegen die Fallgruppe der direkten aktiven Sterbehilfe abzugrenzen, auf die noch näher einzugehen sein wird. Die Stoßrichtungen der entwickelten Lösungsansätze lassen sich an dieser Stelle zusammenfassend wie folgt charakterisieren: Zumeist wurde das ärztliche Verhalten auf verschiedenen Begründungswegen rechtlich als Unterlassen und damit als passive Sterbehilfe gewertet.[49] Manche Autoren versuchten davon abweichend trotz rechtlicher Einordnung als aktives Tun Unterscheidungsmerkmale des aktiven Abbruchs lebenserhaltender Maßnahmen zur direkten aktiven Sterbehilfe zu finden, auf Grund derer eine Verwirklichung der Strafnorm des § 216 StGB abgelehnt werden konnte.[50] Teilweise wurden auch Begründungen entworfen, die die Differenzierung zwischen Tun und Unterlassen für obsolet erklärten.[51]

Den BGH veranlasste das offenbarte Einordnungsproblem bei einem Abbruch lebenserhaltender Maßnahmen durch aktives Tun im Jahr 2010 schließlich dazu, die bisherige, „an den äußeren Erscheinungsformen von Tun und Unterlassen" orientierte Differenzierung zwischen strafbarer direkter aktiver Sterbehilfe und strafloser passiver Sterbehilfe aufzugeben. An deren Stelle platzierte er ein neues Rechtsinstitut, das auch eine Bewertung von Fällen des aktiven Abbruchs lebenserhaltender Behandlungsmaßnahmen ohne Wertungswidersprüche oder dogmatische Konstruktionsprobleme ermöglichen sollte: der Behandlungsabbruch durch Unterlassen, Begrenzen oder Beenden einer begonnenen medizinischen Behandlung.[52] Die unter diesem Oberbegriff zusammengefassten, dem Patientenwillen entsprechenden Sterbehilfehandlungen sollen nach der höchstrichterlichen Rechtsprechung nicht dem Anwendungsbereich der Tötungsdelikte unterfallen. Die so gestaltete Rechtslage bildet den Ausgangs- und Anknüpfungspunkt für die Einordnung der untersuchungsgegenständlichen Fragestellung.

---

[49] Hierzu näher in Kapitel 2 unter B.I.1.
[50] Hierzu näher in Kapitel 2 unter B.I.2.
[51] Hierzu näher in Kapitel 2 unter B.I.3.
[52] BGH, Urteil vom 25.06.2010 – 2 StR 454/09, BGHSt 55, 191. Dazu näher in Kapitel 2 unter B.III.

III. Normzweck des § 216 StGB im Lichte des Verfassungsrechts

Die im vorangegangenen Abschnitt skizzierte Reichweite der Tötungsdelikte im Bereich der Sterbehilfe wirft die Frage auf, welchen Zweck die mit der Tötung auf Verlangen statuierten Einschränkungen der Autonomie von Sterbewilligen verfolgen und wie sich dieser in den zuvor skizzierten verfassungsrechtlichen Rahmen einfügt.

Das Strafrecht zur Sterbehilfe muss einen komplexen Balanceakt vollführen und die verschiedenen konfligierenden Verfassungsprinzipien miteinander in Einklang bringen, die in diesem Bereich Anwendung beanspruchen.[53] Ob die Strafvorschrift des § 216 StGB diese Voraussetzung erfüllt und einen legitimen Geltungsgrund vorweisen kann, ist nicht erst in jüngster Zeit Gegenstand der rechtswissenschaftlichen Debatte.[54] Das Urteil des BVerfG aus dem Jahr 2020, mit dem es das Verbot der geschäftsmäßigen Förderung der Selbsttötung in § 217 StGB a.F. für verfassungswidrig erklärte, hat die Debatte um die Berechtigung des § 216 StGB jedoch zusätzlich befeuert.[55] Die Frage nach dem legitimen Normzweck der Tötung auf Verlangen ist nicht zuletzt für die strafrechtliche Einordnung von Fallgruppen der Sterbehilfe bedeutsam, die – wie der untersuchungsgegenständliche aktive Abbruch lebenserhaltender Maßnahmen – Abgrenzungsschwierigkeiten hervorgerufen haben. Die Arbeit soll vor diesem Hintergrund einen kurzen Überblick über die diskutierten Normzwecke der Tötung auf Verlangen geben (hierzu 1.) und im Anschluss den nach hier vertretener Auffassung unter Berücksichtigung des verfassungsrechtlichen Rahmens tragfähigen Legitimationsgrund des § 216 StGB skizzieren (hierzu 2.).[56]

---

[53] Zu diesen oben in Kapitel 2 unter A.I.
[54] *Dreier* bezeichnete die Vorschrift bereits vor dem BGH-Urteil von 2010 als „in ihrer Begründung […] prekär", *Dreier*, JZ 2007, 317, 319. Für eine Reform des § 216 StGB *Wolfslast*, Schreiber-FS, S. 913 ff. sowie – unter Verweis auf den Beschluss des 56. Deutschen Juristentages 1986 – *Lüderssen*, JZ 2006, 689 ff. Zu Forderungen nach der Streichung des § 216 StGB MüKo-StGB/*Schneider*, § 216, Rz. 2 m.w.N.
[55] Dies zeigen insbesondere die daran anknüpfenden Bewertungen von *Leitmeier*, NStZ 2020, 508 ff.; *Lindner*, NStZ 2020, 505 ff. und *Öz*, JR 2021, 428 ff., die die Legitimation des § 216 StGB in seiner gegenwärtigen Gestalt in Zweifel ziehen, sowie der vor dem Hintergrund des BVerfG-Urteils entstandene AMHE-SterbehilfeG aus dem Jahr 2021, der in § 6 eine Regelung vorschlägt, wonach die aktive Sterbehilfe im Falle schwerster Leidenszustände unter bestimmten Voraussetzungen nicht rechtswidrig sein soll.
[56] Die Darstellung beschränkt sich an dieser Stelle auf einen Überblick über die hauptsächlich vertretenen Begründungsstränge und umreißt auf dieser Basis den für vorzugswürdig erachteten Normzweck. Eine umfassende Auseinandersetzung mit sämtlichen Spielarten der Normzweckbegründungen würde hingegen den Rahmen der Untersuchung sprengen und bleibt Werken mit spezifischem Fokus auf dem Strafgrund des § 216 StGB vorbehalten; vgl. etwa die Monographie von *Müller*, dort insbesondere S. 29 ff., 134 ff.

1. Überblick über die vertretenen Normzweckbegründungen

Die Reichweite des durch § 216 StGB bewirkten Lebensschutzes setzt der Autonomie eines Sterbewilligen erhebliche Grenzen, deren Erforderlichkeit zum Zwecke eines wirksamen Lebensschutzes sich nicht ohne Weiteres erschließt. Insbesondere im Hinblick auf die parallel bestehende Straffreiheit einer Teilnahme am Suizid[57] wird dem derzeitigen strafrechtlichen Regelungssystem Inkonsistenz vorgeworfen: Zwar unterscheide sich die Tötung auf Verlangen im Hinblick auf die Herrschaft über die zum Tode führende Ausführungshandlung vom Suizid; der Sterbewunsch des Betroffenen sei hingegen in beiden Fällen gleichermaßen vorhanden.[58] Auch die Straflosigkeit passiver und insbesondere indirekter aktiver Sterbehilfe[59] bei gleichzeitiger Strafbewehrung der Tötung auf Verlangen wird teilweise für nur schwer zu rechtfertigen erachtet.[60] Der Strafgrund des § 216 StGB bedarf daher einer näheren Erörterung. Zwei verschiedene Begründungsstränge für die Strafbarkeit der Tötung auf Verlangen haben sich insoweit herausgebildet:

Obgleich § 216 StGB für seinen paternalistischen Charakter vielfach kritisiert wurde,[61] rechtfertigt ein Meinungsstrang im Schrifttum seine Existenz gerade mit dem Bedarf eines Schutzes des Individuums „vor sich selbst".[62] Warum ein solcher Individualschutz erforderlich und durch einen strafrechtlichen Sanktionsmechanismus zu sichern sein soll, wird unterschiedlich begründet: So meint etwa *Roxin*, die Abgabe der Durchführung des Tötungsaktes an einen Dritten zeuge von einer möglicherweise nicht vollends vorhandenen Bereitschaft, aus dem Leben zu scheiden und zu diesem Zweck die bei einer Selbsttötung bestehende natürliche Hemmschwelle zu überwinden.[63] *Jakobs* erkennt in § 216 StGB einen Übereilungsschutz in Form eines abstrakten Gefährdungsdelikts.[64] Durch

---

[57] Das Verbot der geschäftsmäßigen Förderung der Selbsttötung in § 217 StGB a. F., das bestimmte Formen der Suizidhilfe kriminalisierte, wurde im Jahr 2020 vom BVerfG für verfassungswidrig befunden und die bis dahin geltende Vorschrift für nichtig erklärt; dazu BVerfG, Urteil vom 26.02.2020 – 2 BvR 2347/15, 2 BvR 651/16, 2 BvR 1261/16, 2 BvR 1593/16, 2 BvR 2354/16, 2 BvR 2527/16, BVerfGE 153, 182 ff.

[58] Vgl. MüKo-StGB/*Schneider*, § 216, Rz. 2.

[59] Dazu bereits oben in Kapitel 2 unter A. II.

[60] Vgl. MüKo-StGB/*Schneider*, § 216, Rz. 4.

[61] Beispielhaft für diese Kritik *Fernandes Godinho*, GA 2015, 329, 331 ff. sowie *Neumann*, in: Fateh-Moghadam et al., S. 245, 259 ff. Weitere Nachweise zu dieser Kritik finden sich bei *Fischer*, § 216 StGB, Rz. 1 f. sowie bei Schönke/Schröder/*Eser/Sternberg-Lieben*, § 216 StGB, Rz. 1a, 1b. Eine paternalistisch begründete Strafbarkeit der Tötung auf Verlangen kritisiert auch *Tenthoff*, S. 86 ff., S. 179 f.

[62] Dazu Schönke/Schröder/*Eser/Sternberg-Lieben*, § 216 StGB, Rz. 1a.

[63] *Roxin*, NStZ 1987, 345, 347 f.; *ders.*, GA 2013, 313.

[64] Hierzu und zum Folgenden *Jakobs*, Kaufmann-FS 1993, S. 459, 467 f. Ebenfalls für die

die Begründung fremder Verantwortung für den Tötungsakt werde dem Sterbewilligen anders als bei einer Selbsttötung die Bedeutung des eigenen Willensentschlusses nicht auf hinreichend drastische Weise vor Augen geführt. Indem § 216 StGB den Sterbewilligen dazu zwinge, seine Tötung eigenhändig durchzuführen, solle sichergestellt werden, dass er sich nicht voreilig für eine Beendigung des eigenen Lebens entscheide und vollständig selbstbestimmt sterbe.[65] Beide Argumentationen berufen sich damit auf eine im Falle der Tötung auf Verlangen fehlende Sicherung des unerschütterlichen Sterbewillens eines vermeintlich Sterbewilligen und bieten so einen Erklärungsansatz für den rechtlichen Bewertungsunterschied zwischen Suizidbeihilfe und Tötung auf Verlangen.

Andere Literaturstimmen verfolgen hingegen generalpräventive Ansätze in unterschiedlicher Ausprägung, um die Strafbarkeit der Tötung auf Verlangen zu begründen. So wird eine von der Strafrechtsordnung beabsichtigte absolute Tabuisierung der Fremdtötung[66] als Strafgrund des § 216 StGB angeführt oder auf Beweisschwierigkeiten[67] bei der sicheren Feststellung eines ernstlichen Sterbewunsches rekurriert. Verbreitet sind auch sog. Dammbrucherwägungen[68], die die Sanktionslosigkeit einer Fremdtötung auf Grund (mutmaßlicher) Einwilligung als Wegbereiter für eine gefährliche Öffnung des Fremdtötungsverbotes bewerten. So sei als nächster Schritt zu befürchten, dass die Einwilligung des Sterbewilligen in seine Tötung durch eine Einwilligung von Eltern oder gar Staatsorganen ersetzt werden könne.[69] Die Gefahr drohe, dass in Folge einer Legalisie-

---

Lesart als abstraktes Gefährdungsdelikt, jedoch mit etwas anderer Begründung, spricht sich *Müller*, S. 120 ff. aus. Vgl. dazu auch sogleich in Kapitel 2 unter A. III. 2.

[65] Die Berechtigung der Vorschrift gelange allerdings an ihre Grenzen, wenn der Sterbewillige physisch nicht mehr in der Lage sei, sich zu suizidieren. Wenn hier für die Gefahr einer Voreiligkeit tatsächlich keine Anhaltspunkte bestünden, könne § 216 StGB nicht eingreifen; so *Jakobs*, Kaufmann-FS 1993, S. 459, 470 f. Eine derartige Strafbarkeitsausnahme ist zumindest im Regelungswortlaut nicht vorgesehen.

[66] Vgl. *Engisch*, Mayer-FS, S. 399, 415; weitere Nachweise bei MüKo-StGB/*Schneider*, § 216, Rz. 3.

[67] *Arzt*, ZStW 83 (1971), 1, 36 f.; *Tröndle*, ZStW 99 (1987), 25, 38 f.; weitere Nachweise bei MüKo-StGB/*Schneider*, § 216, Rz. 3.

[68] Zu finden beispielsweise bei *Giesen*, JZ 1990, 929, 935; *Hirsch*, Lackner-FS, S. 597, 613; weitere Nachweise bei MüKo-StGB/*Schneider*, § 216, Rz. 3. In der englischen Literatur werden Argumente mit vergleichbarer Struktur zumeist als „slippery slope argument" bezeichnet. Obwohl sich das dadurch gezeichnete Bild der drohenden Abfolge mehrerer Ereignisse, die in einer Katastrophe münden, von dem plötzlichen Eintritt der Katastrophe im Falle des Dammbruchs unterscheidet, wird im deutschen juristischen Schrifttum eine Differenzierung üblicherweise nicht vorgenommen und die Bezeichnung „Dammbruchargument" unterschiedslos sowohl für „echte" Dammbruchargumente verwendet als auch für Argumente, die eigentlich mit dem Bild der „slippery slope" operieren. Zum Ganzen *Saliger*, ZIS 2007, 341 ff.

[69] Die dargestellten Dammbrucherwägungen finden sich bei *Hirsch*, Lackner-FS, S. 597, 613.

rung der Tötung auf Verlangen „in manchen Köpfen die Achtung vor fremdem Leben" abgebaut werde[70] und die Grenzen des Tötungsverbotes erodierten.[71] Schutzziel des § 216 StGB ist nach diesen Begründungsansätzen also das Rechtsgut Leben der Gesamtheit der Grundrechtsträger und nicht das individuelle Leben des Sterbewilligen. Dessen einzelfallbezogene Preisgabe wird jedoch als dem im gesamtgesellschaftlichen Interesse bestehenden Lebensschutz abträglich erachtet.

2. Stellungnahme: § 216 StGB als abstraktes Gefährdungsdelikt

Die verschiedenen Begründungsansätze zum Normzweck der Tötung auf Verlangen legen der Norm im Ausgangspunkt stets das legitime Ziel zugrunde, einen wirksamen und effektiven Schutz des in Art. 2 Abs. 2 Satz 1 Var. 1 GG garantierten Rechts auf Leben sicherzustellen.[72] Die Erforderlichkeit eines *absoluten* Rechtsgutsschutzes folgt aus der verfassungsrechtlichen Garantie indes nicht – generalpräventive Ansätze, denen eine solche Annahme zugrunde liegt, vermögen daher nicht zu überzeugen.[73] Art. 2 Abs. 2 Satz 3 GG sieht eine Beschränkungsmöglichkeit des Rechts auf Leben auf Grund einfachen Gesetzes vor.[74] Diese Möglichkeit wurde unter anderem durch § 32 StGB umgesetzt, der zur Abwehr eines gegenwärtigen rechtswidrigen Angriffs unter den dort geregelten Voraussetzungen auch die Tötung des Angreifers erlaubt. Im Gefahrenabwehrrecht lassen die Polizeigesetze der meisten Bundesländer den sog. finalen Rettungsschuss bei gegenwärtiger Lebensgefahr oder der Gefahr einer schwerwiegenden Körperverletzung zu.[75] Dies stellt ebenfalls eine verfassungsrechtlich zulässige Schranke des Art. 2 Abs. 2 Satz 1 Var. 1 GG dar und illustriert die

---

[70] *Hirsch*, Lackner-FS, S. 597, 614. Dieser führt zur Stützung seiner Dammbrucherwägungen a.a.O. weiter aus, es gebe bereits jetzt Fälle, in denen Pflegepersonal sich dazu berufen gefühlt habe, das Leben von schwerkranken Patienten aus eigenem Entschluss heraus zu beenden.

[71] Kritisch zu dieser Argumentation *Merkel*, JZ 1996, 1145, 1151.

[72] Zur grundsätzlichen Legitimität dieses Zwecks auch BVerfG, Urteil vom 26.02.2020 – 2 BvR 2347/15, 2 BvR 651/16, 2 BvR 1261/16, 2 BvR 1593/16, 2 BvR 2354/16, 2 BvR 2527/16, BVerfGE 153, 182 ff., Rz. 231; *Lindner*, NStZ 2020, 505, 506.

[73] Zum Ganzen auch MüKo-StGB/*Schneider*, § 216, Rz. 4. Die vorliegende Argumentation stützt sich auf das in der Literatur vorwiegend anzutreffende Verständnis eines absoluten Lebensschutzes, wonach ein Eingriff in das Leben unter keinen Umständen legitimiert werden kann. Zu einem davon abweichenden, rechtlich stimmigeren Verständnis der Absolutheit des Lebensschutzes *Ingelfinger*, ZfL 2005, 38, 39. Zur fehlenden Absolutheit des Lebensschutzes im Sinne des hier zugrunde gelegten Verständnisses siehe ebenfalls bei *Ingelfinger*, ZfL 2005, 38, 39 sowie bei *Borrmann*, S. 55 f. m.w.N.

[74] Dazu ebenfalls *Ingelfinger*, ZfL 2005, 38, 39.

[75] Vgl. nur § 76 Abs. 2 Satz 2 NPOG; § 25 Abs. 2 Hmb. SOG; Art. 83 Abs. 2 Satz 2 PAG.

grundsätzliche Einschränkbarkeit des Rechts auf Leben.[76] Nicht zuletzt zeigt auch die anerkannte Straflosigkeit indirekter aktiver Sterbehilfe, dass ein absolutes Tötungstabu in unserer Rechtsordnung nicht besteht.[77]

Die zuweilen beschworene Gefahr eines „Dammbruchs" im Sinne einer Zunahme von Tötungshandlungen auf Grund einer gesellschaftlichen Enttabuisierung[78] kann die gesetzgeberische Entscheidung, eine auf Verlangen des Sterbewilligen erfolgende Tötung zu pönalisieren, ebenfalls nicht hinreichend legitimieren.[79] Einer gesellschaftlichen Enttabuisierung bestimmter Tötungshandlungen kann das Strafrecht mit dem ihm zur Verfügung stehenden Mittel fortgesetzter Pönalisierung entgegen wirken.[80] Davon unabhängig bürdet sich die Prognose einer Enttabuisierung eine massive Beweislast auf, der sie nicht gerecht werden kann.[81] Sie wirft zudem die Frage auf, warum die prognostizierte Gefahr einer Enttabuisierung von Tötungen auf Verlangen sich nicht bereits auf Grundlage des seit Jahrzehnten geltenden Sterbehilferechts realisiert hat: Insbesondere die Straflosigkeit indirekter aktiver Sterbehilfe hätte nach der Logik der Gefahrenprognose bereits eine Enttabuisierung von Tötungen auf Verlangen befördern müssen.[82] Dass derartige gesellschaftsweite Enttabuisierungstendenzen bislang nicht zu beobachten sind, schürt Zweifel an der Gefahrenprognose.

Die Identifikation des legitimen Strafgrundes des § 216 StGB bedarf nach hier vertretener Auffassung einer stärkeren Einbeziehung der zuvor dargelegten verfassungsrechtlichen Wertungen des Strafrechts zur Sterbehilfe. Diese waren jüngst Gegenstand der Entscheidung des BVerfG zur Verfassungswidrigkeit von § 217 StGB a. F. im Jahr 2020.[83] Darin hat das BVerfG erstmals ein verfassungs-

---

[76] Vgl. dazu *Dreier*, JZ 2007, 261, 264 f.; Dreier/*Schulze-Fielitz*, Art. 2 Abs. 2 GG, Rz. 62 m. w. N.
[77] *Leitmeier*, NStZ 2020, 508, 509. Zur indirekten aktiven Sterbehilfe und ihrer Straflosigkeit siehe oben in Kapitel 2 unter A. II.
Im Hinblick auf das historische Tötungstabu werden hier objektiv-teleologische Überlegungen angeführt, die an die Gegenwartsfunktion der Strafnorm anknüpfen. Derartige Überlegungen finden sich auch bei *Walter*, ZIS 2011, 76, 81 f.
[78] *Hirsch*, Lackner-FS, S. 597, 613 f. MüKo-StGB/*Schneider*, § 216, Rz. 3, Fn. 16 bezeichnet dahingehende Behauptungen als „sozialpsychologisch ganz und gar unausgewiesen" und ergänzt: „Dumpfe Horrorszenarien können keine Argumente ersetzen."
[79] Eine ausführliche Darstellung von Argumenten gegen etwaige Dammbruchgefahren findet sich bei *Merkel*, S. 595 ff.
[80] Vgl. *Borrmann*, S. 57.
[81] Hierzu und zum Folgenden *Merkel*, S. 598 f. Einen fehlenden empirischen Beleg für Dammbruchgefahren bemängelt auch *Öz*, JR 2021, 428, 432.
[82] Vgl. auch *Öz*, JR 2021, 428, 433.
[83] Hierzu und zum Folgenden BVerfG, Urteil vom 26.02.2020 – 2 BvR 2347/15, 2 BvR 651/16, 2 BvR 1261/16, 2 BvR 1593/16, 2 BvR 2354/16, 2 BvR 2527/16, BVerfGE 153, 182 ff., dort insbesondere 1. Leitsatz. Die zentrale Rolle dieser Rechtsprechung in der jüngeren Diskus-

rechtlich gewährleistetes Recht auf selbstbestimmtes Sterben als Ausfluss des Selbstbestimmungsrechts anerkannt. In den Leitsätzen heißt es hierzu: „Das Recht auf selbstbestimmtes Sterben schließt die Freiheit ein, sich das Leben zu nehmen. Die Entscheidung des Einzelnen, seinem Leben entsprechend seinem Verständnis von Lebensqualität und Sinnhaftigkeit der eigenen Existenz ein Ende zu setzen, ist im Ausgangspunkt als Akt autonomer Selbstbestimmung von Staat und Gesellschaft zu respektieren."

Das Rechtsgut Leben ist für seinen Rechtsgutsträger danach grundsätzlich disponibel.[84] Die vom BVerfG betonte Notwendigkeit, der Autonomie des Einzelnen in Bezug auf die Beendigung seines Lebens hinreichenden Raum zu geben, verlangt vom Gesetzgeber jedoch keine grenzenlose Öffnung des Rechts für jedwede Arten der Herbeiführung des eigenen Todes. Dies gilt auch im Hinblick auf eine Einbeziehung Dritter zur Verwirklichung des eigenen Sterbewunsches. Soweit das BVerfG in seinem Urteil eine Freiheit bejaht hat, im Rahmen der Lebensbeendigung bei Dritten Hilfe zu suchen bzw. angebotene Hilfe in Anspruch zu nehmen, hat es diese nur als Bestandteil der Freiheit anerkannt, *sich* das Leben zu nehmen.[85]

Der legitime Strafgrund des § 216 StGB wird deutlicher, wenn man nicht nur dessen autonomieeinschränkende Dimension in den Vordergrund stellt, sondern sich gerade seine autonomieschützende Stoßrichtung vergegenwärtigt:[86] Der

---

sion zum Strafgrund von § 216 StGB ergibt sich auch aus den Beiträgen von *Leitmeier*, NStZ 2020, 508 ff. und *Lindner*, NStZ 2020, 505 ff.

[84] Vgl. auch *Müller*, S. 79, 83.

[85] BVerfG, Urteil vom 26.02.2020 – 2 BvR 2347/15, 2 BvR 651/16, 2 BvR 1261/16, 2 BvR 1593/16, 2 BvR 2354/16, 2 BvR 2527/16, BVerfGE 153, 182 ff., 1. Leitsatz. Eine verfassungsrechtlich garantierte Freiheit, die Hilfe Dritter für eine durch diese zu verwirklichende (Fremd-)Tötung in Anspruch nehmen zu können, um aus dem Leben zu scheiden, lässt sich aus diesen Ausführungen nicht ableiten; so auch *Grünewald*, JR 2021, 99, 105. Das BVerfG hat das Recht auf selbstbestimmtes Sterben in seiner Entscheidung neben dem Recht auf eigenhändige Lebensbeendigung nur auf das Recht erstreckt, lebenserhaltende Maßnahmen abzulehnen und einem zum Tode führenden Krankheitsgeschehen auf diese Weise seinen Lauf zu lassen – Maßnahmen einer (Fremd-)Tötung auf Verlangen hat es nicht inkludiert; siehe dazu BVerfG, Urteil vom 26.02.2020 – 2 BvR 2347/15, 2 BvR 651/16, 2 BvR 1261/16, 2 BvR 1593/16, 2 BvR 2354/16, 2 BvR 2527/16, BVerfGE 153, 182 ff., Rz. 209. Warum es sich bei der angeführten Beendigung lebenserhaltender Behandlungsmaßnahmen gerade nicht um eine Tötung auf Verlangen handelt, wird unten in Kapitel 2 unter C. III. 1. näher ausgeführt.

Auch wenn zentrale Leitgedanken des Urteils zur Verfassungswidrigkeit des § 217 StGB a. F. für die Bewertung der Legitimität des § 216 StGB fruchtbar gemacht werden können, fehlt es doch an ihrer direkten Übertragbarkeit von der Situation der Selbst- auf die Situation der Fremdtötung. Diese Auffassung scheint *Leitmeier* insbesondere im Hinblick auf die Einbeziehung Dritter nicht zu teilen; vgl. *Leitmeier*, NStZ 2020, 508, 512.

[86] Zu dieser auch BeckOK-StGB/*Eschelbach*, § 216, Rz. 2; vgl. *Dreier*, JZ 2007, 317, 320; *Müller*, S. 120 ff.

Schutz der Selbstbestimmung kann den Gesetzgeber zulässigerweise dazu veranlassen, Einschränkungen der Autonomie im Bereich der Sterbehilfe vorzusehen, um „autonomiegefährdenden Interessenkonflikten" und der Gefahr „fremdbestimmter Einflussnahme in Situationen prekärer Selbstbestimmung" vorzubeugen.[87] Das Selbstbestimmungsrecht steht zu einer Strafbarkeit direkter aktiver Sterbehilfe also nicht in einem unauflöslichen Widerspruch. Vielmehr tritt der Schutz der Autonomie des Sterbewilligen im Rahmen der Normzweckbegründung neben den Erhalt eines wirksamen und effektiven Lebensschutzes. § 216 StGB soll sicherstellen, dass die Autonomie auch im Sterben erhalten bleibt.[88] Freilich lassen sich bei einem tatsächlich vorliegenden ausdrücklichen und ernstlichen Tötungsverlangen des Sterbewilligen im Sinne des § 216 StGB Risiken für sein selbstbestimmtes Sterben nicht ausmachen.[89] Es kann daher nur Ziel der Regelung sein, als abstraktes Gefährdungsdelikt Fremdtötungen vorzubeugen, die lediglich *vermeintlich* auf einer freien Willensbetätigung eines (scheinbar) Sterbewilligen beruhen.[90] Da die Herrschaft über den Tod bringenden Akt bei einer Tötung auf Verlangen in der Hand eines Dritten liegt, bestehen im Vergleich zu einer Selbsttötung zusätzliche Gefahrpotentiale für einen selbstbestimmten Tod des Sterbewilligen, die der Gesetzgeber bei der Ausgestaltung des Strafrechtsschutzes berücksichtigen muss.[91] Zu nennen ist insbesondere die Gefahr, dass der Dritte dem Anschein eines ernstlichen und damit auch freiverantwortlich gebildeten Sterbewillens unterliegt, auch wenn dieses Kriterium tatsächlich nicht erfüllt ist. Der Nachprüfbarkeit einer freiverantwortlichen Willensbildung als in der Person des Sterbewilligen liegender Umstand sind erhebliche Grenzen gesetzt. Dies gilt umso mehr, wenn man bedenkt, dass selbst mit medizinisch-psychologischem Sachverstand die eindeutige Feststellung eines freiverantwortlichen Sterbewunsches Schwierigkeiten bereiten kann.[92] Nicht

---

[87] Hierzu und zum Folgenden BVerfG, Urteil vom 26.02.2020 – 2 BvR 2347/15, 2 BvR 651/16, 2 BvR 1261/16, 2 BvR 1593/16, 2 BvR 2354/16, 2 BvR 2527/16, BVerfGE 153, 182 ff., Rz. 223, 227 ff., 230, 248 sowie BT-Drucks. 18/5373, S. 11, 17.

[88] Vgl. die insoweit auf § 216 StGB übertragbare, prägnante Feststellung des BVerfG zum Zweck des § 217 StGB a. F.: „Die Regelung dient dazu, die Selbstbestimmung des Einzelnen über sein Leben und hierdurch das Leben als solches zu schützen".

[89] *Öz*, JR 2021, 428, 429. Öz sieht daher keine Legitimationsgrundlage für die aktuelle Fassung der Norm. So auch *Leitmeier*, NStZ 2020, 505, 509.

[90] So auch *Müller*, S. 120 ff. Zur Deutung des § 216 StGB als abstraktes Gefährdungsdelikt in unterschiedlichen Begründungsspielarten *Dreier*, JZ 2007, 317, 320 m.w.N.; *Jakobs*, Kaufmann-FS 1993, S. 459, 467 f.; MüKo-StGB/*Schneider*, § 216, Rz. 8.

[91] Zu den hier und im Folgenden umrissenen Gefahrpotentialen der Fremdtötung für die Autonomie des Sterbewilligen eingehend *Müller*, S. 122 ff.

[92] Das BVerfG führt hierzu in seiner Entscheidung in Bezug auf die Selbsttötung aus, die für das Verfahren hinzugezogenen Sachkundigen hätten dargelegt, dass Suizidentscheidungen „regelmäßig auf einem komplexen Motivbündel" beruhen würden und „häufig ambivalent und

zuletzt der hohe Anteil pathologisch bedingter Sterbewünsche dürfte das Irrtumsrisiko des zur Tötung hinzugezogenen Dritten hinsichtlich eines freiverantwortlich gebildeten Sterbewillens erhöhen.[93]

Auf Grundlage des danach bestehenden abstrakten Gefährdungspotentials für ein selbstbestimmtes Sterben im Falle der Herbeiführung des Todes durch Dritte kann der Gesetzgeber im Rahmen seiner gesetzgeberischen Einschätzungsprärogative entscheiden, den Zugang zu einer Fremdtötung auf Verlangen grundsätzlich auszuschließen, sofern diese Entscheidung einer verfassungsrechtlichen Vertretbarkeitskontrolle Stand hält.[94] Es ist gerade die Aufgabe der Legislative, das Spannungsverhältnis zwischen den kollidierenden verfassungsrechtlichen Prinzipien durch diesbezügliche Regelungen aufzulösen, wobei ihr ein Einschätzungs-, Wertungs- und Gestaltungsspielraum zukommt.[95]

Zwar führt die Kritik, der sich der nachkonstitutionelle Gesetzgeber ausgesetzt sieht, weil er den tatbestandlichen Normgehalt des § 216 StGB auch im Zuge von Reformen auf Rechtsfolgenseite unverändert ließ,[96] beachtliche Vorschläge für eine grundlegende konzeptionelle Überarbeitung der Tötungsdelikte im Hinblick auf Sterbehilfekonstellationen ins Feld. So wurden anstelle einer ausnahmslosen Pönalisierung der Tötung auf Verlangen insbesondere verfahrensmäßige Sicherungsinstrumente zur Feststellung eines freiverantwortlich gebildeten Sterbewillens vorgeschlagen.[97] Es ist aber gerade Gegenstand des ge-

---

wechselhaft" seien; BVerfG, Urteil vom 26.02.2020 – 2 BvR 2347/15, 2 BvR 651/16, 2 BvR 1261/16, 2 BvR 1593/16, 2 BvR 2354/16, 2 BvR 2527/16, BVerfGE 153, 182 ff., Rz. 244. Diese Charakterisierung dürfte sich vielfach auf eine gewünschte Lebensbeendigung von dritter Hand übertragen lassen.

[93] Zur Häufigkeit pathologischer Suizidentschlüsse BVerfG, Urteil vom 26.02.2020 – 2 BvR 2347/15, 2 BvR 651/16, 2 BvR 1261/16, 2 BvR 1593/16, 2 BvR 2354/16, 2 BvR 2527/16, BVerfGE 153, 182 ff., Rz. 244 f. Es dürften sich vergleichbare Erwägungen für den Fall der gewünschten Fremdtötung treffen lassen.

[94] Zur verfassungsrechtlichen Vertretbarkeitskontrolle BVerfG, Urteil vom 26.02.2020 – 2 BvR 2347/15, 2 BvR 651/16, 2 BvR 1261/16, 2 BvR 1593/16, 2 BvR 2354/16, 2 BvR 2527/16, BVerfGE 153, 182 ff., Rz. 225. Zur verfassungsrechtlichen Zulässigkeit des gesetzgeberischen Ziels, bestimmte Arten der Herbeiführung des Todes auf Grund der damit einhergehenden Gefahren für ein selbstbestimmtes Sterben zu unterbinden, BVerfG, Urteil vom 26.02.2020 – 2 BvR 2347/15, 2 BvR 651/16, 2 BvR 1261/16, 2 BvR 1593/16, 2 BvR 2354/16, 2 BvR 2527/16, BVerfGE 153, 182 ff., Rz. 227 ff.

[95] BVerfG, Urteil vom 26.02.2020 – 2 BvR 2347/15, 2 BvR 651/16, 2 BvR 1261/16, 2 BvR 1593/16, 2 BvR 2354/16, 2 BvR 2527/16, BVerfGE 153, 182 ff., Rz. 224.

[96] Zur Historie des § 216 StGB Matt/Renzikowski/*Safferling*, § 216 StGB, Rz. 5 m.w.N.

[97] So beispielsweise *Lindner*, NStZ 2020, 505, 508; Schönke/Schröder/*Eser/Sternberg-Lieben*, § 216 StGB, Rz. 1b. In Betracht käme neben der Durchführung umfassender Beratungen von Sterbewilligen auch eine Prüfung des freiverantwortlichen Sterbewillens durch ein sachverständiges Gremium; AMHE-SterbehilfeG, § 6 Satz 1 Nr. 3 und Nr. 4. Daneben könnte eine Zulassung direkter aktiver Sterbehilfe auf Fälle schwerster, nicht anders abwendbarer Leidens-

A. Grundlagen des Strafrechts zur Sterbehilfe

setzgeberischen Einschätzungsspielraums, die Mittel zur Erreichung eines legitimen Schutzziels selbst zu wählen, solange die miteinander in Ausgleich zu bringenden Belange dabei angemessene Berücksichtigung finden.[98]

Im Kontext der Suizidhilfe hat das BVerfG klargestellt, dass die legislative Gestaltungsfreiheit dort ihre Grenze finden müsse, „wo die freie Entscheidung nicht mehr geschützt, sondern unmöglich gemacht wird."[99] Diese Grenze habe das Verbot geschäftsmäßiger Förderung der Selbsttötung gemäß § 217 StGB a. F. überschritten, da es die Möglichkeiten einer Suizidhilfe derart einschränke, „dass dem Einzelnen faktisch kein Raum zur Wahrnehmung seiner verfassungsrechtlich geschützten Freiheit verbleibt."[100] Mit Blick auf die Vorschrift des § 216 StGB sei insoweit zunächst in Erinnerung gerufen, dass die verfassungsrechtlich geschützte Freiheit, auf die sich das BVerfG an dieser Stelle bezieht, die im 1. Leitsatz herausgearbeitete Freiheit ist, sich *selbst* das Leben zu nehmen und dabei die Hilfe Dritter in Anspruch zu nehmen.[101] Dass das Recht auf selbstbestimmtes Sterben, das das BVerfG hier anerkannte, auch Fremdtötungen auf Verlangen des Sterbewilligen umfasst, kann danach nicht unterstellt werden.[102] Der

---

zuständig begrenzt werden; siehe ebd. Näher zu den Reformvorschlägen auch in Kapitel 4 unter C.V.

[98] BVerfG, Urteil vom 26.02.2020 – 2 BvR 2347/15, 2 BvR 651/16, 2 BvR 1261/16, 2 BvR 1593/16, 2 BvR 2354/16, 2 BvR 2527/16, BVerfGE 153, 182 ff., Rz. 224 f.; vgl. auch Schmidt-Bleibtreu/Klein/Bethge/*Bethge*, § 90 BVerfGG, Rz. 27 ff. Die Ausführungen von *Leitmeier*, NStZ 2020, 508 ff., die zu dem Ergebnis kommen, dass § 216 StGB verfassungswidrig ist, gehen auf die Reichweite des gesetzgeberischen Gestaltungsspielraumes nicht näher ein. In diesem Kontext sei auch auf die pointierte Beschreibung der Rolle des BVerfG in Abgrenzung zur Rolle der Legislative bei *Fischer* hingewiesen: „Das BVerfG ist kein Ersatz-Gesetzgeber und kein Gutachter-Ausschuss für die Zweckmäßigkeit von Strafgesetzen. Es prüft, ob ein Gesetz oder seine Anwendung gegen ein Grundrecht verstößt, nicht aber, ob man auch ein besseres Gesetz hätte machen können. Dafür sind der Bundestag und der Bundesrat zuständig, die demokratisch legitimiert sind"; dazu *Fischer* in seiner Spiegel-Kolumne zur Strafbarkeit des „Containerns" unter dem Titel „Joghurt, wem Joghurt gehört", SPIEGEL online vom 21.08.2020.

[99] BVerfG, Urteil vom 26.02.2020 – 2 BvR 2347/15, 2 BvR 651/16, 2 BvR 1261/16, 2 BvR 1593/16, 2 BvR 2354/16, 2 BvR 2527/16, BVerfGE 153, 182 ff., Rz. 273.

[100] BVerfG, Urteil vom 26.02.2020 – 2 BvR 2347/15, 2 BvR 651/16, 2 BvR 1261/16, 2 BvR 1593/16, 2 BvR 2354/16, 2 BvR 2527/16, BVerfGE 153, 182 ff., 5. Leitsatz.

[101] Dies geht auch aus den weiteren Urteilsausführungen zur Hilfe Dritter hervor; BVerfG, Urteil vom 26.02.2020 – 2 BvR 2347/15, 2 BvR 651/16, 2 BvR 1261/16, 2 BvR 1593/16, 2 BvR 2354/16, 2 BvR 2527/16, BVerfGE 153, 182 ff., Rz. 212 f.

[102] Siehe dazu bereits oben in Fn. 85. Vgl. auch MüKo-StGB/*Brunhöber*, § 217, Rz. 21 ff. Auch *Grünewald* weist darauf hin, dass die Ausführungen des BVerfG sich lediglich auf Selbsttötungen beziehen und daher keine unmittelbaren Rückschlüsse im Hinblick auf § 216 StGB erlauben, wenngleich sie hervorhebt, die Entscheidung werfe „einen Schatten auf § 216 StGB"; *Grünewald*, JR 2021, 99, 105. *Lindner* geht hingegen davon aus, dass mangels ausdrücklicher Differenzierung hinsichtlich der Modalitäten einer Hilfe Dritter durch das BVerfG auch die

BGH lehnte dies in seinem Urteil im Fall *Putz* noch ausdrücklich ab, indem er hervorhob, dass das „aus Art. 1 Abs. 1, 2 Abs. 1 GG abgeleitete Selbstbestimmungsrecht des Einzelnen" der Person „kein Recht oder gar einen Anspruch darauf" gewähre, „Dritte zu selbständigen Eingriffen in das Leben ohne Zusammenhang mit einer medizinischen Behandlung zu veranlassen".[103]

Selbst wenn man jedoch unterstellen würde, dass der Schutzbereich des Rechts auf selbstbestimmtes Sterben grundsätzlich auch willensgemäße Fremdtötungen erfasst,[104] überschreitet der Gesetzgeber mit der Aufrechterhaltung der Strafnorm in § 216 StGB den ihm zustehenden Gestaltungsspielraum nicht. Denn das Verbot der Tötung auf Verlangen führt nicht dazu, dass entsprechend dem vom BVerfG genannten Maßstab für die Ausübung des Rechts auf selbstbestimmtes Sterben faktisch kein Raum mehr verbleibt. Es bedarf insoweit einer grundsätzlichen Betrachtung der zugänglichen Möglichkeiten von Sterbehilfe. Diese Möglichkeiten wurden durch das Urteil des BVerfG, das die strafrechtlichen Zugangsbeschränkungen zur Suizidhilfe vollständig beseitigt hat, zuletzt erweitert.[105] Zudem wurden in der (Muster-)Berufsordnung für die in Deutschland tätigen Ärztinnen und Ärzte (MBO-Ä) vorgesehene berufsrechtliche Restriktionen für eine ärztliche Suizidhilfe, die die Bereitschaft für derartige Unterstützungsleistungen ebenfalls hemmen könnten, im Jahr 2021 ersatzlos gestrichen.[106] Daneben bestehen die anerkannten Möglichkeiten der Ablehnung lebenserhaltender Maßnahmen im Sinne der BGH-Rechtsprechung zum Behandlungsabbruch, die das BVerfG als Bestandteil des Rechts auf selbstbestimmtes Sterben ansieht,[107] sowie

---

Tötung auf Verlangen in den Schutzbereich des Rechts auf selbstbestimmtes Sterben falle; dazu *Lindner*, NStZ 2020, 505, 507. Dabei bleibt die aus dem 1. Leitsatz sowie den in Fn. 101 bezeichneten Randziffern des Urteils ersichtliche Einschränkung außer Betracht.

[103] BGH, Urteil vom 25.06. 2010 – 2 StR 454/09, BGHSt 55, 191 ff., Rz. 35.

[104] Eine genaue Reichweitenbestimmung des Rechts auf selbstbestimmtes Sterben sprengt die Grenzen der vorliegenden Arbeit und bleibt daher anderen Untersuchungen vorbehalten.

[105] Dazu näher *Lindner*, NStZ 2020, 505, 507.

[106] Die Musterberufsordnung der Bundesärztekammer entfaltet selbst keine unmittelbare Rechtswirkung, fungiert jedoch als Vorlage für die Berufsordnungen der regionalen Ärztekammern. In vielen Kammerbezirken hat die Musterberufsordnung Regelungen mit entsprechenden Inhalten hervorgebracht. Es ist daher zu erwarten, dass diejenigen Berufsordnungen, die bislang noch eine berufsrechtliche Missbilligung der ärztlichen Suizidhilfe beinhalten, zeitnah angepasst werden, soweit dies noch nicht erfolgt ist. Zum Verhältnis von Berufsordnungen und MBO-Ä auch BVerfG, Urteil vom 26.02.2020 – 2 BvR 2347/15, 2 BvR 651/16, 2 BvR 1261/16, 2 BvR 1593/16, 2 BvR 2354/16, 2 BvR 2527/16, BVerfGE 153, 182 ff., Rz. 292. Das BVerfG hatte das zuvor bestehende Verbot der Suizidhilfe, das in vielen Berufsordnungen etabliert war, als „in seiner Gültigkeit ungeklärtes Recht" bezeichnet; ebd., Rz. 296. Zum Ganzen auch unten in Kapitel 5 unter A.I.1.

[107] BVerfG, Urteil vom 26.02.2020 – 22 BvR 2347/15, 2 BvR 651/16, 2 BvR 1261/16, 2 BvR 1593/16, 2 BvR 2354/16, 2 BvR 2527/16, BVerfGE 153, 182 ff., Rz. 209.

der indirekten aktiven Sterbehilfe.[108] In Anbetracht der dargelegten Optionen macht der Fortbestand des § 216 StGB die Realisierung eines selbstbestimmten Sterbewunsches nicht faktisch unmöglich. Die gesetzgeberische Entscheidung, die Möglichkeit einer Tötung auf Verlangen als Umsetzungsinstrument frei verantwortlich gebildeter Willensentschließungen zum Schutz vor abstrakten Gefahren für Leben und Selbstbestimmung auch im Bereich der Sterbehilfe (weiterhin) nicht zu eröffnen, bewegt sich folglich nicht jenseits des verfassungsrechtlich Vertretbaren, sondern stellt eine zulässige Wahrnehmung des legislativen Gestaltungsspielraums dar.

Dies gilt auch dann, wenn extreme Ausnahmefälle in die Bewertung einfließen, in denen bedingt durch physische Hemmnisse keine Möglichkeit besteht, dem Sterbewilligen die Tatherrschaft über eine zum Tode führende Handlung zu verschaffen und ihm damit die Selbsttötung zu ermöglichen.[109] Zunächst muss hier berücksichtigt werden, dass durch moderne technische Behelfsmöglichkeiten, wie etwa computergestützte Prozesse, die der Sterbewillige mittels spezifischer Augenbewegungen in Gang setzen könnte, derartige Ausnahmefälle kaum vorkommen dürften.[110] In Konstellationen, in denen selbst solche Optionen nicht bestehen, lässt sich bereits in Frage stellen, wie eine hinreichend sichere Feststellung eines freiverantwortlich gebildeten Sterbewillens erfolgen kann. Ließe sich ein entsprechender Sterbewille dennoch feststellen, eine Tatherrschaft des Sterbewilligen über den zum Tode führenden Akt aber in keiner Weise umsetzen, könnte erwogen werden, unbillige Härten – vergleichbar den Fällen indirekter aktiver Sterbehilfe – ohne eine grundsätzliche Aufhebung der gesetzgeberischen Werteentscheidung über die Rechtfertigungsmöglichkeit des § 34 StGB abzubilden.[111]

---

[108] Zum Ganzen oben in Kapitel 2 unter A. II.
[109] Vgl. zu derartigen Fällen bereits *Jakobs*, Kaufmann-FS 1993, S. 459, 470 f. Anders *Lindner*, NStZ 2020, 505, 508, der unter Hinweis auf die dargelegten extremen Ausnahmefälle die Norm des § 216 StGB für partiell verfassungswidrig erachtet, ohne jedoch alternative Lösungsmöglichkeiten zu erwägen, die eine Normerhaltung ermöglichen.
[110] Hierzu und zum Folgenden vgl. *Lindner*, NStZ 2020, 505, 507 f.
[111] Eine eingehende Diskussion und Erläuterung zur Rechtfertigungsmöglichkeit über § 34 StGB in solchen extremen Ausnahmefällen findet sich bei *Müller*, S. 201 ff. Siehe auch MüKo-StGB/*Schneider*, § 216, Rz. 8. Obgleich diese Lösung sicherlich nicht ohne ein „Knirschen im Gebälk der Strafrechtsdogmatik" auskäme (so mit Bezug auf die indirekte aktive Sterbehilfe MüKo-StGB/*Schneider*, Vor § 211, Rz. 111), ließe sich allein auf dieser Grundlage eine Verfassungswidrigkeit des § 216 StGB schwerlich herleiten, ohne sich in Widerspruch zu der im Rahmen indirekter aktiver Sterbehilfe anerkannten Begründung einer Straflosigkeit zu setzen. Die ausführliche Erörterung solcher Ausnahmefälle und ihrer rechtlich überzeugendsten Lösung sprengt hingegen den Rahmen dieser Arbeit und muss Untersuchungen mit einem diesbezüglichen Fokus vorbehalten bleiben; siehe etwa *Müller*, a. a. O.

Die Aufrechterhaltung einer Strafbarkeit der Tötung auf Verlangen gemäß § 216 StGB bewegt sich damit im Rahmen des gesetzgeberischen Gestaltungsspielraums. Der Norm kann in der Lesart eines abstrakten Gefährdungsdelikts der legitime Strafgrund entnommen werden, das Leben durch die Verhinderung von Fremdtötungen, die nur vermeintlich dem selbstbestimmten Willen des Getöteten entsprechen, auch im Sterben zu schützen und Autonomiegefahren durch Dritte entgegenzuwirken. Etwaige Vorzüge, die eine grundlegende Reform des § 216 StGB mit sich bringen könnte,[112] vermögen deren verfassungsrechtliche Notwendigkeit nicht zu bedingen.

IV. Zusammenfassende Bewertung

Das Strafrecht zur Sterbehilfe muss einen komplexen Balanceakt vollführen und verschiedene konfligierende Verfassungsprinzipien miteinander in Einklang bringen. Eine besondere Herausforderung stellt in diesem Kontext der Ausgleich zwischen dem Schutz des Lebens und dem Recht auf Selbstbestimmung dar.[113] Dass diese beiden Zielsetzungen im Strafrecht zur Sterbehilfe nicht stets diametral entgegen gesetzt sind, sondern der Schutz der Autonomie im Sterben auch dem Schutz des Lebens dient, zeigt die Strafnorm des § 216 StGB.[114] Als abstraktes Gefährdungsdelikt verfolgt die Strafbarkeit der Tötung auf Verlangen das legitime Ziel, Fremdtötungen zu verhindern, die nur vermeintlich auf einem freien Willensentschluss eines (scheinbar) Sterbewilligen beruhen. Unabhängig davon, ob Anpassungen des § 216 StGB im Hinblick auf Sterbehilfekonstellationen für sinnvoll und wünschenswert erachtet werden, besteht hierfür nach gegenwärtiger Rechtslage keine verfassungsrechtliche Notwendigkeit. Die Aufrechterhaltung der Norm in ihrer gegenwärtigen Gestalt bewegt sich vielmehr innerhalb des dem Gesetzgeber zustehenden Gestaltungsspielraums. § 216 StGB bleibt damit (verfassungskonformer) Maßstab für die Zulässigkeit der verschiedenen Formen von Sterbehilfe.

---

[112] Dazu bereits oben in Fn. 97; vgl. zu den verschiedenen Reformvorschlägen auch in Kapitel 4 unter C. V. Zu einem Lösungsvorschlag für die untersuchungsgegenständliche Fragestellung, der zumindest Anpassungen des § 216 StGB erforderlich machen würden, siehe unten in Kapitel 4 unter C.
[113] Hierzu oben in Kapitel 2 unter A. I.
[114] Hierzu und zum Folgenden oben in Kapitel 2 unter A. III. 2.

B. Zentrale Linien der Rechtsentwicklung zum aktiven Abbruch lebenserhaltender Maßnahmen durch den Arzt

Im Anschluss an den allgemeineren Überblick über die strafrechtliche Zulässigkeit verschiedener Formen von Sterbehilfe in Abgrenzung zur Tötung auf Verlangen und die nähere Betrachtung des dieser zugrunde liegenden Normzwecks soll nun der Fokus auf die für die Einordnung der Deaktivierung von Herzschrittmachern und ICD entscheidende Konstellation des aktiven Abbruchs lebenserhaltender Maßnahmen durch den Arzt gelegt werden. Dessen Zulässigkeit wurde im Schrifttum über viele Jahre hinweg kontrovers diskutiert, bevor die Rechtsprechung sich erstmals hierzu äußerte. Doch auch im Anschluss verstummte die Debatte um die strafrechtliche Einordnung eines derartigen Vorgehens nicht.

Eine umfassendere Ausformung von Rechtsprinzipien zum aktiven Abbruch lebenserhaltender Maßnahmen findet sich erst im Urteil des BGH im Fall *Putz* aus dem Jahr 2010, das bis heute die maßgebliche Grundlage für die strafrechtliche Bewertung solcher Fälle bildet. In diesem vorgelagerten wissenschaftlichen Veröffentlichungen und Entscheidungen zeichneten sich jedoch bereits Entwicklungslinien ab, an die der BGH im Fall *Putz* anknüpfen konnte bzw. die in den Reaktionen auf das Urteil im Schrifttum wieder aufgegriffen wurden. Die für die heutige Rechtslage zum aktiven Abbruch lebenserhaltender Maßnahmen zentralen Schritte der Rechtsentwicklung sollen daher nachfolgend in einem kurzen Überblick dargestellt werden.

I. Schrifttum vor dem BGH-Urteil von 2010

Dem Urteil des BGH im Fall *Putz* ging eine jahrzehntelange Debatte um die strafrechtliche Einordnung von ärztlichen Handlungen voraus, die auf den aktiven Abbruch lebenserhaltender Maßnahmen gerichtet sind.[115] Im Mittelpunkt der Debatte stand das Abschalten von „Reanimatoren"[116] wie Beatmungsgerät[117] oder

---

[115] Die ersten Debattenbeiträge wurden Ende der 1960er-Jahre veröffentlicht. Beispielhaft genannt seien hier *Geilen*, JZ 1968, 145, 150 f.; *Bockelmann*, S. 112, 125 Anm. 45; *Roxin*, Engisch-FS, S. 380, 395 ff.

[116] Begriff u. a. bei *Stoffers*, MDR 1992, 621; *Bockelmann*, S. 112 sowie *Engisch*, Gallas-FS, S. 163, 177. Da – anders als durch diesen Begriff suggeriert – die Geräte, wenn eine Wiederbelebung erforderlich ist, regelmäßig erst im Anschluss an durchgeführte ärztliche Wiederbelebungsmaßnahmen zum Einsatz kommen und eine Aufrechterhaltung von Körperfunktionen sichern bzw. diese ersetzen, wird der Begriff nachfolgend vermieden bzw. nur in Anführungszeichen verwendet.

[117] Dieses Beispiel greift u. a. *Roxin*, NStZ 1987, 345, 349 auf.

Herz-Lungen-Maschine.[118] *Roxin* prägte bereits in diesem Diskurs den später vom BGH aufgegriffenen Terminus des Behandlungsabbruchs für derartige, zuvor unter den Begriff der passiven Sterbehilfe subsumierte, Fallkonstellationen.[119]

Die Debattenbeiträge in der Literatur vor dem Jahr 2010 befürworten fast einhellig eine Straflosigkeit des aktiven Abbruchs lebenserhaltender Maßnahmen durch den Arzt.[120] Die insoweit im Ergebnis einheitliche Bewertung, auf der das BGH-Urteil von 2010 aufbauen konnte, stützt sich jedoch nicht auf eine einheitliche Begründung.[121] Die zahlreichen in der Literatur vor 2010 vorgeschlagenen Begründungswege für eine Sanktionslosigkeit des aktiven Abbruchs lebenserhaltender Maßnahmen lassen sich drei großen Gruppen zuordnen: Die erste Gruppe begründet die Straflosigkeit des aktiven Abbruchs lebenserhaltender Maßnahmen mit Hilfe einer Einstufung des ärztlichen Verhaltens als strafloses Unterlassen der Weiterbehandlung (hierzu 1.). Eine zweite Gruppe bewertet die ärztlichen Abbruchmaßnahmen zwar als Tun, gelangt jedoch durch die Annahme eines Tatbestandsausschlusses bzw. einer Rechtfertigung zu ihrer Straflosigkeit (hierzu 2.). Die dritte Gruppe lässt die Charakterisierung des ärztlichen Verhaltens als Tun oder Unterlassen dahinstehen und begründet eine Sanktionslosigkeit des aktiven ärztlichen Behandlungsabbruchs auf anderem Wege (hierzu 3.).[122]

Nur ein Autor spricht sich dafür aus, den Abbruch lebenserhaltender Maßnahmen durch den Arzt de lege lata als strafbares Begehungsdelikt zu bewerten (hierzu 4.).[123]

1. Strafloses Unterlassen

Den unterschiedlichen Begründungsansätzen der Befürworter eines straflosen Unterlassens liegt dasselbe Muster zugrunde: Sie alle stellen für die Charakteri-

---

[118] Die Herz-Lungen-Maschine wird u. a. von *Schmidhäuser*, Strafrecht AT, Kapitel 12, Rz. 54 als Beispiel genannt.
[119] *Roxin*, NStZ 1987, 345; hierzu auch *Fischer*, Roxin-FS II, S. 557.
[120] Vgl. *Roxin*, in: Roxin/Schroth, Medizinstrafrecht, S. 95 sowie die Übersicht über das Meinungsspektrum bei *Stoffers*, MDR 1992, 621, 623 f. Eine Ausnahme stellt die Ansicht von *Bockelmann*, S. 112, 125 Anm. 45 dar, der eine Strafbarkeit jedweden Behandlungsabbruchs durch den Arzt annimmt.
[121] Nachfolgend soll ein Überblick über zentrale Linien des – in Detailfragen variantenreichen – Meinungsspektrums gegeben werden. Ein Anspruch auf eine erschöpfende Darstellung jeglicher Begründungsspielarten wird dabei nicht erhoben. Ziel der Darstellung ist es, die Grundlagen des rechtswissenschaftlichen Forschungsstandes vor dem Jahr 2010 zu umreißen.
[122] Zu dieser Unterteilung und den Vertretern der verschiedenen Begründungsansätze näher *Stoffers*, MDR 1992, 621, 623 ff., wobei anzumerken ist, dass die dort suggerierte Trennschärfe in der weiteren Unterteilung der genannten Begründungsansätze nicht stets gegeben ist; vgl. nur die nachfolgend dargestellten Ansätze von *Geilen* und *Roxin*.
[123] *Bockelmann*, S. 112, 125 Anm. 45.

sierung des ärztlichen Handelns nicht auf dessen phänotypisches Erscheinungsbild ab, das bei einem Abbruch von Behandlungsmaßnahmen mittels „Knopfdruck" eine Einstufung als Begehungstat nahelegt, sondern ordnen es trotz dieses Erscheinungsbildes rechtlich als Unterlassen ein.[124]

Die Deutung als Unterlassen im Rechtssinne ebnet den Weg zur Begründung der Straflosigkeit des ärztlichen Verhaltens. Entspricht der aktive Abbruch der lebenserhaltenden Maßnahmen dem (mutmaßlichen) Patientenwillen, sollen die Voraussetzungen für eine Strafbarkeit des Unterlassens nach § 13 StGB nämlich nicht vorliegen: In diesem Fall bestehe keine ärztliche Garantenpflicht zur Lebensbewahrung und damit keine Pflicht – und auch kein Recht – zur fortgesetzten medizinischen Behandlung.[125]

Die Unterschiede der Ansichten, die den aktiven Abbruch lebenserhaltender Maßnahmen als Unterlassen werten, bestehen in den zu ihrer Begründung jeweils konkret angeführten Wertungsgesichtspunkten.

So begründet *Geilen* seine von der naturalistischen Sichtweise abweichende rechtliche Bewertung des aktiven Abschaltens lebenserhaltender Geräte mit dem „sozialen Sinn" des ärztlichen Verhaltens, das in einem Unterlassen der Weiterbehandlung liege.[126] Hier sei keine andere rechtliche Wertung gerechtfertigt als im Falle des Arztes, der eine manuelle Therapie einstelle und damit eindeutig weitere Rettungshandlungen unterlasse.[127]

Engisch beruft sich für seine Begründung der Straflosigkeit des aktiven Behandlungsabbruchs auf die Abgrenzungsformel, die Tun und Unterlassen durch das Kriterium des Energieeinsatzes unterscheidet.[128] Das Abschalten des Gerätes bedeute, dass der Arzt keine weitere Energie zur Rettung des Patienten einsetzen wolle; der nicht fortgeführte Energieeinsatz sei als Unterlassen zu qualifizieren.[129] Bei *Engischs* Begründung spielt aber ebenfalls der soziale Sinn des ärztlichen Verhaltens eine zentrale Rolle: Die Bedeutung, die er dem Verhalten zu-

---

[124] *Ulsenheimer*, in: Laufs/Kern et al., § 159 Rz. 35.
[125] Vgl. hierzu auch die (auf den Ansatz von *Roxin* bezogene) Erklärung bei *Herzberg*, JZ 1988, 182, 186 sowie die insoweit auch nach 2010 vertretenen Ansätze in Kapitel 2 unter C. II. 1. lit. c.
[126] *Geilen*, JZ 1968, 145, 151; weitere Nachweise bei *Stoffers*, MDR 1992, 621, 624 Fn. 13.
[127] *Geilen*, FamRZ 1968, 121, 126, Fn. 35. Ähnlich *Preisendanz*, der nach dem Schwerpunkt der Vorwerfbarkeit zwischen Tun und Unterlassen unterscheidet und diesen im Unterlassen der Weiterbehandlung sieht, wobei er für diese Deutung ebenfalls auf den sozialen Sinngehalt des ärztlichen Verhaltens zurückgreift; Petters-Preisendanz/*Preisendanz*, § 13 StGB, Ziff. II. 2.
[128] *Engisch*, Gallas-FS, S. 163, 178; vgl. zum Energieaufwand als entscheidendes Abgrenzungskriterium auch *Engisch*, S. 37 f., Fn. 70.
[129] Hierzu und zum Folgenden *Engisch*, Gallas-FS, S. 163, 178.

schreibt, beruhe auf einem „Element der ‚sozialen Sinnhaftigkeit'", das als normatives Kriterium zu einer rechtlichen Bewertung als Unterlassen führe.

Der wohl prominenteste und herrschende[130] Ansatz aus dem Schrifttum vor 2010 stammt von *Roxin* und knüpft ebenfalls an den sozialen Handlungssinn des ärztlichen Behandlungsabbruchs an. Auch nach seinem Dafürhalten ist an Stelle einer naturalistischen eine normative Sichtweise maßgeblich: Normativ sei das aktive Abschalten eines Gerätes als unterlassene Fortsetzung der Behandlung durch aktives Tätigwerden, als „Unterlassen durch Tun"[131] zu deuten; diese Deutung entspreche dem sozialen Sinngehalt des ärztlichen Verhaltens.[132] Über die Rechtsfigur „Unterlassen durch Tun" sollen nach Vorstellung *Roxins* sämtliche Fälle gelöst werden können, in denen eine Rettungshandlung bereits in Gang gesetzt worden sei, bevor der ursprüngliche Retter sie vor Erreichen der Opfersphäre wieder revidiert habe.[133] In diesen Fällen, die den „Rücktritt von einem Gebotserfüllungsversuch" zum Gegenstand hätten, würden positiver und negativer Energieeinsatz einander aufheben und den Täter letztlich so dastehen lassen, als hätte er keinerlei Schritte zur Rettung des Rechtsguts unternommen. Dieses „Unterlassen durch Tun" sei aber dann straflos, „wenn der durch den Rücktritt ausgelöste Zustand keine Handlungspflicht mehr auslösen würde".[134] Eine derartige Situation bestehe im Falle des Arztes, der auf Wunsch des Moribunden die lebenserhaltenden Geräte abstelle. Eine Pflicht zur (Wieder-)Aufnahme der Behandlung gegen den Patientenwillen soll angesichts des Selbstbestimmungsrechts nicht bestehen. Die Grenze zur Unzulässigkeit des ärztlichen Handelns sei indes dort überschritten, wo dieses eine *neue Todeskausalität* in Gang setze, beispielsweise wenn die Naht aufgetrennt werde, die die zuvor bestehende Blutung bereits gestillt habe.[135] Hier liege eine strafbare Begehungstat vor.

Zuletzt bewertete *Frister* im Jahr 2010 vor der Entscheidung des BGH im Fall *Putz* die Deaktivierung lebenserhaltender technischer Maßnahmen als Unterlas-

---

[130] So auch *Laux/Röbel* et al., Archiv für Kriminologie 2013, 73, 78.
[131] *Roxin*, Engisch-FS, S. 380, 392. Die Rechtsfigur des „Unterlassens durch Tun" taucht nicht erst im Kontext des Abschaltens lebenserhaltender Apparate bei Roxin auf, sondern wurde schon wesentlich früher, im Jahr 1922, durch *von Overbeck*, Der Gerichtssaal 1922, 319 ff. geprägt, der von „Unterlassung durch Begehung" spricht. Erst ab 1959 rückte sie jedoch in den Fokus des rechtswissenschaftlichen Diskurses; zum Ganzen *Sax*, JZ 1975, 137, Fn. 5.
[132] *Roxin*, in: Roxin/Schroth, Medizinstrafrecht, S. 95.
[133] Hierzu und zum Folgenden *Roxin*, Engisch-FS, S. 380, 382 f.
[134] Hierzu und zum Folgenden *Roxin*, Engisch-FS, S. 380, 399 f.
[135] Hierzu und zum Folgenden *Roxin*, Engisch-FS, S. 380, 398. *Roxin* greift hier ein Beispiel von *Bockelmann*, S. 112 auf, das dieser zum Vergleich mit dem Abschalten lebenserhaltender Geräte heranzieht und macht den Unterschied in der rechtlichen Wertung dieser beiden Konstellationen nach seiner Abgrenzungsformel deutlich.

sen der Weiterbehandlung.[136] Er schlug eine Regel speziell für die Abgrenzung von Tun und Unterlassen bei durch Menschen gesteuerten maschinellen Bewegungen vor:[137] Die maschinelle Bewegung sei auf Grund der hierbei von Rechts wegen bestehenden fortwährenden Überwachungsnotwendigkeit als andauernde Handlung des Steuerungsverantwortlichen zu betrachten. Der vom Staat erlaubte Einsatz maschineller Mittel stehe nämlich stets unter dem Vorbehalt, dass dieser zur Verhinderung einer Rechtsgutsschädigung bei Bedarf jederzeit beendet werden könne. Dieser Vorbehalt verbinde „die maschinelle Bewegung rechtlich zu einer Einheit, für die der sie Steuernde eine Gesamtverantwortung" trage. Die Abgrenzung von Tun und Unterlassen sei in diesem spezifischen Fall daher nicht nach der Natur des jeweils konkret ausgeführten Steuerungsvorgangs vorzunehmen, sondern nach dem *Ergebnis* des Steuerungsvorgangs, das sich im Einfluss auf die maschinelle Bewegung manifestiere.[138] Im Falle der Deaktivierung eines lebenserhaltenden technischen Behandlungsprozesses komme es nicht auf die strafrechtliche Einordnung der isoliert betrachteten Deaktivierungstätigkeit an, sondern auf deren Ergebnis, das in einem *Unterlassen* der weiteren Behandlung unter Einsatz maschineller Mittel bestehe.[139]

2. Strafloses Tun

Auch diejenigen Stimmen im Schrifttum vor dem BGH-Urteil von 2010, die den aktiven Abbruch lebenserhaltender Maßnahmen durch den Arzt als Tun deuten, kommen nahezu einstimmig[140] zu seiner Straflosigkeit.[141] Begründet wird dies regelmäßig über einen Tatbestandsausschluss oder eine fehlende Rechtswidrigkeit.

So erkennt *Sax* in dem Abschalten einer lebenserhaltenden Maschine durch den Arzt ein aktives Tun, das er schon nicht als tatbestandsmäßig erachtet.[142] Die fehlende Tatbestandsmäßigkeit resultiere aus einer Begrenzung des Tatbestandes der Tötungsdelikte durch ihren Schutzzweck. Diese Ansicht begründet *Sax* unter Bezugnahme auf das „Recht auf den eigenen Tod", aus dem er die Pflicht der Rechtsordnung ableitet, „vor der Tatsache des Sterbens Halt zu machen". Im Recht könne keine Verpflichtung vorgesehen werden, ein unumkehrbar erlö-

---
[136] *Frister*, Samson-FS, S. 19 ff.
[137] Hierzu und zum Folgenden *Frister*, Samson-FS, S. 19, 25 f., 29 f.
[138] *Frister* stellt hier klar, dass im Übrigen – d.h. sofern keine menschlich gesteuerte maschinelle Bewegung vorliege – die Einleitung einer Rettungskausalität entsprechend der Auffassung *Samsons* von ihrem Entzug getrennt zu betrachten sei; *Frister*, Samson-FS, S. 19, 24 f.
[139] Vgl. *Frister*, Samson-FS, S. 19, 28 ff.
[140] Zur Ausnahme siehe unten in Kapitel 2 unter B.I.4.
[141] Hierzu und zum Folgenden vgl. den Überblick bei *Stoffers*, MDR 1992, 621, 623.
[142] Hierzu und zum Folgenden *Sax*, JZ 1975, 137, 149.

schendes Leben unter allen Umständen durch künstliche Lebensverlängerungsmaßnahmen zu erhalten. Schutzzweck der Tötungsdelikte sei es zwar, das Rechtsgut Leben zu bewahren, aber nicht, das Sterben um jeden Preis zu verhindern. Daher verwirkliche das aktive Abschalten lebenserhaltender Geräte durch den Arzt bei einem moribunden Patienten bereits nicht den Tatbestand der Tötungsdelikte.

Rudolphi begründet die Straflosigkeit der aktiven Deaktivierung einer lebenserhaltenden Maßnahme auf Wunsch des Patienten ebenfalls über eine fehlende Tatbestandsmäßigkeit des ärztlichen Verhaltens.[143] Wie *Sax* beruft sich *Rudolphi* dabei auf das Recht auf einen natürlichen Tod und folgert hieraus, dass es dem Patienten in Ausübung seines Selbstbestimmungsrechts gestattet sein müsse, sowohl die Aufnahme als auch die Fortsetzung einer lebensverlängernden Behandlungsmaßnahme abzulehnen. Auf diese Weise werde das natürliche Sterben ermöglicht. Daher seien Konstellationen des Abbruchs lebenserhaltender Behandlungsmaßnahmen durch den Arzt auch klar von denjenigen unter § 216 StGB fallenden Handlungen zu unterscheiden, die auf Wunsch des Betroffenen eine unnatürliche Lebensbeendigung herbeizuführen suchten. Eine hinreichende Abgrenzungsschärfe für eine eindeutige strafrechtliche Bewertung lebensbeendender Handlungen sei damit gegeben. Rechtstechnisch könne die Tatbestandslosigkeit von Handlungen, die auf den Abbruch einer lebensverlängernden Behandlung gerichtet seien, über eine teleologische Reduktion des Tatbestandes von § 216 StGB erzielt werden.

Zu den Autoren, die die Strafbarkeit des Arztes wegen eines Begehungsdelikts an der fehlenden Rechtswidrigkeit des Abschaltens lebenserhaltender Apparate scheitern lassen, gehören *Otto* und *Gössel*.

Otto erkennt in der fortgesetzten Therapie eines Patienten mittels eines „Reanimators" bei entgegenstehendem Willen eine rechtswidrige Behandlung.[144] Die Ablehnung einer Behandlungsfortsetzung durch den Patienten sei Ausdruck seines grundrechtlich verbürgten Selbstbestimmungsrechts, seiner in der allgemeinen Handlungsfreiheit angelegten Behandlungsfreiheit sowie seines Rechts auf körperliche Unversehrtheit. Da der Behandlungsabbruch der Durchsetzung der genannten Rechte des Patienten diene, könne er jedenfalls nicht als rechtswidrig bewertet werden. Der Heranziehung eines anerkannten Rechtfertigungsgrundes bedürfe es vor diesem Hintergrund nicht.[145]

Gössel hingegen bewertet das aktive Tätigwerden des Arztes als durch § 34 StGB gerechtfertigte Notstandshandlung.[146] Er beruft sich auf ein Recht auf den

---
[143] Hierzu und zum Folgenden vgl. *Rudolphi*, Jura 1979, 39, 40 ff., dort auch Fn. 13.
[144] Hierzu und zum Folgenden *Otto*, Grundkurs Strafrecht, § 6, Rz. 25 ff.
[145] Vgl. *Otto*, Gutachten D zum 56. Deutschen Juristentag, S. 44 f.
[146] Hierzu und zum Folgenden *Gössel*, Strafrecht BT 1, § 2, Rz. 61. Der Lösungsansatz über

natürlichen Tod sowie ein Recht auf menschenwürdiges Sterben, das seine Grundlage in Art. 1 Abs. 1 GG finde. Diese Rechtsgüter würden die Verlängerung eines „auf der Stufe der Bewusstlosigkeit angelangten und irreversibel verlöschenden Lebens" überwiegen, sodass der willensgemäße Abbruch der Weiterbehandlung die Voraussetzungen des rechtfertigenden Notstandes erfülle.[147]

3. Unerheblichkeit der Differenzierung zwischen Tun und Unterlassen

Teilweise wurde im Schrifttum vor dem BGH-Urteil von 2010 dafür plädiert, eine Strafbarkeit des aktiven Abbruchs lebenserhaltender Maßnahmen durch den Arzt unabhängig von der Frage zu verneinen, ob dieser strafrechtlich als Tun oder Unterlassen bewertet werde. Insoweit knüpfte der BGH im Fall *Putz* an einen in der Literatur bereits geäußerten Vorschlag an.

Dölling erläutert in einem Beitrag aus dem Jahr 1987, eine Straflosigkeit könne sowohl für ein Tun als auch für ein Unterlassen begründet werden, wenn eine Pflicht zur Weiterbehandlung nicht mehr bestehe.[148] Die Pflicht zur Weiterbehandlung entfalle jedenfalls dann, wenn Chancen auf die Ermöglichung eines bewussten Lebens für den Patienten nach medizinischen Erkenntnissen nicht mehr bestünden. In diesem Fall sei in Ermangelung anderweitiger Anhaltspunkte davon auszugehen, dass der Abbruch der Weiterbehandlung dem mutmaßlichen Patientenwillen entspreche. Gleiches gelte, wenn die (kurzzeitige) Lebensverlängerung nicht völlig unmöglich, aber mit Vernichtungsschmerzen verbunden sei, da auch hier grundsätzlich von einem mutmaßlichen Willen des Patienten für die Beendigung der Behandlung ausgegangen werden könne und die Behandlung dem Arzt nicht zumutbar sei.[149] Die Straflosigkeit folge im Falle der Annahme eines Unterlassens aus der fehlenden Rechtspflicht zur Weiterbehandlung. Im Falle der Annahme eines Tuns sei eine Pflicht zur Vornahme von Rettungshand-

---

§ 34 StGB wurde teilweise auch in der Literatur nach dem BGH-Urteil von 2010 noch als dogmatisch vorzugswürdig erachtet; hierzu unter C. II. 2. lit. b.

[147] Bevor er sich auf eine Notstandsrechtfertigung berief, hatte *Gössel* noch die Ansicht vertreten, die Strafbarkeit des Arztes beim aktiven Abbruch lebensverlängernder Maßnahmen sei wegen entschuldigender Pflichtenkollision abzulehnen. Die Pflicht zur Lebenserhaltung kollidiere insoweit mit der Pflicht, einen natürlichen und menschenwürdigen Tod zuzulassen, *Gössel*, Strafrecht BT 1, § 2, Rz. 45 ff. Diese auf der dritten Stufe des Deliktsaufbaus ansetzende Begründung für eine Straflosigkeit des Behandlungsabbruchs gab er jedoch zugunsten der soeben skizzierten Rechtfertigungslösung auf. Zur Änderung seiner Auffassung explizit *Gössel*, Strafrecht BT 1, § 2, Rz. 60, Fn. 94.

[148] Hierzu und zum Folgenden *Dölling*, MedR 1987, 6, 9 f.

[149] Die Kriterien, die *Dölling* für die Straflosigkeit von Behandlungsabbrüchen niederlegt, sind nicht mit den vom BGH im Fall *Putz* entwickelten Voraussetzungen identisch; vgl. zu diesen in Kapitel 2 unter B. III.

lungen nicht mehr gegeben, sodass auch der aktive Abbruch der Behandlung nicht als rechtswidrig bewertet werden könne.

4. Strafbarkeit

Anders als das bislang dargestellte Meinungsspektrum vertritt *Bockelmann* in seiner Monografie aus dem Jahr 1968 die Ansicht, dass es sich bei einem ärztlichen Abbruch lebenserhaltender Maßnahmen um einen aktiven Eingriff in das Leben des Patienten handele, der ein strafbares Tötungsdelikt darstelle. Gegen eine Wertung des Abschaltens als strafloses Unterlassen wendet er ein, das aktive Eingreifen in einen Kausalverlauf könne nicht als bloßes Unterlassen eingeordnet werden.[150] Seiner Argumentation legt er damit eine Unterscheidung zwischen Begehungs- und Unterlassungsdelikt zugrunde, die sich an der Kausalität des untersuchten Verhaltens für den tatbestandsmäßigen Erfolg orientiert:[151] Bei einer aktiven Verursachung des Erfolges soll danach stets ein Begehungsdelikt gegeben sein; bei fehlender aktiver Verursachung komme hingegen nur eine Unterlassungsstrafbarkeit in Betracht.[152] Eine Rechtfertigung oder einen anderweitig begründeten Ausschluss der Strafbarkeit für den von ihm somit als tatbestandsmäßig erachteten Abbruch lebenserhaltender Maßnahmen zieht *Bockelmann* nicht in Betracht.

Mit dieser Auffassung blieb *Bockelmann* allein; sie wurde im wissenschaftlichen Diskurs zurückgewiesen.[153]

5. Zusammenfassende Bewertung

Der Überblick über das Meinungsspektrum im Schrifttum vor dem BGH-Urteil von 2010 zeugt – mit Ausnahme der Ansicht *Bockelmanns* – von den Bemühungen, eine Straffreiheit von Ärzten zu begründen, die lebenserhaltende Maßnahmen durch aktives Eingreifen abbrechen. Den dargestellten Ansichten liegt erkennbar das Bestreben zugrunde, aus medizinisch-ethischer Perspektive nur schwer nachvollziehbare juristische Wertungsunterschiede bei vergleichbaren Sachverhalten zu vermeiden: Dort, wo das Unterlassen der Fortsetzung einer medizinischen Behandlung zulässig ist, soll Gleiches für den aktiven Abbruch maschineller Behandlungsmaßnahmen gelten. Es werden Wertungswidersprüche befürchtet, wenn der Abbruch der manuellen Beatmung durch den Arzt entsprechend dem (mutmaßlichen) Patientenwillen als straflose Behandlungsein-

---

[150] Hierzu und zum Folgenden *Bockelmann*, S. 112, 125 Anm. 45.
[151] Eine derartige Abgrenzung zwischen Begehungs- und Unterlassungsdelikt befürworten grundsätzlich auch *Kaufmann*, S. 201 ff. und *Welzel*, § 26, Ziff. II. 3.
[152] Hierzu *Welzel*, § 26, Ziff. II. 3.
[153] Diese Feststellung findet sich bereits bei *Roxin*, NStZ 1987, 345, 349.

stellung eingestuft werde, während die Behandlungseinstellung durch das Abschalten des selbsttätig seine Funktion erfüllenden Beatmungsgerätes ein strafbares Tun darstelle.[154]

Die strafrechtlichen Konstruktionen zur Verhinderung derartiger Widersprüche variieren im Schrifttum vor dem Jahr 2010 jedoch stark. Für betroffene Mediziner mochte sich die vorherrschende Einigkeit über die Straflosigkeit eines Abbruchs lebenserhaltender Maßnahmen zwar als Grund zur Hoffnung darstellen. Angesichts der in der soeben skizzierten Diskussion offenbar werdenden Unklarheiten bei der Herleitung der Straflosigkeit, die in der hier nur angedeuteten Vielzahl dogmatischer Windungen sichtbar werden, blieb aber ungewiss, ob dieser breite Konsens zugunsten einer Straffreiheit der Ärzte aus dem rechtswissenschaftlichen Schrifttum in die höchstinstanzliche Rechtsprechung getragen werden könnte. Mediziner, die ihre Handlungen am Selbstbestimmungsrecht des Patienten orientierten und ihn durch den aktiven Abbruch von Lebenserhaltungsmaßnahmen dem natürlichen Sterbeprozess überließen, mussten daher mit der Ungewissheit leben, dass ihr Verhalten ein Ermittlungsverfahren auslösen und zu ihrer strafrechtlichen Verurteilung wegen eines Tötungsdelikts führen konnte.

II. Strafgerichtliche Rechtsprechung vor dem BGH-Urteil von 2010

Eine höchstinstanzliche Entscheidung zur strafrechtlichen Zulässigkeit des aktiven Abstellens einer lebenserhaltenden Apparatur erging bis zum BGH-Urteil im Fall *Putz* im Jahr 2010 nicht. Gerichte unterer Instanzen waren nur vereinzelt mit Fällen befasst, die den aktiven Abbruch lebenserhaltender Maßnahmen betrafen. Allerdings war ein mit dem Fall *Putz* vergleichbarer Sachverhalt Entscheidungsgegenstand eines im Jahr 1986 gefällten bemerkenswerten Urteils des LG Ravensburg (hierzu 1.).[155]

Ein Urteil des BGH aus dem Jahr 1994[156] gab zudem bereits eine Tendenz im Hinblick auf die Fragestellung zu erkennen, die er 16 Jahre später im Fall *Putz* entschied (hierzu 2.).

Diese beiden Urteile zeichneten so zentrale Linien der im Jahr 2010 entwickelten BGH-Rechtsprechung vor und sollen daher nachfolgend kurz beleuchtet werden.[157]

---

[154] Vgl. *Geilen*, JZ 1968, 145, 151.
[155] LG Ravensburg, Urteil vom 03.12.1986 – 3 KLs 31/86, NStZ 1987, 229f.
[156] BGH, Urteil vom 13.09.1994 – 1 StR 357/94, BGHSt 40, 257.
[157] Darüber hinaus soll an dieser Stelle noch ein Beschluss des 12. Zivilsenats des BGH aus dem Jahr 2005 Erwähnung finden, in dem explizit auf die bestehende strafrechtliche Rechtsunsicherheit im Fall einer Behandlungseinstellung vor Eintritt in die unmittelbare Sterbephase

1. Urteil des LG Ravensburg 1986

a) Entscheidung

Das LG Ravensburg entschied im Jahr 1986 in einem erschütternden Fall über die Strafbarkeit eines Mannes, der das Beatmungsgerät seiner im Sterben liegenden, noch entscheidungsfähigen Ehefrau auf ihren Wunsch hin abgeschaltet hatte, wodurch ihr Tod wenigstens einen Tag früher eingetreten war, als dies im Falle einer fortgeführten Beatmung der Fall gewesen wäre.[158] Das LG Ravensburg als erst- und letztinstanzliches Gericht[159] sprach den Mann vom Vorwurf der Tötung auf Verlangen nach § 216 StGB frei.

Das LG urteilte, dass ein sterbender Mensch, der nur noch durch technische Maßnahmen am Leben erhalten werde, den Abbruch solcher Maßnahmen verlangen könne, unabhängig davon, ob dieser durch ein Unterlassen oder ein aktives Tun erfolge. Ein derartiges Tätigwerden stelle keine strafbare Tötung auf Verlangen dar. Es begründete seine Entscheidung für die Zulässigkeit eines Abbruchs der technischen Behandlung mit dem verfassungsrechtlich gewährleisteten Selbstbestimmungsrecht, das, ebenso wie die Menschenwürde, die ärztliche Behandlungspflicht begrenze.

Das Gericht ließ jedoch offen, auf welcher Ebene des strafrechtlichen Deliktsaufbaus seine Begründung der Straflosigkeit des Verhaltens des Angeklagten ansetzte und erwog sowohl einen Tatbestandsausschluss als auch eine Rechtfertigung.

Der vom LG Ravensburg entschiedene Fall wies erhebliche Parallelen zum Sachverhalt des im Jahr 2010 vom BGH entschiedenen Fall *Putz*[160] auf und veranlasste das LG zu rechtlichen Bewertungen, die sich teilweise im BGH-Urteil wiederfinden. So äußerte mit dem LG Ravensburg bereits über 20 Jahre vor der BGH-Entscheidung ein Strafgericht die Auffassung, dass die rechtliche Charakterisierung eines Verhaltens als Tun oder Unterlassen im Rahmen des aktiven Abbruchs lebenserhaltender Maßnahmen nicht über die Strafbarkeit des Verhaltens entscheiden könne.[161]

---

hingewiesen wurde; BGH, Beschluss vom 08.06.2005 – XII ZR 177/03, BGHZ 163, 195 ff., Rz. 16.

[158] Hierzu und zum Folgenden LG Ravensburg, Urteil vom 03.12.1986 – 3 KLs 31/86, NStZ 1987, 229 f.
[159] Zu einem Revisionsverfahren kam es offenbar nicht.
[160] Zu den dortigen Feststellungen in Kapitel 2 unter B. III.
[161] Wie im Fall *Putz* war im Fall des LG Ravensburg ein nichtärztlicher Behandlungsabbruch Entscheidungsgegenstand. Auch in der Bewertung dieser personellen Besonderheit schlug das LG Ravensburg bereits die Richtung ein, die der BGH später weiterverfolgen sollte. Insofern bemerkte es in den Entscheidungsgründen, dass „kein beliebiger Dritter das Beatmungsgerät abgeschaltet" habe, „sondern ein allernächster Angehöriger in seiner Eigenschaft

b) Bewertung der Entscheidung

Auch wenn das Urteil des LG Ravensburg für betroffene Ärzte, Patienten und Angehörige eine zuversichtlich stimmende Entscheidung gewesen sein dürfte, konnte die darin geäußerte Rechtsansicht keinesfalls als gesichert gelten. Denn ob andere Gerichte dieser Entscheidung folgen würden und ob derartige Entscheidungen auch höchstinstanzlich Bestand haben konnten, blieb lange Zeit ungewiss.[162]

Zu dieser Ungewissheit musste auch die fehlende Begründungstiefe in der Argumentation des LG Ravensburg beitragen: So berief sich das Gericht für die Begrenzung der ärztlichen Behandlungspflicht auf verfassungsrechtlich gewährleistete Institute. Zu der an diesen Instituten orientierten Auslegung des § 216 StGB gemäß seinem Sinn und Zweck, die das LG für erforderlich befand, machte es jedoch keine weitergehenden Ausführungen. Insbesondere erläuterte das Gericht nicht, welchen konkreten Zweck des § 216 StGB es seiner Auslegung zugrunde legte.[163] Es setzte sich auch nicht mit dem Konflikt auseinander, in den das Selbstbestimmungsrecht des Patienten beim Abbruch einer lebenserhaltenden Behandlung mit der gemäß dem Normwortlaut des § 216 StGB anzunehmenden Unbeachtlichkeit des Patientenwillens gerät.

Ein weiterer Faktor, der die Übertragbarkeit des Urteils auf vergleichbare Fälle erschwerte und Prognosen zu seinem potenziellen höchstinstanzlichen Bestand schwierig machte, war die fehlende Einordnung der rechtlichen Begründung in gebräuchliche strafrechtliche Kategorien. Das LG ließ explizit offen, ob seine Ausführungen bereits zum Entfallen der Tatbestandsmäßigkeit oder erst der Rechtswidrigkeit des Verhaltens des Angeklagten führen sollten. „Jedenfalls", so das LG, könne „in dem hier zu beurteilenden konkreten Fall" ein Recht-

---

als Ehemann und Pfleger unter Aufsicht und mit Billigung desjenigen behandelnden Arztes, der das Gerät eingeschaltet hatte". Diesen Ansatz baute der BGH im Fall *Putz* zu einem Rechtssatz aus, wonach der Kreis der bei einem Behandlungsabbruch straffrei bleibenden Personen auf Ärzte, Betreuer, Bevollmächtigte sowie von diesen zur Behandlung und Betreuung herangezogene Hilfspersonen beschränkt sei; BGH, Urteil vom 25.06.2010 – 2 StR 454/09, BGHSt 55, 191 ff., Rz. 39. Er knüpfte damit an die vom LG Ravensburg schon angedeutete Ansicht an, dass „beliebige Dritte" einen Behandlungsabbruch nicht vornehmen dürften.

[162] So folgte das LG Fulda bei seiner Entscheidung im Fall *Putz* im Jahr 2009 (Urteil vom 30.04.2009 – 16 Js 1/08 – 1 Ks – zitiert nach juris) dem LG Ravensburg nicht. Es erachtete das aktive Abbrechen der lebenserhaltenden künstlichen Ernährung für tatbestandsmäßig im Sinne des § 212 StGB und verneinte auch eine Rechtfertigungsmöglichkeit. Der BGH hob dieses Urteil in seiner anschließenden Entscheidung im Urteil vom 25.06.2010 – 2 StR 454/09, BGHSt 55, 191 ff. bekanntlich auf.

[163] Vgl. zu den insoweit diskutierten Zwecken des § 216 StGB und seiner in dieser Arbeit zugrunde gelegten Zielsetzung oben in Kapitel 2 unter A. III.

fertigungsgrund angeführt werden.[164] Mit dieser Einschränkung auf den konkreten Sachverhalt entzog es sich der Frage, ob der angenommene Rechtfertigungsgrund verallgemeinerbar sein könnte. Der Rechtfertigungsgrund, den es seiner Entscheidung zugrunde legte, sollte in dem ernsthaften „Todeswunsch des im Sterben liegenden Menschen" liegen, „dessen Tod nur noch mit Hilfe technischer Geräte künstlich und ohne jegliche Hoffnung auf ein auch nur kurzfristiges Leben aus eigener Kraft hinausgezögert werden" könne. Dabei handelt es sich nicht um einen anerkannten strafrechtlichen Rechtfertigungsgrund. Zu seiner dogmatischen Herleitung äußerte sich das LG dennoch nicht.

Vor diesem Hintergrund stellte sich die Entscheidung des LG Ravensburg zwar als ein Urteil dar, das der Tragik des gegenständlichen Falles und der Respekt und Anerkennung verdienenden Motivlage des Angeklagten gerecht wurde. Für eine neue, fallübergreifende juristische Kategorienbildung, die in gleichartigen Fallgestaltungen als belastbares Fundament fungieren konnte, fehlten der Entscheidung aber die Begründungstiefe sowie die strafrechtsdogmatische Unterfütterung. So fortschrittlich und begrüßenswert das Urteil sich im Ergebnis zeigte, so sehr stand seine Argumentation also auf wackeligen Füßen.

2. BGH-Urteil im Kemptener Fall 1994

a) Entscheidung

Der BGH hatte im Jahr 1994 über die Revision gegen ein Urteil in einem erstinstanzlich vor dem LG Kempten verhandelten Fall zu entscheiden, in dem es um die versuchte Einstellung der Sondenernährung durch den behandelnden Arzt und den betreuenden Sohn einer Patientin ging.[165] Die Patientin war schwer und irreversibel zerebral geschädigt und zeigte kaum mehr Reaktionen auf ihre Umwelt. Sie wurde über eine Magensonde künstlich ernährt. In dieser Verfassung befand sie sich bereits seit mehreren Jahren, als ihr Arzt und der betreuende Sohn angesichts der nicht zu erwartenden Besserung ihres Gesundheitszustands eine Anordnung an das Pflegepersonal unterzeichneten, wonach die Patientin nur noch mit Tee ernährt werden solle, um sterben zu können. Das Pflegepersonal widersetzte sich dieser Anordnung, die Behandlung wurde durch einen anderen Arzt übernommen und weitergeführt. Das LG Kempten verurteilte die beiden Angeklagten wegen versuchten Totschlags durch Unterlassen in mittelbarer Tä-

---

[164] Hierzu und zum Folgenden LG Ravensburg, Urteil vom 03.12.1986 – 3 KLs 31/86, NStZ 1987, 229, 230.
[165] Hierzu und zur weiteren Schilderung des Sachverhalts BGH, Urteil vom 13.09.1994 – 1 StR 357/94, BGHSt 40, 257 ff., Rz. 1–8.

terschaft.[166] Die Patientin starb schließlich Ende des Jahres 1993 nach einem Lungenödem.

Der BGH hob in seinem Urteil hervor, dass es sich in der vom LG Kempten entschiedenen Konstellation nicht um einen klassischen Fall der passiven Sterbehilfe gehandelt habe, da der unmittelbare Sterbevorgang der Patientin zum Zeitpunkt der versuchten Ernährungseinstellung noch nicht eingesetzt hatte.[167] Der Kemptener Fall betreffe die Zulässigkeit einer „Sterbehilfe im weiteren Sinne", einer sog. Hilfe zum Sterben.[168] Auch in einem solchen Fall könne der Abbruch einer ärztlichen Behandlung oder Maßnahme jedoch „ausnahmsweise [...] zulässig sein". Für die Feststellung eines nur mutmaßlichen Willens der Patientin würden dabei allerdings erhöhte Anforderungen gelten.

Das LG Kempten hatte das Vorliegen einer mutmaßlichen Einwilligung verneint. Der BGH verwies die Sache an das LG Kempten zurück, weil er es für nicht ausgeschlossen erachtete, dass die Frage des Vorliegens einer mutmaßlichen Einwilligung einer anderen Beurteilung bedürfe oder die Angeklagten einem unvermeidbaren Verbotsirrtum unterlegen seien.[169]

b) Bewertung der Entscheidung

Anders als im Fall, den das LG Ravensburg 1986 zu entscheiden hatte, war die hier betroffene Patientin urteilsunfähig, lag aber nicht im Sterben. Ein weiterer erwähnenswerter Unterschied des Kemptener Falls besteht darin, dass nicht das aktive Abstellen eines technischen Gerätes, sondern lediglich die zukünftige Nichtzuführung von lebensnotwendiger Nahrung über eine Sonde Verfahrensgegenstand war.[170] Dem Urteil lag damit im Gegensatz zum Ravensburger Fall ein ohne Abgrenzungsschwierigkeiten als Unterlassen einzuordnendes Verhalten zugrunde.

Das BGH-Urteil im Kemptener Fall war jedoch insofern ein entscheidender Entwicklungsschritt in der Rechtsprechung auf dem Weg zur BGH-Entscheidung im Fall *Putz*, als es den zeitlichen Anwendungsbereich möglicher Sterbehilfemaßnahmen über den Zeitraum der unmittelbaren Sterbephase hinaus ausdehnte.

---

[166] Zur Annahme einer mittelbaren Täterschaft wird auf die Urteilsbegründung verwiesen, da diese im hiesigen Kontext nicht relevant ist.
[167] Hierzu und zum Folgenden BGH, Urteil vom 13.09.1994 – 1 StR 357/94, BGHSt 40, 257, 1. Leitsatz sowie Rz. 11.
[168] Zur sog. Hilfe zum Sterben vgl. bereits oben in Kapitel 2 unter A. II., Fn. 31.
[169] BGH, Urteil vom 13.09.1994 – 1 StR 357/94, BGHSt 40, 257 ff., Rz. 18 ff., 28.
[170] Die aktive Entfernung der Sonde war nicht angedacht; sie ist für die Einstellung der künstlichen Ernährung nicht erforderlich.

Die vom BGH in der Urteilsbegründung gewählte Formulierung, wonach die Zulässigkeit einer „Hilfe zum Sterben" nur für den Ausnahmefall gelte, begrenzte hingegen die Wirkung, die die Entscheidung auf die Beseitigung von Rechtsunsicherheiten hinsichtlich der zeitlichen Zulässigkeit von Sterbehilfemaßnahmen haben konnte.

3. Zusammenfassende Bewertung

Die strafgerichtliche Rechtsprechung vor dem BGH-Urteil im Jahr 2010 brachte keine entscheidende Klarheit zur Rechtslage in Fällen des ärztlichen Abbruchs lebenserhaltender Maßnahmen durch aktive Deaktivierung eines zur Lebenserhaltung eingesetzten Geräts.[171] Der BGH selbst wurde vor dem Fall *Putz* mit einer derartigen Konstellation nicht befasst, sodass für betroffene Ärzte, Patienten und Angehörige keine belastbare Grundlage für eine Prognose zum Ausgang diesbezüglicher Prozesse vor den Strafgerichten existierte.

Das LG Ravensburg lieferte für seine – im Ergebnis überzeugende – Entscheidung zur aktiven Deaktivierung eines Beatmungsgerätes eine Begründung, die sich weder dogmatisch stringent in bekannte strafrechtliche Kategorien einordnen ließ noch eine neue Kategorie zur Handhabung gleichartiger Fälle vorschlug. Eine Begründung zu entwerfen, die diese Unzulänglichkeiten nicht aufwies, war die Herausforderung, vor die der BGH im Jahr 2010 schließlich gestellt wurde.

III. BGH-Rechtsprechung von 2010 – der Fall Putz und die rechtliche Kategorie des Behandlungsabbruchs

Der BGH wurde im Fall *Putz* erstmals mit einem Sachverhalt konfrontiert, der einen Abbruch lebenserhaltender Maßnahmen betraf, bei dem die zu beurteilen-

---

[171] Eine Klärung wurde auch nicht durch das Urteil des LG Bonn aus dem Jahr 1988 erreicht; LG Bonn, Urteil vom 08.07.1988 – 22 L 3/88 (unveröffentlicht). Das Gericht befasste sich darin laut *Stoffers*, MDR 1992, 621, 622 mit der Strafbarkeit des Zudrückens eines Beatmungsschlauches durch die Eltern eines todkranken Säuglings. Das LG Bonn habe in seinem Urteil als grundsätzliche Kriterien für eine zulässige passive Sterbehilfe den ausdrücklichen Sterbewunsch des Patienten bzw. seine diesbezügliche Einwilligung sowie die ärztliche Feststellung eines zeitnah bevorstehenden Todes und einer fehlenden medizinischen Indikation der weiteren Behandlung genannt. Indes gab der Fall nach der Darstellung bei *Stoffers* keinen Anlass, die Voraussetzungen weiter auszudifferenzieren, oder die Möglichkeit einer bloß mutmaßlichen Einwilligung zu erwägen. Das LG Bonn erachtete die Voraussetzungen für eine straflose passive Sterbehilfe im geschilderten Fall letztlich insbesondere als nicht gegeben, weil die behandelnden Ärzte klargestellt hätten, dass die Voraussetzung eines Wegfalls der medizinischen Indikation nicht gegeben gewesen sei. Entscheidende Impulse gingen von der Entscheidung nicht aus.

de Deaktivierungshandlung eine Aktivität voraussetzte und nicht in einer bloßen Aufgabe weiterer lebenserhaltender Handlungen bestand.[172]

Der angeklagte Rechtsanwalt *Putz* war vom LG Fulda wegen versuchten Totschlags in Mittäterschaft gemäß §§ 212 Abs. 1, 22, 23, 25 Abs. 2 StGB zu einer Freiheitsstrafe von 9 Monaten auf Bewährung verurteilt worden.[173] Grund hierfür war sein anwaltlicher Rat an die für die Betreuung zuständigen Kinder einer seit 2002 im Wachkoma liegenden Patientin, den Zuführungsschlauch der PEG-Sonde, über die die Patientin mit lebensnotwendiger Nahrung versorgt wurde, zu durchtrennen, um ihrer Mutter wunschgemäß das Sterben zu ermöglichen.[174] Zuvor hatte sich das Heim, in dem die Patientin gepflegt wurde, einer von den betreuenden Kindern in die Wege geleiteten Einstellung der künstlichen Nahrungszufuhr widersetzt und diese gegen den Willen der Betreuer wieder aufgenommen. Die Tochter der Patientin folgte daraufhin dem Rat ihres Rechtsanwaltes *Putz*.[175] Nach Durchtrennung des Zuführungsschlauches der Sonde wurde diese auf Anordnung eines Staatsanwaltes in krankenhäuslicher Behandlung erneuert und die künstliche Ernährung wieder aufgenommen. Die Patientin verstarb kurz darauf an den Folgen ihrer zahlreichen Erkrankungen.

Der BGH hob die Verurteilung des Angeklagten *Putz* durch das LG Fulda auf und sprach ihn vom Vorwurf des versuchten Totschlags in Mittäterschaft frei. Er führte dabei seine Rechtsprechung aus dem Jahr 1994 fort, wonach eine dem Patientenwillen entsprechende Behandlungsbeendigung auch vor dem Eintritt in die unmittelbare Sterbephase zulässig sein könne.[176] Anders als im Jahr 1994 deklarierte er einen derartigen Behandlungsabbruch jedoch als *generell* und nicht nur im konkreten Ausnahmefall zulässige Maßnahme.

Seine Entscheidung zur Straflosigkeit des aktiven Behandlungsabbruchs stützte der BGH auf eine Rechtfertigung des Behandlungsabbruchs durch die Einwilligung der Patientin.[177] Hierzu gab er die zuvor in Rechtsprechung und Literatur

---

[172] BGH, Urteil vom 25.06.2010 – 2 StR 454/09, BGHSt 55, 191 ff., Rz. 22. Ein *ärztlicher* Behandlungsabbruch war zwar nicht Gegenstand des durch den BGH bewerteten Sachverhalts, jedoch beanspruchen die Urteilsausführungen für diese Konstellation ebenfalls Geltung.

[173] LG Fulda, Urteil vom 30.04.2009 – 16 Js 1/08 – 1 Ks – zitiert nach juris.

[174] Hierzu und zu den nachfolgend wiedergegebenen Urteilsfeststellungen BGH, Urteil vom 25.06.2010 – 2 StR 454/09, BGHSt 55, 191 ff., Rz. 1–8.

[175] Die Tochter der Patientin wurde auf Grund eines unvermeidbaren Verbotsirrtums nach Einholung des Rechtsrats beim Angeklagten *Putz* freigesprochen; siehe hierzu das Urteil des LG Fulda vom 30.04.2009 – 16 Js 1/08 – 1 Ks, Rz. 99 ff. – zitiert nach juris.

[176] Zur expliziten Bezugnahme auf die insoweit fortgeführte Rechtsprechung siehe BGH, Urteil vom 25.06.2010 – 2 StR 454/09, BGHSt 55, 191 ff., Rz. 14.

[177] BGH, Urteil vom 25.06.2010 – 2 StR 454/09, BGHSt 55, 191 ff., Rz. 21. Einen entsprechenden Willen hatte die Patientin vor dem Eintritt ihrer Einwilligungsunfähigkeit geäußert; BGH, Urteil vom 25.06.2010 – 2 StR 454/09, BGHSt 55, 191 ff., Rz. 17.

verbreitete Unterscheidung zwischen zulässiger passiver und unzulässiger direkter aktiver Sterbehilfe auf, die auf der Einordnung eines Verhaltens als Tun oder Unterlassen beruhte.[178] Über die Strafbarkeit könne nicht lediglich anhand „der äußerlichen Handlungsqualität" entschieden werden.

Stattdessen entwickelte der BGH für Fälle der Unterlassung, Einstellung und Begrenzung einer lebenserhaltenden medizinischen Behandlung den „normativ-wertenden Oberbegriff des Behandlungsabbruchs".[179] Für die Zulässigkeit eines solchen Behandlungsabbruchs stellte er folgende Voraussetzungen auf: Der Behandlungsabbruch müsse zunächst dem (mutmaßlichen) Patientenwillen entsprechen. Zweitens müsse der Patient lebensbedrohlich erkrankt und die betroffene medizinische Behandlung zur Lebenserhaltung oder Lebensverlängerung geeignet sein. Drittens sei erforderlich, dass sich das strafrechtlich zu bewertende Verhalten objektiv und subjektiv unmittelbar auf die medizinische Behandlung beziehe. Dieses Kriterium orientiere sich an den Grenzen des verfassungsrechtlich gewährleisteten Selbstbestimmungsrechts, das keinen Anspruch auf Eingriffe in das Leben außerhalb des Behandlungskontexts legitimiere. Das Selbstbestimmungsrecht könne dem Patienten lediglich ein Recht darauf verleihen, „einen Zustand (wieder-)herzustellen, der einem bereits begonnenen Krankheitsprozess seinen Lauf lässt, indem zwar Leiden gelindert, die Krankheit aber nicht (mehr) behandelt" werde.[180] Eine diesen Kriterien entsprechende Vorgehensweise sei klar von einer strafbaren Tötung auf Verlangen gemäß § 216 StGB zu unterscheiden.

Der BGH führte weiter aus, dass diese Bewertung auch der Intention des Gesetzgebers des Dritten Gesetzes zur Änderung des Betreuungsrechts vom 29. Juli 2009 entspreche.[181] Zwar sei die Abgrenzung zwischen den strafrechtlichen Kategorien der unzulässigen Tötung auf Verlangen und der zulässigen rechtfertigenden Einwilligung in einen Behandlungsabbruch grundsätzlich nach strafrechtsspezifischen Kriterien vorzunehmen.[182] Die zivilrechtlichen Neuregelungen seien jedoch „unter dem Gesichtspunkt der Einheitlichkeit der Rechtsordnung (…) bei der Bestimmung der Grenze einer möglichen Rechtfertigung" zu berücksichtigen.

---

[178] Hierzu und zum Folgenden BGH, Urteil vom 25.06.2010 – 2 StR 454/09, BGHSt 55, 191 ff., Rz. 27 ff. Zur Bedeutung des Urteils für die Fallgruppe der indirekten aktiven Sterbehilfe unten in Kapitel 2 unter C.I.3. lit. a.

[179] Hierzu und zum Folgenden BGH, Urteil vom 25.06.2010 – 2 StR 454/09, BGHSt 55, 191 ff., Rz. 31–36.

[180] Hierzu und zum Folgenden BGH, Urteil vom 25.06.2010 – 2 StR 454/09, BGHSt 55, 191 ff., Rz. 35 ff.

[181] BGH, Urteil vom 25.06.2010 – 2 StR 454/09, BGHSt 55, 191 ff., Rz. 37.

[182] Hierzu und zum Folgenden BGH, Urteil vom 25.06.2010 – 2 StR 454/09, BGHSt 55, 191 ff., Rz. 25.

Den personellen Anwendungsbereich der entwickelten Grundsätze beschränkte der BGH mit der Entscheidung im Fall *Putz* nicht auf das behandelnde ärztliche Personal, Betreuer sowie Bevollmächtigte. Auch Dritte könnten einen zulässigen Behandlungsabbruch nach den aufgestellten Kriterien vornehmen, „soweit sie als von dem Arzt, dem Betreuer oder dem Bevollmächtigten für die Behandlung und Betreuung hinzugezogene Hilfspersonen tätig" würden.[183]

Die dargestellten Grundsätze sollen nach Auffassung des BGH auf sämtliche Konstellationen eines Behandlungsabbruchs, d. h. auf jegliche Fälle von „Sterbehilfe durch Unterlassen, Begrenzen oder Beenden einer begonnenen medizinischen Behandlung" Anwendung finden.[184] Erstmalig wurde damit höchstrichterlich entschieden, dass es strafrechtlich zulässig sei, lebenserhaltende Behandlungsmaßnahmen aktiv abzubrechen.

Diese Annahme soll auch der Bewertung der Fragestellung zugrunde gelegt werden, die im Zentrum der vorliegenden Arbeit steht. Bevor sie zum Maßstab für die hiesige Untersuchung erhoben werden kann, soll im Folgenden jedoch eine kritische Auseinandersetzung mit der Straffreiheit tätiger Behandlungsabbrüche erfolgen. Angesichts der nach dem Urteil aus dem Jahr 2010 geäußerten Kritik des rechtswissenschaftlichen Schrifttums an der Entscheidung bedarf es einer eingehenderen Begründung, wieso dem Maßstab der BGH-Rechtsprechung zuzustimmen ist und wie er dogmatisch überzeugend verankert werden kann. Diesen Fragen widmet sich der folgende Abschnitt.

C. Rezeption der BGH-Rechtsprechung von 2010 im rechtswissenschaftlichen Schrifttum

Die zahlreichen Reaktionen auf das BGH-Urteil im rechtswissenschaftlichen Schrifttum befürworten die Entscheidung ganz überwiegend *im Ergebnis*.[185] Der Begründungsweg, den der BGH in seinem Urteil im Fall *Putz* zur Herleitung der Straffreiheit des aktiven Abbruchs lebenserhaltender Behandlungsmaßnahmen einschlug, blieb jedoch nicht unumstritten (hierzu I.). Ein zentraler Kritikpunkt knüpft dabei an den Straftatbestand des § 216 StGB an: Die Strafbarkeit der Tötung auf Verlangen zeige gerade, dass der Gesetzgeber dem zustimmenden Wil-

---

[183] BGH, Urteil vom 25.06.2010 – 2 StR 454/09, BGHSt 55, 191 ff., Rz. 39. Da dieser Aspekt des Urteils für die vorliegende Arbeit nicht zentral ist, wird er hier nur der Vollständigkeit halber erwähnt, jedoch nicht weiter ausgeführt.

[184] BGH, Urteil vom 25.06.2010 – 2 StR 454/09, BGHSt 55, 191 im 1. Leitsatz.

[185] Vgl. beispielsweise *Eidam*, GA 2011, 232 ff.; *Gaede*, NJW 2010, 2925 ff.; *Gropp*, in: Eser-FG, S. 349 ff.; *Rosenau*, Rissing-van Saan-FS, S. 547 ff.; *Streng*, Frisch-FS, S. 739 ff.; Schönke/Schröder/*Eser/Sternberg-Lieben*, Vor §§ 211 ff. StGB, Rz. 28b m.w.N.

len des Betroffenen keinesfalls rechtfertigende Wirkung habe zukommen lassen wollen; eine rechtfertigende (mutmaßliche) Einwilligung sei daher ausgeschlossen.[186] Vor diesem Hintergrund werden in der Literatur zahlreiche Vorschläge gemacht, wie eine strafrechtsdogmatisch überzeugende Alternativbegründung für eine Straflosigkeit von Behandlungsabbrüchen aussehen könnte (hierzu II.).

Nach Aufarbeitung der Reaktionen auf die BGH-Rechtsprechung soll zur grundsätzlichen Straflosigkeit des Abbruchs lebenserhaltender medizinischer Behandlungen und ihrer rechtsdogmatischen Begründung Stellung bezogen und der dogmatisch vorzugswürdige Lösungsweg erläutert werden (hierzu III.).

I. Bewertung der Einwilligungslösung des BGH

Die Einwilligungslösung des BGH ist im rechtswissenschaftlichen Schrifttum sowohl auf Zuspruch (hierzu 1.), als auch auf Widerspruch gestoßen (hierzu 2.).[187] Diese Reaktionen sollen nachfolgend systematisiert dargestellt werden, um eine anschließende Auseinandersetzung mit ihnen zu ermöglichen (hierzu 3. und 4.).

1. Zustimmung zur Einwilligungslösung des BGH

Bisweilen hat der Lösungsansatz des BGH, willensgemäße aktive Behandlungsabbrüche über die Rechtsfigur der (mutmaßlichen) Einwilligung zu rechtfertigen, im rechtswissenschaftlichen Schrifttum Unterstützung erfahren. Die Befürworter der Einwilligungslösung sind der Ansicht, dass diese entgegen vielfach

---

[186] Vgl. *Duttge*, MedR 2011, 36, 37 f.; *Walter*, ZIS 2011, 76, 78; *Pawlik*, in: Bormann, S. 667, 675 ff.; *Rosenau*, Rissing-van Saan-FS, 2011, S. 547, 558 f.; MüKo-StGB/*Schneider*, Vor § 211, Rz. 173; Schönke/Schröder/*Eser/Sternberg-Lieben*, Vor §§ 211 ff. StGB, Rz. 28b m. w. N.

[187] Eine im Folgenden nicht weiter adressierte Frage, die manche Autoren aufgeworfen haben, betrifft die Einordnung der Konstellation einer zwar lebensbedrohlichen, aber noch reversiblen Krankheit. *Gaede* gibt in seiner Urteilsbesprechung zu bedenken, dass der BGH zur Anwendbarkeit seiner Grundsätze des Behandlungsabbruchs in einer solchen Konstellation nicht eindeutig Stellung bezogen habe; *Gaede*, NJW 2010, 2925, 2926. Demgegenüber verweisen *Rosenau*, *Kutzer* und *Verrel* auf den Wortlaut der zivilrechtlichen Vorschrift in § 1901a Abs. 3 BGB, der dem Patientenwillen unabhängig von Art und Stadium der Erkrankung zur Durchsetzung verhelfe und somit auch reversible lebensbedrohliche Erkrankungen erfasse; *Verrel*, NStZ 2010, 671, 673; *Kutzer*, Rissing-van Saan-FS, S. 337, 345 f.; *Rosenau*, Rissing-van Saan-FS, S. 547, 551. Mit einer später ergangenen Entscheidung des 12. Zivilsenats des BGH wurde diese Interpretation des Gesetzes bestätigt; BGH, Beschluss vom 17.09.2014 – XII ZB 202/13, BGHZ 202, 226; ein Widerspruch innerhalb der Rechtsordnung kann nur verhindert werden, wenn diese Grundsätze entsprechend für die strafrechtliche Bewertung berücksichtigt werden; vgl. dazu auch *Gaede*, NJW 2010, 2925, 2927 sowie *Walter*, ZIS 2011, 76, 80. Vor diesem Hintergrund wird dieser Aspekt in der nachfolgenden Darstellung nicht weiter ausgeführt.

geäußerter Kritik nicht im Konflikt zum Verbot der Tötung auf Verlangen gemäß § 216 StGB stehe.

So bemerkt etwa *Verrel*, die Abgrenzung von Behandlungsabbruch und strafbarer Tötung sei durch den geforderten Zusammenhang einer zulässigen Abbruchmaßnahme mit einer medizinischen Behandlung hinreichend trennscharf.[188] Es bestehe daher nur ein scheinbarer Konflikt mit der Einwilligungssperre in § 216 StGB.

Knauer und *Brose* erachten die Begründung der Straffreiheit über eine rechtfertigende (mutmaßliche) Einwilligung zumindest unter der Voraussetzung für trennscharf, dass der Tatbestand des § 216 StGB verfassungskonform reduziert werde.[189] Auf diese Weise könne die (mutmaßliche) Einwilligung trotz strafrechtlicher Sanktionierung der Tötung auf Verlangen ausnahmsweise rechtfertigend wirken. Insoweit schließen sie sich der Auffassung von *Gaede* an, der für eine Wirkung der (mutmaßlichen) Einwilligung im Rahmen von § 216 StGB eine verfassungskonforme oder verfassungsorientierte Auslegung bzw. Reduktion des Tatbestandes für erforderlich erachtet.[190]

Borrmann hingegen begründet die Straffreiheit eines Behandlungsabbruchs auf Grundlage einer rechtfertigenden (mutmaßlichen) Einwilligung mittels einer teleologischen Auslegung von § 216 StGB und erachtet eine Normreduktion daher nicht für erforderlich.[191] Die Auslegung könne zwar nicht unmittelbar beim Wortlaut der Norm ansetzen, der den Fall des Behandlungsabbruchs unzweifelhaft erfasse. Jedoch könne die aus § 216 StGB folgende Einwilligungssperre teleologisch einschränkend ausgelegt werden.[192] Die betreuungsrechtlichen Regelungen der §§ 1901a ff. BGB würden den gesetzgeberischen Willen zur Stärkung des Selbstbestimmungsrechts dokumentieren.[193] Für eine Auslegung des § 216 StGB, die eine Rechtfertigung von willensgemäßen Behandlungsabbrü-

---

[188] Hierzu und zum Folgenden *Verrel*, NStZ 2010, 671, 673 f.
[189] Hierzu und zum Folgenden Spickhoff/*Knauer*/*Brose*, § 216 StGB, Rz. 6. Ebenso *Magnus*, S. 291 f.
[190] *Gaede*, NJW 2010, 2925, 2927. Anders als *Knauer* und *Brose* erwägt *Gaede* aber, über die (mutmaßliche) Einwilligung bereits einen Tatbestandsausschluss zu begründen, ohne sich in dieser Frage abschließend zu positionieren. Eine Entscheidung zwischen verfassungskonformer bzw. verfassungsorientierter Auslegung und Normreduktion trifft *Gaede* nicht.
[191] Hierzu und zum Folgenden *Borrmann*, S. 52 ff. Zwar erachtet *Borrmann* auch den Lösungsweg über eine teleologische Reduktion für grundsätzlich gangbar, da der Wortlaut des § 216 StGB den Fall eines Behandlungsabbruchs erfasse, obwohl dieser nach dem telos der Vorschrift nicht erfasst sein solle. Bei einer teleologischen Reduktion handele es sich jedoch um Rechtsfortbildung, auf die subsidiär erst dann zurückgegriffen werden könne, wenn eine teleologische Auslegung der Norm nicht bereits zum Ziel geführt habe.
[192] *Rieger* bevorzugt hingegen eine teleologische Reduktion der Einwilligungssperre und nimmt keine teleologische Auslegung vor; dazu *Rieger*, S. 58.
[193] Hierzu und zum Folgenden vgl. *Borrmann*, S. 60 ff.

chen durch (mutmaßliche) Einwilligung zulasse, spreche demnach die im Selbstbestimmungsrecht verankerte Patientenautonomie. Diese erfordere, die mit einem Behandlungsabbruch verbundene Behandlungsentscheidung des Patienten zu respektieren.[194]

Die dogmatische Verortung der Einwilligungslösung auf Rechtfertigungsebene, die zumindest *Gaede* in Frage stellt,[195] verteidigt *Verrel*. Er benennt als Vorteil der Verankerung auf Rechtfertigungsebene, dass die Straflosigkeit eines Behandlungsabbruchs auf diese Weise nicht von der konkreten Einordnung eines Verhaltens als Tun oder Unterlassen auf Tatbestandsebene abhänge.[196] Die Annahme einer rechtfertigenden anstatt einer tatbestandsausschließenden Wirkung der (mutmaßlichen) Einwilligung entspreche zudem der herrschenden Meinung. Ebenfalls nicht außer Acht gelassen werden dürfe, dass bei eigenmächtigen Behandlungsabbrüchen die Tatbestandsmäßigkeit unproblematisch zu bejahen sei und es sich auch bei einem Behandlungsabbruch mit (mutmaßlicher) Zustimmung des Betroffenen um eine „Verkürzung von [...] möglicher Lebenszeit" handele, die zunächst einmal unter den Tatbestand eines Tötungsdeliktes subsumiert werden müsse.[197] Der Lösungsweg über eine Rechtfertigung sei daher konsequent.

2. Kritik an der Einwilligungslösung des BGH

Unter den Veröffentlichungen zum Urteil im Fall *Putz* überwiegen diejenigen Stimmen, die die konkrete Begründung des BGH angreifen. Die geäußerte Kritik ist vielgestaltig und schwer zu überblicken. Die vorgebrachten Einwände bedürfen daher einer Systematisierung (hierzu lit. a. bis lit. f.), um eine strukturierte und möglichst umfassende Auseinandersetzung mit den verschiedenen Kritikpunkten zuzulassen.

a) Begriff des Behandlungsabbruchs

Ein erster Kritikpunkt am Urteil des BGH im Fall *Putz* betrifft den Oberbegriff des Behandlungsabbruchs, den der BGH für die „Sterbehilfe durch Unterlassen, Begrenzen oder Beenden einer begonnenen medizinischen Behandlung"[198] geprägt hat.

---

[194] Ergänzend führt *Borrmann* an, eine Lösung über das Institut der (mutmaßlichen) Einwilligung sei naheliegend, weil auch im Betreuungsrecht für die Wirksamkeit einer Patientenverfügung auf die Einwilligungsfähigkeit des Patienten abgestellt werde; vgl. *Borrmann*, S. 61.
[195] Dazu *Gaede*, NJW 2010, 2925, 2927.
[196] Hierzu und zum Folgenden *Verrel*, NStZ 2010, 671, 672 f.
[197] *Verrel*, NStZ 2010, 671, 674.
[198] Diese Definition des Behandlungsabbruchs findet sich bereits im 1. Leitsatz des Urteils im Fall *Putz*, BGH, Urteil vom 25.06.2010 – 2 StR 454/09, BGHSt 55, 191.

Verrel erkennt zwar das Bestreben des BGH an, die angesichts der Abkehr von einer Bestimmung der Strafbarkeit nach der Handlungsform überholten Sterbehilfebegrifflichkeiten zu ersetzen.[199] Jedoch sei die gewählte Bezeichnung, anders als vom BGH ausweislich der Urteilsbegründung intendiert, dazu ungeeignet, auch die Konstellation der bisher sog. indirekten aktiven Sterbehilfe[200] zu erfassen.[201] Der Begriff Behandlungs*abbruch* sei darüber hinaus insofern unzutreffend, als er den Umstand verdecke, dass eine medizinische Versorgung des Patienten nach wie vor – wenn auch mit geändertem Behandlungsziel – stattfinde.[202]

Lipp präzisiert, es erfolge kein Abbruch einer vollständigen Behandlung, sondern lediglich die Beendigung einer bestimmten Behandlungs*maßnahme*.[203] Er kritisiert an der Begriffsbildung des BGH zudem, dass der „Abbruch" einer Behandlung semantisch nicht die Konstellation erfasse, in der eine Behandlung gar nicht erst aufgenommen worden sei. Daher sei der Begriff des Behandlungsverzichts geeigneter.[204]

b) Rechtfertigung durch (mutmaßliche) Einwilligung

Hauptsächlicher Kritikpunkt an der Entscheidung des BGH ist die Wahl der Einwilligungslösung zur Erklärung der Straffreiheit eines Behandlungsabbruchs bzw. ihre konkrete Begründung.[205]

---

[199] Hierzu und zum Folgenden *Verrel*, NStZ 2010, 671, 673.

[200] Zum Begriff bereits oben in Kapitel 2 unter A. II.

[201] Die von *Verrel* in Bezug genommenen Ausführungen des BGH zur indirekten aktiven Sterbehilfe finden sich in BGH, Urteil vom 25.06.2010 – 2 StR 454/09, BGHSt 55, 191 ff., Rz. 34. *Schneider* teilt die dargestellte Kritik *Verrels* und merkt hierzu an, dass eine Lebensverkürzung durch Schmerzmittelgabe mit dem Abbruch einer Behandlung nichts gemein habe; MüKo-StGB/*Schneider*, Vor § 211, Rz. 170. Kritisch zur wahrgenommenen Intention des BGH, auch indirekte aktive Sterbehilfe begrifflich zu erfassen, ebenfalls *Engländer*, JZ 2011, 513, 519 f. sowie Schönke/Schröder/*Eser/Sternberg-Lieben*, Vor §§ 211 ff. StGB, Rz. 28b. Dazu sogleich näher in Kapitel 2 unter C. I. 3. lit. a.

[202] So auch *Lipp*, FamRZ 2010, 1551, 1556. In der medizinischen Praxis wird in solchen Fällen meist der Begriff der Therapiezieländerung verwendet; neues Therapieziel ist regelmäßig die Schmerzlinderung anstatt einer Heilung; vgl. dazu *Janssens/Burchardi et al.*, MedR 2012, 647 ff.

[203] Hierzu und zum Folgenden *Lipp*, FamRZ 2010, 1551, 1556.

[204] Diese Auffassung teilt auch Schneider; MüKo-StGB/*Schneider*, Vor § 211, Rz. 170.

[205] Die Kritik von Gegnern der Einwilligungslösung richtet sich darüber hinaus auch gegen deren konkrete Anwendung im Fall *Putz*. Der BGH nahm dort das Vorliegen einer tatsächlichen anstatt einer bloß mutmaßlichen Einwilligung an; vgl. BGH, Urteil vom 25.06.2010 – 2 StR 454/09, BGHSt 55, 191 ff., Rz. 17 und BGHSt 55, 191 ff., Rz. 21. Kritische Stimmen halten diese Annahme für bedenklich, dahähhhdasdas sich die Patientin zu der konkreten fallgegenständlichen Behandlungssituation nie habe äußern können; *Duttge*, MedR 2011, 32, 36; *Walter*, ZIS 2011, 76, 78; vgl. auch *Höfling*, GesR 2011, 199, 201; *Verrel*, NStZ 2010, 671, 673 f.; *Kutzer*, Rissing-van Saan-FS, S. 337, 353. Da sich diese Bedenken jedoch nicht gegen die

Vielfach steht ein wahrgenommener Konflikt mit dem strafrechtlichen Verbot der Tötung auf Verlangen im Zentrum der Kritik.[206] So betont beispielsweise *Rosenau*, die Einführung des Behandlungsabbruchs als neuer Rechtfertigungsgrund für die aktive Unterbrechung lebenserhaltender Maßnahmen setze sich in Widerspruch zu der in § 216 StGB zum Ausdruck gebrachten Einwilligungssperre bei Tötungsdelikten.[207] *Pawlik* erkennt in der Einwilligungslösung einen Zirkelschluss: Diese setze voraus, dass der Wille des Patienten für einen Behandlungsabbruch maßgeblich sei – obwohl sie diesen Umstand angesichts der Strafbarkeit einer Tötung auf Verlangen gerade zu begründen hätte.[208] *Walter* erachtet die Einwilligungslösung ebenfalls als dogmatisch misslungen. Es könne denklogisch keine Tötung geben, „die nach dem Gesetz ausdrücklich tatbestandsmäßig ist, obwohl das Opfer sie *ernstlich verlangt*, die aber gerechtfertigt wird, weil das Opfer *mutmaßlich zustimmt*".[209]

Im Fokus der Kritik stehen zudem die befürchteten Konsequenzen der Einwilligungslösung. So wendet *Pawlik* ein, die Einwilligungslösung besitze ein bedenkliches Ausdehnungspotential: Werde bei einem Behandlungsabbruch bereits ein nur mutmaßlicher Patientenwille als ausreichend anerkannt, um ein letztlich tödliches aktives Verhalten zu rechtfertigen, stelle sich die Frage, ob diese strafrechtliche Wertung nicht auch auf andere bislang unter § 216 StGB subsumierte Verhaltensweisen übertragen werden müsse.[210] Beispielhaft nennt er die vom Patienten ausdrücklich erbetene tödliche Spritzeninjektion. Auf Grund einer vorliegenden eindeutigen Willensäußerung sei in diesem Fall eine stärkere Verankerung im Selbstbestimmungsrecht des Patienten gegeben als bei einem Behandlungsabbruch auf Basis eines nur mutmaßlichen Patientenwillens. Daher bestehe die Gefahr, dass die Rechtsprechungsgrundsätze auf derartige Sachverhalte ausgeweitet werden könnten.

Die Einwilligungslösung erfährt auch deshalb Ablehnung, weil eine Berücksichtigung des Patientenwillens auf Tatbestandsebene von vielen Autoren als dogmatisch überzeugender angesehen wird.[211] So ist *Haas* der Ansicht, dass der

---

dogmatische Lösung des BGH im Allgemeinen richten, sondern nur deren unsaubere Anwendung im konkreten Fall bemängeln, unterbleibt eine weitere Auseinandersetzung mit ihnen mangels Relevanz für den vorliegenden Untersuchungsgegenstand.

[206] So beispielsweise *Duttge*, MedR 2011, 32, 37 f.; *Walter*, ZIS 2010, 76, 78; *Hörr*, S. 114 f.; *Pawlik*, in: Bormann, S. 667, 676 f.; *Rosenau*, Rissing-van Saan-FS, 2011, 547, 558 f.; MüKo-StGB/*Schneider*, Vor § 211, Rz. 173.

[207] *Rosenau*, Rissing-van Saan-FS, S. 547, 558, 560.

[208] Vgl. *Pawlik*, in: Bormann, S. 667, 673, 676.

[209] *Walter*, ZIS 2011, 76, 78. Hervorhebungen durch die Verfasserin. Vgl. auch *Duttge*, MedR 2011, 32, 36 sowie *Kutzer*, Rissing-van Saan-FS, S. 337, 353.

[210] Hierzu und zum Folgenden *Pawlik*, in: Bormann, S. 667, 676 f.

[211] Eine Wirkung der Einwilligung auf Tatbestandsebene zur Diskussion stellend *Gaede*,

BGH zwar die Erforderlichkeit, den Patientenwillen zu berücksichtigen, richtig erkannt habe, hieraus jedoch die falschen Schlüsse gezogen habe: Nicht erst die Rechtswidrigkeit entfalle durch den einer Weiterbehandlung entgegenstehenden Willen, schon die Tatbestandsmäßigkeit des ärztlichen Verhaltens sei dadurch ausgeschlossen.[212] Dafür spreche die Argumentation des BGH mit der Intention des Gesetzgebers bei Einführung der §§ 1901a f. BGB, wonach der Abbruch einer medizinischen Behandlung nicht mit einer Tötung auf Verlangen gleichzusetzen sei. Von einer Tatbestandsmäßigkeit des Verhaltens auszugehen und lediglich dessen Rechtfertigung anzunehmen, führe zu dogmatischen Widersprüchen: Einerseits bewerte der BGH das Durchtrennen des Versorgungsschlauches im Fall *Putz* als grundsätzlich zulässige Notwehrhandlung gegen einen rechtswidrigen Eingriff in die körperliche Unversehrtheit der Patientin, andererseits behandele er aber den Behandlungsabbruch selbst als rechtfertigungsbedürftigen Eingriff in das Leben der Patientin. Schalte ein Arzt ein lebenserhaltendes Gerät ab, erfülle er in diesem Moment also den Tatbestand eines Tötungsdeliktes. Lasse er das Gerät weiterlaufen, begehe er aber eine tatbestandsmäßige Köperverletzung.[213] Dieser Widerspruch könne durch das Eingreifen des Instituts der (mutmaßlichen) Einwilligung auf Rechtfertigungsebene nicht in jeder denkbaren Konstellation aufgelöst werden.[214] Sichtbar werde dies am Beispiel einer irrtumsbedingten Verweigerung der weiteren Behandlung seitens des Patienten: Eine Weiterbehandlung sei hier rechtswidrig, weil eine wirksame Einwilligung in die Weiterbehandlung fehle. Sofern ein Irrtum vorliege, der die Wirksamkeit der Einwilligung in den Behandlungsabbruch beeinträchtige,[215] fehle aber zugleich auch die Rechtfertigung für einen Behandlungsstopp. In einem derartigen Fall sei ein rechtmäßiges Verhalten für den Arzt nach der Einwilligungslösung des BGH mithin unmöglich. Hier liege eine entscheidende Schwachstelle der Urteilsbegründung. Nur durch die Annahme der Tatbestandslosigkeit von Behandlungsabbrüchen sei diese vermeidbar.

Nicht zuletzt wird dem BGH bei der Begründung seiner Einwilligungslösung auch die Wahl eines falschen Anknüpfungspunktes vorgehalten: Nicht der *Abbruch* einer Behandlung sei bei einem der Behandlungsfortsetzung entgegenstehenden Patientenwillen rechtfertigungsbedürftig, sondern die *Aufrechterhaltung*

NJW 2010, 2925, 2927. Für einen Überblick über die Stimmen, die eine Tatbestandslösung mit unterschiedlicher dogmatischer Begründung befürworten, vgl. unten in Kapitel 2 unter C.II.1.
[212] Hierzu und zum Folgenden *Haas*, JZ 2016, 714, 717 f.
[213] Der strafrechtliche Vorwurf läge hier in der pflichtwidrig unterlassenen Deaktivierung des Gerätes, sodass die Köperverletzung durch Unterlassen verwirklicht würde.
[214] Hierzu und zum Folgenden *Haas*, JZ 2016, 712, 718 f.
[215] Vgl. zu solchen wirksamkeitshindernden Irrtümern Schönke/Schröder/*Sternberg-Lieben*, Vor §§ 32 ff. StGB, Rz. 46.

der abgelehnten lebenserhaltenden Maßnahmen als fortgesetzter Eingriff in die körperliche Unversehrtheit.[216]

c) Aufgabe der Differenzierung zwischen Tun und Unterlassen

Der BGH wird in der Literatur zum Teil auch dafür kritisiert, dass er die Differenzierung zwischen Tun und Unterlassen im Fall *Putz* aufgegeben habe. *Walter* und *Streng* merken an, diese Differenzierung sei durch das Gesetz selbst in § 13 StGB vorgegeben, ihre Einebnung setze sich dazu in Widerspruch.[217] Die Unterscheidung sei nicht zuletzt erforderlich, um die Anwendbarkeit der fakultativen Strafmilderung festzustellen, die in § 13 Abs. 2 StGB vorgesehen sei.[218]

Joerden erachtet es als „sehr problematisch", dass der BGH bei seinem Urteil im Fall *Putz* im Hinblick auf Konstellationen des Behandlungsabbruchs eine Unterscheidung zwischen Tun und Unterlassen nicht mehr vornehme, in sonstigen Fällen aber an ihr festhalte.[219] Er befürchtet, die bislang durch § 216 StGB markierte Grenze könne so aufgelöst werden. Um die Probleme zu verdeutlichen, die aus seiner Perspektive von einer Aufgabe der Differenzierung zwischen Tun und Unterlassen in Fällen des Behandlungsabbruchs ausgehen, greift *Joerden* auf die in dieser Arbeit gegenständliche Konstellation der Deaktivierung eines implantierten Herzschrittmachers zurück und wirft die Frage auf, ob auch in diesem Fall ein zulässiger Behandlungsabbruch gegeben sei, ohne sich anhand der vom BGH aufgestellten Kriterien zu einer Beantwortung dieser Frage in der Lage zu sehen.

Die Aufgabe der Differenzierung zwischen Tun und Unterlassen wird in der Literatur teilweise auch als nicht erforderlich kritisiert. Die vom BGH angeführten Abgrenzungsschwierigkeiten bestünden nicht.[220] *Walter* führt hierzu aus, sowohl nach der Abgrenzung anhand des Einsatzes körperlicher Energie als auch nach einer naturalistischen Abgrenzung, die ein Tun annehme, sobald dem Opfer eine bereits eröffnete Rettungschance entzogen werde, sei in den Fällen des Behandlungsabbruchs von einem aktiven Tun auszugehen.

---

[216] *Haas*, JZ 2016, 714, 718 m.w.N.; *Kubiciel*, ZJS 2010, 656, 660; *Lipp*, FamRZ 2010, 1551, 1556; *Lipp*, MedR 2018, 754, 759; *Merkel*, ZStW 107 (1995), 545, 559 ff. Dazu ausführlicher in Kapitel 2 unter C.I.3. lit. b. sowie unter C.III.1. lit. a. dd.

[217] *Walter*, ZIS 2011, 76, 77 f.; *Streng*, Frisch-FS, S. 739, 754. *Haas* widerspricht explizit der Darstellung, dass im Urteil die Differenzierung zwischen Tun und Unterlassen aufgegeben worden sei; der BGH habe nur nicht sein Rechtswidrigkeitsurteil von dieser Differenzierung abhängig gemacht; *Haas*, JZ 2016, 714, 716; vgl. dazu auch *Verrel*, NStZ 2010, 671, 674.

[218] *Walter*, ZIS 2011, 76, 77 f.

[219] Hierzu und zum Folgenden *Joerden*, Roxin-FS II, S. 593, 597 f. *Schneider* weist darauf hin, dass auch auf Grundlage der BGH-Rechtsprechung im Fall *Putz* die Abgrenzung zwischen Tun und Unterlassen nicht völlig obsolet ist; MüKo-StGB/*Schneider*, Vor § 211, Rz. 171.

[220] Hierzu und zum Folgenden *Walter*, ZIS 2011, 76, 77.

Streng sieht zumindest in den Fällen des hier gegenständlichen ärztlichen Behandlungsabbruchs keine Abgrenzungsschwierigkeiten. Anders als das Einschreiten Dritter könne dieser unproblematisch als Unterlassen eingestuft werden.[221] Diese Annahme stützt er auf eine Charakterisierung der Beendigung bereits begonnener lebenserhaltender Maßnahmen als „aktives Unterlassen" – oder in den Worten *Roxins* „Unterlassen durch Tun". Dabei werde durch aktives Tun eine vorherige eigene Rettungshandlung lediglich neutralisiert und nicht der Tatbestand eines Begehungsdelikts verwirklicht. Ein derartiges Verständnis des Unterlassungsbegriffs entspreche einer gesetzesorientierten Auslegung und überdehne den Begriff entgegen anderslautender Kritik nicht. Vor diesem Hintergrund habe kein Grund dafür bestanden, die Unterscheidung zum aktiven Tun für Fälle des Behandlungsabbruchs aufzugeben.[222]

d) Ausführungen zum Verhältnis von Straf- und Betreuungsrecht

Irritationen haben in der Literatur auch die Äußerungen des BGH zum Verhältnis von Strafrecht und Betreuungsrecht hervorgerufen. Dabei wird insbesondere gerügt, die diesbezüglichen Ausführungen im Fall *Putz* erwiesen sich als widersprüchlich.[223] Nach Auffassung des BGH sollen die betreuungsrechtlichen Vorschriften einerseits „auch für das Strafrecht Wirkung" entfalten.[224] *Rosenau* merkt an, insoweit rekurriere er zur Begründung einer Rechtfertigungsmöglichkeit des Behandlungsabbruchs also auf die Regelungen in §§ 1901 a f. BGB und den Gedanken der Einheit der Rechtsordnung.[225] Andererseits negiere der BGH im selben Atemzug den Einfluss des Betreuungsrechts auf das Strafrecht wieder, indem er hervorhebe, die §§ 212, 216 StGB blieben „von den Vorschriften des Betreuungsrechts unberührt".[226]

Indem der BGH zudem ausführe, es handele sich bei der rechtfertigenden Einwilligung um „eine strafrechtsspezifische Frage", die „im Grundsatz autonom nach materiell strafrechtlichen Kriterien zu entscheiden" sei, liefere er „Steilvorlagen" für eine Entkoppelung von Straf- und Betreuungsrecht, rügt *Walter*.[227]

---

[221] Hierzu und zum Folgenden *Streng*, Frisch-FS, S. 739, 749 ff.
[222] *Ast* wählt noch einen anderen Ansatz, um eine klare Abgrenzungsmöglichkeit von Tun und Unterlassen in Fällen des Behandlungsabbruchs aufzuzeigen, der jedoch keine entscheidenden zusätzlichen Aspekte zur hier umrissenen Kritik mit sich bringt, sodass an dieser Stelle nur auf seine Ausführungen verwiesen sei; *Ast*, ZStW 124 (2012), 612, 619 f., 624.
[223] Vgl. *Verrel*, NStZ 2010, 671, 674; *Walter*, ZIS 2011, 76, 80; *Rosenau*, Rissing-van Saan-FS, S. 547, 558 f.
[224] BGH, Urteil vom 25.06.2010 – 2 StR 454/09, BGHSt 55, 191 ff., Rz. 25.
[225] Hierzu und zum Folgenden *Rosenau*, Rissing-van Saan-FS, S. 547, 558 f.
[226] BGH, Urteil vom 25.06.2010 – 2 StR 454/09, BGHSt 55, 191 ff., Rz. 25.
[227] Hierzu und zum Folgenden *Walter*, ZIS 2011, 76, 80; zu den zitierten Urteils-Passagen siehe BGH, Urteil vom 25.06.2010 – 2 StR 454/09, BGHSt 55, 191 ff., Rz. 25.

Das Strafrecht orientiere sich jedoch als „sekundäres Recht" am Zivilrecht. Daher könne ein Behandlungsabbruch, der nach den §§ 1901a f. BGB als legitime Vorgehensweise zur Durchsetzung des Patientenwillens bewertet werde, strafrechtlich nicht geahndet werden.[228] Beurteile man dies anders, lasse man zu, dass das Strafrecht die Patientenautonomie entgegen der Intention des Gesetzgebers entwerte.

Angesichts der gerügten Unklarheiten der Ausführungen zum Verhältnis von Straf- und Betreuungsrecht wurde im Schrifttum auch die Frage aufgeworfen, welche strafrechtlichen Konsequenzen ein Verstoß gegen betreuungsrechtliche Verfahrensvorschriften bei einem Behandlungsabbruch nach sich ziehe, wenn der Wille des Patienten gleichwohl für den Abbruch gesprochen habe. Auslöser dieser Fragestellung waren insbesondere die Ausführungen des BGH, wonach die betreuungsrechtlichen Vorschriften „unter dem Gesichtspunkt der Einheitlichkeit der Rechtsordnung [...] berücksichtigt werden" müssten.[229] Während hieraus teilweise geschlossen wird, dass für einen Freispruch vom Vorwurf des § 216 StGB bei einem Behandlungsabbruch das betreuungsrechtliche Verfahren zwingend einzuhalten sei,[230] wird dies von anderer Seite mangels Verletzung eines strafrechtlich schützenswerten Rechtsgutes in Frage gestellt.[231]

e) Abwägung des BGH

Kritisch wurde vereinzelt auch die Bemerkung des BGH in seiner Urteilsbegründung aufgegriffen, die von ihm zur Begründung der Straflosigkeit von Fällen eines Behandlungsabbruch angeführten Kriterien seien „aus den Begriffen der ‚Sterbehilfe' und des ‚Behandlungsabbruchs' selbst" und „aus der Abwägung der betroffenen Rechtsgüter vor dem Hintergrund der verfassungsrechtlichen Ordnung" abzuleiten.[232]

Walter kommentiert diese Ausführungen des BGH nur lapidar mit den Worten, sie schwebten „einsam und schwerelos durchs methodische Vakuum".[233] Es handele sich dabei um eine Rechtsschaffung ohne gesetzliche Basis.

Haas merkt zu der vom BGH geforderten Abwägung an, die Rechtsgüter, die er darin mit einfließen lassen wolle, seien seinen nachfolgenden Erwägungen

---

[228] Hierzu und zum Folgenden *Gaede*, NJW 2010, 2925, 2927; vgl. auch *Walter*, ZIS 2011, 76, 80. Zum umgekehrten Befund, dass die Zivilrechtsordnung nicht erlauben könne, was das Strafrecht verbiete, siehe BGH, Beschluss vom 17.03.2003 – XII ZB 2/03, BGHZ 154, 205 f., Rz. 42.

[229] BGH, Urteil vom 25.06.2010 – 2 StR 454/09, BGHSt 55, 191 ff., Rz. 25.

[230] *Walter*, ZIS 2011, 76, 79 f., Fn. 29.

[231] *Rosenau*, Rissing-van Saan-FS, S. 547, 563.

[232] BGH, Urteil vom 25.06.2010 – 2 StR 454/09, BGHSt 55, 191 ff., Rz. 32.

[233] Hierzu und zum Folgenden *Walter*, ZIS 2011, 76, 78 f.

nicht zu entnehmen.[234] Vielmehr ergäben sich diese nur aus seinen vorherigen Ausführungen zur Abwägung im Rahmen des Rechtfertigungsgrundes nach § 34 StGB. An jenem Punkt habe der BGH eine Abwägung gegen das Rechtsgut Leben als unzulässig abgelehnt. Demgegenüber gelange er bei der Begründung seiner eigenen Lösung offenbar zu dem Ergebnis, das Selbstbestimmungsrecht könne das Leben überwiegen. Dadurch gerate die Urteilsbegründung letztlich widersprüchlich.

Aus dieser wahrgenommenen Widersprüchlichkeit der Abwägung des BGH werden in der Literatur unterschiedliche Konsequenzen gezogen. *Haas* lehnt es grundsätzlich ab, eine Lösung der Fälle des Behandlungsabbruchs über eine Abwägung durch eine „externe Instanz" wie ein Gericht zu begründen. Denklogische Folge der Anerkennung eines Selbstbestimmungsrechts sei es, die freie Entscheidung des Rechtsgutsträgers über die Priorisierung seiner betroffenen Rechtsgüter zu akzeptieren. Eine Abwägung durch Dritte verbiete sich vor diesem Hintergrund. *Bosch* hingegen schlägt vor, eine Abwägungsmöglichkeit gegen das Rechtsgut Leben bereits im Rahmen von § 34 StGB anzuerkennen und eine Notstandsrechtfertigung an Stelle einer Einwilligungslösung anzunehmen, um die Widersprüche der BGH-Lösung zu vermeiden.[235]

f) Unterbliebene Berücksichtigung der fehlenden medizinischen Indikation

Als weiterer Kritikpunkt am Lösungsweg im Fall *Putz* wird – allerdings nur von wenigen Autoren – angemerkt, der BGH habe den nahe liegenden und dogmatisch weniger steinigen Begründungsweg über den Wegfall der medizinischen Indikation für eine weitere Behandlung übersehen.

Lipp kritisiert, der BGH habe mit seiner Fokussierung auf den Patientenwillen verkannt, dass Legitimationsgrundlage jeder medizinischen Maßnahme das Zusammenfallen von (mutmaßlicher) Einwilligung des Patienten sowie der medizinischen Indikation zur Vornahme der Maßnahme sei.[236] Fehle eine dieser beiden Voraussetzungen, so sei die Fortführung unzulässig – selbst wenn der Patient bei Einstellung der Maßnahme versterbe. Da sowohl Arzt als auch Betreuer im Fall *Putz* das Fortbestehen der medizinischen Indikation verneint hätten, hätte der BGH unabhängig vom Patientenwillen zu dem Ergebnis gelangen können, dass es sich um einen straffreien Behandlungsabbruch gehandelt habe.

Rosenau schlägt den Begründungsweg über die fehlende medizinische Indikation lediglich als zusätzliche Option für diejenigen Fälle eines Behandlungsabbruchs vor, in denen weder ein tatsächlicher noch ein mutmaßlicher Wille des

---

[234] Hierzu und zum Folgenden *Haas*, JZ 2016, 714, 717.
[235] *Bosch*, JA 2010, 908, 911. Siehe zu dieser Lösung näher in Kapitel 2 unter C. II. 2. lit. b.
[236] Hierzu und zum Folgenden *Lipp*, FamRZ 2010, 1551, 1556.

konkreten Patienten zu ermitteln ist.[237] In ausweglosen Situationen, in denen zudem eine stärkere Todesnähe des Patienten gegeben sei, könne eine medizinische Indikation zur Weiterbehandlung vermutlich abgelehnt werden. Wie *Lipp* deutet auch *Rosenau* an, dass diese Voraussetzungen im Fall *Putz* womöglich gegeben gewesen seien. Jedoch habe dort auch eine Patientenäußerung zum Abbruch der Behandlung existiert, sodass der BGH keinen Anlass gehabt habe, eine Alternative zu prüfen, die den Patientenwillen unberücksichtigt lasse.

3. Stellungnahme zur Kritik an der Einwilligungslösung des BGH

Wie soeben gezeigt, wurde die Einwilligungslösung des BGH in unterschiedlicher Hinsicht Kritik von der Literatur ausgesetzt. Diese Kritikpunkte werden nachfolgend aufgegriffen und ihrerseits hinterfragt.

a) Begriff des Behandlungsabbruchs

Das Bestreben des BGH, die Fälle des Unterlassens, der Begrenzung sowie des Abbruchs einer medizinischen Behandlung auf eine einheitliche strafrechtliche Beurteilungsgrundlage zu stellen und die für alle diese Fälle geltenden Kriterien anlässlich des Falls *Putz* zu konkretisieren, ist zu begrüßen. Dass man die nunmehr geformten Kriterien unter einen neuen Oberbegriff fassen wollte, der den Anwendungsbereich der Rechtsprechung treffender beschreibt als es der Begriff der „passiven Sterbehilfe" vermochte, ist ebenfalls anzuerkennen. Jedoch ist nicht von der Hand zu weisen, dass die begriffliche Umsetzung Schwächen aufweist.

Wie von manchen Literaturstimmen angemerkt, verdeckt der Begriff des „Abbruchs" der Behandlung, dass nur eine einzelne Behandlungs*maßnahme* abgebrochen wird und im Übrigen eine *Anpassung* der Behandlung an ein geändertes Behandlungsziel erfolgt.[238] Darüber hinaus lässt sich aus dem Begriff „Behandlungsabbruch" semantisch nicht ableiten, dass er auch die Fallgruppe der anfänglichen Nichtaufnahme einer Behandlung erfasst.[239] Begrifflich kann dem BGH daher fehlende Präzision vorgehalten werden.

Der neue Begriff des Behandlungsabbruchs vermag aber – anders als der Begriff der passiven Sterbehilfe – klar zu kennzeichnen, dass die hierzu entwickelten Grundsätze sämtliche Fälle erfassen sollen, in denen eine lebenserhaltende Behandlungsmaßnahme beendet wird – unabhängig davon, ob dies durch ein

---

[237] Vgl. *Rosenau*, Rissing-van Saan-FS, S. 547, 552.
[238] Hierzu insbesondere *Lipp*, FamRZ 2010, 1551, 1556.
[239] Zu dieser Kritik vgl. *Lipp*, FamRZ 2010, 1551, 1556; MüKo-StGB/*Schneider*, Vor § 211, Rz. 170.

bloßes Unterlassen, oder durch ein aktives Deaktivieren von Lebenserhaltungsmaßnahmen verwirklicht wird.

Zwar muss die Tauglichkeit des Behandlungsabbruchs als Oberbegriff, der auch die indirekte aktive Sterbehilfe erfasst, zu Recht in Frage gestellt werden. Ob die begriffliche Erfassung der indirekten aktiven Sterbehilfe entsprechend diesbezüglichen Wahrnehmungen in der Literatur[240] tatsächlich der Intention des BGH entsprach, lässt der konkrete Wortlaut seiner diesbezüglichen Ausführungen jedoch nicht eindeutig erkennen. Der BGH führte in seinem Urteil mit Bezug auf die indirekte aktive Sterbehilfe aus: „Eine durch Einwilligung gerechtfertigte Handlung der Sterbehilfe setzt überdies voraus, dass sie objektiv und subjektiv unmittelbar auf eine medizinische Behandlung im oben genannten Sinn bezogen ist. Erfasst werden hiervon nur das Unterlassen einer lebenserhaltenden Behandlung oder ihr Abbruch sowie Handlungen in der Form der so genannten ‚indirekten Sterbehilfe' [...]."[241]

Diese Aussage lässt mehrere Lesarten zu. Fasst man sie so auf, dass der BGH damit die indirekte aktive Sterbehilfe als Fall des Behandlungsabbruchs charakterisieren wollte, ist Kritik an der terminologischen Einordnung angebracht: Die bewusste *Einleitung* einer Behandlung, die – wenn auch mit dem Ziel der Schmerzlinderung erfolgend – den Todeseintritt beschleunigen kann,[242] lässt sich begrifflich nicht mit dem *Unterlassen, der Begrenzung oder Beendigung* einer Behandlung gleichsetzen, deren Fortsetzung einem krankheitsbedingten Tod im Wege steht.[243] Auch die sachliche Begründung der Straflosigkeit mit einer aus dem Selbstbestimmungsrecht der Person abgeleiteten Befugnis, „nicht gewollte Eingriffe in ihre körperliche Unversehrtheit und in den unbeeinflussten Fortgang ihres Lebens und Sterbens"[244] abzuwehren, mag für die Beendigung einer Behandlung Geltung beanspruchen, nicht jedoch für die Einleitung einer lebensverkürzenden Maßnahme. Zwischen dem Abbruch eines noch andauernden Eingriffs und der Vornahme eines neuen Eingriffs in den Körper besteht demnach ein kategorieller Unterschied.

---

[240] Zu dieser Wahrnehmung *Engländer*, JZ 2011, 513, 519 f.; *Verrel*, NStZ 2010, 671, 674; MüKo-StGB/*Schneider*, Vor § 211, Rz. 170; Schönke/Schröder/*Eser/Sternberg-Lieben*, Vor §§ 211 ff. StGB, Rz. 28b.

[241] BGH, Urteil vom 25.06.2010 – 2 StR 454/09, BGHSt 55, 191 ff., Rz. 34.

[242] Zum beschriebenen Anwendungsbereich der indirekten aktiven Sterbehilfe näher oben in Kapitel 2 unter A. II.

[243] Hierzu und zum Folgenden überzeugend *Engländer*, JZ 2011, 513, 519 f. Dies schließt hingegen nicht aus, dass im Einzelfall eine Maßnahme, deren Einordnung als Abbruch einer Behandlung nahe liegt, auf Grund ihres schmerzlindernden Charakters auch mit Hilfe einer Adaption der Grundsätze zur indirekten aktiven Sterbehilfe gerechtfertigt werden könnte; vgl. zu dahingehenden Überlegungen unten in Kapitel 3 unter A. V. 2. lit. c.

[244] BGH, Urteil vom 25.06.2010 – 2 StR 454/09, BGHSt 55, 191 ff., Rz. 35.

Versteht man die Äußerung des BGH hingegen dahingehend, dass er lediglich die im Urteil aufgestellte Voraussetzung eines objektiv und subjektiv unmittelbaren Behandlungsbezugs auf sämtliche bei einem zustimmenden Patientenwillen zulässige Konstellationen der Sterbehilfe und daher auch auf die Fallgruppe indirekter aktiver Sterbehilfe erstrecken wollte, wird sie nachvollziehbarer: Die indirekte aktive Sterbehilfe ist gemäß dem Grundsatzurteil des BGH aus dem Jahr 1996 durch den Einsatz palliativmedizinischer Mittel im Zuge einer schmerztherapeutischen Behandlung mit einer nur unbeabsichtigt herbeigeführten Lebensverkürzung geprägt.[245] Ein Behandlungsbezug ist ihr damit inhärent. Die Äußerung des BGH könnte vor diesem Hintergrund als Klarstellung verstanden werden, dass außerhalb eines entsprechenden Behandlungskontextes die Charakterisierung einer Sterbehilfehandlung als erlaubte indirekte aktive Sterbehilfe von vornherein ausscheidet.

Die möglichen unterschiedlichen Lesarten der Ausführungen des BGH zur indirekten aktiven Sterbehilfe zeigen, dass zumindest die Formulierung im Urteil unglücklich gewählt ist, jedoch auch eine – terminologisch wie inhaltlich – kritikwürdige Subsumtion der indirekten aktiven Sterbehilfe unter den Begriff des Behandlungsabbruchs durch den BGH nicht ausgeschlossen werden kann.[246]

Der angesichts der begrifflichen Schwächen des Behandlungsabbruchs in der Literatur vorgeschlagene Alternativbegriff eines „Behandlungsverzichts" mag die Erfassung sowohl der Nichteinleitung als auch des Abbruchs einer Behandlung sprachlich besser abbilden.[247] Die indirekte aktive Sterbehilfe schließt er terminologisch – ebenso wie der Begriff des Behandlungsabbruchs – richtigerweise aus. Er macht jedoch ebenso wenig wie der Begriff des Behandlungsabbruchs deutlich, dass ein „Behandlungsverzicht" sich letztlich nur auf einzelne

---

[245] BGH, Urteil vom 15.11.1996 – 3 StR 79/96, BGHSt 42, 301 ff.

[246] Unabhängig vom Zuschnitt des Begriffs des Behandlungsabbruchs ist die Kategorisierung der indirekten aktiven Sterbehilfe als „durch Einwilligung gerechtfertigte Handlung der Sterbehilfe" an der vorgenannten Stelle des BGH-Urteils unglücklich. Da die indirekte aktive Sterbehilfe mit der Vornahme einer schmerzlindernden Behandlung einen körperlichen Eingriff voraussetzt, ist die (mutmaßliche) Einwilligung des Patienten zwar notwendige Bedingung für ihre Zulässigkeit; dazu BGH, Urteil vom 15.11.1996 – 3 StR 79/96, BGHSt 42, 301 ff., 2. Leitsatz. Auf sie allein lässt sich die Rechtfertigung indirekter aktiver Sterbehilfe indes nicht stützen, ohne sich dadurch in Widerspruch zu den Wertungen der §§ 212, 216 StGB zu setzen; dazu oben in Kapitel 2 unter A.II., Fn. 42 f.; vgl. auch Schönke/Schröder/*Eser/Sternberg-Lieben*, Vor §§ 211, Rz. 26 m.w.N. Vorherrschend sind daher Ansätze, die eine Rechtfertigung über § 34 StGB herleiten sowie Lösungen auf Tatbestandsebene; dazu und zu möglicher Kritik an diesen Lösungen bereits oben in Kapitel 2 unter A.II., dort auch Fn. 44.

[247] MüKo-StGB/*Schneider*, Vor § 211, Rz. 170 sowie NK-StGB/*Neumann*, Vor § 211, Rz. 130 erachten den Begriff „Behandlungsverzicht" vor diesem Hintergrund als vorzugswürdig.

Behandlungsmaßnahmen bezieht und keinen vollständigen Verzicht auf eine medizinische Versorgung meint.

Der bezweckten Klarstellung des Anwendungsbereichs der BGH-Rechtsprechung von 2010 dürfte die formale Schwäche des nicht eindeutigen Oberbegriffs des Behandlungsabbruchs jedenfalls nicht entscheidend entgegenstehen. Einem Oberbegriff kann nicht abverlangt werden, bereits ohne weitere Ausdifferenzierung die Abgrenzung zwischen straffreiem und gemäß § 216 StGB strafbarem Verhalten im Bereich der Sterbehilfe eindeutig zu kennzeichnen. Diese Abgrenzungsleistung kann nur nach weiterer Darlegung der begriffsausfüllenden Kriterien erbracht werden.[248]

b) Rechtfertigung durch (mutmaßliche) Einwilligung

Den Literaturstimmen, die eine Rechtfertigung von Behandlungsabbrüchen über das Institut der (mutmaßlichen) Einwilligung ablehnen, ist zuzustimmen. Der Lösungsweg des BGH sieht sich zunächst der berechtigten Kritik ausgesetzt, die Möglichkeit einer Einwilligung in eine tatbestandsmäßige Tötung widerspreche dem Verbot, einen Menschen zu töten, selbst wenn dies auf ausdrückliches und ernstliches Verlangen des Sterbewilligen hin geschehe.[249] Ein dogmatisches Fundament für die Annahme des BGH, eine Einwilligung könne dennoch rechtfertigende Wirkung entfalten, fehlt in der Urteilsbegründung. Zwar führt der BGH die §§ 1901a f. BGB sowie die verfassungsrechtliche Ordnung für die Wirksamkeit der Einwilligung an, nennt jedoch nicht den strafrechtsmethodischen Aufhänger, der diesen Erwägungen Geltung verschaffen könnte. Vor diesem Hintergrund verwundert es nicht, dass *Pawlik* den Lösungsweg des BGH als Zirkelschluss versteht:[250] Man kann bei der Urteilslektüre tatsächlich den Eindruck gewinnen, der BGH setze die Maßgeblichkeit des Patientenwillens für seine Lösung voraus, obwohl es ihm gerade oblag, diese zu erklären.[251]

Demgegenüber bietet das teilweise befürchtete Ausdehnungspotential der Einwilligungslösung unabhängig davon, ob es tatsächlich besteht, kein durchgreifendes Argument gegen die BGH-Rechtsprechung: Die abstrakte Gefahr eines Ausdehnungspotentials kann eine verfassungsrechtlich gebotene Lösung[252] nicht

---

[248] Zu deren Bewertung unten in Kapitel 2 unter C. III. 1. lit. b.
[249] Zu diesem Vorwurf insbesondere *Walter*, ZIS 2011, 76, 78; *Pawlik*, in: Bormann, S. 667, 673; *Rosenau*, Rissing-van Saan-FS, S. 547, 558, 560.
[250] Vgl. dazu *Pawlik*, in: Bormann, S. 667, 673, 676.
[251] Nach hier vertretener Auffassung lässt sich die Maßgeblichkeit des Patientenwillens hingegen auf Tatbestandsebene überzeugend begründen, ohne dass dabei die Einwilligungssperre des § 216 StGB ins Wanken gerät; hierzu ausführlich in Kapitel 2 unter C. III. 1. lit. a.
[252] Zu der verfassungsrechtlichen Gebotenheit der Straffreiheit eines Behandlungsabbruchs näher in Kapitel 2 unter C. III. 1. lit. a. bb.

versperren. *Kubiciel* konstatiert insoweit zutreffend, die „legitimatorische Tragweite von Dammbruchargumenten" werde durch das „verfassungsrechtlich gewährleistete und von der Gesellschaft hoch bewertete" Selbstbestimmungsrecht begrenzt.[253] Der erforderliche Schutz anderer Rechtsgüter von Verfassungsrang, die durch eine Ausdehnung der Einwilligungslösung gefährdet werden könnten, kann durch eine strafrechtliche Pönalisierung derartiger Ausdehnungsmöglichkeiten sichergestellt werden[254] und steht einer Straflosigkeit des willensgemäßen Behandlungsabbruchs damit nicht entscheidend entgegen.

Beizupflichten ist hingegen den kritischen Stimmen, die die Wahl des Anknüpfungspunktes der Einwilligungslösung in Frage stellen: Vergegenwärtigt man sich die Tatsache, dass jeder ärztliche Eingriff zunächst eine rechtfertigungsbedürftige Körperverletzung darstellt, bedarf es zur Begründung der Straffreiheit eines Behandlungsabbruchs keiner Einwilligung *in den Abbruch*. Vielmehr besteht eine Rechtspflicht, die Behandlung abzubrechen, sobald die (mutmaßliche) Einwilligung in die begonnene Behandlung, die den ärztlichen Eingriff rechtfertigt, *entfällt*.[255] In diesem Moment wird die Weiterbehandlung zur rechtswidrigen Körperverletzung. Der Behandlungsabbruch wird erforderlich, damit sich der Arzt nicht wegen einer Körperverletzung strafbar macht.[256]

Die für die Feststellung der Rechtmäßigkeit eines Behandlungsabbruchs zu stellende Frage muss folglich nicht lauten: Hat der Patient (mutmaßlich) in den Behandlungsabbruch eingewilligt? Sondern: Besteht die (mutmaßliche) Einwilligung des Patienten in die Behandlungsmaßnahme noch fort? Für die zuletzt genannte und hier für richtig befundene Frage spricht zusätzlich die Erwägung, dass sie im Regelfall mit höherer Sicherheit zu beantworten sein dürfte – bei der Wahl des vom BGH befürworteten Anknüpfungspunktes können hingegen Interpretationsprobleme entstehen.[257]

---

[253] *Kubiciel*, ZJS 2010, 656, 657. Die legitimatorische Tragweite von Dammbruchargumenten dürfte im Übrigen sehr gering sein; ausführlicher hierzu bereits oben in Kapitel 2 unter A.III.2. sowie unten in Kapitel 2 unter C.III.1. lit. a. bb.
[254] Vgl. *Borrmann*, S. 57.
[255] So auch *Kubiciel*, ZJS 2010, 656, 660; *Lipp*, FamRZ 2010, 1551, 1556. *Lipp* bringt es auf den Punkt, wenn er (obgleich im Kontext der indirekten aktiven Sterbehilfe) formuliert, es gehe „nicht um die Rechtfertigung einer möglichen Tötung, sondern um die Rechtfertigung einer medizinischen Maßnahme", dazu *Lipp*, in: Laufs/Katzenmeier/Lipp, Kapitel VI, Rz. 103.
[256] Vgl. zum Ganzen näher in Kapitel 2 unter C.III.1. lit. a. dd.
[257] So könnte beispielsweise problematisiert werden, ob die Aussage, man wünsche keine weitere Behandlung, auch die Einwilligung in den tätigen Abbruch bereits begonnener Behandlungsmaßnahmen erfassen soll. Fragt man hingegen lediglich, ob mit dieser Aussage die (mutmaßliche) Einwilligung des Patienten in die Fortsetzung von Behandlungsmaßnahmen entfallen ist, wird dies regelmäßig zu bejahen sein.

c) Aufgabe der Differenzierung zwischen Tun und Unterlassen

Der teilweise vorgebrachten Kritik an einer Aufgabe der Differenzierung zwischen Tun und Unterlassen im Fall *Putz* muss einschränkend entgegengehalten werden, dass der BGH sich nicht von der grundsätzlichen Unterscheidung dieser beiden Verhaltensformen lossagen, sondern lediglich die Strafbarkeitsentscheidung daran nicht mehr festmachen wollte.[258] Auf die gesetzliche Notwendigkeit, Tun und Unterlassen zu differenzieren, weist der BGH selbst hin.[259]

Dem BGH ist auch nicht vorzuwerfen, dass er entgegen der erkannten Notwendigkeit einer Differenzierung von Tun und Unterlassen diese im Fall *Putz* nicht vornimmt. Denn nach der Lösung des BGH ist die eindeutige Feststellung der Handlungsform für die Strafbarkeitsentscheidung im konkreten Fall nicht entscheidungserheblich: Er kommt zu dem Ergebnis, dass das Verhalten des Angeklagten *Putz* unabhängig von der Einstufung als Tun oder Unterlassen straffrei sei. Die unterschiedlichen Strafbarkeitsvoraussetzungen von Begehungs- und Unterlassungsdelikt konnten daher in der Entscheidung nicht mehr zum Tragen kommen.[260] Dass der BGH sich zur Handlungsqualität des im Fall *Putz* gegenständlichen Verhaltens nicht äußerte, ist somit nicht kritikwürdig.

d) Ausführungen zum Verhältnis von Straf- und Betreuungsrecht

In seinem Bestreben, die Autonomie des Strafrechts bei der Beurteilung der Strafbarkeit eines Behandlungsabbruchs hervorzuheben, hat der BGH auch nach hier vertretener Auffassung eine gefährliche Unklarheit betreffend das Verhältnis von Straf- und Betreuungsrecht geschaffen.

Wie in der Literatur vielfach hervorgehoben wurde,[261] setzt sich der BGH mit seinem Hinweis, die §§ 212, 216 StGB blieben „von den Vorschriften des Betreuungsrechts unberührt", in offenen Widerspruch zu seiner unmittelbar zuvor getätigten Aussage, wonach die Neuregelung gemäß §§ 1901a f. BGB „auch für das Strafrecht Wirkung" entfalte und „unter dem Gesichtspunkt der Einheitlich-

---

[258] Hierzu und zum Folgenden BGH, Urteil vom 25.06.2010 – 2 StR 454/09, BGHSt 55, 191 ff., Rz. 28 ff.; dazu auch *Rissing-van Saan*, in: Bormann, S. 645, 660.

[259] BGH, Urteil vom 25.06.2010 – 2 StR 454/09, BGHSt 55, 191 ff., Rz. 29.

[260] Der BGH hätte sich zur Abgrenzung von Tun und Unterlassen lediglich in einem obiter dictum positionieren können. Es ist ihm jedoch nicht anzulasten, dass er sich nicht dazu äußern wollte, „was sein soll, wenn es so wäre, wie es nicht ist"; vgl. zu dieser Charakterisierung des obiter dictums und seiner Bewertung als „in der Regel überflüssig und manchmal gefährlich" *Fischer* in einem Beitrag seiner Kolumne „Fischer im Recht" zum Thema „Kunst der Fehler", ZEIT ONLINE vom 12.04.2016.

[261] Siehe hierzu beispielsweise *Verrel*, NStZ 2010, 671, 674; *Walter*, ZIS 2011, 76, 80; *Rosenau*, Rissing-van Saan-FS, S. 547, 558 f.

keit der Rechtsordnung [...] berücksichtigt werden" müsse.²⁶² Wie sich diese beiden konträren Feststellungen inhaltlich miteinander vereinbaren lassen, erläutert der BGH nicht.²⁶³

Mit seinen widersprüchlichen Aussagen ließ der BGH offen, ob eine Einhaltung betreuungsrechtlicher Verfahrensvorschriften auch bei einem dem Behandlungsabbruch eigentlich entgegenstehenden Patientenwillen strafbarkeitsausschließend wirken könne. Gleichermaßen unbeantwortet blieb die Frage, ob die Verletzung betreuungsrechtlicher Verfahrensregeln bei einem dennoch vorliegenden zustimmenden Patientenwillen strafbarkeitsbegründend sei.²⁶⁴

Die berechtigte Kritik an den Ausführungen des BGH zum Verhältnis von Straf- und Betreuungsrecht zeigt damit eine klärungsbedürftige Schwachstelle seiner Urteilsbegründung auf, stellt jedoch nicht die Straflosigkeit eines willensgemäßen Behandlungsabbruchs insgesamt in Frage.²⁶⁵

e) Abwägung des BGH

Die Ausführungen des BGH, wonach die Kriterien für einen straflosen Behandlungsabbruch „aus den Begriffen der ‚Sterbehilfe' und des ‚Behandlungsab-

---

²⁶² Zitate aus BGH, Urteil vom 25.06.2010 – 2 StR 454/09, BGHSt 55, 191 ff., Rz. 25. Gleichfalls irritiert die Einbindung der Norm des § 1901a BGB in den ersten offiziellen Leitsatz, der die Kriterien für eine Straffreiheit von Behandlungsabbrüchen wie folgt darlegt: „Sterbehilfe durch Unterlassen, Begrenzen oder Beenden einer begonnenen medizinischen Behandlung (Behandlungsabbruch) ist gerechtfertigt, wenn dies dem tatsächlichen oder mutmaßlichen Patientenwillen entspricht (§ 1901a BGB) und dazu dient, einem ohne Behandlung zum Tode führenden Krankheitsprozess seinen Lauf zu lassen". Dieser Klammerzusatz könnte so gedeutet werden, dass die Feststellung eines zustimmenden Patientenwillens zum Behandlungsabbruch gemäß den Vorgaben des § 1901a BGB konstitutiv für die Straffreiheit sei. Eindeutig ist der Leitsatz insoweit nicht; die Urteilsausführungen verschaffen hier ebenfalls keine Klarheit.
Die damit geschaffene Unsicherheit zum Verhältnis von Straf- und Betreuungsrecht bot sogar Stoff für eine vertiefte Auseinandersetzung mit der Thematik in einer Dissertation; *Borrmann*, S. 1 ff.

²⁶³ Hingegen lassen sich die Aussagen, „im Lichte der Verfassungsordnung und mit Blick auf die Regelungen anderer Rechtsbereiche", aber grundsätzlich „autonom nach materiell strafrechtlichen Kriterien" entscheiden zu wollen, trotz scheinbarer Gegensätzlichkeit nach hiesiger Auffassung miteinander vereinbaren; dazu näher unten in Kapitel 2 unter C. III. 1. lit. a. dd.

²⁶⁴ Zwar ist *Rosenau* nach hier vertretener Ansicht darin zuzustimmen, dass bei einem feststellbaren zustimmenden Patientenwillen die bloße Verletzung von Verfahrensrecht kein strafrechtlich schützenswertes Rechtsgut verletze; vgl. dazu *Rosenau*, Rissing-van Saan-FS, S. 547, 563; so ebenfalls *Saliger*, KritV 1998, 118, 143; MüKo-StGB/*Schneider*, Vor § 211, Rz. 129. Als rechtlich gesichert kann diese Annahme nach dem Urteil des BGH im Fall *Putz* jedoch nicht bezeichnet werden; vgl. nur die konträre Position bei *Walter*, ZIS 2011, 76, 79 f., Fn. 29.

²⁶⁵ Die Erörterung der Fragestellung, wie sich das Strafrecht grundsätzlich zum Betreuungsrecht verhält, sprengt den Rahmen der vorliegenden Untersuchung; umfassend hierzu jedoch die Dissertation von *Borrmann*, S. 1 ff.

bruchs' selbst" und „aus der Abwägung der betroffenen Rechtsgüter vor dem Hintergrund der verfassungsrechtlichen Ordnung" abzuleiten seien, verhelfen der Einwilligungslösung nicht zum Gewinn von Überzeugungskraft. Die überspitzte Formulierung *Walters*, diese Bemerkung des BGH schwebe „einsam und schwerelos durchs methodische Vakuum"[266], erscheint angesichts einer fehlenden Verankerung in der bekannten (straf-)rechtlichen Methodik und Terminologie auf den ersten Blick gerechtfertigt.

Nach der hier befürworteten Lösung kann die vom BGH vorgenommene Abwägung zwar aus ihrem Schwebezustand befreit und auf methodische Füße gestellt werden, indem sie in eine verfassungskonforme Auslegung des § 216 StGB integriert wird, wie im Folgenden noch zu zeigen sein wird.[267] Ob der BGH beabsichtigte, sich mit seiner Äußerung in Richtung eines derartigen Vorgehens zu bewegen, bleibt jedoch angesichts seiner unklaren Formulierung ungewiss.

Unabhängig davon, dass die im Fall *Putz* angesprochene Abwägung also in die Begründung der Straffreiheit des willensgemäßen Behandlungsabbruchs dogmatisch integriert werden kann, ist *Walter* darin zuzustimmen, dass deren Erwähnung in der Urteilsbegründung des BGH losgelöst von jedweden dogmatischen Erwägungen erfolgte.

f) Unterbliebene Berücksichtigung der fehlenden medizinischen Indikation

Vereinzelt wurde der BGH wie oben dargestellt auch dafür kritisiert, im Fall *Putz* eine Lösung über den Wegfall der medizinischen Indikation für eine Weiterbehandlung nicht bedacht zu haben, für die es auf das Vorliegen eines entsprechenden Patientenwillens gar nicht erst ankomme.[268]

Die Durchführung einer medizinischen Behandlung beruht grundsätzlich auf zwei Voraussetzungen, die kumulativ vorliegen müssen: der medizinischen Indikation und dem zustimmenden (mutmaßlichen) Patientenwillen.[269] Demnach kann der Arzt die Durchführung einer Behandlungsmaßnahme verweigern, wenn er sie nicht für medizinisch indiziert erachtet.[270] Eine medizinische Indikation für

---

[266] *Walter*, ZIS 2011, 76, 79.
[267] Hierzu näher in Kapitel 2 unter C. III. 1. lit. a.
[268] Hierzu und zum Folgenden *Lipp*, FamRZ 2010, 1551, 1556; vgl. dazu auch *Rosenau*, Rissing-van Saan-FS, S. 547, 552.
[269] BGH, Beschluss vom 17.03.2003 – XII ZB 2/03, BGHZ 154, 205 ff., Rz. 55; *Janssens/Burchardi et al.*, MedR 2012, 647; vgl. *Köberl*, MedR 2019, 203; *Lipp*, MedR 2015, 762, 763; *Wallner*, RdM 2017, 101; *Duttge*, in: Bormann, S. 569, 572; *Huber*, S. 46 ff.
[270] BGH, Beschluss vom 17.03.2003 – XII ZB 2/03, BGHZ 154, 205 ff. Rz. 53; *Janssens/Burchardi et al.*, MedR 2012, 647; *Köberl*, MedR 2019, 203; *Lipp*, MedR 2015, 762, 763; vgl. *Wallner*, RdM 2017, 101. Vertiefend zum Behandlungsabbruch auf Grund fehlender medizinischer Indikation *Pawlik*, Frisch-FS, S. 697 ff.

eine Maßnahme ist nur gegeben, wenn der Arzt zu der fachlich begründeten Einschätzung gelangt, dass eine bestimmte Behandlungsmaßnahme sich dafür eignet, ein zuvor festgelegtes Therapieziel mit einer gewissen Wahrscheinlichkeit zu erreichen.[271]

Dass der Wegfall der medizinischen Indikation im Fall *Putz* – wie teilweise suggeriert – eine im Vergleich zum willensgemäßen Behandlungsabbruch vorzugswürdige Rechtfertigungsgrundlage dargestellt hätte,[272] ist aus den folgenden Gründen zweifelhaft:

Zum einen folgt die medizinische Indikationsstellung keinen festgeschriebenen Regeln,[273] die dem Arzt klare Vorgaben und Grenzen für seine fachliche Beurteilung setzen. Sie orientiert sich an dem von ärztlicher Seite eingeschätzten Zusatznutzen einer Maßnahme für den Patienten – bei einer positiven Nutzenprognose ist die Maßnahme medizinisch indiziert.[274] Die Nutzenprognose einer Behandlung kann jedoch bei unterschiedlichen Patienten trotz gleicher Grunderkrankung konträr ausfallen. Sie ist kein objektiver Wert, der auf evidenzbasierten Daten beruht, sondern ein „Konglomerat aus oft unterschiedlich gewichteten Bestandteilen".[275] Dazu zählen die Vorerfahrungen des Arztes ebenso wie seine Vorstellung darüber, wie ein „lebenswertes Leben" aussehen sollte.[276] Die Frage, ob eine Maßnahme medizinisch indiziert ist, könnte daher sogar bei ein und demselben Patienten in Abhängigkeit vom jeweiligen Behandler unterschiedlich beurteilt werden.

Zum anderen übersehen die Stimmen, die die Begründung über den Wegfall der medizinischen Indikation im Fall *Putz* für vorzugswürdig halten, dass im Rahmen der Bewertung, ob eine Maßnahme einen positiven Nutzen erwarten lässt, die Perspektive des Patienten regelmäßig von entscheidender Bedeutung

---

Dass eine Behandlung grundsätzlich die medizinische Indikation einer Maßnahme neben dem (mutmaßlichen) Patientenwillen voraussetzt, ist auch aus dem Wortlaut von § 1901b Abs. 1 BGB ablesbar, wo geregelt ist: „Der behandelnde Arzt prüft, welche ärztliche Maßnahme im Hinblick auf den Gesamtzustand und die Prognose des Patienten indiziert ist. Er und der Betreuer erörtern diese Maßnahme unter Berücksichtigung des Patientenwillens als Grundlage für die nach § 1901a zu treffende Entscheidung."

[271] *Janssens/Burchardi et al.*, MedR 2012, 647.

[272] *Lipp* betont, sowohl Arzt als auch Betreuer hätten das Vorliegen der medizinischen Indikation im Fall *Putz* verneint; *Lipp*, FamRZ 2010, 1551, 1556.

[273] Zu den Faktoren, die im Rahmen der Indikationsstellung berücksichtigt werden können, *Köberl*, MedR 2019, 203 ff.; *Wallner*, RdM 2017, 101 ff.; *Richter*, S. 91 ff.

[274] *Kutzer*, Rissing-van Saan-FS, S. 337, 349; vgl. auch *Janssens/Burchardi et al.*, MedR 2012, 647 sowie *Wallner*, RdM 2017, 101, 102.

[275] Hierzu und zum Folgenden *Preuß*, Deutsches Ärzteblatt 103 (2006), A2161 f.

[276] Zu den Gefahren einer solchen Beurteilung *Duttge*, Deutsches Ärzteblatt 103 (2006), A2859: Einem Leben den „Lebenswert" abzusprechen, ist, wie *Duttge* zutreffend betont, juristisch unzulässig.

ist.[277] Ob eine Behandlung als für den Patienten nützlich eingeschätzt werden kann, hängt stark vom subjektiven Empfinden seiner aktuellen sowie seiner durch eine Behandlung zu erwartenden künftigen Situation ab.[278] Da die Indikationsstellung somit regelmäßig auch die Patientensicht berücksichtigen muss, besteht die bei einer Lösung der Fälle des Behandlungsabbruchs über den Wegfall der medizinischen Indikation suggerierte klare Trennbarkeit von Indikation und Patientenwille nicht.[279]

Auch für zukünftige Fallkonstellationen dürfte der Begründungsweg des BGH im Fall *Putz* über den (mutmaßlichen) Patientenwillen höhere Relevanz erlangen als eine Begründung über den Wegfall der medizinischen Indikation: Nur in den zahlenmäßig begrenzten Behandlungsfällen, in denen eine medizinische Indikation tatsächlich verneint wird, könnte der Behandlungsabbruch auf diese Weise begründet werden. In der Mehrzahl der Fälle müsste weiterhin der Begründungsweg über den (mutmaßlichen) Patientenwillen als maßgebliches Entscheidungskriterium eingeschlagen werden.

Vor dem geschilderten Hintergrund ist es nicht kritikwürdig, dass der BGH im Rahmen der Urteilsbegründung im Fall *Putz* nicht auf die Fallgruppe eines Wegfalls der medizinischen Indikation zurückgegriffen hat. Sie eignet sich nicht als primärer oder gar ausschließlicher Begründungsweg für straffreie Behandlungsabbrüche, sondern sollte entsprechend dem Stellenwert, den die Verfassung dem Selbstbestimmungsrecht zukommen lässt, vorzugswürdig subsidiär bzw. ergänzend herangezogen werden, wenn ein (mutmaßlicher) Patientenwille im Einzelfall nicht oder nicht mit hinreichender Sicherheit feststellbar ist.[280]

4. Zusammenfassende Bewertung der Einwilligungslösung des BGH

Obwohl viele Kritikpunkte an der Begründung des BGH im Fall *Putz* nicht durchgreifen,[281] bleibt festzuhalten, dass die Einwilligungslösung des BGH auf Grund des Widerspruchs zu den Wertungen von § 216 StGB abzulehnen ist. Der BGH vermag mit seiner Urteilsbegründung nicht verständlich zu machen, wieso der vom Patienten gewünschte Behandlungsabbruch zwar tatbestandsmäßig sein soll, aber gerechtfertigt, obwohl § 216 StGB die Tötung auf Verlangen explizit

---

[277] Vgl. *Wallner*, RdM 2017, 101, 102.
[278] Die Einbeziehung der Patientensichtweise setzt natürlich voraus, dass der Patient in der Lage ist, sich hierzu zu äußern, oder auf frühere Äußerungen des Patienten zu einer entsprechenden Behandlungssituation zurückgegriffen werden kann.
[279] Vgl. *Kutzer*, Rissing-van Saan-FS, S. 337, 349.
[280] Vgl. zu diesem Vorschlag *Rosenau*, Rissing-van Saan-FS, S. 547, 552.
[281] Vgl. nur die Kritik an der angeblich aufgegebenen Differenzierung zwischen Tun und Unterlassen sowie an der unterbliebenen Berücksichtigung einer fehlenden medizinischen Indikation; dazu oben in Kapitel 2 unter C. I. 2. lit. c. und lit. f. sowie unter C. I. 3. lit. c. und lit. f.

pönalisiert und eine Rechtfertigung von Tötungen durch die Zustimmung des Sterbewilligen damit gerade ausschließt.

Auch der Versuch einiger Autoren, diesen Widerspruch durch Rückgriff auf eine teleologische und/oder verfassungskonforme Normreduktion bzw. Auslegung aufzulösen,[282] kann die Einwilligungslösung des BGH nicht stützen: Es ist nicht nachzuvollziehen, warum eine entsprechende Normreduktion bzw. -auslegung erst auf Rechtfertigungsebene eingreifen sollte und nicht bereits den Tatbestand der §§ 212, 216 StGB entfallen lässt. Eine Begründung dieses Umstands findet sich bei den betreffenden Autoren nicht. Denkbar ist, dass sie einen Ausschluss der Strafbarkeit schon auf Tatbestandsebene scheuen, weil sie durch den – letztlich bewusst tödlichen – Behandlungsabbruch ein Handlungs- und Erfolgsunrecht für verwirklicht erachten. Die Einwilligung des Patienten könnte dann nur noch auf Rechtfertigungsebene zum Tragen kommen, so wie dies für die Straflosigkeit willensgemäßer ärztlicher Heileingriffe überwiegend vertreten wird.[283] Eine solche Argumentation würde hingegen den Umstand vernachlässigen, dass nicht der willensgemäße Behandlungsabbruch, sondern die laufende Behandlung einen rechtfertigungsbedürftigen Eingriff in den Körper darstellt:[284] Die Behandlung selbst ist ein tatbestandsmäßiger Eingriff, der nur durch den zustimmenden Willen des Patienten gerechtfertigt ist.[285] Sie wird rechtswidrig, sobald der Patient ihre Fortsetzung ablehnt und damit seine Einwilligung in die Weiterbehandlung versagt; das Handlungs- und Erfolgsunrecht, das in der Behandlung liegt, wird dann nicht mehr kompensiert. In einem solchen Fall kann der willensgemäße Abbruch der Behandlung, der das somit entstandene Unrecht beseitigt, nicht selbst als Unrecht bewertet werden, das einer entsprechenden Rechtfertigung durch Einwilligung bedarf. Auf diese Weise würde ein systemwidriger Rechtfertigungsbedarf für die Beendigung eines rechtswidrigen Eingriffs geschaffen.[286]

---
[282] Dazu oben in Kapitel 2 unter C.I.1.
[283] Dazu bereits in Kapitel 2 unter A.I., Fn. 21; RG, Urteil vom 31.05.1984 – 1406/94, RGSt 25, 375, 382 und nachfolgende BGH-Entscheidungen; zuletzt BGH, Urteil vom 22.12.2010 – 3 StR 239/10, NStZ 2011, 343, 345; BGH, Urteil vom 04.10.1999 – 5 StR 712/98, BGHSt 45, 219 ff., Rz. 5; BGH, Urteil vom 29.06.1995 – 4 StR 760/94, NStZ 1996, 34, 35 m. Anm. *Ulsenheimer* NStZ 1996, 132. Zur Rechtsprechung und ihrer Begründetheit eingehend *Ulsenheimer/Gaede*, in: Ulsenheimer/Gaede, Arztstrafrecht, Kapitel 1, Rz. 343 ff., 350 ff.; grundlegend zur Thematik *Tag*, S. 13 ff. m.w.N.
[284] Hierzu und zum Folgenden vgl. *Haas*, JZ 2016, 714, 718; *Kubiciel*, ZJS 2010, 656, 660; *Lipp*, FamRZ 2010, 1551, 1556; *Lipp*, MedR 2018, 754, 759.
[285] Dazu bereits in Kapitel 2 unter A.I., Fn. 21 sowie in Fn. 283.
[286] Gegen die teleologische Norm*reduktion* spricht zudem die nach der hier vertretenen Ansicht mögliche *Auslegung* des Tatbestandes (mit der Folge eines Tatbestandsausschlusses), zu der sich eine Normreduktion subsidiär verhält, dazu näher unten in Kapitel 2 unter C.III.1. lit. a. cc.

Diese Schwäche teilt auch die Lösung von *Borrmann*, deren teleologische Auslegung nicht am Tatbestand, sondern an der Einwilligungssperre des § 216 StGB ansetzt.[287] *Borrmann* legt, wie bereits dargestellt,[288] die in § 216 StGB verwurzelte – aber nicht explizit niedergelegte – Einwilligungssperre teleologisch einschränkend aus, um eine Rechtfertigung durch Einwilligung in den Fällen des Behandlungsabbruchs ausnahmsweise zuzulassen. Dabei leuchtet nicht ein, weshalb sie die Auslegung nicht am Tatbestand der §§ 212, 216 StGB festmacht und stattdessen ein bloß aus § 216 StGB gefolgertes *Prinzip* einschränkend auslegt.[289] In der Folge ihrer Auslegung wird ein als tatbestandsmäßige Tötung bewertetes Verhalten auf Grund eines dahingehenden Verlangens des Sterbewilligen erlaubt. Warum ein solches Ergebnis noch von einer Auslegung gedeckt sein sollte und nicht bereits eine teleologische Normreduktion erfordert, obwohl der Wortlaut des § 216 StGB der Straffreiheit einer vom Sterbewilligen verlangten Tötung entgegensteht, bleibt unklar.[290]

Nach dem Vorstehenden kann der Einwilligungslösung des BGH auf Rechtfertigungsebene selbst mit alternativem Begründungsweg nicht gefolgt werden.

II. Alternative normative Begründungen der Straffreiheit von Behandlungsabbrüchen im Schrifttum nach dem Urteil von 2010

Die – nach der hier vorgetragenen Auffassung berechtigte – Kritik an der Einwilligungslösung des BGH führte nicht dazu, dass die Straflosigkeit von Behandlungsabbrüchen grundsätzlich in Frage gestellt wurde. Vielmehr besteht in der Literatur ganz überwiegend Einigkeit, dass die vom BGH befürwortete strafrechtliche Einordnung *im Ergebnis* sachgerecht sei.[291]

In der Konsequenz wurden alternative normative Begründungsansätze vorgeschlagen, die tragfähigere dogmatische Fundamente für eine Straffreiheit wil-

---

[287] *Borrmann*, S. 52, 60 f.
[288] Vgl. oben in Kapitel 2 unter C. I. 1.
[289] Eine Auslegung des Tatbestandes, genauer des Tatbestandsmerkmals der Tötung, liegt der hier vertretenen Lösung zugrunde, dazu näher in Kapitel 2 unter C. III. 1. lit. a.
[290] Darüber hinaus lässt die Begründung von *Borrmann* auch die entscheidende verfassungsrechtliche Dimension außer Betracht, die eine Auslegung des Tatbestandes der §§ 212, 216 StGB mit dem von *Borrmann* angestrebten Ergebnis stützt; dazu Näheres in Kapitel 2 unter C. III. 1. lit. a. bb.
[291] Vgl. beispielsweise *Eidam*, GA 2011, 232 ff.; *Gaede*, NJW 2010, 2925 ff.; *Gropp*, in: Eser-FG, S. 349 ff.; *Rosenau*, Rissing-van Saan-FS, S. 547 ff.; *Streng*, Frisch-FS, S. 739 ff.; Schönke/Schröder/*Eser/Sternberg-Lieben*, Vor §§ 211 ff. StGB, Rz. 28b m. w. N.
Das Ergebnis der Nothilfe- sowie Notstandslösung weicht in der konkreten Konstellation im Fall *Putz* indes vom Ergebnis des BGH ab; vgl. dazu in Kapitel 2 unter C. II. 2. lit. a. und lit. b.

lensgemäßer Behandlungsabbrüche bieten sollen. Diese Ansätze lassen sich, orientiert am strafrechtlichen Deliktsaufbau, im Wesentlichen in zwei Gruppen einteilen: Die erste Gruppe verortet die Lösung der Fälle des Behandlungsabbruchs auf Tatbestandsebene (hierzu 1.). Die zweite Gruppe nimmt – insoweit mit dem BGH übereinstimmend – eine Rechtfertigung des ärztlichen Handelns an (hierzu 2.).

1. Behandlungsabbruch als Tatbestandsausschluss

Die Annahme, dass ein willensgemäßer Behandlungsabbruch bereits nicht den Tatbestand der §§ 212, 216 StGB erfüllt, wird im Schrifttum nach dem höchstrichterlichen Urteil im Fall *Putz* auf unterschiedliche Weise begründet. So wird teilweise eine tatbestandsausschließende teleologische Reduktion befürwortet (hierzu lit. a.), die objektive Zurechnung des Todeserfolges abgelehnt (hierzu lit. b.) oder ein Wegfall der Garantenstellung des Arztes unter den Bedingungen des Behandlungsabbruchs angenommen (hierzu lit. c.). Ein Ansatz neueren Datums verfolgt eine Lösung der Fälle des Behandlungsabbruchs über einen engen Kausalitätsbegriff (hierzu lit. d.).

a) Teleologische Reduktion

Als alternative Begründung für eine Straffreiheit des willensgemäßen Behandlungsabbruchs wird von manchen Stimmen eine teleologische Reduktion des Tatbestandes von § 216 StGB vorgeschlagen.[292]

Walter greift auf diesen Begründungsweg nur für die aktiven Handlungsanteile bei einem Behandlungsabbruch zurück.[293] Ein einheitlicher Behandlungsabbruch könne sowohl Handlungs- als auch Unterlassungselemente beinhalten. Diese seien aber stets getrennt zu bewerten. Für die Unterlassungselemente sei bei einem ärztlichen Behandlungsabbruch eine Strafbarkeit abzulehnen, weil die im Rahmen des § 13 StGB erforderliche Garantenpflicht des Arztes nicht mehr bestehe. Für die Handlungsanteile wie das aktive Abschalten von Geräten oder die Anweisung an das medizinische Personal, eine Behandlung abzubrechen, entfalle der Tatbestand des § 216 StGB auf Grund einer teleologischen Reduktion.[294]

---

[292] *Walter*, ZIS 2011, 76 ff.; für eine dogmatische Stringenz dieser Begründung wohl auch *Duttge*, MedR 2011, 32, 37 f., der aber letztlich offenbar eine Rechtfertigung über § 32 StGB für vorzugswürdig erachtet. Eine teleologische Reduktion sowie eine verfassungskonforme Auslegung denkt auch *Bartsch*, Achenbach-FS 2011, S. 13, 27, an, ohne dazu vertiefend Stellung zu nehmen.
[293] Hierzu und zum Folgenden *Walter*, ZIS 2011, 76, 80.
[294] Hierzu und zum Folgenden *Walter*, ZIS 2011, 76, 81 f.

Zur Möglichkeit einer teleologischen Reduktion führt *Walter* weiter aus, diese bestehe, weil der Wortlaut des § 216 StGB die Konstellation eines Behandlungsabbruchs zwar erfasse, aber „sein Zweck (Telos) verlangt, auf die Rechtsfolge zu verzichten". Zur Bestimmung des insoweit zugrunde zu legenden Normzwecks sei nicht auf den Willen des historischen, sondern den Willen des aktuellen Gesetzgebers abzustellen. Der historische Gesetzgeber habe in § 216 StGB drei Zwecke vereint gesehen: Erstens eine absolute *Tabuisierung der Fremdtötung*; zweitens den *Schutz des Opfers*, das mangels eigener Herrschaft über das Geschehen die todesursächliche Handlung nicht selbständig abbrechen könne und drittens die *Verhinderung von Beweisschwierigkeiten* hinsichtlich eines kaum zu überprüfenden Fremdtötungswunsches des Opfers, auf den sich der Täter stets berufen könnte.

Das Telos eines *Opferschutzes* sowie der *Verhinderung von Beweisschwierigkeiten* nehme durch die Zulassung aktiver Behandlungsabbrüche unter Beachtung der Verfahrensvorschriften der §§ 1901a f. BGB keinen Schaden. Die ursprünglich ebenfalls beabsichtigte *Tabuisierung der Fremdtötung* werde zwar beeinträchtigt. Allerdings zeige die Einführung der §§ 1901a f. BGB, dass der aktuelle Gesetzgeber diesen Zweck so nicht mehr verfolge und die Möglichkeit eines Behandlungsabbruchs habe eröffnen wollen.[295] Aus diesem Grund sei der Zweck des § 216 StGB nicht gefährdet, wenn man in den Fällen des Behandlungsabbruchs mittels einer teleologischen Reduktion auf dessen Rechtsfolge verzichte.

Pawlik hat sich in einem Beitrag neueren Datums zwar für eine Rechtfertigung von Behandlungsabbrüchen über § 32 StGB ausgesprochen.[296] Zuvor vertrat er jedoch ebenfalls die hier dargestellte Auffassung einer Tatbestandslösung über eine teleologische Reduktion des § 216 StGB.[297] Anders als *Walter* legte *Pawlik* den Fokus seiner Begründung dabei auf die Opferschutzfunktion des § 216 StGB. Wolle man die angestrebte Absicherung der Ernstlichkeit des Sterbewunsches ohne ein striktes Verbot sämtlicher Tötungen auf Verlangen erreichen, bedürfe es einer „objektiven Nachprüfung" dieses Wunsches. In Fällen eines Behandlungsabbruchs würden die behandelnden Ärzte von einer derartigen objektiven Nachprüfung im Einzelfall, die Bewertungsschwierigkeiten mit sich bringe, auf Grund der gesetzlichen Regelungen in §§ 1901a f. BGB entlastet. Diese Vorschriften zeigten, dass der Gesetzgeber Entscheidungen Schwerkranker über die Begrenzung ihrer Behandlung grundsätzlich als sachgemäße Interessenwahrnehmung erachte. Da die Rechtsfolge des § 216 StGB zur Gewährleistung des Op-

---

[295] Vgl. auch *Duttge*, MedR 2011, 32, 37.
[296] *Pawlik*, in: Bormann, S. 667, 671 ff.
[297] Hierzu und zum Folgenden *Pawlik*, Wolter-FS, S. 627, 630 f.

ferschutzes bei willensgemäßen Behandlungsabbrüchen vor diesem Hintergrund nicht erforderlich sei, könne § 216 StGB hier teleologisch reduziert werden. Diese Vorgehensweise ermögliche im Bereich der Tötung auf Verlangen die Durchsetzung eines „freiheitskompatiblen weichen Paternalismus".

b) Ausschluss der objektiven Zurechnung des Erfolges

Nach anderer Ansicht führt die (mutmaßliche) Einwilligung des Patienten in den Abbruch seiner Behandlung dazu, dass der Todeserfolg dem Arzt nicht objektiv zurechenbar ist.[298] Auch im Rahmen dieses Lösungsansatzes wird jedoch teilweise eine teleologische Reduktion zur Anwendung gebracht.[299]

Eine Lösung über die objektive Zurechnung bevorzugt namentlich *Rissing-van Saan*, die bei der Entscheidung im Fall *Putz* 2010 sowohl Vorsitzende als auch zuständige Berichterstatterin des 2. Strafsenates war. In einem 2017 veröffentlichten Beitrag verteidigt sie zwar das Urteil ihres damaligen Senates.[300] Jedoch weicht ihre Argumentation zugunsten einer Straffreiheit des Behandlungsabbruchs in beachtlicher Weise von der Begründung des BGH im Fall *Putz* ab: *Rissing-van Saan* betont ausdrücklich, dass es in den Fällen des Behandlungsabbruchs auf eine Rechtfertigung durch Einwilligung gar nicht mehr ankomme.[301] Diese Aussage steht im direkten Gegensatz zu dem von ihrem Senat aufgestellten Rechtssatz, wonach ein Behandlungsabbruch „gerechtfertigt" sei, wenn er die an entsprechender Stelle genannten Voraussetzungen erfülle.[302]

Anders als ihr Senat im Jahr 2010 spricht sich *Rissing-van Saan* nunmehr bereits für ein Fehlen der objektiven Zurechenbarkeit des Todeserfolges aus, um die Straflosigkeit eines Behandlungsabbruchs zu begründen.[303] Der Arzt sei für den Tod des Patienten rechtlich nicht verantwortlich. Schließlich sei dessen Tod „das Werk der Erkrankung, die nach dem Willen des Patienten nicht (mehr) aufgehalten werden soll" und nicht das Werk des Arztes, der die Behandlung abbreche. Im Vergleich zur zielgerichteten Tötung handele es sich bei einem derartigen Behandlungsabbruch „um ein *aliud*".

Zur rechtsdogmatischen Begründung des von ihr präferierten Lösungsweges über die objektive Zurechnung nennt *Rissing-van Saan* zwei mögliche Anknüp-

---

[298] *Rissing-van Saan*, in: Bormann, S. 645, 664; NK-StGB/*Neumann*, Vor § 211 StGB, Rz. 132. Diese Lösung andenkend ohne abschließende Stellungnahme *Gaede*, NJW 2010, 2925, 2927. *Hirsch*, JR 2011, 32, 37 hält diese Lösung nur für den Behandlungsabbruch bei unmittelbarer Todesnähe für vorzugswürdig.
[299] Vgl. hierzu *Jäger*, in: Bormann, S. 595, 600.
[300] *Rissing-van Saan*, in: Bormann, S. 645, 658 ff.
[301] *Rissing-van Saan*, in: Bormann, S. 645, 664.
[302] BGH, Urteil vom 25.06.2010 – 2 StR 454/09, BGHSt 55, 191 ff., 1. Leitsatz.
[303] Hierzu und zum Folgenden *Rissing-van Saan*, in: Bormann, S. 645, 663 f.

fungspunkte. Zum einen könne die fehlende Zurechnungsmöglichkeit darauf gestützt werden, dass der Schutzzweck der Norm den Behandlungsabbruch nicht erfasse, was sie mit einer Einordnung als allgemeines Lebens- oder erlaubtes Risiko begründet. Zum anderen könne das Prinzip der eigenverantwortlichen Selbstgefährdung herangezogen werden, die in den Verantwortungsbereich dessen fiele, der sich in Gefahr bringe:[304] Im Schädigungsfall resultiere aus einer Beteiligung Dritter an der Selbstgefährdung keine Tatbestandsmäßigkeit des von ihnen mitverursachten Verletzungserfolges. Auf diese Begründung könne auch im Rahmen des selbst bestimmten Behandlungsabbruchs zurückgegriffen werden.

Auch *Neumann* tendiert zu einer Lösung über die objektive Zurechnung und folglich einen Tatbestandsausschluss.[305] Zur Begründung führt er an, der Patient willige bei einem Behandlungsabbruch nicht in eine Rechtsgutsverletzung ein, sondern spreche vielmehr ein Verbot für seine Weiterbehandlung aus, dem auf Grund seines Rechts zur Selbstbestimmung Folge zu leisten sei. Das Weiterbehandlungsverbot lasse die objektive Zurechnung des Todes nach Behandlungsabbruch entfallen, die Rechtsfigur der (mutmaßlichen) Einwilligung müsse daher nicht zur Anwendung kommen.

Jäger befürwortet ebenfalls den Ausschluss der objektiven Zurechnung bei einem Behandlungsabbruch. Eine „Sonderbehandlung" des willensgemäßen Behandlungsabbruchs im Vergleich zu „sonstigen Tötungshandlungen" sei dadurch gerechtfertigt, dass er einen von diesen „abweichenden Sinngehalt" aufweise.[306] Infolge der Einwilligung des Patienten entfalle die objektive Zurechenbarkeit des Todeserfolges.[307] Konkret begründet er dies mit einem Erst-Recht-Schluss: Wenn in den Fällen einer einverständlichen Fremd*gefährdung* eines Opfers der tatsächliche Eintritt des Verletzungserfolges dem Handelnden schon nicht zurechenbar sei, müsse dies erst recht in Fällen gelten, in denen das Opfer sogar in seine tatsächliche *Verletzung* eingewilligt habe.

Indem er die Folgen der Einwilligung auf Tatbestandsebene wirken lässt, folgt *Jäger* einem Ansatz, der sich bereits bei *Gaede* findet.[308] *Gaede* wirft in seiner Bewertung des BGH-Urteils im Fall *Putz* die grundsätzliche Frage auf, ob die Einwilligung auf Rechtfertigungsebene richtig verortet sei. Für eine Einordnung auf Tatbestandsebene führt er die vor dem BGH-Urteil von 2010 verbreitete Ansicht ins Feld, die die Fälle eines Behandlungsabbruchs normativ als strafloses „Unterlassen durch Tun" deutete.[309] Damit habe man der Sache nach letztlich

---

[304] Hierzu und zum Folgenden *Rissing-van Saan*, in: Bormann, S. 645, 665.
[305] Hierzu und zum Folgenden NK-StGB/*Neumann*, Vor § 211 StGB, Rz. 132.
[306] *Jäger*, in: Bormann, S. 595, 600.
[307] Hierzu und zum Folgenden *Jäger*, in: Bormann, S. 595, 602.
[308] Hierzu und zum Folgenden *Gaede*, NJW 2010, 2925, 2927.
[309] Zu dieser Auffassung ausführlich oben in Kapitel 2 unter B.I.1.

abgelehnt, dass ein Behandlungsabbruch angesichts des Schutzzwecks der Norm ein rechtlich missbilligtes Risiko verwirkliche. Folglich liege eine Lösung auf Tatbestandsebene über die Kategorie der objektiven Zurechnung nahe. *Gaede* nimmt indes nicht abschließend dazu Stellung, ob diese sachgerechter sei als eine Lösung auf Rechtfertigungsebene; diese Frage bedürfe noch näherer Erörterung. Dass die Einwilligung trotz des grundsätzlichen Verbotes einer Tötung auf Verlangen Wirkung entfalten soll, leitet *Gaede* aus der Kombination einer Auslegung des § 216 StGB im Hinblick auf die §§ 1901a f. BGB und einer verfassungskonformen bzw. verfassungsorientierten Auslegung bzw. Normreduktion von § 216 StGB ab.

c) Wegfall der Garantenpflicht

Eine dritte Lösung für die Fälle des Behandlungsabbruchs, die auf Tatbestandsebene ansetzt, plädiert für einen Wegfall der Garantenpflicht des behandelnden Arztes.

Die Vertreter dieser Auffassung ordnen den Behandlungsabbruch bei aktiven Deaktivierungsmaßnahmen anders als die Vormeinungen in die Kategorie des unechten Unterlassungsdelikts ein. Da jedoch die Voraussetzungen des § 13 StGB nicht vorlägen, sei das Unterlassen nicht strafbar.[310]

Kahlo erachtet zwar die Kritik an der Rechtsfigur des „Unterlassens durch Tun" im BGH-Urteil von 2010 als berechtigt.[311] Er kritisiert jedoch die in der Urteilsbegründung daraus abgeleitete Schlussfolgerung: Die Differenzierung von Tun und Unterlassen sei nicht aufzugeben; vielmehr müsse sie an der wirklichkeitsgemäßen Unterscheidung dieser beiden Handlungsformen orientiert werden.

Unter Anwendung dieses Maßstabs kommt *Kahlo* zu dem Ergebnis, dass der Behandlungsabbruch durch den Arzt als Unterlassung einer weiteren Behandlung zu werten sei: Ein der Patientenablehnung entsprechender Abbruch der Behandlung stelle ein bloßes Sterben*lassen* dar.[312] Eine Strafbarkeit des Unterlassens scheitere aber an den Kriterien des § 13 StGB, da der Arzt keine Garantenpflicht[313] besitze, den Tod eines Patienten abzuwenden, der seine Weiterbehandlung

---

[310] Vgl. *Kahlo*, Frisch-FS, S. 711, 730; *Streng*, Frisch-FS, S. 739, 751.
[311] Hierzu und zum Folgenden *Kahlo*, Frisch-FS, S. 711, 730.
[312] *Kahlo*, Frisch-FS, S. 711, 736.
[313] Die Garantenpflicht folgt regelmäßig aus der durch die Übernahme der Behandlung eines Patienten entstehenden Garantenstellung des Arztes; Spickhoff/*Knauer*/*Brose*, § 211 StGB Mord, § 212 StGB Totschlag, Rz. 7. Sie entsteht hingegen nicht bereits auf Grund der beruflichen Stellung des Arztes, wenn der Arzt keine ärztliche Verantwortung für das Patientenwohl übernommen hat; BGH, Urteil vom 08.02.2000 – VI ZR 325/98, NJW 2000, 2741 f.; LG Hamburg, Urteil vom 08.11.2017 – 619 KLs 7/16, NStZ 2018, 281.

verweigere.³¹⁴ Die auf diese Weise umgesetzte Patientenautonomie stelle kein „Kriminalunrecht" dar, solange ihre Ausübung nicht gegen Pflichten verstoße, die Dritten gegenüber bestünden. Daher sei der Tatbestand der §§ 216, 13 StGB nicht erfüllt.

Für eine Begründung der Straflosigkeit des Behandlungsabbruchs über eine fehlende Garantenpflicht spricht sich auch *Dölling* aus.³¹⁵ Wie *Kahlo* betont er die Notwendigkeit einer Differenzierung von Tun und Unterlassen schon auf Ebene des Tatbestandes. Eine solche Weichenstellung sei für eine Bewertung der Strafbarkeit des Verhaltens zwingend erforderlich, zumal diese je nach Handlungsform unterschiedlichen Voraussetzungen unterliege. Auf Tatbestandsebene stelle sich der ärztliche Behandlungsabbruch durch Deaktivierung einer laufenden Behandlungsmaßnahme im Ergebnis ebenso wie der Abbruch einer Mund-zu-Mund-Beatmung als Unterlassen einer weiteren Behandlung dar.³¹⁶ Entspricht der Abbruch der jeweiligen Maßnahme dem Wunsch des Patienten, muss nach den von *Dölling* aufgestellten Grundsätzen in beiden Konstellationen die ärztliche Garantenpflicht entfallen.

Für seine Lösung führt *Dölling* weiter an, diese ermögliche eine trennscharfe Abgrenzung des straffreien Unterlassens bei einem Behandlungsabbruch zu einer gemäß § 216 StGB strafbaren Tötung auf Verlangen.³¹⁷ Es sei „zwischen zulässiger und gebotener Nichtbehandlung" einerseits und der zielgerichteten Tötung auf Verlangen des Patienten andererseits zu unterscheiden. Als Differenzierungskriterium könne die Setzung einer neuen Todesursache dienen: Sei diese zu bejahen, liege stets eine strafbare Tötung vor. Demgegenüber werde in den Fällen des zulässigen Behandlungsabbruchs einem begonnenen Krankheitsprozess nur freier Lauf gelassen und keine neue Todesursache gesetzt. Damit greift *Dölling* für die Unterscheidung von strafbarem und straffreiem Verhalten auf das bereits in der Urteilsbegründung des BGH im Fall *Putz* niedergelegte Differenzierungskriterium zurück.³¹⁸

Die Garantenpflicht begründet die Pflicht des Arztes, alle Maßnahmen zur Abwendung eines Todes- bzw. Verletzungserfolges zu ergreifen, die ihm möglich und zumutbar sind; Spickhoff/Knauer/Brose, § 211 StGB Mord, § 212 StGB Totschlag, Rz. 8. Sie kann jedoch nicht bei einem der Weiterbehandlung entgegenstehenden Patientenwillen entstehen, sondern ist durch diesen begrenzt; dazu *Kahlo*, Frisch-FS, S. 711, 730; Spickhoff/*Knauer*/Brose, § 211 StGB Mord, § 212 StGB Totschlag, Rz. 7.

³¹⁴ Hierzu und zum Folgenden *Kahlo*, Frisch-FS, S. 711, 730, 736.
³¹⁵ Hierzu und zum FolgendenHIerHierzu *Dölling*, ZIS 2011, 345, 346 f.
³¹⁶ Vgl. zu der wertungsmäßigen Gleichsetzung von abgebrochener maschineller und manueller Behandlung auch *Roxin*, GA 2013, 313, 316.
³¹⁷ Hierzu und zum Folgenden vgl. *Dölling*, ZIS 2011, 345, 347.
³¹⁸ BGH, Urteil vom 25.06.2010 – BGHSt 155, 191 ff., Rz. 33.

Streng differenziert zwischen mehreren Erscheinungsformen von Handlungen und Unterlassungen und ordnet den ärztlichen Behandlungsabbruch als Form des „aktiven Unterlassens" ein, das durch ein „erfolgsförderliches Nichtintervenieren in einen gegebenen Schädigungsverlauf mittels Tun" gekennzeichnet sei.[319] In derartigen Fällen sei das Erfolgsunrecht herabgesetzt, da weiterhin die zugrunde liegende Erkrankung für den Tod kausal werde.[320] Das Handlungsunrecht sei ebenfalls verringert, da das Vorgehen des Arztes dem Patientenwillen entspreche. In der Folge entfalle die gemäß § 13 Abs. 1 StGB bestehende Garantenpflicht des Behandlers. Diese Sichtweise werde letztlich auch dem Verbot einer Zwangsbehandlung gerecht.

d) Enger Kausalitätsbegriff und rechtliche Zuweisung des rettenden Kausalverlaufs zum Patienten

Der wohl jüngste Lösungsansatz für die Fälle des willensgemäßen Behandlungsabbruchs stammt von *Haas*. Auch er kritisiert den BGH für die Verortung seiner Begründung auf Rechtfertigungsebene.[321] Die „dogmatischen Krücken", die der BGH mit den Grundsätzen zum Behandlungsabbruch geschaffen habe, seien Ausdruck des allgemeinen dogmatischen Problems, wie mit der Fallgruppe der Verhinderung und des Abbruchs rettender Kausalverläufe umgegangen werden solle und beschränke sich nicht nur auf den hier gegenständlichen Unterfall des Behandlungsabbruchs.[322]

Haas spricht sich vor diesem Hintergrund für die Herleitung einer Lösung aus, die sämtliche Konstellationen verhinderter oder abgebrochener Kausalverläufe in den Blick nimmt und nicht nur isoliert den Behandlungsabbruch betrifft.[323] Er plädiert dafür, sich auf die rein hypothetische Natur des Kausalzusammenhangs zu besinnen, der zwischen einer aktiven Verhinderungs- oder Abbruchhandlung und dem tatbestandlichen Erfolgseintritt bestehe. Dabei unterstellt *Haas*, dass

---

[319] *Streng*, Frisch-FS, S. 739, 749. Hiermit beschreibt *Streng* letztlich die Fallgruppe des „Unterlassens durch Tun", das vor der BGH-Entscheidung von 2010 in der strafrechtlichen Bewertung der Fälle tätiger Behandlungsabbrüche vorherrschend war.
Ergänzend sei hier auf die Position *Schneiders* hingewiesen. *Schneider* kritisiert die Rigorosität, mit der der BGH die Rechtsfigur des Unterlassens durch Tun verworfen habe. Für Fälle eines durch Unterlassen bewirkten Behandlungsabbruchs gelangt *Schneider* ebenso wie die zuvor dargestellten Literaturstimmen über den Wegfall der Garantenpflicht zu einem Tatbestandsausschluss. Eine klare Positionierung dazu, ob jegliche Formen ärztlich durchgeführter Behandlungsabbrüche auf diese Weise zu bewerten seien, findet sich bei *Schneider* indes nicht, MüKo-StGB/*Schneider*, Vor § 211, Rz. 171, 176.
[320] Hierzu und zum Folgenden *Streng*, Frisch-FS, S. 739, 750.
[321] *Haas*, JZ 2016, 714, 718.
[322] *Haas*, JZ 2016, 714, 723.
[323] Hierzu und zum Folgenden *Haas*, JZ 2016, 714, 720 f.

eine faktische Kausalität nur bei einer unmittelbaren Einwirkung auf ein Rechtsgut gegeben sei und eine mittelbare Einwirkung eine bloße Bedingung, jedoch keine Ursache für die Verletzung des mittelbar betroffenen Rechtsguts setze. Eine solche lediglich mittelbare Verknüpfung reiche für eine Strafbarkeit aber nicht aus.[324] Ein Tatunrecht könne in diesem Fall nur gegeben sein, wenn der Täter gegen den Willen des Opfers in einen diesem *rechtlich zugewiesenen* Kausalverlauf eingreife. Bestehe eine solche Rechtszuweisung nicht, müsse auch die Strafbarkeit des mittelbaren Eingriffs abgelehnt werden.

In Anwendung der von *Haas* aufgestellten Grundsätze wird demnach bei einem Behandlungsabbruch unmittelbar nur auf die deaktivierte Versorgungsmaßnahme – im Fall *Putz* die Ernährungssonde – eingewirkt, nicht jedoch auf Leib oder Leben des betroffenen Patienten. Die Strafbarkeit eines Behandlungsabbruchs gemäß §§ 212, 216 StGB kommt demnach nur in Betracht, wenn die Behandlung dem Patienten als rettender Kausalverlauf zugewiesen ist und gegen seinen Willen abgebrochen wird.[325] Die rechtliche Zuweisung eines Kausalverlaufs kann nach *Haas* auf verschiedenen Zuweisungsgründen beruhen, zum Beispiel auf dem Eigentum an einem Gegenstand oder einer Garantenstellung für das Rechtsgut, auf das sich der rettende Kausalverlauf beziehe.[326] Dass die Garantenstellung bei *Haas* als möglicher Zuweisungsgrund genannt wird, impliziert eine nur eingeschränkte Bewertung des Abbruchs rettender Kausalverläufe als Tun im strafrechtlichen Sinne. Für die Fälle des tätigen Behandlungsabbruchs erläutert *Haas* insofern, dass zwar der erste Teil des Geschehens – im Fall *Putz* das Durchschneiden des Beatmungsschlauches – dem Charakter eines Begehungsdelikts entspreche, da der Täter unmittelbar auf den Beatmungsschlauch einwirke. Jedoch sei auf Grund der – mangels unmittelbarer Einwirkung auf den *Körper* des Patienten – rein hypothetischen Kausalverknüpfung zwischen dieser Handlung und dem tatbestandlichen Todeserfolg zumindest im zweiten Teil des Geschehens ein Unterlassungsdelikt gegeben.

Vor diesem Hintergrund knüpft *Haas* in Fällen des Behandlungsabbruchs zur Bestimmung der rechtlichen Zuweisung des rettenden Kausalverlaufs primär an die Garantenstellung an. Solange die Behandlung dem (mutmaßlichen) Patientenwillen entspreche, bestehe eine Garantenstellung und mithin eine Verpflich-

---

[324] Bei konsequenter Anwendung der Äquivalenztheorie werde die mittelbare Verknüpfung hingegen wie ein faktisches Kausalverhältnis behandelt. *Haas* spricht sich auf dieser Grundlage für eine Abkehr von dem weiten Kausalitätsbegriff der Äquivalenztheorie aus und plädiert für eine Rückkehr zur Unterscheidung von Ursache und Bedingung bei der Bestimmung eines strafrechtlich relevanten Kausalverhältnisses. Lösungen über die objektive Zurechnung lehnt er ab; zum Ganzen *Haas*, JZ 2016, 714, 719 f.
[325] Vgl. *Haas*, JZ 2016, 714, 721.
[326] Hierzu und zum Folgenden *Haas*, JZ 2016, 714, 720 f.

tung des Arztes, die Behandlung fortzuführen. Richte sich der (mutmaßliche) Patientenwille jedoch im weiteren Verlauf gegen eine Fortsetzung der Behandlung, so entfalle auch die diesbezügliche Garantenstellung des Arztes und der rettende Kausalverlauf sei dem Patienten nicht mehr zugewiesen. Der Arzt mache sich in der Folge nicht wegen eines Tötungsdeliktes strafbar, wenn er die Behandlung abbreche.

2. Behandlungsabbruch als Rechtswidrigkeitsausschluss

Ein zweiter Meinungsstrang plädiert für eine Lösung der Fälle des Behandlungsabbruchs auf Rechtfertigungsebene. Die Vertreter der im Folgenden dargestellten Rechtfertigungslösungen rekurrieren dabei jedoch auf andere Rechtfertigungsgründe als die vom BGH befürwortete (mutmaßliche) Einwilligung. Teilweise wird die rechtfertigende Nothilfe gemäß § 32 StGB herangezogen (hierzu lit. a.). Andere Literaturstimmen stellen auf den rechtfertigenden Notstand nach § 34 StGB ab (hierzu lit. b.). Seltener wird auch das Selbstbestimmungsrecht als atypischer Rechtfertigungsgrund vorgeschlagen (hierzu lit. c.).

a) Nothilfe, § 32 StGB

Die Vertreter des nachfolgend dargestellten Lösungsweges sind der Auffassung, dass der Rechtfertigungsgrund des § 32 StGB die Schwächen des vom BGH gewählten Begründungsweges über eine rechtfertigende (mutmaßliche) Einwilligung vermeide.

Pawlik plädiert in einer Stellungnahme neueren Datums für eine derartige Nothilferechtfertigung.[327] Eine Lösung über § 32 StGB sei naheliegend und beinhalte gewisse Beschränkungen, die für die Fälle des Behandlungsabbruchs nutzbar gemacht werden könnten. Das Vorliegen einer Nothilfelage habe der BGH noch selbst bejaht: Ein Arzt, der sich dem (mutmaßlichen) Willen eines Patienten widersetze und dessen Behandlung fortführe, begehe eine tatbestandsmäßige und rechtswidrige Körperverletzung, sodass ein gegenwärtiger, rechtswidriger Angriff auf die körperliche Unversehrtheit des Patienten gegeben sei.[328]

---

[327] Hierzu und zum Folgenden *Pawlik*, in: Bormann, S. 667, 677 f. Zuvor hatte er den Ausschluss der Strafbarkeit noch über eine teleologische Reduktion des Tatbestandes von § 216 StGB begründet, dazu *Pawlik*, Wolter-FS, S. 627, 630 f., 641. Anlass für beide von der BGH-Begründung abweichenden Lösungsvorschläge bot der wahrgenommene Konflikt mit der Einwilligungssperre in § 216 StGB. Der BGH habe zwar behauptet, nicht jedoch begründet, dass die tatbestandlichen Grenzen der Tötung auf Verlangen durch seine Einwilligungslösung „unberührt" blieben; vgl. dazu *Pawlik*, in: Bormann, S. 667, 675 sowie *Pawlik*, Wolter-FS, S. 627, 629 f.

[328] Hierzu und zum Folgenden *Pawlik*, in: Bormann, S. 667, 671.

Im Anschluss an die Feststellung einer Nothilfelage habe der BGH jedoch den aktiven Abbruch der laufenden Behandlung zu Unrecht als untaugliche Nothilfehandlung eingestuft. Eine Handlung, die darauf gerichtet sei, die Zwangsbehandlung eines Patienten zu beenden, sei durch Nothilfe gerechtfertigt. Dem hiergegen angeführten Argument des BGH, die Nothilfe erlaube nur einen Eingriff in Rechtsgüter des Angreifers, nicht jedoch in Rechtsgüter des Angegriffenen, hält *Pawlik* entgegen, die Handlungsbefugnisse des Nothelfers würden ebenso weit reichen wie die Handlungsbefugnisse des Notwehrbefugten. Da der Notwehrbefugte selbst gegen seine Zwangsbehandlung vorgehen und diese beenden dürfe, bestehe das gleiche Recht auch für den Nothelfer.[329]

Eine sinnvolle Beschränkung der Rechtfertigungsreichweite von § 32 StGB sei zum einen über das Kriterium der Erforderlichkeit, insbesondere aber über die Gebotenheit der Notwehrhandlung zu erreichen. So sei im Rahmen der Gebotenheit etwa zu berücksichtigen, dass institutionalisierten Konfliktlösungsmechanismen grundsätzlich Vorrang vor einer Nothilfe eingeräumt werden müsse, wenn ihre Inanspruchnahme nicht unzumutbar erscheine. Unter diesem Gesichtspunkt bezweifelt *Pawlik* schließlich auch den Freispruch im Fall *Putz*: Die Patientin habe sich bereits seit längerer Zeit in dem für den Behandlungsabbruch ausschlaggebenden Zustand befunden; eine Unzumutbarkeit des Abwartens bis zu einer gerichtlichen Entscheidung ergebe sich aus diesem Umstand nicht. Daher könne die Gebotenheit des Behandlungsabbruchs verneint werden. Hier zeige sich, dass § 32 StGB im Vergleich zur Einwilligungslösung des BGH ein größeres Differenzierungspotential aufweise.

Auch *Duttge* spricht sich für eine Rechtfertigungslösung über § 32 StGB aus.[330] Der Rechtfertigungsgrund der Nothilfe sei vorzugswürdig, da ihr kein mit der BGH-Lösung vergleichbares Ausdehnungspotential immanent sei. Dass der BGH diesen Weg dennoch nicht gewählt habe, erkläre sich aus der von ihm angestrebten Beschränkung der Befugnis zum Abbruch einer Behandlung auf einen bestimmten Personenkreis, die der Tatbestand des § 32 StGB nicht zulasse.

Ebenso wie *Pawlik* sieht *Duttge* es als entscheidenden Vorteil der Nothilfelösung, dass dabei der Vorrang institutionalisierter Konfliktlösungsmechanismen berücksichtigt werden könne. Zudem könne die Kategorie der Gebotenheit fruchtbar gemacht werden, um die Einhaltung betreuungsrechtlicher Verfahrensregeln dogmatisch zu verorten, die bei der Begründung der Straflosigkeit des Behandlungsabbruchs von zentraler Bedeutung seien.[331]

---

[329] Eine parallele Begründung der Einschlägigkeit von § 32 StGB findet sich auch bei *Zieschang*, Knemeyer-FG, S. 449, 470.
[330] Hierzu und zum Folgenden vgl. *Duttge*, MedR 2011, 32, 37 f.
[331] Damit kritisiert *Duttge* nicht den grundsätzlichen Rückgriff des BGH auf betreuungsrechtliche Regelungen zur Begründung der Straflosigkeit eines Behandlungsabbruchs; er kriti-

Dass der BGH die Nothilfelösung angesichts des Eingriffs in ein Rechtsgut des Nothilfebedürftigen ablehnt, greift *Duttge* ebenso an wie *Pawlik*. Das Selbstbestimmungsrecht erlaube es einem Rechtsgutsträger, auch über sein Leben zu disponieren. Ob die Ausübung dieses Selbstbestimmungsrechts zulässig sei, könne nicht davon abhängig gemacht werden, ob der Rechtsgutsträger sich noch selbst gegen eine Fremddisposition wehren könne oder auf die Nothilfe Dritter angewiesen sei. In beiden Fällen müsse unterschiedslos eine Handlung zulässig sein, die sich auf die Abwehr rechtswidrig erfolgender lebensverlängernder Maßnahmen richte.

Mandla tritt in seiner Besprechung des BGH-Urteils ebenfalls dem gegen die Nothilfelösung vorgebrachten Argument entgegen, dass die beim Behandlungsabbruch erforderliche Abwehrhandlung sich unzulässigerweise gegen ein Rechtsgut des Nothilfebedürftigen selbst richte. Diese Meinung übersehe, dass sich die Abbruchhandlung nicht gegen das Leben, sondern gegen Maßnahmen wende, die zum einen die körperliche Unversehrtheit des Patienten beeinträchtigen und zum anderen „den unbeeinflussten Fortgang des Lebens und Sterbens"[332] verhindern würden.[333] Daher betreffe ein Behandlungsabbruch nach wie vor die zulässige Abwehr eines Angriffs im Sinne von § 32 StGB. Im Falle einer zwangsweisen Zuführung von Nahrung bei einem nicht erkrankten Menschen sei eine hiergegen gerichtete Abwehrhandlung Dritter unproblematisch gerechtfertigt; dies müsse in Fällen eines Behandlungsabbruchs bei Schwerstkranken gleichermaßen gelten. Ein sachlicher Differenzierungsgrund bestehe insoweit nicht.[334]

b) Rechtfertigender Notstand, § 34 StGB

Ein weiterer in der Literatur vertretener Lösungsansatz erachtet den Aggressivnotstand nach § 34 StGB als dogmatisch richtigen Weg zur Begründung der Straflosigkeit von Behandlungsabbrüchen.

---

siert allerdings die konkrete Umsetzung dieser Lösung in der Urteilsbegründung zum Fall *Putz*; *Duttge*, MedR 2011, 32, 37 f.

[332] Diese Formulierung stammt von dem bei *Mandla* zitierten BGH selbst; BGH, Urteil vom 25.06.2010 – 2 StR 454/09, BGHSt 55, 191 ff., Rz. 35.

[333] Hierzu und zum Folgenden *Mandla*, NStZ 2010, 698, 699.

[334] Wie *Mandla* sieht auch *Schneider* in der Behandlungsbeendigung keine grundsätzlich unzulässige Nothilfehandlung; MüKo-StGB/*Schneider*, Vor § 211, Rz. 174. Er erkennt keinen sachlichen Grund für die unterschiedliche Behandlung von Fällen der dem Patientenwillen widersprechenden Einleitung einer Behandlung – die gemäß § 32 StGB abgewehrt werden dürfe – und der Beendigung einer vom Patienten nicht (mehr) gewollten Behandlung. *Schneider* selbst scheint indes zu einer Lösung der Fälle des ärztlichen Behandlungsabbruchs über den Wegfall der Garantenpflicht zu neigen; vgl. MüKo-StGB/*Schneider*, Vor § 211, Rz. 176.

Bosch führt für diesen Lösungsweg an, dass den zahlreichen Ansätzen, die sowohl Rechtsprechung als auch Literatur zur Ausdifferenzierung des Maßstabs für die Zulässigkeit eines Behandlungsabbruchs geschaffen hätten, in der Sache stets eine Abwägung zwischen dem Rechtsgut Leben und dem Recht auf ein menschenwürdiges Sterben zugrunde liege.[335] Auch der BGH habe eine derartige Abwägung in der Urteilsbegründung im Fall *Putz* stillschweigend vorgenommen.[336] Eine Abwägung von Rechtsgütern sei aber allein in der Notstandsrechtfertigung nach § 34 StGB angelegt. Nur diese Lösung lasse erkennen, warum der Patientenwille trotz des Verbotes der Tötung auf Verlangen Berücksichtigung finde: Das Recht auf ein menschenwürdiges Sterben, das dem Wunsch des Patienten entspreche, werde im Vergleich zum Rechtsgut Leben als höherwertig behandelt. Im Rahmen dieser Abwägung könnten zugleich die beschränkenden Kriterien Berücksichtigung finden, die der BGH in seinen Leitsätzen im Fall *Putz* formuliert habe.[337] Dadurch würden dem Abwägungsvorgang gewisse Grenzen gesetzt und eine zu weite Ausdehnung der Rechtfertigungsmöglichkeiten verhindert. Auch die weiteren Voraussetzungen des Notstands nach § 34 StGB seien erfüllt: Eine Notstandslage liege in der gegenwärtigen Gefahr für das Selbstbestimmungsrecht des Patienten. Im Rahmen des subjektiven Rechtfertigungselementes werde schließlich auch die Zielsetzung des Arztes berücksichtigt, der den Behandlungsabbruch durchführe.

Rosenau widmet sich im Rahmen seiner Begründung einer Notstandsrechtfertigung der Lösung, die der 3. Strafsenat des BGH im Jahr 1996 für Fälle indirekter aktiver Sterbehilfe entworfen hatte.[338] Auch dort habe ein aktives, lebensverkürzendes Tun in Rede gestanden.[339] Dennoch sei bei der Abwägung im Rahmen von § 34 StGB ein würdevoller und möglichst schmerzfreier Tod im Verhältnis zu einem kurzzeitig längeren Leben unter Vernichtungsschmerzen als höherwertig bewertet worden. *Rosenau* erkennt zwar an, dass § 34 StGB für Fälle einer Güterkollision verschiedener Rechtsgutsträger konstruiert worden sei und bei einer internen Güterkollision, die bei einem Behandlungsabbruch gegeben ist, das Institut der rechtfertigenden (mutmaßlichen) Einwilligung grundsätzlich spezieller sei. Indes stehe dies der Möglichkeit einer Analogie nicht entgegen. Für eine Analogie spreche ein Erst-Recht-Schluss: § 34 StGB müsse, wenn er schon den Eingriff in ein *fremdes* Leben auf Grund überwiegender Interessen des Eingreifenden erlaube, erst recht einen Eingriff in das *eigene* Leben zulassen, sofern eine entsprechende Interessenlage bestehe. Dem könne entgegengehalten

---

[335] Vgl. *Bosch*, JA 2010, 908, 909.
[336] Hierzu und zum Folgenden *Bosch*, JA 2010, 908, 911.
[337] Hierunter könnte beispielsweise das Kriterium des Behandlungszusammenhangs fallen.
[338] BGH, Urteil vom 15.11.1996 – 3 StR 79/96, BGHSt 42, 301 ff.
[339] Hierzu und zum Folgenden *Rosenau*, Rissing-van Saan-FS, S. 547, 559 f.

werden, „dass das Rechtsgut ‚Leben' als verfassungsrechtlicher Höchstwert bei einer Abwägung nach § 34 StGB niemals unterliegen könne". Das Leben sei jedoch nicht das absolut höchste Gut unserer Rechtsordnung. In dem ihm gegenübergestellten Interesse eines Sterbens in Würde sei der Menschenwürdeaspekt des Art. 1 Abs. 1 GG enthalten, der „verfassungssystematisch das Höchstprädikat" darstelle. Zugunsten eines würdevollen Todes müsse zudem das Selbstbestimmungsrecht berücksichtigt werden, das der Patient zugunsten eines Behandlungsabbruchs ausgeübt habe.[340] Das Interesse an einem würdevollen und möglichst schmerzfreien Tod könne das Lebenserhaltungsinteresse im Rahmen einer Abwägung nach § 34 StGB auch *wesentlich* überwiegen.[341] Vor dem geschilderten Hintergrund könne in Fällen des Behandlungsabbruchs ausnahmsweise eine Abwägungsentscheidung gegen das Rechtsgut Leben getroffen werden.[342]

c) Selbstbestimmungsrecht als Rechtfertigungsgrund

Vereinzelt wurde im Schrifttum nach dem BGH-Urteil von 2010 auch auf einen atypischen Rechtfertigungsgrund abgestellt, der nicht zum Repertoire der herkömmlichen Strafrechtsdogmatik zählt: Das Selbstbestimmungsrecht des Patienten könne demnach einen eigenständigen Rechtfertigungsgrund darstellen.[343]

So meint etwa *Gropp*, ein Behandlungsabbruch könne dadurch legitimiert werden, dass „dem *Selbstbestimmungsrecht* des Patienten [...] rechtfertigende Wirkung"[344] zugestanden werde. Aus diesem Grund lehnt er eine Rechtfertigung von Behandlungsabbrüchen über § 34 StGB als überflüssigen Umweg ab.

Auch *Engländer* erwägt für Fälle des tätigen Behandlungsabbruchs – neben einem Entfallen der objektiven Zurechnung auf Ebene des Tatbestandes – die Begründung der Straflosigkeit über einen „Rechtfertigungsgrund sui generis".[345] Ebenso wie *Gropp* will er den Abbruch einer Behandlung durch die Patientenautonomie rechtfertigen, sobald die Zustimmung eines Patienten zu seiner Weiterbehandlung entfalle.

---

[340] Das Recht auf ein selbstbestimmtes Sterben als Ausfluss der Menschenwürdegarantie wurde höchstrichterlich anerkannt mit dem Urteil des BVerfG vom 26.02.2020 – 2 BvR 2347/15, 2 BvR 651/16, 2 BvR 1261/16, 2 BvR 1593/16, 2 BvR 2354/16, 2 BvR 2527/16, BVerfGE 153, 182 ff.
[341] Vgl. *Rosenau*, in: Rissing-van Saan-FS, S. 547, 560.
[342] Vgl. zum Ganzen auch MüKo-StGB/*Schneider*, Vor § 211, Rz. 175.
[343] Hierzu und zum Folgenden *Gropp*, in: Eser-FG, S. 349, 360; vgl. *Engländer*, JZ 2011, 513, 518.
[344] Hervorhebung gemäß Original.
[345] Hierzu und zum Folgenden *Engländer*, JZ 2011, 513, 518.

III. Stellungnahme: Zur Straffreiheit des Abbruchs lebenserhaltender medizinischer Maßnahmen und ihrer rechtsdogmatischen Begründung

Die soeben dargestellten Begründungswege für die Straffreiheit eines Behandlungsabbruchs stellen nicht in Frage, dass willensgemäße Behandlungsabbrüche unter bestimmten Voraussetzungen straffrei bleiben müssen. Die konkrete Herleitung dieses Ergebnisses und ihre dogmatische Verortung ist in der Literatur jedoch, wie gezeigt, umstritten.[346]

Vor diesem Hintergrund soll nachfolgend zunächst erörtert werden, auf welchem Wege eine Straflosigkeit willensgemäßer Behandlungsabbrüche überzeugend begründet werden kann (hierzu 1.). Anschließend werden dem gewählten Begründungsweg die in der Literatur vertretenen Alternativlösungen[347] gegenübergestellt, um deren Nachteile im Vergleich zu dem hier befürworteten Lösungsvorschlag aufzuzeigen (hierzu 2.).

1. Herleitung der Straflosigkeit willensgemäßer Behandlungsabbrüche am Maßstab der §§ 212, 216 StGB

Um die Straffreiheit willensgemäßer Behandlungsabbrüche zu begründen, soll zunächst dargestellt werden, warum nach hier vertretener Auffassung im Falle eines willensgemäßen Behandlungsabbruchs keine dem ausführenden Arzt objektiv zurechenbare Tötung im Sinne der §§ 212, 216 StGB vorliegt (hierzu lit. a.). Daran anschließend werden mögliche Einwände, die gegen diesen rechtstechnischen Umsetzungsvorschlag auf Zurechnungsebene erhoben werden könnten, adressiert (hierzu lit. b.). Abschließend wird dargelegt, weshalb die Kriterien, die der BGH im Fall *Putz* für die Zulässigkeit eines willensgemäßen Behandlungsabbruchs aufgestellt hat, für eine Abgrenzung zu gemäß §§ 212, 216 StGB strafwürdigen Verhaltensweisen grundsätzlich geeignet sind, auch wenn sie im Einzelfall weiterer Konkretisierung bedürfen mögen (hierzu lit. c.).

---

[346] Auch die konkreten Voraussetzungen für einen straffreien Behandlungsabbruch werden – wenn auch nur vereinzelt – von den Kriterien des BGH abweichend ausgestaltet. Dies dürfte für die Lösung von *Haas* gelten, der die Straffreiheit eines Behandlungsabbruchs an die oben in Kapitel 2 unter C. II. 1. lit. d. genannten Kriterien knüpft. Auch die Nothilfe- sowie die Notstandslösung können – sofern institutionelle Konfliktlösungsmechanismen im Einzelfall zumutbar hätten wahrgenommen werden können – zu einer von der BGH-Lösung abweichenden strafrechtlichen Bewertung gelangen; vgl. dazu oben in Kapitel 2 unter C. II. 2. lit. a. und lit. b.
[347] Zu diesen bereits ausführlich oben in Kapitel 2 unter C. II.

a) Ausschluss einer objektiv zurechenbaren Tötung

Bricht ein Arzt eine lebenserhaltende Behandlung entsprechend dem freiverantwortlich gebildeten Patientenwillen ab und verstirbt der Patient infolgedessen, liegt keine dem Arzt objektiv zurechenbare Tötung im Sinne der §§ 212, 216 StGB vor.[348] Um diesen Begründungsweg nachvollziehen zu können, bedarf es zunächst einer Rekapitulation von Inhalt und Zweckrichtung der objektiven Zurechnung.

Die Lehre von der objektiven Zurechnung begrenzt nach Auffassung der herrschenden Lehre die Strafbarkeit eines an sich kausalen Verhaltens auf der Ebene des objektiven Tatbestandes.[349] Sie ist vor dem Hintergrund des herrschenden weiten Kausalitätsbegriffs entstanden, der einer haftungsbeschränkenden Korrektur bedarf.[350]

Die Herleitung der Zurechnungslehre, ihre verschiedenen Ausprägungen und Grenzen sind im Einzelnen umstritten.[351] Als Grundformel der objektiven Zurechnungslehre ist heute jedoch weitgehend anerkannt, dass der tatbestandsmäßige Erfolg einem Handelnden nur dann zugerechnet werden kann, wenn er durch seine kausale Handlung entgegen der dem Schutz des betreffenden Rechtsguts dienenden generellen Verhaltensnorm verbotswidrig ein entsprechendes Erfolgsrisiko geschaffen hat und sich gerade dieses in dem konkret eingetretenen Erfolg verwirklicht hat.[352]

In Anwendung dieser Grundformel handelt es sich nach der hier vorgeschlagenen Lösung bei einem willensgemäßen Behandlungsabbruch nicht um eine ob-

---

[348] So auch *Rissing-van Saan*, ZIS 2011, 544, 548 ff.; *Rissing-van Saan*, in: Bormann, S. 645, 662 ff.

[349] Schönke/Schröder/*Eisele*, Vor §§ 13 ff. StGB, Rz. 90, 90a. In der Rechtsprechung hat die Lehre bisher hingegen kaum eine Rolle gespielt; dazu näher *Kahlo*, Küper-FS, S. 249, 251 ff.

[350] Matt/Renzikowski/*Renzikowski*, Vor § 13 StGB, Rz. 98. Erste Ansatzpunkte der Lehre von der objektiven Zurechnung finden sich im Zivilrecht bei *Larenz*, Hegels Zurechnungslehre, dort insbesondere S. 60 ff. Im Strafrecht schlossen sich kurz darauf Untersuchungen von *Honig*, Frank-FG I, S. 174 ff. an; in ihrer heutigen Form wurde die Lehre durch *Roxin* geprägt; dazu grundlegend *Roxin*, Honig-FS, S. 133 ff. Einen historischen Überblick über die Entwicklung der objektiven Zurechnungslehre im Strafrecht ausgehend von den philosophischen Ursprüngen der Zurechnung bietet *Schumann*, Jura 2008, 408 ff.

[351] Zu diesem Befund *Kahlo*, Küper-FS, S. 249; näher zu verschiedenen Herleitungswegen der Lehre Lackner/Kühl/*Heger*, Vor § 13 StGB, Rz. 14. Umstritten ist insbesondere die von *Roxin* geprägte Risikoerhöhungslehre; zu dieser *Roxin*, Honig-FS, S. 133, 138 ff. Kritisch hierzu Schönke/Schröder/*Sternberg-Lieben/Schuster*, § 15 StGB, Rz. 179 m.w.N.

[352] Zur weitgehenden Anerkennung dieser Formel Lackner/Kühl/*Heger*, Vor § 13 StGB, Rz. 14. Ebenso *Frisch*, GA 2003, 719, 722 m.w.N.; *Harbort*, S. 39; *Roxin/Greco*, Strafrecht AT I, § 11, Rz. 47 ff.; *Frisch*, Roxin-FS I, S. 213, 217 f.; *Gaede*, Roxin-FS II, S. 967. Unwidersprochen ist freilich auch die Grundformel nicht. Kritisch zur objektiven Zurechnung beispielsweise *Hirsch*, Lenckner-FS, S. 119 ff.; *Kaufmann*, Jescheck-FS, S. 251 ff.

jektiv zurechenbare Tötung im Sinne der §§ 212, 216 StGB, weil die Gefahr für das Rechtsgut Leben, die mit der Durchführung eines derartigen Behandlungsabbruchs gesetzt wird, als rechtlich *erlaubtes* Risiko zu bewerten ist, das nicht vom Tatbestand der Tötungsdelikte erfasst wird.[353] Grundlage für die Bewertung des Behandlungsabbruchs als erlaubtes Risiko sind gesetzesübergreifende systematische sowie verfassungskonforme Auslegungserwägungen (hierzu lit. aa. und lit. bb.),[354] die mit Hilfe von Zurechnungserwägungen an das Tatbestandsmerkmal der Tötung angeknüpft werden (hierzu lit. cc.).[355]

Mit der Rückbindung von Zurechnungserwägungen an die Interpretation des konkreten Tatbestandes soll eine Lösungsmöglichkeit eröffnet werden, die die Straflosigkeit eines am Patientenwillen orientierten Behandlungsabbruchs ohne die der BGH-Lösung sowie manchem Alternativvorschlag immanenten Systembrüche auf der Tatbestandebene verankert.

aa) Gesetzesübergreifende systematische Normauslegung

Für eine Einstufung des willensgemäßen Behandlungsabbruchs als erlaubtes Risiko spricht zunächst eine gesetzesübergreifende systematische Normauslegung der §§ 212, 216 StGB.[356]

Die systematische Auslegung ist darauf gerichtet, den Sinngehalt einer Norm aus dem Normgefüge abzuleiten, das nicht nur durch die Normen des betreffenden Gesetzes definiert wird, sondern auch im Zusammenhang stehende Vorschriften anderer Gesetze einschließt.[357] Bei der strafrechtlichen Bewertung wil-

---

[353] Vgl. auch *Rissing-van Saan*, in: Bormann, S. 645, 663.

[354] Ansätze für einen Rückgriff auf Auslegungsgrundsätze zur strafrechtlichen Bewertung des willensgemäßen Behandlungsabbruchs finden sich bereits am Ende der Urteilsbegründung im Fall *Putz*. Der BGH nimmt dort in einem unscheinbaren Halbsatz auf seine vorangegangenen Ausführungen zur Straflosigkeit eines Behandlungsabbruchs Bezug und bezeichnet diese als „Auslegung des § 216 StGB und der Inhaltsbestimmung des Rechtfertigungsgrunds der Einwilligung"; BGH, Urteil vom 25.06.2010 – 2 StR 454/09, BGHSt 55, 191 ff., Rz. 40. Welche seiner Aussagen im Urteil als Auslegung von § 216 StGB zu verstehen sind, gibt er aber nicht zu erkennen.

[355] Den Ausschluss der objektiven Zurechnung auf Grundlage einer derartigen Normauslegung bzw. Normreduktion erwägt ebenfalls *Gaede*, NJW 2010, 2925, 2927. Verfassungsrechtliche Erwägungen stellt auch *Rieger* an, der damit jedoch die von ihm vertretene Auffassung begründet, dass eine Reduktion der in § 216 Abs. 1 StGB verankerten Einwilligungssperre erforderlich sei; dazu *Rieger*, S. 58.

[356] Vgl. zu einer solchen Auslegung *Gaede*, NJW 2010, 2925, 2927. Auf systematische Erwägungen beruft sich auch *Borrmann*, S. 60.

[357] *Schäfers*, JuS 2015, 875, 878; *Zippelius*, S. 43; vgl. NK-StGB/*Hassemer/Kargl*, § 1, Rz. 107c. Ein Beispiel für gesetzesübergreifende systematische Erwägungen im Kontext der Sterbehilfe findet sich in BGH, Beschluss vom 17.03.2003 – XII ZB 2/03, BGHZ 154, 205 ff., Rz. 42, wo es heißt: „Diese objektive Eingrenzung zulässiger Sterbehilfe ist auch für das Zivil-

lensgemäßer Behandlungsabbrüche drängt sich die Berücksichtigung der diesbezüglich im Zivilrecht getroffenen Regelungen in §§ 1901a, 1901b BGB auf, die mit dem Patientenverfügungsgesetz im Jahr 2009 in das BGB eingeführt wurden. Sie betreffen Behandlungsentscheidungen im Falle der Einwilligungsunfähigkeit volljähriger Patienten und damit die Situation, in der die Durchsetzung der Patientenautonomie die größten Probleme mit sich bringt. Im Zivilrecht konnten die §§ 1901a f. BGB zur Rechtsklarheit im Hinblick auf die Reichweite des Selbstbestimmungsrechts bei Behandlungsentscheidungen beitragen.[358] Bevor die darin zum Ausdruck kommenden gesetzgeberischen Werteentscheidungen für die Auslegung der Strafnormen in §§ 212, 216 StGB fruchtbar gemacht werden, soll der insoweit maßgebliche Regelungsinhalt der §§ 1901a f. BGB kurz umrissen werden.

§ 1901a Abs. 1 i. V. m. Abs. 6 BGB bestimmt, dass der in einer Patientenverfügung geäußerte Wille eines einwilligungsunfähigen volljährigen Patienten für die Behandlungsentscheidung seines rechtlichen Vertreters maßgeblich ist, sofern dieser Wille auf die aktuelle Lebens- und Behandlungssituation zutrifft. Der Patient kann gemäß der Legaldefinition des § 1901a Abs. 1 BGB in einer Patientenverfügung regeln, ob er in bestimmte, zum Zeitpunkt der Festlegung noch nicht unmittelbar bevorstehende Untersuchungen seines Gesundheitszustands, Heilbehandlungen oder ärztliche Eingriffe einwilligt oder sie untersagt. Liegt eine Patientenverfügung nicht oder nicht im Hinblick auf die aktuelle Lebens- und Behandlungssituation vor, soll die Entscheidung nach § 1901a Abs. 2 BGB an den Behandlungswünschen bzw. dem mutmaßlichen Willen des Patienten orientiert werden.

Gemäß § 1901a Abs. 3 BGB gelten die vorgenannten Regelungen unabhängig von Erkrankungsart und -stadium. Das Recht des Patienten, eine Behandlung zu untersagen, besteht gemäß der zivilrechtlichen Rechtslage also selbst dann, wenn ein Patient weder unheilbar erkrankt ist noch im Sterben liegt und seine Behandlungsablehnung angesichts beachtlicher Heilungschancen nach objektiven Kriterien unvernünftig erscheint.[359]

§ 1901b Abs. 1 BGB richtet sich insbesondere an den Arzt und erlegt diesem die Pflicht auf, nach Feststellung der medizinisch indizierten Behandlungsmaßnahmen die im konkreten Fall einzuleitende Behandlung gemeinsam mit dem entscheidungszuständigen Vertreter auf der Grundlage des Patientenwillens zu erörtern. § 1901b Abs. 2 BGB ergänzt zur Feststellung des Patientenwillens nach

---

recht verbindlich; denn die Zivilrechtsordnung kann nicht erlauben, was das Strafrecht verbietet."

[358] Vgl. *Lipp*, in: Laufs/Katzenmeier/Lipp, Kapitel VI, Rz. 126.
[359] Vgl. *Steenbreker*, NJW 2012, 3207, 3209; dies problematisierend, aber ebenfalls bejahend MüKo-BGB/*Schneider*, § 1901a BGB, Rz. 52 ff.

§ 1901a Abs. 1 BGB bzw. der Ermittlung etwaiger Behandlungswünsche oder des mutmaßlichen Patientenwillens nach § 1901a Abs. 2 BGB eine Äußerungsgelegenheit für nahe Angehörige.[360]

Der BGH hat auf die zivilrechtlichen Vorschriften der §§ 1901a, 1901b BGB in seinem Urteil im Fall *Putz* Bezug genommen, ohne seine Ausführungen jedoch in den Zusammenhang einer systematischen Normauslegung zu stellen. Für die dadurch erzeugte Unklarheit hinsichtlich der Relevanz betreuungsrechtlicher Vorschriften im Rahmen der strafrechtlichen Einordung von Behandlungsabbrüchen erntete der BGH berechtigte Kritik.[361] Werden die §§ 1901a f. BGB hingegen für eine systematische Auslegung herangezogen, wird ihre Bedeutung für die strafrechtliche Einordnung willensgemäßer Behandlungsabbrüche erkennbar: § 1901a Abs. 1 und Abs. 2 BGB bringen klar zum Ausdruck, dass dem Willen eines Patienten, der eine bestimmte Heilbehandlung oder einen ärztlichen Eingriff untersagt, Geltung zu verschaffen ist.[362]

Dies legt nahe, dass zivilrechtlich die Untersagung einer Weiterbehandlung deren Abbruch erfordert, auch wenn sich dieser nur durch aktives Tätigwerden umsetzen lässt. Dann aber würde die strafrechtliche Sanktionierung eines entsprechenden Behandlungsabbruchs zu einem Widerspruch innerhalb der Rechtsordnung führen, der die mit der Einführung der §§ 1901a f. BGB bezweckte Stärkung des Patientenwillens aushöhlen würde.

Der Gesetzgeber des Patientenverfügungsgesetzes erkannte hier den Bedarf für eine Klarstellung der Reichweite der §§ 1901a f. BGB und ihres Verhältnisses zu der strafrechtlichen Regelung in §§ 212, 216 StGB. In der Gesetzesbegründung[363] wird nicht nur die geänderte zivilrechtliche Rechtslage durch die Einführung der §§ 1901a f. BGB dargelegt, sondern auch zum Strafrecht in Sterbehilfefällen Stellung genommen. Die dortigen Ausführungen lassen die Schlussfolgerung zu, dass eine Pönalisierung willensgemäßer Behandlungsabbrüche der mit §§ 1901a f. BGB bezweckten Regelung widersprechen würde, wie nachfolgend gezeigt werden soll.

Der Gesetzgeber führt in der Gesetzesbegründung zur Abgrenzung zwischen Tötung auf Verlangen und zulässiger Sterbehilfe aus, die Achtung des in einer Patientenverfügung niedergelegten Willens „in Form des Unterlassens einer Behandlung, einschließlich ihres Abbruchs" sei „weder verboten noch ethisch zu

---

[360] Diese stellt durch die Formulierung als „Soll-Vorschrift" jedoch keine zwingende Vorgabe dar; zum Ganzen MüKo-BGB/*Schneider*, § 1901b, Rz. 9.
[361] Dazu bereits ausführlich oben in Kapitel 2 unter C.I.2. lit. d. und C.I.3. lit. d.
[362] Ziel der Vorschriften ist es, eine umfassende Durchsetzung des Selbstbestimmungsrechts Einwilligungsunfähiger in Bezug auf Behandlungsentscheidungen zu ermöglichen bzw. sicherzustellen; dazu *Ulsenheimer*, in: Laufs/Kern et al., § 133, Rz. 27 ff.
[363] BT-Drucks. 16/8442.

missbilligen, weil die einen Eingriff legitimierende Einwilligung des Betroffenen gerade fehlt."[364] Das fehlende Verbot eines solchen Behandlungsabbruchs schränkt der Gesetzgeber dabei nicht auf den zivilrechtlichen Anwendungsbereich ein, sondern trifft insoweit eine grundsätzliche Feststellung, die auch das Strafrecht betrifft. Dem gehen Darlegungen zur strafrechtlichen Rechtslage voraus, die festhalten, dass das „Recht, eine medizinische Behandlung ablehnen zu können", „streng von einer Tötung auf Verlangen zu unterscheiden" sei.[365] Eine Tötung auf Verlangen könne „weder von einem einwilligungsfähigen Patienten noch in einer Patientenverfügung wirksam gefordert werden".

Dass der Gesetzgeber des Patientenverfügungsgesetzes einen willensgemäßen Behandlungsabbruch als aliud zu einer Tötung auf Verlangen für grundsätzlich zulässig erachtet, kann auch der Aussage entnommen werden, der zuvor geäußerte Wille eines nunmehr Entscheidungsunfähigen sei „in allen Lebensphasen zu beachten",[366] auch wenn er „darauf gerichtet ist, in der letzten Lebensphase nicht sämtliche denkbaren lebens-, aber auch schmerzverlängernden medizinischen Möglichkeiten einzusetzen".[367]

Der Wille, einen Behandlungsabbruch rechtlich nicht zu sanktionieren, wird schließlich aus der folgenden Äußerung des Gesetzesentwurfs ganz besonders deutlich: „Hat ein Patient zunächst seine Zustimmung in eine ärztliche Behandlung erteilt, steht es ihm jederzeit frei, seine einmal gegebene Zustimmung zu widerrufen. Mit einem Widerruf nimmt der Patient nicht nur seine zuvor gegebene Einwilligung zurück, sondern lehnt damit auch eine Weiterbehandlung ab."[368]

Aus der Zusammenschau der vorgenannten Aussagen geht hervor, dass der Gesetzgeber des Patientenverfügungsgesetzes den Widerruf einer Einwilligung und die damit verbundene Ablehnung der Weiterbehandlung im Rahmen des Selbstbestimmungsrechts explizit für zulässig und in einer Patientenverfügung regelungsfähig erachtete. Da er zugleich „Festlegungen in einer Patientenverfügung, die auf eine verbotene Tötung auf Verlangen gerichtet sind", für unwirksam befand, kann der Gesetzgeber nur so verstanden werden, dass er den willensgemäßen Abbruch einer (Weiter-)Behandlung gerade nicht als strafwürdiges Unrecht im Sinne der §§ 212, 216 StGB auffasst und klarstellen wollte, dass diese Ausübung des Selbstbestimmungsrechts im Rahmen der §§ 1901a f. BGB rechtlich zulässig sei.

---

[364] BT-Drucks. 16/8442, S. 9.
[365] Hierzu und zum Folgenden BT-Drucks. 16/8442, S. 7. Vgl. hierzu und zum Folgenden auch *Rissing-van Saan*, ZIS 2011, 544, 549.
[366] BT-Drucks. 16/8442, S. 12.
[367] BT-Drucks. 16/8442, S. 10; Zitat aus BT-Drucks. 11/4528, S. 142.
[368] BT-Drucks. 16/8442, S. 9.

Der damit unter Berücksichtigung der Gesetzesbegründung von §§ 1901a f. BGB geschaffene rechtliche Rahmen würde durchbrochen, wenn die vom BGH im Fall *Putz* definierte Fallgruppe als strafbares Tötungsdelikt eingestuft würde. Bei einer gesetzesübergreifenden systematischen Auslegung der §§ 212, 216 StGB ist es daher erforderlich, willensgemäße Behandlungsabbrüche explizit aus dem Normanwendungsbereich auszunehmen.

bb) Verfassungskonforme Normauslegung

Das durch gesetzesübergreifende systematische Erwägungen gewonnene Auslegungsergebnis wird durch eine verfassungskonforme Auslegung der §§ 212, 216 StGB bestätigt. In deren Rahmen werden die bereits zu Beginn des Kapitels dargestellten Grundrechtspositionen relevant:[369] Der Schutz des Rechts auf Leben, den Art. 2 Abs. 2 Satz 1 Var. 1 GG verbürgt, das in Art. 2 Abs. 1 in Verbindung mit Art. 1 Abs. 1 GG verankerte Selbstbestimmungsrecht, der diesem immanente Menschenwürdegehalt und das von Art. 2 Abs. 2 Satz 1 Var. 2 GG geschützte Recht auf körperliche Unversehrtheit müssen bei der Auslegung der Tötungstatbestände Berücksichtigung finden.

Der BGH merkte in seinem Urteil im Fall *Putz* an, für eine sachgerechte Lösung der Fälle des Behandlungsabbruchs bedürfe es einer „Abwägung der betroffenen Rechtsgüter vor dem Hintergrund der verfassungsrechtlichen Ordnung".[370] Für die fehlende dogmatische Verankerung dieser Abwägung und die Widersprüchlichkeit, die er damit zu der Verneinung einer Abwägungsmöglichkeit gegen das Rechtsgut Leben im Rahmen seiner Urteilsausführungen zu § 34 StGB erzeugte, wurde der BGH zu Recht kritisiert.[371] Der dort aufgegriffene Abwägungsgedanke lässt sich jedoch bei einer verfassungskonformen Auslegung fruchtbar machen: Da die soeben genannten grundrechtlich geschützten Rechtsgüter bei einer Anwendung der §§ 212, 216 StGB auf willensgemäße Behandlungsabbrüche kollidieren, muss zwischen ihnen ein angemessener Ausgleich erzielt werden, um eine verfassungskonforme Normanwendung zu gewährleisten.[372] Nach dem Prinzip der praktischen Konkordanz sind in einem solchen Fall die kollidierenden Grundrechtspositionen in ihrer Wechselwirkung zu sehen und jeweils so zu begrenzen, dass sie für alle Beteiligten größtmögliche Wirksamkeit

---

[369] Hierzu ausführlicher oben in Kapitel 2 unter A. I.
[370] BGH, Urteil vom 25.06.2010 – 2 StR 454/09, BGHSt 55, 191 ff., Rz. 32.
[371] Zur diesbezüglichen Kritik siehe oben in Kapitel 2 unter C. I. 2. lit. e.
[372] Vgl. zur Notwendigkeit, einen Ausgleich der kollidierenden Prinzipien „im Sinne optimaler Konkordanz" zu erstreben, bereits *Eser*, JZ 1986, 786, 792.

erlangen.[373] Damit verbunden ist eine Abwägung der genannten Verfassungsgüter im Zuge der konkreten einfachrechtlichen Normanwendung.[374] Gegen eine Zulässigkeit von Behandlungsabbrüchen könnten bei einer Abwägung aus verfassungsrechtlicher Sicht zunächst generalpräventive Gesichtspunkte des Lebensschutzes angeführt werden, die auch im Rahmen der Legitimation des § 216 StGB diskutiert wurden.[375] Die Verfassung sichert durch Art. 2 Abs. 2 Satz 1 Var. 1 GG einen wirksamen und effektiven Schutz des Rechts auf Leben zu. Wie bereits zu Beginn des Kapitels gezeigt, folgt aus dieser verfassungsrechtlichen Garantie indes kein Erfordernis eines absoluten Lebensschutzes – Art. 2 Abs. 2 Satz 3 GG sieht insoweit eine Beschränkungsmöglichkeit vor, die insbesondere durch polizeirechtliche Regelungen zum finalen Rettungsschuss sowie die Rechtfertigungsmöglichkeit einer Tötung in Notwehr gemäß § 32 StGB Eingang in das einfache Recht gefunden hat.[376]

Auch Befürchtungen eines „Dammbruchs" im Sinne einer Zunahme von Tötungshandlungen auf Grund einer gesellschaftlichen Enttabuisierung können nicht zugunsten eines Lebensschutzes angeführt werden, der den aktiven Abbruch lebenserhaltender Behandlungsmaßnahmen ausschließt. Die fehlende Tragfähigkeit einer derartigen Dammbruch-Argumentation wurde ebenfalls schon an anderer Stelle dargelegt.[377] In Bezug auf eine Straflosigkeit willensgemäßer Behandlungsabbrüche lässt sich ergänzend anführen, dass die Beschränkung der Straffreiheit auf diese Konstellationen gerade verhindert, „klassische" Fälle einer Tötung auf Verlangen wie tödliche Injektionen vom Anwendungsbereich der §§ 212, 216 StGB auszunehmen.[378] Daran anknüpfend mag eingewendet werden, eine Straflosigkeit willensgemäßer Behandlungsabbrüche befördere eine weitergehende Legalisierung lebensverkürzender Verhaltensweisen durch den Gesetzgeber, die einem wirksamen Lebensschutz zuwider laufe.[379] Dass die

---

[373] BVerfG, Beschluss vom 19.10.1993 – 1 BvR 567/89; BVerfGE 89, 214, Rz. 53.

[374] Davon zu unterscheiden ist die Beachtung des Verfassungsrechts bei der Rechtssetzung. Warum der grundsätzlichen Strafbarkeit einer Tötung auf Verlangen ein verfassungskonformer Strafgrund entnommen werden kann, wurde bereits in Kapitel 2 unter A.III.2. erläutert.

[375] Dazu oben in Kapitel 2 unter A.III.

[376] Siehe dazu näher oben in Kapitel 2 unter A.III.2. m.w.N. Verwiesen sei auch auf die dortige Erläuterung des hier zugrunde gelegten Verständnisses eines absoluten Rechtsgüterschutzes.

[377] Die diesbezüglichen Ausführungen in Kapitel 2 unter A.III.2., die die Überzeugungskraft einer entsprechenden Begründung des Strafgrundes von § 216 StGB in Zweifel gezogen haben, gelten auch im Hinblick auf eine analoge Argumentation gegen die Zulässigkeit von Behandlungsabbrüchen. Eine ausführliche Darstellung von Argumenten gegen etwaige Dammbruchgefahren findet sich bei *Merkel*, S. 595 ff.

[378] Hierzu trägt auch entscheidend die Ausdifferenzierung der Kriterien willensgemäßer Behandlungsabbrüche bei; siehe dazu unten in Kapitel 2 unter C.III.1. lit. b.

[379] *Hirsch*, Lackner-FS, S. 597, 613; vgl. dazu auch *Lindner*, JZ 2006, 373, 379.

Herleitung einer eng begrenzten Bereichsausnahme zwangsläufig zu einer immer weiter fortschreitenden Ausdehnung *rechtlich erlaubter* Tötungshandlungen führen würde, kann empirisch jedoch nicht belegt werden. Vielmehr bleibt die Frage nach erlaubten Sterbehilfeformen mehr als 10 Jahre nach dem BGH-Urteil zur Zulässigkeit von Behandlungsabbrüchen politisch und gesellschaftlich hoch umstritten.[380]

Doch selbst wenn den dargestellten generalpräventiven Erwägungen berechtigte Bedenken zugrunde lägen, könnten sie eine fortgesetzte Pönalisierung willensgemäßer Behandlungsabbrüche nicht legitimeren: Das Selbstbestimmungsrecht des Einzelnen in seiner hier relevanten Ausprägung der Freiheit von medizinischer Zwangsbehandlung für die Prävention einer Enttabuisierung bzw. Legalisierung von Tötungshandlungen zu opfern, käme seiner situationsbezogenen Abschaffung gleich.[381] Es müsste bei willensgemäßen Behandlungsbeendigungen am Lebensende dem gesellschaftlichen Ziel, darüber hinausgehende tödliche Handlungen zu verhindern, vollständig weichen. Hier darf bereits bezweifelt werden, dass das Mittel dem angestrebten Zweck dienlich wäre. Vor allem

---

[380] Dies erwies in der jüngeren Vergangenheit die Einführung einer Strafnorm zur Sanktionierung geschäftsmäßiger Förderung der Selbsttötung gemäß § 217 StGB a.F. im Jahr 2015, die mit 360 Ja-Stimmen zu 233 Nein-Stimmen durch den Bundestag beschlossen wurde (das Abstimmungsergebnis findet sich auf der Webseite des Bundestages unter https://www.bundestag.de/parlament/plenum/abstimmung/abstimmung?id=371; zuletzt zugegriffen am 23.04.2022) sowie ihre Aufhebung durch das BVerfG im Jahr 2020; dazu BVerfG, Urteil vom 26.02.2020 – 2 BvR 2347/15, 2 BvR 651/16, 2 BvR 1261/16, 2 BvR 1593/16, 2 BvR 2354/16, 2 BvR 2527/16, BVerfGE 153, 182 ff. Es bleibt abzuwarten, welche Neuregelung des Sachverhaltes im Bundestag mehrheitsfähig sein wird.

Hinzuweisen ist auch auf den weiterhin schwelenden Konflikt um den Anspruch auf die verschreibungsfreie Abgabe von Natrium-Pentobarbital zur Selbsttötung in Ausnahmefällen einer extremen Notlage. Das BVerwG bejahte im Jahr 2017, dass der Erwerb des Betäubungsmittels für eine Selbsttötung in der im Urteil näher beschriebenen Notlage mit dem BtMG vereinbar sei; BVerwG, Urteil vom 02.03.2017 – 3 C 19/15, BVerwGE 158, 142. Das BfArM lehnt es jedoch nach wie vor auf Weisung des Bundesgesundheitsministeriums generell ab, Erlaubnisse für einen solchen Betäubungsmittelerwerb zu erteilen. Zum Ganzen ausführlich im Sachstandsbericht der Wissenschaftlichen Dienste des Bundestages aus dem Jahr 2020, WD 9 – 3000 – 020/20, insbesondere S. 12. Das BVerfG verwarf eine auf die Haltung des BfArM gestützte Verfassungsbeschwerde zuletzt als unzulässig und zog zur Begründung die Verbesserung des Zugangs zur Suizidhilfe infolge seines Urteils zur Verfassungswidrigkeit von § 217 StGB a.F. heran; siehe BVerfG, Beschluss vom 10.12.2020 – 1 BvR 1837/19, NJW 2021, 1086 f.

Unterdessen wird auf politischer Ebene über eine (verfassungskonforme) Neuregelung strafbarer Formen der Suizidhilfe diskutiert.

Eine gesellschaftliche bzw. politische Tendenz zur vermehrten Legalisierung von Tötungshandlungen lässt sich angesichts dieser Sachlage schwerlich begründen.

[381] Vgl. auch *Kubiciel*, ZJS 2010, 656, 657 sowie *Nationaler Ethikrat*, Selbstbestimmung und Fürsorge am Lebensende 2006, S. 32 f.

würde jedoch das Ziel der praktischen Konkordanz, kollidierende Grundrechtspositionen zu einem angemessenen Ausgleich zu bringen, auf diese Weise in der einfachrechtlichen Normanwendung verfehlt: Das Selbstbestimmungsrecht des Einzelnen bei tödlichen Behandlungsbeendigungen würde vollständig hinter den Lebensschutz zurücktreten, das Recht auf selbstbestimmtes Sterben, das auch das Recht beinhaltet, lebenserhaltende Behandlungsmaßnahmen freiverantwortlich abzulehnen,[382] in dieser Konstellation folglich negiert.

In der Folge wäre auch der in Art. 1 Abs. 1 GG garantierte Verfassungshöchstwert der Menschenwürde berührt.[383] Dieser beinhaltet das Recht auf menschenwürdiges Sterben und schützt den Patienten am Lebensende davor, „zum bloßen Objekt einer von ihm als sinnlos empfundenen Lebensverlängerung"[384] degradiert zu werden. Art. 1 Abs. 1 GG erfordert mithin, der freien Entscheidung des Patienten, sich behandeln zu lassen oder eine (weitere) Behandlung abzulehnen, auch am Lebensende zur Durchsetzung zu verhelfen.[385] Diese Freiheit wird nicht zuletzt über Art. 2 Abs. 2 Satz 1 Var. 2 GG abgesichert, der die körperliche Unversehrtheit schützt und im Rahmen einer medizinischen Behandlung dem Patienten ein Abwehrrecht gegen den Beginn bzw. die Fortführung einer Behandlungsmaßnahme verleiht, die seinem Willen widerspricht.[386]

Nach dem Vorstehenden muss eine Abwägung der kollidierenden Verfassungsrechtsgüter bei der Anwendung der §§ 212, 216 StGB zu einer verfassungskonformen Auslegung führen, wonach ein willensgemäßer Behandlungsabbruch den Tatbestand der Tötungsdelikte nicht erfüllt. Nur auf diese Weise wird dem Selbstbestimmungsrecht, der Menschenwürde sowie dem Recht auf körperliche Unversehrtheit des Patienten zu größtmöglicher Wirksamkeit verholfen, ohne dabei den effektiven Lebensschutz außer Acht zu lassen, der durch die Aufrechterhaltung der §§ 212, 216 StGB im Übrigen gesichert wird. Eine Strafbarkeit willensgemäßer Behandlungsabbrüche könnte der Bedeutung der beteiligten Verfassungsrechtsgüter hingegen nicht gerecht werden. Sie hätte, wie dargelegt,

---

[382] Dazu BVerfG, Urteil vom 26.02.2020 – 2 BvR 2347/15, 2 BvR 651/16, 2 BvR 1261/16, 2 BvR 1593/16, 2 BvR 2354/16, 2 BvR 2527/16, BVerfGE 153, 182 ff., Rz. 202 ff., insbesondere Rz. 209. Siehe hierzu auch oben in Kapitel 2 unter A. III. 2., Fn. 85.

[383] Zum Menschenwürdegehalt des Selbstbestimmungsrechts bereits oben in Kapitel 2 unter A. I.

[384] Spickhoff/*Müller-Terpitz*, Art. 1 GG, Rz. 12. Gegen eine (alleinige) Tragfähigkeit des Menschenwürde-Arguments *Kahlo*, Frisch-FS, S. 711, 719 ff.

[385] BVerfG, Urteil vom 26.02.2020 – 2 BvR 2347/15, 2 BvR 651/16, 2 BvR 1261/16, 2 BvR 1593/16, 2 BvR 2354/16, 2 BvR 2527/16, BVerfGE 153, 182 ff., Rz. 209; vgl. auch BVerwG, Urteil vom 02.03.2017 – 3 C 19/15, BVerwGE 158, 142 ff., Rz. 24.

[386] *Rixen* sieht das Selbstbestimmungsrecht des Patienten vor diesem Hintergrund in Art. 2 Abs. 2 GG und nicht in Art. 2 Abs. 1 GG begründet; siehe dazu Sachs/*Rixen*, Art. 2 GG, Rz. 212.

gravierende Einschnitte in Menschenwürde, Selbstbestimmungsrecht und körperliche Unversehrtheit zur Folge, die der angestrebte Mehrwert für den Lebensschutz verfassungsrechtlich nicht rechtfertigen könnte.

cc) Wahrung der Grenzen der Normauslegung

Anstelle der soeben skizzierten Normauslegung wird für die Begründung der Zulässigkeit von Behandlungsabbrüchen in der Literatur häufiger auf eine Normreduktion[387] rekurriert. Insbesondere die Grenzen der verfassungskonformen Normauslegung werden kontrovers diskutiert,[388] bewegt sie sich doch auf dem schmalen Grat zwischen Gesetzesinterpretation und Ersatzgesetzgebung.[389] Vor diesem Hintergrund bedarf es einer näheren Erörterung der Abgrenzung von (verfassungskonformer) Normauslegung und Normreduktion, anhand derer gezeigt werden soll, dass der hiesige Lösungsvorschlag die Grenzen der Normauslegung nicht überschreitet.

Die verfassungskonforme Auslegung gründet sich auf den Gedanken, dass eine Norm nicht abgeschafft werden muss, wenn ihr neben einer verfassungswidrigen Bedeutung im Wege der Auslegung auch ein verfassungskonformer Aussagegehalt entnommen werden kann.[390] Die Normerhaltung verhindert die Entstehung eines Normierungsvakuums und soll übermäßige Eingriffe in die gesetzgeberische Regelungskompetenz verhindern.[391] Gerade die zuletzt genannte Zielsetzung kann jedoch durch ein zu weit verstandenes Auslegungsmandat konterkariert werden. Als Gefahr der verfassungskonformen Auslegung wird insoweit identifiziert, dass die Grenzen der Gewaltenteilung durch den Rechtsanwender zu Lasten der Legislative verschoben werden, indem in deren ureigenes Regelungsermessen eingegriffen wird.[392] Problematisch ist vor diesem Hintergrund eine Auslegung, die das gesetzgeberische Ziel verfälscht, indem sie nicht mehr

---

[387] Vgl. zu einer Lösung über eine Normreduktion oben in Kapitel 2 unter C. II. 1. lit. a. Eine Normreduktion wird zum Teil auch zur Stützung der Einwilligungslösung des BGH herangezogen; dazu oben in Kapitel 2 unter C. I. 1.

[388] Aus der reichhaltigen Literatur zu dieser Thematik *Lüdemann*, JuS 2004, 27, 29 mit Verweis auf *Rieger*, NVwZ 2003, 17, 18 ff.; von Mangoldt/Klein/Starck/*Voßkuhle*, Art. 93 GG, Rz. 52 m. w. N.

[389] Vgl. *Götz*, StudZR 2010, 21 f.

[390] *Lüdemann*, JuS 2004, 27, 28 f.; Dürig/Herzog/Scholz/*Walter*, Art. 93 GG, Rz. 112.

[391] Dazu näher *Götz*, StudZR 2010, 21, 26 f. sowie *Lüdemann*, JuS 2004, 27, 29. Zu den ebenfalls zur Legitimierung der verfassungskonformen Auslegung angeführten Aspekten der Einheit der Rechtsordnung, dem Rang der Verfassung sowie der vom BVerfG aufgestellten grundsätzlichen Vermutung, dass ein Gesetz mit der Verfassung vereinbar sei, kritisch *Götz*, StudZR 2010, 21, 24 ff. Zu der genannten Vermutung BVerfG, Beschluss vom 07.05.1953 – 1 BvL 104/52, BVerfGE 2, 266 ff., Rz. 40.

[392] *Götz*, StudZR 2010, 21, 22; *Lüdemann*, JuS 2004, 27, 29.

prüft, „was der Gesetzgeber geregelt *hat*, sondern was er *hätte* regeln können".[393] Der beschriebenen Gefahr kann jedoch dadurch begegnet werden, dass die vom BVerfG gezogene Grenzlinie der verfassungskonformen Auslegung nicht überschritten wird: Diese ist erreicht, wenn die Auslegung nicht mehr mit dem Wortlaut des Gesetzes sowie der prinzipiellen Zielsetzung des Normgebers vereinbart werden kann.[394] Der Wortsinn der Vorschrift setzt dabei nicht nur einer verfassungskonformen, sondern jedweder Normauslegung „eine Grenze, die unübersteigbar ist".[395]

Jenseits der skizzierten Grenze beginnt der Anwendungsbereich der Normreduktion: Während die Auslegung einer Norm stets an ihre Grenze stößt, wenn der Wortlaut oder der Wortsinn der Norm einer bestimmten Auslegung widerspricht, setzt die Normreduktion beim entgegenstehenden Wortlaut an und führt ihn unter teleologischen Gesichtspunkten einer sachgerechten Begrenzung zu.[396] Sie kommt mithin erst zum Tragen, wenn ein bestimmter Aussagegehalt der Norm nicht im Wege der Auslegung entnommen werden kann.[397] Im Hinblick auf die Begründung einer Straflosigkeit willensgemäßer Behandlungsabbrüche am Maßstab der §§ 212, 216 StGB ist der Rückgriff auf die subsidiäre Normreduktion obsolet, da die vorgeschlagene Auslegung mit der prinzipiellen Zielsetzung der Norm vereinbar ist (hierzu (1)) und die Wortlautgrenze nicht überschreitet (hierzu (2)).

(1) Vereinbarkeit mit der prinzipiellen Zielsetzung der Norm

Die Zulässigkeit willensgemäßer Behandlungsabbrüche widerspricht den in § 216 StGB zum Ausdruck kommenden gesetzgeberischen Wertungen nicht. Dies gilt sowohl für die in dieser Arbeit zugrunde gelegte als auch für die sonsti-

---

[393] *Götz*, StudZR 2010, 21, 28. Das Zitat stammt von *Simon*, EuGRZ 1974, 85, 90 (Hervorhebungen gemäß Original).

[394] BVerfG, Beschluss vom 31.10.2016 – 1 BvR 871/13, 1 BvR 1833/13, NVwZ 2017, 617, 620, Rz. 34; BVerfG, Beschluss vom 26.04.1994 – 1 BvR 1299/89, 1 BvL 6/90, BVerfGE 90, 263 ff., Rz. 38; *Lüdemann*, JuS 2004, 27, 29; Dürig/Herzog/Scholz/*Walter*, Art. 93 GG, Rz. 113. Ob das BVerfG diese selbst gezeichnete Grenzlinie in seiner Judikatur stets einhält, wird in der Literatur teilweise bezweifelt; vgl. nur *Götz*, StudZR 2010, 21, 28; von Mangoldt/Klein/Starck/ *Voßkuhle*, Art. 93 GG, Rz. 52.

[395] BVerfG, Urteil vom 20.03.2002 – 2 BvR 794/95, BVerfGE 105, 135, 157.

[396] *Danwerth*, ZfPW 2017, 230, 241; vgl. zu den Grenzen der Auslegung auch Maurach/ *Zipf*, § 9, Rz. 8, 22.

[397] Nicht unerwähnt bleiben soll an dieser Stelle, dass die Normreduktion die Grenzen der Gewaltenteilung noch stärker herausfordert als eine verfassungskonforme Normauslegung: Sie stellt richterliche Rechtsfortbildung dar und bewegt sich damit „am äußeren Rand der Kompetenzen der Rechtsprechung"; *Danwerth*, ZfPW 2017, 230, 239.

gen im Schrifttum diskutierten prinzipiellen Zielsetzungen einer Strafbarkeit der Tötung auf Verlangen. Nach hier vertretener Auffassung ist § 216 StGB als abstraktes Gefährdungsdelikt zu verstehen, das Fremdtötungen vorbeugen will, die nur vermeintlich auf einer freien Willensbetätigung des Sterbewilligen beruhen.[398] Die Straffreiheit willensgemäßer Behandlungsabbrüche kann mit dem Ziel, derartigen Gefährdungen der Selbstbestimmung über das eigene Leben vorzubeugen, vereinbart werden. Die beschriebene Gefährdungssituation könnte insbesondere bei einem einwilligungsunfähigen Patienten entstehen. Die nunmehr vorhandenen zivilrechtlichen Verfahrensregelungen in §§ 1901a f. BGB tragen jedoch entscheidend dazu bei, dass ein Behandlungsabbruch bei einem nicht mehr einwilligungsfähigen Patienten nur nach umfänglicher Sicherung des Sterbewillens vorgenommen wird. Die §§ 1901a f. BGB stellen durch entsprechende Sicherungsmechanismen einen hohen Schutzstandard auf: So werden Arzt und Betreuer einer gegenseitigen Kontrolle unterworfen, da sie bei der Ermittlung des Patientenwillens zusammenwirken müssen; vgl. § 1901b Abs. 1 BGB. Besteht bei ärztlichen Maßnahmen zwischen beiden Akteuren Uneinigkeit im Hinblick auf den Patientenwillen, bedarf es zudem der Entscheidung des Betreuungsgerichts als objektiver, übergeordneter Instanz; vgl. § 1904 Abs. 4 BGB. Zwar führt der alleinige Verstoß gegen die Verfahrensvorschriften nach hier vertretener Auffassung noch nicht zu einer strafrechtlichen Sanktionierungsmöglichkeit.[399] Die Strafbarkeit allein an einen Verfahrensverstoß zu knüpfen, würde dem durch das Strafrecht bezweckten Schutz von Rechtsgütern widersprechen.[400] Werden die Verfahrensvorschriften verletzt und führt dies zu inhaltlichen Fehlern bei der Ermittlung des (mutmaßlichen) Patientenwillens, besteht aber eine strafrechtliche Sanktionierungsmöglichkeit wegen eines vorsätzlichen oder fahrlässigen Körperverletzungs- bzw. Tötungsdeliktes.[401]

Auch bei einer vorhandenen aktuellen Willensäußerung eines (vermeintlich) einwilligungsfähigen Patienten dürfte ein mit dessen Sterbewunsch konfrontierter Arzt, der eine Strafbarkeit wegen eines (fahrlässigen) Tötungs- oder Körper-

---

[398] Hierzu eingehend oben in Kapitel 2 unter A.III.2.; zum Verständnis des § 216 StGB als Mittel, das den Vollzug nicht freiverantwortlich gebildeter Sterbewünsche verhindern soll, ausführlich *Müller*, S. 120 ff.

[399] So auch *Rosenau*, Rissing-van Saan-FS, S. 547, 563; MüKo-StGB/*Schneider*, vor § 211, Rz. 129; vgl. *Saliger*, KritV 1998, 118, 143; a.A. *Walter*, ZIS 2011, 76, 79 f., Fn. 29. Zu dieser Frage siehe bereits oben in Kapitel 2 unter C.I.2. lit. d.

[400] *Rosenau*, Rissing-van Saan-FS, S. 547, 563.

[401] Für fahrlässige Fehler bei der Feststellung des (mutmaßlichen) Patientenwillens kommt eine fahrlässige Tötung bei einem dem (mutmaßlichen) Patientenwillen widersprechenden Behandlungsabbruch in Betracht bzw. eine fahrlässige Körperverletzung bei einer Weiterbehandlung, die nicht dem (mutmaßlichen) Patientenwillen entspricht.

verletzungsdelikts ausschließen will, die Behandlung nicht leichtfertig und unverzüglich abbrechen, sondern müsste zuvor die Ernsthaftigkeit des Sterbewillens überprüfen.[402] In diesem Zusammenhang bedarf es einer Untersuchung der Frage, ob der Patient tatsächlich einsichts- und urteilsfähig ist. Unterbleibt diese und stellt sich heraus, dass der Patient entgegen erster Annahme einwilligungsunfähig war und der Behandlungsabbruch nicht seinem (mutmaßlichen) Willen entsprach, steht zumindest der Vorwurf einer fahrlässigen Tötung im Raum.

Ein über diese durch den Gesetzgeber installierten Sicherungsmaßnahmen hinausgehender paternalistischer Schutz durch Sanktionierung des Behandlungsabbruchs gemäß §§ 212, 216 StGB wäre angesichts der auf Patientenseite zu berücksichtigenden Verfassungsrechtsgüter nicht zu legitimieren: Der wirkliche oder mutmaßliche Wille eines Patienten zum Abbruch einer Behandlung kann nicht durch die „Fiktion eines potentiellen Überlebensinteresses"[403] bedeutungslos gemacht werden und eine Zwangsbehandlung rechtfertigen. Die dem Schutzanliegen des § 216 StGB entsprechenden Sicherungsmaßnahmen für die Autonomie des Patienten in Behandlungssituationen machen dies auch nicht erforderlich. Den willensgemäßen Abbruch von Behandlungsmaßnahmen auf Grundlage der vom Gesetzgeber für Behandlungsbeendigungen geschaffenen verfahrensmäßigen Absicherungen aus dem Anwendungsbereich des § 216 StGB auszunehmen, widerspricht mithin nicht dessen Normzweck.

Mit entsprechender Begründung ist die Straffreiheit willensgemäßer Behandlungsabbrüche auch mit den von *Jakobs* und *Roxin* befürworteten Normzwecken des § 216 StGB zu vereinbaren.[404] *Jakobs* deutet die Norm des § 216 StGB ebenfalls als abstraktes Gefährdungsdelikt, begründet dies jedoch mit dem Schutz vor einer übereilten Entscheidung des Sterbewilligen.[405] *Roxin* entnimmt der fehlenden Bereitschaft zur Selbsttötung eine Unsicherheit hinsichtlich des unbedingten Sterbewillens und erblickt darin den Strafgrund des § 216 StGB.[406] Diesen Erwägungen lässt sich jedenfalls bei irreversibel suizidunfähigen Patienten kein Hemmnis für eine Sanktionslosigkeit des Behandlungsabbruchs entnehmen: In diesen Fällen ist den Patienten die Selbsttötung physisch gar nicht möglich, sodass aus dem Rückgriff auf eine Alternative zum Suizid nicht auf einen fehlenden unbedingten Sterbewillen geschlossen werden kann.[407] Im Übrigen kommen die soeben genannten Sicherungsmechanismen für die Vorbehaltlosigkeit und

---

[402] Vgl. hierzu und zum Folgenden *Borrmann*, S. 55.
[403] *Borrmann*, S. 55.
[404] Hierzu oben in Kapitel 2 unter A. III. 1.
[405] *Jakobs*, Kaufmann-FS 1993, S. 459, 467 f.
[406] Hierzu und zum Folgenden *Roxin*, NStZ 1987, 345, 348; *ders.*, GA 2013, 313.
[407] Vgl. *Borrmann*, S. 54, siehe dort auch Fn. 256; dem stimmt auch *Jakobs* zu; vgl. *Jakobs*, Kaufmann-FS 1993, S. 459, 470 f.

Freiverantwortlichkeit des Sterbewillens zum Tragen. Diese führen dazu, dass die von *Jakobs* und *Roxin* beschriebene prinzipielle Zielsetzung des § 216 StGB durch eine Zulässigkeit willensgemäßer Behandlungsabbrüche nicht konterkariert wird.

Auch diejenigen Interpretationen des Normzwecks von § 216 StGB, die sich anders als *Jakobs* und *Roxin* auf allgemeinschützende Erwägungen berufen, stehen der skizzierten Auslegung nicht entgegen.[408] Der insoweit teilweise angeführte Opferschutz sowie Beweisschwierigkeiten bei der Feststellung des Wunsches des Sterbewilligen hindern die Sanktionslosigkeit willensgemäßer Behandlungsabbrüche nicht: Die §§ 1901a f. BGB beugen hier einer Umsetzung vorschneller Entscheidungen vor und unterwerfen die Feststellung des Sterbewillens einem formalisierten Verfahren, das hohe Anforderungen an die Legitimation eines Behandlungsabbruchs stellt.[409] Eine absolute Tabuisierung der Fremdtötung kann hingegen angesichts der aktuellen Rechtslage, wonach Fremdtötungen beispielsweise im Rahmen der Notwehr zulässig sein können, keinesfalls noch als von § 216 StGB verfolgter Zweck angesehen werden.[410]

Somit stehen auch teleologische Erwägungen der vorgeschlagenen Auslegung nicht entgegen. Auch unter Beachtung des Normzwecks der Tötung auf Verlangen lässt sich für Fälle eines willensgemäßen Behandlungsabbruchs eine Straflosigkeit am Maßstab der §§ 212, 216 StGB begründen.

(2) Keine Überschreitung der Wortlautgrenze

Eine Auslegung der §§ 212, 216 StGB, wonach willensgemäße Behandlungsabbrüche nicht dem Tatbestand der Tötungsdelikte unterfallen, ist auch mit den Grenzen des Normwortlautes vereinbar. Die vorgenannten Auslegungserwägungen werden nicht losgelöst vom Normwortlaut in den Raum gestellt, sondern mit Hilfe von Zurechnungserwägungen an das Tatbestandsmerkmal der Tötung angeknüpft.[411] Danach wird ein Verhalten dann nicht als objektiv zurechenbare Tö-

---

[408] Zu diesen Normzweckinterpretationen ebenfalls in Kapitel 2 unter A. III. 1. Warum diese als Strafgrund des § 216 StGB nicht tragfähig sind, wurde bereits in Kapitel 2 unter A. III. 2. erläutert.

[409] Vgl. bereits oben in Kapitel 2 unter C. III. 1. lit. a. aa. sowie bei *Borrmann*, S. 57 ff.; vgl. *Walter*, ZIS 2011, 76, 81 f.; *Pawlik*, Wolter-FS, S. 627, 631.

[410] Siehe dazu sowie zu der fehlenden Durchschlagskraft der vereinzelt angeführten Dammbruchargumentation soeben in Kapitel 2 unter A. III. 2. und C. III. 1. lit. a. bb.; vgl. ausführlicher *Borrmann*, S. 55 f.
Im Hinblick auf das historische Tötungstabu werden hier objektiv-teleologische Überlegungen angeführt, die an die Gegenwartsfunktion der Strafnorm anknüpfen. Derartige Überlegungen finden sich auch bei *Walter*, ZIS 2011, 76, 81 f.

[411] Zu den hier und im Folgenden aufgegriffenen Zurechnungsaspekten bereits oben in Kapitel 2 unter C. III. 1. lit. a.

tung erfasst, wenn es sowohl nach verfassungsrechtlichen als auch nach den gesetzgeberischen Wertungen in Zusammenhang stehender Regelungsbereiche eine erlaubte Durchsetzung von Patientenautonomie darstellt. Im Sinne der Zurechnungslehre handelt es sich bei einem solchen Verhalten um ein erlaubtes Risiko, dessen Setzung und Realisierung im tatbestandlichen Erfolg nicht vom Anwendungsbereich der Strafnorm erfasst ist.

Ein solcher Begründungsansatz überschreitet die Wortlautgrenze nicht. Der Wortlaut der §§ 212, 216 StGB, der die „Tötung" eines anderen Menschen unter Strafe stellt, verlangt nicht, jede für den Tod eines Anderen kausale Handlung tatbestandlich zu erfassen und damit auch einen zum Tode führenden Abbruch lebenserhaltender Behandlungen als Tötung einzuordnen. Vielmehr ist der Bewertung eines Verhaltens als tatbestandlich relevante Tötung eine Wertung auf der Zurechnungsebene immanent.[412] Anderenfalls käme man nicht umhin, die Zeugung und Geburt des späteren Mörders durch seine Eltern innerhalb des Wortlautes der Tötung zu verorten.[413] Die Widersinnigkeit eines so weitgehenden Verständnisses des Normwortlautes liegt auf der Hand. Darin zeigt sich, dass die Wortlautgrenze nicht losgelöst von jedweden Zurechnungserwägungen gezogen werden kann.

Zugleich kann mit Hilfe von Zurechnungserwägungen dem Wortlaut keine Bedeutung zugedacht werden, die sich jenseits des Wortsinns bewegt.[414] Mit den Mitteln der Auslegung kann daher ein nach dem Wortsinn eindeutig dem Wortlaut unterfallendes Verhalten nicht aus dem Anwendungsbereich des Tatbestandes ausgeschlossen werden.[415] Umstritten ist, ob für die Ermittlung des Wortsinns der allgemeinsprachliche oder der juristisch-fachsprachliche Sprachgebrauch maßgeblich sein muss.[416] Weder dem allgemeinsprachlichen noch dem juristisch-fachsprachlichen Sprachgebrauch des Wortes „Tötung" ist jedoch der eindeutige Wortsinn zu entnehmen, das kausal zum Tode führende Zurückziehen von eingesetzten medizinischen Behandlungsmitteln, die einen tödlichen Krankheitsverlauf verhindern bzw. hinauszögern sollen, zu erfassen. Vor der Entscheidung des BGH im Fall *Putz* herrschte vielfach Unsicherheit hinsichtlich der begrifflichen Einordnung des Abbruchs lebenserhaltender Behandlungsmaßnahmen – sowohl in juristischen als auch in medizinischen oder ethischen Kreisen.[417]

---

[412] Vgl. Lackner/Kühl/*Kühl*, § 212 StGB, Rz. 2: „*Töten* bedeutet, als Täter den Tod eines anderen [...] in objektiv zurechenbarer Weise verursachen" (Hervorhebung gemäß Original).
[413] Vgl. MüKo-StGB/*Freund*, Vor § 13, Rz. 347.
[414] Vgl. MüKo-StGB/*Schmitz*, § 1, Rz. 79 m.w.N.
[415] Wenn diese Grenze überschritten wird, ist der Anwendungsbereich der Normreduktion erreicht; dazu bereits oben in Kapitel 2 unter C. III. 1. lit. a. cc.
[416] MüKo-StGB/*Schmitz*, § 1, Rz. 87 m.w.N.
[417] Zu den Unsicherheiten in juristischen und medizinischen Kreisen vgl. die Auswertung

Es lässt sich jedoch bereits eine sprachliche Differenzierung zwischen der Tötung eines Patienten und dem Rückzug von Behandlungsmitteln, der einen krankheitsbedingten Tod zulässt, ausmachen.[418] Dem höchstrichterlichen Urteil im Jahr 2010 kann vor diesem Hintergrund die Intention entnommen werden, die bis dato unklare begriffliche Differenzierung zu konkretisieren. Da der BGH sich hierbei nicht auf einen eindeutigen Gesetzeswortsinn beziehen konnte, musste er diesen mit den Mitteln der Auslegung erst herausarbeiten.[419] Hier zeigt sich die Problematik der Wortlautgrenze: Der Wortsinn ist oft genug kein in der Lebenswirklichkeit vorzufindendes Faktum; die Grenzen des Wortlautes zu bestimmen, bedarf dann einer Konkretisierung anhand sonstiger gängiger Auslegungsmethoden.[420] In Anbetracht dieses Dilemmas wurde der Wortsinn der „Tötung" im Kontext der vorstehenden Begründung mit Hilfe gesetzesübergreifender systematischer sowie verfassungskonformer Erwägungen im von der Zurechnungslehre gesetzten Rahmen herausgearbeitet. Die damit verbundene Zirkularität – die Grenze der Auslegung muss selbst mit den Mitteln der Auslegung identifiziert werden – ist systemimmanent und lässt sich nicht umgehen.

---

einer Befragung unter Ärzten und Richtern bei *van Oorschot/Simon*, Psychologie und Gesellschaftskritik 32 (2008), 39, 45 ff. m. w. N.; zu den von ethischer Seite erkannten Unsicherheiten in der begrifflichen Zuordnung *Nationaler Ethikrat*, Selbstbestimmung und Fürsorge am Lebensende 2006, S. 54 ff.

[418] Hervorzuheben ist insbesondere die Differenzierung durch den Gesetzgeber selbst in der Gesetzesbegründung zum Patientenverfügungsgesetz; dazu BT-Drucks. 16/8442, S. 7 und S. 9. Die noch vorsichtig formulierten Empfehlungen der *Bundesärztekammer*, Deutsches Ärzteblatt 101 (2004), A 1298 f. und des *Nationalen Ethikrats*, Selbstbestimmung und Fürsorge am Lebensende 2006, S. 54 ff. geben Einblick in die nicht (nur) juristisch geprägte Begriffsdifferenzierung.
Zur begrifflichen Differenzierung in der internationalen medizin-ethischen Literatur vor dem BGH-Urteil von 2010 vgl. *Sulmasy*, Journal of Law, Medicine & Ethics 26 (1998), 55 ff., der zwischen „killing" und „allowing to die" differenziert.
Bei *van Oorschot* und *Simon* findet sich angesichts ihres Befundes einer begrifflichen Verwirrung bereits im Jahr 2008 der Vorschlag, „die im internationalen Diskurs gebrauchte Terminologie – ›Tötung auf Verlangen‹, ›Nichteinleitung bzw. Beendigung lebenserhaltender Maßnahmen‹ und ›Symptomlinderung mit möglicherweise lebensverkürzender Wirkung‹ zu übernehmen"; *van Oorschot/Simon*, Psychologie und Gesellschaftskritik 32 (2008), 39, 50.

[419] Zur Notwendigkeit des Rückgriffs auf Auslegungsmittel bei einem nach allgemeinem und fachsprachlichem Sprachgebrauch mehrdeutigen Wortlaut BGH, Urteil vom 28.11.1962 – 3 StR 39/62, BGHSt 18, 151 ff. Der BGH bezeichnete seine Ausführungen zur Straflosigkeit des Behandlungsabbruchs im Fall *Putz* als „Auslegung des § 216 StGB und der Inhaltsbestimmung des Rechtfertigungsgrundes der Einwilligung"; BGH, Urteil vom 25.06.2010 – 2 StR 454/09, BGHSt 55, 191 ff., Rz. 40. Kritikwürdig ist, dass dem Urteil weitergehende Ausführungen zur vorgenommenen Auslegung nicht zu entnehmen sind.

[420] MüKo-StGB/*Schmitz*, § 1, Rz. 87.

Es bleibt festzuhalten, dass der in §§ 212, 216 StGB unter Strafe gestellten „Tötung" ein eindeutiger Wortsinn, wonach diese willensgemäße Behandlungsabbrüche begrifflich zwingend erfasst, nicht zu entnehmen ist. Die obige Auslegung des mehrdeutigen Wortlautes führt zu einem Wortsinn, der dem Patientenwillen entsprechende Beendigungen lebenserhaltender Behandlungsmaßnahmen nicht beinhaltet. Willensgemäße Behandlungsabbrüche auf Grundlage der skizzierten Abgrenzung als nicht von §§ 212, 216 StGB erfasst zu sehen, erweist sich damit nicht als eine Überschreitung der Wortlautgrenze, die einen Rückgriff auf das Mittel der Normreduktion erforderlich machen würde.

dd) Vorzüge der Lösung über die objektive Zurechnungslehre in Anknüpfung an eine Normauslegung

Der unterbreitete Lösungsvorschlag verneint im Falle willensgemäßer Behandlungsabbrüche das Vorliegen einer dem Arzt objektiv zurechenbaren Tötung im Sinne der §§ 212, 216 StGB, da eine gesetzesübergreifende systematische sowie verfassungskonforme Normauslegung zu dem Ergebnis führt, dass der Abbruch einer lebenserhaltenden Behandlung gemäß dem Wunsch des Patienten kein rechtlich unerlaubtes Risiko darstellen kann.[421]

Die damit generierte Verknüpfung von objektiver Zurechnungslehre und Auslegung gesetzlicher Tatbestandsmerkmale ist sachgerecht, auch wenn sie in anderem Kontext bisweilen auf Widerstand gestoßen ist:[422] So bevorzugt *Harbort* im Rahmen der Betrugsstrafbarkeit eine direkte Tatbestandsbegrenzung über die objektive Zurechnungskategorie ohne eine Rückbindung an das jeweilige Merkmal des gesetzlichen Tatbestandes. Bei einer solchen Vorgehensweise droht indes eine Entkoppelung der Zurechnungserwägungen von den Vorgaben des Gesetzgebers, die dieser mit den Tatbestandsmerkmalen in den Straftatbeständen niedergelegt hat.[423] Sowohl das allgemeine Gebot der Gesetzesbindung von vollziehender Gewalt und Rechtsprechung gemäß Art. 20 Abs. 3 GG als auch – sofern eine belastende Wirkung in Rede steht – das strafrechtliche Bestimmtheitsgebot in Art. 103 Abs. 2 GG gebieten eine Rückbindung von Zurechnungserwägungen an das Gesetz. Anderenfalls entsteht die Gefahr, dass die objektive Zurechnungslehre zum Vehikel unzulässiger Rechtsfortbildung wird und das von

---

[421] Hierzu bereits oben in Kapitel 2 unter C. III. 1. lit. a.
[422] Hierzu und zum Folgenden vgl. *Harbort*, S. 37 ff, 51. *Harbort* äußert sich im Rahmen von § 263 StGB kritisch zu einer Auslegung der Tatbestandsmerkmale des Betruges für die Zwecke einer tatbestandsspezifischen Ausgestaltung der objektiven Zurechnungslehre. Dazu auch *Gaede*, Roxin-FS II, S. 967, 970.
[423] Hierzu und zum Folgenden, wenn auch im Kontext der Betrugsstrafbarkeit, *Gaede*, Roxin-FS II, S. 967, 970 f.

Kritikern der Lehre häufig befürchtete „gesetzwidrige Eigenleben"[424] entwickelt. Eine von der vorgeschlagenen verfassungskonformen und systematischen Tatbestandsauslegung der Tötungsdelikte losgelöste Bewertung der Straflosigkeit von Behandlungsabbrüchen auf Grundlage allgemeiner Zurechnungsgesichtspunkte würde daher berechtigter Kritik begegnen.

Dass die objektive Zurechnung des Todeserfolges bei einem willensgemäßen Behandlungsabbruch fehlen und der Abbruch der Behandlung als rechtlich erlaubtes Risiko eingestuft werden muss, bestätigt die folgende Kontrollüberlegung: Durch den willensgemäßen Behandlungsabbruch beseitigt der Arzt ein rechtlich unerlaubtes Risiko für ein anderes Rechtsgut des Patienten. Denn mit dem Entzug der Einwilligung in die Behandlung wird deren Fortsetzung zu einem unerlaubten Eingriff in die körperliche Unversehrtheit des Patienten.[425] Die *Entfernung* dieses unerlaubten Risikos für die körperliche Unversehrtheit des Patienten kann nicht zugleich ein für das Leben des Patienten unerlaubtes Risiko *schaffen*. Der Arzt würde dadurch in eine Situation manövriert, in der ihm ein tatbestandloses Verhalten schlicht unmöglich ist. Dem kann auch nicht überzeugend entgegengehalten werden, der Eingriff in das Leben könne ja gerechtfertigt und damit das Unrechtsurteil auf der Rechtswidrigkeitsebene beseitigt werden.[426] Denn es führt zu einem systematischen Widerspruch, wenn die Beseitigung eines rechtswidrigen Eingriffs in die körperliche Unversehrtheit selbst einem Rechtfertigungsbedarf unterworfen wird. Folgt man der vorgeschlagenen Lösung, wonach auf Grund einer Auslegung der §§ 212, 216 StGB bei willensgemäßen Behandlungsabbrüchen keine dem Arzt objektiv zurechenbare Tötung vorliegt,

---

[424] Bezeichnung bei *Gaede*, Roxin-FS II, S. 967, 971.
[425] Vgl. hierzu und zum Folgenden bereits oben in Kapitel 2 unter C.I.2. lit. b., C.I.3. lit. b. sowie bei *Haas*, JZ 2016, 714, 718 m.w.N.; *Kubiciel*, ZJS 2010, 656, 660; *Lipp*, in: Laufs/Katzenmeier/Lipp, Kapitel VI, Rz. 103; *Merkel*, ZStW 107 (1995), 545, 559ff.
Jede ärztliche Behandlung stellt nach ständiger Rechtsprechung zunächst eine tatbestandsmäßige Körperverletzung dar, deren Rechtswidrigkeit grundsätzlich erst durch die (mutmaßliche) Einwilligung des Betroffenen entfällt. Fehlt eine solche Rechtfertigung, handelt es sich bei einer dennoch vorgenommenen ärztlichen Maßnahme um eine strafbare Körperverletzung; vgl. dazu in ständiger Rechtsprechung die Entscheidung des Reichsgerichts, RG, Urteil vom 31.05.1894 – 1406/94, RGSt 25, 375, 382 und nachfolgende BGH-Entscheidungen; zuletzt BGH, Urteil vom 22.12.2010 – 3 StR 239/10, NStZ 2011, 343, 345; BGH, Urteil vom 04.10.1999 – 5 StR 712/98, BGHSt 45, 219ff., Rz. 5; BGH, Urteil vom 29.06.1995 – 4 StR 760/94, NStZ 1996, 34, 35 m. Anm. *Ulsenheimer* NStZ 1996, 132. Zu dieser Rechtsprechung und ihrer Begründetheit eingehend *Ulsenheimer/Gaede*, in: Ulsenheimer/Gaede, Arztstrafrecht, Kapitel 1, Rz. 343ff., 350ff.
[426] Zu den Rechtfertigungslösungen bereits oben in Kapitel 2 unter C.II.2. sowie nachfolgend unter C.III.2. lit. b. Zu dem möglichen Einwand, der hier unterbreitete Lösungsvorschlag sei richtigerweise auf Rechtfertigungs- und nicht auf Tatbestandsebene zu verorten, sogleich in Kapitel 2 unter C.III.1. lit. a. ee. (3).

kann auch der zunächst kryptisch anmutenden Forderung des BGH aus seiner Urteilsbegründung im Fall *Putz* genügt werden, „im Lichte der Verfassungsordnung und mit Blick auf die Regelungen anderer Rechtsbereiche, jedoch im Grundsatz autonom nach materiell strafrechtlichen Kriterien zu entscheiden":[427] Zwar wird die Frage der Verbotswidrigkeit eines Behandlungsabbruchs unter Heranziehung außerstrafrechtlicher – nämlich zivilrechtlicher und verfassungsrechtlicher – Wertungen beurteilt. Die Verbotswidrigkeit selbst ist jedoch ein Definitionsmerkmal der materiell strafrechtlichen Kategorie der objektiven Zurechnung, an deren tatbestandsspezifischer Ausformung die strafrechtliche Einordnung des Behandlungsabbruchs festgemacht wird. Letztendlich wird die Straffreiheit eines Behandlungsabbruchs also nach materiell strafrechtlichen Kriterien entschieden, zu deren Ausfüllung auch außerstrafrechtliche Belange herangezogen werden.

ee) Berücksichtigung möglicher Einwände gegen eine Lösung über die objektive Zurechnungslehre

Warum die hier vorgeschlagene Begründung einer Straflosigkeit des Behandlungsabbruchs auf Grundlage einer verfassungskonformen und gesetzesübergreifenden systematischen Auslegung geboten ist und wie diesbezüglichen Bedenken begegnet werden kann, wurde bereits erläutert.[428] Die befürwortete rechtstechnische Umsetzung dieser Auslegung über die Lehre von der objektiven Zurechnung dürfte sich jedoch mit darüber hinausgehenden Einwänden konfrontiert sehen. Trotz ihres heutigen hohen Verbreitungsgrads wird immer wieder Kritik an der Zurechnungslehre geübt. Daher sollen nachfolgend zu erwartende Einwände der Kritiker der Lehre gegen den hier vertretenen rechtstechnischen Umsetzungsweg diskutiert werden. Grundsätzliche Bedenken, die immer wieder gegen die Lehre von der objektiven Zurechnung vorgebracht werden, richten sich gegen ihre angebliche Unbestimmtheit (hierzu (1)) sowie Überflüssigkeit (hierzu (2)).[429] Über diese grundsätzlichen Bedenken hinaus könnte dem hier befürworteten Lösungsvorschlag entgegengehalten werden, er sorge für eine unzulässige Beschneidung der Rechtfertigungsgründe und transformiere die (mutmaßliche)

---

[427] BGH, Urteil vom 25.06.2010 – 2 StR 454/09, BGHSt 55, 191 ff., Rz. 25.

[428] Dazu oben in Kapitel 2 unter C. III. 1. lit. a.

[429] Die Darstellung beschränkt sich an dieser Stelle auf häufig vorgebrachte Kritik gegen die Lehre. Eine umfassende Auseinandersetzung mit sämtlichen Einwänden würde den Rahmen der vorliegenden Untersuchung sprengen und muss umfassenderen Werken mit spezifischem Fokus auf der Lehre von der objektiven Zurechnung vorbehalten bleiben. Beispielhaft aus jüngerer Zeit die Monographie von *Goeckenjan*; zu grundsätzlichen Einwänden gegen die objektive Zurechnungslehre dort insbesondere S. 134 ff., 269 ff.

Einwilligung zu einem Tatbestandsausschluss (hierzu (3)). Diese Einwände greifen jedoch nicht durch, wie abschließend dargelegt werden soll (hierzu (4)).

(1) Unbestimmtheit der objektiven Zurechnungslehre

Die Kategorie der objektiven Zurechnung übernimmt eine zusätzliche Filterfunktion im Rahmen der Unrechtsbegründung. Sie zielt darauf ab, ein Verhalten nur dann als objektiv tatbestandsmäßiges Unrecht einzuordnen, „wenn und soweit es sich als Überschreitung des Rechts darstellt, was im Bereich der Erfolgsdelikte ohne die Annahme einer mit dem Verhalten verbundenen missbilligten Gefahrenschaffung nicht denkbar ist."[430] Daher wird ein eingetretener tatbestandlicher Erfolg dem Handelnden nur dann zugerechnet, wenn er „die spezifische Folge solcher Freiheitsüberschreitung" ist. Um festzustellen, wann eine solche Freiheitsüberschreitung vorliegt, ist im Einzelfall „eine intensive Diskussion des Inhalts der rechtlichen Verhaltensordnung selbst notwendig".[431] Das Zurechnungskriterium der rechtlich missbilligten Gefahr eröffnet insoweit einen zusätzlichen Wertungsspielraum innerhalb des Tatbestandes, den sich auch der hier vertretene Lösungsvorschlag zunutze macht. In dieser Wertungsoffenheit wird zuweilen eine „Gefahr für die Tatbestandsbestimmtheit"[432] gesehen.[433] Zum Teil wird kritisiert, die objektive Zurechnung könne auf dieser Grundlage zu einer entgrenzten „Superkategorie"[434] aufgebläht werden oder biete nicht mehr als ein bloßes „Ensemble von Topoi"[435], das in Auslegungsfragen herangezogen werden könne.

Allein die Offenheit des Gefahrenbegriffs für die Aufnahme spezieller – insbesondere tatbestandsspezifischer – Kriterien, mit deren Hilfe die rechtliche Missbilligung einer Gefahrschaffung festgestellt werden soll, kann jedoch keinen durchschlagenden Einwand gegen die objektive Zurechnungslehre liefern.[436] Sie

---

[430] Hierzu und zum Folgenden *Frisch*, Roxin-FS I, S. 213, 226. Dieser begründet überzeugend, dass derartige Erwägungen zur missbilligten Gefahrschaffung schon im Rahmen der Prüfung einer tatbestandsmäßigen Handlung vorgenommen werden sollten, ebd., S. 231 ff. Vgl. dazu auch *Hirsch*, Lenckner-FS, S. 119, 131 ff. Dass die rechtlich missbilligte Gefahrschaffung eine Voraussetzung für die Zurechnung strafrechtlich relevanter Erfolge ist, wird dadurch aber nicht in Frage gestellt; vielmehr betrifft der Einwand den Prüfungsort im Deliktsaufbau bzw. die Prüfungsreihenfolge.

[431] *Frisch*, GA 2003, 719, 743.

[432] *Kaufmann*, Jescheck-FS, S. 251, 259.

[433] Vgl. *Hirsch*, Lenckner-FS, S. 119, 134. Zur grundsätzlichen Kritik, die Zurechnungslehre sei angesichts normativer Kriterien und dadurch bedingter Wertungsoffenheit zu unbestimmt, vgl. auch die Nachweise bei *Kahlo*, Küper-FS, S. 249, 259, Fn. 52.

[434] *Frisch*, Kapitel 1, Ziff. II. 3., S. 31.

[435] *Kaufmann*, Jescheck-FS, S. 251, 271.

[436] Vgl. dazu auch die Argumentation von *Frisch*, Roxin-FS I, S. 213, 229 f. sowie *Gaede*, Roxin-FS II, S. 967, 986 f.

schafft vielmehr eine tatbestandliche Variable, die es ermöglicht, veränderte Wertungen des Gesetzgebers zum Schutzzweck einer Norm und den durch sie eingeschränkten Freiheiten zu berücksichtigen.[437] Die Verwendung von Rechtsbegriffen, die einer kontextbezogenen Konkretisierung bedürfen, ist zudem ein notwendiges Mittel für die Schaffung normativer Kategorien, die auf eine Vielzahl von Sachverhalten anwendbar sind.[438] Zur von *Kaufmann* beschworenen „Gefahr für die Tatbestandsbestimmtheit" werden sie erst, wenn ihre Anwendung sich vom Gesetz zu entfernen droht und aus einer Ausfüllung mit Hilfe einer tatbestandsorientierten Auslegung eine unzulässige Rechtsfortbildung wird, die gesetzesfremde Wertungen in den Tatbestand einführt. Dabei kann dem von Kritikern der objektiven Zurechnungslehre „befürchteten gesetzwidrigen Eigenleben" durch die hier befürwortete Rückbindung der Kategorie an die „konkrete Ausformulierung des jeweils behandelten Erfolgsdelikts" begegnet werden.[439] Knüpft die objektive Zurechnung an die Auslegung des gesetzlichen Tatbestandes an, werden sowohl der strafrechtliche Bestimmtheitsgrundsatz aus Art. 103 Abs. 2 GG als auch der allgemeine Grundsatz der Gesetzesbindung gemäß Art. 20 Abs. 3, Art. 97 GG in der Rechtsanwendung beachtet. Eine derartige Rückbindung der objektiven Zurechnung an den Tatbestand des jeweiligen Erfolgsdelikts kommt insbesondere im gebräuchlichen Zurechnungstopos des Schutzzwecks der Norm zum Ausdruck.[440]

Die vorgeschlagene Begründung für die Straffreiheit eines willensgemäßen Behandlungsabbruchs wird der erforderlichen Verknüpfung von Tatbestand und objektiver Zurechnung gerecht: Die Einstufung eines solchen Behandlungsab-

---

[437] Vgl. *Roxin*, Honig-FS, S. 133, 149.

[438] Dass die Erforderlichkeit einer normativen Bestimmung des Kriteriums der rechtlich missbilligten Gefahr nicht zu seiner Inadäquanz führt, betont auch *Frisch*, GA 2003, 719, 731 f. Dass den Gerichten insoweit eine gewisse Konkretisierungspflicht im Wege der Tatbestandsauslegung obliegt, ist anerkannt; vgl. BVerfG, Beschluss vom 23.06.2010 – 2 BvR 2559/08, 2 BvR 105/09, 2 BvR 491/09, BVerfGE 126, 170 ff., Rz. 80; AnwaltK-*Gaede*, § 1 StGB, Rz. 20 f. Zum normativen Charakter des Rechts *Gaede*, Roxin-FS II, S. 967, 987.
Auch die von Kritikern der Zurechnungslehre verwendeten Begrifflichkeiten zur Bestimmung strafrechtlicher Verantwortlichkeit wie der Tatherrschaftsbegriff und das Tatmachtkriterium weisen keine ontologisch vorfindbaren natürlichen Grenzen auf, sondern sind in Inhalt und Reichweite umstritten; eingehend dazu *Frisch*, Roxin-FS I, S. 213, 229. Zum Streit um den Tatherrschaftsbegriff siehe nur NK-StGB/*Schild*, § 25, Rz. 23 ff. Zum Tatmachtkriterium vgl. auch die Kritik von *Frisch*, GA 2003, 719, 732 als „vage ontologisierend" und damit schlechter geeignet zur Bestimmung strafrechtlicher Verantwortlichkeit.

[439] Hierzu und zum Folgenden *Gaede*, Roxin-FS II, S. 967, 971 f.

[440] Vgl. zu diesem Topos den Überblick bei Schönke/Schröder/*Sternberg-Lieben/Schuster*, § 15 StGB, Rz. 157 ff. m.w.N.; eingehend *Roxin/Greco*, Strafrecht AT I, § 11, Rz. 84 ff.; kritisch zur Lehre vom Schutzzweck der Norm jedoch beispielsweise *Frisch*, Kapitel 2, Ziff. A. II., S. 80 ff.

bruchs als rechtlich erlaubte Schaffung einer Todesgefahr folgt aus einer einschränkenden verfassungskonformen sowie gesetzesübergreifenden systematischen Auslegung der §§ 212, 216 StGB.[441] Ein gesetzwidriges Eigenleben der objektiven Zurechnung wird dabei nicht befördert; vielmehr orientiert sich die Einordnung an gesetzgeberischen Wertungen, indem sie auf die Gesetzeslage im Zivilrecht abstellt. Auf diese Weise wird verhindert, dass das Strafrecht das Ziel der §§ 1901a f. BGB konterkariert, indem es den willensgemäßen Behandlungsabbruch den zivilrechtlichen Regelungen zuwider rechtlich missbilligt und als tatbestandsmäßige Tötung wertet.

Eine tatbestandliche Umgestaltung contra legem, die auf Grund der Wertungsoffenheit der Zurechnungslehre bisweilen befürchtet wird, erfolgt damit durch den vorliegenden Lösungsvorschlag nicht. Die Kategorie der objektiven Zurechnung erweist sich in diesem Kontext vielmehr als „erforderliche Plattform, die deliktsunabhängigen und deliktsspezifischen Wertungsgesichtspunkten der Unrechtsbegründung im Tatbestand der Erfolgsdelikte Geltung verschafft"[442], ohne den Grundstein für die Entstehung einer entgrenzten „Superkategorie"[443] zu legen.

(2) Überflüssigkeit der objektiven Zurechnungslehre

Kritiker betrachten die objektive Zurechnungslehre und die von ihr postulierten Zusatzkriterien auf Tatbestandsebene teilweise als überflüssig, da in Fallkonstellationen, die über die objektive Zurechnung gelöst würden, regelmäßig der Tatvorsatz die entscheidende Rolle spiele.[444] Dies zeige sich bereits daran, dass objektive Zurechnungserwägungen das vorhandene Täterwissen über die Existenz gefahrrelevanter Umstände berücksichtigen müssten, weil es für die Bewertung einer Gefahrschaffung als rechtlich missbilligt relevant sei.

Die Relevanz dieser subjektiven Komponente auf Zurechnungsebene führt jedoch nicht dazu, dass der Vorsatz die Kategorie der objektiven Zurechnung zu ersetzen vermag. Denn auch bei fehlender positiver Kenntnis gefahrrelevanter Umstände kann das Recht ein gefahrschaffendes Verhalten missbilligen.[445] Darüber hinaus benutzen die Kritiker der Zurechnungslehre auf subjektiver Ebene

---

[441] Dazu ausführlich oben in Kapitel 2 unter C. III. 1. lit. a.
[442] *Gaede*, Roxin-FS II, S. 967, 969.
[443] *Frisch*, Kapitel 1, Ziff. II. 3., S. 31.
[444] Hierzu und zum Folgenden *Kaufmann*, Jescheck-FS, S. 251, 265 ff., der auch auf Ausnahmen hinweist, die er jedoch nicht über die objektive Zurechnungslehre, sondern über eine Tatbestandsauslegung lösen will; ebd., S. 268 f.
[445] *Frisch*, GA 2003, 719, 732. Dieser hebt als Beispiel insbesondere die Konstellation hervor, dass eine Person keine positive Kenntnis von gefahrrelevanten Umständen hat, diese aber „bei richtiger Wahrnehmung ihrer Rolle" hätte haben müssen. Derartige Umstände seien für die

selbst zusätzliche objektive Filter wie die Kriterien der Tatherrschaft oder Tatmacht.[446] Deren alleinige Verortung auf subjektiver Ebene verkennt hingegen, dass es beim vollendeten Erfolgsdelikt auch auf das *tatsächliche* Vorliegen einer solchen objektiven Voraussetzung ankommt und diese nicht nur als Bezugspunkt des Vorsatzes berücksichtigt werden darf, wie dies beim versuchten Delikt der Fall ist.[447]

Zwar kann den Kritikern der Zurechnungslehre darin zugestimmt werden, dass bei der Verwirklichung eines Vorsatzdeliktes regelmäßig vom Vorliegen einer unerlaubten Gefahr auszugehen sein wird.[448] Daraus folgt jedoch nicht, dass diese Voraussetzung der objektiven Zurechnungslehre oder gar die objektive Zurechnung im Ganzen als überflüssig anzusehen ist. Schließlich ist auch denkbar, dass eine Person einen tatbestandlichen Erfolg erzielen will, sich dabei jedoch rechtlich anerkannter Freiheiten bedient, deren Ausübung ihr durch das Recht gerade nicht versagt wird.[449] Auch wenn es sich dabei um einen eher selten auftretenden Fall handeln dürfte, zeigt sich die Relevanz eines gezielten Einsatzes rechtlich erlaubter Risiken gerade in der hier diskutierten Konstellation des Behandlungsabbruchs. Weder über den Vorsatz noch über zusätzliche Filter auf subjektiver Ebene ließe sich jener Sachverhalt einer rechtlich tragfähigen Lösung zuführen.

(3) Fehlverortung des Lösungsvorschlags auf Tatbestandsebene

Die befürwortete Verortung der Begründung einer Straffreiheit von Behandlungsabbrüchen auf der Ebene der objektiven Zurechnung dürfte auch auf den Widerstand von Verfechtern einer Rechtfertigungslösung treffen. Sie sieht sich insbesondere der Kritik ausgesetzt, die objektive Zurechnung werde für „eine unzulässige Vermengung von Tatbestandsmäßigkeit und Rechtswidrigkeit" verwendet[450] bzw. greife durch das Kriterium der rechtlich missbilligten Gefahr auf die Rechtfertigungsebene vor[451]. Dieser Kritik kann begegnet werden, indem die Grenzlinien von Tatbestands- und Rechtfertigungsebene nachgezogen werden.

Bewertung relevant, ob das Verhalten objektiv zu missbilligen sei. Ist dies der Fall, kommt zumindest eine Fahrlässigkeitsstrafbarkeit in Betracht.

[446] Dazu *Frisch*, GA 2003, 719, 731; *Frisch*, Roxin-FS I, S. 213, 228.
[447] *Frisch*, Roxin-FS I, S. 213, 228.
[448] Zustimmend insoweit auch *Frisch*, GA 2003, 719, 730.
[449] *Frisch*, Roxin-FS I, S. 213, 224.
[450] *Schumann*, Jura 2008, 408, 415.
[451] Vgl. zu dieser von *Frisch*, Roxin-FS I, S. 213, 219 aufgegriffenen Kritik *Bustos Ramirez*, Kaufmann-GS, S. 213, 224, 232 ff., der objektive Zurechnungserwägungen auf der Rechtfertigungsebene verankern will. *Maiwald* hält es offenbar für kritisch, dass die Bewertung einer

Die Rechtfertigung hat ausweislich ihrer restriktiven Voraussetzungen Ausnahmecharakter. Wird ein Verhalten als tatbestandsmäßig eingestuft, so trifft es im Regelfall auch das Rechtswidrigkeitsurteil.[452] Vor diesem Hintergrund ist es sachgerecht, *typischerweise unerlaubte* Verhaltensweisen als tatbestandsmäßig einzuordnen und diesen im Einzelfall eine Rechtfertigungsmöglichkeit zukommen zu lassen, wenn die Voraussetzungen eines Rechtfertigungsgrundes erfüllt sind.[453]

Etwas anderes muss aber für ein Verhalten gelten, das nicht nur im Einzelfall, sondern *grundsätzlich als erlaubt* einzustufen ist. Für derartige Verhaltensweisen wäre die nur ausnahmsweise und unter engen Voraussetzungen bestehende Rechtfertigungsmöglichkeit nicht sachgerecht. Derartige Verhaltensweisen müssen daher bereits zu einem Tatbestandsausschluss führen.

Die so gezogene Grenze zwischen Tatbestands- und Rechtfertigungsebene bedingt, dass willensgemäße Behandlungsabbrüche bereits als tatbestandsloses Verhalten bewertet werden müssen, sofern sie den Voraussetzungen der BGH-Rechtsprechung genügen. In diesem Fall stellen sie nach hier vertretener Auffassung auf Grund gesetzesübergreifender systematischer sowie verfassungskonformer Auslegungserwägungen ein grundsätzlich als erlaubt einzustufendes Verhalten dar,[454] das nicht auf eine ausnahmsweise Rechtfertigung im Einzelfall angewiesen sein darf, wie dies bei typischerweise unerlaubten Verhaltensweisen der Fall ist.

Die Begründung der Straffreiheit von Behandlungsabbrüchen mit Hilfe der objektiven Zurechnungslehre führt auch nicht dergestalt zu einer Vermischung von Tatbestand und Rechtfertigung, als das zumeist auf Rechtfertigungsebene verortete Institut der (mutmaßlichen) Einwilligung bereits zur Begründung eines Tatbestandsausschlusses herangezogen wird:[455] Die Zulässigkeit – und Gebotenheit – eines Behandlungsabbruchs ist notwendige Konsequenz des Entzugs der

---

Gefahrsetzung als erlaubt oder unerlaubt bereits auf der dem Tatbestand zugehörigen Zurechnungsebene erfolgt; vgl. *Maiwald*, Miyazawa-FS, S. 465, 476 ff.

[452] NK-StGB/*Paeffgen/Zabel*, Vor § 32 ff., Rz. 15 m. w. N. auch zur Kritik an der gebräuchlichen Formulierung einer Indizwirkung der Tatbestandsmäßigkeit für die Rechtswidrigkeit. Zum Verhältnis von Tatbestand und Rechtfertigung auch Schönke/Schröder/*Sternberg-Lieben*, Vor §§ 32 ff. StGB, Rz. 4 f.

[453] Hierzu und zum Folgenden *Frisch*, Roxin-FS I, S. 213, 224 f.

[454] Hierzu oben in Kapitel 2 unter C. III. 1. lit. a.

[455] Zur Verortung der (mutmaßlichen) Einwilligung auf Rechtfertigungsebene durch die h. M. und zu der diesbezüglichen Diskussion Schönke/Schröder/*Sternberg-Lieben*, Vor §§ 32 ff. StGB, Rz. 29 f., 33 f. m. w. N. Die Berechtigung der Verortung der Einwilligung auf Rechtfertigungsebene stellt *Gaede* zur Diskussion; *Gaede*, NJW 2010, 2925, 2927. Für eine tatbestandsausschließende Wirkung der Einwilligung *Roxin/Greco*, Strafrecht AT I, § 13, Rz. 12 ff.

(mutmaßlichen) Einwilligung in die Behandlung.[456] Deren Wegfall führt zur Bewertung der Behandlungsfortsetzung als rechtswidriger Eingriff in den Körper des Patienten, da es an einem Rechtfertigungsgrund für seine Weiterbehandlung fehlt. Bei Nichtvornahme des Behandlungsabbruchs würde sich der betreffende Arzt folglich wegen einer Körperverletzung strafbar machen. Nach Entzug der (mutmaßlichen) Einwilligung des Patienten in den mit der Behandlung verbundenen körperlichen Eingriff bedarf also nicht der Behandlungs*abbruch* einer Rechtfertigung; rechtfertigungsbedürftig wäre in diesem Fall vielmehr die *Fortsetzung* der Behandlung.[457]

Dieses Ergebnis setzt die vorgeschlagene Begründung über die objektive Zurechnungslehre um, indem sie einen Behandlungsabbruch nach Entzug der (mutmaßlichen) Einwilligung des Patienten in die Weiterbehandlung als rechtlich erlaubtes Risiko einstuft. Dem Lösungsansatz kann hingegen nicht entgegengehalten werden, er verkleinere den Anwendungsbereich der Rechtfertigungsebene und transformiere den Rechtfertigungsgrund der (mutmaßlichen) Einwilligung zu einer Tatbestandsvoraussetzung. Die Beendigung eines rechtswidrigen Zustandes auf Grundlage des Patientenwillens, die durch den Abbruch einer nicht mehr gewollten Behandlung umgesetzt wird, bedarf keiner (weiteren) Rechtfertigung – anders als die Fortsetzung der Behandlung, die nicht mehr vom Rechtfertigungsgrund der (mutmaßlichen) Einwilligung getragen wird und damit eine grundsätzlich rechtswidrige Körperverletzung darstellt.

(4) Zusammenfassende Bewertung

Die Auseinandersetzung mit möglichen Einwänden gegen die Begründung der Straflosigkeit willensgemäßer Behandlungsabbrüche über den Ausschluss der objektiven Zurechnung führt zu dem Ergebnis, dass diese nicht durchgreifen. Unabhängig von der Frage, ob die Kategorie der objektiven Zurechnung in *sämtlichen* Ausprägungen zu befürworten ist, eignet sie sich jedenfalls im vorliegenden Kontext für eine dogmatisch solide Lösung. Sie schärft die Konturen des Tatbestandes von § 216 StGB, die Rechtsprechung und Literatur bereits herausgearbeitet haben, ohne diesen zu entkernen oder die Grenzen zu strafbaren Tötungshandlungen zu verwischen.

---

[456] Hierzu und zum Folgenden bereits oben in Kapitel 2 unter C.I.2. lit. b., C.I.3. lit. b. sowie *Haas*, JZ 2016, 714, 718 m.w.N.; *Kubiciel*, ZJS 2010, 656, 660; vgl. *Lipp*, in: Laufs/Katzenmeier/Lipp, Kapitel VI, Rz. 103; *Merkel*, ZStW 107 (1995), 545, 559ff.

[457] Dazu bereits in Kapitel 2 unter C.III.1. lit. a. dd.

b) Kriterien für die Straffreiheit eines Behandlungsabbruchs

Der Bedarf für eine genaue Differenzierung zwischen einer zulässigen Behandlungsbeendigung einerseits und einer strafbaren Tötung (auf Verlangen) andererseits wirft die Frage nach geeigneten Abgrenzungskriterien auf. Der BGH hat im Fall *Putz* Kriterien aufgestellt, deren grundsätzliche Differenzierungseignung Gegenstand des folgenden Abschnitts ist.[458]

Voraussetzung für einen zulässigen Behandlungsabbruch durch Unterlassung, Begrenzung oder Beendigung einer Behandlung ist nach der BGH-Rechtsprechung zunächst, dass dieser dem (mutmaßlichen) Patientenwillen entspricht.[459] Darüber hinaus müsse der Patient lebensbedrohlich erkrankt und die betroffene medizinische Behandlung zur Lebenserhaltung oder Lebensverlängerung geeignet sein.[460] In einer solchen Konstellation stelle die Unterlassung, Begrenzung oder Beendigung einer Behandlung einen legitimen Behandlungsabbruch dar, wenn sie sich objektiv und subjektiv unmittelbar auf die medizinische Behandlung beziehe. Mit dem Kriterium der Behandlungsbezogenheit werde eine eindeutige Grenze zu strafbaren Tötungshandlungen gezogen:[461] Eine strafbare Tötung sei anzunehmen, wenn ein gezielter Eingriff in das Leben erfolge, der die Lebensbeendigung vom Krankheitsprozess abkoppele.[462] Hingegen sei ein zulässiger Behandlungsabbruch gegeben, wenn das strafrechtlich zu bewertende Verhalten dem Krankheitsprozess lediglich seinen Lauf lasse, die Krankheit also nicht weiter behandelt und der Patient dem Sterben überlassen werde.

Diese Kriterien sind mit der ganz überwiegenden Ansicht in der Literatur[463] für geeignet zu erachten, um eine grundsätzliche Abgrenzbarkeit der Fallgruppe

---

[458] Zu den Kriterien des BGH bereits ausführlich in Kapitel 2 unter B. III.

[459] BGH, Urteil vom 25.06.2010 – 2 StR 454/09, BGHSt 55, 191 ff., Rz. 31 f. Dieses Kriterium ist bereits dann erfüllt, wenn der Patient seine Einwilligung in die (weitere) Behandlung entzieht.

[460] Hierzu und zum Folgenden BGH, Urteil vom 25.06.2010 – 2 StR 454/09, BGHSt 55, 191 ff., Rz. 33 ff.

[461] Vgl. BGH, Urteil vom 25.06.2010 – 2 StR 454/09, BGHSt 55, 191 ff., Rz. 36 f.

[462] Hierzu und zum Folgenden BGH, Urteil vom 25.06.2010 – 2 StR 454/09, BGHSt 55, 191 ff., Rz. 35.

[463] Lediglich die Lösung von *Haas* dürfte hier gänzlich abweichende Kriterien für die Straffreiheit eines Behandlungsabbruchs zugrunde legen; dazu oben in Kapitel 2 unter C. II. 1. lit. d. Die Nachteile dieser Lösung werden sogleich in Kapitel 2 unter C. III. 2. lit. a. erörtert. Die Nothilfe- sowie die Notstandslösung berücksichtigen zusätzlich zur BGH-Lösung den Umstand, ob institutionelle Konfliktlösungsmechanismen im Einzelfall zumutbar hätten wahrgenommen werden können und können so im Einzelfall zu einer von der BGH-Lösung abweichenden strafrechtlichen Bewertung gelangen; vgl. dazu oben in Kapitel 2 unter C. II. 2. lit. a. und lit. b. Zur Kritik an diesem zusätzlichen Kriterium sowie den beiden Lösungsansätzen insgesamt sogleich in Kapitel 2 unter C. III. 2. lit. b.

zulässiger Behandlungsabbrüche zu sanktionswürdigen Verhaltensweisen zu schaffen.

Im Gegensatz zu sonstigen Konstellationen einer Tötung (auf Verlangen) besteht bei einem willensgemäßen Behandlungsabbruch die vom BGH hervorgehobene Besonderheit, dass der durchführende Arzt mit seiner Tätigkeit keine behandlungsunabhängige Todesursache setzt, sondern lediglich bereits eingesetzte Behandlungsmittel zurückzieht, ohne die der natürliche, zum Tode führende Krankheitsverlauf nicht mehr aufgehalten wird. Mit dem Kriterium der Behandlungsbezogenheit, das auf einen Unterschied in der Handlungsqualität abstellt, wird die Zulässigkeit des ärztlichen Eingreifens auf eine bestimmte Art von Handlungen innerhalb des engen Rahmens des Behandlungskontexts beschränkt. Zudem muss ein (mutmaßlicher) Wille des Patienten festzustellen sein, dem zu entnehmen ist, dass er eine Fortsetzung der Behandlung in der konkreten Lebens- und Behandlungssituation nicht wünscht. Auf diese Weise erreichen die vom BGH im Fall *Putz* aufgestellten Kriterien für die Straffreiheit von Behandlungsabbrüchen eine Konturierung der Bereichsausnahme, die zu Recht dazu führte, dass diese von einem breiten Konsens in der Literatur getragen werden.

Unabhängig davon wird im weiteren Verlauf der Untersuchung die Frage aufzuwerfen sein, ob es für bestimmte Versorgungsformen einer weiteren *Präzisierung bzw. Konkretisierung einzelner Definitionsmerkmale* der vom BGH geschaffenen Begrifflichkeiten bedarf, um auch eine eindeutige strafrechtliche Zuordnung jener Versorgungskonstellationen gewährleisten zu können. Diese Problematik ist Gegenstand der nachfolgenden Kapitel.[464] Sie stellt die grundsätzliche Eignung der höchstrichterlich aufgestellten Kriterien für die Straffreiheit von Behandlungsabbrüchen jedoch nicht in Frage, sondern zeigt nur einen Bedarf für ihre weitere Ausdifferenzierung auf.

2. Stellungnahme zu den alternativen normativen Begründungvorschlägen nach dem BGH-Urteil von 2010

Die in dieser Untersuchung befürwortete Begründung der Straffreiheit willensgemäßer Behandlungsabbrüche vermeidet Schwächen, die die vorgeschlagenen Alternativbegründungen auf Tatbestandsebene (hierzu lit. a.) sowie auf Rechtfertigungsebene (hierzu lit. b.) aufweisen.[465]

---

[464] Zum Abgrenzungsproblem zwischen einer medizinischen Behandlung, die auf zulässige Weise abgebrochen werden kann, und einem strafbaren Eingriff in einen Körperbestandteil siehe unten in Kapitel 3 unter B.I. Zu den insoweit vorgeschlagenen Lösungsmöglichkeiten siehe unten in Kapitel 4 unter B.V.4. lit. b. sowie in Kapitel 4 unter C.

[465] Zu diesen Begründungsvorschlägen im Einzelnen oben in Kapitel 2 unter C.II.

a) Stellungnahme zu sonstigen Tatbestandslösungen

Sowohl die Lösung, die sich ohne gesetzesübergreifende systematische oder verfassungsrechtliche Erwägungen auf den Ausschluss der objektiven Zurechnung stützt, als auch die Lösung über eine teleologische Reduktion offenbaren Schwächen, die ihre Tauglichkeit als Alternative zur BGH-Begründung im Fall *Putz* in Frage stellen. Gleiches gilt für die ebenfalls vorgeschlagenen Lösungswege über den Wegfall der Garantenpflicht bei Bewertung des Behandlungsabbruchs als Unterlassungstat sowie den Ansatz von *Haas*, dem ein gegenüber der herrschenden Lehre verengter Kausalitätsbegriff zugrunde liegt.[466]

Gegen den Lösungsansatz, der den Ausschluss der objektiven Zurechenbarkeit bei willensgemäßen Behandlungsabbrüchen ohne die vorgeschlagene Auslegung der §§ 212, 216 StGB mit dem Fehlen einer rechtlich missbilligten Gefahr begründet,[467] ist anzuführen, dass dieser eine Erklärung vermissen lässt, *warum* Behandlungsabbrüche keine derartige Gefahr darstellen. An dieser Stelle zeigt sich die Notwendigkeit einer Verknüpfung von Zurechnungserwägungen mit der Interpretation des Tatbestandes des konkreten Erfolgsdelikts:[468] Ohne eine Auslegung lassen sich hinreichend spezifische und gesetzlich rückgebundene Aussagen über die rechtliche Missbilligung einer Gefahr durch den Tatbestand des jeweiligen Erfolgsdeliktes nicht treffen.

Ähnliche Probleme bestehen bei der Lösung, die die fehlende objektive Zurechenbarkeit des Todes des Patienten ohne Weiteres aus dem Verbot der Weiterbehandlung herleitet, das sich aus dem Patientenwillen ergebe:[469] Es bedarf einer Erklärung, warum diesem Weiterbehandlungsverbot trotz des strafrechtlichen Verbots einer Tötung bzw. einer Tötung auf Verlangen zur Durchsetzung zu verhelfen sein soll. Ergänzt man die Erwägungen um die hier vorgeschlagene verfassungskonforme sowie gesetzesübergreifende systematische Auslegung, stellt sich das Verbot der Weiterbehandlung als zulässige Ausübung von Patientenautonomie dar, dem ohne einen Behandlungsabbruch nicht zur Durchsetzung verholfen werden kann. In der Folge kann der willensgemäße Behandlungsabbruch nicht als rechtlich unerlaubtes Risiko bewertet werden, sondern muss eine dem handelnden Arzt objektiv zurechenbare Tötung ausschließen. Ohne den Rückgriff auf eine Auslegung der §§ 212, 216 StGB ist die Begründung des Ausschlusses der objektiven Zurechnung indes lückenhaft und kann nicht überzeugen.

---

[466] Zur herrschenden Lehre, die die Kausalität nach der Äquivalenz- oder Bedingungstheorie bestimmt, Schönke/Schröder/*Eisele*, Vor §§ 13 ff. StGB, Rz. 73a m. w. N.
[467] Zu dieser Ansicht oben in Kapitel 2 unter C. II. 1. lit. b.
[468] Vgl. hierzu und zum Folgenden *Gaede*, Roxin-FS II, S. 967, 970 f.; anders *Harbort*, S. 37 ff. Zum Ganzen bereits oben in Kapitel 2 unter C. III. 1. lit. a. dd.
[469] Zu dieser Ansicht oben in Kapitel 2 unter C. II. 1. lit. b.

Die Befürworter einer teleologischen Reduktion[470] versäumen zu erläutern, weshalb nicht bereits eine *Auslegung* der §§ 212, 216 StGB zu dem von ihnen hergeleiteten Ergebnis führen kann. Insoweit wird lediglich pauschal darauf hingewiesen, dass der Wortlaut des § 216 StGB einer Straffreiheit des Behandlungsabbruchs grundsätzlich entgegen stehe.[471] Worauf diese Annahme beruht und weshalb der Normwortlaut mit der hier befürworteten Auslegung nicht vereinbar sein soll, wird hingegen nicht eruiert.[472] Dadurch wird die Subsidiarität der Normreduktion gegenüber der Auslegung vernachlässigt.[473] Zudem beschränken die Vertreter einer Normreduktion den Blickwinkel auf teleologische Erwägungen und lassen daher die gesetzessystematische sowie verfassungsrechtliche Dimension unberücksichtigt, die im Rahmen der Diskussion um die strafrechtliche Einordnung von Behandlungsabbrüchen von erheblicher Bedeutung ist.[474]

Die Auffassung, die die Straffreiheit über den Wegfall der Garantenpflicht begründet, deutet den aktiven Behandlungsabbruch als straffreies Unterlassen.[475] Sie ist mit dem Nachteil behaftet, dass sie angesichts der weiterhin umstrittenen Kriterien für eine Unterscheidung zwischen Tun und Unterlassen keine rechtssichere Basis für die strafrechtliche Bewertung von Behandlungsabbrüchen bietet. Dies zeigt sich schon an den verschiedenen Erklärungen, mit denen der ärztliche Behandlungsabbruch auf Grundlage verschiedener Kriterien als Unterlassen konstruiert wird.

Soweit in der Literatur behauptet wird, die vom BGH gegen eine Relevanz der Differenzierung von Tun und Unterlassen angeführten Abgrenzungsschwierigkeiten bestünden nicht,[476] wird ignoriert, dass die zum Unterlassen vertretenen Abgrenzungstheorien nicht stets einheitliche Ergebnisse produzieren. So kommen zwar *Streng* und *Ast* mit unterschiedlichen Ansätzen einhellig zu einer Be-

---

[470] Zu dieser Ansicht oben in Kapitel 2 unter C. II. 1. lit. a.

[471] *Walter*, ZIS 2011, 76, 81. Zur davon abweichenden hier vertretenen Auffassung siehe oben in Kapitel 2 unter C. III. 1. lit. a. cc. (2).

[472] Dies überrascht umso mehr als die Vertreter einer teleologischen Normreduktion die objektive Zurechnungslehre, über die das Auslegungsergebnis nach der hier vorgeschlagenen Lösung rechtstechnisch umgesetzt werden kann, nicht sämtlich kategorisch ablehnen.

[473] Vgl. *Borrmann*, S. 53, die sich für eine teleologische Auslegung ausspricht.

[474] Vgl. dazu die Darlegungen in Kapitel 2 unter C. III. 1. lit. a.
Ebenfalls kritisiert werden kann, dass die teleologische Reduktion stets nur auf den Tatbestand des § 216 StGB bezogen wird, jedoch nicht auch § 212 StGB in den Blick nimmt. Ein solches Versäumnis ist jedenfalls dann problematisch, wenn der Behandlungsabbruch lediglich auf einen mutmaßlichen Patientenwillen gestützt werden kann. Hier fehlt es an einem ausdrücklichen Tötungsverlangen, das eine Privilegierung im Sinne von § 216 StGB rechtfertigen könnte; insoweit bedürfte es einer Begründung, warum § 212 StGB dann nicht einschlägig sein soll; zum Ganzen *Engländer*, JZ 2011, 513, 518.

[475] Zu dieser Ansicht oben in Kapitel 2 unter C. II. 1. lit. c.

[476] Vgl. *Walter*, ZIS 2011, 76, 77; *Streng*, Frisch-FS, S. 739, 750.

wertung des aktiven ärztlichen Behandlungsabbruchs als Unterlassen.[477] Demgegenüber meint aber beispielsweise *Walter*, ein tätiger Behandlungsabbruch mittels Durchtrennung des Versorgungsschlauches einer Ernährungssonde sei unabhängig von der Person des Handelnden eindeutig als aktives Tun zu klassifizieren.[478] Eine Abgrenzung nach dem verbreiteten Kriterium des Schwerpunkts der Vorwerfbarkeit könnte – je nach subjektiver Schwerpunktsetzung des Beurteilenden – ebenfalls zu unterschiedlichen Ergebnissen führen.

Diese Beispiele zeigen, dass Abgrenzungsschwierigkeiten zwischen den Handlungsformen nicht von der Hand zu weisen sind. Soweit diese negiert werden, geschieht dies stets unter Zugrundelegung einer vom jeweiligen Autor als „richtig" erachteten Abgrenzungsformel. Die nicht abgeschlossene Debatte um eine sachgerechte Unterscheidung zwischen Tun und Unterlassen wird hierbei ausgeblendet. Eine tragfähige Lösung der Fälle eines Behandlungsabbruchs kann vor diesem Hintergrund nicht auf der Differenzierung von Tun und Unterlassen aufbauen.

Auch der Ansatz von *Haas*, der bei einem Behandlungsabbruch als Unterfall verhinderter oder abgebrochener Kausalverläufe für die Strafbarkeit darauf abstellt, ob der Handelnde gegen den Willen des Opfers in einen diesem rechtlich zugewiesenen Kausalverlauf eingreift,[479] ist gegenüber dem hier vertretenen Ansatz nicht vorzugswürdig. Grundlage für das Abstellen auf eine rechtliche Zuweisung des Kausalverlaufs bei einem Behandlungsabbruch ist die Annahme, dass dieser nur eine mittelbare Einwirkung auf das Leben des Patienten darstelle und damit zwar eine Bedingung, jedoch keine Ursache für seinen Tod setze. Der Mehrwert dieses verkürzten Kausalbegriffs leuchtet nicht ein. Er bedarf ebenso wie der herkömmliche weite Kausalbegriff eines Korrektivs: Während der weite Kausalbegriff über das Kriterium der objektiven Zurechenbarkeit eines herbeigeführten Erfolges eine Einschränkung erfährt, ist für den Ansatz von *Haas* eine Erweiterung erforderlich, damit auch bestimmte mittelbare Kausalverläufe der Strafbarkeit unterworfen werden können. Dass die von *Haas* hierfür vorgeschlagene Kategorie der rechtlichen Zuweisung eines Kausalverlaufs ein größeres Maß an Rechtssicherheit mit sich bringen soll als die Kategorie der objektiven Zurechnung und aus diesem Grunde vorzugswürdig ist, ist nicht ersichtlich. Die Kriterien, nach denen dem Betroffenen ein Kausalverlauf rechtlich zugewiesen werden soll, hat *Haas* nicht abschließend definiert. Das von ihm betretene dogmatische Neuland dürfte vor diesem Hintergrund nur schwerlich geeignet sein, für alle denkbaren Konstellationen eines Behandlungsabbruchs ein Instrumenta-

---

[477] *Ast*, ZStW 124 (2012), 612, 619 ff., 624; *Streng*, Frisch-FS, S. 739, 749 ff.
[478] *Walter*, ZIS 2011, 76, 81.
[479] Hierzu oben in Kapitel 2 unter C. II. 1. lit. d.

rium bereit zu halten, das eindeutige Ergebnisse liefert.[480] Vorzüge des Ansatzes von *Haas* sind daher nicht auszumachen.

b) Stellungnahme zu den Rechtfertigungslösungen

Auch die in der Literatur vorgeschlagenen Rechtfertigungslösungen, die sich auf andere Rechtfertigungsgründe berufen als die Einwilligungslösung des BGH, sind gegenüber der hier vertretenen Auffassung nicht vorzugswürdig.[481]

Gegen die Lösung über eine Nothilfe gemäß § 32 StGB[482] spricht das bereits vom BGH gegen ihre Einschlägigkeit angeführte Argument, dass die Nothilfe keinen Eingriff in das Leben des Angegriffenen rechtfertigen kann, um andere Rechtsgüter des Angegriffenen, hier die körperliche Unversehrtheit und das Selbstbestimmungsrecht, zu verteidigen.[483] Bei einem Eingriff in Rechtsgüter des Angegriffenen ist die (mutmaßliche) Einwilligung, die das verfassungsrechtlich gewährleistete Selbstbestimmungsrecht des Patienten wahrt, spezieller.[484] § 32 StGB erhebt den zustimmenden Willen des Patienten hingegen nicht zur Rechtfertigungsvoraussetzung und enthält daher keinerlei Absicherung dafür, dass der Wille des Angegriffenen in derartigen Konstellationen maßgeblich ist.

Nicht zu überzeugen vermag das von Vertretern der Nothilfelösung gegen die Spezialität der (mutmaßlichen) Einwilligung teilweise vorgebrachte Argument, die Nothilfehandlung, die den Behandlungsabbruch herbeiführe, richte sich nicht gegen das Rechtsgut Leben des angegriffenen Patienten, sondern gegen die Aufrechterhaltung von Maßnahmen, die dessen ungehindertes Sterben verhindern würden.[485] Dass der Tatbestand eines Tötungsdelikts zu Lasten des Patienten durch die Vornahme des Behandlungsabbruchs erfüllt ist, wird auch von diesen Vertretern ausdrücklich bejaht. Damit liegt aber bereits ein Eingriff in das Leben des Angegriffenen vor. Wird dieser auf Rechtfertigungsebene nunmehr negiert, setzt sich die Begründung der Nothilfelösung in Widerspruch zur zuvor angenommenen Tatbestandsmäßigkeit des Behandlungsabbruchs gemäß §§ 212, 216 StGB.

Problematisch ist auch der Vorschlag mancher Vertreter der Nothilfelösung, die Straflosigkeit des Behandlungsabbruchs über die Kriterien der Erforderlich-

---

[480] Das zeigt sich insbesondere bei der Anwendung des Lösungsansatzes von *Haas* auf das Abschalten von Herzschrittmachern und ICD; hierzu eingehend in Kapitel 3 unter B.II.2.

[481] Zur Fehlverortung der Straffreiheit des Behandlungsabbruchs auf Rechtfertigungsebene auch *Haas*, JZ 2016, 714, 718.

[482] Zu dieser Ansicht oben in Kapitel 2 unter C.II.2. lit. a.

[483] Hierzu und zum Folgenden BGH, Urteil vom 25.06.2010 – 2 StR 454/09, BGHSt 155, 191 ff., Rz. 19; *Hörr*, S. 118; *Magnus*, S. 291 f.; vgl. auch *Gaede*, NJW 2010, 2925, 2927.

[484] Lackner/Kühl/*Kühl*, § 32 StGB, Rz. 12; vgl. *Gaede*, NJW 2010, 2925, 2927.

[485] Zu diesem Argument *Mandla*, NStZ 2010, 698, 699.

keit oder Gebotenheit zu begrenzen, wenn die Verfahrensvorschriften der §§ 1901a f. BGB nicht eingehalten werden.[486] Zum einen würde in diesem Fall eine bloße Verletzung von Verfahrensrecht dazu führen, dass eine Verurteilung wegen eines Tötungsdelikts erfolgen müsste.[487] Zum anderen greift der Sinn und Zweck von Erforderlichkeit und Gebotenheit, der auch im Schutz des *Angreifers* vor einer unangemessenen Nothilfehandlung liegt,[488] nicht ein, wenn sich die Nothilfehandlung gar nicht gegen den Angreifer richtet, sondern Rechtsgüter des *Angegriffenen* verletzt. Mit einem Ausschluss der Nothilferechtfertigung über die Kriterien der Erforderlichkeit und Gebotenheit würde hier also eine Belastung für den Angegriffenen geschaffen, ohne dass damit ein erforderlicher Schutzbedarf beim Angreifer korrespondieren würde.

Einer Rechtfertigung des ärztlichen Behandlungsabbruchs über den Notstand nach § 34 StGB[489] ist ebenfalls auf der Grundlage entgegen zu halten, dass bei einer Lösung auf Rechtfertigungsebene der Rechtfertigungsgrund der (mutmaßlichen) Einwilligung angesichts der vorliegenden internen Güterkollisionen grundsätzlich spezieller wäre.[490] Der Ansatz lässt zudem unberücksichtigt, dass eine Abwägung, die auch nach der in dieser Arbeit vertretenen Lösung Teil des Begründungsweges sein sollte, nicht nur im Rahmen von § 34 StGB vorgenommen werden kann, sondern darüber hinaus bei einer verfassungskonformen Auslegung auf Tatbestandsebene.[491] Eine solche Lösung ist auch konsistenter als eine Notstandsrechtfertigung: Im Falle des § 34 StGB handelt es sich um eine autonom strafrechtliche Abwägung; das notstandsfähige Rechtsgut muss hier das Rechtsgut, in das eingegriffen wird, *wesentlich überwiegen*. Zu Recht kommt der BGH insoweit zu dem Ergebnis, dass bei einem abstrakten Rechtsgutsvergleich das Selbstbestimmungsrecht das Recht auf Leben nicht wesentlich überwiege.[492]

---

[486] Dazu *Pawlik*, in: Bormann, S. 667, 678.
[487] *Rosenau*, Rissing-van Saan-FS, S. 547, 563. Zu den diesbezüglichen Unklarheiten im BGH-Urteil oben in Kapitel 2 unter C. I. 2. lit. d. sowie C. I. 3. lit. d.
[488] Vgl. zu Sinn und Zweck des Erforderlichkeitskriteriums MüKo-StGB/*Erb*, § 32, Rz. 129; vgl. zu Sinn und Zweck der Gebotenheit im Falle abschließender Verfahrensregelungen NK-StGB/*Kindhäuser*, § 32 StGB, Rz. 98 ff.
[489] Zu dieser Ansicht oben in Kapitel 2 unter C. II. 2. lit. b.
[490] *Hörr*, S. 118 ff.; MüKo-StGB/*Erb*, § 34, Rz. 35, 38; NK-StGB/*Neumann*, § 34, Rz. 14; Schönke/Schröder/*Perron*, § 34 StGB, Rz. 8a; vgl. *Gaede*, NJW 2010, 2925, 2927. Wieso *Rosenau*, der diesem Argument zustimmt, im Anschluss dennoch die Möglichkeit einer Analogie zu § 34 StGB bejaht, wobei er den Patientenwillen im Rahmen der Abwägung berücksichtigen will, erschließt sich nicht. Insoweit droht die Gefahr, dass dem Selbstbestimmungsrecht des Patienten im Rahmen der Abwägung nicht das gleiche Gewicht zugesprochen wird wie im Rahmen der (spezielleren) Rechtfertigungsgründe der Einwilligung bzw. der mutmaßlichen Einwilligung. Zur Lösung *Rosenaus* vgl. *Rosenau*, Rissing-van Saan-FS, S. 547, 560 f.
[491] Dazu oben in Kapitel 2 unter C. III. 1. lit. a. bb.
[492] Vgl. BGH, Urteil vom 25.06.2010 – 2 StR 454/09, BGHSt 55, 191 ff., Rz. 20.

Bei einer Abwägung von Verfassungsrechtsgütern auf Ebene der konkreten Normanwendung ist hingegen nicht erforderlich, dass ein Rechtsgut das andere *wesentlich* überwiegt. Kollidieren verschiedene Verfassungsgüter, muss ein Ausgleich zwischen ihnen stets erfolgen. Um den Verfassungsgütern gerecht zu werden, hat der Rechtsanwender diesen bei Anwendung des einfachen Rechts möglichst weitgehend zur Geltung zu verhelfen.[493] Anders als bei der autonom strafrechtlichen Abwägung im Rahmen von § 34 StGB kann die Abwägung nicht unter Hinweis auf eine fehlende Abwägungsfähigkeit unterbleiben. Dies würde die Normanwendung blockieren.

Eine Abwägung kann vor diesem Hintergrund in den Fällen eines willensgemäßen Behandlungsabbruchs zwar nicht im Rahmen von § 34 StGB, jedoch im Rahmen einer verfassungskonformen Normauslegung dazu führen, dass das Selbstbestimmungsrecht das Rechtsgut Leben überwiegt.[494]

Nicht zuletzt ist auch die Begründung der Straflosigkeit des Behandlungsabbruchs über das Selbstbestimmungsrecht als Rechtfertigungsgrund sui generis[495] nicht vorzugswürdig. Das Selbstbestimmungsrecht ist kein strafrechtliches, sondern vielmehr ein verfassungsrechtliches Institut. Die strafrechtsdogmatische Verankerung dieses neuartigen Rechtfertigungsgrundes bleibt in der Literatur ebenso unklar wie seine genauen Voraussetzungen und Grenzen. Insbesondere könnte bei konsequenter Anwendung dieses Rechtfertigungsgrundes auch die aktive Sterbehilfe gerechtfertigt werden, was jedoch der aktuellen Gesetzeslage klar widerspräche. Vorzugswürdig erscheint vor diesem Hintergrund, entsprechend dem hier vorgeschlagenen Weg das Selbstbestimmungsrecht im Rahmen einer verfassungskonformen Auslegung der §§ 212, 216 StGB zu berücksichtigen.

3. Zusammenfassende Bewertung

In Übereinstimmung mit der herrschenden Lehre ist dem BGH auch nach der hier vertretenen Auffassung darin zuzustimmen, dass ein dem Patientenwillen entsprechender Behandlungsabbruch gemäß den im Urteil zum Fall *Putz* nieder-

---

[493] Hingegen missachtet die von *Haas* vorgeschlagene Lösung einer ausschließlichen Bezugnahme auf das Selbstbestimmungsrecht des Patienten ohne Abwägung mit dem Rechtsgut Leben den gebotenen Ausgleich zwischen allen betroffenen grundrechtlichen Belangen. Zu seiner Lösung siehe *Haas*, JZ 2010, 714, 717.

[494] In Fällen der indirekten aktiven Sterbehilfe, für die vielfach eine Rechtfertigung nach § 34 StGB angenommen wird, liegen der Abwägung andere Rechtsgüter und schutzwürdige Interessen zugrunde, sodass das für den Behandlungsabbruch gefundene Ergebnis nicht auf diese oder ähnlich gelagerte Konstellationen übertragen werden kann. Zur indirekten aktiven Sterbehilfe ausführlich oben in Kapitel 2 unter A. II.

[495] Zu dieser Ansicht oben in Kapitel 2 unter C. II. 2. lit. c.

gelegten Kriterien als zulässig bewertet werden muss. Es bedarf jedoch einer anderen rechtsdogmatischen Begründung des Urteils, als der BGH sie im Jahr 2010 gewählt hat: Auf Grundlage einer verfassungskonformen und gesetzesübergreifenden systematischen Auslegung der §§ 212, 216 StGB ist in Fällen eines willensgemäßen Behandlungsabbruchs eine dem Arzt objektiv zurechenbare Tötung mangels Schaffung einer rechtlich missbilligten Gefahr abzulehnen.

Diese Lösung erfordert eine konsequente Unterscheidung zwischen der tödlichen Beendigung einer nicht mehr gewollten Behandlung als zulässigem Behandlungsabbruch und einem von der Behandlung losgelösten tödlichen Eingriff in den Körper auf Grundlage des Patientenwillens. Die Grenze der rechtlich zulässigen Ausübung von Patientenautonomie verläuft zwischen diesen beiden Polen, die den Ausgangspunkt für die im nachfolgenden Kapitel thematisierte Abgrenzungsproblematik bei der strafrechtlichen Bewertung einer Deaktivierung von Herzschrittmachern und ICD bilden. Der für richtig erachtete Maßstab, dass ein Behandlungsabbruch, der den Grundsätzen der BGH-Rechtsprechung im Fall *Putz* entspricht, strafrechtlich zulässig ist, wird auf Grundlage des in diesem Kapitel erarbeiteten dogmatischen Unterbaus der Bewertung zugrunde gelegt.

Kapitel 3

Abgrenzungsproblem bei der strafrechtlichen Bewertung der Deaktivierung von Herzschrittmachern und ICD

A. Medizinisch-technischer Hintergrund der Versorgung mit Herzschrittmachern und ICD und Folgen für die strafrechtliche Bewertung

Bevor die Deaktivierung von Herzschrittmachern und ICD in Anwendung des Maßstabs der BGH-Rechtsprechung von 2010 strafrechtlich beurteilt wird, sollen die medizinischen Hintergründe dieser beiden Versorgungsarten, die für die juristische Bewertung Relevanz erlangen könnten, näher dargestellt werden.

Zunächst erfolgt ein Blick auf die verschiedenen Herzschrittmacher- und ICD-Typen, die derzeit in der Behandlung von herzkranken Patienten zur Anwendung kommen (hierzu I.). Anschließend werden medizinische und technische Einzelheiten der Herzschrittmacher- und ICD-Versorgung dargestellt. Dabei sollen insbesondere Unterschiede zur Sprache kommen, die zu einem Differenzierungsbedarf in der strafrechtlichen Bewertung der Deaktivierung beider Gerätetypen führen könnten. Zu diesem Zweck werden medizinische Indikation sowie medizinisch-technische Funktionsweise von Herzschrittmachern und ICD gegenübergestellt (hierzu II.). Auf dieser Grundlage wird erörtert, in welchen Situationen bei einem Patienten am Lebensende der Bedarf für eine Deaktivierung seines Herzschrittmachers oder ICD entstehen kann und welchen Einfluss die Deaktivierung auf den Todeseintritt hat (hierzu III.). Daran anknüpfend werden die möglichen Vorgehensweisen für eine Deaktivierung der Geräte aus medizinisch-technischer Sicht eruiert (hierzu IV.). Abschließend soll auf Basis der zuvor erläuterten Hintergründe dargelegt werden, in welchen Konstellationen die Deaktivierung eines Herzschrittmachers oder ICD einen Abgrenzungsbedarf zwischen strafbarem Tötungsdelikt und zulässigem Behandlungsabbruch erzeugt (hierzu V.).

I. Herzschrittmacher- und ICD-Typen

Die moderne Kardiologie ist eine High-Tech-Disziplin.[1] Sie bringt verschiedenste Geräte und Verfahren zum Einsatz, die die Herzaktivität unterstützen oder Teilfunktionen des Herzens gar vollständig ersetzen können. Die sog. Cardiovascular Implantable Electronic Devices (CIED)[2] stellen nur eine von mehreren Gerätegruppen dar, die insoweit zum Einsatz kommen können.[3] Als CIED werden vollständig implantierte Herzschrittmacher und ICD bezeichnet sowie Geräte, die deren Funktionen kombinieren.[4] Sie liegen im Körperinneren des Patienten und haben keinerlei Verbindung zur körperexternen Umgebung.

Bei den heute eingesetzten Herzschrittmachern handelt es sich regelmäßig um sog. Einkammer-, Zweikammer- oder Dreikammer-Schrittmacher.[5] Diese unterscheiden sich im Erscheinungsbild durch die Anzahl der Elektroden, die vom eigentlichen Schrittmacheraggregat zum Herzen geführt werden, und medizinisch-technisch hinsichtlich des Ortes, an dem die Herzschrittmachertherapie ansetzt. Trotz dieser Differenzen, die der Varianz kardialer Funktionsstörungen bei verschiedenen Patientengruppen Rechnung tragen, erfolgt die Stimulation sowie die Deaktivierung bei den verschiedenen Herzschrittmacherarten grundsätzlich auf die gleiche Weise.[6] Die medizinischen Hintergründe für den Ein-

---

[1] *Waltenberger/Schöne-Seifert et al.*, Der Kardiologe 11 (2017), 383, 384.

[2] Zur Verwendung dieses Oberbegriffs für Herzschrittmacher und ICD *Janssens/Reith*, Medizinische Klinik – Intensivmedizin und Notfallmedizin 108 (2013), 267, 275 sowie *Lampert/ Hayes et al.*, Heart Rhythm 7 (2010), 1008. Zum Begriff der CIED auch *Noah*, William Mitchell Law Review 39 (2013), 1229, 1232.

[3] Weitere Gerätebeispiele sind Herzunterstützungssysteme wie das sog. LVAD („Left Ventricular Assist Device") – vgl. zur Funktionsweise des LVAD *Kraemer*, Bioethics 27 (2013), 140, 141 – sowie das komplett künstliche Herz (sog. TAH, „Total Artifical Heart"); zur Funktionsweise des TAH vgl. *Antretter/Dumfarth et al.*, Wiener klinisches Magazin 19 (2016), 48 ff. Diese Gerätebeispiele werden im weiteren Verlauf der Untersuchung erneut aufgegriffen; siehe dazu in Kapitel 4.

[4] *Janssens/Reith*, Medizinische Klinik – Intensivmedizin und Notfallmedizin 108 (2013), 267, 275; *Lampert/Hayes et al.*, Heart Rhythm 7 (2010), 1008; vgl. *Ott/Pressl et al.*, Der Anaesthesist 66 (2017), 803 ff. Die bei *Lampert/Hayes et al.* als dritte Unterform der CIED genannten CRT-Geräte, die die Kontraktion der beiden Herzkammern synchronisieren sollen, wenn diese unzureichend koordiniert ist, werden hier nicht gesondert aufgeführt, da sie als Sonderform des Herzschrittmachers eingeordnet werden können, bzw. in der Variante des sog. CRT-D die Funktionen von Herzschrittmacher und ICD kombinieren; zu CRT-Geräten und ihrer Funktion *Pitcher/Soar et al.*, Heart 102 (2016), A1, A10 f.; vgl. auch *Noah*, William Mitchell Law Review 39 (2013), 1229, 1233.

[5] Hierzu und zum Folgenden *Ott/Pressl et al.*, Der Anaesthesist 66 (2017), 803, 804 ff.

[6] Vgl. *Pitcher/Soar et al.*, Heart 102 (2016), A1, A10 f. zum Vergleich von gewöhnlichen Herzschrittmachern und CRT-Schrittmachern, die die beiden Herzkammern bei mangelnder Koordination der Kontraktionen synchronisieren sollen. Auch die teilweise bereits verwende-

satz des einen oder anderen Herzschrittmacher-Typus dürften daher im Rahmen der rechtlichen Bewertung allenfalls eine untergeordnete Rolle spielen. Sie sollen deshalb in diesem Abschnitt nicht näher erläutert und im weiteren Verlauf der Arbeit nur aufgegriffen werden, falls hierzu Anlass besteht.

Von den Herzschrittmachern zu unterscheiden ist der ICD, der vom äußeren Erscheinungsbild einem Herzschrittmacher ähnelt, jedoch eine andere Funktion in der Versorgung von Herzpatienten wahrnimmt,[7] die im nachfolgenden Abschnitt näher erörtert werden soll. Die heutigen ICD haben regelmäßig eine zusätzliche Schrittmacherfunktion.[8] Verschiedene ICD-Typen kombinieren die Funktionen von Ein-, Zwei- oder Dreikammer-Schrittmachern mit dem ICD-System.[9]

Für die Zwecke der nachfolgenden rechtlichen Betrachtung sollen die dem ICD eigenen Funktionen in der Therapie von Herzpatienten der klassischen Schrittmacherfunktion gegenübergestellt werden. Steht die Deaktivierung der Schrittmacherfunktion eines ICD-Gerätes in Frage, finden die Ausführungen zu Herzschrittmachern entsprechende Anwendung. Eine gesonderte Bewertung von Kombinationssystemen erfolgt daher nicht.

II. Indikation und medizinisch-technische Funktionsweise

Um die Deaktivierung von Herzschrittmachern und ICD strafrechtlich einordnen zu können, müssen grundlegende Aspekte einer Versorgung mit den beiden Gerätetypen, insbesondere ihre Funktionsweise, bekannt sein. Die medizinischen und technischen Grundlagen der Herzschrittmacher- und ICD-Versorgung sind Gegenstand der beiden folgenden Abschnitte.

---

ten intrakardialen Herzschrittmacher, die ohne eine Elektrodenverbindung zwischen Herz und Aggregat auskommen, unterscheiden sich in der grundsätzlichen Funktionsweise nicht von herkömmlichen Schrittmachern; vgl. *Ott/Pressl et al.*, Der Anaesthesist 66 (2017), 803, 805.

[7] Vgl. *Ott/Pressl et al.*, Der Anaesthesist 66 (2017), 803, 807.

[8] *Waltenberger/Schöne-Seifert et al.*, Der Kardiologe 11 (2017), 383, 387. Die Schrittmacherfunktion fehlt in ICD mit subkutaner Elektrode (sog. S-ICD); *Ott/Pressl et al.*, Der Anaesthesist 66 (2017), 803, 807 f.; dazu sogleich näher in Fn. 9.

[9] Sog. CRT-D-System; dazu *Ott/Pressl et al.*, Der Anaesthesist 66 (2017), 803, 807 sowie *Pitcher/Soar et al.*, Heart 102 (2016), A1, A10 f. Darüber hinaus gibt es ICD, bei denen die Elektroden nicht wie üblich über eine Vene eingeführt werden, sondern unterhalb der Haut. Derartige ICD mit subkutaner Elektrode (sog. S-ICD) besitzen nicht die in ICD üblicherweise zusätzlich vorhandene anti-bradykarde Schrittmacherfunktion; *Ott/Pressl et al.*, Der Anaesthesist 66 (2017), 803, 808.

1. Herzschrittmacher

In Deutschland werden jährlich circa 75.000 Herzschrittmachersysteme implantiert.[10] Die betroffenen Patienten leiden unter sog. bradykarden Herzrhythmusstörungen.[11] Bradykardie bezeichnet einen verlangsamten Herzrhythmus, bei dem das Herz aussetzt oder die Anzahl der Herzschläge pro Minute weniger als 60 beträgt, ohne dass hierfür ein regulärer physiologischer Anlass erkennbar ist, wie beispielsweise die Schlafphase, in der der Herzschlag verlangsamt.[12] Tritt eine Bradykardie auf, besteht das Risiko, dass der Körper angesichts der reduzierten Pumptätigkeit des Herzens unzureichend mit Blut versorgt wird. Der dadurch bedingte Mangel an Sauerstoff und anderen Nährstoffen im Körper kann zu erheblichen körperlichen Schäden bis hin zum Tod führen.[13]

Die möglichen Ursachen einer bradykarden Herzrhythmusstörung sind vielfältig. Je nach zugrunde liegender Erkrankung kommen verschiedene Therapieansätze in Betracht. So kann die Bradykardie medikamentös und/oder durch eine Versorgung mit einem Herzschrittmacher behandelt werden. Wird ein Herzschrittmacher zur Therapie eingesetzt, so hat dieser die Aufgabe, den Herzrhythmus zu überwachen und zu normalisieren.[14] Er besteht grundsätzlich aus einem Aggregat – dem eigentlichen Schrittmacher – das im Brustbereich unterhalb des Schlüsselbeins implantiert wird, sowie aus einer oder mehreren Elektroden, die vom Aggregat in das Herz geführt werden.[15] Über die Elektroden wird ein elek-

---

[10] So *Ott/Pressl et al.*, Der Anaesthesist 66 (2017), 803, 804 zum Stand im Jahr 2017. Der letzte verfügbare Stand des Deutschen Herzschrittmacher-Registers im Jahresbericht von 2018 zeigt eine vergleichbare Größenordnung; dazu Deutsche Gesellschaft für Kardiologie, Deutsche Gesellschaft für Thorax-, Herz- und Gefäßchirurgie, Institut für Qualitätssicherung und Transparenz im Gesundheitswesen, Jahresbericht 2018, Teil 1, German Pacemaker Register: Deutsches Herzschrittmacher-Register, S. 7.

[11] *Lampert/Hayes et al.*, Heart Rhythm 7 (2010), 1008.

[12] Ein verlangsamter Herzschlag kann darüber hinaus beispielsweise auch bei Leistungssportlern auftreten, ohne dass dies als pathologisch zu bewerten wäre. Hierzu und zum Folgenden vgl. Patientenbroschüre Herzschrittmacher der Medtronic GmbH 2015, S. 6 f.

[13] Vgl. zu den Symptomen einer Bradykardie *Lampert/Hayes et al.*, Heart Rhythm 7 (2010), 1008, 1017; *Pitcher/Soar et al.*, Heart 102 (2016), A1, A10.

[14] Patientenbroschüre Herzschrittmacher der Medtronic GmbH 2015, S. 7, 9.

[15] *Ott/Pressl et al.*, Der Anaesthesist 66 (2017), 803, 805 ff.; Patientenbroschüre Herzschrittmacher der Medtronic GmbH 2015, S. 8. Die Elektroden werden bei Einkammer-Schrittmachern im rechten Vorhof des Herzens oder der rechten Herzkammer platziert. Bei einem Zweikammer-Schrittmacher liegen Elektroden sowohl im rechten Vorhof als auch in der rechten Herzkammer. Bei einem sog. Dreikammer-Schrittmacher (CRT) befindet sich darüber hinaus noch eine dritte Elektrode in der linken Herzkammer. Dadurch soll die Tätigkeit von rechter und linker Herzkammer resynchronisiert werden, wenn die beiden Kammern in nicht mehr hinreichend abgestimmter Weise arbeiten. Mittlerweile gibt es auch sog. intrakardiale Herzschrittmacher, die direkt in die rechte Herzkammer implantiert werden und daher ohne Elek-

trischer Impuls abgegeben, der die Herzaktivität bei Bradykardie-Patienten normalisieren soll.[16] Derartige Impulse werden bei einem gesunden Menschen über das Erregungsbildungs- und -leitungssystem des Herzens abgegeben und weitergeleitet.[17] Bei einer Bradykardie unterstützt der Herzschrittmacher die Herzaktivität also durch den Ausgleich von Defiziten der herzeigenen Impulsgebung und Reizweiterleitung.

Ob die Impulsgebung bzw. -weiterleitung dauerhaft mit einer bestimmten Frequenz unterstützt wird, oder auf Wechsel in der elektrischen Eigenaktivität des Herzens durch Anpassung der Schrittmachertätigkeit reagiert, hängt vom verwendeten Schrittmachersystem und seinen jeweiligen Einstellungen ab.[18] Neuere Schrittmachersysteme können unterschiedlich programmiert werden, sodass sowohl eine feste als auch eine (belastungsabhängig) modulierende Frequenz eingestellt werden kann.[19]

Neben der Abgabe von Impulsen zur Gewährleistung einer normalen Herzfunktion kann der Herzschrittmacher die elektrische Aktivität des Herzens auch als EKG aufzeichnen und abspeichern.[20] Die im Aggregat gespeicherten Daten können mit Hilfe eines Programmiergeräts über eine Funkverbindung von außerhalb des Körpers abgerufen werden.[21] Die Datenauslesung führt im Rahmen von Nachsorgeuntersuchungen regelmäßig der betreuende Arzt durch; teilweise kann sie mittlerweile auch vom Patienten selbst über einen tragbaren Patientenmonitor vorgenommen werden. In diesem Fall sendet der Patientenmonitor die ausgelesenen Daten an ein Netzwerk, auf das der nachsorgende Arzt Zugriff hat. In manchen Fällen erfolgt die Datenübersendung bereits automatisch vom Herzschrittmacher an den nachsorgenden Arzt. Durch den Einsatz derartiger Fernüberwachungsmöglichkeiten können Nachsorgetermine eingespart werden. Es ist jedoch nicht möglich, diese vollständig zu ersetzen. Für körperliche Untersuchungen oder eine Anpassung der variablen Einstellungen des Herzschrittmachers an den jeweiligen Erkrankungszustand des Patienten sind Arztbesuche

---

troden funktionieren. Das für den jeweiligen Patienten geeignete Schrittmachersystem wird in Abhängigkeit von der Grunderkrankung bzw. der spezifischen kardialen Funktionsstörung bestimmt. Zum Ganzen *Ott/Pressl et al.*, Der Anaesthesist 66 (2017), 803, 805 ff. sowie *Pitcher/Soar et al.*, Heart 102 (2016), A1, A9 f.

[16] Patientenbroschüre Herzschrittmacher der Medtronic GmbH 2015, S. 8 f.
[17] Vgl. *Hinterseer/Knez*, in: Baenkler, Goldschmidt et al., Kapitel 1, S. 74.
[18] Vgl. *Larsen*, Kapitel 10, S. 316 f. Ausführlicher zu den verschiedenen Schrittmachereinstellungsmöglichkeiten *Ott/Pressl et al.*, Der Anaesthesist 66 (2017), 803 ff.
[19] Vgl. *Ott/Pressl et al.*, Der Anaesthesist 66 (2017), 803, 807, 812.
[20] *Ott/Pressl et al.*, Der Anaesthesist 66 (2017), 803, 809.
[21] *Pitcher/Soar et al.*, Heart 102 (2016), A1, A10 f. Hierzu und zum Folgenden Patientenbroschüre Herzschrittmacher der Medtronic GmbH 2015, S. 12.

weiterhin erforderlich.²² Einstellungsanpassungen durch den Arzt können ebenso wie die Datenauslesung ohne körperlichen Eingriff mittels eines körperextern befindlichen Programmiergeräts vorgenommen werden.²³ Nachsorgetermine finden patientenindividuell und unter Berücksichtigung der im jeweiligen Einzelfall bestehenden Fernüberwachungsmöglichkeiten in einem zeitlichen Abstand von circa 3 bis 6 Monaten statt.²⁴

Die Lebensdauer eines implantierten Herzschrittmachersystems beträgt bis zu 10 Jahre, teilweise sogar mehr.²⁵ Ist die Batterie erschöpft oder hat der Schrittmacher eine sonstige, nicht über eine Umprogrammierung zu behebende Fehlfunktion, muss das gesamte Gerät in einer Operation, die in der Regel nur eine örtliche Betäubung erfordert, ausgetauscht werden.²⁶

2. ICD

Die Implantation von ICD-Systemen in Deutschland bleibt mit jährlich unter 30.000 hinter der Zahl der implantierten Herzschrittmacher zurück.²⁷ Ein ICD dient der Verhinderung eines plötzlichen Herztodes bei Patienten mit einem diesbezüglich gesteigerten Risiko.²⁸ Die ICD-Implantation kann für Patienten indiziert sein, bei denen in der Vergangenheit tachykarde Herzrhythmusstörungen aufgetreten sind (Sekundärprävention), oder die ein erhöhtes Risiko für das Auf-

---

[22] Hierzu und zum Folgenden vgl. *Schoenfeld*, Circulation 115 (2007), 638, 639 sowie *Levine/Isaeff*, in: *Kusumoto/Goldschlager*, S. 647, 648. Zu den verschiedenen Einstellungsmöglichkeiten und Arbeitsmodi eines Herzschrittmachers *Ott/Pressl et al.*, Der Anaesthesist 66 (2017), 803, 805 ff.

[23] Dazu auch *Pitcher/Soar et al.*, Heart 102 (2016), A1, A10 f.

[24] Vgl. *Schoenfeld*, Circulation 115 (2007), 638, 639; *Senges-Becker/Klostermann et al.*, Europace 7 (2005), 319 ff. Dies bezieht sich auf die reguläre Nachsorge; die erste Nachsorge nach der OP wird hingegen meist früher terminiert; vgl. *Levine/Isaeff*, in: *Kusumoto/Goldschlager*, S. 647, 676.

[25] *Winter/Fehske et al.*, Deutsches Ärzteblatt 2017 – Supplement Perspektiven der Kardiologie, 12, 13. Siehe dazu auch eine Kurzmitteilung aus Deutsches Ärzteblatt 103 (2006), A2736. Für die Lebensdauer dürfte insbesondere das Maß der Unterstützung durch den Herzschrittmacher von Bedeutung sein, also der tatsächliche Stimulationsanteil; vgl. *Mizutani/Kato et al.*, Journal of Artificial Organs 5 (2002), 165, 166.

[26] Patientenbroschüre Herzschrittmacher der Medtronic GmbH 2015, S. 11.

[27] *Ott/Pressl et al.*, Der Anaesthesist 66 (2017), 803, 804. Der letzte verfügbare Stand des Deutschen Herzschrittmacher-Registers im Jahresbericht von 2018 zeigt eine etwas geringere Größenordnung als die von *Ott/Pressl et al.* genannte Zahl von circa 29.000 Implantationen; dazu Deutsche Gesellschaft für Kardiologie, Deutsche Gesellschaft für Thorax-, Herz- und Gefäßchirurgie, Institut für Qualitätssicherung und Transparenz im Gesundheitswesen, Jahresbericht 2018, Teil 2, German Pacemaker Register: Deutsches Herzschrittmacher-Register, S. 7.

[28] BÄK/KBV et al., Nationale VersorgungsLeitlinie Chronische Herzinsuffizienz 2019, 73; *Waltenberger/Schöne-Seifert et al.*, Der Kardiologe 11 (2017), 383, 385.

treten derartiger Herzrhythmusstörungen aufweisen, ohne dass sich dieses bereits verwirklicht hat (Primärprävention).[29] Bei einer Tachykardie handelt es sich um eine Herzrhythmusstörung mit einer zu schnellen Herzfrequenz von über 100 bis zu 400 Schlägen pro Minute, ohne dass für den erhöhten Herzschlag ein regulärer physiologischer Anlass wie eine hohe körperliche Belastung erkennbar ist.[30] Tachykardien wirken sich negativ auf die Pumpfunktion des Herzens aus, sodass die Versorgung des Körpers mit sauerstoffreichem Blut beeinträchtigt ist. Kommt es zum sog. Kammerflimmern, kontrahiert der Herzmuskel nicht mehr ordnungsgemäß („flimmert") und das Herz kann in der Folge seine Pumpfunktion nicht mehr erfüllen.[31]

Ebenso wie ein Herzschrittmacher wird ein ICD grundsätzlich unterhalb des Schlüsselbeins im Brustbereich implantiert[32] und verfügt in der Regel über ein oder zwei Elektroden, die zum Herzen geführt werden.[33] Registriert der ICD eine sog. ventrikuläre Tachykardie[34] oder ein Kammerflimmern, kann er durch mehrere aufeinander folgende elektrische Impulse, das sog. anti-tachykarde Pacing, durch eine einmalige elektrische Stimulation, die sog. Kardioversion, oder durch einen elektrischen Schock, die sog. Defibrillation, intervenieren, um den Herzrhythmus zu normalisieren und einem plötzlichen Herztod des Patienten entgegen zu wirken.[35] Zusätzlich zu den genannten anti-tachykarden Funktionen besitzen heutige ICD-Systeme regelmäßig auch eine anti-bradykarde Schrittmacherfunktion wie herkömmliche Herzschrittmachersysteme, die zum Einsatz kommt, falls bei dem betroffenen Herzpatienten bradykarde Arrhythmien auftreten.[36]

---

[29] BÄK/KBV et al., Nationale VersorgungsLeitlinie Chronische Herzinsuffizienz 2019, 74, 75. Der ICD kann genauer im Falle sog. ventrikulärer Tachykardien indiziert sein, die ihren Ursprung in der Herzkammer haben; ebd.

[30] Hierzu und zum Folgenden Patientenbroschüre ICD der Medtronic GmbH 2017, S. 4.

[31] Vgl. *Klepzig/Klepzig*, S. 205; *Kramme*, in: Kramme, Medizintechnik, Kapitel 26, S. 467.

[32] Davon abweichend werden ICD mit subkutaner Elektrode (sog. S-ICD) an der Seite des Brustkorbes des Patienten implantiert; *Ott/Pressl et al.*, Der Anaesthesist 66 (2017), 803, 808.

[33] Patientenbroschüre ICD der Medtronic GmbH 2017, S. 11. Eine höhere Elektrodenzahl ist davon abweichend bei einem kombinierten CRT-ICD-System vorhanden; *Ott/Pressl et al.*, Der Anaesthesist 66 (2017), 803, 806 f.

[34] Gemeint ist eine in den Hauptkammern des Herzens auftretende Tachykardie; vgl. hierzu bereits Fn. 29.

[35] Hierzu und zum Folgenden *Ott/Pressl et al.*, Der Anaesthesist 66 (2017), 803, 807; *Waltenberger/Schöne-Seifert et al.*, Der Kardiologe 11 (2017), 383, 387 sowie Patientenbroschüre ICD der Medtronic GmbH 2017, S. 8. Vgl. auch *Pitcher/Soar et al.*, Heart 102 (2016), A1, A11.

[36] Die anti-bradykarde Schrittmacherfunktion fehlt indes bei ICD-Geräten mit subkutaner Elektrode; zum Ganzen *Ott/Pressl et al.*, Der Anaesthesist 66 (2017), 803, 807 f. Die verschiedenen Funktionen eines ICD können separat deaktiviert werden; vgl. *Pitcher/Soar et al.*, Heart 102 (2016), A1, A12.

Herzrhythmusstörungen kann der ICD in Form eines EKG aufzeichnen und abspeichern.[37] Wie beim Herzschrittmacher können die auf dem ICD gespeicherten Daten vom Arzt mit Hilfe eines externen Programmiergeräts ausgelesen bzw. bei entsprechender Gerätekonstruktion auch über ein telemetrisches Fernnachsorgesystem mittels Patientenmonitor an den Arzt übersandt werden.[38] Auch für den ICD gilt, dass Nachsorgetermine im Abstand von circa 3 bis 6 Monaten erforderlich sind.[39] Der Arzt prüft dabei den Ladezustand der Batterie, die Elektroden sowie einen etwaigen Anpassungsbedarf der Einstellungen des ICD.[40] Diese Nachsorge kann ggf. durch eine tägliche Selbstüberprüfung des ICD-Systems ergänzt werden.[41]

Die Lebensdauer eines ICD-Aggregats ist abhängig vom System und seiner Inanspruchnahme, beträgt aber heutzutage meist zwischen 6 und 8 Jahren; bei Kombination des ICD mit einem Dreikammer-Schrittmacher (CRT-D) circa 3 bis 5 Jahre.[42] Liegt ein Defekt des ICD vor oder bedarf es eines Batteriewechsels, muss ebenso wie bei Herzschrittmachersystemen das gesamte Aggregat operativ ausgetauscht werden.[43]

Die ICD-Therapie kann durch eine medikamentöse Therapie der Grunderkrankung begleitet und ergänzt werden.[44]

3. Zusammenfassende Bewertung

Während Herzschrittmacher und ICD sowohl optisch als auch im Hinblick auf ihren Implantationsort Gemeinsamkeiten aufweisen und gewisse Funktionen miteinander teilen, adressieren sie im Grundsatz verschiedene Arten von Herzrhythmusstörungen: Der Herzschrittmacher soll einem bradykarden, also verlangsamten, Herzrhythmus entgegenwirken; der ICD greift ein, wenn er eine tachykarde, d.h. zu schnelle, Herzfrequenz wahrnimmt. Bei Patienten mit einer durchweg zu niedrigen Herzeigentätigkeit kann der Herzschrittmacher permanent impulsgebend tätig sein; die anti-tachykarden Funktionen eines ICD kom-

---

[37] Patientenbroschüre ICD der Medtronic GmbH 2017, S. 7.
[38] Patientenbroschüre ICD der Medtronic GmbH 2017, S. 11 f.
[39] *Senges-Becker/Klostermann et al.*, Europace 7 (2005), 319 ff.
[40] Patientenbroschüre ICD der Medtronic GmbH 2017, S. 11.
[41] So zumindest im Beispiel des ICD der Medtronic GmbH. Wird bei der Selbstüberprüfung ein Umstand bemerkt, der eine ärztliche Überprüfung erfordert, gibt der ICD der Medtronic GmbH zu einer durch Arzt und Patient festgelegten Tageszeit einen Signalton ab, um den Patienten auf den Überprüfungsbedarf aufmerksam zu machen; Patientenbroschüre ICD der Medtronic GmbH 2017, S. 8.
[42] *Waltenberger/Schöne-Seifert et al.*, Der Kardiologe 11 (2017), 383, 387.
[43] Patientenbroschüre ICD der Medtronic GmbH 2017, S. 8.
[44] Patientenbroschüre ICD der Medtronic GmbH 2017, S. 11.

men hingegen stets nur anlassbezogen zum Einsatz, wenn eine Tachykardie auftritt. Anders als der Herzschrittmacher kann der ICD die für ihn charakteristische anti-tachykarde Funktion angesichts einer meist vorhandenen entsprechenden Ausstattung mit der anti-bradykarden Schrittmacherfunktion kombinieren.

III. Gründe für eine Deaktivierung am Lebensende

Viele Patienten, die eine Versorgung mit einem Herzschrittmacher oder ICD erhalten, weisen neben ihrer Herzerkrankung weitere Krankheitsbilder auf.[45] Oft handelt es sich um ältere und/oder schwerkranke Patienten.[46] Die Sterberate von CIED-Patienten ist dementsprechend hoch mit jährlich zwischen 5 und 20%.[47] Unabhängig von der Versorgung mit einem CIED liegt die Sterberate von Patienten mit der vielfach diagnostizierten Grunderkrankung Herzinsuffizienz Schätzungen zufolge bei circa 50% innerhalb von 5 Jahren nach der Erstdiagnose.[48] Vor diesem Hintergrund ist die Frage nach dem Umgang mit ICD und Herzschrittmachern in der terminalen Phase einer Erkrankung von hoher Relevanz.[49] Die Gründe für den medizinischen Bedarf bzw. den Wunsch von Herzschrittmacher- oder ICD-Patienten, ihr Gerät am Lebensende deaktivieren zu lassen, sowie die Konsequenzen der Deaktivierung stellen sich bei beiden Gerätetypen unterschiedlich dar.

1. Herzschrittmacher

Der Bedarf für die Deaktivierung eines Herzschrittmachers am Lebensende resultiert regelmäßig nicht aus einer direkten Belastung des Patienten durch die bradykarde Schrittmacherfunktion.[50] Die dabei erfolgende Elektrostimulation

---

[45] *Ott/Pressl et al.*, Der Anaesthesist 66 (2017), 803, 804.
[46] *Janssens/Reith*, Medizinische Klinik – Intensivmedizin und Notfallmedizin 108 (2013), 267, 268f.
[47] So *Janssens/Reith*, Medizinische Klinik – Intensivmedizin und Notfallmedizin 108 (2013), 267, 275 zum Stand im Jahr 2013. Der Begriff CIED bezeichnet, wie oben bereits erläutert, vollständig implantierte Herzschrittmacher und ICD sowie Geräte, die deren Funktionen kombinieren; dazu in Kapitel 3 unter A.I.
[48] *Janssens/Reith*, Medizinische Klinik – Intensivmedizin und Notfallmedizin 108 (2013), 267, 269; vgl. auch *Benjamin/Muntner et al.*, Circulation 139 (2019), e56, e443.
[49] Vgl. *Janssens/Reith*, Medizinische Klinik – Intensivmedizin und Notfallmedizin 108 (2013), 267, 275; vgl. auch die vor diesem Hintergrund herausgegebenen Empfehlungen medizinischer Fachgesellschaften aus dem Jahr 2010: *Lampert/Hayes et al.*, Heart Rhythm 7 (2010), 1008ff. sowie *Padeletti/Arnar et al.*, Europace 12 (2010), 1480ff.
[50] Hierzu und zum Folgenden *Aumiller*, In Würde Sterben mit einem Defi in der Brust?, CardioVasc 15 (2015), 18, 19; *Lampert/Hayes et al.*, Heart Rhythm 7 (2010), 1008, 1012; *Pitcher/Soar et al.*, Heart 102 (2016), A1, A10.

verursacht grundsätzlich keine Missempfindungen. Dennoch kann die Herzschrittmacherdeaktivierung in der Sterbephase Bedeutsamkeit erlangen,[51] wobei insoweit aus medizinischer – wie auch aus rechtlicher – Sicht bedeutsam ist, in welchem Maße der Patient auf seinen Herzschrittmacher angewiesen ist. Für die Zwecke der sich anschließenden rechtlichen Einordnung soll nachfolgend zwischen der Behandlungssituation bei einer hier sog. vitalen Schrittmacherabhängigkeit und bei einer fehlenden vitalen Schrittmacherabhängigkeit unterschieden werden.[52]

a) Deaktivierung bei vitaler Schrittmacherabhängigkeit

Die vitale Schrittmacherabhängigkeit soll in der vorliegenden Arbeit einen Erkrankungszustand des Patienten bezeichnen, in dem der Herzschrittmacher für diesen überlebensnotwendig ist. Eine vitale Schrittmacherabhängigkeit kann gegeben sein, weil der Patient nur noch über einen für die Lebenserhaltung unzu-

---

[51] Laut *Wu*, Journal of Medical Ethics 33 (2007), 532, 533 haben bis zum Veröffentlichungszeitpunkt seines Artikels nur wenige Patienten um das Abschalten ihres Herzschrittmachers gebeten. Welches Patientenkollektiv in diese Betrachtung einbezogen wurde, erläutert er nicht. Indes bestätigt die Nationale VersorgungsLeitlinie Chronische Herzinsuffizienz, dass eine Herzschrittmacherdeaktivierung in der Praxis nur „sehr selten" vorkomme; dazu BÄK/KBV et al., Nationale VersorgungsLeitlinie Chronische Herzinsuffizienz 2019, S. 84.

[52] Der Begriff der vitalen Schrittmacherabhängigkeit ist, soweit ersichtlich, medizinisch nicht gebräuchlich und wurde bewusst gewählt, um eine eigene rechtliche Begriffsprägung zu erlauben, ohne hierfür einen medizinisch bereits vorgeprägten Terminus umdeuten zu müssen und bei Lesern mit medizinischer Vorbildung dadurch Unklarheiten oder Missverständnisse zu erzeugen.
In der medizinischen Literatur wird zumeist nur zwischen schrittmacherabhängigen und nicht schrittmacherabhängigen Patienten unterschieden; eine einheitliche Definition für Schrittmacherabhängigkeit existiert jedoch nicht, sodass diese Begrifflichkeit für die rechtliche Bewertung nicht hinreichend abgrenzungsscharf ist; vgl. zur Definition der Schrittmacherabhängigkeit *Mar/Tu et al.*, Europace 20 (2018), 1708 m.w.N. zu den verschiedenen diesbezüglichen Meinungen. Teilweise wird eine Schrittmacherabhängigkeit bereits dann angenommen, wenn der Patient ohne einen Herzschrittmacher unter erheblichen Bradykardie-Symptomen wie beispielsweise Ohnmachtszuständen leiden würde; *Majewski/Lelakowski*, Europace 20 (2018), 1708; vgl. auch *Megaly/Gössl et al.*, American Heart Journal 218 (2019), 128; anders jedoch *Lampert/Hayes et al.*, Heart Rhythm 7 (2010), 1008, 1017, die Schrittmacherabhängigkeit über einen vollständig fehlenden Herzeigenrhythmus des Patienten definieren.
Bei einer Unterscheidung nach dem Grad der Schrittmacherabhängigkeit wird in der medizinischen Literatur bei einer Schrittmacherversorgung, die zur Lebenserhaltung (durchgängig) erforderlich ist, teilweise von einer absoluten, permanenten oder kompletten Schrittmacherabhängigkeit gesprochen; dazu *Padeletti/Arnar et al.*, Europace 12 (2010), 1480, 1482; *Reith/Janssens*, Medizinische Klinik – Intensivmedizin und Notfallmedizin 109 (2014), 19, 22, 24; *Sommer/Bauer et al.*, Der Kardiologe 11 (2017), 97, 102.

reichenden oder gar keinen Herzeigenrhythmus mehr verfügt.[53] Ein derartiger Zustand mag permanent oder intermittierend bestehen; im letztgenannten Fall kann zeitweise, aber nicht durchgängig noch ein zum Überleben ausreichender Herzeigenrhythmus vorhanden sein.[54]

In der letzten Lebensphase kann bei schwerstkranken Patienten mit vitaler Schrittmacherabhängigkeit der Wunsch entstehen, ihren Herzschrittmacher deaktivieren zu lassen, um ihre Sterbephase und damit auch ihren krankheitsbedingten Leidensprozess zu verkürzen.[55] Da die Aufrechterhaltung des Lebens eines vital schrittmacherabhängigen Patienten von der Herzschrittmacheraktivität abhängig ist, führt eine Deaktivierung des Gerätes zu seinem Tod.[56] Dieser tritt im Falle permanenter vitaler Schrittmacherabhängigkeit unmittelbar nach der Deaktivierung ein.[57] Besteht nur eine intermittierende vitale Schrittmacherabhängigkeit und reicht der Herzeigenrhythmus des Patienten im Moment der

---

[53] Die hier beschriebene Abhängigkeit ist nicht gleichzusetzen mit dem medizinischen Begriff der Schrittmacherabhängigkeit. Im medizinischen Schrifttum wird die Bezeichnung „Schrittmacherabhängigkeit" teilweise unterschiedslos sowohl im Falle lebensnotwendiger Schrittmachertätigkeit als auch im Falle einer Erforderlichkeit des Schrittmachers zur Vermeidung erheblicher Bradykardie-Symptome verwendet. Die hier gewählte Definition vitaler Schrittmacherabhängigkeit ähnelt dem bei *Majewski/Lelakowski*, Europace 20 (2018), 1708 beschriebenen Verständnis; die Definition der Schrittmacherabhängigkeit ist jedoch unter Medizinern umstritten; dazu bereits soeben in Fn. 52.

[54] Vgl. *Baraki/Al Ahmad et al.*, Interactive CardioVascular and Thoracic Surgery 16 (2013), 476, 477; *Megaly/Gössl et al.*, American Heart Journal 218 (2019), 128; *Padeletti/Arnar et al.*, Europace 12 (2010), 1480, 1482.

[55] Zu einer möglichen Verkürzung der Sterbephase dieser Patienten durch eine Herzschrittmacher-Deaktivierung vgl. *Reith/Janssens*, Medizinische Klinik – Intensivmedizin und Notfallmedizin 109 (2014), 19, 25. *Lampert/Hayes et al.*, Heart Rhythm 7 (2010), 1008, 1012 gehen davon aus, dass die Schrittmachertätigkeit den Sterbeprozess bei (vital) schrittmacherabhängigen Patienten verlängern kann. Anders *Kay/Pelosi*, The Linacre Quarterly 80 (2013), 308, 314.

[56] *Lampert/Hayes et al.*, Heart Rhythm 7 (2010), 1008, 1017; *Padeletti/Arnar et al.*, Europace 12 (2010), 1480, 1482; *Reith/Janssens*, Medizinische Klinik – Intensivmedizin und Notfallmedizin 109 (2014), 19, 24. Da der Patient ohne die Deaktivierung regelmäßig erst zu einem späteren Zeitpunkt verstorben wäre, wird hier im medizinisch-ethischen Schrifttum teilweise die Deaktivierung als Todesursache angesehen. Eine entsprechende Auffassung herrscht laut *Kay/Bittner*, Circulation: Arrhythmia and Electrophysiology 2 (2009), 336 bei vielen Medizinern. Andere Stimmen vertreten davon abweichend, der Patient versterbe an seiner Grunderkrankung, die den zum Tode führenden Atrioventrikulären Block (sog. AV-Block) III. Grades ohne Ersatzrhythmus verursache; dazu *Reith/Janssens*, Medizinische Klinik – Intensivmedizin und Notfallmedizin 109 (2014), 19, 24. Das Abschalten von Herzschrittmachern bei kompletter Schrittmacherabhängigkeit sei jedoch in manchen Ländern gesetzlich verboten; ebd.

[57] Vgl. *Padeletti/Arnar et al.*, Europace 12 (2010), 1480, 1482; *Reith/Janssens*, Medizinische Klinik – Intensivmedizin und Notfallmedizin 109 (2014), 19, 24.

Deaktivierung für eine Lebenserhaltung aus, so kann der Tod auch erst mit zeitlicher Verzögerung eintreten.[58]

b) Deaktivierung bei fehlender vitaler Schrittmacherabhängigkeit

Besteht keine vitale Schrittmacherabhängigkeit im Sinne des soeben dargelegten Verständnisses, wirkt der Herzschrittmacher nicht lebenserhaltend; seine Deaktivierung führt daher grundsätzlich nicht zum Tod des Patienten.

Ob bei solchen Patienten eine fortgesetzte Aktivität des Schrittmachers den Strebeprozess tatsächlich prolongieren kann, ist unklar.[59] Der Wegfall des anti-bradykarden Pacing kann das Leid der Patienten jedoch durch das Auftreten von Bradykardie-Symptomen wie Bewusstseinsverlusten, Atemnot, Brustenge bis hin zu durch Sauerstoffmangel bedingten Folgeerkrankungen erhöhen, ohne die Sterbephase zu verkürzen.[60] Der medizinische Nutzen einer Deaktivierung für Patienten, die nicht vital von ihrem Schrittmacher abhängig sind, ist daher zweifelhaft. Die fortgesetzte Herzschrittmachertätigkeit gilt bei derartigen Patienten als sinnvolle Palliativmaßnahme.[61] Den Eintritt des natürlichen Todes verhindere sie hingegen nicht.[62] Die Möglichkeit, den Herzschrittmacher in der Sterbephase abzuschalten, dürfte daher in der Praxis in dieser Situation nur eine untergeordnete Rolle spielen.[63]

c) Zusammenfassende Bewertung

Die Gegenüberstellung der beiden hier unterschiedenen Behandlungssituationen zeigt, dass der Bedarf für eine Herzschrittmacherdeaktivierung in der Praxis überwiegend auf Fälle beschränkt bleiben dürfte, in denen der Herzschrittmacher für seinen Träger eine lebenserhaltende Maßnahme darstellt, also eine vitale Schrittmacherabhängigkeit besteht. Vital schrittmacherabhängige Patienten könnten durch einen prolongierten Sterbeprozess zusätzlichen Schmerzen ausge-

---

[58] Vgl. *Pitcher/Soar et al.*, Heart 102 (2016), A1, A10.

[59] *Lampert/Hayes et al.*, Heart Rhythm 7 (2010), 1008, 1017.

[60] Hierzu und zum Folgenden *Lampert/Hayes et al.*, Heart Rhythm 7 (2010), 1008, 1017; vgl. auch *Pitcher/Soar et al.*, Heart 102 (2016), A1, A10.

[61] Vgl. *Padeletti/Arnar et al.*, Europace 12 (2010), 1480, 1482. *Dutzmann* und *Israel* beschränken diese Einschätzung nicht auf den Fall fehlender Schrittmacherabhängigkeit, da auch bei schrittmacherabhängigen Patienten auf die Deaktivierung häufig das Einsetzen eines Ersatzrhythmus folge; *Dutzmann/Israel*, Herzschrittmachertherapie + Elektrophysiologie 30 (2019), 204, 207.

[62] Hierzu und zum Folgenden *Pitcher/Soar et al.*, Heart 102 (2016), A1, A10; vgl. auch *Dutzmann/Israel*, Herzschrittmachertherapie + Elektrophysiologie 30 (2019), 204, 207.

[63] Denkbar wäre hier insbesondere, dass der einwilligungsfähige Patient die Deaktivierung trotz Aufklärung über ihre voraussichtlichen Konsequenzen ausdrücklich wünscht.

setzt sein oder dies befürchten. Auch ein befürchteter Verlust von Würde oder Kontrolle sowie eine weitere Herabsetzung von Lebensqualität in der Sterbephase kann bei Patienten, für die der Herzschrittmacher lebenserhaltend wirkt, zu dem Wunsch einer Deaktivierung mit einem resultierenden früheren Todeseintritt führen.[64]

2. ICD

Eine (partielle) ICD-Deaktivierung am Lebensende kann aus Sicht von Ärzten und Patienten wünschenswert sein, weil die Defibrillations-Funktion die Sterbephase verlängern bzw. qualvoller machen kann.[65]

Anders als beim Herzschrittmacher steht beim ICD am Lebensende die direkte Belastung des Patienten durch das Gerät im Vordergrund. Die mittels Defibrillation therapierten Herzrhythmusstörungen können regelmäßig Teil des natürlichen Sterbeprozesses sein.[66] Der ICD kann dessen ungeachtet auch in der Sterbephase seines Trägers mit der Abgabe eines elektrischen Schocks reagieren, den der Patient oft nicht nur als unangenehm, sondern als äußerst schmerzhaft empfindet. Auf diese Weise verhindert der ICD den plötzlichen Herztod, kann aber das Sterben an der Grunderkrankung oder einer anderen terminalen Erkrankung letztlich nicht aufhalten.[67] ICD-Patienten mit aktivierter Defibrillations-Funktion ihres Gerätes erleiden in der Sterbephase zuweilen regelrechte Schocksalven, bei denen es innerhalb eines kurzen Zeitraumes zu zahlreichen medizinisch nicht mehr sinnvollen Defibrillationen kommt.[68] Mit der Schockabgabe können neben Schmerzen auch Bewusstlosigkeit, Übelkeit, Erbrechen, sowie ein unkontrollierter Abgang von Harn oder Stuhl einhergehen und dem Patienten zusätzliches Leid bescheren.[69] Auch für die Angehörigen, die den Sterbeprozess begleiten, kann dies traumatisierend sein.[70] Um unnötigen Qualen in der Sterbephase vorzubeugen, kommt daher eine sog. palliative ICD-Deaktivierung in Betracht.[71]

---

[64] So auch *Lampert/Hayes et al.*, Heart Rhythm 7 (2010), 1008, 1012.
[65] *Waltenberger/Schöne-Seifert et al.*, Der Kardiologe 11 (2017), 383, 384.
[66] *Aumiller*, CardioVasc 15 (2015), 18. Hierzu und zum Folgenden *Pfeiffer/Hagendorff et al.*, Herzschrittmachertherapie + Elektrophysiologie 26 (2015), 134.
[67] *Waltenberger/Schöne-Seifert et al.*, Der Kardiologe 11 (2017), 383, 386.
[68] Vgl. nur die erschreckenden Beispiele bei *Ladwig/Ischinger et al.*, Herzschrittmachertherapie + Elektrophysiologie 22 (2011), 151, 152.
[69] *Reith/Janssens*, Medizinische Klinik – Intensivmedizin und Notfallmedizin 109 (2014), 19, 23.
[70] *Ladwig/Ischinger et al.*, Herzschrittmachertherapie + Elektrophysiologie 22 (2011), 151, 152.
[71] *Waltenberger/Schöne-Seifert et al.*, Der Kardiologe 11 (2017), 383, 384.

Werden die anti-tachykarden ICD-Funktionen deaktiviert, hat dies keine unmittelbaren Auswirkungen auf das Leben des Patienten; da es sich lediglich um eine risikoreduzierende Therapieform handelt, verhindert der ICD nur das lebensrettende Eingreifen bei einem *zukünftigen* kardialen Ereignis:[72] Erst, wenn im weiteren Verlauf eine tachykarde Arrhythmie auftritt, der deaktivierte ICD dieser nicht mehr entgegenwirken kann und diese daher tödlich endet, führt die ICD-Deaktivierung tatsächlich zu einer Lebensverkürzung.[73] Tritt keine entsprechende Arrhythmie auf, kommt es in Folge der Deaktivierung hingegen nicht zu einem früheren Todeseintritt als bei fortgesetzter ICD-Tätigkeit.

IV. Deaktivierung der Geräte aus medizinisch-technischer Sicht

Wünscht ein Patient die Deaktivierung seines Herzschrittmachers oder ICD, existieren hierfür verschiedene Möglichkeiten. Die Unterschiede in den Funktionen von Herzschrittmacher und ICD machen auch insoweit eine differenzierende Betrachtung erforderlich.

1. Herzschrittmacher

Eine Herzschrittmachertherapie kann auf verschiedenen Wegen beendet werden.

Die operative Entfernung des Schrittmachers empfiehlt sich auf Grund der damit verbundenen Risiken grundsätzlich nicht.[74] Dabei können Komplikationen wie Infektionen, Blutungen oder mechanische Komplikationen entstehen.

Die einfachste Form des Therapieabbruchs besteht darin, einen erforderlichen Wechsel des Herzschrittmacheraggregats zu unterlassen, was jedoch voraussetzt, dass der Deaktivierungswunsch zu einem Zeitpunkt entsteht, zu dem ein entsprechender Austausch des Aggregats angezeigt wäre.[75] Ein solches Zusammenfal-

---

[72] *Reith/Janssens*, Medizinische Klinik – Intensivmedizin und Notfallmedizin 109 (2014), 19, 24. Diese Aussage bezieht sich lediglich auf die dem ICD eigene anti-tachykarde Funktion. Etwas anderes gilt, wenn der Patient zugleich vital schrittmacherabhängig ist und die anti-bradykarde Funktion des ICD mit deaktiviert wird. Siehe hierzu die Erläuterungen in Kapitel 3 unter A. III. 1. lit. a.

[73] Vgl. BÄK/KBV et al., Nationale VersorgungsLeitlinie Chronische Herzinsuffizienz 2019, 83. In der medizinisch-ethischen Literatur wird vor diesem Hintergrund das kardiale Ereignis und nicht die vorangegangene ICD-Deaktivierung von einigen Autoren als entscheidender Kausalfaktor für den Todeseintritt beschrieben; vgl. zu dieser Diskussion *Reith/Janssens*, Medizinische Klinik – Intensivmedizin und Notfallmedizin 109 (2014), 19, 24.

[74] Hierzu und zum Folgenden *Lampert/Hayes et al.*, Heart Rhythm 7 (2010), 1008, 1012; *Reith/Janssens*, Medizinische Klinik – Intensivmedizin und Notfallmedizin 109 (2014), 19, 25. Da diese Option medizinisch nicht sinnvoll ist, bleibt sie nachfolgend außer Betracht.

[75] Vgl. *Reith/Janssens*, Medizinische Klinik – Intensivmedizin und Notfallmedizin 109 (2014), 19, 24.

len von Deaktivierungswunsch und Lebensende des Aggregats ist zufällig und dürfte daher nur in seltenen Fällen relevant werden.

Für den Regelfall, dass der vorhandene Herzschrittmacher zum Zeitpunkt des Deaktivierungswunsches weiterhin funktionstüchtig ist, kann das anti-bradykarde Pacing durch Programmierung des Geräts auf einen bestimmten Modus unterbunden werden, wenn das Gerät einen solchen Modus besitzt.[76] Alternativ kann die Stimulationsfrequenz des Schrittmachers verringert und dadurch so weit abgesenkt werden, dass die Wirksamkeitsschwelle unterschritten und der Schrittmacher funktionslos wird.[77] Die dargestellten Deaktivierungsoptionen erfordern medizinisches Fachwissen.[78]

2. ICD

Auch für die Deaktivierung eines ICD bestehen verschiedene Optionen. Eine operative Entfernung zur Beendigung einer bestehenden Versorgung wird regelmäßig nicht empfohlen.[79]

In Betracht kommt aber ebenso wie beim Herzschrittmacher die Entscheidung gegen einen erforderlichen Aggregatwechsel, falls dieser ausnahmsweise einmal zeitlich mit dem Deaktivierungswunsch zusammenfällt.[80]

Treten Deaktivierungswunsch und Austauschbedarf des Aggregates nicht gleichzeitig auf, betrifft eine gezielte, palliative ICD-Deaktivierung regelmäßig nicht das gesamte Aggregat, sondern nur bestimmte Funktionen.[81] Welche Funktionen des ICD deaktiviert werden, ist abhängig vom jeweiligen Patienten und seinem Krankheitszustand. Um die Vorgehensweise festzustellen, die für den Betroffenen die größte Entlastung verspricht, bedarf es der Mitwirkung eines Arztes mit kardiologischem Sachverstand. Da aber die Vermeidung von qualvollen elektrischen Schocks in der Sterbephase im Vordergrund steht, wird meist die Defibrillationsfunktion des Gerätes deaktiviert, während die anti-bradykarde Schrittmacherfunktion aus palliativen Gründen aufrecht erhalten bleibt.[82]

---

[76] *Lampert/Hayes et al.*, Heart Rhythm 7 (2010), 1008, 1020 f. Zur nicht-invasiven Deaktivierung mittels Programmiergerät auch *Pitcher/Soar et al.*, Heart 102 (2016), A1, A10.
[77] Hierzu und zum Folgenden *Lampert/Hayes et al.*, Heart Rhythm 7 (2010), 1008, 1021.
[78] Eine Herzschrittmacherdeaktivierung durch Dritte ist damit kaum denkbar. Diese Option wird in der Darstellung auch ausgeklammert; die Untersuchung beschränkt sich auf die Bewertung der ärztlichen Deaktivierung; hierzu bereits oben in Kapitel 1 unter A., Fn. 14.
[79] *Lampert/Hayes et al.*, Heart Rhythm 7 (2010), 1008, 1012. Die genannte Option bleibt daher nachfolgend außer Betracht.
[80] Vgl. *Waltenberger/Schöne-Seifert et al.*, Der Kardiologe 11 (2017), 383, 391.
[81] Hierzu und zum Folgenden *Waltenberger/Schöne-Seifert et al.*, Der Kardiologe 11 (2017), 383, 387 f.
[82] *Lampert/Hayes et al.*, Heart Rhythm 7 (2010), 1008, 1021; *Waltenberger/Schöne-Seifert et al.*, Der Kardiologe 11 (2017), 383, 388. Laut *Pitcher/Soar et al.*, Heart 102 (2016), A1, A12

Die beschriebene partielle Deaktivierung eines ICD[83] kann auf zwei Wegen vorgenommen werden: Der ICD kann zum einen mit Hilfe eines Programmiergerätes vom Arzt so eingestellt werden, dass einzelne Funktionen nicht mehr aktiv sind.[84] Zum anderen können meist die anti-tachykarden Funktionen des ICD durch kontinuierliche Auflage eines Ringmagneten oder eines speziell zu diesem Zweck vom Gerätehersteller vorgehaltenen Magneten inhibiert werden, ohne dass die anti-bradykarde Schrittmacherfunktion des ICD deaktiviert wird.[85] Für die Deaktivierung mittels Magnet ist kardiologisches Fachwissen nicht zwingend erforderlich.[86]

Welche Deaktivierungsoption angezeigt ist bzw. realisiert werden kann, obliegt der ärztlichen Beurteilung im jeweiligen Einzelfall.

V. Fallkonstellationen mit resultierendem Abgrenzungsbedarf zwischen §§ 212, 216 StGB und zulässigem Behandlungsabbruch

Die medizinisch-technischen Hintergründe der Herzschrittmacher- und ICD-Deaktivierung[87], insbesondere der unterschiedliche Einfluss der Deaktivierung auf den Todeseintritt in verschiedenen Versorgungssituationen haben gezeigt, dass in der strafrechtlichen Bewertung ein weitergehender Differenzierungsbedarf besteht. Es bedarf daher einer näheren Untersuchung, in welchen Fallkonstellationen einer dem Patientenwillen entsprechenden Deaktivierung[88] seines Herz-

---

kann darüber hinaus die Erkennungsfunktion für ventrikuläre Tachykardien deaktiviert werden; *Waltenberger/Schöne-Seifert et al.*, Der Kardiologe 11 (2017), 383, 388 erachten dies nicht als zwingend und verweisen auf eine Entscheidung im Einzelfall.

[83] Für die Zwecke dieser Untersuchung wird auch eine aus technischer Sicht partielle ICD-Deaktivierung als ICD-Deaktivierung bezeichnet, es sei denn, es ergeben sich im Hinblick auf die Deaktivierung nur bestimmter ICD-Funktionen ausnahmsweise relevante Besonderheiten für die rechtliche Bewertung.

[84] *Lampert/Hayes et al.*, Heart Rhythm 7 (2010), 1008, 1020f.

[85] *Lampert/Hayes et al.*, Heart Rhythm 7 (2010), 1008, 1021; *Ott/Pressl et al.*, Der Anaesthesist 66 (2017), 803, 814; *Waltenberger/Schöne-Seifert et al.*, Der Kardiologe 11 (2017), 383, 388.

[86] *Waltenberger/Schöne-Seifert et al.*, Der Kardiologe 11 (2017), 383, 388. *Lampert/Hayes et al.*, Heart Rhythm 7 (2010), 1008, 1021 empfehlen sogar, Patienten im terminalen Erkrankungsstadium einen Ringmagneten sowie Hinweise zu seiner Einsatzmöglichkeit mitzugeben.

[87] Wie bereits oben in Kapitel 3 unter A.I. erläutert, soll über den Begriff der ICD-Deaktivierung die Deaktivierung anti-tachykarder ICD-Funktionen erfasst werden; für die Deaktivierung anti-bradykarder Funktionen eines ICD gelten hingegen die Ausführungen für eine Herzschrittmacherdeaktivierung entsprechend.

[88] Dem Willen des Patienten widersprechende Deaktivierungen bleiben angesichts des Zuschnitts der Untersuchung auf willensgemäße Deaktivierungen außer Betracht. Insofern gilt, dass eine mit Tötungsvorsatz durchgeführte Beendigung der Aktivität eines lebenserhaltenden Gerätes gegen den Patientenwillen als strafbares (versuchtes) Tötungsdelikt im Sinne der

schrittmachers oder ICD eine Strafbarkeit wegen eines vorsätzlichen Tötungsdeliktes in Betracht gezogen werden muss und in welchen Situationen diese von vornherein ausgeschlossen ist. Scheidet eine Strafbarkeit der Deaktivierung eines Herzschrittmachers oder ICD gemäß §§ 212, 216 StGB bereits aus anderen Gründen aus, bedarf es insoweit keiner näheren Abgrenzung zwischen einem zulässigen Behandlungsabbruch im Sinne der BGH-Rechtsprechung und einer objektiv zurechenbaren Tötung.

1. Herzschrittmacher

Bei der Feststellung des potentiellen Bedarfes für eine Herzschrittmacherdeaktivierung am Lebensende zeigten sich Unterschiede bedingt durch den Grad der Schrittmacherabhängigkeit des betroffenen Patienten.[89] Die in diesem Zusammenhang erfolgte Differenzierung zwischen der Situation vitaler Schrittmacherabhängigkeit und der Situation fehlender vitaler Schrittmacherabhängigkeit soll im Rahmen der Identifikation strafrechtlich relevanter Fallgruppen der Herzschrittmacherdeaktivierung durch aktives Tun[90] als Ausgangspunkt dienen.

a) Vitale Schrittmacherabhängigkeit

Ist die Herzschrittmachertätigkeit für den Patienten überlebensnotwendig, er also im bereits dargelegten Sinne vital schrittmacherabhängig, führt die Deaktivierung seines Herzschrittmachers zum kausalen Eintritt seines Todes. Damit ist eine Verwirklichung des Tatbestandes der §§ 212, 216 StGB bei vitaler Schrittmacherabhängigkeit grundsätzlich in Betracht zu ziehen. Ein relevanter Unterschied für die Tatbestandsverwirklichung könnte sich in Abhängigkeit davon ergeben, ob der Patient, dessen Herzschrittmacher deaktiviert wird, permanent vital schrittmacherabhängig ist, oder lediglich intermittierend auf diesen angewiesen ist.[91]

---

§§ 211 ff. StGB zu bewerten ist. Bei fehlendem Vorsatz kommt im Falle des Erfolgseintritts zumindest eine fahrlässige Tötung gemäß § 222 StGB in Betracht.

[89] Hierzu und zum Folgenden oben in Kapitel 3 unter A. III. 1.

[90] Fälle des willensgemäßen Unterlassens eines erforderlichen Aggregatwechsels werden in die Betrachtung nicht einbezogen; es handelt sich dabei nicht um eine – gerade durch aktives Tätigwerden gekennzeichnete – Deaktivierung im untersuchungsgegenständlichen Sinne. Das durch den unterbliebenen Aggregatwechsel verwirklichte Unterlassen einer erforderlichen Behandlung kann anhand der BGH-Rechtsprechung ohne Weiteres als strafloser Behandlungsabbruch eingeordnet werden, sodass eine Strafbarkeit dieses Verhaltens gemäß §§ 212, 216 StGB ausscheidet.

[91] Zu dieser Binnendifferenzierung innerhalb der vitalen Schrittmacherabhängigkeit und ihren nachfolgend dargestellten Folgen für den Eintritt des Todes infolge einer Deaktivierung bereits oben in Kapitel 3 unter A. III. 1. lit. a.

Bei permanenter vitaler Schrittmacherabhängigkeit führt eine Deaktivierung unmittelbar zum Tod, sodass eine Verwirklichung der §§ 212, 216 StGB durch den deaktivierenden Arzt bei wenigstens bedingtem Vorsatz hinsichtlich eines deaktivierungsbedingten Todeseintritts besonders naheliegt. Hat der Patient ausdrücklich und ernstlich um die tödliche Deaktivierung gebeten und den Arzt dadurch zu einem entsprechenden Verhalten motiviert, könnte der Privilegierungstatbestand des § 216 StGB einschlägig sein. Bei einer bloß dem mutmaßlichen Patientenwillen entsprechenden Herzschrittmacherdeaktivierung wäre hingegen eine Strafbarkeit gemäß § 212 StGB in Betracht zu ziehen.[92]

Im Falle einer bloß intermittierenden vitalen Schrittmacherabhängigkeit ist es möglich, dass die Deaktivierung erst zeitlich verzögert zum Tod des Patienten führt, sofern seine Herzeigentätigkeit im Zeitpunkt der Deaktivierung vorübergehend ausreicht, um sein Weiterleben sicherzustellen. Auch in diesem Fall wäre aber letztendlich ein vollendetes Tötungsdelikt zu prüfen, sofern der Arzt im Zeitpunkt der Deaktivierung den (späteren) Eintritt des Todes infolge seines Verhaltens für möglich hält und zumindest billigend in Kauf nimmt.[93]

Mithin kommt sowohl in Fällen permanenter als auch in Fällen intermittierender vitaler Schrittmacherabhängigkeit eine Verwirklichung der §§ 212, 216 StGB grundsätzlich in Betracht. Die Abgrenzung zwischen objektiv zurechenbarer Tötung und zulässigem Behandlungsabbruch im Sinne der BGH-Rechtsprechung wird also in beiden Konstellationen relevant.

b) Fehlende vitale Schrittmacherabhängigkeit

Auf die Abgrenzung zwischen §§ 212, 216 StGB und zulässigem Behandlungsabbruch dürfte es regelmäßig nicht ankommen, wenn eine willensgemäße Deaktivierung bei einem Patienten erfolgt, der nicht vital auf seinen Herzschrittmacher angewiesen ist, d.h. dessen Herzeigentätigkeit noch ausreicht, um sein Überleben zu sichern. In diesen Fällen dürfte ein deaktivierungsbedingter Todeseintritt, der einen gemäß §§ 212, 216 StGB relevanten Erfolg darstellt, kaum

---

[92] Geht der Arzt irrtümlich von einer fehlenden vitalen Schrittmacherabhängigkeit aus oder fehlt ihm aus anderen Gründen die Vorstellung von einem möglichen tödlichen Verlauf infolge der Deaktivierung, wäre eine fahrlässige Tötung gemäß § 222 StGB zu prüfen.

[93] Zu dieser Definition des bedingten Vorsatzes im Sinne der aktuellen Rechtsprechung ausführlich MüKo-StGB/*Joecks/Kulhanek*, § 16, Rz. 59 ff. Die genauen Definitionsmerkmale des bedingten Vorsatzes sind umstritten; siehe ebd., Rz. 31 ff.

Im Anschluss an eine Deaktivierung bis zum Tod des Patienten wäre an eine (gemäß §§ 212, 22, 23 Abs. 1 StGB bzw. §§ 212, 216, 22, 23 Abs. 1 StGB strafbare) Tat im Versuchsstadium zu denken.

nachzuweisen sein; der Herzschrittmacher stellt hier anders als bei vitaler Schrittmacherabhängigkeit keine lebenserhaltende Behandlung dar.[94]

Nicht ausgeschlossen erscheint es, dass ein Patient im Zeitpunkt der Herzschrittmacherdeaktivierung selbst nicht vital schrittmacherabhängig ist, sein Gesundheitszustand sich jedoch zu einem späteren Zeitpunkt verschlechtert und er in der Folge vital schrittmacherabhängig wird.[95] Da eine lebenserhaltende Herzschrittmacheraktivität auf Grund der vorherigen Deaktivierung nicht mehr vorhanden ist, wird auch in einem solchen Fall die Herzschrittmacherdeaktivierung kausal für den Eintritt des Todes. Lag im Zeitpunkt der Deaktivierung ein zumindest bedingter Tötungsvorsatz des handelnden Arztes vor, kann auch hier der Bedarf für eine Abgrenzung zwischen objektiv zurechenbarer Tötung und zulässigem Behandlungsabbruch entstehen.[96]

Tritt keine spätere vitale Schrittmacherabhängigkeit des Patienten ein bzw. ist ein deaktivierungsbedingter Tod nicht nachzuweisen, lässt sich lediglich eine Strafbarkeit wegen eines Versuchs gemäß §§ 212, 22, 23 Abs. 1 StGB bzw. §§ 212, 216, 22, 23 Abs. 1 StGB erwägen, sofern der Arzt eine durch den (mutmaßlichen) Patientenwillen bzw. den ausdrücklichen Patientenwunsch motivierte Deaktivierung mit dem Vorsatz vornimmt, dadurch den Tod des Patienten her-

---

[94] Ob die fortgesetzte Herzschrittmachertätigkeit in solchen Fällen den Sterbeprozess prolongieren kann, ist gemäß den vorstehenden Erläuterungen zum medizinisch-technischen Hintergrund der Herzschrittmacherversorgung unklar; dazu oben in Kapitel 3 unter A. III. 1. lit. b. sowie *Lampert/Hayes et al.*, Heart Rhythm 7 (2010), 1008, 1017.
Die Deaktivierung wäre in diesen Fällen jedoch vermutlich mit einer Verschlechterung der Krankheitssymptomatik verbunden, sodass die Verwirklichung von Körperverletzungsdelikten zu prüfen wären – insoweit dürfte jedoch eine Rechtfertigung durch (mutmaßliche) Einwilligung in Betracht kommen, ohne dass § 228 StGB der Wirksamkeit der Einwilligung grundsätzlich entgegen steht. Dies sei nur ergänzend erwähnt; die Körperverletzungsdelikte werden mangels Relevanz für die der Arbeit zugrunde liegende Fragestellung nicht zum Gegenstand der Untersuchung gemacht.
[95] Zu dieser Möglichkeit näher in Kapitel 4 unter B. V. 4. lit. a.
[96] Ging der Arzt von einem unmittelbar auf die Deaktivierung folgenden Todeseintritt aus, da er eine vitale Schrittmacherabhängigkeit des Patienten annahm, und tritt der Tod anders als von ihm vorgestellt auf Grund einer erst später entwickelten vitalen Schrittmacherabhängigkeit mit zeitlichem Abstand ein, stellt sich für eine Strafbarkeit wegen eines vollendeten Tötungsdelikts auch die Frage, ob darin eine wesentliche oder eine unwesentliche Abweichung vom vorgestellten Kausalverlauf liegt. Im Regelfall dürfte sich der spätere Eintritt des Todes im Rahmen des nach allgemeiner Lebenserfahrung Vorhersehbaren bewegen; dies ist jedoch eine anhand der konkreten Einzelfallumstände zu beantwortende Tatfrage. Vgl. zum Irrtum über den Kausalverlauf mit einem späteren Todeseintritt als vom Täter vorgestellt MüKo-StGB/ *Joecks/Kulhanek*, § 16, Rz. 83, 90 ff.

beizuführen.⁹⁷ In diesem Kontext bedürfte es einer Abgrenzung zwischen versuchtem Tötungsdelikt und versuchtem straflosen Behandlungsabbruch.

2. ICD

In Fällen einer willensgemäßen Deaktivierung der anti-tachykarden Funktionen eines ICD kann ein Abgrenzungsbedarf zwischen zulässigem Behandlungsabbruch und unzulässiger Tötung ebenfalls entstehen.⁹⁸ Zu unterscheiden ist in diesem Kontext zwischen einer Deaktivierung mit späterem Eintritt einer tödlichen tachykarden Herzrhythmusstörung⁹⁹ (hierzu lit. a.) und einer Deaktivierung, nach der sich keine tödliche tachykarde Herzrhythmusstörung einstellt (hierzu lit. b.).¹⁰⁰ Soweit in diesen Fallkonstellationen die Erfüllung des Tatbestands eines Tötungsdelikts in Betracht kommt, ist zu erwägen, ob für palliative ICD-Deaktivierungen¹⁰¹ nicht jedenfalls die Grundsätze zur indirekten aktiven Sterbehilfe eine Straflosigkeit begründen und die Einordnung anhand der Grundsätze zum Behandlungsabbruch in der Praxis daher weniger relevant ist (hierzu lit. c.).

a) Eintritt einer tödlichen tachykarden Herzrhythmusstörung

Die (palliative) Deaktivierung eines ICD kann nur dann kausal für den Tod seines Trägers werden, wenn zu einem späteren Zeitpunkt eine tachykarde Herzrhythmusstörung eintritt, die zum Tod des Patienten führt und die durch einen aktivierten ICD hätte beendet werden können. Die Deaktivierung des ICD wird in diesem Fall kausal für den Tod des Patienten, da sie nicht hinweg gedacht werden kann, ohne dass der Tod in seiner konkreten Gestalt, d. h. infolge des Eintritts einer nicht durch den ICD bekämpften tachykarden Herzrhythmusstörung, entfiele.¹⁰²

---

⁹⁷ Dies wäre beispielsweise bei einer irrtümlich angenommenen vitalen Schrittmacherabhängigkeit denkbar.

⁹⁸ Ist zusätzlich die anti-bradykarde Schrittmacherfunktion des ICD aktiv und soll deaktiviert werden, gelten diesbezüglich die Ausführungen in Kapitel 3 unter A.V.1. entsprechend.

⁹⁹ Als tachykarde Herzrhythmusstörung werden hier und im Folgenden Herzrhythmusstörungen bezeichnet, die eine Tätigkeit anti-tachykarder ICD-Funktionen auslösen; für die Zwecke der strafrechtlichen Bewertung bedarf es der in Kapitel 3 unter A.II.2. vorgenommenen weitergehenden Differenzierung zwischen ventrikulären Tachykardien und Kammerflimmern nicht.

¹⁰⁰ Fälle des willensgemäßen Unterlassens eines erforderlichen Aggregatwechsels sind ebenso wie bei der Herzschrittmacherversorgung nicht Gegenstand der Betrachtung; dazu oben in Fn. 90.

¹⁰¹ Zum Begriff oben in Kapitel 3 unter A.III.2.

¹⁰² Zu der angewendeten Conditio-sine-qua-non-Formel Schönke/Schröder/*Eisele*, Vor §§ 13 ff. StGB, Rz. 73a. Die Deaktivierung ist hier anders als im Falle des Abschaltens eines Herzschrittmachers bei vitaler Schrittmacherabhängigkeit nur mittelbarer Kausalfaktor für den

Entspricht die (palliative) Deaktivierung des ICD dem ausdrücklichen und ernstlichen Wunsch des Patienten und nimmt der Arzt diese deshalb vor, kann in der beschriebenen Konstellation eine Strafbarkeit gemäß § 216 StGB erwogen werden; bei einer nur dem mutmaßlichen Willen des Patienten entsprechenden Deaktivierung kommt der Tatbestand des § 212 StGB in Betracht. Um eine Strafbarkeit wegen eines vorsätzlichen Tötungsdeliktes begründen zu können, müsste der Arzt es zumindest für möglich halten und billigend in Kauf nehmen, dass nach der Deaktivierung des ICD ein tachykardes Ereignis eintritt und deaktivierungsbedingt im Tod des Patienten resultiert.[103]

In Fallkonstellationen, in denen diese Voraussetzungen vorliegen, stellt sich die Frage, ob die (palliative) ICD-Deaktivierung eine objektiv zurechenbare Tötung darstellt oder die Anforderungen an einen zulässigen Behandlungsabbruch erfüllt. Da eine palliative Deaktivierung des ICD der Verhinderung schmerzhafter Schocks während des Sterbeprozesses dient,[104] ist jedoch darüber hinaus zu erwägen, ob diese nicht unabhängig von einer entsprechenden Einordnung jedenfalls als Maßnahme der indirekten aktiven Sterbehilfe gerechtfertigt sein könnte (hierzu sogleich unter lit. c.). Wäre eine derartige Alternativbegründung für die Straflosigkeit tödlicher palliativer ICD-Deaktivierungen gegeben, wäre in dieser Konstellation die praktische Bedeutung einer Abgrenzung zwischen zulässigem Behandlungsabbruch und tatbestandsmäßiger Tötung im Sinne der §§ 212, 216 StGB gering.

Erfolgseintritt, da ihre Realisierung im Todeserfolg vom Eintreten eines tachykarden Ereignisses abhängt. Auch mittelbare Kausalität ist für die Erfüllung eines Straftatbestandes jedoch ausreichend; vgl. NK-StGB/*Neumann/Saliger*, § 212, Rz. 3.

Der Kausalitätsnachweis könnte insbesondere bei einem großen zeitlichen Abstand zwischen Deaktivierung und tödlichem tachykarden Ereignis in der Praxis Probleme bereiten, was jedoch bei einer palliativen Deaktivierung am Lebensende kaum relevant werden dürfte. Der Vollständigkeit halber sei hierzu ergänzt, dass sich eine Ursächlichkeit der Deaktivierung für den Tod des Patienten beispielsweise bei einer 10 Jahre nach der Deaktivierung eintretenden tachykarden Herzrhythmusstörung kaum nachweisen ließe, da die Lebensdauer des ICD regelmäßig noch auf eine einstellige Anzahl von Jahren begrenzt ist (siehe dazu oben in Kapitel 3 unter A. II. 2.). Die Begründung der Kausalität bedarf daher der Berücksichtigung der Umstände des jeweiligen Einzelfalls.

[103] Zur zugrunde gelegten Definition des bedingten Vorsatzes in Anwendung der aktuellen Rechtsprechung ausführlich MüKo-StGB/*Joecks/Kulhanek*, § 16, Rz. 59 ff. Die konkreten Merkmale des bedingten Vorsatzes sind umstritten; siehe ebd., Rz. 31 ff. Zum Ganzen bereits oben in Kapitel 3 unter A. V. 1. lit. a., Fn. 93.

Liegt ein zumindest bedingter Vorsatz des Arztes nicht vor, führt die Deaktivierung aber auf Grund eines tachykarden Ereignisses dennoch zum Tod des Patienten, ist an eine Strafbarkeit wegen fahrlässiger Tötung gemäß § 222 StGB zu denken.

[104] Dazu näher in Kapitel 3 unter A. III. 2.

b) Ausbleiben einer tödlichen tachykarden Herzrhythmusstörung

Führt der Arzt eine (palliative) ICD-Deaktivierung bei einem Patienten durch und erleidet dieser im weiteren Verlauf keine tödliche tachykarde Herzrhythmusstörung, scheidet eine Strafbarkeit wegen eines vollendeten Tötungsdelikts mangels kausalem Todeseintritt aus.[105]

Nimmt der Arzt eine dem ausdrücklichen Wunsch des Patienten bzw. dem mutmaßlichen Patientenwillen entsprechende (palliative) ICD-Deaktivierung mit dem Vorsatz vor, dadurch den Tod des Patienten herbeizuführen und stellt sich keine tödliche tachykarde Herzrhythmusstörung ein, wäre nur eine Versuchsstrafbarkeit gemäß §§ 212, 216, 22, 23 Abs. 1 StGB bzw. §§ 212, 22, 23 Abs. 1 StGB in Betracht zu ziehen. In diesem Fall bedürfte es einer Abgrenzung zwischen versuchtem Tötungsdelikt und versuchtem straflosen Behandlungsabbruch. Bei einer beabsichtigten (palliativen) ICD-Deaktivierung wäre die Versuchsstrafbarkeit womöglich aber auch in dieser Konstellation mit Hilfe der Grundsätze zur indirekten aktiven Sterbehilfe auszuschließen (hierzu sogleich unter lit. c.).

c) Palliative ICD-Deaktivierung – Straflose Maßnahme der indirekten aktiven Sterbehilfe?

Bei einer palliativen ICD-Deaktivierung könnte der soeben skizzierte Abgrenzungsbedarf zwischen zulässigem Behandlungsabbruch und unzulässiger Tötung an Bedeutung verlieren, wenn die Straflosigkeit entsprechender Deaktivierungsmaßnahmen jedenfalls über die Grundsätze der indirekten aktiven Sterbehilfe hergeleitet werden könnte.

Anders als Herzschrittmacherdeaktivierungen, für die zumindest *aus medizinischer Sicht* regelmäßig kein Bedarf besteht,[106] kann eine ICD-Deaktivierung am Lebensende medizinisch angezeigt sein, um dem Patienten Schmerzen durch in der Sterbephase ausgelöste Elektroschocks zu ersparen.[107]

---

[105] Dessen ungeachtet wäre ein strafbares Körperverletzungsdelikt zu prüfen, wenn nach der ICD-Deaktivierung eine tachykarde Herzrhythmusstörung auftritt und diese mangels sofortiger Gegenmaßnahmen des ICD zwar nicht zum Tod, aber zu gesundheitlichen Schäden führt – insoweit wäre an eine Rechtfertigung durch (mutmaßliche) Einwilligung zu denken. Eine mögliche Strafbarkeit wegen eines Körperverletzungsdeliktes soll allerdings nicht in die Betrachtung einbezogen werden; sie ist für die untersuchungsgegenständliche Fragestellung nicht relevant.

[106] Dazu oben in Kapitel 3 unter A. III. 1. Im Sinne der Verkürzung der Sterbephase und des damit verbundenen Leids kann aus Patientensicht bei vitaler Schrittmacherabhängigkeit hingegen dennoch ein Deaktivierungswunsch entstehen; siehe ebd.

[107] Dazu bereits oben in Kapitel 3 unter A. III. 2.

Der BGH hat in seinem Grundsatzurteil zur indirekten aktiven Sterbehilfe „bei einem Sterbenden" eine „ärztlich gebotene schmerzlindernde Medikation entsprechend dem erklärten oder mutmaßlichen Patientenwillen" für zulässig erachtet, die „als unbeabsichtigte, aber in Kauf genommene unvermeidbare Nebenfolge den Todeseintritt beschleunigen kann".[108] Die Erklärung hierfür wird, wie bereits zu Beginn der Arbeit erläutert, teilweise in einer Tatbestandslosigkeit und teilweise in einer Rechtfertigung eines entsprechenden ärztlichen Verhaltens nach § 34 StGB gesucht.[109] Der BGH nimmt auf Grundlage einer Interessenabwägung eine Rechtfertigung an und erläutert, dass „die Ermöglichung eines Todes in Würde und Schmerzfreiheit gemäß dem erklärten oder mutmaßlichen Patientenwillen" gemessen an der „Aussicht, unter schwersten, insbesondere sog. Vernichtungsschmerzen noch kurze Zeit länger leben zu müssen" ein „höherwertiges Rechtsgut" darstelle.[110]

Die Rechtsprechung hat eine indirekte aktive Sterbehilfe soweit ersichtlich bislang nur im Fall der Gabe schmerzlindernder Medikamente mit lebensverkürzender Wirkung angenommen.[111] Es stellt sich jedoch die Frage, ob die dort aufgestellten Grundsätze nicht auch auf sonstige schmerzlindernde und zugleich lebensverkürzend wirkende Maßnahmen übertragen werden müssen. Eine entsprechende Anwendung auf die palliative ICD-Deaktivierung liegt nahe, weil auch diese dem sterbenden ICD-Patienten unnötige Schmerzen und Leiden ersparen soll und zugleich lebensverkürzend wirken kann,[112] wenn der Patient eine tachykarde Arrhythmie erleidet, die mangels ICD-Aktivität tödlich endet.

Zwar unterscheidet sich die Gabe einer schmerzlindernden Medikation von einer palliativen ICD-Deaktivierung dadurch, dass die Medikation krankheitsbedingte Leiden adressiert, während die Deaktivierung des ICD von diesem selbst verursachte Schmerzen verhindern soll. Für die mit der indirekten aktiven Sterbehilfe verbundene Zielsetzung der „Ermöglichung eines Todes in Würde und Schmerzfreiheit gemäß dem erklärten oder mutmaßlichen Patientenwillen"[113] ist die Quelle des Schmerzes jedoch ohne Belang.

Eine Kategoriendifferenz vermag hingegen die Intensität des Schmerzes zu begründen, der bekämpft werden soll – der BGH hat eine Rechtfertigung indi-

---

[108] BGH, Urteil vom 15.11.1996 – 3 StR 79/96, BGHSt 42, 301 ff., 1. Leitsatz sowie Rz. 25.
[109] Dazu und zur indirekten aktiven Sterbehilfe im Allgemeinen bereits oben in Kapitel 2 unter A. II.
[110] BGH, Urteil vom 15.11.1996 – 3 StR 79/96, BGHSt 42, 301 ff., Rz. 25.
[111] BGH, Urteil vom 15.11.1996 – 3 StR 79/96, BGHSt 42, 301 ff. und zuletzt BGH, Urteil vom 30.01.2019 – 2 StR 325/17, BGHSt 64, 69 ff. Zum Anwendungsbereich der Grundsätze zur indirekten aktiven Sterbehilfe auch MüKo-StGB/Schneider, Vor §§ 211, Rz. 104.
[112] Vgl. *Waltenberger/Schöne-Seifert et al.*, Der Kardiologe 11 (2017), 383, 384 ff. Zu den hier skizzierten Gründen für eine ICD-Deaktivierung näher oben in Kapitel 3 unter A. III. 2.
[113] BGH, Urteil vom 15.11.1996 – 3 StR 79/96, BGHSt 42, 301 ff., Rz. 25.

rekter aktiver Sterbehilfe auf Fälle von „schwersten, insbesondere sog. Vernichtungsschmerzen" beschränkt.[114] Hintergrund dieses engen Anwendungsbereiches der Grundsätze zur indirekten aktiven Sterbehilfe ist, dass nach der Rechtsprechung die Verhinderung des Schmerzes gegenüber einem noch kurze Zeit längeren Leben als höherwertig erachtet werden können muss.[115] Im Hinblick auf die Verabreichung schmerzlindernder Medikation dürfte es sich regelmäßig um Schmerzen handeln, die derart stark sind, dass sie einer Behandlung mit Opioiden bedürfen.[116]

Ob die Schmerzen, die ein ICD durch elektrische Schocks in der Sterbephase verursachen kann, eine vergleichbare Intensität aufweisen, lässt sich ohne die Grundlage einer sachverständigen Einschätzung nicht bewerten. Jenseits der Schmerzen können die Schocks jedoch weitere Folgen auslösen, die ein Sterben in Würde erschweren können. So sind Bewusstlosigkeit, Übelkeit, Erbrechen und ein unkontrollierter Abgang von Harn oder Stuhl infolge der Schockabgabe des ICD möglich, die dem Patienten zusätzliches Leid bescheren können.[117] Die bisherige Rechtsprechung zur indirekten aktiven Sterbehilfe hat sich zwar auf schmerzbedingte Hindernisse eines würdevollen Sterbens konzentriert; die Begründung der Straflosigkeit aktiver indirekter Sterbehilfe legt jedoch nahe, auch darüber hinausgehende Umstände zu berücksichtigen, die die Sterbephase schwer belasten können. Auf dieser Basis könnte für eine Übertragung der Grundsätze zur indirekten aktiven Sterbehilfe plädiert werden. Eine abschließende Einordnung, ob die potentiellen ICD-Folgen in der Sterbephase die beschriebenen hohen Hürden für eine Rechtfertigung der Deaktivierung als Maßnahme der indirekten aktiven Sterbehilfe nehmen können, kann eine lediglich rechtliche Betrachtung der Problematik indes nicht leisten.

Jedenfalls bei einem präventiven palliativen Abschalten des ICD in der Sterbephase fällt eine Rechtfertigung der damit ggf. verbundenen Lebensverkürzung mit dem potentiellen, aber nicht von vornherein feststehenden, Auftreten schmerzhafter elektrischer Schocks und ihrer Folgen auf Grundlage der Erwägungen zur indirekten aktiven Sterbehilfe schwer. Schockbedingte Schmerzen

---

[114] BGH, Urteil vom 15.11.1996 – 3 StR 79/96, BGHSt 42, 301 ff., Rz. 25.

[115] Eine solche Abwägung setzt einen entsprechenden Patientenwillen für die Vornahme der schmerzlindernden Maßnahme voraus; eine davon losgelöste Bestimmung des „Lebenswertes" verbietet sich; vgl. MüKo-StGB/*Schneider*, Vor § 211, Rz. 104; Schönke/Schröder/*Eser/Sternberg-Lieben*, Vor §§ 211 ff. StGB, Rz. 26 m.w.N.

[116] Der jüngste höchstrichterlich entschiedene Fall betraf die Gabe des Opioids Morphin; dazu BGH, Urteil vom 30. Januar 2019 – 2 StR 325/17, BGHSt 64, 69 ff. Im Grundsatzurteil des BGH aus dem Jahr 1996 war eine Gabe des Opioids Dolantin Gegenstand; BGH, Urteil vom 15.11.1996 – 3 StR 79/96, BGHSt 42, 301 ff.

[117] *Reith/Janssens*, Medizinische Klinik – Intensivmedizin und Notfallmedizin 109 (2014), 19, 23. Dazu bereits oben in Kapitel 3 unter A. III. 2.

oder Folgen, die sich als Hindernisse für ein menschenwürdiges Sterben erweisen könnten, sind in einem solchen Fall zum Zeitpunkt der Deaktivierung noch nicht eingetreten. Dass die bloße Möglichkeit des späteren Eintritts derartiger Belastungen im Rahmen einer Interessenabwägung den Ausschlag geben könnte, um eine ICD-Deaktivierung zulasten des Rechtsguts Lebens zu rechtfertigen, dürfte sich kaum auf überzeugende Weise begründen lassen. Nur dann wäre jedoch eine Übertragung der Grundsätze zur indirekten aktiven Sterbehilfe auf präventive palliative ICD-Deaktivierungen denkbar.

Der Versuch einer Anwendung der Kriterien zur indirekten aktiven Sterbehilfe zeigt, dass ihre Übertragbarkeit auf eine palliative ICD-Deaktivierung in der Sterbephase – zumindest jenseits ausschließlich präventiver Deaktivierungsmaßnahmen – möglich erscheint, jedoch weitere Klärungsbedarfe in tatsächlicher sowie in rechtlicher Hinsicht erzeugt.[118] Mangels einer gesicherten Alternativbegründung der Straflosigkeit palliativer ICD-Deaktivierungen über die Grundsätze indirekter aktiver Sterbehilfe bleibt somit die Einordung von ICD-Deaktivierungen anhand der Rechtsprechung zum Behandlungsabbruch von zentraler Bedeutung. Dies gilt insbesondere, aber nicht nur, für präventive palliative ICD-Deaktivierungen.

VI. Zusammenfassende Bewertung

Die Erörterung verschiedener Fallkonstellationen der Herzschrittmacher- und ICD-Deaktivierung hat gezeigt, dass diese in nicht wenigen Situationen eine lebensverkürzende Wirkung entfalten kann, die zu einem Abgrenzungsbedarf zwischen vollendetem Tötungsdelikt und zulässigem Behandlungsabbruch führt. Tritt keine lebensverkürzende Deaktivierungswirkung ein, bedarf es bei einer Deaktivierung mit wenigstens bedingtem Vorsatz hinsichtlich eines kausalen Todeseintritts zumindest einer Abgrenzung zwischen versuchtem Tötungsdelikt und versuchtem Behandlungsabbruch. Für palliative ICD-Deaktivierungen lässt sich zwar eine alternative Rechtfertigungsmöglichkeit über die Grundsätze zur indirekten aktiven Sterbehilfe erwägen, jedoch ermöglichen diese in ihrer gegenwärtigen Ausgestaltung (noch) keine sichere Subsumtion entsprechender Fallkonstellationen, sodass die untersuchungsgegenständliche Einordnung auch hier ihre zentrale Bedeutung behält.[119]

---

[118] Die Klärung dieser Fragen muss näheren Untersuchungen zu Reichweite und Grenzen der indirekten aktiven Sterbehilfe vorbehalten bleiben. Wie bereits zu Beginn der Untersuchung skizziert wurde, bereitet darüber hinaus auch eine strafrechtsdogmatisch konsistente Begründung der Straflosigkeit von Fällen indirekter aktiver Sterbehilfe Probleme; siehe dazu oben in Kapitel 2 unter A. II., dort auch Fn. 44.
[119] Zum Ganzen oben in Kapitel 2 unter A. V. 2. lit. c.

Notwendige Bedingung sowohl für die Annahme einer Versuchs- als auch einer Vollendungsstrafbarkeit von Herzschrittmacher- und ICD-Deaktivierungen am Maßstab der Tötungsdelikte in den soeben erörterten Fallkonstellationen wäre, dass eine tatsächlich lebensverkürzend wirkende Deaktivierung solcher Geräte als objektiv zurechenbare Tötung strafwürdiges Unrecht darstellt und nicht als Behandlungsabbruch im Sinne der BGH-Rechtsprechung aus dem Jahr 2010 zulässig ist. Im Zentrum der nachfolgenden strafrechtlichen Bewertung steht daher die Frage, ob eine lebensverkürzende Deaktivierung von Herzschrittmachern und ICD gemäß §§ 212, 216 StGB strafbar ist.[120]

B. Lebensverkürzende Deaktivierungen von Herzschrittmachern und ICD in der strafrechtlichen Bewertung

Auf Grundlage der medizinisch-technischen Charakteristika der Herzschrittmacher- und ICD-Versorgung soll nachfolgend versucht werden, Deaktivierungen von Herzschrittmachern sowie anti-tachykarden ICD-Funktionen[121], die sich lebensverkürzend auswirken,[122] anhand des Maßstabs der BGH-Rechtsprechung von 2010 strafrechtlich zu bewerten.

Nach dem höchstrichterlichen Grundsatzurteil kann eine medizinische Behandlung, die zur Erhaltung bzw. Verlängerung des Lebens geeignet ist, entsprechend dem (mutmaßlichen) Patientenwillen abgebrochen werden, wenn der Patient lebensbedrohlich erkrankt ist und der Abbruch objektiv und subjektiv unmittelbar auf die medizinische Behandlungsmaßnahme bezogen ist.[123] Diese

---

[120] Ob nach einer ICD-Deaktivierung ein tödliches tachykardes Ereignis eintritt oder ob sich eine zum Zeitpunkt der Herzschrittmacherdeaktivierung fehlende vitale Schrittmacherabhängigkeit im weiteren Verlauf zur vitalen Schrittmacherabhängigkeit entwickelt, an der der Patient verstirbt, dürfte sich im Deaktivierungszeitpunkt kaum je absehen lassen. Diese für die Praxis bedeutsamen Unsicherheiten hinsichtlich der lebensverkürzenden Wirkung einer Herzschrittmacher- oder ICD-Deaktivierung *ex-ante* sollen an anderer Stelle der Untersuchung Berücksichtigung finden; hierzu sei auf Kapitel 5 verwiesen.

[121] Für die Deaktivierung anti-tachykarder ICD-Funktionen wird auch hier, wie bereits oben in Kapitel 3 unter A.I. erläutert, der Begriff der ICD-Deaktivierung synonym verwendet; für die Deaktivierung anti-bradykarder Funktionen eines ICD gelten die Ausführungen für die Herzschrittmacherdeaktivierung entsprechend.

[122] Wie soeben in Kapitel 3 unter A.VI. erläutert, wäre notwendige Bedingung für eine Vollendungs- wie auch für eine Versuchsstrafbarkeit, dass eine tatsächlich lebensverkürzend wirkende Deaktivierung unter die §§ 212, 216 StGB und nicht unter das Rechtsinstitut des Behandlungsabbruchs zu subsumieren ist. Daher wird in diesem Abschnitt sowie im folgenden Kapitel die Strafbarkeit einer lebensverkürzenden Deaktivierung von Herzschrittmachern und ICD untersucht.

[123] Zu diesen und den nachfolgend in Bezug genommenen Kriterien BGH, Urteil vom

Grundsätze gelten entsprechend für den Abbruch technischer Behandlungsmaßnahmen, derer sich der Arzt bedient. Außerhalb des Legitimationskontextes der Behandlung vorgenommene lebensbeendende Akte sollen nach der BGH-Rechtsprechung hingegen von vornherein nicht zulässig sein; sie stellen stets ein strafbares Tötungsdelikt dar.

Welches Abgrenzungsproblem sich bei der Anwendung dieser Rechtsprechung auf die Deaktivierung von Herzschrittmachern und ICD im Unterschied zur Beendigung der bislang richterlich beurteilten Konstellationen gerätemedizinischer Versorgungsmaßnahmen offenbart, ist Gegenstand des folgenden Abschnitts (hierzu I.). Das identifizierte Abgrenzungsproblem bietet indes keinen hinreichenden Anlass, von den Kriterien der Rechtsprechung zum Behandlungsabbruch Abstand zu nehmen und zu einer strafrechtlichen Bewertung lebensbeendender Eingriffe in gerätemedizinische Versorgungsmaßnahmen auf Grundlage der Unterlassungsdogmatik zurückzukehren, wie es manche Stimmen in der Literatur nahelegen (hierzu II.).

I. Abgrenzungsproblem bei der Anwendung der BGH-Rechtsprechung

Gemäß dem BGH-Urteil im Fall *Putz* aus dem Jahr 2010 ist Sterbehilfe unter bestimmten Voraussetzungen zulässig, wenn sie durch „Unterlassen, Begrenzen oder Beenden einer begonnenen medizinischen Behandlung (Behandlungsabbruch)" vorgenommen wird und dem wirklichen oder mutmaßlichen Patientenwillen entspricht.[124] Von einem solchen zulässigen Behandlungsabbruch, durch den der Tod eines Menschen nach hier vertretener Auffassung kausal, aber nicht objektiv zurechenbar herbeigeführt wird, ist die von §§ 212, 216 StGB sanktionierte Tötung zu unterscheiden, bei der der Täter eine Todesfolge in objektiv zurechenbarer Weise verursacht.[125] Damit bedarf es in der Rechtsanwendung einer Differenzierung zweier Verhaltensweisen, die in ihrer Auswirkung – der tödlichen Folge – identisch sind, jedoch einer entgegen gesetzten strafrechtlichen Bewertung unterliegen.[126] Für die strafrechtliche Einordnung der Verhaltensweisen stellt sich daher die Frage, woran ihre Unterscheidung festzumachen ist.

Für die Beantwortung dieser Frage können die im Urteil des BGH aus dem Jahr 2010 genannten Anknüpfungspunkte herangezogen werden. Gemäß den Ur-

---

25.06.2010 – 2 StR 454/09, BGHSt 55, 191 ff., Rz. 33 ff. sowie der 1. und 3. Leitsatz des Urteils.

[124] BGH, Urteil vom 25.06.2010 – 2 StR 454/09, BGHSt 55, 191 ff., 1. Leitsatz.

[125] Zu dieser Begründung der Straflosigkeit von Behandlungsabbrüchen in Abgrenzung zur strafbaren Tötung eingehend in Kapitel 2 unter C. III. 1. lit. a.

[126] *Rissing-van Saan* charakterisiert die in Rede stehenden Verhaltensweisen als „Töten" bzw. als „Sterbenlassen"; dazu *Rissing-van Saan*, in: Bormann, S. 645, 646.

teilsgründen kann nur ein lebensverkürzendes Verhalten straflos sein, das „objektiv und subjektiv unmittelbar auf eine medizinische Behandlung [...] bezogen ist", die „medizinisch zur Aufrechterhaltung oder Verlängerung des Lebens geeignet ist".[127] Von einem erlaubten lebensverkürzenden Eingriff in eine solche lebenserhaltende Behandlungsmaßnahme unterscheidet der BGH „Fälle eines gezielten Eingriffs, der die Beendigung des Lebens vom Krankheitsprozess abkoppelt", oder anders ausgedrückt, gezielte „Eingriffe in das Leben eines Menschen, die nicht in einem Zusammenhang mit dem Abbruch einer medizinischen Behandlung" stehen und den Tötungstatbeständen der §§ 212, 216 StGB unterfallen sollen.[128]

Die Rechtsprechung differenziert also im Ausgangspunkt zwischen dem Eingriff in eine lebenserhaltende Behandlung und dem Eingriff in das Leben eines Menschen außerhalb des Behandlungskontextes. Richtet sich der Eingriff gegen eine lebenserhaltende Behandlung und soll deren Beendigung herbeiführen, ist er unter den im Fall *Putz* aufgestellten Kriterien auf Grundlage eines entsprechenden Patientenwillens zulässig. Wird hingegen nicht in eine lebenserhaltende Behandlung, sondern unmittelbar und gezielt in das Leben eines Menschen eingegriffen, kann auch ein zustimmender Patientenwille an der strafrechtlichen Einordnung als strafbare Tötung nichts ändern.

Für die untersuchungsgegenständliche Deaktivierung von Herzschrittmachern und ICD stellt sich die Frage, was diese in der Rechtsprechung angelegte Differenzierung für die strafrechtliche Beurteilung von lebensbeendenden Eingriffen in eine zur Behandlung eingesetzte (gerätemedizinische) Versorgungsmaßnahme bedeutet. Um feststellen zu können, ob die Beendigung einer solchen Versorgungsmaßnahme noch einen unmittelbar auf eine Behandlung bezogenen Eingriff darstellt oder einen davon entkoppelten Eingriff in das Leben eines Menschen, bedarf es einer näheren Bestimmung der Rechtsnatur der Versorgungsmaßnahme selbst: Handelt es sich dabei noch um ein im Rahmen der ärztlichen Behandlung eingesetztes *Behandlungsmittel*, dessen Wirkung mit lebensbeendender Folge beendet wird, oder handelt es sich vielmehr bereits um einen *Körperbestandteil* des Patienten, in den zur Lebensbeendigung eingegriffen wird? Die durch das Rechtsinstitut des Behandlungsabbruchs im Zusammenspiel mit den §§ 212, 216 StGB gezogene Grenze der Patientenautonomie wird von Verhaltensweisen, die sich gegen einen der Aufrechterhaltung des Lebens dienenden körpereigenen Bestandteil wenden, überschritten. Der lebensverkürzende Eingriff richtet sich in einem solchen Fall unmittelbar gegen die körperliche Integri-

---

[127] BGH, Urteil vom 25.06.2010 – 2 StR 454/09, BGHSt 55, 191 ff., Rz. 33 f.
[128] BGH, Urteil vom 25.06.2010 – 2 StR 454/09, BGHSt 55, 191 ff., 1. Leitsatz sowie Rz. 35.

tät des Menschen selbst und nicht gegen ein körperfremdes Behandlungsmittel, das seinerseits in die körperliche Integrität eingreift und damit selbst einen rechtfertigungsbedürftigen Eingriff darstellt.[129] Während die Patientenautonomie eine Freiheit von Zwangsbehandlung gewährleistet und nach der Ratio des Behandlungsabbruchs deren Beendigung auch im Falle lebensverkürzender Folgen legitimiert, lässt das Fremdtötungsverbot der §§ 212, 216 StGB zum Schutz der Autonomie im Sterben vor Gefahren durch Dritte keinen Raum für darüber hinausgehende lebensverkürzende Eingriffe, die nicht das Behandlungsmittel, sondern den Körper des Patienten unmittelbar zum Gegenstand haben.[130] Richtet sich im Kontext der Beendigung von (gerätemedizinischen) Versorgungsmaßnahmen ein Verhalten also nicht unmittelbar gegen ein der Aufrechterhaltung des Lebens dienendes Behandlungsmittel, sondern greift in einen Bestandteil des Körpers des Patienten ein, handelt es sich dabei ungeachtet des Willens des Rechtsgutsträgers um eine strafbare Tötung.

Der BGH hat in seinem Urteil keine spezifischen Kriterien dafür vorgesehen, wann (gerätemedizinische) Versorgungsmaßnahmen Behandlungsmittel darstellen sollen, die, anders als ein Körperbestandteil, Gegenstand der im Urteil beschriebenen lebensverkürzenden Eingriffsmöglichkeiten sein können. Während dieser Umstand in vielen Versorgungskonstellationen keinerlei Schwierigkeiten bereitet und die Bewertung eines Verhaltens anhand der beiden genannten Bezugspunkte erlaubt, verursacht er im Falle von Herzschrittmachern und ICD Einordnungsprobleme (hierzu 1.). Um Kriterien für die Subsumtion zu gewinnen, soll versucht werden, der bisherigen Ausdifferenzierung des Behandlungsbegriffs in anderen Rechtsgebieten diesbezügliche Anhaltspunkte zu entnehmen (hierzu 2.).

1. Schwierigkeiten bei der Einordnung von Herzschrittmachern und ICD in die Kategorie des medizinischen Behandlungsmittels

Im Vergleich zu den bisher von der Rechtsprechung bewerteten Anwendungsfällen medizinischer Behandlungsmittel, in die ein tödlicher Eingriff unter den Voraussetzungen der BGH-Rechtsprechung zulässig sein soll, weist die Versorgung mit Herzschrittmachern und ICD Besonderheiten auf, die die Frage aufwerfen,

---

[129] Vgl. zum Ganzen auch *Haas*, JZ 2016, 714 ff.
[130] Zu den hier aufgegriffenen Wertungen bereits oben in Kapitel 2 unter A. III. 2. sowie unter C. III. 1. lit. a. aa. und bb. Zu betrachten ist insoweit der unmittelbare Eingriffsgegenstand; dieser stellt die maßgebliche Differenz zwischen Behandlungsabbruch und Tötungsdelikt dar. Dass sich auch der Eingriff in das Behandlungsmittel körperlich auswirkt, soll damit nicht in Frage gestellt werden. Nicht die Kausalität für den Tod ist bei einem zulässigen Behandlungsabbruch ausgeschlossen; es handelt sich vielmehr um keine objektiv zurechenbare Tötung im Sinne der §§ 212, 216 StGB; dazu eingehend oben in Kapitel 2 unter C. III. 1. lit. a.

150   Kapitel 3: Abgrenzungsproblem bei der Bewertung der Deaktivierung

ob die Geräte nach Abschluss ihrer Implantation in den Körper noch Mittel einer laufenden medizinischen Behandlung darstellen,[131] oder ob sie mit der Implantation zu einem Bestandteil des Körpers werden (hierzu lit. a.).[132] Würden sie der letztgenannten Kategorie unterfallen, so würde sich die Deaktivierung eines Herzschrittmachers oder ICD nach der zuvor erläuterten Differenzierung nicht mehr als zulässiger Behandlungsabbruch, sondern als direkter Eingriff in den Körper des Patienten darstellen, der eine lebenserhaltende Körperfunktion beendet. Ein solches Verhalten wäre strafrechtlich als Tötungsdelikt zu bewerten.

Auch der – bislang nur in Ansätzen vorhandene – rechtswissenschaftliche Forschungsstand zur Subsumtion einer Herzschrittmacherdeaktivierung unter das Rechtsinstitut des Behandlungsabbruchs deutet darauf hin, dass für derartige Geräte ein noch ungelöstes Einordnungsproblem besteht (hierzu lit. b.).

a) Besonderheiten der Versorgung mit Herzschrittmachern und ICD

Die Versorgung mit einem Herzschrittmacher oder ICD unterscheidet sich grundlegend von den (wenigen) Versorgungsmaßnahmen, die in der Rechtsprechung bislang im Hinblick auf ihre Eigenschaften dem Rechtsinstitut des Behandlungsabbruchs zugeordnet wurden.[133] Die Eigenschaften dieser Versorgungsmaßnahmen sollen denen von Herzschrittmachern und ICD im Folgenden gegenübergestellt werden.

Der vom BGH für zulässig befundene Behandlungsabbruch im Fall *Putz* betraf die Versorgung einer Patientin mit einer Sonde zur künstlichen Ernährung, die durch die Bauchdecke gelegt wurde (sog. PEG-Sonde).[134] Der BGH sah in

---

[131] Die medizinische Einordnung als „Therapie" – vgl. dazu nur *Israel*, Herzschrittmachertherapie + Elektrophysiologie 28 (2017), 20 ff. sowie *Waltenberger/Schöne-Seifert*, Der Kardiologe 11 (2017), 383 ff. – kann für die juristische Einordnung einer technischen Versorgungsmaßnahme als Mittel einer medizinischen Behandlung nicht ungeprüft übernommen werden.

[132] Für Implantate – wie Herzschrittmacher oder ICD – ist eine verwandte Abgrenzungsfrage bereits Gegenstand der rechtswissenschaftlichen Diskussion, nämlich die Frage, ob Implantate als Sache oder als Körperbestandteil zu bewerten sind; dazu unten in Kapitel 4 unter B. II. 2. Näher zu dieser Abgrenzung *Valerius*, medstra 2015, 158 ff. Aus diesem Kontext stammen auch die noch aufzugreifenden Ansätze von *Görgens*, JR 1980, 140 ff. (dazu unten in Kapitel 4 unter B. II. 1. lit. a.) sowie *Gropp*, JR 1985, 181 ff. (dazu unten in Kapitel 4 unter B. V. 2.).

[133] Auch in der amerikanischen Rechtsprechung scheint in der jüngeren Vergangenheit lediglich die Deaktivierung externer Geräte thematisiert worden zu sein und nicht die Deaktivierung vollständig körperintern belegener Geräte; dazu *Noah*, William Mitchell Law Review 39 (2013), 1229, 1242. Zur bis dato fehlenden Rechtsprechung zur Deaktivierung von CIED im amerikanischen Rechtskreis *Kapa/Mueller et al.*, Mayo Clinic Proceedings 85 (2010), 981.

[134] BGH, Urteil vom 25.06.2010 – 2 StR 454/09, BGHSt 55, 191 ff., Rz. 4; ausführlich zum BGH-Urteil oben in Kapitel 2 unter B. III.

seiner Urteilsbegründung keinerlei Anlass, die Frage zu problematisieren, ob die PEG-Sonde noch ein medizinisches Behandlungsmittel darstellt oder bereits einen Körperbestandteil. Die Charakteristika der Versorgungskonstellation legten die Annahme einer Körperzugehörigkeit der Sonde bzw. des Versorgungsschlauches, der im Fall *Putz* durchtrennt wurde, nicht nahe. Der Versorgungsschlauch befindet sich außerhalb des Körpers des Patienten. Die künstliche Ernährung, die durch eine Schlauchdurchtrennung unterbrochen wird, erhält die betroffenen Patienten nicht selbsttätig am Leben, sondern ermöglicht eine Lebenserhaltung nur dadurch, dass ihnen stetig von außen über den Versorgungsschlauch Nahrung zugeführt wird. Die Annahme einer Körperzugehörigkeit von Sonde bzw. Versorgungsschlauch liegt daher fern.

Auch die künstliche Beatmung mit Hilfe eines Beatmungsgerätes, das dem Patienten von außen über einen in die Luftröhre eingeführten Tubus Luft zuführt und bei nicht mehr vorhandener oder nicht ausreichender Eigenatmung die Versorgung des Körpers mit lebensnotwendigem Sauerstoff sowie den Gasaustausch sicherstellt,[135] wurde von der Rechtsprechung als einem Behandlungsabbruch zugängliche Versorgungsmaßnahme bewertet.[136] Der BGH ging auf die künstliche Beatmung in seinem Urteil im Fall *Putz* im Jahr 2010 am Rande ein und stellte das Abschalten eines Beatmungsgerätes als weiteres Beispiel eines strafrechtlich zulässigen Behandlungsabbruchs dar.[137] Er schloss sich damit einer Entscheidung des LG Ravensburg an, das bereits im Jahr 1986 das dem Patientenwillen entsprechende Abschalten eines Beatmungsgerätes bei einer sterbenden Patientin für zulässig befunden hatte.[138]

Ebenso wie bei der künstlichen Ernährung wird dem Patienten bei der maschinellen künstlichen Beatmung von außen ein lebensnotwendiger Stoff zugeführt. Auch dies geschieht über einen Zuführungsschlauch, der in den Körper einge-

---

[135] Die Beschreibung geht von in der Intensivmedizin eingesetzten Beatmungsgeräten aus. Zur maschinellen künstlichen Beatmung und zu unterschiedlichen Beatmungstechniken ausführlich *Kohl/Mersmann*, in: Leonhardt/Walter, S. 145 ff.

[136] Dieser Befund bezieht sich allein auf die hier gegenständlichen Fälle eines willensgemäßen Behandlungsabbruchs. Zum Abbruch der Versorgung mit einem Beatmungsgerät im Rahmen einer sog. ex-post-Triage, die nicht auf dem Willen des Patienten beruht, sondern in einer pandemischen Lage der Konkurrenz mehrerer Patienten um knappe intensivmedizinische Ressourcen bei unterschiedlichen Behandlungserfolgschancen geschuldet sein kann, siehe insbesondere *Merkel/Augsberg*, JZ 2020, 704, 710 ff. sowie *Gaede/Kubiciel et al.*, medstra 2020, 129, 132 ff., die mögliche Triage-Entscheidungen im Zuge der COVID-19-Pandemie diskutieren.

[137] BGH, Urteil vom 25.06.2010 – 2 StR 454/09, BGHSt 55, 191 ff., Rz. 31; vgl. dazu bereits oben in Kapitel 3 unter B.I.

[138] LG Ravensburg, Urteil vom 03.12.1986 – 3 KLs 31/86, NStZ 1987, 229 f.; ausführlich zu diesem Urteil des LG Ravensburg oben in Kapitel 2 unter B.II.1.

führt wird. Im Unterschied zur künstlichen Ernährung erfolgt die Beatmung jedoch kontinuierlich und weitgehend automatisiert durch eine außerhalb des Körpers generierte maschinelle Tätigkeit. Diese bedarf aber weiterhin menschlicher Steuerung. Durch entsprechende Bedienung des körperexternen Beatmungsgerätes kann die Beatmung beendet werden. Die genannten Unterschiede zur im Fall *Putz* gegenständlichen Versorgung mit einer PEG-Sonde veranlassten den BGH allerdings nicht zu einer differenzierenden Betrachtung der beiden Versorgungskonstellationen oder einer näheren Auseinandersetzung mit dem Begriff der medizinischen Behandlung bzw. des medizinischen Behandlungsmittels im Kontext des Behandlungsabbruchs.[139]

Die Analyse der bisherigen Rechtsprechung zum Behandlungsabbruch zeigt, dass dort mit der künstlichen Ernährung sowie der künstlichen Beatmung bislang nur überwiegend körperextern belegene Versorgungskonstellationen zu bewerten waren, die ausnahmslos von außerhalb des Körpers befindlichen Quellen abhängig sind.[140]

Demgegenüber handelt es sich bei Herzschrittmachern und ICD um vollständig in den Körper eines Patienten integrierte Systeme, die über keinerlei physische Verbindungen nach außen verfügen. Lediglich über die Herstellung einer Funkverbindung zum implantierten Gerät kann ein Arzt körperextern Überprüfungen vornehmen, Daten auslesen und Anpassungen der Geräteeinstellungen vornehmen.[141] Herzschrittmacher und ICD sind darüber hinaus unabhängig von einer außerhalb des Körpers liegenden Quelle: Sie beziehen weder für die Versorgung erforderliche Stoffe von außen, noch bedürfen sie einer externen Energiezufuhr. Stattdessen verfügen sie über interne Aggregate, die über einen Zeitraum von vielen Jahren hinweg für eine autonome Funktionserhaltung der Geräte innerhalb des Körpers sorgen.[142]

---

[139] Einen solchen Anlass dürfte auch das Abschalten eines extern angeschlossenen Perfusors nicht bieten, der nach Befüllung mit einer Arzneimittellösung den Patienten automatisiert mit lebenserhaltenden Medikamenten entsprechend der durch das medizinische Personal eingestellten Dosierung versorgt; siehe dazu BGH, Beschluss vom 10.11.2010 – 2 StR 320/10, NJW 2011, 161, 162. Der BGH musste sich zur Möglichkeit eines Behandlungsabbruchs in dem soeben genannten Urteil hingegen bereits deshalb nicht positionieren, weil ein Behandlungsabbruch mangels entsprechendem Patientenwillen nicht in Betracht kam.

[140] Bei der Versorgung mit einer PEG-Sonde bedarf es der stetigen Zuführung von Sondennahrung, im Falle des Beatmungsgerätes einer kontinuierlichen Zufuhr von Luft bzw. (medizinischem) Sauerstoff. Das automatisiert tätige Beatmungsgerät muss darüber hinaus auch mit Hilfe einer externen Energiequelle betrieben werden.

[141] *Pitcher/Soar et al.*, Heart 102 (2016), A1, A10, A12.

[142] Beim ICD betrifft dies einen Zeitraum von circa 6 bis 8 Jahren; bei Herzschrittmachern können es sogar bis zu 10 Jahre oder teils auch mehr sein; vgl. *Waltenberger/Schöne-Seifert et al.*, Der Kardiologe 11 (2017), 383, 387; *Winter/Fehske et al.*, Deutsches Ärzteblatt 2017 –

Die skizzierten Unterschiede werfen die Frage auf, ob Herzschrittmacher und ICD nach vollendeter Implantation überhaupt noch als Mittel einer medizinischen Behandlung angesehen werden können, deren Tätigkeit in Anwendung der BGH-Rechtsprechung von 2010 einem Abbruch zugänglich ist, oder ob die Geräte mit vollendeter Implantation zu einem Bestandteil des menschlichen Körpers werden und der Beendigung ihrer Funktion damit der erforderliche Behandlungs- bzw. Krankheitsbezug fehlt.

Für eine Einordnung der beiden Versorgungsformen als medizinische Behandlungsmittel könnte angeführt werden, dass im Rahmen von Nachsorgeterminen weiterhin eine ärztliche Kontrolle und bei Bedarf eine Anpassung der Geräteeinstellungen erfolgt. Herzschrittmacher und ICD verbleiben zudem nicht zeitlich unbegrenzt im Körper, sondern müssen bei erschöpfter Batterie ausgetauscht werden. Bewertungsrelevant könnte nicht zuletzt der Umstand sein, dass die Geräte die Funktionen des Herzens nicht vollständig übernehmen, sondern die Herztätigkeit auf verschiedene Weise aufrechterhalten bzw. ergänzen.[143]

Demgegenüber könnten für eine Einordnung von Herzschrittmachern und ICD als Körperbestandteile gewisse Parallelen zur Versorgung mit einem transplantierten Organ sprechen.[144] Auch dieses wird vollständig in den Körper eines Patienten integriert und ist in seiner Funktion regelmäßig nicht von äußeren Quellen abhängig. Ebenso wie ein transplantiertes Organ sorgen Herzschrittmacher und ICD ab ihrer Implantation autonom dafür, dass lebenswichtige Körperfunktionen aufrechterhalten bleiben bzw. unterstützt oder reguliert werden.[145] Zwar überwacht der Arzt im Rahmen von Kontrollterminen in gewissen Abständen die ordnungsgemäße Funktion und Einstellung der Geräte.[146] Einer kontinuierlichen ärztlichen Nachsorge und Nachbetreuung sowie begleitender medika-

---

Supplement Perspektiven der Kardiologie, 12, 13; siehe hierzu bereits oben in Kapitel 3 unter A.II.1., dort auch Fn. 25 sowie unter A.II.2.

[143] Zu diesen Faktoren genauer in Kapitel 4 unter B.V.

[144] *Gaede/Kubiciel et al.* sehen im Rahmen der Triage-Debatte ebenfalls Parallelen zwischen transplantiertem Organ und Herzschrittmacher im Unterschied zur Versorgung mit einem Beatmungsgerät. Als rechtliche Folge beschreiben sie, dass dem Patienten durch die Herzschrittmacherversorgung – anders als durch die Beatmung – eine höchstpersönliche Rechtsposition zugewiesen werde, die in einer Konkurrenzsituation wie der dort näher adressierten sog. ex-post-Triage nicht mehr Gegenstand kollektiver Ansprüche oder einer Abwägung mit anderen Interessen sein könne; zum Ganzen *Gaede/Kubiciel et al.*, medstra 2020, 129, 135.

[145] *Merkel* und *Augsberg* sprechen gar davon, dass „die vollständige Integration eines technischen Elements in den Gesamtorganismus für diesen einen Status quo des intakten Funktionierens schaffe"; dazu *Merkel/Augsberg*, JZ 2020, 704, 711. Warum dieses für eine Abgrenzung zwischen Tun und Unterlassen im Rahmen der Triage-Debatte genannte Argument als Kriterium für die Unterscheidung zwischen Behandlungsmittel und Körperbestandteil nicht tauglich wäre, wird unten in Kapitel 4 unter B.IV., Fn. 90 adressiert.

[146] Siehe hierzu bereits oben in Kapitel 3 unter A.II.1. und A.II.2.

mentöser Behandlung des Patienten bedarf es jedoch auch nach einer Organtransplantation.[147] Die gezielte Beendigung der lebenserhaltenden Funktionen eines transplantierten Organs (beispielsweise durch Explantation oder funktionshemmende Injektion von Medikamenten) wäre strafrechtlich als Tötungsdelikt zu bewerten.[148] Sie wäre als behandlungsfremder Eingriff in einen lebenswichtigen Körperbestandteil einzustufen, der den Tod des Patienten von einer zugrunde liegenden Erkrankung entkoppelt.[149]

Dass auch körperfremde Substanzen einer rechtlichen Einordnung als Körperbestandteil zugänglich sein können und eine derartige Bewertung der Herzschrittmacher- und ICD-Versorgung nicht fernliegend ist, zeigt nicht zuletzt die sowohl im Strafrecht als auch im Zivilrecht geführte Debatte um die Rechtsnatur von Implantaten und Prothesen als eigentumsfähige Sachen oder Körperbestandteile.[150]

Angesichts der dargestellten Besonderheiten einer Versorgung mit einem Herzschrittmacher bzw. einem ICD im Vergleich zu den bislang von der Rechtsprechung als einem Behandlungsabbruch zugänglich eingestuften Mitteln der künstlichen Ernährung oder Beatmung muss hinterfragt werden, ob eine identische strafrechtliche Bewertung eines tödlichen Eingriffs in all diese Versorgungsformen gerechtfertigt ist. Herzschrittmacher und ICD könnten bereits die Schwelle zum Körperbestandteil überschreiten. Damit würde eine Deaktivierung des implantierten Gerätes bzw. bestimmter Gerätefunktionen mit tödlicher Folge gegen das strafrechtliche Tötungsverbot verstoßen.[151]

---

[147] *Rieth/Classen et al.*, Hessisches Ärzteblatt 78 (2017), 208, 211 f.

[148] Vgl. dazu auch *Rieth/Janssens*, Medizinische Klinik – Intensivmedizin und Notfallmedizin 109 (2014), 19, 21 f.

[149] Zu diesem Differenzierungskriterium BGH, Urteil vom 25.06.2010 – 2 StR 454/09, BGHSt 55, 191 ff., Rz. 33 sowie *Rissing-van Saan*, Rechtsmedizin 28 (2018), 94, 96.

[150] Eingehend dazu *Valerius*, medstra 2015, 158 ff. sowie unten in Kapitel 4 unter B. II. 2. Weitere, nachfolgend noch aufzugreifende Beiträge in dieser Debatte stammen von *Görgens*, JR 1980, 140 ff. (dazu unten in Kapitel 4 unter B. II. 1. lit. a.) sowie *Gropp*, JR 1985, 181 ff. (dazu unten in Kapitel 4 unter B. V. 2.).

[151] Etwas anderes würde bei einer Einordnung von Herzschrittmachern und ICD als Körperbestandteile nur im Hinblick auf die Beendigung der Versorgung durch Unterlassen eines erforderlichen Aggregatwechsels gelten. Da der Aggregatwechsel einen einwilligungsbedürftigen Eingriff in die körperliche Unversehrtheit des Patienten erfordert, muss er unterbleiben, wenn der Patient die Beendigung der Versorgung wünscht und den operativen Eingriff zum Zwecke des Geräteaustausches ablehnt.

b) Rechtswissenschaftlicher Forschungsstand zur Anwendung der BGH-Rechtsprechung auf die Deaktivierung von Herzschrittmachern

Die rechtliche Einordnung der Deaktivierung von ICD wurde in Deutschland bislang lediglich in der medizinischen Literatur thematisiert.[152] Mit der Anwendung der BGH-Rechtsprechung von 2010 auf das Abschalten von Herzschrittmachern hat sich die rechtswissenschaftliche Forschung zumindest vereinzelt auseinandergesetzt.[153] Die insoweit vorhandenen Stimmen verfestigen den Eindruck, dass die rechtliche Einordnung von Herzschrittmacher- und ICD-Deaktivierungen ein Abgrenzungsproblem aufwirft, das in der Diskussion des Urteils bislang vernachlässigt wurde und einer vertieften Auseinandersetzung bedarf, um konsistente Lösungsansätze entwickeln zu können.

In der rechtswissenschaftlichen Diskussion überwiegen die Beiträge, die die Deaktivierung eines Herzschrittmachers als weiteres – wenngleich auch besonders heikles – Anwendungsbeispiel eines zulässigen Behandlungsabbruchs im Sinne der BGH-Rechtsprechung benennen.[154] Sie nehmen diese Einordnung jedoch ohne genauere Untersuchung der Spezifika dieser Versorgungsform vor und erörtern nicht die Schwierigkeiten, die bei der Subsumtion einer Herzschrittmacherversorgung unter den Begriff des medizinischen Behandlungsmittels entstehen.

Demgegenüber weist *Joerden* – soweit ersichtlich bislang als einziger – darauf hin, dass die Anwendung der Rechtsprechungsgrundsätze Probleme bereiten dürfte, wenn ein Patient verlange, „die ‚Behandlung' mit einem Herzschrittma-

---

[152] Die Zulässigkeit der Deaktivierung von ICD wird im deutschen medizinischen Schrifttum zwar problematisiert, jedoch letztlich unter Zugrundelegung der Rechtsprechung zum Behandlungsabbruch bejaht, ohne dass das in dieser Untersuchung aufgeworfene Abgrenzungsproblem gesehen wird; vgl. nur *Waltenberger/Schöne-Seifert et al.*, Der Kardiologe 11 (2017), 383, 389 f.; ebenso *Janssens/Reith*, Medizinische Klinik – Intensivmedizin und Notfallmedizin 108 (2013), 267, 275 f.; *Pfeiffer/Hagendorff et al.*, Herzschrittmacher + Elektrophysiologie 26 (2015), 134, 138.
[153] Nur ergänzend erwähnt werden soll hier, dass sich auch in der schweizerischen Literatur Beiträge finden, die sich mit der rechtlichen Bewertung einer Deaktivierung von Herzschrittmachern befassen, freilich auf Grundlage der schweizerischen Rechtslage; siehe beispielsweise *Merkel*, sui-generis 2019, 360 ff.
[154] Vgl. nur die Ausführungen von *Gropp*, in: Eser-FG, S. 349, 361 sowie *Kautz*, Humanes Leben – Humanes Sterben 2010, 8, 10. Auch die Ausführungen von *Rissing-van Saan*, Rechtsmedizin 28 (2018), 94, 95, dürften wohl so zu verstehen sein, dass sie eine Gleichbehandlung der Fälle „lebensnotwendiger Versorgungen mit Herzunterstützungssystemen" mit den Fällen der künstlichen Beatmung bzw. Ernährung befürwortet. Sie nimmt insoweit zwar nicht konkret auf eine Versorgung mit einem Herzschrittmacher oder ICD Bezug; beide Geräte wären aber als Herzunterstützungssysteme von einer Gleichbehandlung mit künstlicher Beatmung bzw. Ernährung erfasst.

cher abzubrechen und den Herzschrittmacher abzustellen".[155] Er wirft die Frage auf, ob ein solches Vorgehen tatsächlich noch als zulässiger Behandlungsabbruch bewertet werden könne, erörtert sie jedoch im Anschluss nicht näher.[156]

Haas befasst sich ebenfalls mit der strafrechtlichen Einordnung von Herzschrittmacherdeaktivierungen.[157] Dabei geht er jedoch nicht der Frage nach, ob die Herzschrittmacherversorgung einen tauglichen Bezugspunkt eines Behandlungsabbruchs im Sinne der BGH-Rechtsprechung darstellt, sondern schlägt einen abweichenden rechtlichen Bewertungsmaßstab für die Lösung von Fällen eines Behandlungsabbruchs vor.[158] Anders als diejenigen Beiträge, die auf den Rechtsprechungsgrundsätzen basieren, kommt *Haas* auf Grundlage seines alternativen Bewertungsmaßstabs zu dem Ergebnis, dass es sich bei der Deaktivierung von Herzschrittmachern um ein strafbares Tötungsdelikt handeln müsse.[159]

Die bisherigen Stimmen im rechtswissenschaftlichen Schrifttum, die eine Einstufung der Herzschrittmacherdeaktivierung als zulässigen Behandlungsabbruch im Sinne der BGH-Rechtsprechung problematisieren, lassen folglich keine vertiefte Auseinandersetzung mit den Besonderheiten dieser Versorgungskonstellation erkennen.

Insbesondere die Äußerungen von *Joerden*, aber auch die Einstufung der Herzschrittmacherdeaktivierung als Tötungsdelikt auf Basis eines alternativen Bewertungsmaßstabs bei *Haas* bestätigen hingegen die Einschätzung, dass bei der Anwendung der Rechtsprechungskriterien auf die Herzschrittmacherdeaktivierung eine ungelöste Abgrenzungsproblematik besteht. Auf Grund der dargestellten erheblichen Parallelen zwischen einer Herzschrittmacher- und einer ICD-Versorgung betrifft diese auch den Fall der Deaktivierung eines ICD.

2. Bisherige rechtliche Ausdifferenzierung des Behandlungsbegriffs

Nachfolgend soll erörtert werden, ob die bisherige rechtliche Ausdifferenzierung des Behandlungsbegriffs Ansätze für eine Unterscheidung zwischen dem Eingriff in Mittel einer medizinischen Behandlung einerseits und in Körperbestandteile andererseits bereithält, die bei der Anwendung der Grundsätze zum Be-

---

[155] Hierzu und zum Folgenden *Joerden*, Roxin-FS II, S. 593, 597.

[156] *Joerden* gibt zu bedenken, dass aus einer Bejahung dieser Frage folge, dass abgesehen von ärztlichem Personal auch Dritte, die der vom BGH im Fall *Putz* beschriebenen Gruppe angehören, eine Herzschrittmacherversorgung auf zulässige Weise beenden könnten; dazu *Joerden*, Roxin-FS II, S. 593, 597 f.

[157] Hierzu und zum Folgenden *Haas*, JZ 2016, 714, 722. Dazu auch näher unten in Kapitel 3 unter B. II. 2.

[158] Zu diesem bereits oben in Kapitel 2 unter C. II. 1. lit. d. Dieser Lösungsansatz überzeugt aus den in Kapitel 2 unter C. III. 2. lit. a. genannten Gründen nicht.

[159] *Haas*, JZ 2016, 714, 722.

handlungsabbruch auf die Deaktivierung von Herzschrittmachern und ICD vorgenommen werden muss. Möglicherweise existieren außerhalb des Strafrechts bereits Kriterien, die eine Abgrenzung von Versorgungsmaßnahmen, die noch als Teil einer medizinischen Behandlung anzusehen sind, gegenüber Versorgungsmaßnahmen, die bereits Teil des Körpers eines Patienten geworden sind, erlauben.

Der medizinische Behandlungsbegriff wurde bislang vor allem im Zivilrecht sowie im Sozialrecht näher umrissen. Im Zivilrecht ist der Begriff der Behandlung in den Vorschriften zum Behandlungsvertragsrecht, §§ 630a ff. BGB, gebräuchlich. Im Sozialrecht wurde die ärztliche Behandlung in § 28 SGB V legaldefiniert.

Die Vorschriften des Behandlungsvertragsrechts enthalten keine eigene Definition des Behandlungsbegriffs. Dieser wird lediglich in der Gesetzesbegründung zum Gesetz zur Verbesserung der Rechte von Patientinnen und Patienten (sog. Patientenrechtegesetz)[160], mit dem die §§ 630a ff. BGB im Jahr 2013 in das BGB eingeführt wurden, konkretisiert. Eine medizinische Behandlung meint demnach grundsätzlich eine Heilbehandlung, die „neben der Diagnose die Therapie und damit sämtliche Maßnahmen und Eingriffe am Körper eines Menschen" umfasst, „um Krankheiten, Leiden, Körperschäden, körperliche Beschwerden oder seelische Störungen nicht krankhafter Natur zu verhüten, zu erkennen, zu heilen oder zu lindern".[161]

Mit dieser Definition präzisiert der Gesetzgeber die Art der Maßnahmen, die vom Anwendungsbereich des Behandlungsvertragsrechts erfasst werden sollen. Anhaltspunkte zu der Frage, wo die Grenzen des Begriffs der medizinischen Behandlung liegen und unter welchen Voraussetzungen medizinische Versorgungsmaßnahmen als Behandlungsmittel oder als Körperbestandteile anzusehen sind, ergeben sich daraus jedoch nicht. Die Beschreibung, dass eine Behandlung „sämtliche Maßnahmen und Eingriffe am Körper eines Menschen" umfasst, definiert gerade nicht, ob und ggf. wann etwas, das keinen von Natur aus vorhandenen Bestandteil des Körpers darstellt, aus rechtlicher Sicht dem Körper eines

---

[160] BT-Drucks. 17/10488.
[161] BT-Drucks. 17/10488, S. 17 sowie MüKo-BGB/*Wagner*, § 630a, Rz. 9. Eine Maßnahme soll nach der Gesetzesbegründung jedoch auch dann eine medizinische Behandlung gemäß §§ 630a ff. BGB darstellen, wenn sie nicht der Heilung einer Krankheit, sondern beispielsweise kosmetischen Zwecken diene. Damit ist der Begriff der medizinischen Behandlung im Behandlungsvertragsrecht nicht auf medizinisch indizierte Maßnahmen beschränkt. Ebenfalls unter den zivilrechtlichen Behandlungsbegriff sind Palliativmaßnahmen zu subsumieren, die keinem Heilungszweck dienen; dazu *Lipp*, MedR 2018, 754 f. Die von *Lipp* angeführte Definition der Behandlung als „alle höheren Dienste des Arztes an einem Menschen, die medizinische Fachkenntnis voraussetzen", wäre für den Zweck der Beantwortung der vorliegenden Abgrenzungsfrage aber jedenfalls zu weit gefasst.

Menschen zuzurechnen ist. Im Behandlungsvertragsrecht wird diese Frage nicht relevant;[162] die zivilrechtliche Definition des Behandlungsbegriffs ist daher weder auf deren Beantwortung zugeschnitten noch für diese geeignet.[163]

Gleiches gilt für die sozialrechtliche Definition des Behandlungsbegriffs. Gemäß der Legaldefinition der ärztlichen Behandlung in § 28 SGB V erfasst diese sämtliche Tätigkeiten eines Arztes, die zur Verhütung, Früherkennung und Behandlung von Krankheiten nach den Regeln der ärztlichen Kunst ausreichend und zweckmäßig sind. In dieser Begriffsdefinition spiegelt sich die Aufgabe der gesetzlichen Krankenversicherung wider, Krankheiten zu bekämpfen, was sich darin zeigt, dass die Krankheit zentraler Anknüpfungspunkt für das sozialrechtliche Verständnis der Behandlung ist.[164] Über diesen Anknüpfungspunkt hinausgehende sachgerechte Kriterien für eine Differenzierung von Behandlungssphäre und Körpersphäre im strafrechtlichen Kontext lassen sich aus der Begriffsdefinition jedoch nicht gewinnen.[165]

Grundsätze, die bei der strafrechtlichen Unterscheidung des zulässigen Abbruchs einer medizinischen Behandlung von einem unzulässigen behandlungsfremden Eingriff in den Körper zur Anwendung kommen könnten, sind der bisherigen rechtlichen Ausdifferenzierung des Behandlungsbegriffs demnach nicht zu entnehmen. Taugliche Differenzierungskriterien müssen also andernorts gesucht werden.

---

[162] Sinn und Zweck des Behandlungsvertragsrechts ist nach der Gesetzesbegründung vielmehr, die im Richterrecht entwickelten Grundsätze zum Vertragsverhältnis zwischen Arzt und Patient sowie das Arzthaftungsrecht gesetzlich niederzulegen, um Transparenz und Rechtssicherheit im Behandlungsverhältnis zu schaffen. Zentraler Bestandteil der Regelungen sind Informations- und Aufklärungspflichten des Behandlers gegenüber dem Patienten, die die Informationsasymmetrie zwischen den Vertragsparteien verringern und selbstbestimmte Entscheidungen des Patienten sicherstellen sollen. Zudem sollen die niedergelegten Beweislastregeln zur Etablierung von Risiko- und Fehlervermeidungssystemen beitragen und Behandlungsabläufe auf diese Weise weiter verbessern. Zum Ganzen BT-Drucks. 17/10488, S. 9.

[163] Das weite Verständnis des Behandlungsbegriffs im Zivilrecht setzt einer damit kompatiblen strafrechtlichen Ausgestaltung indes auch keine engen Grenzen.

[164] KassKomm/*Nolte*, § 28 SGB V, Rz. 6.

[165] Auch das hier zugrunde liegende weite Verständnis hat hingegen für eine damit zu vereinbarende strafrechtliche Konkretisierung den Vorteil, dass es dieser nicht von vornherein enge Grenzen setzt.
Nur ergänzend sei erwähnt, dass auch die unfallversicherungsrechtliche Vorschrift des § 46 Abs. 3 Satz 2 Nr. 1 SGB VII bei der Ausdifferenzierung des Begriffs der medizinischen Behandlung bzw. des Begriffs des Behandlungsmittels nicht weiterhelfen kann. Diese nimmt Bezug auf die zeitlichen Grenzen einer Behandlung. Gegenstand der hier zu beantwortenden Abgrenzungsfrage ist hingegen eine *sachlich-inhaltliche* Unterscheidung zwischen Behandlungsmittel und Körperbestandteil.

II. Abgrenzungsproblem der BGH-Rechtsprechung – Anlass für die Rückkehr zu einer Bewertung auf Grundlage der Unterlassungsdogmatik?

Bevor sich die Untersuchung der Diskussion von Lösungsansätzen für das Abgrenzungsproblem zwischen medizinischen Behandlungsmitteln und Körperbestandteilen widmet, das bei der Anwendung der BGH-Rechtsprechung zum Behandlungsabbruch auf Herzschrittmacher und ICD herausgearbeitet wurde, soll diskutiert werden, ob das Abgrenzungsproblem Anlass geben könnte, sich von dieser Rechtsprechung abzuwenden und zur vormaligen Differenzierung zwischen aktiver und passiver Sterbehilfe zurückzukehren. Zu dieser Überlegung führt die Aussage *Joerdens*, der zur Anwendung der BGH-Rechtsprechung auf die Deaktivierung eines Herzschrittmachers bemerkt, in einem derartigen Fall sei man womöglich „doch ganz froh, wenn man noch die ‚alte' Differenzierung zwischen aktivem Töten und passivem Sterbenlassen auch für den Bereich des Behandlungsabbruchs zur Verfügung hätte".[166] Ein solcher Rückgriff auf Ansätze der Unterlassungsdogmatik könnte jedoch nur dann einen Ausweg bieten, wenn deren Anwendung – wie von *Joerden* offenbar unterstellt – keine vergleichbaren Differenzierungsprobleme aufwerfen würde.

Ob Konzepte, die mit der Unterscheidung zwischen Tun und Unterlassen operieren, diesen Vorzug tatsächlich aufweisen, oder ob auch ihre Anwendung auf eine Herzschrittmacher- bzw. ICD-Deaktivierung analoge Abgrenzungsprobleme aufwirft, wird im nachfolgenden Abschnitt untersucht. Sollte Letzteres der Fall sein, wäre einer Diskussion über die Rückkehr zu Begründungsansätzen der Unterlassungsdogmatik unter Berufung auf die Unschärfen des Rechtsinstituts des Behandlungsabbruchs die argumentative Grundlage entzogen.

Zunächst wird erörtert, ob die Deaktivierung von Herzschrittmachern und ICD problemlos als strafloses Unterlassen einer Weiterbehandlung eingeordnet werden kann (hierzu 1.). Im Anschluss soll geprüft werden, ob gemäß einem neueren Ansatz aus der rechtswissenschaftlichen Literatur die Deaktivierung von Herzschrittmachern und ICD auf Basis eines engen Kausalitätsbegriffs und der rechtlichen Zuweisung des rettenden Kausalverlaufs zum Patienten als strafbar zu bewerten wäre (hierzu 2.). Abschließend wird zusammengefasst, warum auch die untersuchten alternativen Begründungsansätze bei der Anwendung auf Herzschrittmacher- und ICD-Deaktivierungen Abgrenzungsfragen aufwerfen und eine Rückkehr zu Konzepten, die sich auf die Differenzierung von Tun und Unterlassen stützen, damit nicht angezeigt ist (hierzu 3.).

---

[166] *Joerden*, Roxin-FS II, 593, 597 f.

1. Deaktivierung von Herzschrittmachern und ICD als strafloses Unterlassen der Weiterbehandlung?

Vor dem BGH-Urteil im Fall *Putz* im Jahr 2010 begründete die herrschende Literaturauffassung die Straflosigkeit des Abschaltens lebenswichtiger (maschineller) Maßnahmen auf Grundlage des Patientenwillens mit Hilfe der Annahme, dass es sich dabei um ein Unterlassen der Weiterbehandlung handele.[167] Auch nach der höchstrichterlichen Entscheidung wurden auf die Charakterisierung des Behandlungsabbruchs als Unterlassen gestützte Begründungen für seine Straflosigkeit weiterhin vertreten.[168] Die Konstruktion als Unterlassen soll es ermöglichen, eine Straffreiheit aktiver Deaktivierungsmaßnahmen herzuleiten, ohne in Konflikt mit dem Verbot der Tötung auf Verlangen gemäß §§ 212, 216 StGB zu geraten. Die Garantenstellung, die gemäß § 13 StGB zentrale Voraussetzung für eine Unterlassungsstrafbarkeit ist, soll in den Fällen eines am Patientenwillen orientierten Abbruchs lebenserhaltender Maßnahmen entfallen. Sie erlegt dem Unterlassenden eine grundsätzliche Pflicht zum erfolgsabwendenden Tun auf.[169] Im Falle einer ärztlichen Behandlung wird eine Garantenstellung des behandelnden Arztes regelmäßig damit begründet, dass den Arzt mit der tatsächlichen Übernahme der Behandlung auch eine rechtliche Verantwortung hinsichtlich ihrer Durchführung treffe.[170] Entspreche die Weiterbehandlung aber nicht mehr dem (mutmaßlichen) Willen des Patienten, so entfalle die ärztliche Garantenstellung und mit ihr die Pflicht, lebenserhaltende Maßnahmen fortzusetzen.[171] Das Unterlassen erfülle folglich nicht den Tatbestand eines Tötungsdelikts.[172]

Ob auf dieser Grundlage auch die ärztliche Deaktivierung von Herzschrittmacher- und ICD-Funktionen als strafloses Unterlassen eingeordnet werden könnte, bedarf einer näheren Untersuchung. Dabei wird zunächst die Anwendung des Ansatzes von *Roxin*, der das Abschalten lebenserhaltender Maßnahmen als „Unterlassen durch Tun" einordnet, auf die Deaktivierung von Herzschrittmachern und ICD geprüft (hierzu lit. a.). Anschließend wird erörtert, ob anhand von Lösungsansätzen, die das Abschalten lebenserhaltender Maßnahmen als reines Un-

---

[167] Ein Überblick über die insoweit vertretenen Ansätze findet sich bei MüKo-StGB/*Schneider*, Vor § 211, Rz. 119. Zu diesen genauer bereits oben in Kapitel 2 unter B. I. 1.
[168] Siehe hierzu bereits oben in Kapitel 2 unter C. II. 1. lit. c.
[169] Vgl. Schönke/Schröder/*Bosch*, § 13 StGB, Rz. 2.
[170] BGH, Urteil vom 08.02.2000 – VI ZR 325/98, NJW 2000, 2741, 2742; OLG Bamberg, Urteil vom 01.08.2011 – 4 U 38/09, NJOZ 2012, 936, 937; Schönke/Schröder/*Bosch*, § 13 StGB, Rz. 28a.
[171] *Haas*, JZ 2016, 714, 718 sowie *Verrel*, NStZ 2010, 671, 672, der die Lösung über eine Einordnung des Behandlungsabbruchs als Unterlassen indes nur als „konstruktive Erleichterung der strafrechtlichen Würdigung" ansieht.
[172] Vgl. *Haas*, JZ 2016, 714, 718.

terlassen einordnen, eine eindeutige Bewertung von Herzschrittmacher- und ICD-Deaktivierungen erzielt werden könnte (hierzu lit. b.).[173]

a) Einordnung der Deaktivierung als „Unterlassen durch Tun"

Auf *Roxin* geht die Subsumtion des aktiven Abschaltens lebenserhaltender Maßnahmen unter die Rechtsfigur des „Unterlassens durch Tun" zurück.[174] Wie bereits im 2. Kapitel dieser Arbeit geschildert, hat er ein derartiges ärztliches Verhalten als Anwendungsbeispiel der Fallgruppe eines Abbruchs eigener Rettungsbemühungen beschrieben.[175] Revidiere der ursprüngliche Retter die bereits in Gang gesetzte Rettungshandlung noch vor Erreichen der Opfersphäre, so sei dieses Vorgehen unter den Tatbestand eines Unterlassungsdeliktes zu subsumieren.[176] Etwas anderes gelte indes für Maßnahmen, die sich gegen bereits in der Opfersphäre angelangte Rettungsmittel richten würden. So könne die Wundnaht, die die Blutung bereits gestillt habe, nicht wieder aufgetrennt werden.[177] In diesem Fall werde eine neue Todeskausalität in Gang gesetzt, da die Gefahr des Verblutens bei Öffnung der Naht eigentlich schon abgewendet gewesen sei. Liege der Patient angesichts anderweitiger Verletzungen oder Erkrankungen im Sterben und werde die Nahtauftrennung dem Geschehen als zeitlich früher eingreifende Todesursache hinzugefügt, verlagere sie den zu erwartenden Todeseintritt vor. Damit aber handele es sich um eine strafbare aktive Tötung.

Überträgt man *Roxins* Maßstab auf die hier in Rede stehende Konstellation, ergibt sich Folgendes: Um zu bewerten, ob die Deaktivierung von Herzschrittmachern und ICD gemäß dem (mutmaßlichen) Patientenwillen ein strafloses „Unterlassen durch Tun" darstellt, muss die Frage beantwortet werden, ob trotz vollständig abgeschlossener Implantation der Geräte in den Körper des Patienten eine Rettungsbemühung vorliegt, die die Opfersphäre noch nicht erreicht hat und die somit auf zulässige Weise revidiert werden kann.

Für ein Erreichen der Opfersphäre könnte angeführt werden, dass die lebensbedrohlichen Herzrhythmusstörungen, die zur Entscheidung für eine Herzschrittmacher- oder ICD-Therapie führen, bereits mit der Implantation und Einstellung

---

[173] Hierbei bleiben die oben unter C.II.1. lit. c. angeführten Beiträge von *Dölling*, ZIS 2011, 345 ff., *Kahlo*, Frisch-FS, S. 711 ff. und *Streng*, Frisch-FS, S. 739 ff., die auch nach dem BGH-Urteil von 2010 die Begründung der Straffreiheit des Behandlungsabbruchs auf ein Unterlassen der Weiterbehandlung stützen, außer Betracht, da sie keine neuen Abgrenzungsformeln vorschlagen, die im vorliegenden Abschnitt als mögliche Lösung für das Abgrenzungsproblem der BGH-Rechtsprechung herangezogen werden könnten.
[174] *Roxin*, Engisch-FS, S. 380, 395.
[175] Hierzu eingehend oben in Kapitel 2 unter B.I.1.
[176] Hierzu und zum Folgenden *Roxin*, Engisch-FS, S. 380, 383, 386 f.
[177] Hierzu und zum Folgenden *Roxin*, Engisch-FS, S. 380, 398 f.

des jeweiligen Gerätes unter Kontrolle gebracht sind. Stirbt ein Patient nach der Gerätedeaktivierung an einer Herzrhythmusstörung, die durch ein aktiviertes Gerät adressiert worden wäre, liegt ein Vergleich mit der Wiedereröffnung der Wundnaht nahe, die die Blutung bereits gestillt hatte. Die Deaktivierung wäre demnach als strafbare Tötung zu bewerten. Zwar besteht bei Herzschrittmachern und ICD die zusätzliche Besonderheit, dass sie nach der Implantation einer kontinuierlichen Kontrolle im Rahmen ärztlicher Untersuchungen bedürfen.[178] Auch *Roxin* verlangt jedoch für die Annahme, eine Rettungsbemühung sei in der Opfersphäre angekommen, nicht, dass „der zum Helfen Verpflichtete schon jeder weiteren Mitwirkung ledig" sein müsse.[179]

Dagegen, dass Herzschrittmacher und ICD nach ihrer Implantation als Rettungsmittel zu beurteilen sind, die die Opfersphäre bereits erreicht haben, könnte allerdings angeführt werden, dass die zugrunde liegende Erkrankung durch die Implantation eines Herzschrittmachers oder ICD nicht kuriert wird. Vielmehr werden lediglich die daraus resultierenden Erregungsbildungs- bzw. -leitungsstörungen überbrückt bzw. im Falle des ICD tachykarde Herzrhythmen durch entsprechende Geräteimpulse beendet. Entfällt die Gerätefunktion, kann die Grunderkrankung ungehindert ihren Lauf nehmen. Ist diese ursächlich für das Versterben des Patienten, könnte sie als bereits bestehende und nicht erst durch die Deaktivierung gesetzte Todesursache gewertet werden, was nach den Kriterien *Roxins* für eine Straflosigkeit der gewünschten Deaktivierung eines Herzschrittmachers bzw. ICD spräche.

Die vorstehenden Erwägungen offenbaren, dass bei der Anwendung der Rechtsfigur des „Unterlassens durch Tun" auf die Deaktivierung von Herzschrittmachern und ICD letztlich ebenfalls ein Abgrenzungsproblem zu Tage tritt:[180] Es stellt sich die Frage, ob Herzschrittmacher und ICD als Rettungsbemühungen einzuordnen sind, die die Opfersphäre bereits erreicht haben oder nicht. Um diese Frage zu beantworten, bedürfte es zusätzlicher Kriterien, die die Einordnungsentscheidung leiten könnten. Derartige Kriterien existieren bislang jedoch ebenso wenig wie Kriterien zur Ausdifferenzierung des Begriffs des Behandlungsmittels im Rahmen der Rechtsprechung zum Behandlungsabbruch.

---

[178] Siehe hierzu oben in Kapitel 3 unter A. II.
[179] *Roxin*, Engisch-FS, S. 380, 387.
[180] *Roxin* selbst weist darauf hin, dass die Grenze zwischen „Unterlassen durch Tun" und Begehungsdelikt, „wie es der Jurisprudenz wesenseigentümlich" sei, „nicht mit mathematischer Exaktheit gezogen werden" könne; *Roxin*, Engisch-FS, S. 380, 387.

b) Einordnung der Deaktivierung als reines Unterlassen

Die Bewertung des Abschaltens lebenserhaltender maschineller Maßnahmen als reines Unterlassen ist in der Literatur auf verschiedene Weise begründet worden.[181]

Frister, der die Beendigung einer menschlich gesteuerten maschinellen Behandlungsmaßnahme entsprechend ihrem Ergebnis strafrechtlich als Unterlassen einer Weiterbehandlung einordnen will, stößt bei seiner strafrechtlichen Einordnung der Herzschrittmacherversorgung auf die gleiche Abgrenzungsfrage, die die vorliegende Untersuchung im Rahmen der Anwendung der BGH-Rechtsprechung von 2010 identifiziert hat. *Frister* führt zu der Problematik aus, dass ein einmal implantierter Herzschrittmacher keine fortdauernde maschinelle Behandlungsmaßnahme sei, die einen kontinuierlichen Eingriff des Verantwortlichen darstelle.[182] Vielmehr sei der Herzschrittmacher selbst ein Teil des Körpers des Patienten und verletze somit im Gegensatz zu einer Behandlungsmaßnahme nicht mehr dessen körperliche Integrität. Um eine Beendigung seiner Schrittmachertherapie zu erreichen, könne sich ein Patient daher nicht darauf berufen, dass eine entgegen seinem Willen fortgeführte Geräteaktivität eine verbotene Zwangsbehandlung darstelle. Ein Arzt, der dem Deaktivierungswunsch des Patienten folge und in dessen körperliche Integrität eingreife, begehe aktive Sterbehilfe.

Die entscheidende Frage für die Einordnung der Deaktivierung von Herzschrittmachern und ICD als Handlung oder Unterlassung lässt sich in Anbetracht der Ausführungen *Fristers* wie folgt formulieren: Ist die Versorgungsmaßnahme, deren Beendigung in Rede steht, als Mittel einer fortdauernden Behandlung oder als Bestandteil des Körpers des Patienten zu werten?

Für *Frister* scheint die Beantwortung dieser Frage bei einem implantierten Herzschrittmacher eindeutig zu sein – anders als für *Joerden*[183] und die vorliegende Arbeit. Auf Basis welcher Kriterien er den Herzschrittmacher als Körperbestandteil einstuft, erläutert *Frister* nicht. Damit suggeriert sein Ansatz eine Anwendungssicherheit, die tatsächlich nicht gegeben ist: Für eine rechtssichere Einordnung des Herzschrittmachers als Körperbestandteil oder Behandlungsmittel bedarf es nachvollziehbarer Entscheidungskriterien. Ohne derartige Kriterien erweist sich auch der Ansatz von *Frister* nicht als abgrenzungsscharf. Dies gilt nicht nur für die von *Frister* thematisierte Deaktivierung von Herzschrittmachern, sondern gleichermaßen im Falle der Deaktivierung von ICD, denn auch für diese stellt sich die Frage, ob sie der Körpersphäre ihres Trägers zugerechnet werden sollen oder lediglich ein medizinisches Behandlungsmittel darstellen.

---

[181] Hierzu näher oben in Kapitel 2 unter B.I.1.
[182] Hierzu und zum Folgenden *Frister*, Samson-FS, S. 19, 29.
[183] *Joerden*, Roxin-FS II, S. 593, 597.

Vergleichbare Abgrenzungsprobleme entstehen auch bei einer Anwendung der weiteren in Kapitel 2 vorgestellten Begründungsansätze, die die Deaktivierung lebenserhaltender maschineller Maßnahmen als reines Unterlassen deuten.

Geilen begründet die Einordnung als Unterlassen über den sozialen Sinngehalt der Deaktivierung, der in der unterlassenen Weiterbehandlung liege.[184] Im hiesigen Anwendungskontext stellt sich dabei die (Vor-)Frage, ob eine Herzschrittmacher- oder ICD-Versorgung überhaupt ein Mittel einer (Weiter-)Behandlung darstellt, die unterlassen werden kann, oder einen Körperbestandteil des Patienten, in den aktiv zum Zwecke der Lebensbeendigung eingegriffen wird. Ohne die Beantwortung dieser Frage lässt sich schwerlich beurteilen, ob die Gerätedeaktivierung ihrem sozialen Sinn nach als unterlassene Weiterbehandlung zu deuten ist.

Preisendanz orientiert die Differenzierung zwischen Tun und Unterlassen am Schwerpunkt der Vorwerfbarkeit des in Rede stehenden Verhaltens.[185] Ob der Schwerpunkt der Vorwerfbarkeit beim Abschalten eines Herzschrittmachers oder ICD auf einem Tun oder Unterlassen liegt, lässt sich ohne entsprechende Bewertungskriterien jedoch ebenfalls nicht feststellen.

Engisch stellt darauf ab, dass bei der Beendigung maschineller Behandlungsmaßnahmen der Arzt letztlich keine weitere Energie zur Rettung des Patienten einsetze und wertet das Verhalten daher rechtlich als Unterlassen.[186] Bei einer Anwendung auf die Herzschrittmacher- oder ICD-Deaktivierung muss insoweit jedoch die Frage beantwortet werden, ob, wenn ein solches Gerät abgeschaltet wird, lediglich keine Energie für eine weitere Behandlung aufgewendet wird, oder ob Energie zu einem aktiven Eingriff in den Körper eingesetzt wird.

Ein ungelöstes Abgrenzungsproblem besteht folglich auch, wenn die Deaktivierung von Herzschrittmachern und ICD mit Hilfe der soeben skizzierten Ansätze bewertet werden soll, die das Abschalten lebenserhaltender Maßnahmen grundsätzlich als Unterlassen einstufen. Die Analyse legt zudem nahe, dass auch für die im Rahmen dieser Ansätze aufgeworfenen Abgrenzungsfragen die Einordnung einer Versorgungsmaßnahme als Behandlungsmittel oder als Körperbestandteil entscheidend ist – für diese zentrale Weichenstellung werden jedoch keinerlei Kriterien benannt.

---

[184] *Geilen*, JZ 1968, 145, 151.
[185] Petters-Preisendanz/*Preisendanz*, § 13 StGB, Ziff. II. 2.
[186] *Engisch*, Gallas-FS, S. 163, 178.

2. Strafbarkeit der Deaktivierung von Herzschrittmachern und ICD auf Grundlage eines engen Kausalitätsbegriffs und der rechtlichen Zuweisung des rettenden Kausalverlaufs zum Patienten?

Auch der bereits in Kapitel 2 vorgestellte Ansatz von *Haas* greift auf Elemente der Unterlassungsdogmatik zurück, um das Abschalten lebenserhaltender Maßnahmen zu bewerten.[187] Wendet man diesen auf die Deaktivierung von Herzschrittmachern und ICD an, offenbart sich auch hier eine offene Abgrenzungsfrage.

Haas geht davon aus, dass grundsätzlich nur unmittelbare Eingriffe in ein Rechtsgut ohne Weiteres kausal für den Erfolg und damit strafbar seien.[188] Im Falle eines mittelbaren Eingriffs sei eine Strafbarkeit lediglich anzunehmen, wenn der Täter in einen Kausalverlauf eingreife, der dem Opfer rechtlich zugewiesen sei. Indem er die fehlende rechtliche Zuweisung eines rettenden Kausalverlaufs zum Patienten in Fällen des Behandlungsabbruchs primär damit begründet, dass die ärztliche Garantenstellung bei einem dem Patientenwillen entsprechenden Abbruch entfalle, nutzt *Haas* das Instrumentarium des unechten Unterlassungsdelikts. Dies begründet er damit, dass der Behandlungsabbruch zumindest im zweiten Deliktsteil dem Unterlassungsdelikt entspreche, da die Deaktivierung einer lebenserhaltenden externen Therapie wie einem Beatmungsgerät nicht direkt in die Körpersphäre des Patienten eingreife und damit für dessen Tod nicht unmittelbar kausal werde.

Haas zufolge soll auf der von ihm beschriebenen Grundlage die strafrechtliche Bewertung der Deaktivierung eines Herzschrittmachers keine Probleme bereiten:[189] Mit der Implantation verliere der Herzschrittmacher seine Sachqualität und werde Teil des Körpers des Patienten. Damit sei die Deaktivierung eines Herzschrittmachers – anders als das Abschalten eines externen Gerätes – nicht bloß ein mittelbarer, sondern ein unmittelbarer Eingriff in die körperliche Unversehrtheit des Patienten, der ohne Weiteres ein strafbares Tötungsdelikt darstelle. Überträgt man diese Argumentation auf den ebenfalls vollständig körperinternen ICD, so würde auch dessen Abschalten einen Eingriff in den Körper konstituieren, der bei lebensverkürzender Wirkung gemäß §§ 212, 216 StGB strafbar wäre.

Indes ist die Zuordnung des Herzschrittmachers zur Körpersphäre, die die Grundlage für das Strafbarkeitsurteil bildet, anders als von *Haas* suggeriert nicht eindeutig möglich. Die Frage, ob ein Implantat nach Implantation seinen Status als Sache verliert und als Körperbestandteil zu werten ist, ist in der deutschen

---

[187] Zum Ansatz von *Haas* bereits ausführlich oben in Kapitel 2 unter C.II.1. lit. d.
[188] Hierzu und zum Folgenden *Haas*, JZ 2016, 714, 720 f.
[189] Hierzu und zum Folgenden *Haas*, JZ 2016, 714, 722.

Rechtsliteratur umstritten.[190] An welchen Kriterien sich seine Zuordnung orientiert, erläutert *Haas* nicht. Seine Ausführungen lassen zwar erahnen, dass er die vollständige Internalisierung eines Herzschrittmachers durch Implantation zum entscheidenden Bewertungskriterium erhebt. Er erörtert jedoch nicht, ob dieses Kriterium sachgerecht ist und in denkbaren Grenzfällen tragfähige Lösungen produzieren könnte.[191]

Auch der Ansatz von *Haas*, der einen anderen Maßstab für die Strafbarkeitsentscheidung zugrunde legt als der BGH, ist mithin nicht frei von Abgrenzungsproblemen, für deren Lösung taugliche Kriterien noch nicht hergeleitet wurden.

3. Zusammenfassende Bewertung

Der Versuch einer Anwendung von unterlassungsdogmatisch geprägten Ansätzen auf die Deaktivierung von Herzschrittmachern und ICD hat gezeigt, dass diese Ansätze ähnliche Abgrenzungsprobleme aufwerfen wie die BGH-Rechtsprechung von 2010. Deren Entstehung kann durch eine Abkehr von den Rechtsprechungsgrundsätzen und eine Rückkehr zu Lösungsansätzen der Unterlassungsdogmatik, die insbesondere vor der Entscheidung im Fall *Putz* zur Bewertung von Deaktivierungskonstellationen verwendet wurden, nicht umgangen werden.

Die identifizierten Abgrenzungsprobleme erscheinen sämtlich in Unschärfen begründet zu sein, die die Unterscheidung zwischen einem lebensbeendenden Eingriff in ein medizinisches Behandlungsmittel einerseits und einen Körperbestandteil andererseits betreffen und nur durch die Ausdifferenzierung zusätzlicher Abgrenzungskriterien zu beheben wären. Dieser Herausforderung widmet sich das folgende Kapitel.

---

[190] Umfassend zu dieser Frage und den insoweit vertretenen Ansichten *Valerius*, medstra 2015, 158 ff.

[191] Zur körperinternen bzw. körperexternen Belegenheit als entscheidendes Bewertungskriterium kritisch sogleich in Kapitel 4 unter B.I. Offen bleibt insbesondere, wie *Haas* die Deaktivierung von Geräten bewerten würde, die teils körperinterne und teils körperexterne Bestandteile aufweisen. Zu derartigen Grenzfällen ebenfalls in Kapitel 4.

Kapitel 4

Lösungsansätze für das aufgedeckte Abgrenzungsproblem zwischen Behandlungsmittel und Körperbestandteil

A. Methodische Vorbemerkung: Rechtliche und medizin-ethische Lösungsansätze

Bei dem Versuch, das dargelegte Abgrenzungsproblem bei der Einordnung von Herzschrittmachern und ICD[1] einer Lösung zuzuführen, stellt sich zunächst die methodische Frage, wie sachgerechte Kriterien für die rechtliche Unterscheidung zwischen Behandlungsmittel und Körperbestandteil in derartigen Versorgungskonstellationen gefunden werden können. Es liegt nahe, brauchbare Kriterien zunächst in der deutschen rechtswissenschaftlichen Literatur zu suchen. Wie nachfolgend gezeigt werden wird, sind Ansätze, die auf den vorliegenden Kontext übertragen werden könnten, dort jedoch nur vereinzelt vorhanden.

Demgegenüber hat sich die internationale medizin-ethische Literatur bereits verstärkt mit der Frage auseinandergesetzt, ob bzw. unter welchen Voraussetzungen der Abbruch der Versorgung mit vollständig oder partiell körperinternen Geräten – insbesondere der Versorgung mit einem CIED – zulässig ist.[2] Den insoweit entwickelten Ansätzen liegt häufig die auch im rechtlichen Kontext relevante Unterscheidung zwischen dem Abbruch einer Behandlung und dem Eingriff in einen Körperbestandteil zugrunde.

Zwar bilden Medizin-Ethik und Recht „zwei eigenständige normative Kreise"; diese können sich jedoch „im Überschneidungsbereich ihres Gegenstandes wechselseitig befruchten".[3] So kann das Recht durchaus von der medizin-ethi-

---

[1] Soweit in diesem Kapitel auf die Deaktivierung von Herzschrittmachern, ICD oder anderen Implantaten Bezug genommen wird, ist hier eine lebensverkürzende Deaktivierung gemeint. Die Möglichkeit einer lebensverkürzenden Wirkung der Deaktivierung bedingt die Entstehung des soeben in Kapitel 3 herausgearbeiteten Abgrenzungsproblems zwischen strafbarer Tötung und zulässigem Behandlungsabbruch. Dazu näher oben in Kapitel 3 unter A. VI. sowie unter B. I.
[2] Siehe hierzu ausführlich sogleich in Kapitel 4 unter B.
[3] Hierzu und zum Folgenden *Duttge*, NStZ 2006, 479, 480 f.

schen Debatte zu Problemen profitieren, die sich in beiden Fachgebieten gleichermaßen stellen.

Vor diesem Hintergrund soll auf der Suche nach sachgerechten Kriterien für die rechtliche Abgrenzung zwischen Behandlungsmittel und Körperbestandteil auch auf die im medizin-ethischen Kontext gewonnenen Erkenntnisse zurückgegriffen und untersucht werden, ob und auf welche Weise die insoweit vorgeschlagenen Lösungen auf den rechtlichen Kontext übertragen werden könnten.[4] Bei diesem Vorgehen muss jedoch berücksichtigt werden, dass sich die Medizin-Ethik der Fragestellung aus einem anderen Blickwinkel nähert als die Rechtswissenschaft – die Bewertung, dass eine bestimmte Behandlung aus *moralischer* Perspektive abgebrochen werden kann, muss mit der rechtlichen Sichtweise nicht kongruent sein. Insbesondere können bestimmte Kriterien, die ethisch nachvollziehbar sein mögen, für eine rechtliche Regelbildung ungeeignet sein. Daher sollen auch mögliche Modifizierungen ethischer Lösungsvorschläge erörtert werden.

Ziel der beschriebenen Vorgehensweise ist es, Abgrenzungskriterien zu finden, die eine möglichst rechtssichere Differenzierung von medizinischem Behandlungsmittel und Körperbestandteil im Falle von Herzschrittmachern und ICD, aber auch im Falle vergleichbarer Versorgungsmaßnahmen erlauben und die dabei konsistente Bewertungsergebnisse hervorbringen. Eine Analyse medizin-ethischer Ansätze und die Prüfung ihrer Übertragbarkeit auf den rechtlichen Kontext ist in der deutschen Rechtsliteratur zum Behandlungsabbruch – soweit ersichtlich – noch nicht erwogen worden. Sie ist aber nicht gänzlich ohne Vorbild: In der amerikanischen Rechtsliteratur, die sich mit einem parallelen Abgrenzungsproblem konfrontiert sieht, hat *Noah* im Jahr 2013 ebenfalls medizin-ethische Lösungsansätze analysiert.[5] Er geht dabei umfassend auf die medizin-ethische Debatte zur Zulässigkeit des Abschaltens von CIED ein, kommt jedoch zu dem Schluss, dass diese Frage auf rechtlicher Ebene einer eindeutigen gesetzlichen Regelung bedürfe.[6]

Anknüpfend an die Erörterungen *Noahs* hat *Orentlicher* einen eigenen Maßstab für die Bewertung von CIED-Deaktivierungen im amerikanischen Recht

---

[4] Zu den Schwierigkeiten einer Übertragung von Konzepten von einer Disziplin auf eine andere vgl. *Taekema/van Klink*, in: Taekema/van Klink, S. 7 ff.

[5] *Noah*, William Mitchell Law Review 39 (2013), 1229 ff.

[6] *Noah*, William Mitchell Law Review 39 (2013), 1229, 1286. *Noah* spricht sich dabei deutlich für eine Zulassung der Deaktivierung von CIED – ggf. unter bestimmten, nicht näher spezifizierten Einschränkungen – aus: „Deactivation represents a distinctive form of physician aid in dying, one that we should allow candidly rather than by pretending that it fits comfortably within the existing category of permissible withdrawals of life-sustaining treatment. Thus, states should consider amending their statutes to clearly authorize physician deactivation of some or all cardiac-assist devices, subject to whatever collateral restrictions seem appropriate."

entwickelt, der im Ausgangspunkt Parallelen zu einem in der deutschen Rechtsliteratur – allerdings in einem anderen Anwendungskontext – vorgeschlagenen Ansatz von *Gropp* aufweist.[7] Auch der Beitrag *Orentlichers* soll im Rahmen der Suche nach einem geeigneten Lösungsansatz für die problematische Unterscheidung von Behandlungsmittel und Körperbestandteil im deutschen Recht analysiert werden.

B. Lösungsansätze aus der rechtlichen sowie der medizin-ethischen Literatur und ihre Übertragung in das deutsche Strafrecht

Für die strafrechtliche Unterscheidung zwischen Körperbestandteil und medizinischem Behandlungsmittel bei Geräten wie Herzschrittmachern und ICD für die Zwecke einer strafrechtlichen Bewertung darauf bezogener lebensverkürzender Verhaltensweisen kommen verschiedene Kriterien in Betracht.

Die nachfolgend untersuchten Kriterien entstammen überwiegend der internationalen medizin-ethischen Diskussion zur Unterscheidung zwischen aus moralischer Sicht zulässigen sowie unzulässigen Deaktivierungen lebenswichtiger medizinischer Geräte.[8] Doch auch einzelnen Beiträgen aus der Rechtsliteratur sind mögliche Differenzierungskriterien zu entnehmen: So wurden beispielsweise im deutschen Strafrecht Kriterien zur Abgrenzung zwischen einer Sache und einem Körperbestandteil in Bezug auf Implantate entwickelt, die für den vorliegenden Kontext adaptiert werden könnten.[9]

Ziel dieses Abschnitts der Untersuchung ist es, die in Medizin-Ethik und Rechtsliteratur vorgeschlagenen Kriterien – direkt oder in abgewandelter Form – auf die strafrechtliche Unterscheidung zwischen Behandlungsmittel und Körperbestandteil im Rahmen des Behandlungsabbruchs anzuwenden und festzustellen, ob sie in diesem Anwendungskontext konsistente und rechtssichere Ergebnisse produzieren können. Sachgerechte Kriterien müssen insbesondere sicherstellen, dass

---

[7] Die beiden genannten Ansätze finden sich bei *Gropp*, JR 1985, 181 ff. und *Orentlicher*, William Mitchell Law Review 39 (2013), 1287, 1291 ff.

[8] Die Darstellung beschränkt sich dabei auf Ansätze aus der medizin-ethischen Literatur, die für eine Anwendung im Kontext der strafrechtlich relevanten Unterscheidung zwischen Behandlungsmittel und Körperbestandteil nicht von vornherein ungeeignet erscheinen.

[9] Siehe dazu unten in Kapitel 4 unter B.II.1. lit. a. und lit. b., unter B.II.2. sowie unter B.V.2. Zu der im Strafrecht geläufigen Unterscheidung zwischen Sache und Körperbestandteil und ihrer Verbindung zu der Abgrenzung von Behandlungsmittel und Körperbestandteil siehe unten in Kapitel 4 unter B.II. Danach bedingt die Einstufung als lebenserhaltendes Behandlungsmittel im Falle gerätemedizinischer Versorgung die Einstufung der Versorgungsmaßnahme als Sache, die zur Behandlung eingesetzt wird.

170 Kapitel 4: Lösungsansätze für das aufgedeckte Abgrenzungsproblem

die Patientenautonomie nicht durch einen zu engen Zuschnitt des Anwendungsbereichs des Behandlungsabbruchs auf eine Weise verkürzt wird, die die durch das Selbstbestimmungsrecht und das Recht auf körperliche Unversehrtheit gewährleistete Freiheit von Zwangsbehandlung faktisch aushöhlt. Zugleich müssen sie sicherstellen, dass auch das Fremdtötungsverbot der §§ 212, 216 StGB nicht durch einen zu weiten Zuschnitt des Anwendungsbereichs des Behandlungsabbruchs zu Lasten der geschützten Körpersphäre entkernt wird.[10]

Um die vorgenannten Aspekte zu überprüfen, werden die verschiedenen Ansätze insbesondere für eine Bewertung der Deaktivierung der in dieser Untersuchung in den Fokus gerückten Herzschrittmacher und ICD herangezogen. Doch auch ihre Anwendbarkeit auf andere Versorgungsformen soll berücksichtigt werden, um die Tauglichkeit in Betracht kommender Abgrenzungsmerkmale über den in dieser Arbeit gegenständlichen Anwendungskontext hinaus sicherzustellen.

Ein mögliches Kriterium für die Abgrenzung zwischen Behandlungsmittel und Körperbestandteil könnte zunächst der Belegenheitsort der medizinischen Versorgung sein. Der Belegenheitsort wird in der medizin-ethischen Literatur zur Bestimmung der Zulässigkeit von Gerätedeaktivierungen vielfach thematisiert.[11] Die auch im deutschen Recht als einem Behandlungsabbruch zugänglich bewertete Versorgung mit einem Beatmungsgerät[12] ist anders als die Versorgung mit einem Herzschrittmacher oder ICD körperextern belegen. Der körperinterne bzw. körperexterne Belegenheitsort der Versorgungsmaßnahme könnte insofern für die rechtliche Qualifizierung entscheidend sein (hierzu I.).

Mehrere Ansätze orientieren sich bei der Bestimmung der Rechtsnatur von CIED, vergleichbaren Geräten oder gar Implantaten im Allgemeinen an geläufigen Kategorien des – deutschen bzw. angelsächsischen – Sachenrechts. Ob sich hieraus für die strafrechtliche Abgrenzung taugliche Kriterien ergeben können, soll ebenfalls näher beleuchtet werden (hierzu II.).

---

[10] Hierzu bereits oben in Kapitel 3 unter B.I. sowie in Kapitel 2 unter A.III. und C.III.1.
[11] Vgl. dazu *Jansen*, Bioethics 20 (2006), 105 ff.; *Kraemer*, Bioethics 27 (2013), 140 ff.; *Sulmasy*, Journal of General Internal Medicine 23 (2008), Suppl. 1, 69 ff.
[12] Eine höchstrichterliche Einordnung des Beatmungsgeräts als Versorgungsmaßnahme, die einem Abbruch zugänglich ist, findet sich im Fall *Putz*, BGH, Urteil vom 25.06.2010 – 2 StR 454/09, BGHSt 55, 191 ff., Rz. 31. Dies entspricht der bereits vor dem Urteil im Fall *Putz* herrschenden Rechtsauffassung. Dazu aus der Rechtsprechung LG Ravensburg, Urteil vom 03.12.1986 – 3 KLs 31/86, NStZ 1987, 229 f.; aus der Literatur *Dölling*, MedR 1987, 6, 9 f.; *Geilen*, JZ 1986, 145, 151; *Rudolphi*, Jura 1979, 39, 40 ff.; *Engisch*, Gallas-FS, S. 163, 178; *Frister*, Samson-FS, S. 19, 28; *Gössel*, Strafrecht BT 1, § 2, Rz. 62; *Roxin*, in: Roxin/Schroth, Medizinstrafrecht, S. 94 f.; vgl. auch *Sax*, JZ 1975, 137, 149 sowie *Stoffers*, MDR 1992, 621 ff. m.w.N. Vgl. hierzu bereits oben in Kapitel 2 unter B.I. und B.II.

Anschließend wird untersucht, ob die Rolle des Behandlers nach vollendeter Implantation, die insbesondere in der medizin-ethischen Literatur zur Zulässigkeit einer Deaktivierung von Herzschrittmachern und ICD als Kriterium vorgeschlagen wird, einen tauglichen Ansatzpunkt für eine Lösung des Abgrenzungsproblems bietet (hierzu III.).

Als weiteres maßgebliches Kriterium für die Zulässigkeit eines Behandlungsabbruchs ist nicht zuletzt das Kausalverhältnis zwischen Deaktivierung und Todeseintritt ins Spiel gebracht worden. Daher soll auch diskutiert werden, ob das Kausalverhältnis bei bislang als Behandlungsabbrüchen identifizierten Fallkonstellationen Besonderheiten im Vergleich zu Fallkonstellationen aufweist, die als aktive Sterbehilfe bewertet werden (hierzu IV.).

Im internationalen medizin-ethischen Schrifttum, in der deutschen sowie in der amerikanischen Rechtsliteratur werden zur Bewertung der Zulässigkeit einer Deaktivierung medizinischer Geräte bzw. Implantate auch Differenzierungskriterien vorgeschlagen, die die Funktion des Gerätes bzw. des Implantats in den Mittelpunkt rücken. Nachdem diese Ansätze genauer analysiert wurden, sollen mögliche alternative funktionsorientierte Unterscheidungskriterien entworfen und auf ihre Eignung für die Lösung der vorliegenden Abgrenzungsfrage geprüft werden (zum Ganzen V.).

I. Bewertung auf Grundlage der Belegenheit der Versorgungsmaßnahme

Das Differenzierungskriterium des Belegenheitsortes wird in der medizin-ethischen Literatur in Betracht gezogen, um die Grenzen abzustecken, innerhalb derer eine ärztliche Deaktivierung von Herzunterstützungssystemen noch als moralisch zulässig bewertet werden kann.[13] Auf den ersten Blick erscheint auch eine Lösung des strafrechtlichen Abgrenzungsproblems zwischen Behandlungsmittel und Körperbestandteil über den Belegenheitsort recht naheliegend. So könnten körperinterne medizinische Versorgungsmaßnahmen wie Herzschrittmacher und ICD der Körpersphäre zugeordnet werden, während körperexterne medizinische Versorgungsformen dem Begriff des Behandlungsmittels unterworfen würden.

Eine Unterscheidung nach dem Belegenheitsort der medizinischen Versorgungsmaßnahme erweist sich jedoch aus mehreren Gründen für die strafrechtliche Abgrenzung als ungeeignet:

Zum einen lässt sich nur schwer begründen, warum für die Einordnung einer Versorgungsmaßnahme ausschlaggebend sein soll, ob sie sich körperintern und

---

[13] Vgl. *Jansen*, Bioethics 20 (2006), 105, 106; *Kraemer*, Bioethics 27 (2013), 140, 142 ff.; *Sulmasy*, Journal of General Internal Medicine 23 (2008), Suppl. 1, 69, 70 f.

damit unterhalb der Haut, oder körperextern und damit oberhalb bzw. auf der Haut befindet.[14] *Sulmasy* illustriert dies anhand des Beispiels eines künstlichen Hautersatzes. Auf Grundlage einer Differenzierung nach der körperinternen bzw. körperexternen Belegenheit wäre der Hautersatz einem Behandlungsabbruch zugänglich, da er keine körperinterne Versorgungsform sei. Bei einer Abgrenzung nach dem Belegenheitsort müsste ein Patient demnach die Entfernung eines künstlichen Hautersatzes verlangen können.[15] Ohne intakte Hautbarriere würde er rasch an den Folgen einer Sepsis versterben. Demgegenüber müsste ein Implantat wie der ICD, der ohne jeglichen Eingriff in die Körpersphäre deaktiviert werden kann, unangetastet bleiben, auch wenn die Deaktivierung dem (mutmaßlichen) Patientenwillen entspräche. Anderenfalls wäre der Tatbestand der Körperverletzung oder gar der eines Tötungsdelikts[16] verwirklicht. Diese Diskrepanz in der strafrechtlichen Bewertung wäre nicht nachvollziehbar. Das Kriterium des Belegenheitsortes produziert insoweit Wertungsinkonsistenzen.

Darüber hinaus vermag die Unterscheidung nach dem Belegenheitsort das grundsätzliche Abgrenzungsproblem zwischen Behandlungsmittel und Körperbestandteil für teilinterne Versorgungsmaßnahmen nicht zu lösen. Dies lässt sich im Bereich der Herzunterstützungssysteme am Beispiel des Left Ventricular Assist Device (sog. LVAD) illustrieren.[17] Das LVAD unterstützt die Tätigkeit der linken Herzkammer und wird direkt mit dieser verbunden; zu diesem Zweck wird ein Loch in die Herzspitze gebohrt.[18] Im Gegensatz zu den übrigen Gerätebestandteilen befinden sich allerdings Steuerungseinheit und Energiequelle des

---

[14] Die hier dargestellte Argumentation verwendet *Sulmasy*, um die fehlende Eignung des Kriteriums für eine moralische Unterscheidung zu illustrieren. Hierzu und zum Folgenden vgl. insoweit *Sulmasy*, Journal of General Internal Medicine 23 (2008), Suppl. 1, 69, 71. Diese Argumentation kann auf die rechtliche Bewertung übertragen werden; dazu im Folgenden.

[15] Das gewählte Beispiel zeigt auch, dass eine Unterscheidung zwischen Behandlungsmittel und Körperbestandteil nicht sachgerecht anhand der Differenzierung erfolgen könnte, ob eine medizinische Intervention künstlicher Natur ist oder natürliche Bestandteile des (eigenen oder eines fremden) menschlichen Körpers enthält. Würde das menschliche Herz durch ein transplantiertes Herz ersetzt, wäre dies einem derartigen Ansatz zufolge als Körperbestandteil anzusehen, während der Ersatz mit einem vollständig künstlichen Herzen einem Behandlungsabbruch – mit der Folge des unmittelbaren Todes des Patienten – zugänglich wäre. Eine solche Unterscheidung ist nicht einleuchtend. Vgl. zu den mit dieser Differenzierung ggf. verbundenen Unklarheiten zudem *Jansen*, Bioethics 20 (2006), 105, 107.

[16] Voraussetzung hierfür wäre natürlich, dass der Patient einen Herztod erleidet, der durch einen weiterhin aktiven ICD hätte verhindert werden können.

[17] Weitere Beispiele sind seltener eingesetzte Unterstützungssysteme für die rechte Herzkammer (RVAD) oder das sog. Berlin Heart, das als Alternative zur extrakorporalen Membranoxygenierung (ECMO) bei erhaltener Lungenfunktion zum Einsatz kommen kann; vgl. hierzu *Lemmer/Stiller et al.*, Zeitschrift für Geburtshilfe und Neonatologie 210 (2006), 5.

[18] *Kraemer*, Bioethics 27 (2013), 140, 141, 145.

LVAD außerhalb des Körpers.[19] Es handelt sich damit um ein teils körperintern und teils körperextern belegenes Gerät. Wie hier der Belegenheitsort eine klare Bewertung ermöglichen sollte, bleibt unklar.

Sogar im Hinblick auf die Einordnung von Versorgungsmaßnahmen, die bisher – aus ethischer wie rechtlicher Perspektive – einhellig als einer Deaktivierung zugänglich eingestuft wurden, könnten bei einer Differenzierung nach dem Belegenheitsort Zweifel entstehen: Bei der künstlichen Beatmung wird ein Endotrachealtubus in die Luftröhre des Patienten eingeführt, der mit dem körperexternen Beatmungsgerät verbunden ist.[20] Die PEG-Sonde wird in einem operativen Eingriff durch einen künstlichen Zugang in der Bauchdecke in den Bauchraum des Patienten gelegt, der Versorgungsschlauch befindet sich außerhalb.[21] Beatmungsgerät und PEG-Sonde besitzen mithin jeweils sowohl körperinterne als auch körperexterne Bestandteile. Ihre Bewertung als Behandlungsmittel würde durch das Abgrenzungskriterium des Belegenheitsortes daher in Frage gestellt.[22]

Denkbar wäre es zwar, die Einordnung als Behandlungsmittel in den Fällen teils körperinterner und teils körperexterner Belegenheit von Versorgungsmaßnahmen über den Schwerpunkt der Belegenheit herzuleiten.[23] Rechtssicherheit kann damit aber ebenfalls nicht erzeugt werden: Wo der Schwerpunkt einer Versorgungsmaßnahme liegt, ist eine offene Wertungsfrage, die sehr unterschiedlich beantwortet werden kann. Eindrücklich zeigt dies die medizin-ethische Debatte zwischen *Simon* und *Fischbach* zur Zulässigkeit des Abschaltens eines LVAD auf Grundlage seiner Belegenheit:[24]

---

[19] Hierzu und zum Folgenden *Kraemer*, Bioethics 27 (2013), 140, 141 sowie *Noah*, William Mitchell Law Review 39 (2013), 1229, 1235.

[20] Vgl. *Kohl/Mersmann*, in: Leonhardt/Walter, S. 145 ff.

[21] Vgl. *Wiesinger/Stoll-Salzer*, Kapitel 10, S. 124 f.

[22] Zur Bewertung von Beatmungsgeräten als Versorgungsmaßnahmen, die einem Behandlungsabbruch zugänglich sind, in der bisherigen Rechtsprechung siehe BGH, Urteil vom 25.06.2010 – 2 StR 454/09, BGHSt 55, 191 ff., Rz. 31; LG Ravensburg, Urteil vom 03.12.1986 – 3 KLs 31/86, NStZ 1987, 229 f. Zu einer entsprechenden Bewertung von Beatmungsgeräten in der medizin-ethischen Literatur *Mueller/Swetz et al.*, Mayo Clinic Proceedings 85 (2010), 791, 795; *Reith/Janssens*, Medizinische Klinik – Intensivmedizin und Notfallmedizin 109 (2014), 19, 22; *Simon/Fischbach*, Hastings Center Report 38 (2008), 14, 15; vgl. *Sulmasy*, Journal of General Internal Medicine 23 (2008), Suppl. 1, 69, 70.

[23] Eine Abgrenzung nach dem Schwerpunkt ist im deutschen Strafrecht im Rahmen der Differenzierung von Tun und Unterlassen verbreitet; zur dortigen Unterscheidung nach dem Schwerpunkt der Vorwerfbarkeit des betreffenden Verhaltens vgl. Schönke/Schröder/*Bosch*, Vor §§ 13 ff. StGB, Rz. 158a m. w. N. Diese entspricht auch der Sichtweise des BGH, Urteil vom 07.07.2011 – 5 StR 561/10, BGHSt 56, 277, Rz. 29 m. w. N.

[24] Hierzu und zum Folgenden *Simon/Fischbach*, Hastings Center Report 38 (2008), 14 f.; vgl. auch die Gegenüberstellung und Analyse dieser Positionen bei *Kraemer*, Bioethics 27 (2013), 140, 142 ff.

Simon erkennt erhebliche Parallelen des LVAD zu körperinternen Interventionen. Er argumentiert, das LVAD könne nach Implantation seine Funktion dauerhaft und unabhängig von krankenhausgebundenen Geräten erfüllen und dem Patienten so ein eigenständiges Leben ermöglichen. Es werde in den autonom funktionierenden Organismus integriert und zu einem Teil des Patienten wie ein transplantiertes Organ.

Fischbach hingegen hält eine Einstufung des LVAD als körperexternes Gerät für naheliegender. Sie hält *Simons* Auffassung entgegen, das LVAD sei selbst kein lebenswichtiges Organ, sondern unterstütze nur das weiterhin funktionstüchtige Herz. Bei einer Deaktivierung sterbe der Patient an Herzversagen; diese Situation sei vergleichbar mit der Deaktivierung anderer lebenserhaltender Maßnahmen wie dem Beatmungsgerät. Zudem könne das LVAD ohne externe Energiezufuhr sowie begleitende Medikamententherapie seine Funktion nicht wahrnehmen. Es bestünden mithin größere Parallelen zu einem körperexternen als zu einem körperinternen Gerät.

Die Äußerungen von *Simon* und *Fischbach* zeigen, dass die Frage, wo bei teils körperintern und teils körperextern belegenen Versorgungsmaßnahmen der Schwerpunkt der Belegenheit zu sehen ist, sehr unterschiedlich bewertet werden kann. Eine Unterscheidung auf Grundlage des Belegenheitsortes würde in derartigen Versorgungskonstellationen also für erhebliche neue Unklarheiten sorgen.

Nach alledem erweist sich eine Unterscheidung von Behandlungsmittel und Körperbestandteil auf Grundlage der Belegenheit einer medizinischen Versorgungsmaßnahme als ungeeignet für einen breiten Anwendungskontext, der neben Herzschrittmachern und ICD auch andere, insbesondere nur partiell körperinterne medizinische Versorgungsformen erfasst. Das oben angeführte Beispiel *Sulmasys* zeigt darüber hinaus, dass ein solches Differenzierungsmerkmal nicht stets nachvollziehbare Wertungen produziert. Es ermöglicht damit keine hinreichend konsistente Abgrenzung des Bereichs, der noch der Patientenautonomie unterfallen soll, von dem Fremdtötungsverbot unterfallenden Bezugspunkten lebensverkürzender Handlungen.

II. Bewertung auf Grundlage sachenrechtlich orientierter Kriterien

Die Verwendung sachenrechtlicher Kategorien für eine Abgrenzung zwischen Behandlungsmittel und Körperbestandteil liegt bei Herzschrittmachern und ICD sowie anderen Implantaten aus zwei Gründen nahe:

Erstens stellen Implantate, die als Behandlungsmittel und nicht als Körperbestandteile einzuordnen sind, aus der Perspektive des Sachenrechts – wie vor ihrer

Implantation – zugleich (eigentumsfähige) Sachen dar.[25] Dementsprechend sind einheitliche Kriterien für die Einstufung eines implantierten Gerätes als Sache und als Behandlungsmittel sinnvoll.[26] Vor diesem Hintergrund sollte untersucht werden, ob Kriterien, die bereits im Rahmen der Abgrenzung des Anwendungsbereichs der Körperverletzungs- und der Eigentumsdelikte für die Differenzierung zwischen Körperbestandteil und Sache entwickelt wurden,[27] auf die Differenzierung zwischen Körperbestandteil und Behandlungsmittel übertragen werden könnten.

Zweitens kennt das Sachenrecht Prinzipien, auf deren Grundlage festgestellt werden kann, welche Normen im Falle der Verbindung von Gegenständen, die verschiedenen rechtlichen Regelungsregimen unterliegen, auf die neu gebildete Einheit anzuwenden sind. Derartige Prinzipien könnten für die Konstellation der Implantation einer Sache, die anschließend mit dem Körper „zusammenwächst", nutzbar gemacht werden.[28]

Nachfolgend sollen zunächst drei Ansätze aus der deutschen Rechtsliteratur und dem amerikanischen medizin-ethischen Schrifttum vorgestellt werden, die sachenrechtliche Prinzipien zur Art der Verbindung bei der Bewertung der Frage analog anwenden, ob medizinische Versorgungsmaßnahmen die Rechtsnatur von Körperbestandteilen aufweisen (hierzu 1.).

---

[25] Eine Einordnung in die binäre Unterscheidung des Körperbestandteils einerseits oder der Sache andererseits ist für Prothesen und Implantate bereits im Rahmen der Abgrenzung der Körperverletzungsdelikte von den Eigentumsdelikten geläufig. Dazu im Überblick MüKo-StGB/*Hardtung*, § 223 StGB, Rz. 10 ff. m.w.N. Vertiefend hierzu aus der neueren Literatur *Valerius*, medstra 2015, 158 ff.; aus der älteren Literatur *Görgens*, JR 1980, 140 ff. (dazu unten in Kapitel 4 unter B.II.1. lit. a.) sowie *Gropp*, JR 1985, 181 ff. (dazu unten in Kapitel 4 unter B.V.2.). Die Unterscheidung zwischen Sache und Körperbestandteil wird in Kapitel 4 unter B.II. sowie unter B.V.4. lit. b. dd. aufgegriffen.
Für eine grundsätzliche Einstufung von Implantaten als Sachen und nicht als Körperbestandteile vgl. *Valerius*, medstra 2015, 158 ff.

[26] Der Gleichlauf der Bewertung eines Implantats als Behandlungsmittel sowie als Sache könnte nur dann durchbrochen werden, wenn in der strafrechtlichen Abgrenzung zwischen Sache und Körperbestandteil eine dem Strafrecht bislang unbekannte dritte Kategorie ergänzt würde. Hierfür sind de lege lata jedoch weder Ansatzpunkte noch Schutznormen vorhanden. Für einen unterschiedlichen Zuschnitt der Kategorie des Körperbestandteils in der Unterscheidung von unzulässiger Tötung und zulässiger Sterbehilfe einerseits sowie Körperverletzung und Eigentumsverletzung andererseits, der eine Einordnung als Behandlungsmittel im einen und eine Einordnung als Körperbestandteil im anderen Kontext ermöglichen würde, lässt sich strafrechtssystematisch kein Argument erkennen. Vgl. dazu auch unten in Kapitel 4 unter B.V.4. lit. b. dd.

[27] Siehe dazu soeben in Fn. 25.

[28] Vgl. *Paola/Walker*, Southern Medical Journal 93 (2000), 20, 21.

Anschließend wird eine Rechtsauffassung beleuchtet, die Implantate auch nach ihrer Implantation generell als eigentumsfähige Sachen einstufen will und eine „Metamorphose" zu einem Körperbestandteil ablehnt (hierzu 2.).

1. Abhängigkeit der Rechtsnatur von der Art der Verbindung

In der deutschen Rechtsliteratur wird zur Bestimmung der Rechtsnatur von Implantaten als Sache oder Körperbestandteil teilweise in Anlehnung an § 93 BGB darauf abgestellt, ob das Implantat als wesentlicher Bestandteil des Körpers eingestuft werden könne (hierzu lit. a.). Darüber hinaus wird vertreten, dass die Festigkeit der Verbindung mit dem Körper ein Implantat zum Körperbestandteil werden lasse, sodass es seine Sacheigenschaft verliere (hierzu lit. b.).

Ein Ansatz aus dem internationalen medizin-ethischen Schrifttum, der mit der unter lit. a. darzustellenden Abgrenzung der deutschen Rechtsliteratur vergleichbar ist, greift für die Bewertung der Zulässigkeit einer Implantat-Deaktivierung auf die im anglo-amerikanischen Eigentumsrecht gebräuchliche Rechtsfigur der sog. fixtures zurück, die sich ebenfalls an der Art der Verbindung orientiert (hierzu lit. c.).

a) Wesentlicher Bestandteil des Körpers

Görgens hat sich der Frage nach der Rechtsnatur von Implantaten aus Anlass einer Ende der 1970er-Jahre in den Fokus der Presseberichterstattung gerückten Praxis gewidmet, wonach Ärzte Patienten nach deren Tod ihre noch funktionsfähigen Herzschrittmacher entnahmen und diese nach Überholung anderen Patienten wieder einsetzten.[29]

Um das grundsätzliche Bestehen von Eigentums- bzw. Aneignungsrechten an Implantaten und die diesbezügliche Zugriffsmöglichkeit Dritter nach dem Tod des Implantat-Trägers zu untersuchen, erörtert *Görgens* zunächst die Rechtsnatur von Implantaten als Sache oder Körperbestandteil. Er schlägt vor, Implantate dann nicht mehr als eigenständige Sachen, sondern als Körperbestandteile zu werten, wenn sie zu *wesentlichen Bestandteilen* des menschlichen Körpers geworden seien.[30] Anderenfalls sollten sie ihre Sacheigenschaft beibehalten.

---

[29] *Görgens*, JR 1980, 140 m. w. N. Die Vertriebsfirma stellte den Kliniken die resterilisierten Herzschrittmacher zum Neupreis in Rechnung; den eingeweihten Klinikärzten wurden nach Zahlung der Rechnung durch die Klinikverwaltung die Einnahmen abzüglich der Resterilisationskosten von der Vertriebsfirma überwiesen. Die Ärzte nutzten diese Gelder für Gerätschaften, wissenschaftliche Zwecke sowie Kosten im Zusammenhang mit Kongressbesuchen. Diese kurze Zusammenfassung des Sachverhaltes findet sich bei *Gropp*, JR 1985, 181 mit Verweis auf LG Köln, Urteil vom 10.01.1983 – 114-3/81.

[30] Hierzu und zum Folgenden *Görgens*, JR 1980, 140, 141.

Den Maßstab für die Beurteilung der Frage, ob ein Implantat wesentlicher Bestandteil des Körpers sei, entnimmt *Görgens* der sachenrechtlichen Regelung in § 93 BGB. Danach sind wesentliche Bestandteile einer beweglichen Sache solche Bestandteile, die voneinander nicht getrennt werden können, ohne dass der eine oder der andere zerstört oder in seinem Wesen verändert wird. *Görgens* subsumiert, nach diesem Maßstab seien Implantate, die Körperfunktionen übernähmen, wie beispielsweise künstliche Rippen, als wesentliche Bestandteile einzustufen. Er bestimmt die Wesentlichkeit eines Bestandteils also in Abhängigkeit von seiner Funktion.[31]

Schwieriger zu beurteilen sei die Rechtsnatur von Herzschrittmachern. Insoweit plädiert *Görgens* dafür, auf deren lediglich als unterstützend charakterisierte Funktion abzustellen. Auf Grund dieser führe die Entfernung eines Herzschrittmachers nicht dazu, dass der Körper zerstört oder in seinem Wesen verändert werde. Bei Herzschrittmachern handele es sich folglich nicht um wesentliche Bestandteile des Körpers. Hingegen müsse bei Zahnersatzimplantaten „im Einzelfall geprüft werden, wie eng die Verbindung mit dem Kiefer" sei.

Überträgt man den Ansatz von *Görgens*, der sich mit der Einstufung als Sache oder Körperbestandteil befasst, auf den Kontext der Differenzierung zwischen Behandlungsmittel und Körperbestandteil und schreibt mit *Görgens* Herzschrittmachern stets eine lediglich unterstützende Funktion zu,[32] so kommt man zu dem Ergebnis, dass sie nicht dem Körper zuzurechnen sind, sondern vielmehr als Behandlungsmittel eingestuft werden können, in die zum Zwecke eines dem Patientenwillen entsprechenden Behandlungsabbruchs funktionsbeendigend eingegriffen werden kann.

Gleiches dürfte für den – von *Görgens* nicht untersuchten – ICD gelten.[33] Auf die Unterschiede der beiden Versorgungsarten käme es nicht an, weil das von *Görgens* als für die Einordnung maßgeblich gekennzeichnete Merkmal der Unterstützungsfunktion – so es bei einem Herzschrittmacher für gegeben erachtet wird – erst recht bei einem ICD vorliegen muss. Dieser sorgt für die Beendigung von Tachyarrhythmien, übernimmt dabei jedoch keine nicht oder nicht mehr in ausreichendem Maße vorhandene Körperfunktion, sondern wirkt lediglich regulierend.[34]

---

[31] An dieser Stelle deutet sich bereits die in Kapitel 4 unter B. V. näher untersuchte funktionsorientierte Differenzierung an.

[32] Diese Charakterisierung dürfte insbesondere im Hinblick auf Fälle vitaler Schrittmacherabhängigkeit fraglich sein. Dazu näher unten in Kapitel 4 unter B. V. 2.

[33] Der ICD war zur Zeit der Veröffentlichung des Aufsatzes von *Görgens* noch in der Entwicklung bzw. noch nicht im breiten Einsatz. Die erste ICD-Implantation bei einem Menschen fand im Veröffentlichungsjahr 1980 statt; *Straube/Sommer et al.*, in: Marschner/Clasbrummel et al., Kapitel 2.11, S. 113.

[34] Genauer hierzu oben in Kapitel 3 unter A. II. 2.

Problematisch an einer Unterscheidung zwischen Behandlungsmittel und Körperbestandteil anhand des Merkmals des wesentlichen Bestandteils erscheint dessen fehlender Zuschnitt auf die Bestimmung einer Körperzugehörigkeit. So stellt sich die Frage, wann die Trennung eines Implantats zu einer „Zerstörung" oder „Wesensveränderung" des Körpers führen soll, die § 93 BGB für die Bewertung als wesentlicher Bestandteil zugrunde legt.

Von einer „Zerstörung" des Körpers durch Trennung des Implantats dürfte jedenfalls in Fällen auszugehen sein, in denen diese zwangsläufig zum Tod des Patienten führt. Dann aber müsste *Görgens* in den Fällen vitaler Schrittmacherabhängigkeit eine Einordnung des Herzschrittmachers als Körperbestandteil erwägen, weil die betroffenen Patienten ohne die fortgesetzte Tätigkeit ihres Schrittmachers versterben würden.[35] Überträgt man diese Differenzierung in den Kontext des Behandlungsabbruchs, entscheidet der Grad der Schrittmacherabhängigkeit über die Zulässigkeit eines Behandlungsabbruchs. Dies ist insofern problematisch, als eine vitale Schrittmacherabhängigkeit nicht von Beginn an gegeben sein muss, sondern durch Nachlassen der Herzeigenleistung erst im weiteren Verlauf der Erkrankung entstehen kann, wobei der genaue Zeitpunkt des Eintritts vitaler Schrittmacherabhängigkeit – und damit der Beginn sowie das Ende der Zulässigkeit einer Deaktivierung – oft nicht präzise festzustellen sein dürfte.[36] Der Übergang in die vitale Schrittmacherabhängigkeit dürfte sich bei einem Herzschrittmacher, der das Pacing modulieren kann, nicht für den Patienten bemerkbar machen.[37] Eine hinreichende Abgrenzbarkeit der Konstellationen, in denen die Deaktivierung noch der Autonomie des Patienten unterliegt, von Konstellationen, in denen eine patientenautonome Disposition über die Funktionstätigkeit des Herzschrittmachers ausgeschlossen ist, lässt sich bei einer Abhängigkeit der Einordnung vom Grad der Schrittmacherabhängigkeit des Patienten damit nicht gewährleisten.

---

[35] Hierzu oben in Kapitel 3 unter A. III. 1. lit. a.

[36] Zur Entwicklung einer Schrittmacherabhängigkeit nach Implantation des Herzschrittmachers *Megaly/Gössl* et al., American Heart Journal 218 (2019), 128, 129; vgl. auch *Lelakowski/ Majewski et al.*, Cardiology Journal 14 (2007), 83, 84, die die schwere Prognostizierbarkeit einer solchen Entwicklung hervorheben.
Auch der Zeitpunkt von Entstehung und Untergang etwaiger Sachenrechte am Implantat wäre bei einem auf die dargelegte Weise bestimmten Wechsel der Rechtsnatur zwischen Körperbestandteil einerseits und Behandlungsmittel andererseits nicht eindeutig festzustellen, sodass auch in dieser Hinsicht Rechtsunsicherheit entstünde.

[37] Moderne Herzschrittmacher können auf Veränderungen in der Herztätigkeit reagieren; vgl. *Sanders*, in: *Kusumoto/Goldschlager*, S. 47. Die elektrischen Impulse im Rahmen der Schrittmachertätigkeit sind für Patienten nicht wahrnehmbar; dazu *Pitcher/Soar et al.*, Heart 102 (2016), A1, A10.

Wann ein Implantat einen wesentlichen Bestandteil darstellen soll, weil seine Entfernung zu einer „Wesensveränderung" des Körpers führt, beschreibt *Görgens* ebenfalls nicht. Die sachenrechtliche Definition, die für eine Wesensveränderung darauf abstellt, ob eine Veränderung der bisherigen wirtschaftlichen Nutzungsart und eine nicht unerhebliche Wertminderung der Sache vorläge, die nach der Trennung verbliebe,[38] ist auf den Körper nicht übertragbar und verschließt sich auch einer adäquaten Modifikation.

Denkbar wäre es, für die Definition einer Wesensveränderung des Körpers durch eine Abtrennung daran anzuknüpfen, ob die Entfernung des Implantats Beeinträchtigungen anderer lebenswichtiger Körperstrukturen hervorrufen würde. In einem solchen Fall hätte eine Trennung des Implantats vom Körper erhebliche, sogar potentiell lebensbedrohliche physiologische Veränderungen zur Folge, sodass durchaus von einer Wesensveränderung des Körpers gesprochen werden könnte. Indes ließe eine solche Definition Fälle unberücksichtigt, in denen nicht erst die Trennung von Implantat und Körper lebenswichtige Körperstrukturen beeinträchtigt, sondern bereits die Implantation selbst. Man denke nur an das Beispiel eines LVAD, das die Tätigkeit der linken Herzkammer unterstützt und für dessen Verbindung mit dem Herzen ein Loch in die Herzkammer gebohrt werden muss.[39] Insofern müssten auch die bereits mit der Implantation bewirkten physiologischen Veränderungen in die Definition der Wesensveränderung mit einbezogen werden.

Allein die Tatsache, dass die Einpflanzung oder die Entfernung eines Implantats mit der Beeinträchtigung lebenswichtiger Körperstrukturen verbunden ist, kann jedoch noch nicht den Entzug der patientenautonomen Entscheidungshoheit über die Aufrechterhaltung der Implantat-Aktivität rechtfertigen: Eine Entfernung des Implantats wird für dessen Deaktivierung vielfach nicht erforderlich sein.[40] Die Wesensveränderung des Körpers an den im Falle einer Implantat-*Entfernung* bewirkten Beeinträchtigungen fest zu machen und daran die Zulässigkeit bzw. Unzulässigkeit einer bloßen *Deaktivierung* zu knüpfen, leuchtet bereits in der Sache nicht ein. Davon abgesehen stellt sich, wenn bereits die Einpflanzung mit Beeinträchtigungen lebenswichtiger Körperstrukturen verbunden ist, die Frage, wieso der Patient in die Einpflanzung selbstbestimmt einwilligen können soll, während eine ohne jegliche Strukturverletzungen erfolgende Deaktivierung des Implantats seiner Entscheidungshoheit entzogen sein soll.

---

[38] MüKo-BGB/*Stresemann*, § 93, Rz. 11.
[39] *Kraemer* geht darauf ein, dass bei einem LVAD nicht nur die Implantation physiologische Veränderungen bewirke; auch mit einer Deaktivierung könnten chirurgische Eingriffe verbunden sein, die erneute Veränderungen am Körper hervorrufen würden; dazu *Kraemer*, Bioethics 27 (2013), 140, 145.
[40] So beispielsweise bei Herzschrittmacher und ICD; dazu oben in Kapitel 3 unter A.IV.

Doch selbst in Fällen, in denen die bloße *Deaktivierung* einer Versorgungsmaßnahme lebenswichtige Körperstrukturen beeinträchtigen würde, kann dies für sich genommen eine Beschränkung des Selbstbestimmungsrechts durch Bewertung der Versorgungsmaßnahme als Körperbestandteil nicht legitimieren: Auch im Zuge von Behandlungen können derartige Strukturen beeinträchtigt werden – man denke nur an eine Operation am offenen Herzen oder die eben bereits erwähnte Implantation eines LVAD. Selbst lebensgefährliche Operationen sind jedoch der Entscheidungsautonomie des Einzelnen unterstellt.

Eine Definition der Wesensveränderung des Körpers über das Kriterium der Beeinträchtigung lebenswichtiger Körperstrukturen vermag somit keine sachgerechte Beschränkung der Patientenautonomie zu bewirken, der es im Rahmen der Abgrenzung zwischen Behandlungsmittel und Körperbestandteil jedoch bedarf.

Für die Entscheidung, ob die Deaktivierung eines Implantats zulässig ist oder nicht, kann nach alledem nicht ausschlaggebend sein, ob die Implantation, eine Entfernung oder eine Deaktivierung des Implantats zu einer Wesensveränderung des Körpers führen würde. Auf dieser Grundlage ist *Görgens* Differenzierungskriterium des wesentlichen Bestandteils in Anlehnung an § 93 BGB für eine Zuordnung zu den rechtlichen Kategorien von Behandlungsmittel oder Körperbestandteil ungeeignet.

Görgens bringt im weiteren Verlauf seiner Ausführungen mit der engen Verbindung von Implantat und Körper noch ein weiteres Beurteilungskriterium ins Spiel, das für die Charakterisierung als wesentlicher Bestandteil maßgeblich sein soll.[41] Er bleibt jedoch die Antwort auf die Frage schuldig, wann eine Verbindung hinreichend eng sein soll, um eine Qualifikation als Körperbestandteil zuzulassen, und will dies der Einzelfallbeurteilung überlassen. Insofern könnte in Betracht gezogen werden, die von *Görgens* ins Spiel gebrachte enge Verbindung zwischen Implantat und Körper über die Festigkeit der Verbindung zu charakterisieren. Ob sich eine feste Verbindung als taugliches Unterscheidungsmerkmal von Behandlungsmittel und Körperbestandteil erweist, soll nachfolgend näher untersucht werden.

b) Feste Verbindung mit dem Körper

Die Frage, ob ein Implantat rechtlich als *Sache* oder als Körperbestandteil zu qualifizieren ist, wird in der deutschen (Straf-)Rechtsliteratur mehrheitlich mit Hilfe des Kriteriums einer festen Verbindung des Implantats mit dem Körper

---

[41] Hierzu und zum Folgenden *Görgens*, JR 1980, 140, 141.

B. Lösungsansätze aus der rechtlichen sowie der medizin-ethischen Literatur

beantwortet.[42] Dahinter steht der Rechtsgedanke des § 94 BGB.[43] Diese sachenrechtliche Norm definiert die wesentlichen Bestandteile eines Grundstücks über ihre feste Verbindung mit Grund und Boden. Analog dazu könnte ein Implantat als Körperbestandteil und nicht als *Behandlungsmittel* zu werten sein, wenn es mit dem Körper fest verbunden wäre. Eine derartige Verbindung soll vorliegen, wenn ein Eingriff in die Körpersphäre erforderlich wäre, um das Implantat wieder vom Körper zu trennen.[44] Keine feste Verbindung soll dagegen bei jederzeit ohne Weiteres vom Körper trennbaren Gegenständen wie Kontaktlinsen oder Gebissen gegeben sein.[45] Ein Herzschrittmacher, der fest in den Körper eingepflanzt werde und „Organfunktionen" übernehme,[46] sei vor diesem Hintergrund als Teil des Körpers anzusehen und nicht als Sache, die dem Regime der Eigentumsdelikte unterfalle.[47]

Bedenkt man, dass die Verbindungsfestigkeit mit dem Körper bei einem ICD der des Herzschrittmachers entspricht, müsste nach dieser Auffassung auch der ICD als Körperbestandteil gelten. Überträgt man diese Ansicht von ihrem bisherigen sachenrechtlichen Anwendungskontext auf den Kontext des Behandlungsabbruchs, wären Herzschrittmacher und ICD einem Behandlungsabbruch nicht zugänglich, da sie keine Behandlungsmittel darstellen würden, sondern auch insoweit als Körperbestandteile eingestuft werden müssten. Eine Deaktivierung der beiden Geräte wäre demnach unzulässig.

Die Bewertung eines Implantats als Körperbestandteil setzt zweifellos eine gewisse Verbindungsstabilität voraus. Ein Gebiss, das morgens eingesetzt und abends wieder herausgenommen wird, erfüllt diese Grundvoraussetzung für eine Körperzuordnung nicht. Auch die im weiteren Verlauf der Untersuchung noch zu erörternde Bewertung der Rechtsnatur eines Implantats auf Grundlage seiner Funktion impliziert eine gewisse Stabilität der Verbindung zwischen Implantat

---

[42] LG Mainz, Urteil vom 06.01.1984 – 7 O 170/83, Rz. 15, zitiert nach juris; *Hardtung*, JuS 2008, 864 f.; *Weimar*, JR 1979, 363, 364; BeckOK-StGB/*Eschelbach*, § 223, Rz. 15; MüKo-BGB/*Stresemann*, § 90, Rz. 28; vgl. Staudinger/*Stieper*, § 90 BGB, Rz. 35.
[43] *Görgens*, JR 1980, 140, 141.
[44] BeckOK-StGB/*Eschelbach*, § 223, Rz. 15.
[45] BeckOK-StGB/*Eschelbach*, § 223, Rz. 15.1; MüKo-BGB/*Stresemann*, § 90, Rz. 28.
[46] Zur Übernahme einer Organfunktion MüKo-BGB/*Stresemann*, § 90, Rz. 28 m.w.N. Die zuvor dargestellte Ansicht von *Görgens* geht hingegen offensichtlich davon aus, dass der Herzschrittmacher gerade keine Organfunktion übernehme, da Implantate, die Körperfunktionen übernehmen, von *Görgens* als Körperbestandteile bewertet werden; dazu soeben in Kapitel 4 unter B. II. 1. lit. a. sowie *Görgens*, JR 1980, 140, 141.
[47] LG Mainz, Urteil vom 06.01.1984 – 7 O 170/83, Rz. 15, zitiert nach juris; BeckOK-StGB/*Eschelbach*, § 223, Rz. 15.1; MüKo-BGB/*Stresemann*, § 90, Rz. 28.

und Körper.⁴⁸ Das Kriterium der festen Verbindung ist als singuläres bzw. ausschlaggebendes Merkmal für die Einordnung von Implantaten in die Kategorien von Behandlungsmittel und Körperbestandteil und die damit verbundene Grenzziehung für das Selbstbestimmungsrecht des Patienten jedoch nicht geeignet. Bei der Anwendung des Kriteriums stellt sich zunächst die Frage, wann ein Implantat als nicht mehr jederzeit ohne Eingriff vom Körper trennbar gelten soll. Bereits beim Beatmungsgerät könnte überlegt werden, ob die Entfernung des weit in den Körper hineinführenden Tubus, die auch Verletzungsrisiken birgt, nicht einen körperlichen Eingriff darstellt, sodass eine feste Verbindung von Beatmungsgerät und Körper gegeben ist. Erst recht stellt sich diese Frage bei einer ECMO, die Herz- und/oder Lungenkreislauf eines Patienten unterstützen bzw. ersetzen kann.⁴⁹ Um die ECMO anzuschließen, werden Kanülen in Blutgefäße geschoben und von außen am Patienten mit Hilfe von Nähten fixiert; die Kanülen werden dann mit der außerhalb des Körpers befindlichen Pumpeneinheit und dem Membranoxygenator verbunden.⁵⁰ Die so fixierten Kanülen zu lösen erfordert ebenfalls einen gewissen Eingriff in den Körper; zudem muss die durch den Eingriff erzeugte Gefäßöffnung wieder geschlossen werden.⁵¹ Eine hinreichend feste Verbindung im Sinne der obigen Definition müsste danach jedenfalls in diesem Fall gegeben sein.

Der Sinn einer solchen juristischen Wertung darf hingegen bezweifelt werden. Bei einer Aussichtslosigkeit der Lebensunterstützung wird für die ECMO ebenso wie für das Beatmungsgerät in der Praxis die Therapiebeendigung erwogen.⁵² Das Beatmungsgerät wird nach allgemeiner Auffassung rechtlich als Versorgungsmaßnahme eingestuft, die einem selbstbestimmten Behandlungsabbruch zugänglich ist;⁵³ eine abweichende Einstufung der ECMO ist weder bekannt,

---

⁴⁸ So auch die Einordnung dieser Bewertung durch *Valerius*, medstra 2015, 158, 159. Zu funktionsorientierten Ansätzen nachfolgend in Kapitel 4 unter B.V.

⁴⁹ Zur ECMO-Funktion vgl. *Mühle/Garbade et al.*, Zeitschrift für Herz-, Thorax- und Gefäßchirurgie 26 (2012), 94, 95 f.; *Sattler/Schäfer*, Der Pneumologe 17 (2020), 249 ff.

⁵⁰ *Mühle/Garbade et al.*, Zeitschrift für Herz-, Thorax- und Gefäßchirurgie 26 (2012), 94, 96 ff.; *Sattler/Schäfer*, Der Pneumologe 17 (2020), 249; *Bischof*, S. 22 f.

⁵¹ Vgl. *Mühle/Garbade et al.*, Zeitschrift für Herz-, Thorax- und Gefäßchirurgie 26 (2012), 94, 101.

⁵² Vgl. *Karagiannidis/Bein* et al., Medizinische Klinik – Intensivmedizin und Notfallmedizin 114 (2019), 207 ff., die implizieren, dass eine Therapiebegrenzung auch durch Abschalten der ECMO erfolgen kann.

⁵³ Eine höchstrichterliche Einordnung des Beatmungsgeräts als Versorgungsmaßnahme, die einem Abbruch zugänglich ist, findet sich im Fall *Putz*, BGH, Urteil vom 25.06.2010 – 2 StR 454/09, BGHSt 55, 191 ff., Rz. 31. Dies entspricht der bereits vor dem Urteil im Fall *Putz* herrschenden Rechtsauffassung. Dazu aus der Rechtsprechung LG Ravensburg, Urteil vom 03.12.1986 – 3 KLs 31/86, NStZ 1987, 229 f.; aus der Literatur *Dölling*, MedR 1987, 6, 9 f.; *Geilen*, JZ 1986, 145, 151; *Rudolphi*, Jura 1979, 39, 40 ff.; *Engisch*, Gallas-FS, S. 163, 178;

noch wäre diese sachgerecht, da beide Geräte dazu bestimmt sind, nur *temporär* die Aufrechterhaltung lebenswichtiger Körperfunktionen zu gewährleisten.[54] Dass eine gewisse Festigkeit der Verbindung mit dem Körper nicht automatisch dazu führt, dass eine Versorgungsmaßnahme keinem Behandlungsabbruch mehr zugänglich sein kann und als Körperbestandteil bewertet werden muss, entspricht schließlich auch der Rechtsprechung des BGH. Das Gericht hatte im Fall *Putz* entschieden, dass die Durchtrennung des Sondenschlauches einer PEG-Sonde als Abbruch einer Behandlung zu qualifizieren sei.[55] Würde man die Körperzugehörigkeit eines Implantats jedoch über eine feste Verbindung bestimmen, die nicht jederzeit ohne Eingriff in den Körper gelöst werden kann, so dürfte auch die PEG-Sonde samt Sondenschlauch als Körperbestandteil zu werten sein: Der Sondenschlauch wird partiell in den Körper eingebracht und in dieser Position befestigt;[56] ein schlichtes Abnehmen wie bei einer Beinprothese ist nicht möglich.

Das Kriterium der festen Verbindung würde folglich die BGH-Rechtsprechung nicht präzisieren, sondern vielmehr konterkarieren. Es produziert zudem, wie gezeigt, keine sachgerechten Ergebnisse. Eine Definition des Begriffs des Behandlungsmittels für Implantate, die darauf abstellt, dass keine feste Verbindung des Implantats mit dem Körper besteht, kann demnach keine überzeugende Lösung für das untersuchte Abgrenzungsproblem bieten.

Frister, Samson-FS, S. 19, 28; *Gössel*, Strafrecht BT 1, § 2, Rz. 62; *Roxin*, in: Roxin/Schroth, Medizinstrafrecht, S. 94 f.; vgl. auch *Sax*, JZ 1975, 137, 149 sowie *Stoffers*, MDR 1992, 621 ff. m.w.N. Vgl. hierzu bereits oben in Kapitel 2 unter B.I. und B.II.
Zum Abbruch der Versorgung mit einem Beatmungsgerät im Rahmen einer sog. ex-post-Triage, die nicht auf dem Willen des Patienten beruht, sondern in einer pandemischen Lage der Konkurrenz mehrerer Patienten um knappe intensivmedizinische Ressourcen bei unterschiedlichen Behandlungserfolgschancen geschuldet sein kann, siehe insbesondere *Merkel/Augsberg*, JZ 2020, 704, 710 ff. sowie *Gaede et al.*, medstra 2020, 129 ff.

[54] Die temporäre Zuordnung (intensiv-)medizinischer Behandlungsmittel und die dadurch bedingt schwächer ausgeprägte Rechtsposition des Patienten im Vergleich zur Situation nach Organtransplantation bzw. Herzschrittmacherimplantation betonen, wenn auch im Zusammenhang mit der Diskussion um Triage-Entscheidungen im Zuge der COVID-19-Pandemie, *Gaede et al.*, medstra 2020, 129, 135.
Rönnau und *Wegner* adressieren im Kontext der Triage-Debatte konkret die ECMO und stufen diese offenbar als grundsätzlich auf zulässige Weise deaktivierbares Gerät ein; vgl. dazu *Rönnau/Wegner*, JuS 2020, 403, 404 ff.

[55] BGH, Urteil vom 25.06.2010 – 2 StR 454/09, BGHSt 55, 191 ff.
[56] Vgl. *Wiesinger/Stoll-Salzer*, Kapitel 10, S. 124 f.

c) Verbindung mit dem Körper als sog. biofixture

In der amerikanischen medizin-ethischen Literatur ist die soeben versuchte Übertragung eines mit § 94 BGB vergleichbaren Sachenrechtskonzepts aus dem angloamerikanischen Rechtsraum auf die Unterscheidung zwischen dem zulässigen Abbruch einer Behandlung und dem Eingriff in ein Körperbestandteil bereits erwogen worden. *Paola* und *Walker* greifen das Konzept der sog. fixtures auf, das ehemals bewegliche Sachen (sog. chattels) bezeichnet, die dergestalt mit einem Grundstück verbunden werden, dass sie einen Teil des Grundstücks bilden und sein rechtliches Schicksal teilen.[57] Ob sich ein beweglicher Gegenstand zur fixture wandelt, soll gemäß amerikanischem Recht von der Intention derjenigen Person abhängen, die den Gegenstand mit dem Land verbindet.[58]

In ihrem Beitrag beziehen *Paola* und *Walker* das Konzept auf die Bewertung der Deaktivierung eines ICD und werfen die Frage auf, ob der ICD – analog zur fixture – als mit dem Körper in vergleichbarer Weise verbundene, von ihnen sog. biofixture angesehen werden könne.[59] Dabei kommen sie zu dem Schluss, dass der ICD in eine Grauzone zwischen eindeutigen biofixtures – wie einem Organtransplantat – und eindeutigen medizinischen Behandlungen – wie intravenösen Antibiotikatherapien – falle und sowohl gute Argumente für die eine als auch für die andere Einstufung vorgebracht werden könnten.

Orientiert man die Bewertung als biofixture analog zur Bewertung einer (ehemals) beweglichen Sache als fixture an der Intention derjenigen Person, die die Verbindung vorgenommen hat, wäre die Einstufung des ICD in der Tat nicht eindeutig: Zwar dürfte der behandelnde Arzt bei der Implantation von einer auf Dauer angelegten Verbindung von Gerät und Körper ausgehen, jedoch zugleich die Absicht haben, das Gerät jederzeit bei entsprechenden Beschwerden des Patienten oder einem Gerätedefekt wieder zu entfernen. Ebenso dürfte er die mittlerweile zwar lange, aber dennoch zeitlich begrenzte Batterielaufzeit des ICD mit bedenken und intendieren, das Gerät zum Ende der Batterielaufzeit auszutauschen. Diese Aspekte könnten gegen die Intention einer dauerhaften Verbindung vergleichbar einer fixture sprechen. Gleiches würde für einen Herzschrittmacher gelten.

Paola und *Walker* führen unterschiedliche Aspekte an, auf die im amerikanischen Recht abgestellt werde, um die Intention bei der Verbindung einer beweglichen Sache mit einem Grundstück zu ermitteln. Von Relevanz seien insbesondere die – im deutschen Recht in § 94 BGB verankerte – Festigkeit der Verbin-

---

[57] *Paola/Walker*, Southern Medical Journal 93 (2000), 20, 21.
[58] *Paola/Walker*, Southern Medical Journal 93 (2000), 20, 22; *Squillante*, Hofstra Law Review 15 (1987), 192, 214.
[59] Hierzu und zum Folgenden *Paola/Walker*, Southern Medical Journal 93 (2000), 20, 22.

dung, die Wichtigkeit des Gegenstands für die Grundstücksnutzung sowie eine ggf. erfolgte spezielle Anpassung des Gegenstands zum Zwecke der Verbindung.[60] Doch auch wenn man diese Aspekte auf eine Abgrenzung zwischen Behandlungsmittel und Körperbestandteil überträgt, kann die grundsätzliche Intention, mit der ein Arzt einen Herzschrittmacher oder ICD implantiert, unterschiedlich bewertet werden. So spräche gegen die Intention einer auf Dauer angelegten Verbindung mit dem Körper, dass bei Herzschrittmacher- und ICD-Aggregaten kein spezieller Anpassungsbedarf des Gerätes besteht. Die Festigkeit der Verbindung hingegen kann, wie bereits gezeigt, kontrovers diskutiert werden. Die Wichtigkeit von Herzschrittmacher und ICD für den Körper des Patienten bedürfte einer Bewertung im Einzelfall. Bei einem Herzschrittmacher variiert sie je nach Grad der Schrittmacherabhängigkeit – beim ICD dürfte sie vom Risiko abhängen, das bei dem jeweiligen Patienten für das Auftreten von Tachyarrhythmien besteht.

Ein objektives ex-ante-Urteil über die Zulässigkeit eines Behandlungsabbruchs bei einem Herzschrittmacher oder ICD erlauben die Kriterien, die durch *Paola* und *Walker* vom amerikanischen Rechtskonzept der fixtures übertragen werden, folglich nicht. Eine generelle Unterscheidung der Sphäre zulässiger Ausübung von Patientenautonomie von der Körpersphäre, die einer patientenautonomen Entscheidung entzogen ist, lässt sich mit Hilfe dieses Maßstabs nicht treffen.

Aus medizin-ethischer Perspektive votieren *Paola* und *Walker* dafür, dass in der verbleibenden Grauzone dem Patienten bzw. seinem Betreuer die Entscheidung überlassen werden sollte, den Status des ICD als Körperbestandteil oder Bestandteil einer Behandlung zu determinieren. Eine solche Vorgehensweise kann auf den rechtlichen Kontext indes nicht übertragen werden. Eine rechtssichere Einordnung, auf die insbesondere Ärzte angewiesen sind, die Deaktivierungsmaßnahmen durchführen, wäre damit praktisch unmöglich. Zudem könnte das Strafrecht auf Grundlage einer solchen Unterscheidung seinem Zweck nicht gerecht werden: Die Kategorisierung eines Implantats als Behandlungsmittel oder Körperbestandteil dem betroffenen Implantat-Träger zuzusprechen, hieße, ihm die Entscheidung über die Natur des betroffenen Rechtsgutes und die Strafbarkeit einer Deaktivierung zu überlassen und letztlich die Reichweite seiner Autonomie selbst zu bestimmen. Das in §§ 212, 216 StGB niedergelegte Fremdtötungsverbot würde so der freien Disposition des Betroffenen unterworfen und mithin ausgehöhlt. Den effektiven Schutz von Rechtsgütern mittels Strafbewährung kann das Strafrecht nicht gewährleisten, wenn die Anwendbar-

---

[60] *Paola/Walker*, Southern Medical Journal 93 (2000), 20, 22.

keit eines Straftatbestandes vom Normunterworfenen bestimmt wird.[61] Damit einher ginge auch ein Verstoß gegen das strafrechtliche Bestimmtheitsgebot gemäß Art. 103 Abs. 2 GG.

2. Einheitliche Bewertung der Rechtsnatur von Implantaten als Sachen

Angesichts der aufgezeigten Einordnungsprobleme, die der mögliche Wechsel der Rechtsnatur eines Implantats verursacht, wird in der deutschen Rechtsliteratur teilweise dafür plädiert, eine „Wandlung" von Implantaten zum Körperbestandteil infolge der Implantation generell abzulehnen.[62] Dieser von *Valerius* vorgeschlagene Ansatz ist jedoch nicht für eine Abgrenzung zwischen einem Behandlungsmittel und einem Körperbestandteil im Kontext des Behandlungsabbruchs entworfen worden, sondern für die Beantwortung der Frage, ob Implantate auch nach ihrer Einpflanzung Sachen darstellen, an denen Rechte bestehen bzw. begründet werden können. *Valerius* plädiert in diesem Zusammenhang dafür, Implantate rechtlich stets als Sachen zu qualifizieren. Ein Eingriff in ein Implantat stelle damit zunächst nur eine strafbare Sachbeschädigung dar, § 303 StGB. Ein Körperverletzungsdelikt im Sinne der §§ 223 ff. StGB könne aber auch durch einen Eingriff in das Implantat begangen werden, wenn dieser dazu führe, dass die körperliche Unversehrtheit des Implantat-Trägers beeinträchtigt werde. Auf diese Weise sei trotz der Einordnung des Implantats als Sache ein angemessener strafrechtlicher Schutz des Implantat-Trägers gewährleistet.

Da kaum denkbar sei, wie eine körperliche Misshandlung an einer Zahnkrone oder einem Herzschrittmacher aussehen solle, leuchte es ein, dass Implantate stets als Sachen zu beurteilen seien. Die Beeinträchtigung eines Implantats stelle immer nur das *Mittel* einer Körperverletzung dar, könne jedoch nicht ihr *Gegenstand* sein. Die einheitliche Bewertung von Implantaten als Sachen unabhängig von ihrer Einpflanzung in den Körper vermeide Abgrenzungsprobleme bei der Bestimmung ihrer Rechtsnatur.

---

[61] Auch andere subjektive Kriterien wie die zuvor bereits im Kontext der Identifikation einer fixture angesprochene Intention des deaktivierenden Mediziners wären für die Abgrenzung zwischen Behandlungsmittel und Körperbestandteil nicht geeignet. Im Strafrecht kommen subjektive Kriterien regelmäßig dann zur Anwendung, wenn die objektive Strafwürdigkeit, die Unrechtsqualität einer Handlung, bereits feststeht. Dann erst wird als weitere notwendige Bedingung der Strafbarkeit geprüft, ob der festgestellte objektive Tatbestand auch mit entsprechendem Vorsatz bzw. fahrlässig verwirklicht wurde. Die Strafwürdigkeit *allein* an einem subjektiven Kriterium festzumachen, würde hingegen ignorieren, dass der Anknüpfungspunkt für die Unrechtsqualifikation *die Tat* ist und Motivdifferenzen nur erheblich werden, wenn dies gesetzlich vorgesehen ist; vgl. dazu auch *Merkel*, S. 186. Andere auf subjektiven Kriterien basierende Ansätze, wie der von *Kay/Pelosi*, The Linacre Quarterly 80 (2013), 308, 313, werden daher in dieser Arbeit nicht diskutiert.

[62] Hierzu und zum Folgenden *Valerius*, medstra 2015, 158, 159 f.

Der von *Valerius* vorgeschlagene Ansatz mag sinnvoll erscheinen, wenn man isoliert die Frage betrachtet, ob und unter welchen Voraussetzungen ein Implantat nach Einpflanzung in den menschlichen Körper seine Sachqualität verliert und zum Körperbestandteil wird. Bei einer Übertragung in den Kontext der Unterscheidung zwischen zulässigem Behandlungsabbruch und unzulässigem Eingriff in den Körper erweist er sich allerdings als problematisch: Jedes Implantat wäre als Sache und damit immer auch zugleich als Behandlungsmittel einzustufen, das Bezugspunkt eines zulässigen Behandlungsabbruchs sein könnte.[63] Der Implantat-Träger könnte somit die Beendigung der Funktion *jeglicher* Implantate verlangen, auch wenn diese an Stelle eines defekten lebenswichtigen Organs in den Organismus eingefügt würden. So könnte er beispielsweise die Deaktivierung eines komplett künstlichen Herzens (TAH) verlangen, das vergleichbar einem Transplantat das geschädigte Herz des Patienten nach beinahe vollständiger Entfernung ersetzt,[64] obwohl der sicherere Tod unmittelbar folgen würde. Dass eine derart unterschiedliche Bewertung im Vergleich zu einem Herztransplantat allein mangels originär menschlicher Herkunft des Implantats gerechtfertigt sein sollte, leuchtet nicht ein.[65] Der mögliche Anwendungsbereich des Rechtsinstituts des Behandlungsabbruchs erscheint bei einer Übertragung dieses Ansatzes auf den Kontext der Unterscheidung von Behandlungsmittel und Körperbestandteil als zu weit. Damit würde das Selbstbestimmungsrecht überdehnt und der Schutzzweck des Fremdtötungsverbotes konterkariert.[66]

Daher kann auch der Ansatz von *Valerius*, der seinen Ursprung in der strafrechtlichen Unterscheidung zwischen Sache und Körperbestandteil hat, nicht der Lösung des Abgrenzungsproblems dienen, das sich bei der Anwendung der Rechtsprechung zum Behandlungsabbruch auf Herzschrittmacher und ICD offenbart.

III. Bewertung auf Grundlage der Rolle des Behandlers nach Implantation

Um ein Behandlungsmittel von einem Körperbestandteil abzugrenzen, könnte womöglich die Rolle des Behandlers als Unterscheidungsmerkmal fungieren. Diese wird im Rahmen der Diskussion um die Zulässigkeit der Herzschrittmacherdeaktivierung in der medizin-ethischen Literatur als Einordnungskriterium

---

[63] Dazu bereits oben in Kapitel 4 unter B.II.
[64] Vgl. *Antretter/Dumfahrt et al.*, Wiener klinisches Magazin 19 (2016), 48, 49.
[65] Vgl. dazu bereits oben in Kapitel 4 unter B.I., Fn. 15.
[66] Zum Schutzzweck des Fremdtötungsverbotes bereits oben in Kapitel 2 unter A.III.2. sowie mit Bezug auf die Unterscheidung zwischen Behandlungsmittel und Körperbestandteil in Kapitel 3 unter B.I.

vorgeschlagen; dabei wird eine „ongoing physician agency" für einen zulässigen Behandlungsabbruch vorausgesetzt (hierzu 1.). Doch auch in der deutschen Strafrechtsliteratur vor 2010 ist die Rolle des Behandlers mit dem Kriterium der Steuerung maschineller Maßnahmen in der Bewertung von Gerätedeaktivierungen herangezogen worden (hierzu 2.). Diese Ansätze sollen zunächst vorgestellt werden, bevor zu einer rechtlichen Abgrenzung von Behandlungsmitteln und Körperbestandteilen anhand der Rolle des Arztes Stellung genommen wird (hierzu 3.).

1. Das Kriterium der „ongoing physician agency"

Ein im Jahr 2012 veröffentlichter Artikel von *Huddle* und *Bailey* zur medizin-ethischen Einordnung der Herzschrittmacherdeaktivierung knüpft die Bewertung, ob die Herzschrittmachertätigkeit noch einem zulässigen Behandlungsabbruch zugänglich sei, an die Rolle des Behandlers für die fortgesetzte Wirksamkeit der medizinischen Versorgungsmaßnahme.[67] Ausschlaggebend sei, ob die einmal in Gang gesetzte Behandlung weiterhin eine „ongoing physician agency", also eine fortgesetzte Einwirkung des Arztes erfordere, oder der Arzt nurmehr die Rolle eines „bystander", eines Beobachters, erfülle.[68] Eine Tötung und kein zulässiger Behandlungsabbruch liege vor, wenn der Arzt eine lebenserhaltende Versorgungsmaßnahme deaktiviere, obwohl er ihre Präsenz und Aktivität nicht mehr maßgeblich beeinflusse. Ein Patient dürfe zwar verlangen, dass ein Arzt aufhöre, medizinisch zu intervenieren. Dies beinhalte jedoch nicht das Recht zu fordern, dass der Arzt die Effekte einer einst platzierten Versorgungsmaßnahme wieder rückgängig mache, wenn die ärztliche Tätigkeit in deren gegenwärtiger Wirksamkeit keine aktive Rolle mehr spiele.

Die Anwendung dieser Grundsätze auf die Deaktivierung eines Herzschrittmachers führt *Huddle* und *Bailey* zu folgender Bewertung: Wie bei einem Transplantat sei der Arzt bei einem Herzschrittmacher nach vollendeter Implantation nicht aktiv in die Wirksamkeit der Versorgungsmaßnahme involviert, sondern begleite diese lediglich in der Rolle des „bystander". Die Herzschrittmachertätigkeit stelle damit keine laufende Behandlung mehr dar, die auf zulässige Weise abgebrochen werden könne.

---

[67] *Huddle/Bailey*, Theoretical Medicine and Bioethics 33 (2012), 421, 430. Bei *Huddle* und *Bailey* wird die Rolle des Arztes jedoch nicht zur Abgrenzung von Behandlungsmittel und Körperbestandteil, sondern zur Unterscheidung von „doing" und „allowing to die", d.h. Tun und Unterlassen, verwendet. Zum Ansatz von *Huddle* und *Bailey* auch *Kay/Pelosi*, The Linacre Quarterly 80 (2013), 308, 312 f.

[68] Hierzu und zum Folgenden *Huddle/Bailey*, Theoretical Medicine and Bioethics 33 (2012), 421, 423, 430 ff.

Davon zu unterscheiden seien aktive ärztliche Maßnahmen in Bezug auf den Herzschrittmacher, die der Patient ablehnen könne: So handele es sich bei dem Austausch eines Herzschrittmachers am Ende der Batterielebensdauer sowie bei ärztlichen Überprüfungen und Einstellungen des Gerätes um ärztlich gesteuerte Behandlungen, hinsichtlich derer dem Patienten das Recht auf Behandlungsverweigerung zustehe.[69]

Ebensowenig wie eine Herzschrittmacherdeaktivierung soll eine ICD-Deaktivierung mit einer „ongoing physician agency" bezüglich der Aufrechterhaltung der Geräteaktivität gerechtfertigt werden können.[70] Jedoch bestehe für ICD zumindest eine Deaktivierungsmöglichkeit, wenn die durch den ICD verursachten Leiden für den betroffenen Patienten jegliche Vorzüge der Geräteaktivität überwögen und der Patient auf dieser Grundlage die Deaktivierung verlange. Für den Herzschrittmacher gelte diese Option nicht, da er das physische Leid des Patienten regelmäßig nicht verstärke. Die insoweit für eine begrenzt zulässige ICD-Deaktivierung vorgebrachte Begründung von *Huddle* und *Bailey* ist vergleichbar mit den Erwägungen des deutschen Rechts zur indirekten aktiven Sterbehilfe.[71]

---

[69] Ähnlich äußert sich auch *Wu*. Bei einem Gerät, dessen Wirkung durch kontinuierliche ärztliche Begleittherapie erhalten werde, sei der Patient zumindest berechtigt, die Begleittherapie zu verweigern, so *Wu*, Journal of Medical Ethics 33 (2007), 532. Sofern das Gerät über einen „off-button" verfüge, soll nach Auffassung *Wus* aber auch die Deaktivierung des Gerätes selbst zulässig sein.

[70] Vgl. hierzu und zum Folgenden *Huddle/Bailey*, Theoretical Medicine and Bioethics 33 (2012), 421, 424 f., 431 f.

[71] Warum die Grundsätze des deutschen Rechts zur indirekten aktiven Sterbehilfe in ihrer gegenwärtigen Ausformung keine eindeutige Einordnung sog. palliativer ICD-Deaktivierungen als Maßnahmen der indirekten aktiven Sterbehilfe erlauben und eine belastbare Alternativbegründung einer Straflosigkeit derartiger Deaktivierungen damit nicht bereitstellen können, wurde bereits oben in Kapitel 3 unter A. V. 2. lit. c. aufgezeigt.

Die Rechtsprechung des BGH zur indirekten aktiven Sterbehilfe hat einen in der Medizin-Ethik verbreiteten Ansatz adaptiert, der zur Unterscheidung zwischen moralisch unzulässiger aktiver Sterbehilfe und zulässigen medizinischen Maßnahmen bei der Behandlung Sterbender auf die Intention des Behandlers abstellt: Gemäß der sog. Doktrin der Doppelwirkung sollen Maßnahmen, die sowohl einen positiven Effekt (regelmäßig Schmerzlinderung) als auch einen negativen Effekt (die Lebensverkürzung) haben, moralisch gerechtfertigt sein können, wenn der negative Effekt eine unerwünschte, aber unvermeidbare Nebenfolge des intendierten positiven Effekts darstelle; dazu *Huddle/Bailey*, Theoretical Medicine and Bioethics 33 (2012), 421, 424; *Sulmasy/Pellegrino*, Archives of Internal Medicine 159 (1999), 545 f.; zur Anwendbarkeit der Doktrin im Strafrecht und zu ihrem Ursprung in der katholischen Moraltheologie *Merkel*, S. 166 ff.

Die Doktrin der Doppelwirkung ist für die rechtliche Differenzierung zwischen Behandlungsmitteln und Körperbestandteilen hingegen ungeeignet, da die Einstufung als Körperbestandteil eine nach objektiven Kriterien zu bestimmende Frage ist, die nicht davon abhängen kann, ob der Arzt im Moment der Deaktivierungshandlung den Tod des Patienten verursachen will oder nicht. Die Einordnung als Körperbestandteil oder Behandlungsmittel muss unabhän-

2. Das Kriterium der Steuerung maschineller Maßnahmen

In der deutschen Strafrechtsliteratur hat *Frister* ebenfalls einen Ansatz vorgeschlagen, der die Rolle des Arztes für die Beurteilung der Zulässigkeit von Deaktivierungsmaßnahmen in den Mittelpunkt stellt. Dieser wurde bereits an anderer Stelle der Untersuchung aufgegriffen,[72] da er auf die Rolle des Arztes im Rahmen der vor dem BGH-Urteil von 2010 gebräuchlichen Differenzierung von Tun und Unterlassen rekurriert.

Ein maschineller Behandlungsvorgang soll danach als einheitlicher, fortdauernder Eingriff durch den Arzt verstanden werden, sofern die maschinelle Versorgung nach ihrem erstmaligen In-Gang-Setzen durch den Behandler weiter überwacht und damit menschlich gesteuert werde.[73] Aus rechtlicher Sicht stünden derartige maschinelle Maßnahmen unter dem Vorbehalt, dass die maschinelle Aktivität stets beendet werden könne, wenn der Rechtsgrund für ihre Aufrechterhaltung nicht mehr bestehe. Da die maschinelle Tätigkeit dem Arzt als aktives Tun zugerechnet werde, stelle ihre Beendigung ein straffreies Unterlassen dar.

In der Tätigkeit eines Herzschrittmachers, der „zum Körper des Patienten" gehöre, erkennt *Frister* hingegen keinen Vorgang, der einem Behandlungsabbruch zugänglich sei.[74] Dies impliziert, dass er die Herzschrittmachertätigkeit gerade nicht als einen fortwährend vom Arzt überwachten und damit menschlich gesteuerten maschinellen Behandlungsvorgang wertet. Die ärztliche Rolle bei der Aktivität eines implantierten Herzschrittmachers begreift er insoweit vielmehr wie *Huddle* und *Bailey* als passiv – ein aktives Eingreifen zur Deaktivierung eines Herzschrittmachers wäre daher auch nach *Fristers* Auffassung unzulässig.[75]

3. Zusammenfassende Bewertung

Vordergründig spricht viel dafür, dass die Rolle des Arztes für Aufrechterhaltung und Wirksamkeit bzw. Überwachung und Steuerung einer Versorgungsmaßnah-

---

gig von derartigen subjektiven Kriterien möglich sein, insbesondere um verlässliche Aussagen über etwaige strafrechtliche Konsequenzen eines Eingriffs in eine bereits platzierte Versorgungsmaßnahme zu Deaktivierungszwecken treffen zu können. Die Doktrin der Doppelwirkung wird daher in dieser Untersuchung nicht eingehender untersucht oder gesondert thematisiert.

[72] Siehe oben in Kapitel 2 unter B.I.1. sowie in Kapitel 3 unter B.II.1. lit. b.
[73] Hierzu und zum Folgenden *Frister*, Samson-FS, 19, 26.
[74] *Frister*, Samson-FS, 19, 29.
[75] Zur Einordnung des ICD äußert sich *Frister* nicht. Es ist jedoch anzunehmen, dass er bei dessen Beurteilung auf Grundlage des dargestellten Kriteriums zum gleichen Ergebnis kommen würde wie bei einem Herzschrittmacher, da die Rolle des Arztes für die Aufrechterhaltung der Geräteaktivität bei Herzschrittmachern und ICD vergleichbar ist.

me bei der Beantwortung der Frage berücksichtigt werden sollte, ob noch ein Behandlungsmittel vorliegt, in das zum Zwecke des Behandlungsabbruchs funktionsbeendigend eingegriffen werden darf. Der Begriff Be*handlung* legt bereits semantisch eine (fortgesetzte) Aktivität nahe. Dass die Beendigung einer Maßnahme, für deren Aufrechterhaltung es noch einer aktiven Rolle des Behandlers bedarf, eher im Autonomiebereich des Patienten verortet werden kann als die Beendigung einer ohne ärztlichen Einfluss wirksam werdenden Versorgungsmaßnahme, erscheint ebenfalls einleuchtend. Auch aus ärztlicher Sicht dürfte der Einfluss des Behandlers auf die ordnungsgemäße Funktion einer einmal platzierten Maßnahme für die Legitimation eines deaktivierenden Eingriffs von nicht unerheblicher Bedeutung sein: Die Deaktivierung einer implantierten künstlichen Herzklappe, die ohne kontinuierliches ärztliches Eingreifen die Funktionen der menschlichen Herzklappe übernimmt und lediglich einer ärztlichen Überwachung und Begleittherapie unterworfen ist, dürfte bei einem Behandler auf sehr viel größere Bedenken stoßen als die Durchtrennung des Zuführungsschlauches einer PEG-Sonde, die als bloßes Hilfsmittel für eine kontinuierliche künstliche Ernährung durch medizinisches Personal dient.

Erhebt man die Rolle des Arztes für die fortgesetzte Wirksamkeit einer Versorgungsmaßnahme jedoch zum maßgeblichen Kriterium einer Unterscheidung zwischen Behandlungsmittel einerseits und Körperbestandteil andererseits, so bringt dies neue Abgrenzungsprobleme mit sich: Die Grenzen zwischen ständiger ärztlicher Einwirkung im Rahmen eines fortdauernden Behandlungsprozesses und Passivität des Arztes sind fließend. Schon bei *Huddle* und *Bailey* werden diesbezügliche Unschärfen erkennbar. So führen sie in Bezug auf Interventionen wie Herztransplantationen oder permanente Nähte aus, der Arzt sei nach Platzierung dieser Maßnahmen nicht mehr aktiv an ihrer Wirksamkeit beteiligt.[76] Im Falle von Nähten mag dies eindeutig sein. Mit einer Herztransplantation ist hingegen eine umfassende Nachsorge verbunden, die Rehabilitationsmaßnahmen, Überwachung der Organfunktion sowie dauerhafte medikamentöse Begleittherapie beinhaltet, um eine Abstoßung des Organs durch den Körper zu verhindern.[77] Diese erhebliche Einbindung des Arztes in die Organerhaltung und Rekonvaleszenz des transplantierten Patienten lässt durchaus bezweifeln, dass seine Rolle hier vorwiegend passiv ist und ihm keine aktive Rolle bei der Aufrechterhaltung und Wirksamkeit des Transplantats zukommt. Dennoch wird einem transplantierten Organ die Rechtsnatur eines Körperbestandteils zuerkannt.[78]

---

[76] *Huddle/Bailey*, Theoretical Medicine and Bioethics 33 (2012), 421, 431.
[77] Vgl. *Schrem/Barg-Hock*, Deutsches Ärzteblatt 106 (2009), 148 ff.
[78] *Valerius*, medstra 2015, 158, 160 ff.; MüKo-StGB/*Hardtung*, § 223, Rz. 10 ff.; Schönke/Schröder/*Bosch*, § 242 StGB, Rz. 10.

Kriterien festzulegen, anhand derer eindeutig bestimmt werden kann, ob ein Arzt eine aktive oder eine passive Rolle im Zuge einer bestimmten Versorgung einnimmt, erscheint angesichts der Vielgestaltigkeit von Versorgungskonstellationen und denkbaren ärztlichen Interventionen sowie der dargelegten Abgrenzungsschwierigkeiten im Falle von kontinuierlichen Begleitbehandlungen kaum möglich. Auch *Huddle* und *Bailey* erläutern nicht, welche Parameter die aktive Rolle des Arztes determinieren sollen. *Frister* lässt ebenfalls offen, woran er festmacht, ob ein maschineller Vorgang noch menschlicher Steuerung unterliegt. Welcher Grad der Überwachung gegeben sein muss bzw. wie intensiv der Arzt noch involviert sein muss, um einen Eingriff in eine laufende Behandlung von einem sonstigen Eingriff in das Leben zu unterscheiden, bleibt bei einer Abgrenzung auf Grundlage der Rolle des Behandlers unklar. Eine hinreichend trennscharfe, generell-abstrakte Festlegung der Grenzen freiheitlicher Selbstbestimmung ermöglicht sie nicht. Dieser bedarf es aber, um den Schutzzweck der §§ 212, 216 StGB nicht dadurch zu unterlaufen, dass dem Rechtsinstitut des Behandlungsabbruchs eine Einzelfallflexibilität zuerkannt wird, die es zulässt, den Anwendungsbereich des Fremdtötungsverbotes zu verschieben.

Die ärztliche Rolle in Bezug auf eine platzierte medizinische Versorgungsmaßnahme kann somit keine zuverlässige Differenzierung zwischen einem Behandlungsmittel, in das zum Zwecke des Behandlungsabbruchs funktionsbeendigend eingegriffen werden darf, und einem Körperbestandteil, in den nicht eingegriffen werden darf, gewährleisten. In jedem Einzelfall würde sich von Neuem die Frage stellen, woran festzumachen ist, ob dem Arzt eine aktive oder eine passive Rolle zukommt. Wie wäre beispielsweise die Rolle des Arztes bei der Versorgung mit einem LVAD einzustufen, das eine dauerhafte Therapie mit Antikoagulantien erfordert und mit externer Energiezufuhr arbeitet, im Übrigen aber das Herz automatisiert unterstützt und dem Patienten zumeist ein weitgehend selbständiges Leben ohne dauerhaften Krankenhausaufenthalt ermöglicht?[79] Wäre die Rolle eines Arztes beim Betrieb eines Beatmungsgerätes nach dessen Anschluss wirklich noch als aktiv zu bewerten, obwohl die Beatmungstätigkeit ebenso wie die Tätigkeit eines Herzschrittmachers weitgehend automatisiert abläuft?

Bereits diese Fragen dokumentieren, dass der Versuch einer näheren Bestimmung des Behandlungsmittelbegriffs anhand der ärztlichen Rolle in Anlehnung an die diesbezüglich vertretenen Ansätze aus Medizin-Ethik und Strafrecht misslingt. Anhaltspunkte für mögliche trennscharfe Parameter zur Charakterisierung der ärztlichen Rolle als aktiv oder passiv sind nicht ersichtlich.

---

[79] Vgl. die Kontroverse bei *Simon/Fischbach*, Hastings Center Report 38 (2008), 14, 15.

Die Eignung der ärztlichen Rolle als Definitionsbestandteil des Behandlungsmittelbegriffs sieht sich jedoch noch mit einem weiteren Problem konfrontiert: Den zunehmenden Automatisierungs- und Miniaturisierungstendenzen der modernen Medizin. Mit der vollständigen körperlichen Integration sowie dem Ausbau der selbsttätigen Funktionen medizinischer Geräte, insbesondere der Fähigkeit, autonom auf Veränderungen des Organismus des Patienten zu reagieren, nimmt die Rolle des Behandlers in der Wirksamkeit gerätemedizinischer Versorgungsmaßnahmen ab.[80] Legt man sie der Definition des Behandlungsmittels in Abgrenzung zum Körperbestandteil zugrunde, muss dies zu einer zunehmenden Verschiebung zu Lasten des Behandlungsmittelbegriffs führen – der Kreis der gerätemedizinischen Maßnahmen, die bedingt durch zusätzliche Funktionen als Körperbestandteile zu definieren wären, nähme hingegen zu. Die mit dem Rechtsinstitut des Behandlungsabbruchs beabsichtigte Stärkung der Patientenautonomie würde auf diese Weise durch den Fortschritt der modernen Medizin in Frage gestellt. Dabei sorgen gerade deren immer weiter ausgebaute Möglichkeiten für den Bedarf, der Selbstbestimmung am Lebensende Raum zu geben.[81]

Die vorgenannten Aspekte lassen erkennen, dass auch die Rolle des Arztes als Anknüpfungspunkt für eine weitere Ausdifferenzierung des rechtlichen Begriffs des Behandlungsmittels nicht hinreichend geeignet ist. Es bedarf daher der Untersuchung weiterer potentieller Unterscheidungskriterien.

IV. Bewertung auf Grundlage des Kausalverhältnisses zwischen Deaktivierung und Todeseintritt

Die Unterscheidung von zulässigem Abbruch einer Behandlung und unzulässiger Tötung durch Eingriff in einen Körperbestandteil könnte womöglich auf ein unterschiedliches Kausalverhältnis zwischen Handlung und Todeseintritt in den beiden Konstellationen gestützt werden. Anlass für diese Überlegung geben das BGH-Urteil von 2010 sowie darauf bezogene Ausführungen der im Fall *Putz* Vorsitzenden Richterin des 2. Strafsenates.

Der BGH führt im Urteil zum Fall *Putz* aus, im Rahmen eines Behandlungsabbruchs könnten nur Tätigkeiten zulässig sein, die einen Zustand (wieder-)herstellen würden, „der einem bereits begonnenen Krankheitsprozess seinen Lauf lässt, indem zwar Leiden gelindert, die Krankheit aber nicht (mehr) behandelt

---

[80] Als Beispiel für die abnehmende Rolle des Behandlers können die untersuchungsgegenständlichen Herzschrittmacher und ICD genannt werden, die die Herzfunktion weitgehend selbsttätig überwachen und zunehmend auch über Fernüberwachungskomponenten verfügen, die den Bedarf für ärztliche Kontrolluntersuchungen reduzieren können; vgl. zum Ganzen oben in Kapitel 3 unter A.
[81] Hierzu oben in Kapitel 1 unter A.

wird, so dass der Patient letztlich dem Sterben überlassen wird."[82] Nicht erfasst sei dagegen ein gezielter Eingriff, „der die Beendigung des Lebens vom Krankheitsprozess abkoppelt". Die Vorsitzende Richterin des 2. Strafsenats, *Rissing-van Saan*, erläutert hierzu in einem Beitrag, der Behandlungsabbruch unterscheide sich normativ deutlich vom Setzen einer neuen Todesursache.[83] Im ersten Fall sterbe der Patient letztlich an seiner zugrunde liegenden Erkrankung, im zweiten werde sein Leben durch einen Eingriff von außen beendet.[84]

Diese Ausführungen suggerieren, dass bei dem Abbruch einer Behandlung ein anderes Kausalverhältnis zwischen ärztlicher Handlung und Todeseintritt bestehe als im Falle eines Tötungsdelikts: Während demnach bei einer Tötung stets ein neuer Kausalfaktor für den Todeseintritt gesetzt wird, soll der Behandlungsabbruch lediglich bestehende Hindernisse für die Verwirklichung eines bereits vorhandenen Kausalfaktors ausräumen.[85] *Rissing-van Saan* kommt auf dieser Grundlage zu dem Ergebnis, dass in der letztgenannten Konstellation der Todeserfolg dem Arzt als bloßes „Sterbenlassen" nicht zugerechnet werden könne.[86] Er habe die durch die Erkrankung entstandene Todesgefahr, die sich infolge des Behandlungsabbruchs verwirkliche, nicht zu vertreten, sodass er für den Eintritt des Todes rechtlich nicht verantwortlich gemacht werden könne.

Auch in der internationalen medizin-ethischen Literatur wird teilweise auf das Setzen einer neuen Todesursache rekurriert, um die dort maßgebliche moralische

---

[82] Hierzu und zum Folgenden BGH, Urteil vom 25.06.2010 – 2 StR 454/09, BGHSt 55, 191 ff., Rz. 35.

[83] Hierzu und zum Folgenden *Rissing-van Saan*, in: Bormann, S. 645, 662. Die aufgedeckten Unterschiede im Kausalverhältnis führen *Rissing-van Saan* in der Folge zu einer unterschiedlichen Bewertung von Behandlungsabbruch und Tötung auf der Zurechnungsebene; ebd., S. 659. Dazu sogleich.

Eine vergleichbare Abgrenzung findet sich in der Literatur vor dem BGH-Urteil von 2010 bereits bei *Roxin*, der ausführt, die Grenze zur Unzulässigkeit ärztlichen Handelns sei dort überschritten, wo dieses eine neue Todeskausalität in Gang setze, beispielsweise wenn die Naht aufgetrennt werde, die eine Blutung bereits gestillt habe; *Roxin*, Engisch-FS, S. 380, 398; dazu bereits oben in Kapitel 2 unter B. I. 1.

[84] Vgl. hierzu aus der medizin-ethischen Literatur auch *Carlsson/Paul et al.*, Deutsches Ärzteblatt 109 (2012), 535, 539; *Janssens/Reith*, Medizinische Klinik – Intensivmedizin und Notfallmedizin 108 (2013), 267, 275 f. Diese Auffassung diskutiert – im Ergebnis ablehnend – auch *Jansen*, Bioethics 20 (2006), 105, 110 f.

[85] An der Kausalität des Behandlungsabbruchs für den Todeseintritt ändert sich durch die beschriebenen Unterschiede im Kausalverhältnis freilich nichts, „weil die Beendigung einer lebenserhaltenden medizinischen Behandlung für den später eintretenden Todeserfolg im Sinne der im Strafrecht geltenden *conditio-sine-qua-non*-Formel zweifellos (mit)ursächlich ist"; so *Rissing-van Saan*, in: Bormann, S. 645, 661 (Hervorhebung gemäß Original).

[86] Hierzu und zum Folgenden *Rissing-van Saan*, ZIS 2011, 544, 550; vgl. auch *Rissing-van Saan*, in: Bormann, S. 645, 659.

Unterscheidung zwischen Töten und Sterbenlassen zu erklären.[87] Vor diesem Hintergrund argumentieren manche Stimmen, eine Deaktivierung von Herzschrittmachern und ICD lasse den Tod an der Grunderkrankung zu und setze keine neue Todesursache, sodass ein zulässiger Behandlungsabbruch vorliege.[88]

Die dargelegten Merkmale des Kausalverhältnisses beschreiben den Ausgangspunkt für die Unterscheidung zwischen zulässigem Behandlungsabbruch und unzulässiger Tötung im Sinne der §§ 212, 216 StGB zutreffend. Es stellt sich jedoch die Frage, ob ein auf die beschriebenen Unterschiede im Kausalverhältnis zwischen ärztlicher Handlung und Todeseintritt abstellendes Kriterium auch geeignet ist, die für die strafrechtliche Einordnung erforderliche Abgrenzung zwischen Behandlungsmittel und Körperbestandteil zu ermöglichen.[89]

Ein Versuch, die lebensverkürzende Deaktivierung von Herzschrittmachern sowie ICD unter die beschriebenen Merkmale des Kausalverhältnisses zu subsumieren, lässt dies bezweifeln: So könnte einerseits angeführt werden, die Deaktivierung der Implantate beseitige lediglich ein Hindernis für die anschließend zum Tode führende Grunderkrankung des Herzens. Andererseits könnte jedoch auch argumentiert werden, die Deaktivierung setze eine neue Todesursache, indem sie in den durch die vollständige Implantation eines lebenserhaltenden Gerätes neu definierten Zustand des intakten Funktionierens des Körpers lebensverkürzend eingreife.[90]

---

[87] *Kay/Pelosi*, The Linacre Quarterly 80 (2013), 308, 313; *Sulmasy*, Journal of Law, Medicine & Ethics 26 (1998), 55 ff. *Sulmasy* charakterisiert die gemäß seiner Auffassung auf moralischer Ebene entscheidende Differenz zwischen „killing" und „allowing to die" wie folgt: „Doctors who kill create a new pathophysiologic state with a specific intention that this act should cause a patient's death."

[88] Vgl. *Janssens/Reith*, Medizinische Klinik – Intensivmedizin und Notfallmedizin 108 (2013), 267, 275 f. sowie die Ergebnisse einer Befragung von Praktikern, dargestellt bei *Mueller/Jenkins et al.*, Pacing and Clinical Electrophysiology 31 (2008), 560, 566.

[89] Zum Erfordernis dieser Abgrenzung für die strafrechtliche Einordnung siehe oben in Kapitel 3 unter B.I.

[90] Ein vergleichbarer Gedankengang, wenn auch nicht im Kontext des Behandlungsabbruchs, findet sich bei *Merkel/Augsberg*, JZ 2020, 704, 711. *Merkel* und *Augsberg* gehen davon aus, „dass die vollständige Integration eines technischen Elements in den Gesamtorganismus für diesen einen Status quo des intakten Funktionierens schafft", der durch die Funktionsbeendigung des technischen Elements beeinträchtigt bzw. aufgehoben würde. Diese Auffassung führen sie im Kontext der Diskussion um eine sog. ex-post-Triage an, um darzulegen, dass eine entsprechende Funktionsbeendigung im Zuge einer Konkurrenz mehrerer Patienten um knappe technische Behandlungsressourcen in einer pandemischen Situation nicht mit Hilfe der Rechtsfigur einer rechtfertigenden Pflichtenkollision legitimiert werden könne. Bei der Beendigung der Funktion eines in den Organismus integrierten Gerätes handele es sich auf Grund des durch die Implantation geschaffenen „Status quo des intakten Funktionierens" um ein aktives Tun, sodass bereits nicht der Anwendungsbereich der rechtfertigenden Pflichtenkollision eröffnet sei, der konkurrierende Unterlassungspflichten betreffe.

Das unterschiedliche Ergebnis beider Subsumtionen auf Grundlage desselben Bewertungsmaßstabs wird begreiflich, wenn man die ihnen jeweils zugrunde liegende Prämisse in die Betrachtung mit einbezieht: Die erstgenannte Subsumtion impliziert, dass Implantate Behandlungsmittel darstellen, die zweitgenannte identifiziert sie als Körperbestandteil. Die Deutung als Behandlungsmittel führt dazu, dass der Eintritt des Todes nach dem Entzug der Implantatfunktion normativ als Folge der Erkrankung und damit als „Sterbenlassen" gewertet werden kann. Erkennt man in Herzschrittmacher und ICD hingegen Körperbestandteile, muss ein tödlicher Eingriff in diese als Tötung im Sinne der §§ 212, 216 StGB eingeordnet werden, da dann nicht bloß der zugrunde liegenden Erkrankung durch den Entzug eines Behandlungsmittels ihr Lauf gelassen wird, sondern ein gezielter Eingriff in das Leben ohne Behandlungsbezug erfolgt, der eine neue Kausalkette in Gang setzt.[91]

Die Abgrenzung von Behandlungsmittel und Körperbestandteil, die mit Hilfe eines auf die Unterschiede im Kausalverhältnis zwischen ärztlicher Handlung und Todeseintritt abstellendes Kriterium erst möglich gemacht werden sollte, wird von diesem damit bereits vorausgesetzt. Ob eine Deaktivierung eine „neue" Todesursache darstellt, hängt davon ab, wie man sie charakterisiert: Als Eingriff in einen funktionsfähigen Körperbestandteil – der eine neue Todesursache setzt – oder als Beendigung der Tätigkeit eines körperfremden Behandlungsmittels, das dem tödlichen Verlauf der körperlichen Grunderkrankung zuvor Hindernisse in den Weg gestellt hat, die nurmehr beseitigt werden. Sofern es sich bei

---

Merkel und *Augsberg* nehmen die geschilderte Einordnung in ihrem Artikel indes nicht zum Anlass, um die Zulässigkeit einer Funktionsbeendigung für vollständig körperinterne Geräte auch auf Grundlage eines dahingehenden Patientenwillens abzulehnen. Eine Unterscheidung zwischen einem zulässigen Behandlungsabbruch und einer unzulässigen Tötung, die an einen durch ein körperinternes Gerät geschaffenen „Status quo des intakten Funktionierens" anknüpft, sähe sich mit dem Einwand konfrontiert, dass nicht nur ein vollständig körperinternes Gerät einen maßgeblichen Einfluss auf die Funktion des Gesamtorganismus haben kann. Dies zeigt das Beispiel der bereits vorgestellten LVAD; hierzu oben in Kapitel 4 unter B.I.; jedoch auch das Beispiel der von *Merkel* und *Augsberg* selbst angeführten Beatmungsgeräte; zu diesen oben in Kapitel 3 unter B.I.1. lit. a. Andererseits kann auch ein vollständig körperinternes Gerät eine lediglich geringe Veränderung für den Gesamtorganismus mit sich bringen, die die Einordnung, dass ein neuer „Status quo des intakten Funktionierens" geschaffen werde, nicht zu tragen vermag. Hier sei als Beispiel der ICD ohne aktive Schrittmacherfunktion angeführt, der nur in die Körperfunktionen eingreift, falls ein tachykardes Ereignis eintritt und im Übrigen nicht auf diese einwirkt; hierzu oben in Kapitel 3 unter A.II.2. Der im Kontext der Triage-Debatte entwickelte Ansatz von *Merkel* und *Augsberg* wird angesichts dieser im Falle einer Heranziehung für die Abgrenzung von zulässigem Behandlungsabbruch und unzulässiger Tötung offenbar werdenden Kritikpunkte für eine entsprechende Abgrenzung nicht weitergehend in Betracht gezogen.

[91] Vgl. zu den angeführten Kriterien *Rissing-van Saan*, in: Bormann, S. 645, 659.

Herzschrittmacher und ICD um Körperbestandteile handeln würde, müsste eine tödliche Deaktivierung dieser Geräte als neue Todesursache gewertet werden – es ergäbe sich kein rechtlicher Unterschied zu einer tödlichen Beendigung der Funktion eines transplantierten Organs. Der Bezugspunkt des strafrechtlich zu bewertenden Verhaltens würde in diesem Fall zu dessen Subsumtion unter die §§ 212, 216 StGB führen.[92] Nur wenn Herzschrittmacher und ICD als Behandlungsmittel eingestuft würden, käme ein zulässiger Behandlungsabbruch in Betracht, weil die Deaktivierung dann lediglich dazu beitrüge, dem Krankheitsprozess seinen Lauf zu lassen und der Tod als „Werk der Erkrankung"[93] betrachtet werden könnte.

Das Differenzierungskriterium der Herbeiführung einer neuen Todesursache ist folglich auf eine Unterscheidung angewiesen, die es eigentlich erst ermöglichen sollte. Der Versuch, eine Abgrenzung von Behandlungsmitteln, die einem funktionsbeendigenden Eingriff zum Zwecke eines Behandlungsabbruchs zugänglich sind, und unzulässigen tödlichen Eingriffen in Körperbestandteile mit Hilfe der dargestellten Kausalitätserwägungen vorzunehmen, erweist sich demnach als Zirkelschluss. Die im Ausgangspunkt treffenden Überlegungen zum unterschiedlichen Verhältnis zwischen ärztlicher Handlung und Todeseintritt bei Behandlungsabbrüchen einerseits und strafbaren Tötungen andererseits müssen daher mit Hilfe einer anderweitigen Konkretisierung der Abgrenzung zwischen Behandlungsmittel und Körperbestandteil an Subsumtionsschärfe gewinnen.

V. Bewertung auf Grundlage der Funktion der Versorgungsmaßnahme

Einen vielversprechenden Ausgangspunkt für die Abgrenzung zwischen einem Behandlungsmittel und einem Körperbestandteil bei einer gerätemedizinischen Versorgung könnte die jeweilige Funktion der medizinischen Versorgungsmaßnahme darstellen.

Ein im internationalen medizin-ethischen Diskurs rezipierter Ansatz von *Sulmasy* differenziert nach Funktion und konkreten Eigenschaften einer medizinischen Intervention, um die moralische Zulässigkeit eines Behandlungsabbruchs zu bestimmen (hierzu 1.).

Eine vergleichbare funktionale Differenzierung hat *Gropp* in der deutschen Strafrechtsliteratur bereits in den 1980er-Jahren vorgeschlagen; diese bezieht sich jedoch auf die Unterscheidung zwischen Sache und Körperbestandteil im Zusammenhang mit der Diskussion um die Wiederverwendung von Herzschritt-

---

[92] Hierzu näher oben in Kapitel 3 unter B.I.
[93] *Rissing-van Saan*, in: Bormann, S. 645, 664.

machern verstorbener Patienten und nicht auf den Kontext eines Behandlungsabbruchs (hierzu 2.).

In der jüngeren amerikanischen Rechtsliteratur zum Behandlungsabbruch findet sich ein Ansatz, der Ähnlichkeiten zur Auffassung *Gropps* aufweist und entwickelt wurde, um speziell die Deaktivierung von CIED rechtlich einordnen zu können (hierzu 3.).

Abschließend soll erörtert werden, wie ein modifiziertes funktionsorientiertes Kriterium in Anlehnung an die zuvor untersuchten Ansätze ausgestaltet werden könnte, das die Rechtsprechung zum Behandlungsabbruch auf überzeugende Weise konkretisieren und die bisher bestehenden Rechtsunsicherheiten minimieren würde (hierzu 4.).

1. Funktionsorientierte Differenzierung im medizin-ethischen Diskurs

Sulmasy unterscheidet im Rahmen seiner funktionsorientierten Differenzierung zwischen Therapiemaßnahmen, die als Behandlungen einem Abbruch zugänglich seien und solchen, die zu einem „Teil des Patienten" würden. Um verschiedene Versorgungsmaßnahmen in diese Kategorien einzuordnen, unterteilt er diese zunächst in sog. konstitutive und sog. regulierende Therapien.[94] Bei regulierenden Therapien handele es sich um Versorgungsmaßnahmen, deren Ziel die Regulierung körpereigener Funktionen zurück zur Normalfunktion sei. Demgegenüber würden konstitutive Therapien eine Funktion imitieren, die der Körper selbst nicht mehr bereitstellen könne. Regulierende Therapien seien niemals als Teil des Patienten anzusehen. Konstitutive Therapien hingegen würden zu einem Teil des Patienten, sofern es sich dabei um sog. Austausch-Therapien handele. Charakteristisch für eine Austausch-Therapie sei, dass sie die Körperfunktion annähernd auf dieselbe Art und Weise bereitstelle wie das funktionsgestörte Körperteil. Auf Grund dieses Charakteristikums werde die Austausch-Therapie Teil der organischen Einheit des Patienten. Ebenfalls als konstitutive Therapien einzustufen seien sog. Ersatz-Therapien. Diese würden eine gestörte Körperfunktion zwar ebenfalls ersetzen; da sie die Körperfunktion aber nicht auf ähnliche Weise bereitstellen würden wie der Körper selbst, handele es sich bei Ersatz-Therapien ebenso wenig um Teile des Patienten wie bei regulierenden Therapien.

---

[94] Hierzu und zum Folgenden *Sulmasy*, Journal of General Internal Medicine 23 (2008), Suppl. 1, 69, 70 ff. Die von ihm aufgestellten Kriterien greifen *Kay/Bittner*, Circulation: Arrhythmia and Electrophysiology 2 (2009), 336, 338 sowie *Zellner/Aulisio et al.*, Circulation: Arrhythmia and Electrophysiology 2 (2009), 340, 342 auf.

B. Lösungsansätze aus der rechtlichen sowie der medizin-ethischen Literatur   199

| Teil des Patienten | (Körperinterne) Behandlung |

```
                    Therapien
                   /         \
        Konstitutive          Regulierende
        Therapien             Therapien
         /        \
  Austausch-      Ersatz-
  Therapien       Therapien
```

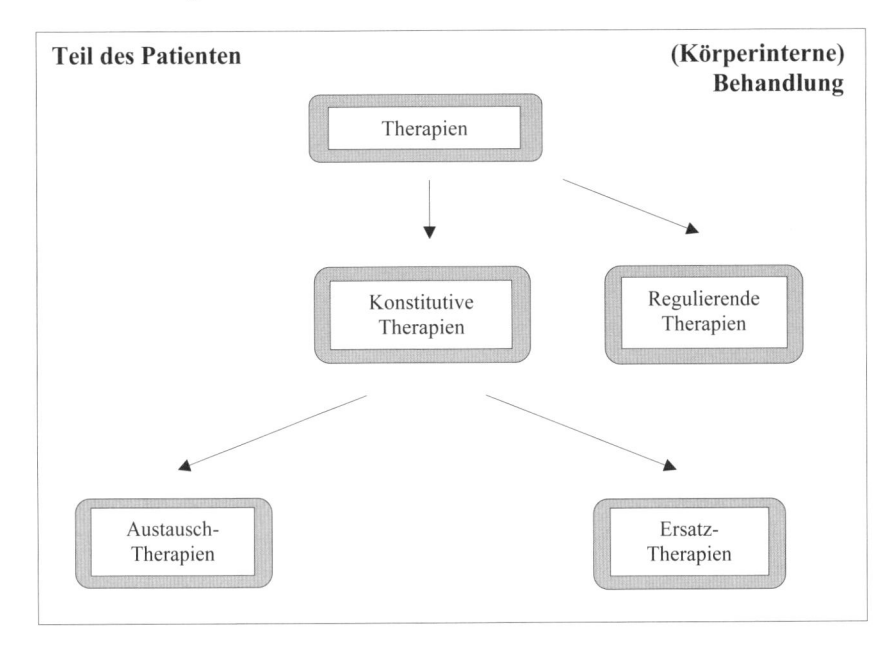

Abbildung 1

Eine zweifelsfreie Einordnung von Versorgungsmaßnahmen in die Kategorien von Austausch- und Ersatz-Therapien sei nicht immer möglich.[95] Jedoch könne anhand mehrerer Eigenschaften bestimmt werden, welcher der beiden Kategorien eine Versorgungsmaßnahme eher zuzuordnen sei. Eine klassische Austausch-Therapie erfülle mehrheitlich folgende Kriterien:

1) Reaktionsfähigkeit auf Veränderungen in Organismus und Umwelt.
2) Eigenschaften wie Wachstum und Selbstreparatur.
3) Unabhängigkeit von äußeren (Energie-)Quellen.
4) Unabhängigkeit von externer Kontrolle durch Experten.
5) Immunologische Kompatibilität mit dem Gewebe des Patienten.
6) Physische Integration in den Körper des Patienten.

Das eindeutigste Beispiel für eine Austausch-Therapie sei ein Organtransplantat eines eineiigen Zwillings. Doch auch technologische Interventionen könnten als Austausch-Therapien bewertet und damit der Körpersphäre des Patienten zugeordnet werden, je stärker sie sich den aufgeführten Kriterien annähern würden.

---

[95] Hierzu und zum Folgenden *Sulmasy*, Journal of General Internal Medicine 23 (2008), Suppl. 1, 69, 71 f.

Der Kriterienkatalog *Sulmasys* wurde in der medizin-ethischen Literatur bereits von verschiedenen Autoren auf die Konstellation einer Versorgung mit einem Herzschrittmacher bzw. ICD übertragen – jedoch mit unterschiedlichen Ergebnissen:

Zellner et al. bewerten sowohl den Herzschrittmacher als auch den ICD als Ersatz-Therapien, die einem Behandlungsabbruch zugänglich seien.[96] Die Kriterien *Sulmasys* für Austausch-Therapien erachten sie überwiegend für nicht erfüllt:

1) Herzschrittmacher und ICD würden zwar auf Herzrhythmusabweichungen reagieren, diese Reaktion beruhe aber nicht auf einer organtypischen Interaktion mit dem Körper.
2) Keines der Geräte sei zu Wachstum oder Selbstreparatur fähig oder sei selbsterhaltend.
3) Beide Geräte würden mit Hilfe eingebauter Batterien funktionieren, die periodisch ausgetauscht werden müssten, sie seien daher abhängig von einer äußeren Energiequelle.
4) Sowohl bei Herzschrittmachern als auch bei ICD seien periodische Kontrolluntersuchungen und Prüfungen der Einstellungen durch Experten erforderlich.
5) Auf Grund der anorganischen Qualität von Herzschrittmachern und ICD komme es nicht zu Abstoßungsreaktionen des Körpers, jedoch beruhe dies nicht auf einer immunologischen Kompatibilität wie bei organischen Geweben.
6) Beide Geräte seien körperfremd, würden aber im Körper platziert.

Demgegenüber vertreten *Kay* und *Bittner* die Auffassung, dass Herzschrittmacher bei schrittmacherabhängigen Patienten eine Austausch-Therapie darstellen und daher nicht abgeschaltet werden könnten.[97] Dies begründen sie in Anwendung von *Sulmasys* Kriterienkatalog wie folgt:

1) Der Herzschrittmacher reagiere auf Veränderungen des Patienten und der Umwelt; er überwache die Funktion des Sinusknotens und könne die Schrittmachertätigkeit an die physiologischen Erfordernisse anpassen.
2) Die Eigenschaften Wachstum und Selbstreparaturfähigkeit adressieren *Kay* und *Bittner* nicht.

---

[96] Hierzu und zum Folgenden *Zellner/Aulisio et al.*, Circulation: Arrhythmia and Electrophysiology 2 (2009), 340, 342.
[97] Hierzu und zum Folgenden *Kay/Bittner*, Circulation: Arrhythmia and Electrophysiology 2 (2009), 336, 338.

3) Der Herzschrittmacher funktioniere viele Jahre unabhängig von äußeren Energiequellen, da er über integrierte Batterien verfüge.
4) Der Herzschrittmacher sei dazu in der Lage, seine Stimulationsamplitude und Sensibilität selbst anzupassen.
5) Das Gerät sei immunologisch mit dem Körper kompatibel.
6) Herzschrittmacher seien gut in den Körper ihres Trägers integriert.

Den ICD ordnen *Kay* und *Bittner* hingegen ebenso wie *Zellner et al.* als Ersatz-Therapie ein, die einem Behandlungsabbruch zugänglich sei. Eine genauere Begründung hierfür anhand der Kriterien *Sulmasys* geben sie nicht.

Sulmasy selbst hat sich zur Einordnung der Herzschrittmacherdeaktivierung nicht geäußert. Anders als *Zellner et al.* sowie *Kay* und *Bittner* erachtet er den ICD jedoch nicht als Ersatz-Therapie. Er bewertet ihn bereits nicht als konstitutive Therapie. Der ICD sei eine lediglich regulierende Therapie, da er nicht den Herzschlag ersetze, sondern bei Eintritt einer Arrhythmie den Eigenherzschlag eines Patienten wieder zur Normalfunktion zurückführe.[98]

Bereits die unterschiedliche Auslegung der Kriterien *Sulmasys* bei *Kay* und *Bittner* einerseits sowie bei *Zellner et al.* andererseits zeigt, dass ihre Übertragung in den rechtlichen Kontext keine rechtssichere Abgrenzungsentscheidung stützen kann. Vielmehr eröffnen die Kriterien einen recht weiten Argumentationsspielraum, der in der rechtlichen Einordnung neue Unklarheiten schaffen würde. Die fehlende Eignung seiner Kriterien für eine absolute Abgrenzung betont *Sulmasy* selbst; er will mit Hilfe seines Kriterienkatalogs lediglich eine – im juristischen Kontext nicht ausreichende – Näherungsentscheidung ermöglichen.[99]

Die dem Ansatz *Sulmasys* im Ausgangspunkt zugrunde liegende Idee, eine Differenzierung nach der Funktion der Versorgungsmaßnahme vorzunehmen, kann jedoch möglicherweise zur Entwicklung sachgerechter Kriterien bei der rechtlichen Differenzierung von Behandlungsmittel und Körperbestandteil herangezogen werden, die eine höhere Abgrenzungsschärfe besitzen. An der Gerätefunktion orientierte Ansätze finden sich sowohl im deutschen als auch im amerikanischen Rechtsraum. Diese sollen nachfolgend untersucht werden.

---

[98] *Sulmasy*, Journal of General Internal Medicine 23 (2008), Suppl. 1, 69, 71. Die medizinethische Debatte um die Einordnung der Herzschrittmacher- und ICD-Deaktivierung auf Grundlage der Gerätefunktion stellt sich nach alledem als „nicht abgeschlossene Diskussion" dar; so bereits *Carlsson/Paul et al.*, Deutsches Ärzteblatt 109 (2012), 535, 538. *Kay* und *Pelosi* resümieren, CIED würden nicht präzise in die Definition *Sulmasys* passen; dazu *Kay/Pelosi*, The Linacre Quarterly 80 (2013), 308, 312.

[99] Vgl. *Sulmasy*, Journal of General Internal Medicine 23 (208), Suppl. 1, 69, 72.
Im Kontext der strafrechtlichen Abgrenzung von unzulässiger Tötung und zulässigem Behandlungsabbruch bedarf es einer klaren Einordnungsmöglichkeit als erlaubte Autonomieausübung oder strafbewehrte Lebensbeendigung.

2. Funktionsorientierte Differenzierung im deutschen Strafrecht

Ein im Jahr 1985 von *Gropp* vorgeschlagener Ansatz, der ursprünglich zur Beantwortung der Frage entwickelt worden ist, ob Implantate wie ein Herzschrittmacher nach dem Tod ihres Trägers Tatobjekte von Zueignungsdelikten sein können, stellt ebenfalls auf ein an der Implantatfunktion orientiertes Differenzierungskriterium ab.[100]

Anlass für *Gropps* Betrachtung war die bekannt gewordene Praxis einer Vertriebsfirma von Herzschrittmachern, funktionstüchtige Herzschrittmacher Verstorbener durch die behandelnden Ärzte explantieren und nach Resterilisation anderen Patienten wieder einpflanzen zu lassen.[101] Sofern dieses Vorgehen Eigentumsrechte verletzen würde, könnten Zueignungsdelikte gemäß §§ 242, 246 StGB verwirklicht sein.[102] Ob durch eine nach dem Tod des Patienten vorgenommene Herzschrittmacher-Entnahme aus dem Leichnam Eigentumsrechte verletzt werden können, hängt indes davon ab, ob der Herzschrittmacher nach seiner Implantation weiterhin eine eigentumsfähige Sache bleibt oder rechtlich zu einem Teil des Körpers wird, sodass zuvor daran bestehende Eigentumsrechte erlöschen.[103]

Gropp greift für diese Bewertung auf eine Unterscheidung zwischen sog. Ersatz-Implantaten und sog. Zusatz-Implantaten zurück.[104] Ersatz-Implantate seien Implantate, die „in Form und Funktion an die Stelle defekter Körperteile treten, jene also nicht nur ergänzen oder unterstützen, sondern *ersetzen*."[105] Charakteristisch für derartige Implantate sei ein individueller Anpassungsbedarf an den jeweiligen Träger. Als Beispiele für Ersatz-Implantate nennt *Gropp* u.a. Zahnersatz wie Zahnkronen, künstliche Rippen oder Hüftköpfe. Zusatz-Implantate würden demgegenüber lediglich funktionseingeschränkte Körperteile unterstützen, ohne diese zu ersetzen. Typisch für derartige Implantate sei ihre Wiederverwendbarkeit, da sie regelmäßig nicht individuell an den Körper des Trägers angepasst werden müssten.

In Anwendung dieser Kriterien kommt *Gropp* zu dem Ergebnis, dass – theoretisch wiederverwendbare – Herzschrittmacher als lediglich funktionsunterstüt-

---

[100] *Gropp*, JR 1985, 181 ff.
[101] Zum Sachverhalt genauer oben in Kapitel 4 unter B.II.1. lit. a., Fn. 29 sowie bei *Gropp*, JR 1985, 181 mit Verweis auf LG Köln, Urteil vom 10.01.1983 – 114-3/81.
[102] Vgl. *Gropp*, JR 1985, 181, 184.
[103] In Betracht kommen dürfte hier regelmäßig ein Eigentumsrecht der Erben des Patienten, sofern zu Lebzeiten der Patient Eigentümer des Herzschrittmachers wurde.
[104] Hierzu und zum Folgenden *Gropp*, JR 1985, 181, 183 f. Die Verwendung des Terminus Ersatz-Implantat ist nicht kongruent mit der bei *Sulmasy* verwendeten Kategorie der Ersatz-Therapien. Sie nähert sich eher dem bei *Sulmasy* so bezeichneten Austausch-Implantat an.
[105] Hervorhebung gemäß Original.

zende Zusatz-Implantate einzuordnen seien, die sich durch ihre Implantation nicht zu einem Teil des Körpers des Patienten wandeln, sondern weiterhin ihren Charakter als eigentumsfähige Sachen behalten würden.[106]

Der ICD wäre nach der Definition *Gropps* entsprechend zu klassifizieren, da er nicht die Funktion eines Körperteils ersetzt, sondern Fehlfunktionen des körpereigenen Herzens beendet, indem er Tachyarrhythmien entgegenwirkt.[107]

Der Ansatz *Gropps* beruht auf einer Abwägung der Interessen von Implantat-Träger, Angehörigen mit Totensorgerecht, Erben, explantierenden Ärzten sowie GKV-Beitragspflichtigen und berücksichtigt zudem das Pietätsempfinden der Öffentlichkeit.[108] Ersatzimplantate seien typischerweise nicht wiederverwendbar, sodass den Interessen des Implantat-Trägers gegenüber Drittinteressen auch nach seinem Tod uneingeschränkter Vorrang eingeräumt werden müsse.[109] Ohne Zustimmung des Implantat-Trägers zu Lebzeiten solle daher eine Explantation nach dem Tod nicht zugelassen werden. Bei Zusatz-Implantaten hingegen spreche die typische Wiederverwendbarkeit im Interesse der GKV-Beitragszahler für eine Entnahmemöglichkeit nach dem Tod und mithin für eine Einstufung des Implantats als eigentumsfähige Sache, an der Rechte Dritter bestehen könnten. Darüber hinaus seien auch ökonomische Interessen, insbesondere von Erben und Totensorgeberechtigten, bei Zusatz-Implantaten berücksichtigungsfähig, da das „Gesamtgefüge des Körpers" durch die Implantat-Entnahme „allenfalls unwesentlich beeinträchtigt" werde.

Die Wiederverwendbarkeit eines Implantats ist im Kontext der hier untersuchten Unterscheidung zwischen Behandlungsmittel und Körperbestandteil zur Festlegung der Grenzen eines zulässigen Behandlungsabbruchs kein interessengerechtes Unterscheidungsmerkmal. In dieser Konstellation konfligieren Menschenwürde, Selbstbestimmungsrecht und körperliche Unversehrtheit des Implantat-Trägers einerseits mit dem gesellschaftlichen Interesse an wirksamen und ausreichenden Mechanismen zum Schutz des Lebens und der Selbstbestimmung andererseits.[110] Zudem ist das ärztliche Interesse zu berücksichtigen, einen rechtssicheren Maßstab für dem Patientenwillen entsprechende ärztliche Deaktivierungshandlungen zu erhalten: Ein Arzt muss beurteilen können, ob er sich

---

[106] *Gropp*, JR 1985, 181, 184. Als weiteres Beispiel für ein Zusatz-Implantat nennt *Gropp* zur vorübergehenden Stabilisierung eingesetzte Knochennägel, obwohl diese nicht wiederverwendet werden könnten.

[107] Die Rechtsnatur des ICD hat *Gropp* selbst allerdings nicht bewertet. Zum Zeitpunkt des Erscheinens seines Aufsatzes handelte es sich dabei noch um eine sehr neue Versorgungsform. Der erste ICD wurde im Jahr 1980 einem Menschen eingesetzt; dazu bereits oben in Kapitel 4 unter B. II. 1. lit. a., Fn. 33.

[108] *Gropp*, JR 1985, 181, 183.

[109] Hierzu und zum Folgenden vgl. *Gropp*, JR 1985, 181, 184.

[110] Dazu bereits oben in Kapitel 2 unter A. III. 2. sowie unter C. III. 1. lit. a. bb.

durch derartige Handlungen strafbar macht oder die Patientenautonomie auf zulässige (und gebotene) Weise durchsetzt. Ökonomische oder sonstige Drittinteressen sind in diesem Kontext zu vernachlässigen – die Wiederverwendbarkeit kann daher keine Rolle spielen.

Eine den im vorliegenden Kontext zu berücksichtigenden Rechtspositionen gerecht werdende Abgrenzung zwischen Behandlungsmitteln und Körperbestandteilen könnte jedoch auf den verbleibenden Definitionsmerkmalen aufbauen, die *Gropp* zur Erklärung des Unterschieds zwischen Ersatz- und Zusatz-Implantaten verwendet. Danach wäre zu differenzieren, ob ein Implantat „in Form und Funktion" an die Stelle eines defekten Körperteils tritt und folglich nach *Gropps* Definition ein Ersatz-Implantat darstellt, oder ob es lediglich funktionsunterstützend wirkt und damit als Zusatz-Implantat einzustufen wäre.[111]

Die Anwendung der genannten Kriterien gestaltet sich allerdings nicht unproblematisch. So dürfte das Kriterium eines Ersatzes in der Funktion Unklarheiten im Grenzbereich mit sich bringen. Für eine rechtssichere Anwendung des Kriteriums müsste sein Bezugspunkt präzisiert werden. *Gropp* selbst spricht vom „Körperteil", auf das sich der Funktionsersatz beziehe; bei der Einordnung des Herzschrittmachers scheint er das Herz als Gesamtorgan als Bezugspunkt zu wählen.[112] Insoweit stellt sich die Frage, ob für die Bewertung als Ersatz-Implantat stets der funktionelle Ersatz eines kompletten Organs maßgeblich sein muss, oder ob auch der funktionelle Ersatz von Teilstrukturen eines Organs ausreicht, um ein Implantat als Ersatz-Implantat zu charakterisieren.

Für die Einordnung des ICD dürfte diese Frage nicht relevant werden. Da er lediglich regulierenden Einfluss auf die Herzfunktion nimmt, ohne diese oder auch nur eine herzeigene Teilfunktion zu ersetzen,[113] wäre er unabhängig von einer Präzisierung des Bezugspunktes eines Funktionsersatzes als Zusatz-Implantat zu bewerten.

Schwieriger gestaltet sich die Beurteilung des Herzschrittmachers. Liegt – wie beispielsweise bei einem atrioventrikulären Block (sog. AV-Block) oder einer Ablation des atrioventrikulären Knotens (sog. AV-Knoten) – ein vollständiger oder teilweiser Ausfall einer einzelnen Struktur im mehrgliedrigen Erregungsleitungssystem des Herzens vor, *ersetzt* der Herzschrittmacher insoweit funktionell die gestörte *Teilstruktur* des Herzens:[114] Er überbrückt durch seine Impulsgebung

---

[111] Vgl. *Gropp*, JR 1985, 181, 183.

[112] Kurz vor der Subsumtion des Herzschrittmachers unter die Kategorien von Ersatz- und Zusatz-Implantat führt *Gropp* aus, ein Zusatzimplantat würde ein insuffizientes *Organ* unterstützen; *Gropp*, JR 1985, 181, 184.

[113] Vgl. zur regulierenden Funktion des ICD auch *Sulmasy*, Journal of General Internal Medicine 23 (2008), Suppl. 1, 69, 71.

[114] Bei einem sog. AV-Block ist die Überleitung eines elektrischen Aktionspotentials von

eine Störung im herzeigenen Erregungsleitungssystem und ersetzt damit die Funktion derjenigen Strukturen, die nicht mehr (voll) funktionsfähig sind, ganz oder teilweise.[115] Lediglich in Bezug auf das gesamte Organ „Herz" kann ihm in der beschriebenen Rolle eine unterstützende Funktion zugeschrieben werden.[116] Hier wird der Bedarf für eine Klarstellung des Bezugspunktes eines Funktionsersatzes deutlich: Von diesem hängt jedenfalls bei der rechtlichen Einordnung des Herzschrittmachers entscheidend ab, ob er in manchen Konstellationen ggf. als Ersatz-Implantat eingeordnet werden muss.

Dass *Gropp* den Herzschrittmacher nach seiner funktionsbezogenen Definition pauschal als Zusatz-Implantat charakterisiert, leuchtet unabhängig vom Bezugspunkt des Funktionsersatzes jedenfalls dann nicht mehr ein, wenn der Patient keine eigene Herzfrequenz mehr aufweist und der Herzschrittmacher die Impulsgebung somit vollständig ersetzt.[117] Auch insoweit bedürfte der Ansatz einer Präzisierung bzw. Anpassung.

Das Kriterium *Gropps*, wonach ein Ersatz-Implantat *in der Form* an die Stelle des defekten Körperteils trete, produziert ebenfalls neue Abgrenzungsprobleme, da es nicht näher definiert wird. So stellt sich die Frage, ob das Implantat dem

---

den Vorhöfen auf die Herzkammern gestört, weil eine Dysfunktion im Bereich des für die Überleitung zuständigen AV-Knotens vorliegt. Können die übrigen im Herzen vorhandenen Schrittmacherzentren diese nicht ausgleichen, so kann ein Herzschrittmacher zum Einsatz kommen und die Funktion des AV-Knotens ersetzen; dazu *Hinterseer/Knez*, in: Baenkler, Goldschmidt et al., Kapitel 1, S. 74 ff.

Eine derartige Ersatzfunktion kommt dem Herzschrittmacher auch zu, wenn bei einem Patienten eine sog. AV-Knoten-Ablation, also eine Verödung des AV-Knotens, vorgenommen werden muss, weil auftretende Tachykardien dort ihren Ursprung haben und nicht auf andere Weise unter Kontrolle gebracht werden können. Vgl. zur AV-Knoten-Ablation *Neuzner*, Zeitschrift für Kardiologie 89 (2000), Suppl. 3, III/110, III/111. Nach einer Ablation kann der AV-Knoten seine Funktion nicht mehr ausüben. Auch hier kann ein Herzschrittmacher die zuvor vom AV-Knoten ausgehende Abgabe bzw. Weiterleitung von Impulsen an die Herzkammern ersetzen; vgl. *Zweng/Gulesserian et al.*, Journal für Kardiologie 13 (2006), 15, 16. Zur möglichen Vorzugswürdigkeit eines CRT-Schrittmachers bei abladierten Patienten BÄK/KBV et al., Nationale VersorgungsLeitlinie Chronische Herzinsuffizienz 2019, 70; *Doshi/Daoud et al.*, Journal of Cardiovascular Electrophysiology 16 (2005), 1160 ff.

[115] Vgl. *Hinterseer/Knez*, in: Baenkler, Goldschmidt et al., Kapitel 1, S. 74 ff.

[116] Diese kommt in der Bezeichnung als „Herzunterstützungssystem" zum Ausdruck; zu dieser *Orentlicher*, William Mitchell Law Review 39 (2013), 1287, 1292.

[117] Zu dieser Situation *Pitcher/Soar et al.*, Heart 102 (2016), A1, A10. Aber selbst wenn der Herzschrittmacher lediglich eine noch vorhandene, jedoch zum Überleben unzureichende Eigenfrequenz durch Ergänzung fehlender Impulse unterstützt, könnte man darin einen *Teilersatz* der üblicherweise vollständig herzeigenen Impulsgebung sehen. Auch insoweit ist die Abgrenzung zwischen Zusatz und Ersatz in Bezug auf den Herzschrittmacher undeutlich. Schwierigkeiten einer Abgrenzung zwischen Ersatz- und Zusatzfunktion angesichts möglicher fließender Übergänge betont auch *Tag*, S. 122 f.

defekten Körperteil in bestimmter Weise ähneln muss, damit es sich um einen Ersatz in der Form handeln kann. Eine Ähnlichkeit zwischen ursprünglichem Körperteil und Implantat berücksichtigt *Sulmasy* im medizin-ethischen Diskurs, wenn er für eine Bewertung als Körperbestandteil unter anderem darauf abstellt, dass das Implantat die fehlende Körperfunktion annähernd auf dieselbe Art und Weise vorsehe wie das ursprüngliche Körperteil.[118] *Gropps* Kriterium eines Ersatzes in der Form suggeriert ein vergleichbares Verständnis, ohne dieses jedoch weiter zu explizieren.

Ebenfalls unklar bleibt, ob für die Einstufung als Ersatz-Implantat das Implantat an die Stelle des ursprünglichen Körperbestandteils treten muss, nachdem man diesen *entfernt* hat. Auf die Voraussetzung einer Entfernung des ursprünglichen Körperbestandteils weisen die Beispiele für Ersatz-Implantate hin, die *Gropp* selbst anführt. Diese besitzen jeweils erhebliche Ähnlichkeiten zu den ursprünglichen Körperbestandteilen und ersetzen diese nach deren Entfernung aus dem Körper. Ob es sich dabei um ein für Ersatz-Implantate konstitutives Kriterium handeln soll, geht aus *Gropps* Darstellung hingegen nicht hervor.

Die aufgezeigten Unklarheiten zur Bedeutung eines Ersatzes in der Form bei einem Einsatz von Implantaten sind nicht lediglich theoretischer Natur. Sowohl für die dem Ansatz *Gropps* zugrunde liegende Fragestellung, ob Implantate taugliche Tatobjekte von Zueignungsdelikten sein können, als auch im Rahmen der hier gegenständlichen Unterscheidung zwischen Behandlungsmittel und Körperbestandteil können sie Relevanz erlangen, was sich am Beispiel der Implantation einer sog. TAVI-Herzklappe illustrieren lässt:[119] Im Rahmen der TAVI-Prozedur wird eine stark komprimierte Aortenklappenprothese mittels Katheter minimal invasiv in den Körper des Patienten eingebracht.[120] Dort, wo die natürliche, nurmehr bedingt funktionsfähige Herzklappe sitzt und den Blutfluss vom Herzen in die Hauptschlagader reguliert, wird die Prothese entfaltet.[121] Im Rahmen dieser Prozedur wird die natürliche Herzklappe gegen die Gefäßwand gedrückt; die

---

[118] *Sulmasy*, Journal of General Internal Medicine 23 (2008), Suppl. 1, 69, 71.

[119] An dieser Stelle ist anzumerken, dass die Anwendungsprobleme des Ansatzes von *Gropp* überwiegend Resultat der medizinisch-technischen Entwicklung in den letzten Jahren sind. Die erste TAVI-Prozedur wurde im Jahr 2002 durchgeführt – lange nach dem Erscheinen des Aufsatzes von *Gropp*; vgl. zur TAVI *Schäfer/Conradi et al.*, Zeitschrift für Herz-, Thorax- und Gefäßchirurgie 33 (2019), 155, 156.

[120] Vgl. hierzu und zum Folgenden *Buzzatti/Sala et al.*, European Heart Journal 2020, Suppl. E, E7 ff.

[121] Ein Aortenklappenersatz durch Implantation einer Aortenklappenprothese wird erforderlich, wenn die natürliche Aortenklappe stenosiert, sodass die Öffnung, durch die Blut aus dem Herzen in die Aorta ausströmen kann, verengt ist; *Estlinbaum/Zerkowski*, in: Buser/Zerkowski et al., Kardiologie und Kardiochirurgie, S. 67.

Herzklappenprothese übernimmt ihre Funktion.[122] Insoweit stellt sich die Frage, ob von einem Ersatz-Implantat auch dann auszugehen ist, wenn die natürliche Herzklappe nicht entfernt, sondern wie bei der TAVI-Prozedur „nur" irreversibel zerstört wird. Zudem müsste geklärt werden, ob das Kriterium eines Ersatzes in der Form eine bestimmte Ähnlichkeit von Herzklappe und Herzklappenprothese verlangt und welche Bedingungen erfüllt sein müssen, damit diese vorliegt. Ohne Klärung dieser Fragen lässt sich weder feststellen, ob die TAVI-Herzklappe (insbesondere nach dem Tod des Patienten) taugliches Tatobjekt von Zueignungsdelikten sein kann, noch, ob sie ein Behandlungsmittel darstellt, dessen Funktion auf entsprechenden Wunsch des Patienten hin beendet werden kann.

Unter welchen Voraussetzungen Implantate nach dem Ansatz *Gropps* als Ersatz eines Körperteils in Form und Funktion gewertet werden sollen, ist nicht hinreichend bestimmt. Der Ansatz bedarf nach alledem weiterer Präzisierung bzw. Modifikation, um für Implantate eine taugliche Antwort auf die Frage geben zu können, wie Behandlungsmittel und Körperbestandteile im Kontext der Rechtsprechung zum Behandlungsabbruch voneinander abgegrenzt werden können.

3. Funktionsorientierte Differenzierung in der amerikanischen Rechtsliteratur

Im Kontext der rechtlichen Bewertung des Behandlungsabbruchs bei CIED findet sich in der jüngeren amerikanischen Rechtsliteratur ein Ansatz, der ähnliche Differenzierungskriterien vorschlägt wie der nicht auf die Konstellation von Behandlungsabbrüchen zugeschnittene Vorschlag *Gropps* im deutschen Recht. Der im Jahr 2013 entworfene Ansatz von *Orentlicher* stellt konkrete Kriterien zur Differenzierung von zulässigem Behandlungsabbruch und unzulässigen Formen der Sterbehilfe bei der Deaktivierung von CIED nach amerikanischem Recht auf.[123]

Mit dem Vorschlag *Gropps* teilt der Ansatz *Orentlichers* die Unterscheidung von Ersatz und bloßem Zusatz.[124] Er weist jedoch in mehreren Punkten entscheidende Differenzen zu *Gropps* Lösungsvorschlag auf. So stellt *Orentlicher* zur Beantwortung der Frage, ob die Deaktivierung von CIED zulässig ist, nicht darauf ab, ob sie die Funktion *des Herzens* (vollständig) ersetzen oder lediglich

---

[122] *Dahir/Arroyo-Ucar et al.*, Der Radiologe 53 (2013), 896, 901.
[123] *Orentlicher*, William Mitchell Law Review 39 (2013), 1287 ff. Dabei knüpft er an einen Beitrag von *Noah* an; vgl. *Noah*, William Mitchell Law Review 39 (2013), 1229 ff. *Noah* stellt allerdings keine Bewertungskriterien für die Zulässigkeit der Deaktivierung von CIED auf, sondern spricht sich für die Ergänzung bestehender Gesetze der amerikanischen Bundesstaaten aus, um Rechtsunsicherheiten zu beseitigen; dazu *Noah*, William Mitchell Law Review 39 (2013), 1229, 1286.
[124] *Orentlicher* verwendet die Unterscheidung „replacing versus supplementing an essential function"; dazu *Orentlicher*, William Mitchell Law Review 39 (2013), 1287, 1291.

unterstützen. Vielmehr berücksichtigt er, dass das Herz verschiedene Teilstrukturen mit unterschiedlicher Funktion besitzt und betrachtet ausschließlich *lebenswichtige (Teil-)Funktionen*: Ein CIED könne nur dann ein Ersatz-Implantat darstellen, wenn er eine kardiale Funktion vorsehe, die für die Erhaltung des Lebens essentiell sei.[125] Zudem müsse seine Implantation mit einer dauerhaften Zerstörung der entsprechenden kardialen Eigenfunktion des Patienten einhergehen – auch ein solches Kriterium benennt *Gropp* nicht.

Der im Hinblick auf den Bezugspunkt des Funktionsersatzes erkennbare Unterschied der Lösungsansätze von *Orentlicher* und *Gropp* lässt sich mit den divergierenden Anwendungskontexten erklären, für die sie konzipiert wurden: *Gropps* Ansatz ist für sämtliche Implantate konzipiert und bezweckt, ihre Eigenschaft als eigentumsfähige Sache oder Körperbestandteil bestimmen zu können, um die Frage nach dem Bestehen von Aneignungsrechten am Implantat nach dem Tod seines Trägers zu beantworten. *Orentlichers* Ansatz bezieht sich auf die Konstellation der lebensverkürzenden Deaktivierung von implantierten CIED. Sein Ziel ist es, Kriterien niederzulegen, anhand derer entschieden werden kann, ob bzw. unter welchen Voraussetzungen eine Deaktivierung mit tödlicher Folge zulässig ist. Da eine solche nur bei der Deaktivierung von Geräten mit lebenswichtiger Funktion in Betracht kommt, stellt *Orentlicher* für seine Definition eines nicht auf zulässige Weise deaktivierbaren kardialen Ersatzimplantats darauf ab, ob es eine für die Lebenserhaltung essentielle Funktion ausübt.

Im Unterschied zu *Gropp* sieht *Orentlicher* zudem eine ergänzende Voraussetzung vor, die für eine Deaktivierungsmöglichkeit eines CIED erfüllt sein müsse: Der CIED dürfe keinen „perfekten Ersatz" für das ursprüngliche natürliche Gewebe oder Organ darstellen.[126] Ein perfekter Ersatz weise keine Nachteile oder Risiken auf, die den CIED nach Abschluss der Implantation weniger wünschenswert machen würden als das körpereigene Herz, sodass der Patient in einem solchen Fall kein Interesse an einer Deaktivierung des Implantats haben könne.[127] Dies erhöhe die Vergleichbarkeit zu einem natürlichen Körperbestandteil.

---

[125] Hierzu und zum Folgenden *Orentlicher*, William Mitchell Law Review 39 (2013), 1287, 1291.

[126] Hierzu und zum Folgenden *Orentlicher*, William Mitchell Law Review 39 (2013), 1287, 1292 f. *Orentlicher* unterscheidet insoweit zwischen „perfect versus imperfect replacements".

[127] Dies erinnert an den Ansatz *Sulmasys*, dessen Kriterien für ein Implantat, das Teil des Patienten wird, typische Eigenschaften eines perfekten Ersatzes beschreiben dürften, der ein verringertes Risiko für den Patienten im Sinne von *Orentlichers* Vorschlag mit sich bringt; vgl. *Sulmasy*, Journal of General Internal Medicine 23 (2008), Suppl. 1, 69, 70 ff.; dazu bereits oben in Kapitel 4 unter B.V.1. Jedoch stellt *Sulmasy* anders als *Orentlicher* in seiner Abgrenzung nicht auf das mit dem Implantat verbundene Risiko ab und erachtet es auch nicht für erforderlich, dass das Implantat einen perfekten Ersatz darstellt. Zu diesem sowie weiteren Unterschieden der Ansätze *Orentlicher*, William Mitchell Law Review 39 (2013), 1287, 1293, Fn. 18.

Als Paradebeispiel eines perfekten Ersatzes nennt *Orentlicher* das transplantierte menschliche Herz. Dieses brächte zwar ebenfalls noch gewisse Nachteile für den Patienten mit sich, da der Patient auf die Einnahme von Immunsuppressiva angewiesen sei, um eine Abstoßung des transplantierten Organs zu vermeiden.[128] Auf Grund der mit den Medikamenten verbundenen Risiken könne der Patient diese selbstbestimmt absetzen. Eine „Deaktivierung" des transplantierten Herzens könne er hingegen nicht verlangen.

Bei der Anwendung seines Ansatzes auf Herzschrittmacher und ICD geht *Orentlicher* davon aus, dass diese lediglich die herzeigene Funktion unterstützen und nicht als perfekter Ersatz zu qualifizieren seien.[129]

Das Argument, das er für das Zusatzkriterium eines „perfekten Ersatzes" anführt, erscheint auf den ersten Blick einleuchtend. Bereits das Paradebeispiel *Orentlichers* zeigt jedoch, dass nicht einmal ein transplantiertes menschliches Herz die von ihm aufgestellten Anforderungen an einen perfekten Ersatz erfüllen könnte. Das Transplantat birgt ein Risiko, das vom körpereigenen Organ regelmäßig nicht ausgeht: Der Körper kann das fremde Organ abstoßen.[130] Nach Transplantation ist eine lebenslange Begleittherapie erforderlich, um dies zu verhindern.[131] Warum dieses Risiko nur zu einer Absetzungsmöglichkeit der entsprechenden Medikamente, nicht aber zur Möglichkeit einer Entfernung bzw. Funktionsbeendigung des Transplantats führen soll, kann nur einleuchten, wenn zwischen Transplantat und Begleittherapie streng unterschieden wird. Indes dient die Begleittherapie gerade der Minimierung des mit dem Transplantat verbundenen Risikos. Sie und die mit ihr einhergehenden Risiken vom Transplantat zu entkoppeln wäre nicht nur lebensfremd, sondern würde neue Abgrenzungsprobleme bei der Zuordnung eines Risikos zu Transplantat oder begleitender Therapie schaffen. Die durch das Kriterium des perfekten Ersatzes aufgeworfenen Fragen verhindern mithin eine eindeutige Zuordnung zu den Kategorien von Ersatz und Zusatz. Auch der Ansatz *Orentlichers* eignet sich vor diesem Hintergrund nicht für eine Abgrenzung von Behandlungsmitteln und Körperbestandteilen, mit Hilfe derer im Rahmen der Bewertung der Beendigung medizinischer Versorgungsmaßnahmen im deutschen Strafrecht die Reichweite der Patientenautonomie abgesteckt werden soll.

---

[128] Hierzu und zum Folgenden *Orentlicher*, William Mitchell Law Review 39 (2013), 1287, 1294.
[129] *Orentlicher*, William Mitchell Law Review 39 (2013), 1287, 1291, 1294.
[130] *Orentlicher*, William Mitchell Law Review 39 (2013), 1287, 1294.
[131] *Schrem/Barg-Hock*, Deutsches Ärzteblatt 106 (2009), 148.

4. Untersuchung abgewandelter funktionsorientierter Bewertungskriterien

Die Kritik an den Ansätzen von *Sulmasy* und *Orentlicher* sowie an dem auf den Kontext des Behandlungsabbruchs übertragenen Ansatz *Gropps* weist funktionsorientierte Bewertungskriterien nicht grundsätzlich zurück, sondern betrifft deren Ausgestaltung im konkreten Fall. Bei entsprechender Modifikation und Ausdifferenzierung könnte eine Unterscheidung zwischen Behandlungsmittel und Körperbestandteil, die auf den Kriterien von Funktionsersatz und Funktionsergänzung aufbaut, eine sinnvolle strafrechtliche Einordnung von Herzschrittmachern und ICD sowie anderen Implantaten erlauben und Lebensschutz sowie Patientenautonomie angemessene Geltung verschaffen. Daher soll nachfolgend versucht werden, auf Grundlage der bisher erörterten funktionsorientierten Ansätze geeignete Unterscheidungskriterien zu entwickeln. In terminologischer Hinsicht wird dabei nicht zwischen Ersatz- und Zusatz-Implantaten unterschieden, sondern zwischen Substitutiv-Implantaten, die als Körperbestandteil bewertet werden, und Supportiv-Implantaten, die unter den Begriff des Behandlungsmittels subsumiert werden.[132]

a) Rein funktioneller Ersatz

Eine Unterscheidung zwischen Substitutiv- und Supportiv-Implantaten könnte zunächst allein auf die Kriterien von Funktionsersatz und Funktionsunterstützung abstellen, ohne dass zusätzliche Merkmale wie der von *Gropp* nicht weiter erklärte Ersatz in der Form oder das von *Orentlicher* befürwortete Merkmal eines perfekten Ersatzes für die Abgrenzung herangezogen werden.[133]

Bei der Entwicklung einer rein funktionsbezogenen Definition von Substitutiv- und Supportiv-Implantaten stellt sich zum einen die Frage, ob im Anschluss an den Ansatz *Orentlichers* lediglich Implantate, die *lebenswichtige* Körperfunktionen ersetzen, als Körperbestandteile in Betracht kommen sollen.[134] Sämtliche Implantate, die keine Lebenserhaltungsfunktion besäßen, wären danach als Supportiv-Implantate und folglich als Behandlungsmittel einzustufen. Zum anderen ist zu klären, ob es für eine Bewertung als Substitutiv-Implantat stets der Substitution der kompletten Organfunktion bedarf oder auch der funktionelle Ersatz einer Teilstruktur eines Organs eine derartige Einstufung rechtfertigt.

Die Bewertung als Körperbestandteil auf Implantate zu beschränken, die lebenswichtige Körperfunktionen ersetzen, ist im Kontext der hier relevanten Un-

---

[132] Diese präzisere und mithin vorzugswürdige Terminologie findet sich beispielsweise bei MüKo-StGB/*Schmitz*, § 242, Rz. 29; NK-StGB/*Kindhäuser*, § 242 StGB, Rz. 13; Schönke/Schröder/*Bosch*, § 242 StGB, Rz. 10.
[133] Zu diesen Merkmalen oben in Kapitel 4 unter B.V.2. und B.V.3.
[134] *Orentlicher*, William Mitchell Law Review 39 (2013), 1287, 1291.

terscheidung zwischen zulässigem Behandlungsabbruch und unzulässiger Tötung sinnvoll. Die Unzulässigkeit einer Beendigung der Implantat-Tätigkeit auch bei einem dahin gehenden (mutmaßlichen) Patientenwillen und die damit verbundene Begrenzung der Entscheidungshoheit des Patienten rechtfertigt sich nämlich gerade dadurch, dass das Implantat im Zeitpunkt der Deaktivierung eine Lebenserhaltungsfunktion erfüllt. Vor diesem Hintergrund wird die Einordnungsmöglichkeit als Substitutiv-Implantat und damit als Körperbestandteil auf Implantate begrenzt, die im relevanten Beurteilungszeitpunkt der Deaktivierung lebenswichtige Körperfunktionen ersetzen. Sämtliche Implantate, die keine Lebenserhaltungsfunktionen besitzen, wären demnach als Supportiv-Implantate einzustufen, die als Behandlungsmittel der Patientenautonomie unterstellt sind.[135]

Im Rahmen der Untersuchung des Ansatzes von *Gropp* wurde kritisch angemerkt, dass er nicht hinreichend erläutert, ob für eine Einordnung als Ersatz-Implantat der Ersatz der kompletten Organfunktion erforderlich sei, oder ob auch der funktionelle Ersatz einer Teilstruktur eines Organs eine Einstufung als Ersatz-Implantat rechtfertigen könne.[136] Um dieses Abgrenzungsproblem bei einer rein funktionsorientierten Definition zu vermeiden, sollte das Kriterium des Funktionsersatzes bzw. der Funktionsunterstützung auf eine *konkrete lebenswichtige Körperstruktur* bezogen werden. Auf diese Weise wäre die Übernahme der Funktion eines Organteils oder einer sonstigen Körperstruktur mit der Übernahme einer Organfunktion gleichgestellt, sofern bereits die Übernahme der Funktion des Organteils bzw. der sonstigen Körperstruktur das Überleben des Patienten sichert. Die Bedeutung von Organteil bzw. sonstiger Körperstruktur für das Leben des Patienten in einer derartigen Konstellation spricht für eine Gleichbehandlung mit dem Ersatz der Funktion eines lebenswichtigen Organs.

Nach alledem könnte eine auf die Funktion abstellende Unterscheidung zwischen Substitutiv- und Supportiv-Implantat, die die Möglichkeit eines lebenswichtigen Funktionsersatzes von Organteilen oder sonstigen Körperstrukturen berücksichtigt, folgendermaßen ausgestaltet werden:

Ein Substitutiv-Implantat, das als Körperbestandteil zu werten ist, könnte immer dann vorliegen, wenn das Implantat für die Lebenserhaltung konstitutiv ist, weil es die Funktion einer konkreten lebenswichtigen Körperstruktur, die ganz oder teilweise ausgefallen ist, ganz oder teilweise substituiert.[137]

---

[135] Das bedeutet, dass Implantate wie die von *Gropp*, JR 1985, 181, 183 angesprochenen künstlichen Rippen oder Hüftköpfe nicht dem Begriff des Körperbestandteils, sondern dem Behandlungsmittelbegriff unterfallen. Dass die damit verbundene rechtliche Einordnung als Sache auch in anderen Kontexten nicht zu unsachgemäßen Ergebnissen führt, wird in Kapitel 4 unter B. V. 4. lit. b. dd. erläutert.

[136] Hierzu oben in Kapitel 4 unter B. V. 2.

[137] Vgl. zu dieser funktionalen Differenzierung auch *Orentlicher*, William Mitchell Law

Ein Supportiv-Implantat wäre demgegenüber gegeben, wenn ein Implantat für die Lebenserhaltung nicht konstitutiv ist, weil es eine lebenswichtige Körperstruktur lediglich funktionell unterstützt, ohne dass dies erforderlich ist, um dem Patienten ein Weiterleben zu ermöglichen, oder weil es die Funktion einer nicht lebenswichtigen Körperstruktur ersetzt oder unterstützt. Für derartige Supportiv-Implantate könnte die Deaktivierung des Implantats als zulässiger Behandlungsabbruch durch Beendigung der Funktion eines Behandlungsmittels bewertet werden.

Die beschriebene rein funktionsbezogene Abgrenzung weist jedoch ein entscheidendes Problem auf, das sich durch ihre Anwendung auf die Herzschrittmacherversorgung illustrieren lässt: Der Herzschrittmacher könnte auf Grundlage einer derartigen Definition nicht ohne Betrachtung des jeweiligen Einzelfalles als Behandlungsmittel oder als Körperbestandteil gewertet werden. Seine Einstufung als Supportiv- oder Substitutiv-Implantat wäre abhängig von seiner Bedeutung für die Lebenserhaltung des konkreten Patienten und könnte sogar wechseln.[138] So wäre der Herzschrittmacher bei einer vitalen Schrittmacherabhängigkeit eines Patienten als Substitutiv-Implantat anzusehen, weil er für die Lebenserhaltung konstitutive Bedeutung hätte.[139] Etwas anderes würde bei fehlender vitaler Schrittmacherabhängigkeit gelten; hier wäre der Herzschrittmacher als Supportiv-Implantat zu werten, da ihm keine Lebenserhaltungsfunktion zukäme.[140] Ein Wechsel vom Supportiv- zum Substitutiv-Implantat und damit eine Wandlung von Behandlungsmittel zu Körperbestandteil bei ein und demselben Patienten könnte stattfinden, wenn der Patient auf Grund fortschreitender

---

Review 39 (2013), 1287, 1291, der es ebenfalls für maßgeblich erachtet, ob der Patient im Falle einer Deaktivierung des Implantats überleben könnte, dies jedoch nicht als alleiniges Kriterium vorsieht.

[138] Kritisch zum Wechsel der Rechtsnatur von Implantaten auch *Valerius*, medstra 2015, 158, 159 f. sowie *Tag*, S. 122 f. Zur möglichen Varianz der Schrittmacherabhängigkeit im Verlauf der Erkrankung *Lampert/Hayes et al.*, Heart Rhythm 7 (2010), 1008, 1017.

[139] Zur vitalen Schrittmacherabhängigkeit oben in Kapitel 3 unter A. III. 1. lit. a. Eine vitale Schrittmacherabhängigkeit kann sowohl gegeben sein, wenn der Herzschrittmacher mangels Herzeigenfrequenz des Patienten die elektrischen Impulse zur Auslösung des Herzschlags vollständig ersetzt; vgl. dazu *Lelakowski/Majewski et al.*, Cardiology Journal 14 (2007), 83 f.; *Pitcher/Soar et al.*, Heart 102 (2016), A1, A10; als auch, wenn ein Patient noch eine Herzeigenfrequenz aufweist, die jedoch nicht zum Überleben ausreicht; vgl. *Pitcher/Soar et al.*, Heart 102 (2016), A1, A10. Bei einer derartigen vitalen Schrittmacherabhängigkeit ersetzt der Schrittmacher die zu einer überlebensnotwendigen Herzfrequenz fehlenden Impulse, die nicht mehr vom patienteneigenen Herzen generiert werden können. Im Sinne der obigen Definition läge hier ein teilweiser Ersatz einer lebenswichtigen Körperstruktur vor, der ebenfalls zu einer Bewertung als Substitutiv-Implantat führen müsste.

[140] Zur Behandlungssituation bei einer fehlenden vitalen Schrittmacherabhängigkeit oben in Kapitel 3 unter A. III. 1. lit. b.

Erkrankung im weiteren Verlauf nach der Implantation vital von seinem Schrittmacher abhängig werden würde. Fließende Übergänge von der Supportiv- in die Substitutiv-Funktion könnten insoweit besonders problematisch werden:[141] Der genaue Zeitpunkt des Eintritts vitaler Schrittmacherabhängigkeit – und damit der Beginn sowie das Ende der Zulässigkeit einer Deaktivierung – dürfte oft nicht präzise festzustellen sein.[142] Der Übergang in die vitale Schrittmacherabhängigkeit dürfte sich bei einem Herzschrittmacher, der das Pacing modulieren kann, nicht für den Patienten bemerkbar machen.[143]

Die Frage, ob ein Implantat eine Supportiv- oder Substitutiv-Funktion wahrnimmt, kann folglich nicht immer eindeutig beantwortet werden. Zumindest für die Herzschrittmacherversorgung produziert eine Differenzierung von Behandlungsmitteln und Körperbestandteilen allein auf Grundlage der Funktion des Implantats nicht stets Ergebnisse, die eine hinreichend rechtssichere Beurteilung der Zulässigkeit einer Deaktivierung erlauben.

Unabhängig von der aufgezeigten Problematik fließender Übergänge zwischen Supportiv- und Substitutiv-Funktion eines Implantats rechtfertigt die Übernahme einer lebenswichtigen Körperfunktion für sich genommen die Einstufung als Körperbestandteil in der Sache nicht. Auch medizinische Versorgungsformen, die nach allgemeiner Auffassung einem Behandlungsabbruch zugänglich sind, können eine ausgefallene, lebenswichtige Körperfunktion ersetzen und damit eine Lebenserhaltungsfunktion erfüllen. Dies gilt beispielsweise für die Zuführung eines vom Körper nicht mehr produzierten lebensnotwendigen Stoffes.[144] Hier ersetzt die Zuführung von außen die ausgefallene Funktion der

---

[141] Dieses Problem erkannte *Tag*, S. 122 f., bereits im Ansatz von *Gropp*. Hierzu und zum Folgenden bereits oben in Kapitel 4 unter B. II. 1. lit. a.

[142] Hierzu und zum Folgenden bereits oben in Kapitel 4 unter B. II. 1. lit. a. Zur Entwicklung einer Schrittmacherabhängigkeit nach Implantation des Herzschrittmachers *Megaly/Gössl et al.*, American Heart Journal 218 (2019), 128, 129; vgl. auch *Lelakowski/Majewski et al.*, Cardiology Journal 14 (2007), 83, 84, die die schwere Prognostizierbarkeit einer solchen Entwicklung hervorheben.

Auch der Zeitpunkt von Entstehung und Untergang etwaiger Sachenrechte am Implantat wäre bei einem auf die dargelegte Weise bestimmten Wechsel der Rechtsnatur zwischen Körperbestandteil einerseits und Behandlungsmittel andererseits nicht eindeutig festzustellen, sodass auch in dieser Hinsicht Rechtsunsicherheit entstünde; dazu bereits oben in Kapitel 4 unter B. II. 1. lit. a., Fn. 36.

[143] Moderne Herzschrittmacher können auf Veränderungen in der Herztätigkeit reagieren; vgl. *Sanders*, in: *Kusumoto/Goldschlager*, S. 47. Die elektrischen Impulse im Rahmen der Schrittmachertätigkeit sind für Patienten nicht wahrnehmbar; dazu *Pitcher/Soar et al.*, Herat 102 (2016), A1, A10.

[144] Eine allein auf die Funktion abstellende Abgrenzung könnte auch zu einer Bewertung des Beatmungsgerätes als Körperbestandteil eines Patienten führen. Da es bei nicht oder nicht mehr in ausreichendem Maße zur Eigenatmung fähigen Patienten die Atmung ganz oder teil-

nicht mehr produktiven lebensnotwendigen Körperstruktur. Dennoch läge es fern, die Zuführung bzw. die Zuführungsvorrichtung als Körperbestandteil einzustufen und nicht als klassischen Fall eines medizinischen Behandlungsmittels, das einer patientenautonomen Entscheidung unterliegt.

Ein Lösungsansatz, der die Eigenschaft eines Implantats als Körperbestandteil allein über eine lebenswichtige Substitutiv-Funktion des Implantats definiert und nicht lebenserhaltende Implantate stets als Behandlungsmittel einstuft, wäre für den untersuchungsgegenständlichen Kontext der Abgrenzung zwischen einem zulässigen Behandlungsabbruch und einer unzulässigen Tötung aber vor allem deshalb ungeeignet, weil die *Erforderlichkeit* einer solchen Abgrenzung gerade voraussetzt, dass auch ein Behandlungsmittel lebenserhaltend wirken kann.[145] Erst dadurch entsteht der Bedarf für eine Unterscheidung von zum Tode führenden Verhaltensweisen, die als Tötungsdelikt zu bewerten sind und zum Tode führenden Verhaltensweisen, die als Abbruch einer Behandlung zulässig bleiben.[146]

Der vorgestellte Lösungsansatz kann demnach keine für die untersuchungsgegenständliche Fragestellung sachgerechten Abgrenzungskriterien bieten. Es bedarf mehr als nur einer Substitutiv-Funktion im Hinblick auf eine lebenswichtige Körperstruktur, um die Grenze der Patientenautonomie zu erreichen und das Vorliegen eines – keiner zulässigen Funktionsbeendigung zugänglichen – Körperbestandteils zu begründen.

---

weise ersetzt, kommt ihm bei diesen eine konstitutive Rolle in der Lebenserhaltung zu. Die Deaktivierung eines Beatmungsgerätes wird in juristischer Literatur und Rechtsprechung jedoch allgemein als zulässiger Behandlungsabbruch erachtet. Eine höchstrichterliche Einordnung des Beatmungsgeräts als Versorgungsmaßnahme, die einem Abbruch zugänglich ist, findet sich im Fall *Putz*, BGH, Urteil vom 25.06.2010 – 2 StR 454/09, BGHSt 55, 191 ff., Rz. 31. Dies entspricht der bereits vor dem Urteil im Fall *Putz* herrschenden Rechtsauffassung. Dazu aus der Rechtsprechung LG Ravensburg, Urteil vom 03.12.1986 – 3 KLs 31/86, NStZ 1987, 229 f.; aus der Literatur *Dölling*, MedR 1987, 6, 9 f.; *Geilen*, JZ 1986, 145, 151; *Rudolphi*, Jura 1979, 39, 40 ff.; *Engisch*, Gallas-FS, S. 163, 178; *Frister*, Samson-FS, S. 19, 28; *Gössel*, Strafrecht BT 1, § 2, Rz. 62; *Roxin*, in: Roxin/Schroth, Medizinstrafrecht, S. 94 f.; vgl. auch *Sax*, JZ 1975, 137, 149 sowie *Stoffers*, MDR 1992, 621 ff. m. w. N. Vgl. hierzu bereits oben in Kapitel 2 unter B. I. und B. II.

[145] Siehe dazu BGH, Urteil vom 25.06.2010 – 2 StR 454/09, BGHSt 55, 191 ff., Rz. 33: „Der Begriff der Sterbehilfe durch Behandlungsunterlassung, -begrenzung oder -abbruch setzt voraus, dass die betroffene Person lebensbedrohlich erkrankt ist und die betreffende Maßnahme medizinisch zur Erhaltung oder Verlängerung des Lebens geeignet ist".

[146] Hierzu bereits oben in Kapitel 3 unter B. I.

b) Vorschlag de lege lata: Funktioneller und physischer Ersatz

aa) Mögliche Kriterien

Die rein funktionsbezogene Abgrenzung zwischen Behandlungsmitteln und Körperbestandteilen könnte angesichts der aufgezeigten Mängel um ein weiteres Definitionsmerkmal ergänzt werden. Insoweit stellt sich die Frage, wie ein geeignetes Zusatzmerkmal ausgestaltet werden könnte.

Das von *Gropp* genannte Kriterium eines Ersatzes „in der Form" birgt für die Beantwortung dieser Frage kaum Anhaltspunkte.[147] Auch *Orentlichers* Merkmal eines perfekten Ersatzes des natürlichen Körperbestandteils ist für eine rechtssichere Kategorienbildung nicht geeignet.[148] Das Kriterium einer funktionellen Substitution könnte jedoch möglicherweise um die physische Substitution einer lebenswichtigen Körperstruktur ergänzt werden. Neben der lebenserhaltenden Funktion erscheint nämlich gerade das physische Verhältnis zu dem körpereigenen Bestandteil, dessen Funktion ersetzt bzw. unterstützt werden soll, für eine rechtliche Gleichstellung einer medizinischen Versorgungsmaßnahme mit einem natürlichen Körperteil und die resultierende Begrenzung patientenautonomer Entscheidungen von maßgeblicher Bedeutung zu sein. Ein solches Element impliziert auch die von *Sulmasy* verwendete Kategorie der sog. *Austausch*-Therapien, die er als Teil des Patienten versteht.[149] In Anlehnung an den Terminus der Austausch-Therapie läge es zunächst nahe, für die physische Substitution einer lebenswichtigen Körperstruktur vorauszusetzen, dass das Implantat nach Entfernung der funktionslosen nativen Körperstruktur an deren Stelle tritt. Dies scheint die Vergleichbarkeit des Implantats zu einem als Körperteil bewerteten transplantierten Organ zu erhöhen. So wird bei einer Herztransplantation regelmäßig das patienteneigene Herz entfernt, bevor ein Spenderherz an dessen Stelle tritt (sog. orthotope Transplantation).[150] Allerdings ist die Entfernung des patienteneigenen Organs kein Wesensmerkmal einer Transplantation. Bei der sog. heterotopen Herztransplantation verbleibt das erkrankte patienteneigene Herz im Brustkorb; das Spenderherz wird zusätzlich eingesetzt.[151] Auch bei der Transplantation anderer Organe kann das patienteneigene Organ erhalten bleiben; bei der Nierentransplantation ist dies sogar der Regelfall.[152] Die Entfernung einer lebenswichtigen Körperstruktur erscheint demnach nicht als Wesensmerkmal

---

[147] Hierzu bereits oben in Kapitel 4 unter B. V. 2.
[148] Hierzu bereits oben in Kapitel 4 unter B. V. 3.
[149] *Sulmasy*, Journal of General Internal Medicine 23 (2008), Suppl. 1, 69, 70 ff.; dazu oben in Kapitel 4 unter B. V. 1.
[150] Näher zur orthotopen Herztransplantation *Schmid*, Kapitel 8, S. 144, 146.
[151] Näher zur heterotopen Herztransplantation *Schmid*, Kapitel 8, S. 147 f.
[152] *Wolff/Stierli et al.*, Gefässchirurgie 19 (2014), 743, 746.

einer Körperteiläquivalenz; sie zum Definitionsmerkmal einer physischen Substitution zu erheben, wäre mithin nicht sachgerecht.

Für einen physischen Ersatz lediglich zu fordern, dass das Implantat „an die Stelle" der nativen Körperstruktur tritt, ohne deren Entfernung vorzusehen, kann ebenfalls nicht befürwortet werden. Auf Grundlage einer solchen Definition würden in vielen Fällen neue Unklarheiten drohen. Man bedenke den grundsätzlich vorstellbaren Fall, dass ein künstlicher Ersatz für ein lebenswichtiges Organ im Körper örtlich an anderer Stelle platziert wird als das native Organ, das funktionslos erhalten bleibt.[153] Müsste eine solche Positionierung des Implantats seiner Einstufung als Körperbestandteil entgegenstehen, weil der künstliche Ersatz nicht physisch exakt „an die Stelle" des ursprünglichen Organs tritt? Wie wäre auf dieser Grundlage eine Versorgungskonstellation wie die sog. TAVI-Herzklappe zu bewerten, die dort platziert wird, wo die native Herzklappe sitzt, wobei diese nicht aus ihrer Verankerung gelöst wird, sondern (wenn auch in komprimierter und zerstörter Form) erhalten bleibt?[154] Tritt die TAVI-Herzklappe hier „an die Stelle" der körpereigenen Herzklappe?

Die vorstehenden Überlegungen zeigen, dass die Frage, wann ein Implantat eine lebenswichtige Körperstruktur physisch ersetzt, nicht mit der Formel präzise beantwortet werden kann, dass das Implantat „physisch an die Stelle der ursprünglichen Körperstruktur treten" muss. Es bedarf einer anderweitigen Präzisierung des Kriteriums eines physischen Ersatzes.

Greift man erneut auf das Beispiel der TAVI-Herzklappe zurück und hält hier die Annahme einer physischen Substitution einer lebenswichtigen Körperstruktur für grundsätzlich sachgerecht, so bietet sich folgende Präzisierung an: Ausschlaggebend für eine physische Substitution durch ein Implantat könnte sein, dass das Implantat dergestalt an die Stelle der lebenswichtigen natürlichen Körperstruktur tritt, dass es selbst oder die Implantationsprozedur diejenige funktionsgebende natürliche Körperstruktur irreversibel zerstört, die durch das Implantat funktionell ersetzt wird.[155] In diesem Fall erfordern Implantat bzw. Implantation, dass eine Körperstruktur, die eine für die Lebenserhaltung maßgebliche Funktion bereitstellt, vollständig ausgeschaltet wird und eine eventuell

---

[153] Vgl. hierzu die bereits gängige Vorgehensweise im Rahmen heterotoper Transplantationen, bei denen das körpereigene Organ erhalten bleibt; dazu bspw. *Wolff/Stierli et al.*, Gefässchirurgie 19 (2014), 743, 746 f.

[154] *Dabir/Arroyo-Ucar et al.*, Der Radiologe 53 (2013), 896, 901. Dazu bereits oben in Kapitel 4 unter B.V.2.

[155] Für die Entwicklung eines abgrenzungsscharfen Ansatzes wäre es indes hinderlich, darüber hinaus eine phänotypische Ähnlichkeit zur ursprünglichen Körperstruktur zu verlangen, die der bei *Gropp* genannte „Ersatz in der Form" nahelegt: Den erforderlichen Grad der Ähnlichkeit zu beschreiben, dürfte kaum gelingen, ohne erhebliche neue Abgrenzungsfragen aufzuwerfen.

B. *Lösungsansätze aus der rechtlichen sowie der medizin-ethischen Literatur* 217

noch vorhandene (Rest-)Funktion unwiederbringlich verliert. Dieser erhebliche Eingriff in eine lebenswichtige Körperstruktur zum Zwecke einer Implantat-Versorgung könnte die physische Substitution kennzeichnen, die im Zusammenspiel mit der funktionellen Substitution die Ersetzungsleistung eines Implantats, das die Schwelle von einem bloßen Behandlungsmittel zu einem Körperbestandteil überschreitet, präzise erfassen könnte.

Die Zerstörung einer lebenswichtigen körpereigenen Funktion greift bereits *Orentlicher* als eines von mehreren Kriterien auf, die Substitutiv-Implantate kennzeichnen sollen.[156] In dem hypothetischen Fall, dass mit der Herzschrittmacherimplantation die Funktion der Herzschlag generierenden Zellen des patienteneigenen Organs zerstört werde, müsse laut *Orentlicher* die Gerätedeaktivierung als aktive Sterbehilfe bewertet werden.[157] Gleiches müsse gelten, wenn bei einer LVAD-Implantation die Funktion des linken Ventrikels aufgehoben werden würde. Behalte die patienteneigene Körperstruktur hingegen ihre Funktion bei – soweit diese noch bestehe und nicht von der Krankheit selbst aufgehoben worden sei – so könne eine Gerätedeaktivierung als Behandlungsabbruch gewertet werden.

Ergänzt man das Kriterium einer funktionellen Substitution um die herausgearbeitete Definition einer physischen Substitution, so liegt ein Substitutiv-Implantat, das als Körperbestandteil zu bewerten und keinem Behandlungsabbruch zugänglich ist, immer dann vor, wenn es die nachstehenden Voraussetzungen erfüllt:[158]

1. Das Implantat ist für die Lebenserhaltung konstitutiv, weil es die Funktion einer konkreten lebenswichtigen Körperstruktur, die ganz oder teilweise ausgefallen ist, ganz oder teilweise substituiert (*funktioneller Ersatz lebenswichtiger Körperstruktur*); und

---

[156] Hierzu und zum Folgenden *Orentlicher*, William Mitchell Law Review 39 (2013), 1287, 1291.

[157] Auch wenn dieser Aussage im Ergebnis zuzustimmen ist, kann die folgende Begründung *Orentlichers* nicht ohne Einschränkung übernommen werden. *Orentlicher* führt insoweit an, in einem derartigen Fall könne der Patient ebenso wenig ohne den Herzschrittmacher überleben wie ein herztransplantierter Patient ohne sein transplantiertes Herz. Eine solche Begründung übersieht jedoch, dass dies auch dann der Fall ist, wenn der Patient nicht wegen der vorherigen Zerstörung von Zellen auf den Herzschrittmacher angewiesen ist, sondern weil er krankheitsbedingt keine Herzeigenfrequenz mehr aufweist. Daher sind *Orentlichers* Ausführungen nicht geeignet, um zu erklären, warum *allein* die *aktive Zerstörung* der Funktion einer lebenswichtigen Körperstruktur im Zuge der Implantation maßgeblich sein soll und nicht eine – ursachenunabhängige – Funktionslosigkeit der lebenswichtigen Körperstruktur.

[158] Maßgeblicher Beurteilungszeitpunkt ist der Deaktivierungszeitpunkt; dazu bereits oben in Kapitel 4 unter B. V. 4. lit. a.

2. das Implantat tritt dergestalt physisch an die Stelle der lebenswichtigen natürlichen Körperstruktur, dass es selbst oder die Implantationsprozedur diejenige funktionsgebende natürliche Körperstruktur irreversibel zerstört, die das Implantat funktionell ersetzt (*physischer Ersatz lebenswichtiger Körperstruktur*).

Demgegenüber ist ein Implantat als Behandlungsmittel einzustufen, in das zum Zwecke eines Behandlungsabbruchs auf zulässige Weise funktionsbeendigend eingegriffen werden kann, wenn es sich um ein Supportiv-Implantat handelt. Ein Supportiv-Implantat ist danach ein Implantat, das den folgenden Kriterien genügt:

1. Das Implantat unterstützt lediglich eine lebenswichtige Körperstruktur funktionell, ohne dass dies erforderlich ist, um dem Patienten ein Weiterleben zu ermöglichen, oder es ersetzt bzw. unterstützt die Funktion einer nicht lebenswichtigen Körperstruktur (*kein funktioneller Ersatz lebenswichtiger Körperstruktur*); oder
2. sofern das Implantat eine Substitutivfunktion wahrnimmt, tritt es nicht dergestalt physisch an die Stelle der lebenswichtigen natürlichen Körperstruktur, dass es selbst oder die Implantationsprozedur diejenige funktionsgebende natürliche Körperstruktur irreversibel zerstört, die das Implantat funktionell ersetzt (*kein physischer Ersatz lebenswichtiger Körperstruktur*).

Die so ausgestaltete Differenzierung anhand der Merkmale einer funktionellen sowie physischen Substitution einer lebenswichtigen Körperstruktur impliziert eine gewisse Festigkeit der Verbindung von einem als Körperbestandteil eingestuften Implantat mit dem Körper, ohne dass diese explizit zum Definitionsmerkmal eines Körperbestandteils erhoben wird. Eine solche Verbindungsfestigkeit erscheint für die rechtliche Gleichstellung einer Versorgungsmaßnahme mit einem Körperbestandteil ebenfalls von Bedeutung.[159] Der Maßstab für die erforderliche Verbindungsfestigkeit wird in der vorgeschlagenen Abgrenzung allein durch die Kriterien von funktioneller und physischer Substitution bestimmt. Die mit einer Beschreibung des erforderlichen Festigkeitsgrads der Verbindung einhergehenden Probleme werden auf diese Weise umgangen, der darin zum Ausdruck kommenden Wertung wird jedoch zur Geltung verholfen.[160]

---

[159] Vgl. hierzu im Kontext der Abgrenzung zwischen Sache und Körperbestandteil auch *Valerius*, medstra 2015, 158, 159.
[160] Vgl. zu diesen oben in Kapitel 4 unter B. II. 1.

B. Lösungsansätze aus der rechtlichen sowie der medizin-ethischen Literatur

bb) Anwendung auf die Deaktivierung von Herzschrittmachern und ICD

Bei einer Anwendung der entwickelten Differenzierungskriterien auf eine Versorgung mit einem Herzschrittmacher bzw. ICD gelangt man zu dem Ergebnis, dass diese in jeder Versorgungskonstellation Behandlungsmittel darstellen, deren Funktion beendigt werden kann. Abgrenzungsschwierigkeiten entstehen insoweit nicht:

Der ICD stellt bereits keinen funktionellen Ersatz einer lebenswichtigen Körperstruktur dar; er reguliert vielmehr den natürlichen Herzrhythmus zurück zur Normalfunktion, wenn dieser durch Tachyarrhythmien gestört ist.[161] Darüber hinaus ersetzt der ICD auch physisch keine lebenswichtige Körperstruktur, da im Zuge seiner Implantation keine derartige Körperstruktur zerstört werden muss. Er wird lediglich als zusätzliches Gerät im Körper platziert.

Demgegenüber kann ein Herzschrittmacher im Falle einer vitalen Schrittmacherabhängigkeit durchaus die Funktion einer lebenswichtigen Körperstruktur teilweise oder vollständig ersetzen, wenn die Herzfrequenz des Patienten – permanent oder intermittierend – für ein Weiterleben nicht ausreicht oder eine Herzeigenfrequenz des Patienten überhaupt nicht mehr vorliegt.[162] In keiner denkbaren Konstellation dient der Herzschrittmacher jedoch zugleich als physischer Ersatz einer lebenswichtigen Körperstruktur. Selbst bei einer mit der Einpflanzung verbundenen AV-Knoten-Ablation, nach der der Patient regelmäßig schrittmacherabhängig ist, weil die für die Abgabe bzw. Weiterleitung eines elektrischen Impulses zuständigen Zellen des AV-Knotens funktionsuntüchtig gemacht werden, liegt keine physische Substitution vor.[163] Denn die Zerstörung der Zellen wird nicht im Rahmen der Implantationsprozedur erforderlich oder durch das Implantat verursacht. Vielmehr stellt die Ablation einen eigenständigen Eingriff dar, der zusätzlich zur Implantation auf Grund entsprechender medizinischer Indikation durchgeführt wird.

cc) Anwendung auf die Deaktivierung anderer Implantate

Für andere Implantate produzieren die Abgrenzungskriterien von funktioneller und physischer Substitution zumeist ebenfalls klare Ergebnisse. Dies gilt auch

---

[161] Dazu bereits oben in Kapitel 4 unter B.V.1.
[162] Dazu bereits oben in Kapitel 4 unter B.V.2. Vgl. zudem *Pitcher/Soar et al.*, Heart 102 (2016), A1, A10; *Zweng/Gulesserian et al.*, Journal für Kardiologie 13 (2006), 15, 16.
[163] Die AV-Knoten-Ablation ist eine Verödung des atrioventrikulären Knotens, der ein Schrittmacherzentrum des Herzens darstellt und damit in der Abgabe bzw. Weiterleitung des patienteneigenen Herzschlags eine zentrale Rolle einnimmt; dazu bereits oben in Kapitel 4 unter B.V.2., Fn. 114. Zur AV-Knoten-Ablation *Neuzner*, Zeitschrift für Kardiologie 89 (2000), Suppl. 3, III/110, III/111.

für lediglich teilimplantierte Versorgungsformen, wie die nachfolgend unter die vorgeschlagene Abgrenzungsformel subsumierten Beispiele zeigen sollen.

Ein komplett künstliches Herz (sog. TAH)[164], das auch körperextern belegene Bestandteile aufweist,[165] wäre in Anwendung des vorgeschlagenen Ansatzes als Körperbestandteil einzuordnen und könnte nicht deaktiviert werden. Zum einen ersetzt es die Funktion der Herzkammern und damit eine lebenswichtige Körperfunktion. Zum anderen ist seine Implantation mit der Zerstörung großer Teile des patienteneigenen Herzens verbunden, sodass das TAH lebenswichtige natürliche Körperstrukturen auch physisch ersetzt.

Herzunterstützungssysteme wie das LVAD[166], die durch Teilimplantation fest mit dem Herzen verbunden werden und lebenswichtige Teilfunktionen des Herzens übernehmen können,[167] wären ebenso wie Herzschrittmacher und ICD als Behandlungsmittel einzuordnen, da sie zumindest keinen physischen Ersatz einer Körperstruktur darstellen. Der linke Ventrikel, dessen Funktion das LVAD unterstützt oder übernimmt, wird durch das Teilimplantat bzw. die Implantationsprozedur nicht irreversibel zerstört.[168]

Bei der Subsumtion der überwiegend körperexternen ECMO[169] sowie des Beatmungsgerätes[170] unter die Abgrenzungsformel stellt sich bereits die Frage, ob die Verbindung dieser Geräte mit dem Körperinneren sie als Teilimplantate qualifizieren kann, oder ob es sich nicht lediglich um Anschlüsse einer körperexternen Versorgungsform handelt, die körperintern geführt werden. Jedenfalls zerstören die Geräte aber nicht diejenigen lebenswichtigen natürlichen Körperstrukturen, die sie funktionell ersetzen, sodass sie nicht als Körperbestandteile gewertet werden können.

Auch bei Implantaten, die anders als die vorgenannten nicht technischer Art sind, kann die Anwendung der vorgestellten Abgrenzungskriterien eine Einordnung in die Kategorien von Behandlungsmitteln und Körperbestandteilen ermöglichen. Bei derartigen Implantaten kann zwar keine „Deaktivierung" vorgenommen werden, wie sie bei den vorgestellten technischen Implantaten möglich ist. Jedoch ist es grundsätzlich denkbar, dass ein Patient in Kenntnis der tödlichen Konsequenz um die Entfernung oder sonstige Funktionsbeendigung eines nicht-technischen Implantats bittet. Handelt es sich bei dem Implantat um ein

---

[164] Zum TAH bereits oben in Kapitel 4 unter B.II.2.
[165] Hierzu und zum Folgenden *Antretter/Dumfarth et al.*, Wiener klinisches Magazin 19 (2016), 48 ff.
[166] Zur Funktionsweise des LVAD bereits oben in Kapitel 4 unter B.I.
[167] Vgl. *Miyagawa/Toda et al.*, Surgery Today 46 (2016), 149.
[168] Vgl. *Orentlicher*, William Mitchell Law Review 39 (2013), 1287, 1291.
[169] Zur Funktionsweise der ECMO bereits oben in Kapitel 4 unter B.II.1. lit. b.
[170] Zum Beatmungsgerät bereits oben in Kapitel 4 unter B.I.1.

Behandlungsmittel, würde sich dessen Entfernung bzw. Funktionsbeendigung als Variante eines zulässigen Behandlungsabbruchs darstellen, sofern sie medizinisch umgesetzt werden könnte, ohne tödliche Verletzungen an anderen Körperstrukturen herbeizuführen. Anderenfalls wäre die Implantat-Entfernung oder die Zerstörung der Implantat-Funktion eine unzulässige aktive Sterbehilfe.

In Gefäße implantierte sog. Stents, die als Beispiel für ein potentiell lebenswichtiges nicht-technisches Implantat angeführt werden können, wären auf Grundlage der dargestellten Unterscheidung als Behandlungsmittel zu kategorisieren. Ein Stent kann insbesondere die Funktion wahrnehmen, ein verengtes Gefäß aufzudehnen und anschließend als eine Art Endoskelett dafür zu sorgen, dass das Gefäß weiterhin offengehalten wird.[171] Damit unterstützt er das körpereigene Gefäß, ersetzt dieses aber weder funktionell noch physisch. Man könnte also darüber nachdenken, ob es rechtlich zulässig wäre, auf Wunsch eines Patienten seinen Stent zu entfernen, auch wenn der Patient in der Folge auf Grund eines Gefäßverschlusses versterben würde. Hingegen dürfte es medizinisch nicht möglich sein, einen Stent ohne erhebliche, potentiell tödliche Verletzungen an anderen Körperstrukturen zu entfernen, die tauglicher Anknüpfungspunkt für Körperverletzungs- bzw. Tötungsdelikte wären. Denn der gefäßerweiternde Stent verwächst nach seiner Implantation mit der Gefäßwand und verbleibt daher dauerhaft im Körper; eine Entfernung ist nicht vorgesehen.[172] Ein Behandlungsabbruch durch Entfernung eines implantierten, gefäßerweiternden Stents kann daher trotz seiner Bewertung als Behandlungsmittel rechtlich nicht zulässig sein.

Der Kategorie der Körperbestandteile zuzuordnen wäre hingegen die bereits zuvor erwähnte TAVI-Herzklappe.[173] Die TAVI-Herzklappe übernimmt die lebenswichtige Funktion der bei ihrer Implantation „abgedrängten" und dadurch irreversibel zerstörten nativen Herzklappe, indem sie den Blutfluss aus dem Herzen mit reguliert.[174] Damit ersetzt die TAVI-Herzklappe die ursprüngliche körpereigene Herzklappe nicht nur funktionell, sondern auch physisch. Ein – zumindest theoretisch – denkbarer Wunsch eines sterbewilligen Patienten, die Aktivität seiner TAVI-Herzklappe zu beenden, könnte danach ebenso wenig auf zulässige Weise erfüllt werden wie der Wunsch, die Aktivität der ursprünglichen patienteneigenen Herzklappe zu beenden.

---

[171] Vgl. zur Funktionsweise von Stents Patientenbroschüre Behandlung der koronaren Herzkrankheit der Medtronic GmbH 2016, S. 10.
[172] Patientenbroschüre Behandlung der koronaren Herzkrankheit der Medtronic GmbH 2016, S. 10.
[173] Siehe hierzu oben in Kapitel 4 unter B.V.2.
[174] Vgl. hierzu *Dabir/Arroyo-Ucar et al.*, Der Radiologe 53 (2013), 896, 901. Siehe auch oben in Kapitel 4 unter B.V.2.

dd) Konsequenzen für die Bewertung eines Implantats als Sache oder Körperbestandteil

Die Unterscheidung zwischen Behandlungsmittel und Körperbestandteil, die bei der Anwendung der Rechtsprechung zum Behandlungsabbruch vorzunehmen ist, kann nicht von der Einordnung eines Implantats in die binäre Unterscheidung zwischen Sache und Körperbestandteil getrennt werden: Die Bewertung der Versorgung mit einem Implantat als Behandlungsmittel impliziert die Bewertung des Implantats als Sache im strafrechtlichen Sinne, mittels derer der Patient lebenserhaltend behandelt wird.[175] Das Implantat kann damit auch Tatobjekt sachbezogener Straftaten wie der Sachbeschädigung gemäß § 303 StGB sein. Etwas anderes gilt, wenn das Implantat im Rahmen der Einordnung nach der Rechtsprechung zum Behandlungsabbruch als Körperbestandteil eingestuft wird. In diesem Fall sind neben den Tötungsdelikten in §§ 211 ff. StGB für Eingriffe in das Implantat ohne tödliche Auswirkungen die Körperverletzungsdelikte nach §§ 223 ff. StGB einschlägig und sachbezogene Straftaten ausgeschlossen.[176] Die Unterscheidung zwischen Behandlungsmittel und Körperbestandteil einerseits und Sache und Körperbestandteil andererseits muss also anhand derselben Kriterien erfolgen, um strafrechtssystematische Widersprüche zu vermeiden.[177]

Dadurch werden zwei verschiedene Regelungskontexte notwendigerweise miteinander verknüpft. Die Differenzierung von *Behandlungsmittel* und *Körperbestandteil* kommt ausschließlich zu Lebzeiten des Implantat-Trägers zum Tragen, wenn die Zulässigkeit eines Behandlungsabbruchs in Rede steht.[178] Die Frage, ob ein Implantat nach seiner Implantation strafrechtlich als *Sache* oder als *Körperbestandteil* zu bewerten ist, spielt demgegenüber sowohl für die straf-

---

[175] Dazu bereits oben in Kapitel 4 unter B. II.

[176] Vgl. auch *Haas*, JZ 2016, 714, 722 sowie *Valerius*, medstra 2015, 158, 160.

[177] Etwas anderes könnte nur dann gelten, wenn neben Körperbestandteil und Sache eine dem Strafrecht bislang unbekannte dritte Kategorie eröffnet würde, der die gerätemedizinischen Behandlungsmittel unterfallen könnten – hierfür sind de lege lata jedoch weder Ansatzpunkte vorhanden noch ein strafrechtliches Normenregime. Ein unterschiedlicher Zuschnitt der Kategorie des Körperbestandteils in der Unterscheidung von unzulässiger Tötung und zulässiger Sterbehilfe einerseits sowie Körperverletzung und Eigentumsverletzung andererseits, der eine Einordnung als Behandlungsmittel im einen und eine Einordnung als Körperbestandteil im anderen Kontext ermöglichen würde, würde strafrechtssystematische Widersprüche hervorrufen. Im Kontext des Behandlungsabbruchs würde so eine Anwendbarkeit der §§ 211 ff., §§ 223 ff. StGB durch einen deaktivierenden Eingriff in das Implantat verneint, weil Eingriffsgegenstand kein Körperbestandteil ist; im Kontext der Differenzierung zwischen Sache und Körperbestandteil hingegen eine Anwendbarkeit der §§ 223 ff. StGB bejaht. Dies lässt sich schwerlich miteinander vereinbaren.

[178] Zu den betroffenen Rechtspositionen des Implantat-Trägers in dieser Konstellation ausführlich oben in Kapitel 2 unter A. I.

rechtliche Bewertung zu Lebzeiten (hierzu (1)) als auch nach dem Tod des Implantat-Trägers (hierzu (2)) eine Rolle.[179]

Angesichts des dargestellten Zusammenhangs der Regelungskontexte werden nachfolgend die Auswirkungen einer Bewertung als Behandlungsmittel bzw. Körperbestandteil auf den Kontext der Einordnung eines Implantats als Sache oder Körperbestandteil untersucht. Dabei soll insbesondere überprüft werden, ob eine Einstufung von Implantaten, die lebenswichtige Körperstrukturen zwar funktionell, aber nicht physisch ersetzen, als Behandlungsmittel und damit als Sachen zu einer unsachgemäßen Reduktion des dem Implantat-Träger zustehenden Strafrechtsschutzes führen könnte.

(1) Konsequenzen zu Lebzeiten des Implantat-Trägers

Wird ein Implantat zu Lebzeiten des Implantat-Trägers als Behandlungsmittel und damit zugleich als Sache eingestuft, ist grundsätzlich ein anderes strafrechtliches Normenregime für Beeinträchtigungen des Implantats durch Dritte einschlägig als bei einer Einordnung des Implantats als Körperbestandteil: Der Schutz des Implantats wird nicht über die Körperverletzungs- und Tötungsdelikte gewährleistet, sondern über die Eigentumsdelikte der §§ 242, 303 StGB; eine bloße Beeinträchtigung des Implantats bzw. seiner Funktion stellt danach keine Körperverletzung, sondern eine Sachbeschädigung dar.[180]

Die Einordnung eines Implantats als Sache anstatt als Körperbestandteil führt jedoch nicht dazu, dass strafrechtlich ein unzureichender Schutz des Implantat-Trägers gegen ungewollte Beeinträchtigungen des Implantats zu Lebzeiten besteht. Denn sobald ein Eingriff in das Implantat für dessen Träger körperliche Auswirkungen hat, kommen neben den Eigentumsdelikten die Körperverletzungsdelikte der §§ 223 ff. StGB und – bei den hier im Fokus stehenden lebenswichtigen Implantaten – auch die Tötungsdelikte gemäß §§ 211 ff. StGB zur Anwendung.[181]

Etwaige Drittrechte, beispielsweise Rechte der Krankenkasse, die an einem als Sache bewerteten Implantat – anders als an einem Körperbestandteil – bestehen könnten, erlauben zu Lebzeiten des Implantat-Trägers keinen Zugriff auf das

---

[179] Zu den Auswirkungen der Bewertung als Sache zu Lebzeiten des Implantat-Trägers insbesondere *Valerius*, medstra 2015, 158, 159 f. Die Auswirkungen, die die Bewertung als Sache nach Implantation auf die Situation nach dem Tod des Implantat-Trägers haben kann, beleuchten *Görgens*, JR 1980, 140 ff. und *Gropp*, JR 1985, 181 ff.

[180] Hierzu und zum Folgenden *Valerius*, medstra 2015, 158, 160.

[181] Im Kontext eines willensgemäßen Behandlungsabbruchs ist nach hier vertretener Auffassung allerdings das Vorliegen einer objektiv zurechenbaren Tötung abzulehnen; dazu oben in Kapitel 2 unter C. III. 1. lit. a.

Implantat, weil höherrangige Rechtspositionen des Implantat-Trägers diesem entgegenstehen.[182]

Auf diese Weise wird ein umfassender Schutz des Implantat-Trägers gegen ungewollte Eingriffe in das Implantat zu Lebzeiten gewährleistet, unabhängig davon, ob das Implantat als Sache oder als Körperbestandteil eingestuft wird. Eine Lücke im strafrechtlichen Schutz des Implantat-Trägers zu Lebzeiten durch Einordnung des Implantats als Sache ist also nicht zu befürchten.

Etwaige Einwände gegen die vorgeschlagenen Kriterien zur Differenzierung zwischen Behandlungsmittel und Körperbestandteil können demnach nicht darauf gestützt werden, dass die somit mögliche Zuordnung auch lebenswichtiger Implantate zur Sachkategorie einen unzureichenden Schutz des Implantat-Trägers zu Lebzeiten bewirke.

(2) Konsequenzen nach dem Tod des Implantat-Trägers

Anders als die Differenzierung zwischen Behandlungsmittel und Körperbestandteil erlangt die Einstufung eines Implantats als Sache oder Körperbestandteil vor allem nach dem Tod des Implantat-Trägers Bedeutung.[183] Hier stellt sich die Frage, inwieweit Eigentums- bzw. Aneignungsrechte am Implantat bestehen können, die nach dem Tod des Implantat-Trägers einen Zugriff auf das Implantat erlauben.

Eine derartige Zugriffsmöglichkeit kann im Hinblick auf den postmortalen Persönlichkeitsschutz problematisiert werden.[184] Das BVerfG erkennt ein postmortales Persönlichkeitsrecht, das den Persönlichkeitsschutz des Lebenden über seinen Tod hinaus prolongiert, als Ausfluss der durch Art. 1 Abs. 1 GG gewährleisteten Menschenwürde an.[185] Die Schutzwirkungen dieses Rechts seien aber nicht kongruent mit denen des Persönlichkeitsrechts zu Lebzeiten, das in Art. 2 Abs. 1 i. V. m. Art. 1 Abs. 1 GG verankert sei. Postmortal werde der Geltungswert geschützt, den der Mensch durch seine eigene Lebensleistung erworben habe,

---

[182] Auf Seiten des Implantat-Trägers überwiegt das Recht auf körperliche Unversehrtheit gemäß Art. 2 Abs. 2 Satz 1 Var. 2 GG etwaige fremde Eigentumsrechte, die über Art. 14 GG geschützt werden; bei einem lebenswichtigen Implantat tritt auf Seiten des Implantat-Trägers noch das Recht auf Leben gemäß Art. 2 Abs. 2 Satz 1 Var. 1 GG hinzu; vgl. *Görgens*, JR 1980, 140 sowie *Gropp*, JR 1985, 181, 184.

[183] Dies wird ersichtlich in LG Mainz, Urteil vom 06.01.1984 – 7 O 170/83 sowie bei *Görgens*, JR 1980, 140 ff.; *Gropp*, JR 1985, 181 ff. und *Weimar*, JR 1979, 363 f.

[184] Zu möglichen Interessen des Verstorbenen, die hier berücksichtigungsfähig sein können, *Gropp*, JR 1985, 181, 184. Vgl. auch *Görgens*, JR 1980, 140, 142, der vom „nachwirkenden Selbstbestimmungsrecht als Ausfluß des Persönlichkeitsrechts" spricht.

[185] Hierzu und zum Folgenden BVerfG, Beschluss vom 19.12.2007 – 1 BvR 1533/07, Rz. 7 ff., zitiert nach juris; BVerfG, Beschluss vom 24.02.1971 – 1 BvR 435/68, BVerfGE 30, 173 ff., Rz. 60 ff. Zum postmortalen Persönlichkeitsschutz auch Dürig/Herzog/Scholz/*Herdegen*, Art. 1 Abs. 1 GG, Rz. 57 sowie Dürig/Herzog/Scholz/*Di Fabio*, Art. 2 Abs. 1 GG, Rz. 226.

sowie der allgemeine Achtungsanspruch, der dem Menschen kraft seines Personseins zustehe.

Vor dem geschilderten Hintergrund soll nachfolgend untersucht werden, ob die Bewertung eines Implantats als Sache oder als Körperbestandteil zu Lebzeiten des Implantat-Trägers zu Unterschieden in den postmortalen Zugriffsmöglichkeiten und dem diesbezüglich gewährleisteten Strafrechtsschutz führt. Anschließend wird geprüft, ob die aufgezeigten Unterschiede in den Zugriffsmöglichkeiten zu einem unterschiedlichen Schutzniveau von postmortalem Persönlichkeitsrecht des Implantat-Trägers sowie Rechten Dritter am Implantat führen und die vorgeschlagenen Differenzierungskriterien sich insoweit nachteilig auswirken können.

Nach dem Tod seines Trägers kann ein Implantat grundsätzlich nicht mehr taugliches Tatobjekt der §§ 223 ff. StGB oder §§ 211 ff. StGB sein, da der menschliche Leichnam als taugliches Tatobjekt von Körperverletzungs- und Tötungsdelikten ausscheidet.[186]

Im Hinblick auf eine Strafbarkeit der Implantat-Entfernung als Eigentumsdelikt ergeben sich Unterschiede, die von der Bewertung der Rechtsnatur des Implantats zu Lebzeiten seines Trägers abhängig sind:

Wird ein Implantat zu Lebzeiten als Körperbestandteil eingestuft, können Eigentumsrechte, die vor der Implantation am Implantat begründet wurden, nach der Einpflanzung nicht fortbestehen.[187] Auch wenn man das Implantat mit der herrschenden Meinung nach dem Tod seines Trägers wieder als Sache einstuft, handelt es sich mangels daran bestehender Eigentumsrechte nicht um eine *fremde* Sache, die Tatobjekt eines Diebstahls sein könnte.[188] Eine Strafbarkeit der Im-

---

[186] Vgl. Schönke/Schröder/*Eser/Sternberg-Lieben*, Vor §§ 211 ff. StGB, Rz. 16.
Die rechtliche Einstufung des Leichnams wird nicht einheitlich beurteilt. Insoweit ist umstritten, ob der Leichnam – und mithin auch ein in ihm belegenes Implantat – von vornherein als Sache anzusehen ist, die Sacheigenschaft erst nach Ablauf einer „Pietätsbindung" erlangt oder als „Rückstand des Persönlichkeitsrechts" und mithin nicht als Sache zu charakterisieren ist; zum Ganzen MüKo-StGB/*Schmitz*, § 242, Rz. 30 m.w.N. Für die Auffassung, die eine Sacheigenschaft ablehnt, vgl. OLG München, Beschluss vom 31.05.1976 – 1 Ws 1540/75, NJW 1976, 1805; *Kipp/Coing*, Erbrecht, § 91, Ziff. IV 15. Die Sacheigenschaft bejahend OLG Hamburg, Beschluss vom 19.11.2011 – 2 Ws 123/11, NJW 2012, 1601, 1603; OLG Nürnberg, Beschluss vom 20.11.2009 – 1 St OLG Ss 163/09, NJW 2010, 2071; MüKo-StGB/*Schmitz*, § 242, Rz. 30; Schönke/Schröder/*Bosch*, § 242 StGB, Rz. 10. Eine vorübergehende „Pietätsbindung" annehmend *Hübner*, Allgemeiner Teil, § 16, Rz. 289; *Maurach/Schroeder et al.*, § 32, Rz. 19; MüKo-BGB/*Stresemann*, § 90, Rz. 29 m.w.N.
[187] Vgl. *Gropp*, JR 1985, 181, 182. Vereinzelt wird vertreten, mit der Explantation würden die Eigentumsrechte wiederaufleben; so HK-GS/*Duttge*, § 242, Rz. 17, der darüber hinaus einen Anspruch auf Trennung vom Leichnam bejaht. Ein Wiederaufleben von Eigentumsrechten am Implantat vor dessen Explantation bzw. dessen Trennung vom Leichnam wird hingegen – soweit ersichtlich – nicht vertreten.
[188] Vgl. MüKo-StGB/*Schmitz*, § 242, Rz. 42. Zwar sollen Aneignungsrechte am Leichnam

plantat-Entfernung gemäß § 242 StGB bei Explantation durch Dritte scheidet damit regelmäßig aus.

Etwas anderes gilt, wenn ein Implantat bereits vor dem Tod seines Trägers als Sache bewertet wurde. Denn die ununterbrochene Sacheigenschaft ermöglicht das Fortbestehen von Eigentumsrechten; diese gehen mit der Einpflanzung nicht unter. Ein Zugriff auf das noch im Leichnam befindliche Implantat durch einen Dritten, der keine Eigentumsrechte am Implantat geltend machen kann, eröffnet insoweit die Sanktionsmöglichkeit des § 242 StGB.

Anders als die Strafbarkeit nach § 242 StGB ist eine strafrechtliche Sanktionierung der Implantat-Entfernung aus dem Leichnam als Störung der Totenruhe gemäß § 168 Abs. 1 Var. 1 StGB von der Einordnung des Implantats als Sache oder Körperbestandteil zu Lebzeiten unabhängig.[189]

Eine strafbare Störung der Totenruhe nach § 168 Abs. 1 Var. 1 StGB setzt voraus, dass unbefugt Teile des Leichnams aus dem Gewahrsam des zur Totensorge Berechtigten weggenommen werden.[190] Gewahrsam meint in diesem Zusammenhang ein tatsächliches Obhutsverhältnis, das nicht bloß eine rechtliche, sondern eine faktische Dispositionsmöglichkeit über den Leichnam eröffnet.[191] Dieses Kriterium soll auch bei Weisungsbefugnissen im Hinblick auf einen Leichnam erfüllt sein, der in einem Bestattungsinstitut aufgebahrt ist; hier sei ein gleichrangiger Mitgewahrsam des Verwahrenden und des Weisungsbefugten gegeben.[192] Erfolgt eine Implantat-Entfernung gegen den Willen des Gewahrsam ausübenden Totensorgeberechtigten, so ist der Tatbestand der Störung der Totenruhe verwirklicht. Auf die Rechtsnatur des Implantats zu Lebzeiten kommt es dabei nicht an.

Nachdem Unterschiede und Gemeinsamkeiten des Strafrechtsschutzes bei postmortaler Implantat-Entfernung in Abhängigkeit von der strafrechtlichen Einordnung des Implantats zu Lebzeiten beleuchtet wurden, stellt sich nun die Frage, ob eine Einordnung als Sache oder Körperbestandteil zu Lebzeiten bestimmte Vor- oder Nachteile für den Schutz der beteiligten Rechtsgüter mit sich bringt, die

---

bestehen können, vor deren Ausübung ist der Leichnam jedoch eine herrenlose Sache; dazu auch OLG Hamburg, Beschluss vom 19.12.2011 – 2 Ws 123/11, NJW 2012, 1601, 1603.

[189] Zur Sanktionsmöglichkeit nach § 168 Abs. 1 Var. 1 StGB MüKo-StGB/*Hörnle*, § 168, Rz. 17; vgl. auch Schönke/Schröder/*Bosch*, § 242 StGB, Rz. 21.

[190] Der Tatbestand spricht allein vom „Berechtigten", zum Bezug der Berechtigung auf die Totenfürsorge MüKo-StGB/*Hörnle*, § 168, Rz. 12.

[191] Hierzu und zum Folgenden MüKo-StGB/*Hörnle*, § 168, Rz. 13.

[192] Keine Strafbarkeit nach § 168 Abs. 1 Var. 1 StGB soll in Fällen bestehen, wo ein tatsächliches Obhutsverhältnis des Totensorgeberechtigten nicht begründet worden sei, beispielsweise weil er den Aufenthaltsort des Leichnams nicht kenne, oder weil der Leichnam sich in einem Obhutsverhältnis befinde, in dem der Totensorgeberechtigte keine Weisungen geltend machen könne; MüKo-StGB/*Hörnle*, § 168, Rz. 13.

B. Lösungsansätze aus der rechtlichen sowie der medizin-ethischen Literatur

bei der Ausgestaltung entsprechender Differenzierungskriterien zu berücksichtigen wären. Im Hinblick auf den Schutz des postmortalen Persönlichkeitsrechts des Implantat-Trägers ist dies nicht der Fall. Zwar wird der durch § 168 Abs. 1 Var. 1 StGB gewährleistete Strafrechtsschutz gegen eine dem Willen des Verstorbenen bzw. des Totensorgeberechtigten widersprechende Explantation teilweise für unzureichend erachtet, um das postmortale Persönlichkeitsrecht des Implantat-Trägers angemessen zu schützen.[193] Diese Kritik muss jedoch unabhängig von der Einstufung eines Implantats als Sache oder Körperbestandteil zu Lebzeiten des Implantat-Trägers Geltung beanspruchen: Sowohl bei Annahme der Sacheigenschaft als auch bei einer Bewertung als Körperbestandteil kann nach dem Tod des Implantat-Trägers eine Verletzung seines postmortalen Persönlichkeitsrechts durch eine Implantat-Entfernung nur über § 168 Abs. 1 Var. 1 StGB sanktioniert werden. Demgegenüber dient § 242 StGB, der bei einer durch die Implantat-Entfernung verursachten Verletzung von Drittrechten ergänzend zur Anwendung kommen kann, wenn das Implantat bereits zu Lebzeiten seines Trägers als Sache eingestuft wurde, nicht dem Schutz des postmortalen Persönlichkeitsrechts des Implantat-Trägers. Um dieses strafrechtlich stärker gegen die Entnahme von Implantaten aus dem Leichnam abzusichern, bedürfte es mithin einer Änderung des Gesetzes.[194] Die Einordnung eines Implantats als Sache zu Lebzeiten des Implantat-Trägers führt im Vergleich zu einer Einordnung als Körperbestandteil demnach nicht zu einem geringeren Schutzniveau in Bezug auf das postmortale Persönlichkeitsrecht des Verstorbenen.

Im Hinblick auf den strafrechtlichen Schutz der Rechte Dritter am Implantat, der über § 242 StGB sichergestellt wird, bestehen zwar Unterschiede in Abhängigkeit von der Einordnung des Implantats als Sache oder als Körperbestandteil zu Lebzeiten seines Trägers. Die in dieser Untersuchung vorgeschlagenen Differenzierungskriterien wirken sich insoweit jedoch positiv aus: Sie führen zu einer eher restriktiven Bewertung von Implantaten als Körperbestandteile, die einen ersatzlosen Untergang sämtlicher Drittrechte am Implantat mit dessen Einpflanzung in den Körper zur Folge hätte.[195] Die Einstufung eines Implantats als Be-

---

[193] Zu in Bezug auf § 168 Abs. 1 Var. 1 StGB grundsätzlich monierten Strafbarkeitslücken MüKo-StGB/*Hörnle*, § 168, Rz. 14 f. m. w. N.
§ 168 Abs. 1 Var. 1 StGB sei jedoch auf den Schutz gegen einen Gewahrsamsbruch zugeschnitten und nicht auf den Schutz des postmortalen Persönlichkeitsrechts; so MüKo-StGB/*Hörnle*, § 168, Rz. 19.
[194] MüKo-StGB/*Hörnle*, § 168, Rz. 15.
[195] Gemäß der Abgrenzung *Gropps* nach Funktion und Form des Implantats wäre bereits Zahnersatz als Körperbestandteil zu werten, *Gropp*, JR 1985, 181, 183, während die vorgeschlagene Unterscheidung eine entsprechende Bewertung nur für Implantate vorsieht, die eine lebenswichtige Körperstruktur funktionell und physisch ersetzen. Auch das Kriterium der Ver-

handlungsmittel und damit als Sache lässt bestehende Drittrechte am Implantat unangetastet. Dass die Einstufung als Körperbestandteil nur lebenswichtigen Implantaten vorbehalten wird, die eine natürliche Körperstruktur funktionell und physisch substituieren, trägt also potentiellen Drittinteressen am Implantat hinreichend Rechnung.

Nach alledem können Bedenken gegen die vorgeschlagenen Abgrenzungskriterien nicht damit begründet werden, dass sie einen unzureichenden Strafrechtsschutz nach dem Tod des Implantat-Trägers zur Folge hätten: Für den Schutz postmortaler Persönlichkeitsrechte des Implantat-Trägers macht die Einstufung des Implantats zu Lebzeiten keinen Unterschied. Für den Schutz von Drittrechten ist die durch die Abgrenzungskriterien bewirkte restriktive Einstufung von Implantaten als Körperbestandteile hingegen vorteilhaft.

ee) Kritische Würdigung des vorgeschlagenen Ansatzes

Die skizzierte Differenzierung zwischen Behandlungsmittel und Körperbestandteil anhand des funktionellen sowie physischen Ersatzes einer lebenswichtigen Körperstruktur verschafft bei der Anwendung der Rechtsprechungsgrundsätze zum Behandlungsabbruch insbesondere im Bereich technischer Implantate dringend benötigte Rechtssicherheit: Anders als die bisher diskutierten Ansätze erlaubt sie eine weitgehend abgrenzungsscharfe und nachvollziehbare Einordnung von Implantaten in die Kategorien von Behandlungsmitteln und Körperbestandteilen und somit eine strafrechtliche Einordnung darauf bezogener funktionsbeendigender Verhaltensweisen.

Die Differenzierung ist darüber hinaus auch mit dem Sinn und Zweck des Behandlungsabbruchs sowie der Tötungsdelikte zu vereinbaren.[196] Die dem Behandlungsabbruch zugrunde liegende Legitimation, wonach das Selbstbestimmungsrecht und das Recht auf körperliche Unversehrtheit patientenautonome Entscheidungen auch in Bezug auf lebenserhaltende Behandlungen erlauben, erreicht ihre Grenze, wenn eine Versorgungsmaßnahme eine Körperteiläquivalenz aufweist. In diesem Fall bedarf die Versorgungsmaßnahme des rechtlichen Schutzniveaus eines Körperbestandteils; ein lebensverkürzender Eingriff in ihre Funktion kann nicht mehr mit dem Recht zur Selbstbestimmung in Bezug auf Behandlungen begründet werden, sondern unterfällt dem Sanktionsbereich der §§ 212, 216 StGB. Wann eine Körperteiläquivalenz eines Implantats besteht, lässt sich mit Hilfe der Bedeutung seiner Funktion für die Lebenserhaltung und

---

bindungsfestigkeit ist weniger restriktiv als der vorgeschlagene Ansatz; vgl. dazu *Valerius*, medstra 2015, 158, 159.

[196] Zu diesem eingehend oben in Kapitel 2 unter A. III. 2. sowie unter C. III. 1. lit. a. bb.; vgl. zusammenfassend auch in Kapitel 3 unter B. I.

die Art seiner körperlichen Integration beschreiben:[197] Ersetzt ein Implantat eine lebenswichtige Körperstruktur funktionell und führt es selbst oder seine physische Integration zugleich zu einer irreversiblen Zerstörung der funktionell ersetzten Körperstruktur, ist in der Gesamtschau ein Maß von funktioneller und physischer Integration des Implantats in den Gesamtorganismus erreicht, der dem eines natürlichen Körperbestandteils entspricht. Das Implantat übernimmt dann vollständig die Rolle des natürlichen Körperbestandteils. Fehlt es an der dafür erforderlichen physischen Substitution einer lebenswichtigen Körperstruktur, ist die Entscheidungshoheit des Patienten unangefochten. In einem solchen Fall kann auch eine lebenserhaltende Implantatfunktion entsprechend dem Patientenwillen beendet werden, da das Implantat selbst nicht dem absoluten Schutz gegen lebensverkürzende Eingriffe unterfällt, den die §§ 212, 216 StGB für Körperbestandteile vorsehen.[198] Hat das Implantat bereits keine lebenserhaltende Funktion, stehen die §§ 212, 216 StGB diesbezüglichen patientenautonomen Entscheidungen erst recht nicht entgegen, sodass das Implantat dem Patientenwillen entsprechend deaktiviert werden kann. Der Lösungsvorschlag vereinbart auf diese Weise Lebensschutz und Selbstbestimmungsrecht miteinander und bringt sowohl das Schutzanliegen der Tötungsdelikte als auch die durch das Rechtsinstitut des Behandlungsabbruchs geforderte freiheitliche Dimension zur Geltung.

Die herausgearbeiteten Abgrenzungskriterien sind damit zur Ausdifferenzierung der binären Unterscheidung zwischen Behandlungsmittel und Körperbestandteil bei einer Versorgung mit einem Implantat im Vergleich zu den betrachteten Alternativen am besten geeignet. Dennoch könnten sie auf Kritik stoßen:

Das Kriterium einer physischen Substitution im Sinne einer irreversiblen Zerstörung der funktionsgebenden nativen Körperstruktur könnte kritisiert werden, weil sich die Rechtsnatur eines Implantats danach entscheiden soll, ob es aus medizinisch-technischen Gründen unumgänglich ist, eine noch mit Restfunktionen ausgestattete native Körperstruktur im Zuge der Implantation zu zerstören, auch wenn diese Restfunktion zum Weiterleben selbst gar nicht mehr ausreichen würde. Die Zerstörung der Körperstruktur macht in einem solchen Fall für die Überlebenschance des Patienten keinen Unterschied. Eine solche Kritik setzt der

---

[197] Warum allein eine lebenserhaltende Funktion einer Versorgungsmaßnahme keine geeignete Abgrenzung zwischen Behandlungsmittel und Körperbestandteil ermöglicht, wurde eingehend oben in Kapitel 4 unter B. V. 4. lit. a. erörtert.

[198] Eine dem Willen des Patienten widersprechende Beendigung der Implantatfunktion, die seinen Tod verursacht, würde auf Grund der körperlichen Auswirkungen des Eingriffs in das Behandlungsmittel hingegen über §§ 211 ff. StGB erfasst; der Abbruch der Behandlung könnte in einem solchen Fall nicht als erlaubtes Risiko im Sinne der oben in Kapitel 2 unter C. III. 1. lit. a. hergeleiteten Auffassung eingeordnet werden. Vgl. dazu auch die Überlegungen bei *Valerius*, medstra 2015, 158, 160.

mit dem Kriterium intendierten Kennzeichnung einer körperteiläquivalenten *physischen* Integration indes *funktionelle* Erwägungen entgegen. Diese sind nach dem hier vorgeschlagenen Ansatz gerade zusätzlich zur physischen Integration zu betrachten. Zentral ist nach dem funktionellen Element nicht die tatsächlich verbliebene Restfunktion der Körperstruktur, sondern ihre *grundsätzliche* – einzelfallunabhängige – Bedeutung für die Lebenserhaltung. Nur im Falle eines kumulativen Vorliegens einer funktionellen sowie physischen Substitution einer lebenswichtigen Körperstruktur übernimmt das Implantat vollständig die Rolle des ursprünglichen Körperbestandteils und bedarf daher einer rechtlichen Gleichstellung mit diesem.[199]

Trotz der mit Hilfe des beschriebenen Ansatzes geschaffenen Möglichkeit einer eindeutigen Zuordnung insbesondere technischer Implantate in die Kategorien eines Behandlungsmittels oder eines Körperbestandteils kann die Lösung aber insbesondere deshalb auf Kritik stoßen, weil der Eindruck bestehen bleibt, dass derartige Implantate sich wertungsmäßig zwischen diesen Kategorien bewegen und die etablierte binäre Unterscheidung auf sie nicht zugeschnitten ist. So wird beispielsweise das LVAD wie ein bloß in den Körper eingeführtes Beatmungsgerät als Behandlungsmittel eingestuft, obwohl es im Gegensatz zu diesem eine viel engere Verbindung mit dem Körper des Patienten aufweist und nicht jederzeit problemlos wieder entfernt werden kann. Das LVAD wird fest mit dem Körper verbunden und kann in Teilen auch mit diesem verwachsen; für seine Implantation ist es erforderlich, ein Loch in das patienteneigene Herz zu schneiden.[200] Diese Umstände sprechen dafür, dass es „mehr" ist als ein bloßes Behandlungsmittel. Andererseits stellt das LVAD keinen physischen Ersatz für bestimmte Körperstrukturen dar und ist regelmäßig auch nicht zum dauerhaften Verbleib implantiert, sondern fungiert oftmals nur als „Brücke" zu einer erforderlichen Herztransplantation.[201] Dies lässt es ebensowenig als Äquivalent für einen natürlichen Körperbestandteil erscheinen.

Die beschriebene „Zwitterstellung" weisen nicht nur teilimplantierte Geräte wie das LVAD auf. Vollimplantierte Geräte wie Herzschrittmacher und ICD wurden in der medizin-ethischen Literatur ebenfalls als weder vollkommen analog zum Körperbestandteil noch vollkommen analog zum Behandlungsmittel eingestuft.[202] Es ist der Umstand, dass sich die genannten technischen Implantate weder mühelos der einen, noch der anderen Kategorie überzeugend zuordnen

---

[199] Warum die (verbliebene) Bedeutung der Funktion einer Körperstruktur für die Einordnung nicht allein maßgeblich sein kann, wurde bereits in Kapitel 4 unter B. V. 4. lit. a. dargelegt.

[200] *Kraemer*, Bioethics 27 (2013), 140, 145.

[201] *Miyagawa/Toda*, Surgery Today 46 (2016), 149.

[202] Vgl. *England/England et al.*, Journal of Medical Ethics 33 (2007), 538, 539; *Wu*, Journal of Medical Ethics 33 (2007), 532 f.

lassen, der es nicht möglich erscheinen lässt, für diese eine vollkommen sachgerechte Einordnungsentscheidung auf Grundlage der bekannten binären Differenzierung zwischen Behandlungsmittel und Körperbestandteil zu treffen.

Diese Schwäche des – grundsätzlich für vorzugswürdig erachteten – Ansatzes zeigt, dass die vom bislang geltenden Recht zur Sterbehilfe vorgehaltenen Differenzierungsmöglichkeiten womöglich nicht ausreichen, um die Zulässigkeit einer Beendigung der Aktivität von Implantaten gänzlich überzeugend abzubilden. Vor diesem Hintergrund liegt es nahe, jenseits der Grenzen der beiden bekannten rechtlichen Kategorien von Behandlungsmitteln und Körperbestandteilen die Einführung einer dritten Kategorie zu erwägen, die diesen Kategorien zwischengelagert ist und den Besonderheiten technischer Implantate Rechnung tragen kann.

Im nachfolgenden Abschnitt soll ein Ansatz untersucht und weiterentwickelt werden, der diese Idee umsetzt und eine eigenständige Kategorie für technische Implantate schafft: Die Kategorie der sog. integralen Geräte.

C. Alternativvorschlag de lege ferenda: Einführung einer neuen Kategorie sog. integraler Geräte

England et al. haben angesichts der Schwierigkeiten bei der Zuordnung des ICD zum komplementären Begriffspaar Behandlungsmittel/Körperbestandteil eine weitere Kategorie vorgeschlagen, um derartige Geräte sowohl medizin-ethisch als auch rechtlich einer sachgerechteren Bewertung im Hinblick auf ihre Deaktivierungsmöglichkeit zuzuführen.[203] Die Kategorie der sog. integralen Geräte[204] füge sich zwischen die Kategorien von zur Behandlung eingesetzten (technischen) Mitteln und Körperbestandteilen ein. Sie ergänzt die bislang untersuchte binäre Unterscheidung damit um eine dritte Kategorie.

Als integrale Geräte verstehen *England et al.* jede Technologie, die in den Körper des Patienten integriert wird und auf diese Weise einen Teil des Patienten bildet, ohne organischer Natur zu sein.[205] Die Beziehung eines solchen Gerätes zum Patienten sei einerseits enger als die Beziehung eines Behandlungsmittels zum Patienten. *England et al.* plädieren vor diesem Hintergrund dafür, dass inte-

---

[203] Hierzu und zum Folgenden *England/England et al.*, Journal of Medical Ethics 33 (2007), 538 ff. Die rechtliche Perspektive, die dem Artikel zugrunde liegt, dürfte sich auf das britische Recht beziehen, da die Autoren in England und Wales tätig sind.
[204] Eigene Übersetzung des bei *England/England et al.*, Journal of Medical Ethics 33 (2007), 538 ff. verwendeten Begriffs der „integral devices".
[205] Hierzu und zum Folgenden *England/England et al.*, Journal of Medical Ethics 33 (2007), 538, 540.

grale Geräte keinesfalls einer vom Patientenwillen unabhängigen Deaktivierung auf Grund fehlender medizinischer Indikation zugänglich sein sollten, die bei einer Einstufung als Behandlungsmittel grundsätzlich in Betracht käme.[206] Andererseits könne ein integrales Gerät auch nicht mit einem Körperbestandteil gleichgesetzt werden. Daher müsse ein Patient die Deaktivierung eines integralen Gerätes unter bestimmten Voraussetzungen ebenso verlangen können wie die Beendigung einer externen technischen Versorgung – auch wenn dies dem ärztlichen Rat widerspreche.

Die Autoren geben zu bedenken, das Recht täte gut daran, Schwächen der in Rechtsprechung und Literatur existierenden Konzepte bei der Anwendung auf neue Technologien einzugestehen, anstatt insoweit unzulängliche Konzepte auch auf diese Sachverhalte anzuwenden.

zDie Kritik an einer unvollkommenen Trennschärfe der Kategorie integraler Geräte gemäß der Charakterisierung von *England et al.* ist zwar berechtigt – die Autoren benennen kaum Definitionsmerkmale, die die Einordnung der vielfältigen technischen Geräte in die Kategorie ermöglichen könnten. Dieser Mangel führt aber nicht dazu, dass die Kategorie ohne nähere Betrachtung als für den rechtlichen Kontext ungeeignet verworfen werden müsste. Die mit der Dreiteilung in Behandlungsmittel, integrale Geräte und Körperbestandteile angestrebte weitere Abstufung der Eingriffsmöglichkeiten zu Deaktivierungszwecken erweist sich als grundsätzlich sachgerecht (hierzu I.). Die bisherigen Unschärfen der Kategorie integraler Geräte im medizin-ethischen Diskurs verlangen nach einer Untersuchung der Ausdifferenzierungsmöglichkeiten des Begriffs für die rechtliche Einordnung; sie machen die Kategorie indes für die strafrechtliche Bewertung von Deaktivierungshandlungen nicht per se ungeeignet. Im Anschluss an die Entwicklung möglicher rechtlicher Einordnungskriterien (hierzu II.) soll deren Eignung durch Anwendung auf die Beendigung unterschiedlicher Versorgungsformen erprobt werden (hierzu III.).

Dem gegenwärtigen deutschen (Straf-)Recht ist die Kategorie integraler Geräte bislang fremd. Nach seinen bestehenden Strukturen kommt nur eine Einordnung von Implantaten als Behandlungsmittel und damit zugleich als Sache einerseits oder als Körperbestandteil andererseits in Betracht. Insoweit stellt sich die Frage, wie eine neue Kategorie integraler Geräte in das bestehende Normgefüge integriert werden könnte (hierzu IV.).

---

[206] Näher zu einem vom Patientenwillen unabhängigen Behandlungsabbruch auf Grundlage des Wegfalls der medizinischen Indikation bereits oben in Kapitel 2 unter C.I.2. lit. f. sowie C.I.3. lit. f. m.w.N. Eingehend zu einem so begründeten Behandlungsabbruch insbesondere *Lipp*, MedR 2015, 762 ff. sowie *Pawlik*, Frisch-FS, S. 697 ff.

I. Abstufung der Eingriffsmöglichkeiten zu Deaktivierungszwecken

Die Einführung der von *England et al.* vorgeschlagenen Kategorie integraler Geräte ist mit einer weiteren Abstufung von Eingriffsmöglichkeiten in Implantate zu Deaktivierungszwecken verbunden: Integrale Geräte sollen danach einerseits – wie ein Behandlungsmittel – zulässiger Gegenstand einer willensgemäßen Versorgungsbeendigung sein. Andererseits soll aber – wie bei einem Körperbestandteil – die Möglichkeit eines Abbruchs der Versorgung auf anderer Grundlage nicht bestehen, sodass ein ärztliches Urteil, wonach die Fortführung einer Versorgung mit einem integralen Gerät medizinisch nicht mehr indiziert sei, bei einem dem Abbruch entgegenstehenden Patientenwillen gegenstandslos bleibt.[207] Die Eingriffsmöglichkeiten zum Zwecke der Funktionsbeendigung sind damit bei einem Behandlungsmittel am größten, bei einem integralen Gerät eingeschränkt und bei einem Körperbestandteil nicht vorhanden.

Ist für die Implantation eines integralen Gerätes die medizinische Indikation der Geräteversorgung noch eine notwendige Bedingung,[208] so kann deren nachträglicher Wegfall die Entziehung dieser Versorgung für sich genommen nicht mehr rechtfertigen. Bezugspunkt der Indikation ist lediglich eine Behandlung bzw. eine Behandlungsmethode.[209] Die Implantation selbst ist eine Behandlung in diesem Sinne. Die fortgesetzte Gerätetätigkeit wird durch die Einordnung des Implantats in eine davon zu unterscheidende Kategorie integraler Geräte jedoch einer Überprüfung am Maßstab der medizinischen Indikation entzogen. Das integrale Gerät und seine Aktivität werden gerade nicht mehr als Mittel einer Be-

---

[207] *England/England et al.*, Journal of Medical Ethics 33 (2007), 538, 540. Zum Behandlungsabbruch auf Grund des Wegfalls der medizinischen Indikation bereits oben in Kapitel 2 unter C. I. 2. lit. f. sowie C. I. 3. lit. f.
Auch im Falle der Konkurrenz um knappe Behandlungsressourcen in einer Situation der sog. ex-post-Triage könnte ein integrales Gerät demnach nicht deaktiviert werden, selbst wenn man eine derartige Triage für Behandlungsmaßnahmen als grundsätzlich zulässig erachtet. Vgl. zu einem dahingehenden Differenzierungsansatz im Hinblick auf eine Herzschrittmacherversorgung bereits *Gaede/Kubiciel et al.*, medstra 2020, 129, 135. Zumindest bei vollständig körperinternen integralen Geräten dürfte dieser Aspekt in der Praxis jedoch keine Relevanz erlangen, da für eine ex-post-Triage auch die operative Entfernung des Gerätes erfolgen müsste und hierfür ein (einwilligungsbedürftiger) Eingriff in die körperliche Unversehrtheit des Patienten erforderlich wäre.

[208] Zur Feststellung der medizinischen Indikation als Bedingung für die Einleitung bzw. Fortsetzung einer Behandlung BGH, Beschluss vom 17.03.2003 – XII ZB 2/03, Rz. 53, BGHZ 154, 205 ff. m. w. N.; *Janssens/Burchardi et al.*, MedR 2012, 647; *Köberl*, MedR 2019, 203; *Lipp*, MedR 2015, 762, 763; *Wallner*, RdM 2017, 101; *Duttge*, in: Bormann, S. 569, 572. Dass die medizinische Indikation die Grenze für den Heilauftrag des Arztes darstellt, wird aus der Vorschrift des § 1901b Abs. 1 BGB ersichtlich. Vertiefend zum Behandlungsabbruch auf Grund fehlender medizinischer Indikation *Pawlik*, Frisch-FS, S. 697 ff.

[209] Vgl. hierzu BGH, Urteil vom 17.03.2003 – XII ZB 2/03, BGHZ 154, 205 ff., Rz. 53.

handlung gewertet, zu deren Fortführung ein Arzt nur bei verantwortlicher Feststellung der medizinischen Indikation verpflichtet ist. Die enge Zuordnung des Gerätes zum Patienten, die sich der Zuordnung eines Körperbestandteils annähert, steht einer derartigen Entscheidungsherrschaft des Arztes entgegen. Die Deaktivierung eines als integrales Gerät bewerteten Implantats kann folglich ebenso wenig auf eine fehlende medizinische Indikation für seine fortgesetzte Tätigkeit gestützt werden wie die Beendigung der Funktion eines transplantierten Herzens.

Die beschriebene Sonderstellung, die bestimmten Geräten mit der Einordnung in eine Kategorie integraler Geräte zukommt, ist aus juristischer Perspektive sachgerecht. Ausgangspunkt dieser Bewertung ist die Erwägung, dass die §§ 212, 216 StGB Grenzen für patientenautonome Entscheidungen vorsehen, um den Lebensschutz auch am Lebensende effektiv zu gewährleisten und zu diesem Zweck Gefahren für die Selbstbestimmung im Sterben zu verhindern.[210] Aus diesem Grund erfassen die Tötungsdelikte zielgerichtete lebensverkürzende Eingriffe in einen Körperbestandteil als strafwürdiges Unrecht und unterstellen sie nicht der selbstbestimmten Disposition des Patienten.[211] Der Normzweck der Tötungsdelikte steht jedoch einer weiteren Abstufung der Autonomie *innerhalb* des Bereichs, der dem Selbstbestimmungsrecht bereits de lege lata unterliegt und nicht der unantastbaren Körpersphäre angehört, nicht entgegen.[212] Werden bestimmte Versorgungsmaßnahmen, die einer willensgemäßen Funktionsbeendigung schon nach gegenwärtiger Rechtslage durch das Institut des Behandlungsabbruchs unterworfen sind, de lege ferenda aus der Kategorie des Behandlungsmittels herausgelöst und einer Sonderkategorie der integralen Geräte zugeordnet, wird der Normzweck der Tötungsdelikte somit nicht beeinträchtigt.[213] Mit der Einordnung einer Versorgungsmaßnahme als integrales Gerät geht vielmehr eine stärkere Eindämmung der bei Behandlungsmitteln noch denkbaren Eingriffsmöglichkeiten Dritter einher.[214] Eine entsprechende Abstufung der Eingriffsmöglichkeiten

---

[210] Zu dieser Zielsetzung bereits oben in Kapitel 2 unter A. III. 2. sowie zusammenfassend in Kapitel 3 unter B. I.

[211] Hierzu näher oben in Kapitel 3 unter B. I.

[212] Diese Argumentation baut auf der Einstufung von Versorgungsmaßnahmen gemäß der in dieser Untersuchung de lege lata vorgeschlagenen Lösung auf.

[213] Zu einer entsprechenden Begrenzung der Kategorie integraler Geräte durch die Kategorie des Körperbestandteils siehe unten in Kapitel 4 unter C. II. 1. lit. d.

[214] Als denkbare Eingriffsmöglichkeit Dritter unabhängig vom Patientenwillen ist hier insbesondere die Beendigung auf Grund eines Wegfalls der medizinischen Indikation für eine Weiterbehandlung zu nennen; dazu bereits oben in Kapitel 2 unter C. I. 2. lit. f. sowie C. I. 3. lit. f.

Auch im Falle der Konkurrenz um knappe Behandlungsressourcen in einer Situation der sog. ex-post-Triage wäre die Deaktivierung eines integralen Gerätes demnach von vornherein ausgeschlossen; vgl. dazu Fn. 209.

ist sowohl im Sinne des Lebensschutzes als auch im Sinne des Schutzes der Selbstbestimmung von Patienten gemäß den folgenden Erwägungen sinnvoll:

Wird ein Gerät als integral erachtet, besteht ein so enger Körperzusammenhang, dass in Anbetracht des verfassungsrechtlich gewährleisteten Selbstbestimmungsrechts des Patienten aus Art. 2 Abs. 1 i. V. m. Art. 1 Abs. 1 GG und seines Rechts auf körperliche Unversehrtheit aus Art. 2 Abs. 2 Satz 1 Var. 2 GG willensunabhängige Faktoren nicht mehr die alleinige Basis für eine Entscheidung bezüglich der Funktionsbeendigung bilden sollten.[215] Das gilt auch dann, wenn die Beendigung der Geräteaktivität *an sich* keinen Eingriff in die körperliche Integrität erfordert, wie dies beispielsweise bei einer ICD-Deaktivierung mittels Einstellungsänderung oder bloßer externer Magnetauflage der Fall ist:[216] Die Entscheidung über eine Versorgungsbeendigung mangels fortbestehender Indikation sollte dem Arzt in diesem Fall auf Grund des erheblichen Eingriffs in das Selbstbestimmungsrecht des Patienten sowie mittelbarer Folgen einer Deaktivierung für seine körperliche Unversehrtheit bzw. sein Leben entzogen sein.[217]

Da integrale Geräte selbst aber noch nicht die Schwelle zum Körperbestandteil überschreiten, ist es zugleich gerechtfertigt, analog zu einem Behandlungsmittel deaktivierende Eingriffe des Arztes mit lebensverkürzender Wirkung zuzulassen, wenn ein dahingehender (mutmaßlicher) Patientenwille festgestellt werden kann. Auch in diesem Kontext gilt, dass der in Art. 2 Abs. 2 Satz 1 Var. 1 GG niedergelegte Lebensschutz nicht absolut ausgestaltet werden muss, sondern mit Rücksicht auf überwiegende verfassungsrechtlich gesicherte Rechtspositionen, in diesem Falle das Selbstbestimmungsrecht des Patienten, Einschränkungen erfahren kann.[218]

Die Ergänzung der Möglichkeiten einer willensgemäßen Versorgungsbeendigung durch eine Sonderkategorie der Deaktivierung integraler Geräte, die bestimmte, de lege lata über die Kategorie des Behandlungsmittels abgebildete Versorgungsmaßnahmen erfasst, kann der verfassungsrechtlichen Bedeutung der vorgenannten Rechtsgüter nach hier vertretener Auffassung differenzierter Rechnung tragen als die einheitliche Unterstellung von Versorgungsmaßnahmen, die

---

[215] Zu diesen Rechtspositionen ausführlich oben in Kapitel 2 unter A. I. sowie unter C. III. 1. lit. a. bb.

[216] Vgl. zu diesen Deaktivierungsoptionen *Lampert/Hayes et al.*, Heart Rhythm 7 (2010), 1008, 1021; genauer zu den Deaktivierungsmöglichkeiten für ICD bereits oben in Kapitel 3 unter A. IV. 2.

[217] So kann als mittelbare Folge im gewählten Beispiel der ICD-Deaktivierung der Tod auf Grund einer anschließenden, nicht durch den ICD behobenen Tachyarrhythmie eintreten.
Die gleiche Erwägung würde auch für etwaige Funktionsbeendigungen in einer Situation der sog. ex-post-Triage greifen; vgl. dazu Fn. 209.

[218] Vgl. zu der Abwägung der genannten Rechtsgüter bereits oben in Kapitel 2 unter C. III. 1. lit. a. bb.

keine Körperbestandteile darstellen, unter den Begriff des Behandlungsmittels.[219] Um dabei die Grenze zur verbotenen direkten aktiven Sterbehilfe aufrechterhalten zu können, bedarf es jedoch einer hinreichenden Abgrenzungsschärfe der Kategorie integraler Geräte, die es insbesondere ermöglicht, tödliche Eingriffe in integrale Geräte klar von tödlichen Eingriffen in Körperbestandteile zu unterscheiden. Ob bzw. wie dieser Differenzierungsgrad erreicht werden kann, ist Gegenstand des nachfolgenden Abschnitts.

II. Ausdifferenzierung einer Kategorie integraler Geräte

Um eine Einordnung von Implantaten in die Kategorie integraler Geräte im Unterschied zu den bisher gebräuchlichen Kategorien von Behandlungsmitteln und Körperbestandteilen zu ermöglichen, muss zunächst festgelegt werden, wann ein integrales Gerät vorliegt. Zu diesem Zweck soll der Versuch unternommen werden, den Begriff der integralen Geräte, der bei *England et al.* nicht näher ausdifferenziert wird, zu definieren (hierzu 1.). Anschließend sollen integrale Geräte zu Versorgungsmaßnahmen abgegrenzt werden, die als Behandlungsmittel oder als Körperbestandteil einzustufen sind (hierzu 2.).

1. Definition integraler Geräte

a) Aktives Gerät

Unter den Begriff der integralen Geräte fassen *England et al.* in den Körper des Patienten integrierte Technologie.[220] Nicht-technische Implantate – wie beispielsweise gefäßerweiternde Stents[221] oder künstliche Herzklappen[222] – bleiben damit der bisherigen binären Unterscheidung zwischen Behandlungsmittel und Körperbestandteil unterworfen.

Eine derartige Differenzierung innerhalb der Gruppe der Implantate rechtfertigt sich durch die Besonderheiten technischer Implantate. Technische Implantate wie die hier untersuchten Herzschrittmacher oder ICD sind auf Energie angewiesen, die nicht dem Körper selbst entstammt. Geht diese Energie zur Neige, endet die Funktionsfähigkeit des Implantats. Auch vor diesem Zeitpunkt besteht

---

[219] Auf welche Weise eine solche neue Kategorie in das geltende Recht überführt werden könnte, soll in einem gesonderten Abschnitt der Untersuchung erwogen werden; siehe hierzu in Kapitel 4 unter C.IV.
[220] *England/England et al.*, Journal of Medical Ethics 33 (2007), 538, 540.
[221] Zu Stents bereits ausführlicher oben in Kapitel 4 unter B.V.4. lit. b. cc.
[222] Zu den künstlichen TAVI-Herzklappen bereits ausführlicher oben in Kapitel 4 unter B.V.2. sowie B.V.4. lit. b. cc.

C. Alternativvorschlag de lege ferenda

für technische Implantate vielfach eine Deaktivierungsmöglichkeit, die andere Implantate nicht besitzen.[223]

Die Besonderheiten technischer Implantate haben bereits an anderer Stelle zu entsprechenden Differenzierungen bei der Aufstellung von Rechtsregeln geführt: Das Medizinprodukterecht, das für erstmaliges Inverkehrbringen und erstmalige Inbetriebnahme von Medizinprodukten mit der Europäischen Verordnung für Medizinprodukte (EU) 2017/745 (EU-MDR) unmittelbar anwendbare Rechtsvorschriften für alle europäischen Staaten etabliert, kennt eine eigene Kategorie sog. aktiver Produkte.[224] Gemäß der Verordnungsdefinition ist ein aktives Produkt ein Gerät, dessen Betrieb von einer Energiequelle mit Ausnahme der für diesen Zweck durch den menschlichen Körper oder durch die Schwerkraft erzeugten Energie abhängig ist und das mittels Änderung der Dichte oder Umwandlung dieser Energie wirkt; Art. 2 Ziff. 4 EU-MDR.

Das Medizinprodukterecht sieht die Kategorie aktiver Produkte auf Grund der mit ihrem Betrieb verbundenen Risiken für den Patienten vor.[225] In der vorliegenden Untersuchung stehen solche Geräte – wie der Herzschrittmacher und der ICD – ebenfalls im Mittelpunkt, wenn auch nicht auf Grund ihres Risikos für den Patienten, sondern auf Grund der für sie bestehenden technischen Deaktivierungsmöglichkeit. In Anlehnung an die im Medizinprodukterecht gebräuchliche Definition aktiver Produkte wird daher vorgeschlagen, als integrale Geräte nur solche Geräte zu bezeichnen, die von einer Energiequelle betrieben werden, die weder der Körper noch die Schwerkraft bereitstellen (nachfolgend: „aktive Geräte").[226] Diese Beschreibung kennzeichnet den Unterschied in der Betriebsweise, der zwischen den bei *England et al.* genannten technischen Implantaten und sonstigen Implantaten wie Zahnersatz, Stents oder Herzklappen besteht. Die mit der Abhängigkeit von einer Energiequelle verbundene zusätzliche Möglichkeit ihrer Funktionsbeendigung rechtfertigt eine gesonderte rechtliche Betrachtung und Bewertung integraler Geräte.

---

[223] Zur Deaktivierungsmöglichkeit vieler technischer Implantate über einen dafür vorgesehenen An-/Aus-Knopf *Wu*, Journal of Medical Ethics 33 (2007), 532.

[224] Hier und im Folgenden wird stets auf die verbindliche deutsche Sprachfassung der Verordnung Bezug genommen, veröffentlicht im EU-Abl. L 117/2017 vom 05.05.2017, S. 1 ff. Bereits vor Erlass der EU-MDR wurden einheitliche europäische Standards für das Medizinprodukterecht in den Richtlinien 90/385/EWG und 93/42/EWG niedergelegt.

[225] Vgl. dazu Europäische Verordnung für Medizinprodukte (EU) 2017/745, EU-Abl. L 117/2017 vom 05.05.2017, Erwägungsgrund 56, Anhang I Kapitel II Ziff. 18 und 19, Anhang VIII Kapitel III Ziff. 6 Regel 9–13.

[226] Die genauere Wirkungsweise des Gerätes, die in Art. 2 Ziff. 4 EU-MDR angesprochen wird („das mittels Änderung der Dichte oder Umwandlung dieser Energie wirkt"), erscheint im hiesigen Kontext sekundär und wird daher nicht als bestimmendes Merkmal integraler Geräte vorausgesetzt.

b) Teilweise oder vollständige Implantation

Ein weiteres Merkmal integraler Geräte, das bereits begrifflich vorausgesetzt wird, ist eine gewisse Integration in den Körper. Nicht ausreichend hierfür ist, dass ein Gerät ganz oder teilweise in den Körper eindringt.[227] Die körperliche Integration lässt sich vielmehr durch eine teilweise bzw. vollständige Implantation des Gerätes charakterisieren. Es braucht jedoch Kriterien, anhand derer sich bestimmen lässt, wann ein Gerät (teil-)implantiert ist und wann nicht. Ohne derartige Kriterien könnten sich neue Abgrenzungsprobleme zwischen Geräten, die lediglich in den Körper eindringen, und (teil-)implantierten Geräten ergeben. Für eine sachgerechte Abgrenzung bietet es sich an, auf die vorhandene Unterscheidung zwischen invasiven, implantierten und teilimplantierten Produkten im Medizinprodukterecht zu rekurrieren. Zentral für die Einordnung als (teil-)implantiertes Produkt ist danach neben einer vollständigen oder teilweisen Einführung des Gerätes in den Körper, dass eine gewisse Stabilität der Verbindung mit dem Körper besteht.[228]

In dieser Hinsicht sieht die EU-MDR für die Einstufung als teilimplantiertes Produkt vor, dass das Produkt zu einem Verbleib von mindestens 30 Tagen bestimmt ist; Art. 2 Ziff. 5 EU-MDR.[229] Auf diese Weise werden von vornherein nur zur kurzzeitigen Versorgung bzw. Überbrückung von gestörten Körperfunktionen gedachte Geräte, die zum Teil im Körperinneren liegen, einer Bewertung als teilimplantiert entzogen. Es erscheint auch im vorliegenden Kontext sachgerecht, diese lediglich als invasive Behandlungsmittel einzustufen, da keine hinreichend stabile Zuordnung des Gerätes zur Körpersphäre im Sinne einer körperlichen Integration beabsichtigt ist.[230]

Diese Argumentation gilt für vollständig im Körperinneren belegene Geräte entsprechend. Auch bei diesen kann es zu Problemen in der Abgrenzung zwischen implantierten und invasiven Geräten kommen. Denn auch bei bloß invasi-

---

[227] Die EU-MDR verwendet für derartige Produkte den Begriff „invasives Produkt", vgl. Art. 2 Ziff. 6 EU-MDR, und unterscheidet diese ausdrücklich von implantierten Produkten.

[228] Vgl. Art. 2 Ziff. 5 EU-MDR. Zu diesen Kriterien unter der zuvor geltenden Richtlinie 93/42/EWG vgl. auch *Frankenberger*, in: Anhalt/Dieners, § 4, Rz. 52.

[229] Eine parallele Definition enthielt auch schon die Richtlinie 93/42/EWG in Anhang IX, Abschnitt 1.2.

[230] Während die EU-MDR für die Einstufung eines Gerätes als teilimplantiert einen beabsichtigten Verbleib am bzw. im Körper von *mindestens* 30 Tagen fordert, wird in Anhang VIII Kapitel I, Ziff. 1.3. für das Verständnis einer Verwendungsdauer als „langzeitig" eine beabsichtigte ununterbrochene Anwendung für einen Zeitraum von *mehr als* 30 Tagen zugrunde gelegt (so bislang auch geregelt in Anhang IX der Richtlinie 93/42/EWG, Kapitel I, Ziff. 1.1). Warum nach Art. 2 Ziff. 5 EU-MDR eine Teilimplantation bereits ab 30 Tagen beabsichtigter Verwendung vorliegen kann, der Einsatz des Gerätes nach dem Anhang der EU-MDR aber erst ab 31 beabsichtigten Verwendungstagen als „langzeitig" gelten soll, ist nicht ersichtlich.

ven Geräten ist es denkbar, dass diese wie implantierte Geräte vollständig in den Körper eindringen; vgl. Art. 2 Ziff. 6 EU-MDR. Sowohl invasive als auch implantierte Geräte können also gänzlich im Körperinneren belegen sein.

In der Definition vollständig implantierter Geräte besteht nach der EU-MDR indes – neben der vollständigen Körperinternalisierung – ein entscheidender Unterschied zu teilimplantierten Geräten. Art. 2 Ziff. 5 EU-MDR sieht vor, dass vollständig implantierte Geräte solche sind, die dazu bestimmt sind, ganz in den menschlichen Körper eingeführt zu werden und nach dem Eingriff dort zu verbleiben; eine 30-Tage-Regelung wie bei teilimplantierten Geräten ist hingegen nicht vorhanden. Eine Bestimmung für einen zeitlich begrenzten Verbleib wie bei teilimplantierten Geräten wird damit nicht explizit als ausreichend für eine Einstufung als vollständig implantiertes Gerät niedergelegt. Es ist daher davon auszugehen, dass das von der Definition vorausgesetzte Tatbestandsmerkmal des Verbleibs des Implantats im Körper einen *dauerhaften* Verbleib voraussetzen und nicht auch eine bestimmungsgemäße Verwendung über einen Zeitraum von 30 Tagen oder mehr erfassen soll, wie dies bei teilimplantierten Geräten der Fall ist.[231]

Diese Differenzierung zwischen vollständig und nur teilweise implantierten Geräten leuchtet – zumindest im hier relevanten Kontext[232] – nicht ein. Das Kriterium der Dauerhaftigkeit wäre unscharf und suggeriert, dass ein grundsätzlich endloser Verbleib vorgesehen sein muss – ein bestimmungsgemäßer längerer Verbleib kann aber ebenfalls nahelegen, anders als bei einem bloßen Behandlungsmittel von einer Integration in den Körper auszugehen. Daher wird hier vorgeschlagen, nicht nur die Bestimmung zu einem dauerhaften Verbleib im Körper für eine Einordnung als vollständig implantiertes Gerät ausreichen zu lassen, sondern das 30-Tage-Kriterium, das die EU-MDR in expliziter Form nur für teilimplantierte Geräte vorsieht, auch auf vollimplantierte Geräte anzuwenden.

Demnach ist eine teilweise oder vollständige Implantation gegeben, wenn ein Gerät ganz oder teilweise in den Körper eingeführt wird und gemäß der Zweck-

---

[231] Anders wohl das Verständnis von *Frankenberger*, in: Anhalt/Dieners, § 4, Rz. 52 im Hinblick auf die Parallelvorschrift in Richtlinie 93/42/EWG, Anhang IX, Abschnitt 1.2. Demnach liege ein implantierbares Produkt vor, wenn es durch einen chirurgischen Eingriff ganz oder teilweise in den menschlichen Körper eingeführt werde und nach dem Eingriff mindestens 30 Tage dort verbleibe. Weder der Wortlaut der Parallelvorschrift in der Richtlinie noch der Wortlaut von Art. 2 Ziff. 5 EU-MDR enthält jedoch Anhaltspunkte für ein derartiges Verständnis.

[232] Da die EU-MDR der Regulierung des Medizinproduktemarktes dient und ihre Klassifizierungen an Risiken von Medizinprodukten orientiert, mag im dortigen Anwendungskontext eine solche Differenzierung gerechtfertigt sein – dies ist jedoch nicht Gegenstand der vorliegenden Untersuchung und soll daher an dieser Stelle auch nicht bewertet werden.

bestimmung des Herstellers dazu bestimmt ist, dort grundsätzlich für einen Zeitraum von 30 Tagen oder länger zu verbleiben.[233]

Selbstverständlich kann hinterfragt werden, warum ausgerechnet ein grundsätzlicher bestimmungsgemäßer Verbleib im Körper von wenigstens 30 Tagen und nicht von 28, 32 oder gar 60 Tagen entscheidend sein soll, um ein Gerät als teilweise oder vollständig implantiert einzustufen. Hier eröffnet sich ein gewisser Wertungsspielraum, der auch abweichend ausgefüllt werden könnte. Der europäische Gesetzgeber hat sich im Rahmen der EU-MDR sowie der Vorgänger-Regelung gemäß der Richtlinie 93/42/EWG innerhalb seines Wertungsspielraums für eine 30-Tage-Regelung entschieden. Auch für den hier diskutierten Kontext erscheint dies angemessen: Ein bestimmungsgemäßer Anwendungszeitraum von 30 Tagen überschreitet den im Durchschnitt für eine stationäre Behandlung in Deutschland beanspruchten Zeitraum von circa 7 Tagen[234] sowie den durchschnittlichen Verbleib von Patienten in intensivmedizinischer Behandlung[235] bereits so erheblich, dass ein bestimmungsgemäßer Verbleibzeitraum eines Gerätes von grundsätzlich 30 Tagen oder mehr für eine gewisse Integration in den Körper und gegen ein lediglich invasives maschinelles Behandlungsmittel spricht. Einer konkreten zeitlichen Vorgabe wird immer eine gewisse Pauschalisierung zu Gunsten der Aufstellung eines rechtssicheren Bewertungskriteriums zugrunde liegen. Sie muss daher unter dem Gesichtspunkt fachlicher Sachgerechtigkeit einer zukünftigen Anpassung zugänglich bleiben und bedarf regelmäßiger Überprüfung.

Auf die Dauer des *bestimmungsgemäßen* an Stelle des tatsächlichen Verbleibs eines Gerätes im Körper sollte bereits deshalb abgestellt werden, weil im Zeitpunkt der Einsetzung eines Gerätes sein tatsächlicher Verbleib noch nicht bekannt ist und dieser von Patient zu Patient variieren kann. Eine rechtliche Einord-

---

[233] Vgl. dazu auch die Interpretation der Parallelvorschrift in Richtlinie 93/42/EWG, Anhang IX, Abschnitt 1.2 von *Frankenberger*, in: Anhalt/Dieners, § 4, Rz. 43, Rz. 52.

[234] Für die vom Statistischen Bundesamt zuletzt veröffentlichte Verweildauer von Patienten in stationärer Behandlung im Jahr 2019 und im Jahr 2020 wurde ein Wert von 7,2 Tagen ermittelt; Statistisches Bundesamt, Eckdaten der Krankenhauspatientinnen und -patienten, Tabelle „Aus dem Krankenhaus entlassene vollstationäre Patientinnen und Patienten (einschließlich Sterbe- und Stundenfälle)", siehe hierzu unter https://www.destatis.de/DE/Themen/Gesellschaft-Umwelt/Gesundheit/Krankenhaeuser/Tabellen/entlassene-patienten-eckdaten.html; zuletzt zugegriffen am 23.04.2022.

[235] Aussagekräftige aktuelle Statistiken für die durchschnittliche Verweildauer auf deutschen Intensivstationen sind nicht zugänglich; im Jahr 2007 lag diese bei circa 12,3 Tagen; *Engel/Brunkhorst et al.*, Intensive Care Medicine 33 (2007), 606, 610, wobei die Verweildauer von Patienten in stationärer Behandlung seit Jahren sinkt.
Ob diese Zahlen im Zuge der COVID-19-Pandemie eine relevante Erhöhung erfahren haben, war im Zeitraum der Bearbeitung des vorliegenden Themas noch nicht bekannt.

nung in die Kategorie eines Behandlungsmittels, eines integralen Geräts oder eines Körperbestandteils muss jedoch bereits aus ex-ante Perspektive möglich sein, damit die anwendbaren Rechtsregeln von vornherein feststehen und die Strafbarkeit eines deaktivierenden Eingriffs vorhersehbar ist. Die Zulässigkeit bzw. Voraussetzungen einer Deaktivierung sind nicht zuletzt für das Aufklärungsgespräch mit dem Patienten bereits vor der Einsetzung eines technischen Geräts relevant,[236] sodass auch insoweit eine Beurteilungsmöglichkeit ex-ante erforderlich ist.

Der bestimmungsgemäße Verbleib eines integralen Gerätes im Körper sollte dabei – wie im Medizinprodukterecht – auf Grundlage der Zweckbestimmung des Herstellers, die den Rahmen für die zulässige Anwendungsdauer vorgibt, festgelegt werden.[237] Dadurch wird ein für jeden Fall gleichbleibender Maßstab geschaffen, der nicht von der Einschätzung der Heilungschancen der behandelnden Ärzte in einem konkreten Fall abhängt und damit ggf. stark subjektiv geprägt ist oder auf Grund divergierender Auffassungen der Behandler kontrovers bleibt.

c) Enge Verbindung mit dem Körper

Es stellt sich die Frage, ob die Erfüllung der Kriterien eines aktiven, (teil-) implantierten Gerätes für dessen Einstufung als integraler Bestandteil des Körpers ausreichen kann, oder ob neben der Dauer der Verbindung nicht auch eine besonders enge Verbindung mit dem Körper zu fordern ist.

Damit würde ein Gedanke aufgegriffen, welcher der in der bisherigen deutschen Strafrechtsliteratur für die Einordnung von Implantaten als Körperbestandteile herrschenden Auffassung[238] zugrunde liegt: Nur Implantate, für deren Entfernung es eines Eingriffs in die Körpersphäre bedürfe und die nicht jederzeit vom Körper abgelöst werden könnten, sollen demzufolge als Körperbestandteile in Betracht kommen. Im Gegensatz zu jener Auffassung soll im Rahmen der hier vorgeschlagenen Definition jedoch der *Grad der Integration* in den Körper über die Zuordnung zur Kategorie integraler Geräte entscheiden und nicht allein die

---

[236] Zu diesem Aspekt in Bezug auf Herzschrittmacher und ICD näher in Kapitel 5 unter A.II.1.

[237] Zu diesem Maßstab im Medizinprodukterecht vgl. *Frankenberger*, in: Anhalt/Dieners, § 4, Rz. 43 ff., Rz. 53.

[238] Hierzu und zum Folgenden bereits oben in Kapitel 4 unter B.II.1. lit. b. sowie LG Mainz, Urteil vom 06.01.1984 – 7 O 170/83, Rz. 15, zitiert nach juris; *Hardtung*, JuS 2008, 864 f.; *Weimar*, JR 1979, 363, 364; BeckOK-StGB/*Eschelbach*, § 223, Rz. 15; MüKo-BGB/*Stresemann*, § 90, Rz. 28; vgl. Staudinger/*Stieper*, § 90 BGB, Rz. 35.
Vgl. auch die beiden Ansätze mit ähnlicher Stoßrichtung in Kapitel 4 unter B.II.1. lit. a. und lit. c.

Festigkeit der Verbindung mit dem Körper, die nur einen von mehreren Faktoren einer körperlichen Integration aufgreift.

Bei vollständig implantierten Geräten kann eine besonders enge Verbindung mit dem Körper entscheidend daran festgemacht werden, dass ihnen jegliche physische Verbindung nach außen fehlt und sie mithin vollständig körperinternalisiert sind. Bei teilimplantierten Geräten besteht eine Außenverbindung hingegen noch – entweder durch eine Verbindung zu äußeren Energiequellen oder durch teilweise externalisierte Funktionselemente des Gerätes. Hier fällt es schwerer, das Element auszumachen, das eine derart enge Verbindung mit dem Körper kennzeichnet, dass trotz teil-externer Belegenheit eine Beurteilung des Geräts als integraler Bestandteil des Körpers gerechtfertigt erscheint. Um dem Selbstbestimmungsrecht des Patienten Rechnung zu tragen, dürfte ein teilimplantiertes, aktives Gerät jedenfalls dann als integral zu bezeichnen und einem Behandlungsabbruch durch den Arzt auf Grund fehlender medizinischer Indikation unzugänglich sein, wenn seine Verbindung mit dem Patientenkörper zu gewissen körperlichen Veränderungen geführt hat, die nicht mehr ohne Weiteres rückgängig gemacht werden können:[239] Ist für die Implantation des Gerätes die Zerstörung oder Verletzung lebenswichtiger interner Körperstrukturen erforderlich und ist diese irreversibel oder würde im Falle der Entfernung des Gerätes erhebliche chirurgische Reparaturmaßnahmen erfordern, um ein – auch nur vorübergehendes – Weiterleben zu ermöglichen, hat die Verbindung des Gerätes mit dem Körper zu derartigen physischen Veränderungen geführt.[240] Würde der Patientenwille hier nicht die alleinige Rechtfertigungsgrundlage für eine Deaktivierung oder Entfernung des Gerätes darstellen, würde das Selbstbestimmungsrecht über den

---

[239] Vgl. zu dieser Eigenschaft bei einem LVAD *Kraemer*, Bioethics 27 (2013), 140, 145.

[240] Das genannte Kriterium ist inspiriert von der folgenden Feststellung bei *Kraemer*, Bioethics 27 (2013), 140, 145: „Once an LVAD is implanted in a patient, he or she is not in a ‚natural physiological state' anymore. Already the *im*plantation of an LVAD has altered the heart's natural condition: in order to fix the LVAD, a physician has to drill a hole in the patient's heart. Apart from this, the *disenabling* of an LVAD does not restore the patient's natural state; rather, it alters the physiological state once more, even, in some cases, inflicting additional harm on the patient's body via invasive surgery. According to cardiologist and ethicist James Kirkpatrick, turning off the LVAD ‚can make the person worse', because the deactivation procedure ‚can basically worsen the heart function.' He concludes that the physician is ‚not just stopping something and letting nature take its course. You're actually doing harm, potentially'" (Hervorhebungen gemäß Original).

Das Kriterium der engen Verbindung mit dem Körper weist Parallelen zur o.g. Definition des physischen Ersatzes auf (siehe dazu oben in Kapitel 4 unter B.V.4. lit. b. aa.), wobei dort die irreversible Zerstörung nicht irgendeiner lebenswichtigen Körperstruktur, sondern gerade der funktionell ersetzten Körperstruktur durch Implantat oder Implantationsprozedur erforderlich ist, damit die Anforderungen an einen physischen Ersatz erfüllt werden. Hier liegt die entscheidende Differenz beider Kriterien.

eigenen Körper, der durch die im Zuge der Teilimplantation vorgenommenen Veränderungen erheblich beeinflusst wurde, missachtet.[241] Das soeben aufgestellte Kriterium einer engen Verbindung kann mit Hilfe des LVAD illustriert werden, für dessen Teilimplantation ein Loch in das patienteneigene Herz gebohrt werden muss.[242] Der natürliche physiologische Zustand des Patienten wird dadurch derart erheblich verändert, dass die Entscheidung über das Schicksal des Teilimplantats nicht ohne oder gegen seinen Willen getroffen werden sollte.[243] Eine Entfernung des Gerätes würde chirurgische Reparaturmaßnahmen erfordern, um das Loch im Herzen zu schließen und dem Patienten ein Weiterleben zu ermöglichen. Die bereits mit der Implantation vorgenommenen physiologischen Veränderungen könnten bei der Deaktivierung negative Auswirkungen haben. So soll beispielsweise die Möglichkeit bestehen, dass die Deaktivierung eines LVAD die noch vorhandene natürliche Herzfunktion und damit den Gesundheitszustand des Betroffenen verschlechtert.[244] Das aufgestellte Zusatzkriterium kennzeichnet daher eine besonders enge Verbindung, die bei Teilimplantaten wie dem LVAD trotz körperexterner Geräteelemente für eine hinreichende Integration in den Körper sprechen kann und eine Beurteilung als integrales Gerät rechtfertigt.

d) Kein Ersatz einer lebenswichtigen Körperstruktur

In bestimmten Konstellationen ist die Bewertung eines aktiven, (teil-)implantierten Gerätes mit einer engen Verbindung zum Körper als bloßes integrales Gerät nicht mehr angemessen, weil es Merkmale aufweist, durch die es die Schwelle zum Körperbestandteil überschreitet. Dies ist dann der Fall, wenn das Gerät eine natürliche, lebenswichtige Körperstruktur nicht nur funktionell, sondern auch physisch ersetzt, d. h. die lebenswichtige, natürliche Körperstruktur, die durch das Implantat funktionell ersetzt wird, durch das Implantat selbst oder die Implantationsprozedur irreversibel zerstört wird.[245] Das Implantat übernimmt dann vollständig die Rolle des natürlichen Körperbestandteils. Es bedarf daher auch eines identischen rechtlichen Schutzes, der durch die Zuerkennung einer identischen Rechtsnatur am ehesten gewährleistet werden kann: Wie die ursprüngliche natürliche Körperstruktur muss deshalb auch das Implantat als Körperbestandteil eingestuft werden.

---

[241] Zum verfassungsrechtlich gewährleisteten Selbstbestimmungsrecht siehe oben in Kapitel 2 unter A. I.
[242] Hierzu und zum Folgenden *Kraemer*, Bioethics 27 (2013), 140, 145 f. m. w. N.; siehe auch den entsprechenden Textauszug in Fn. 242.
[243] Diese Schlussfolgerung stammt nicht von *Kraemer*, Bioethics 27 (2013), 140 ff., sondern von der Verfasserin.
[244] Auch hierzu *Kraemer*, Bioethics 27 (2013), 140 ff.
[245] Hierzu oben in Kapitel 4 unter B. V. 4. lit. b.

Die Kriterien eines funktionellen und physischen Ersatzes, die in der binären Unterscheidung zwischen Behandlungsmittel und Körperbestandteil zuvor als Differenzierungsmerkmale vorgeschlagen wurden, markieren damit in der hier präferierten dreipoligen Unterscheidung zwischen Behandlungsmittel, integralem Gerät und Körperbestandteil eine definitive Grenze: In dem Moment, wo ein aktives, (teil-)implantiertes Gerät mit einer engen Verbindung zum Körper die beschriebene Körperteiläquivalenz aufweist, kann es nicht mehr bloß als integrales Gerät bewertet werden, sondern muss auch eine körperteiläquivalente rechtliche Einordnung erfahren.[246] In diesem Fall darf die lebenswichtige Funktion des Implantats durch den Arzt weder auf Grundlage einer fehlenden medizinischen Indikation für die Weiterbehandlung noch auf Grundlage eines dahingehenden Patientenwillens beendet werden.[247] Eine Zuwiderhandlung könnte nicht mehr als zulässige Versorgungsbeendigung gelten, sondern wäre eine nach gegenwärtigem deutschen Recht verbotene direkte aktive Sterbehilfe.

2. Einordnung verbleibender medizinischer Versorgungsmaßnahmen

Ist nun spezifiziert, wann ein Implantat als integrales Gerät bewertet werden soll, muss die Frage geklärt werden, unter welchen Voraussetzungen medizinische Versorgungsmaßnahmen in Abgrenzung dazu in die Kategorien von Behandlungsmitteln und Körperbestandteilen einzuordnen sind.

a) Versorgungsmaßnahmen als Körperbestandteil

Für den Anwendungsbereich der Kategorie Körperbestandteile verbleiben bei der vorgeschlagenen Einführung einer Kategorie integraler Geräte aus der Gruppe aktiver, (teil-)implantierter Geräte nur wenige. Sofern ein solches Gerät zum einen die lebenswichtige Funktion einer Körperstruktur substituiert und diese darüber hinaus auch noch im Sinne der o.g. Definition physisch ersetzt,[248] erscheint es gerechtfertigt, ihm rechtlich den Status der irreversibel zerstörten, patienteneigenen Körperstruktur zuzuerkennen. In diesem Fall übernimmt das Implantat die Rolle des nativen Körperbestandteils und bedarf daher auch eines analogen Schutzes.

---

[246] Damit wird durch die Kategorie integraler Geräte keine Verkürzung des Anwendungsbereiches der §§ 212, 216 StGB im Vergleich zur bisherigen binären Unterscheidung zwischen Behandlungsmitteln und Körperbestandteilen bewirkt; dazu bereits oben in Kapitel 4 unter C. I.

[247] Gleiches gilt für eine Beendigung in der Situation einer sog. ex-post-Triage; vgl. dazu oben in Kapitel 4 unter C. I., Fn. 209.

[248] Zur Definition eines funktionellen sowie physischen Ersatzes oben in Kapitel 4 unter B. V. 4. lit. b. aa. sowie unter C. II. 1. lit. d.

Daneben können Implantate als Körperbestandteile zu bewerten sein, bei denen es sich nicht um aktive Geräte handelt. Solche „inaktiven" Versorgungsstrukturen, die mit Hilfe körpereigener Energie oder der Schwerkraft funktionieren,[249] fallen nicht unter die Kategorie integraler Geräte und sind damit immer entweder als Behandlungsmittel oder als Körperbestandteil einzustufen. Auch für diese sollte gelten: Wenn inaktive medizinische Versorgungsmaßnahmen eine lebenswichtige Körperstruktur nach der vorgeschlagenen Definition funktionell sowie physisch ersetzen, ist es sachgerecht, sie als Körperbestandteile zu bewerten. Ihre Funktion kann folglich weder auf Grundlage fehlender medizinischer Indikation noch auf Wunsch des Patienten beendet werden. Ein Beispiel für die beschriebenen „inaktiven" Versorgungsmaßnahmen sind die im Verlauf der Untersuchung bereits mehrfach erwähnten TAVI-Herzklappen, die die lebenswichtige, natürliche Aortenklappe funktionell ersetzen, wobei es durch die Implantationsprozedur auch zu einer irreversiblen Zerstörung der körpereignen Aortenklappe kommt, sodass diese zugleich physisch ersetzt wird.[250] TAVI-Herzklappen sind vor diesem Hintergrund nach der entwickelten Differenzierung rechtlich als Körperbestandteile zu qualifizieren.

b) Versorgungsmaßnahmen als Behandlungsmittel

Ein größerer Anwendungsbereich verbleibt demgegenüber für die Kategorie der Behandlungsmittel.

Darunter können zunächst bestimmte aktive Geräte fallen. Zum einen können teilimplantierte, aktive Geräte als Behandlungsmittel einzustufen sein, wenn sie nicht die oben beschriebene enge Verbindung zum Körper aufweisen, die für die Bewertung als integrales Gerät vorausgesetzt wird[251] und keinen funktionellen sowie physischen Ersatz einer natürlichen Körperstruktur darstellen, der sie zu einem Körperbestandteil machen würde.[252]

Praktisch relevanter dürfte der Anwendungsbereich der Kategorie des Behandlungsmittels jedoch im Bereich derjenigen aktiven Geräte sein, die eine Verbindung ins Körperinnere haben, aber anders als integrale Geräte gerade keine Implantate im Sinne der o.g. Definition darstellen, weil sie nach der Zweckbestimmung des Herstellers weniger als 30 Tage im Körper belassen werden sol-

---

[249] Hierzu oben in Kapitel 4 unter C. II. 1. lit. a.
[250] Vgl. *Dabir/Arroyo-Ucar et al.*, Der Radiologe 53 (2013), 896, 901. Siehe dazu bereits oben in Kapitel 4 unter B. V. 2.
[251] Zu diesem Kriterium oben in Kapitel 4 unter C. II. 1. lit. c.
[252] Zu diesem Ausschlusskriterium für integrale Geräte oben in Kapitel 4 unter C. II. 1. lit. d.

len.²⁵³ Derartige „invasive" Geräte sind regelmäßig als Behandlungsmittel einzustufen.²⁵⁴

Insbesondere fallen jedoch viele „inaktive" Versorgungsmaßnahmen unter den Begriff des Behandlungsmittels, sofern sie nach dem oben dargelegten Verständnis keine lebenswichtige Körperstruktur funktionell und physisch ersetzen. Eine sim Fall der PEG-Sonde vor, die von außen angeschlossen und in den Körper führend die Zuführung lebensnotwendiger künstlicher Nahrung ermöglicht.

III. Bewertung der Beendigung unterschiedlicher medizinischer Versorgungsmaßnahmen auf Basis der vorgenannten Grundsätze

Nachdem die vorgeschlagene Differenzierung zwischen Behandlungsmitteln, integralen Geräten und Körperbestandteilen erläutert wurde, soll nachfolgend versucht werden, diverse medizinische Versorgungsmaßnahmen in diese drei Kategorien einzuordnen, um die Praktikabilität der niedergelegten Grundsätze zu überprüfen.

Ausgangspunkt und Hauptgegenstand dieser Untersuchung bildet die strafrechtliche Einordnung der Deaktivierung voll implantierter Herzschrittmacher und ICD. Gemäß den genannten Kriterien wäre der ICD als integrales Gerät zu bewerten, da es sich um ein aktives, implantiertes Gerät ohne physische Verbindung nach außen handelt, dessen anti-tachykarde Funktionen lebenswichtige Körperstrukturen weder funktionell noch physisch ersetzen.²⁵⁵ Der – ebenfalls als aktives, vollimplantiertes Gerät ohne Außenverbindung einzuordnende – Herzschrittmacher kann zwar als funktioneller (Teil-)Ersatz einer Körperstruktur fungieren, wenn eine vitale Schrittmacherabhängigkeit des Patienten besteht.²⁵⁶ Doch auch in solchen Fällen tritt er nicht physisch an die Stelle der funktionell ersetzten Körperstruktur: Weder durch den Herzschrittmacher selbst, noch durch die Implantationsprozedur wird die funktionsgestörte Körperstruktur zerstört.²⁵⁷

---

²⁵³ Zur Definition der teilweisen sowie vollständigen Implantation oben in Kapitel 4 unter C. II. 1. lit. b.
²⁵⁴ Etwas anderes würde nur gelten, wenn das invasive Gerät ausnahmsweise eine lebenswichtige Körperstruktur funktionell und physisch ersetzen würde. Dann wäre die Kategorie der Körperbestandteile einschlägig; dazu oben in Kapitel 4 unter C. II. 2. lit. a.
²⁵⁵ Sofern die anti-bradykarde Schrittmacherfunktion eines ICD ebenfalls aktiv ist, gelten insoweit die Ausführungen zur Einordnung eines Herzschrittmachers entsprechend.
²⁵⁶ Dazu bereits oben in Kapitel 4 unter B. V. 2. sowie unter B. V. 4. lit. b. bb. Vgl. zudem *Pitcher/Soar et al.*, Heart 102 (2016), A1, A10; *Zweng/Gulesserian et al.*, Journal für Kardiologie 13 (2006), 15, 16.
²⁵⁷ Dies gilt auch dann, wenn die Herzschrittmacherimplantation mit einer AV-Knoten-Ablation verbunden ist; vgl. zu dieser bereits oben in Kapitel 4 unter B. V. 2., Fn. 114, unter B. V. 4. lit. b. bb. sowie bei *Neuzner*, Zeitschrift für Kardiologie 89 (2000), Suppl. 3, III/110, III/111.

Vielmehr wird der Herzschrittmacher im Körper positioniert, um die elektrischen Impulse abzugeben, die die noch vorhandene, aber (nahezu) inaktive Körperstruktur selbst nicht mehr oder nicht mehr in ausreichendem Maße aussenden kann. Da der Herzschrittmacher bei vitaler Schrittmacherabhängigkeit eine Körperfunktion ersetzt, besteht insbesondere in derartigen Fällen ein Bedarf für eine abgestufte Eingriffsmöglichkeit, der mit der Einordnung des Herzschrittmachers in die Kategorie integraler Geräte bedient wird. Dem (mutmaßlichen) Patientenwillen nicht entsprechende Eingriffe wie ein Behandlungsabbruch auf Grundlage fehlender medizinischer Indikation für die fortgesetzte Gerätetätigkeit sind unzulässig. Ein absolutes Deaktivierungsverbot besteht indes nicht. Willensgemäße Herzschrittmacherdeaktivierungen sind nach dem hier vorgeschlagenen Ansatz damit ebenso wie willensgemäße ICD-Deaktivierungen strafrechtlich zulässig.

Das Beatmungsgerät als aktives Gerät ist demgegenüber mangels (Teil-)Implantation und enger Verbindung zum Körper als Behandlungsmittel und nicht als integrales Gerät einzustufen: Nach seiner Zweckbestimmung ist es nicht dazu bestimmt, grundsätzlich wenigstens 30 Tage oder länger am Patienten zu verbleiben;[258] zudem ist bei seinem Anschluss keine Zerstörung oder Verletzung lebenswichtiger interner Körperstrukturen erforderlich, die zumindest chirurgische Reparaturmaßnahmen notwendig machen, um ein Weiterleben nach Entfernung des Beatmungsgerätes zu ermöglichen. Das Beatmungsgerät ersetzt zwar eine Körperfunktion – die Eigenatmung – teilweise oder gar vollständig.[259] Dies führt nach der herrschenden – und hier geteilten – Meinung in Rechtsprechung und Literatur aber nicht zu seiner Äquivalenz mit einem Körperbestandteil.[260] Physisch substituiert das Beatmungsgerät keine lebenswichtige Körperstruktur, sodass es nach den hier verwendeten Differenzierungskriterien die Voraussetzungen für eine Bewertung als Körperbestandteil nicht erfüllen kann.

Denn die AV-Knoten-Ablation ist kein zwingender Bestandteil der Implantationsprozedur, sondern wird *neben* der Implantation bzw. *zusätzlich* zu dieser durchgeführt, wenn die Aufrechterhaltung der AV-Knoten-Funktion nach Schrittmacherimplantation aus medizinischer Sicht nachteilig wäre.

[258] Vgl. *Frankenberger*, in: Anhalt/Dieners, § 4, Rz. 44.

[259] Zur Unterstützung bzw. Substitution der Eigenatmung durch die Beatmungstherapie *Wagner*, Der Internist 47 (2006), 342 ff.

[260] Eine höchstrichterliche Einordnung des Beatmungsgeräts als Versorgungsmaßnahme, die einem Abbruch zugänglich ist, findet sich im Fall *Putz*, BGH, Urteil vom 25.06.2010 – 2 StR 454/09, BGHSt 55, 191 ff., Rz. 31. Dies entspricht der bereits vor dem Urteil im Fall *Putz* herrschenden Rechtsauffassung. Dazu aus der Rechtsprechung LG Ravensburg, Urteil vom 03.12.1986 – 3 KLs 31/86, NStZ 1987, 229 f.; aus der Literatur *Dölling*, MedR 1987, 6, 9 f.; *Geilen*, JZ 1986, 145, 151; *Rudolphi*, Jura 1979, 39, 40 ff.; *Engisch*, Gallas-FS, S. 163, 178; *Frister*, Samson-FS, S. 19, 28; *Gössel*, Strafrecht BT 1, § 2, Rz. 62; *Roxin*, in: Roxin/Schroth, Medizinstrafrecht, S. 94 f.; vgl. auch *Sax*, JZ 1975, 137, 149 sowie *Stoffers*, MDR 1992, 621 ff. m.w.N. Vgl. hierzu bereits oben in Kapitel 2 unter B.I. und B.II.

Entsprechendes gilt für die ECMO.[261] Sie ist außerhalb des Körpers belegen und weist nicht die gemäß hier vorgeschlagener Definition erforderliche enge Verbindung zum Körper auf, die für eine Bewertung als integrales Gerät erforderlich wäre. Zudem dürfte es an einer grundsätzlichen bestimmungsgemäßen Anwendungsdauer von 30 Tagen oder mehr fehlen, womit die ECMO bereits kein Teilimplantat wäre.[262] Da die ECMO darüber hinaus keinen physischen Ersatz für eine Körperstruktur darstellt, kann sie nur der Behandlungsmittelkategorie unterfallen.[263]

Eine im Verlauf der Untersuchung bisher nicht erwähnte Versorgungsmaßnahme, deren Einordnung nach dem vorgeschlagenen Ansatz auf den ersten Blick Abgrenzungsprobleme verursachen könnte, ist der sog. Zwerchfellschrittmacher. Dieser wird insbesondere bei Langzeitbeatmungspatienten mit Verletzungen der Wirbelsäule als Alternative zum Einsatz von Beatmungsgeräten herangezogen, sofern die Zwerchfellmuskulatur und der Zwerchfellnerv, der die Muskulatur stimuliert, intakt sind.[264] Der Zwerchfellschrittmacher sorgt für eine rhythmische elektrische Stimulation des Zwerchfellnervs. Dieser sorgt durch Impulsweitergabe für die Kontraktion der Zwerchfellmuskulatur.[265] Dadurch vergrößert sich der Brustraum und in der Lunge entsteht ein Unterdruck, der zum Einströmen von Atemluft führt. Der Zwerchfellschrittmacher verfügt über eine Elektrodenverbindung mit dem Zwerchfellnerv, körperextern befinden sich ein batteriebetriebener Sender sowie Antennen. Da der Zwerchfellschrittmacher in der Langzeittherapie zum Einsatz kommt, ist davon auszugehen, dass er dazu bestimmt ist, grundsätzlich für eine Anwendungsdauer von 30 Tagen oder mehr eingesetzt zu werden, sodass es sich nach dem hier zugrunde gelegten Verständnis um ein teilimplantiertes, aktives Gerät handeln dürfte, das eine lebenswichtige Körperstruktur jedenfalls nicht physisch ersetzt und mithin keinen Körperbestandteil darstellt. Ausschlaggebend für seine Einordnung als integrales Gerät oder als Behandlungsmittel ist demnach, ob eine enge Verbindung mit dem Körper im Sinne der o.g. Definition[266] besteht. Mit der Implantation eines Zwerchfellschrittmachers dürften keine physiologischen Veränderungen vorgenommen werden, die nicht mehr oder zumindest nicht ohne erhebliche chirurgische Reparaturmaß-

---

[261] Zur Funktion der ECMO bereits oben in Kapitel 4 unter B.II.1. lit. b. m.w.N.
[262] Die ECMO wird auf Basis unterschiedlicher Indikationen und für unterschiedliche Zeiträume eingesetzt, grundsätzlich jedoch als kurzzeitige Therapie; *Mühle/Garbade et al.*, Zeitschrift für Herz-, Thorax- und Gefäßchirurgie 26 (2012), 94, 102.
[263] Im Klinikalltag ist das Abschalten der ECMO im Rahmen von Behandlungsabbrüchen etabliert; Verfahren oder Urteile wegen des Vorwurfs eines Tötungsdelikts bei einer dem Patientenwillen entsprechenden ECMO-Deaktivierung existieren, soweit ersichtlich, (noch) nicht.
[264] Hierzu und zum Folgenden *Hirschfeld/Exner et al.*, Spinal Cord 46 (2008), 738.
[265] Hierzu und zum Folgenden *Weiß*, S. 3 f.
[266] Zu dieser oben in Kapitel 4 unter C.II.1. lit. c.

nahmen rückgängig gemacht werden könnten, sodass eine Entfernung des Zwerchfellschrittmachers das Weiterleben des Patienten grundsätzlich nicht gefährden sollte.[267] Auf dieser Grundlage ist keine hinreichend enge Verbindung zum Körper erkennbar, die eine Einordnung als integrales Gerät rechtfertigen würde. Anders als der vollimplantierte Herzschrittmacher oder ICD stellt der nur teilimplantierte Zwerchfellschrittmacher demnach ein Behandlungsmittel dar und unterliegt insoweit im Rahmen seiner Deaktivierung keinen anderen rechtlichen Regeln als Beatmungsgerät oder ECMO.[268]

Als ebenfalls teilweise körperinterne Versorgungsform soll auch das in dieser Untersuchung bereits erwähnte LVAD in die Kategorien von Behandlungsmitteln, integralen Geräten und Körperbestandteilen eingeordnet werden. Das durch eine externe Energiequelle betriebene LVAD ist für längerfristige Einsatzzeiten und daher grundsätzlich für eine Anwendungsdauer von 30 Tagen oder mehr bestimmt, sodass es ein aktives, teilimplantiertes Gerät darstellt.[269] Es weist eine enge Körperverbindung auf, weil für seine Teilimplantation ein Loch in das Herz des Patienten gebohrt werden muss und eine Entfernung des LVAD in der Folge mit erheblichen chirurgischen Reparaturmaßnahmen verbunden wäre, um dem Patienten ein Weiterleben zu ermöglichen.[270] Das LVAD ersetzt die linke Herzkammer zwar funktionell ganz oder teilweise, aber nicht physisch,[271] sodass es nicht als Körperbestandteil zu bewerten ist, sondern als integrales Gerät. Gleiches gilt für vergleichbare rechts- oder biventrikuläre Herzunterstützungssysteme, bei deren Teilimplantation analoge physiologische Veränderungen vorgenommen werden wie bei der des LVAD.

Ein komplett künstliches Herz (sog. TAH) wäre hingegen als dem nativen Herzen rechtlich gleichgestellter Körperbestandteil zu bewerten. Seine Deaktivierung überschreitet die Grenzen, innerhalb derer eine patientenautonome Entscheidung über die Fortsetzung der Tätigkeit des Implantats nicht mit dem strafrechtlichen Tötungsverbot in Konflikt gerät: Es dient als physischer Ersatz, da

---

[267] Die Elektrodenentfernung ist in der medizinischen Praxis ein etablierter Eingriff; vgl. dazu *Weiß*, S. 68 und abrechnungstechnisch über den OPS-Code 5-347.6 im OPS-Katalog 2021 erfasst.

[268] Eine Bewertung als integrales Gerät käme allerdings bei vollständiger Implantation in Betracht.

[269] Das LVAD ist für längere Therapien konzipiert, seine Einsatzzeiten als sog. bridge-to-transplant betragen nach *Pozzi/Giraud et al.*, Journal of Thoracic Disease 7 (2015), 532, 534 meist schon weit über 100 Tage. Auch als sog. destination therapy, die eine Dauerlösung darstellt, wird das LVAD mittlerweile eingesetzt; Noah, William Mitchell Law Review 39 (2013), 1229, 1235 m.w.N.

[270] vgl. *Kraemer*, Bioethics 27 (2013), 140, 145.

[271] Implantat bzw. Implantationsprozedur verursachen keine irreversible Zerstörung der linken Herzkammer im Sinne der oben in Kapitel 4 unter B.V.4. lit. b. aa. genannten Definition.

große Teile des menschlichen Herzens für seine Implantation entfernt und damit in ihrer Funktion irreversibel zerstört werden.[272] Das komplett künstliche Herz kann – die Aufrechterhaltung des Verbots aktiver Sterbehilfe vorausgesetzt – daher ebensowenig einem willensgemäßen Versorgungsabbruch unterworfen werden wie ein (transplantiertes) menschliches Herz.

IV. Integration der Kategorie integraler Geräte in das Normengefüge

Im Anschluss an die Ausdifferenzierung der dem deutschen Recht bislang fremden Kategorie integraler Geräte in Abgrenzung zu den Kategorien von Behandlungsmitteln und Körperbestandteilen stellt sich die Frage, wie eine solche „dritte Dimension" in das geltende (straf-)rechtliche Normengefüge integriert und die Zulässigkeit des Abschaltens integraler Geräte auf Grundlage des (mutmaßlichen) Patientenwillens etabliert werden könnte. Dabei muss zunächst entschieden werden, unter welches bestehende strafrechtliche Schutzsystem integrale Geräte fallen sollen: Unter das der Sachen, die über §§ 303 ff. StGB gegen funktionsbeeinträchtigende Eingriffe geschützt werden, oder das von Körper und Leben gemäß den §§ 223 ff. sowie §§ 211 ff. StGB.

Die Einordnung als Körperbestandteil, für den die §§ 223 ff., §§ 211 ff. StGB einschlägig wären, würde den mit der Einführung einer Kategorie integraler Geräte bezweckten höheren Differenzierungsgrad konterkarieren: Das deaktivierende Eingreifen in ein integrales Gerät mit tödlicher Folge würde stets die Grenzen zur aktiven Sterbehilfe überschreiten. Demgegenüber lässt die Einstufung integraler Geräte als Sachen im Sinne der §§ 303 ff. StGB hinreichenden Raum für eine differenzierende strafrechtliche Betrachtung, ohne zu einem unzureichenden strafrechtlichen Schutzniveau zu führen: Auch wenn integrale Geräte als Sachen bewertet werden, können Eingriffe in diese nicht nur zu einer Strafbarkeit wegen Sachbeschädigung führen, sondern Körperverletzungs- oder gar Tötungstatbestände einschlägig sein. Störungen der Funktion eines integralen Gerätes, die Symptome verursachen, würden danach über §§ 223 ff. StGB erfasst; verursachen sie den Tod des Patienten, wären die §§ 211 ff. StGB einschlägig.

Um jedoch zugleich eine dem (mutmaßlichen) Patientenwillen entsprechende tödliche Deaktivierung integraler Geräte von der Strafbarkeit auszunehmen, bedürfte es der Begründung einer entsprechenden Bereichsausnahme im geltenden Recht; eine Zulässigkeit der Deaktivierung integraler Geräte sehen die §§ 211 ff. StGB bislang nicht vor. Daher stellt sich die Frage, auf welche Weise die Straflosigkeit willensgemäßer Deaktivierungen integraler Geräte rechtstechnisch umgesetzt werden könnte.

---

[272] *Antretter/Dumfarth et al.*, Wiener klinisches Magazin 19 (2016), 48, 49 f.

Zu erwägen wäre die Anpassung der Bereichsausnahme, die mit der Rechtsprechung zum Behandlungsabbruch eingeführt wurde. Die Straflosigkeit einer Deaktivierung könnte so auch für integrale Geräte, die die zuvor niedergelegten Merkmale erfüllen, etabliert werden. Für eine solche Vorgehensweise finden sich hingegen keinerlei systematische Anhaltspunkte im geltenden Recht. Dieses kennt zwar eine eigene Kategorie der medizinischen Behandlung, die im Zivil- und Sozialrecht auch gesetzlich verankert ist.[273] Durch die zivilrechtlichen Regelungen der §§ 1901a, 1901b BGB sowie die strafrechtliche Rechtsprechung ist die Zulässigkeit der Ablehnung bzw. des Abbruchs einer (Weiter-)Behandlung gesichert; derartige Maßnahmen sollen gemäß der Gesetzesbegründung „streng von einer Tötung auf Verlangen zu unterscheiden" sein.[274] Eine Kategorie integraler Geräte, für die ein willensgemäßer Versorgungsabbruch zulässig, ein Versorgungsabbruch auf anderer Grundlage wie insbesondere einer fehlenden medizinischen Indikation jedoch ausgeschlossen ist, ist hingegen ein neuartiger Vorschlag, der in den geltenden Rechtsnormen sowie den hierzu vorhandenen Gesetzesmaterialien bislang keinerlei Grundlage findet. Die Implementierung einer Kategorie integraler Geräte ohne Anpassung des geltenden Gesetzesrechts wäre daher eine unzulässige Rechtsfortbildung, die „ohne ausreichende Rückbindung an gesetzliche Aussagen neue Regelungen schafft."[275] Eine derartige Rechtsfortbildung würde die verfassungsmäßigen Kompetenzen der Legislative verletzen und gegen das in Art. 20 Abs. 3 GG niedergelegte Gewaltenteilungsprinzip verstoßen.[276]

Die Einführung einer Kategorie integraler Geräte läuft demnach auf eine Anpassung des geltenden Rechts hinaus, die einer Gesetzesänderung bedarf. Mit einer solchen Gesetzesänderung könnte neben der Rechtsprechung zum Behandlungsabbruch eine Sonderkategorie integraler Geräte geschaffen werden, die ebenfalls nicht dem Tötungsverbot in den §§ 211 ff. StGB unterfällt. Diese sähe sich dem bereits im Rahmen des Behandlungsabbruchs als nicht tragfähig erachteten Einwand eines drohenden „Dammbruchs"[277] ausgesetzt, der aber auch der Kategorie integraler Geräte nicht überzeugend entgegengehalten werden kann: Die Kategorie würde zusätzliche Klarheit in einem bislang rechtlich nicht umfassend durchdrungenen Bereich schaffen und eine eindeutige Abgrenzung zwischen strafrechtlich zulässigen und unzulässigen Handlungen im Rahmen von

---

[273] Dazu oben in Kapitel 3 unter B.I.2.
[274] BT-Drucks. 16/8442, S. 7.
[275] BVerfG, Beschluss vom 06.07.2010 – 2 BvR 2661/06, BVerfGE 126, 286 ff., Rz. 64.
[276] Zur Begrenzung der richterlichen Rechtsfortbildung durch die Gesetzesbindung der Judikative vgl. Dürig/Herzog/Scholz/*Grzeszick*, Art. 20 Abs. 3 GG, Rz. 88 ff. Dazu (in anderem Kontext) bereits eingehend in Kapitel 2 unter C.III.1. lit. a.
[277] Hierzu oben in Kapitel 2 unter C.III.1. lit. a. bb.

Sterbehilfe ermöglichen. Die Klärung der Grenzbereiche des rechtlich Zulässigen wirkt einem Dammbruch effektiv entgegen, da eine Ausweitung zulässiger Sterbehilfe nicht unbemerkt, sondern nur unter Durchbrechung ausdrücklicher rechtlicher Grenzen erfolgen könnte. Indem diese Grenzen einfachgesetzlich definiert würden, wären sie zudem mit der demokratischen Legitimation einer parlamentarischen Entscheidung ausgestattet. Ein Impuls für eine weitere Liberalisierung des Rechts der Sterbehilfe dürfte von der Implementierung einer Kategorie integraler Geräte nicht zu erwarten sein, zumal es sich dabei lediglich um eine besondere Gruppe medizinischer Versorgungsmaßnahmen handelt, die aus der Kategorie des Behandlungsmittels gemäß der vorgeschlagenen Definition de lege lata herausgelöst würden – eine Ausweitung zulässiger lebensverkürzender Eingriffe im Vergleich zur BGH-Rechtsprechung von 2010 ginge damit nicht einher.[278] Unabhängig davon wäre in einem etwaigen Impuls für eine Liberalisierung auch kein entscheidendes Argument gegen die Schaffung einer gesetzlichen Sonderkategorie integraler Geräte zu erkennen, da jede zusätzliche Liberalisierung ebenfalls an die bereits nachgezeichneten verfassungsrechtlichen Grenzen gebunden wäre.[279]

Ausgehend von der Erforderlichkeit einer Gesetzesänderung für die Einführung der vorgeschlagenen Kategorie integraler Geräte bleibt nunmehr zu klären, in welchen Regelungsbereichen Anpassungen erfolgen müssten.

Die Einführung einer Kategorie integraler Geräte erzeugt zunächst im Strafrecht einen Anpassungsbedarf. Dort müsste gesetzlich verankert werden, dass eine Deaktivierung integraler Geräte keine gemäß §§ 223 ff. StGB strafbare Körperverletzung bzw. keine nach §§ 211 ff. StGB strafbare Tötung darstellt, sofern sie dem (mutmaßlichen) Patientenwillen entspricht. Dies schließt zugleich anderweitig motivierte Deaktivierungshandlungen und damit auch einen Behandlungsabbruch auf Grundlage einer nicht mehr fortbestehenden medizinischen Indikation aus.

Ebenso dürfte zu regeln sein, dass eine dem mutmaßlichen Patientenwillen entsprechende Deaktivierung eines integralen Gerätes nicht als Sachbeschädigung gemäß §§ 303 ff. StGB strafbar sein kann, um für den Fall, dass das Gerät nicht im Eigentum des Patienten steht und durch die Deaktivierung beschädigt oder zerstört wird, die strafrechtliche Sanktionierung einer entsprechenden Handlung auszuschließen.

Die erforderliche Anpassung strafrechtlicher Regelungen könnte rechtstechnisch durch Ergänzung entsprechender Ausnahmetatbestände umgesetzt werden.

---

[278] Siehe dazu näher oben in Kapitel 4 unter C. I.
[279] Zu diesen verfassungsrechtlichen Grenzen oben in Kapitel 2 unter A. I.

C. Alternativvorschlag de lege ferenda

Die erforderlichen Anpassungen wären aber nicht auf das Strafrecht beschränkt: Überall dort, wo die Beendigung, der Abbruch oder der Verzicht auf eine Behandlung Normgegenstand ist, müsste auch die insoweit eigenständige Kategorie der Deaktivierung integraler Geräte berücksichtigt werden.

Danach müssten im Zivilrecht die Regelungen in den §§ 1901a, 1901b BGB angepasst werden, um sicherzustellen, dass auch der (mutmaßliche) Patientenwille bezüglich des Betriebs bzw. der Deaktivierung integraler Geräte durchgesetzt wird und um verfahrensrechtlich abzusichern, dass Abbrüche der Versorgung mit integralen Geräten allein auf der Basis eines Wegfalls der medizinischen Indikation nicht vorgenommen werden.

§ 1901a BGB sieht vor, dass Äußerungen eines nunmehr einwilligungsunfähigen Betroffenen, die er im einwilligungsfähigen Zustand in Bezug auf Untersuchungen, Heilbehandlungen oder ärztliche Eingriffe getätigt hat, Geltung zu verschaffen ist. § 1901b BGB enthält prozessuale Regelungen, die die Feststellung des Patientenwillens in Bezug auf derartige ärztliche Maßnahmen und Behandlungen betreffen. Diese Regelungen müssten erweitert werden, um die Beachtlichkeit von Äußerungen zum Betrieb bzw. zur Deaktivierung integraler Geräte auch zivilrechtlich zu verankern. Insoweit bietet sich eine Ergänzung des Gesetzes an, aus der hervorgeht, dass der (mutmaßliche) Patientenwille auch dann beachtlich ist, wenn die Weiterführung oder Deaktivierung der Tätigkeit eines integralen Gerätes in Frage steht. Ebenso sollte niedergelegt werden, dass das Fortbestehen der medizinischen Indikation einer solchen Maßnahme für eine Deaktivierungsentscheidung keine Relevanz entfaltet, um die Möglichkeit eines einseitigen ärztlichen Behandlungsabbruchs auf Grundlage des Wegfalls der medizinischen Indikation auszuschließen.[280]

V. Verhältnis zu anderen Reformvorschlägen zum Strafrecht der Sterbehilfe

Versuche, eine legislative Ausdifferenzierung bzw. Neuordnung des Strafrechts zur Sterbehilfe in den Fokus des Gesetzgebers zu rücken, wurden und werden immer wieder unternommen. Dreh- und Angelpunkt der Debatte ist die auch in dieser Arbeit im Fokus stehende Regelung des § 216 StGB.[281] Die Vorschläge

---

[280] Die Formulierung entsprechender Regelungsvorschläge soll nicht zum Gegenstand dieser Untersuchung gemacht werden; dazu sogleich in Kapitel 4 unter C. V.

[281] Ein umfassender Überblick über die verschiedenen Stimmen in der Reformdebatte findet sich bei Lackner/Kühl/*Kühl*, § 216 StGB, Rz. 1. Die Bedeutung der Thematik spiegelt sich auch in der bereits dreimaligen Befassung des Deutschen Juristentages mit der Norm wider – sie war Gegenstand des 56. DJT 1986, des 63. DJT 2000 und des 66. DJT 2006; dazu Matt/Renzikowski/*Safferling*, § 216 StGB, Rz. 5.

reichen dabei von einer strafgesetzlichen Adressierung verschiedener Sterbehilfekonstellationen ohne eine Veränderung des Norminhaltes der Tötung auf Verlangen[282] über Modifikationen, die eine ausnahmsweise Zulassung einer Tötung auf Verlangen zur Vermeidung unzumutbarer Härten bei gleichzeitiger verfahrensrechtlicher Absicherung derartiger Konstellationen vorsehen[283] bis hin zu Forderungen nach der Streichung von § 216 StGB.[284]

Die Abschaffungs- und Reformforderungen wurden im Anschluss an das Urteil des BVerfG zur Verfassungswidrigkeit der Strafbarkeit einer geschäftsmäßigen Förderung der Selbsttötung nach § 217 StGB a. F.[285] erneuert.[286] Das BVerfG erkannte im Jahr 2020 ein verfassungsrechtliches Recht auf selbstbestimmtes Sterben an, bezog dieses im konkreten Fall allerdings nur auf das Recht sich selbst das Leben zu nehmen und dabei die Hilfe Dritter in Anspruch zu nehmen.[287] Der Vorschlag, für die strafrechtliche Einordnung der lebensverkürzenden Deaktivierung von (Teil-)Implantaten de lege ferenda eine Kategorie integraler Geräte im Normengefüge zu verankern, reiht sich in die Vorschläge zur Modifikation des § 216 StGB ein. Ziel einer solchen Anpassung wäre, die

---

Ebenfalls im Fokus der Debatte steht die Neuregelung des Verbotes bestimmter Formen der Suizidhilfe, auf die hier nicht näher eingegangen werden soll; vgl. dazu aus der aktuellen politischen Diskussion etwa den interfraktionellen Entwurfsvorschlag für ein Gesetz zur Regelung der Suizidhilfe vom 19.04.2021, veröffentlicht als BT-Drucks. 19/28691.

[282] Dazu insbesondere *Schöch/Verrel et al.*, GA 2005, 553 ff.; für eine unveränderte Beibehaltung des § 216 StGB auch *Ingelfinger*, JZ 2006, 821, 823.

[283] *Kusch*, NJW 2006, 261 ff.; so auch *Lindner*, JZ 2006, 373, 381, der seine Forderung jüngst erneuert hat; dazu *Lindner*, NStZ 2020, 505, 507 f.; AMHE-SterbehilfeG, § 6 sowie S. 54 ff. Für eine Zustimmungsfähigkeit in der Bevölkerung zum Zeitpunkt der Veröffentlichung ihres Aufsatzes auf Grundlage demoskopischer Befragungsergebnisse vgl. *Janes/Schick*, NStZ 2006, 484, 488.

[284] *Leitmeier*, NStZ 2020, 508, 513 f.; *Öz*, JR 2021, 428, 433; vgl. MüKo-StGB/*Schneider*, § 216, Rz. 2 m.w. N. Vgl. auch *Dreier*, JZ 2007, 317, 319 f., der die Option einer Streichung neben der Option einer Modifikation des § 216 StGB anführt.

[285] BVerfG, Urteil vom 26.02.2020 – 2 BvR 2347/15, 2 BvR 651/16, 2 BvR 1261/16, 2 BvR 1593/16, 2 BvR 2354/16, 2 BvR 2527/16, BVerfGE 153, 182 ff.

[286] *Leitmeier*, NStZ 2020, 508, 513 f.; *Lindner*, NStZ 2020, 505, 507 f.; *Öz*, JR 2021, 428, 433.

[287] BVerfG, Urteil vom 26.02.2020 – 2 BvR 2347/15, 2 BvR 651/16, 2 BvR 1261/16, 2 BvR 1593/16, 2 BvR 2354/16, 2 BvR 2527/16, BVerfGE 153, 182 ff., 1. Leitsatz sowie Rz. 209 ff., 213. Dazu bereits oben in Kapitel 2 unter A. III. 2.

Ein Jahr zuvor hatte der BGH der jüngeren Rechtsentwicklung bereits eine „erhebliche Aufwertung" der Patientenautonomie bei Entscheidungen über das eigene Leben bescheinigt und diese Entwicklung gestützt, indem er die Freisprüche von Ärzten bestätigte, die die freiverantwortlichen Selbsttötungen ihrer Patientinnen unterstützt und Rettungsmaßnahmen nach Eintritt ihrer Bewusstlosigkeit unterlassen hatten; dazu BGH, Urteil vom 03.07.2019 – 5 StR 393/18, BGHSt 64, 135 ff., Rz. 27 ff., 34 sowie BGH, Urteil vom 03.07.2019 – 5 StR 132/18 BGHSt 64, 121 ff.

Straffreiheit einer dem (mutmaßlichen) Patientenwillen entsprechenden Deaktivierung integraler Geräte, die sich in die bislang existierenden Kategorien des Behandlungsabbruchs und der Tötung auf Verlangen nicht nahtlos einfügen lassen, gesetzlich explizit vorzusehen und damit diesbezüglich bestehende Rechtsunsicherheiten zu beseitigen. Der (mutmaßliche) Patientenwille würde demnach die einzige Legitimationsgrundlage für Deaktivierungsmaßnahmen bei integralen Geräten darstellen; anders als Behandlungsmittel wären sie ausschließlich der Herrschaft des Patienten unterworfen.[288] Die dadurch bedingte weitere Abstufung von Eingriffsmöglichkeiten in medizinische Versorgungsmaßnahmen würde den Anwendungsbereich der §§ 212, 216 StGB, wie er sich infolge der Rechtsprechung des BGH zum Behandlungsabbruch darstellt, jedoch unberührt lassen – eine direkte aktive Sterbehilfe durch einen funktionsbeendigenden Eingriff in einen Körperbestandteil bliebe weiterhin ausgeschlossen.[289]

Die vorgestellte Regelungsidee entspringt einer auf die strafrechtliche Einordnung einer Deaktivierung (teil-)implantierter Versorgungsmaßnahmen fokussierten Untersuchung und damit einem nur begrenzten Ausschnitt aus der Vielzahl strafrechtlicher Fragestellungen zur Sterbehilfe. Sie kann und soll daher kein Urteil dazu beinhalten, ob eine grundlegendere Reform strafrechtlicher Normen zur Sterbehilfe sinnvoll und wünschenswert wäre. Eine solche Bewertung muss Gesamtbetrachtungen des Strafrechts zur Sterbehilfe vorbehalten bleiben.[290] Diesen muss auch die Beurteilung überlassen bleiben, ob und wie die im vorangegangenen Abschnitt umrissenen (straf-)rechtlichen Anpassungen mit Rücksicht auf hier nicht näher betrachtete Sterbehilfekontexte in das geltende Recht überführt werden sollten bzw. – im Falle einer befürworteten weitergehenden Reform des Strafrechts zur Sterbehilfe – ob und wie die angestellten Überlegungen in eine entsprechende Neuordnung des Normengefüges einfließen könnten.[291]

---

[288] Eine Beendigung der Tätigkeit eines integralen Gerätes auf Grund des Wegfalls der medizinischen Indikation, wie er beispielsweise bei einem Beatmungsgerät oder einer ECMO denkbar wäre, wäre folglich ausgeschlossen. Auch eine im Zuge der COVID-19-Pandemie diskutierte sog. ex-post-Triage käme für integrale Geräte von vornherein nicht in Betracht. Zum Ganzen näher oben in Kapitel 4 unter C.I.

[289] Wie oben in Kapitel 4 unter C.I. gezeigt, würde die Kategorie integraler Geräte an der Kategorie des Behandlungsmittels ansetzen und bestimmte Geräte auf Grund ihres hohen körperlichen Integrationsgrades als Sonderkategorie aus dieser herauslösen; die Kategorie der Körperbestandteile bliebe davon unberührt, sodass der Anwendungsbereich der §§ 212, 216 StGB nicht verkleinert würde.

[290] Aus jüngster Zeit sei insoweit der AMHE-SterbehilfeG aus dem Jahr 2021 hervorgehoben.

[291] Da die für einen fundierten gesetzlichen Regelungsvorschlag notwendige Klärung dieser

D. Fazit: Bewertung der Zulässigkeit einer lebensverkürzenden Deaktivierung von Herzschrittmachern und ICD

Die Untersuchung möglicher Lösungsansätze für das im Rahmen der strafrechtlichen Bewertung einer lebensverkürzenden[292] Deaktivierung von Herzschrittmachern sowie ICD[293] auf Grundlage der Rechtsprechung zum Behandlungsabbruch zu Tage getretene Abgrenzungsproblem hat zu dem Ergebnis geführt, dass die Einführung einer dritten, neuartigen Kategorie sog. integraler Geräte neben der Differenzierung zwischen Behandlungsmitteln und Körperbestandteilen vorzugswürdig ist. Jedoch wurde auch festgestellt, dass für die Einführung einer solchen Kategorie eine Gesetzesänderung erforderlich wäre. Demgegenüber bewegt sich der zuvor herausgearbeitete funktionsorientierte Ansatz innerhalb der Grenzen der gebräuchlichen Unterscheidung zwischen lebensbeendenden Eingriffen in Behandlungsmittel im Rahmen eines Behandlungsabbruchs und lebensbeendenden Eingriffen in Körperbestandteile als unzulässige Tötungen und formt diese mit Hilfe der Kriterien eines funktionellen sowie physischen Ersatzes lediglich aus. Eine Gesetzesänderung erfordert er nicht.

Nachfolgend soll zusammengefasst werden, wie und anhand welcher Kriterien beide Lösungsansätze die untersuchungsgegenständliche Frage beantworten, ob die Deaktivierung von Herzschrittmachern und ICD strafrechtlich zulässig ist. Zunächst wird auf die Zulässigkeit nach der im geltenden Recht bereits veranlagten Unterscheidung zwischen Behandlungsmitteln und Körperbestandteilen eingegangen (hierzu I.), bevor eine Betrachtung de lege ferenda erfolgt, die die Einführung der neuartigen Kategorie integraler Geräte berücksichtigt (hierzu II.).

I. Zulässigkeit de lege lata

Die für die gegenwärtige medizinische Praxis maßgebliche Frage, ob die Deaktivierung von Herzschrittmachern und ICD de lege lata zulässig ist, kann nicht mit Hilfe der in dieser Arbeit präferierten Kategorie integraler Geräte beantwortet werden: Weder im Gesetz noch in der bisherigen Rechtsprechung sind Anknüpfungspunkte für eine solche neuartige Kategorie enthalten. Sie stellt sich

---

Vorfragen über die Forschungsfrage der Arbeit weit hinausgehen, werden sie sowie ein darauf aufbauender konkreter Regelungsvorschlag nicht zum Gegenstand der Untersuchung gemacht.

[292] Zur Beschränkung auf lebensverkürzende Herzschrittmacher- und ICD-Deaktivierungen siehe bereits oben in Kapitel 3 unter A. VI. und B. I.

[293] An dieser Stelle sei nochmals in Erinnerung gerufen, dass über den Begriff der ICD-Deaktivierung die Deaktivierung anti-tachykarder ICD-Funktionen erfasst wird; für die Deaktivierung anti-bradykarder Funktionen eines ICD gelten hingegen die Ausführungen für eine Herzschrittmacherdeaktivierung entsprechend; dazu bereits oben in Kapitel 3 unter A. I.

damit nicht als bloße Ausformung, sondern als Umgestaltung des geltenden Rechts dar.

Etwas anderes gilt für die zuvor entwickelte funktionsorientierte Definition des Begriffs des Behandlungsmittels bei Implantaten. Diese differenziert das im bisherigen Recht bekannte Rechtsinstitut des zulässigen Behandlungsabbruchs im Unterschied zu unzulässigen Eingriffen in das Leben lediglich aus und präzisiert es für die Rechtsanwendung. Darin liegt keine die Kompetenzen der Legislative verletzende Änderung geltenden Rechts. De lege lata sollte die Zulässigkeit der Deaktivierung von Herzschrittmachern und ICD auf Grundlage der Rechtsprechung zum Behandlungsabbruch daher mit Hilfe der funktionsorientierten Definition für die Einordnung von Implantaten bewertet werden.[294]

Nach dieser Definition sind sog. Supportiv-Implantate stets als Behandlungsmittel zu bewerten und folglich einer Deaktivierung zugänglich. Im Gegensatz zu sog. Substitutiv-Implantaten, die Körperbestandteile darstellen, wird ein Implantat als supportiv bewertet, wenn

1. das Implantat die Funktion einer lebenswichtigen Körperstruktur lediglich unterstützt, ohne dass dies erforderlich ist, um dem Patienten ein Weiterleben zu ermöglichen, oder wenn es eine nicht lebenswichtige Körperstruktur funktionell ersetzt bzw. unterstützt (*kein funktioneller Ersatz lebenswichtiger Körperstruktur*); oder
2. das Implantat, sofern es eine Substitutivfunktion wahrnimmt, nicht dergestalt physisch an die Stelle der lebenswichtigen natürlichen Körperstruktur tritt, dass es selbst oder die Implantationsprozedur diejenige funktionsgebende natürliche Körperstruktur irreversibel zerstört, die das Implantat funktionell ersetzt (*kein physischer Ersatz lebenswichtiger Körperstruktur*).

Der ICD stellt nach dieser Definition ein Supportiv-Implantat dar, da er bereits keine (lebenswichtige) Körperfunktion ersetzt (vgl. Ziff. 1). Er greift vielmehr nur regulierend ein, wenn die natürliche Herzfunktion durch Tachyarrhythmien gestört ist. Ebenso wenig ersetzt der ICD eine Körperstruktur physisch (vgl. Ziff. 2); er wird lediglich zusätzlich zu den vorhandenen Strukturen im Körper platziert, ohne diese zu beeinträchtigen.

Auch der Herzschrittmacher ist auf dieser Bewertungsgrundlage ein Supportiv-Implantat. Im Hinblick auf seine Funktion könnte er – anders als der ICD – jedenfalls dann als funktionsersetzendes Implantat (vgl. Ziff. 1) eingestuft werden, wenn seine Impulsabgabe für die Initiierung des Herzschlags notwendig ist, um die für das Überleben des Patienten erforderliche Herztätigkeit zu gewähr-

---

[294] Hierzu und zum Folgenden oben in Kapitel 4 unter B. V. 4. lit. b. aa.

leisten.²⁹⁵ Im Falle einer fehlenden Herzeigenfrequenz des Patienten ersetzt der Herzschrittmacher die Impulsgebung sogar vollständig. Jedoch ersetzt er in keiner Konstellation die ursprüngliche Körperstruktur auch physisch (vgl. Ziff. 2): Weder der Herzschrittmacher selbst noch die Implantationsprozedur erfordern die Zerstörung derjenigen Körperstruktur, die der Herzschrittmacher funktionell ersetzt.²⁹⁶ Auch der Herzschrittmacher ist folglich nicht als Substitutiv-Implantat einzuordnen.

Die Anwendung der beschriebenen funktionsorientierten Definition des Begriffs des Behandlungsmittels für Implantate führt damit zu der Bewertung, dass eine Deaktivierung von Herzschrittmachern und ICD straflos bleiben muss, auch wenn sie zum Tod des Patienten führt.²⁹⁷

Der Lösungsansatz erscheint unter Berücksichtigung von Lebensschutzerwägungen und Selbstbestimmungsrecht des Patienten sachgerecht und ermöglicht eine rechtssichere Zuordnung von Implantaten in die Kategorien des Behandlungsabbruchs sowie der Tötungsdelikte. Die Arbeit hat jedoch auch eine relevante Schwäche der vorgeschlagenen Ausgestaltung des Behandlungsmittelbegriffs offengelegt: Es bleibt dabei, dass viele technische Implantate Charakteristika sowohl eines Behandlungsmittels als auch eines Körperbestandteils aufweisen, was in den Kategorien der bislang etablierten binären Unterscheidung nur unzureichend abgebildet werden kann.²⁹⁸

---

²⁹⁵ Hierzu und zum Folgenden ausführlich in Kapitel 3 unter A. III. 1. lit. a.

²⁹⁶ Dies gilt auch dann, wenn die Herzschrittmacherimplantation mit einer AV-Knoten-Ablation verbunden ist; vgl. zu dieser bereits oben in Kapitel 4 unter B. V. 2., Fn. 114, unter B. V. 4. lit. b. bb. sowie bei *Neuzner*, Zeitschrift für Kardiologie 89 (2000), Suppl. 3, III/110, III/111. Denn die AV-Knoten-Ablation ist kein zwingender Bestandteil der Implantationsprozedur, sondern wird *neben* der Implantation bzw. *zusätzlich* zu dieser durchgeführt, wenn die Aufrechterhaltung der AV-Knoten-Funktion nach Schrittmacherimplantation aus medizinischer Sicht nachteilig wäre.

²⁹⁷ Ergänzend wurde bereits angedacht, ob die Zulässigkeit der Deaktivierung eines ICD aus palliativen Gründen de lege lata auch über das Institut der indirekten aktiven Sterbehilfe begründet werden kann; zu den diesbezüglichen Klärungsbedarfe, die einer eindeutigen Subsumtion derzeit noch im Wege stehen, siehe oben in Kapitel 3 unter A. V. 2. lit. c.

In Betracht kommt de lege lata jedoch eine alternative Begründung eines Behandlungsabbruchs auf Grundlage eines Wegfalls der medizinischen Indikation der ICD-Therapie in der Sterbephase, wobei dies einer medizinischen Beurteilung im Einzelfall bedarf. Zum Behandlungsabbruch auf Grund des Wegfalls der medizinischen Indikation siehe oben in Kapitel 2 unter C. I. 2. lit. f. sowie unter C. I. 3. lit. f. Für die de lege ferenda vorgeschlagene Lösung wird die Eröffnung der Möglichkeit eines solchen einseitigen Behandlungsabbruch abgelehnt; dazu oben in Kapitel 4 unter C. I.

²⁹⁸ Dazu bereits oben in Kapitel 4 unter B. V. 4. lit. b. ee.

Sachgerechter erscheint es daher, derartige Geräte de lege ferenda einer neuen rechtlichen Kategorie integraler Geräte zuzuordnen, die den Kategorien von Behandlungsmittel und Körperbestandteil zwischengelagert ist.

II. Zulässigkeit de lege ferenda

In Anlehnung an einen Vorschlag aus der internationalen medizin-ethischen Literatur hat die vorliegende Arbeit für die zukünftige Bewertung der Zulässigkeit einer Deaktivierung von Herzschrittmachern und ICD sowie von sonstigen Implantaten die Einführung einer Kategorie integraler Geräte in den Raum gestellt, die den bisherigen Kategorien von Behandlungsmittel und Körperbestandteil zwischengelagert wäre.

Integrale Geräte sollen – wie Behandlungsmittel – einem dem (mutmaßlichen) Patientenwillen entsprechenden Abbruch zugänglich sein, jedoch – wie Körperbestandteile – keinem Abbruch auf Grundlage nicht mehr bestehender medizinischer Indikation unterworfen werden können.[299]

Die Arbeit hat den Begriff des integralen Geräts weiter ausdifferenziert. Danach sind integrale Geräte aktive Geräte, die teilweise oder vollständig in den Körper implantiert sind, eine hinreichend enge Verbindung mit dem Körper aufweisen und keinen funktionellen sowie physischen Ersatz für eine natürliche Körperstruktur darstellen.[300]

Aktive Geräte sind Geräte, die von einer Energiequelle betrieben werden, die weder der Körper noch die Schwerkraft bereitstellen. In der Regel handelt es sich um Geräte mit einer elektrischen Energiequelle.[301]

Für die teilweise oder vollständige Implantation eines aktiven Gerätes ist maßgeblich, dass es ganz oder teilweise in den Körper eingeführt wird und dort nach der Zweckbestimmung des Herstellers grundsätzlich für eine Anwendungsdauer von 30 Tagen oder mehr verleiben soll.[302]

Eine hinreichend enge Verbindung mit dem Körper ist bei komplett implantierten Geräten schon auf Grund ihrer vollständigen Körperintegration ohne jegliche Außenverbindungen gegeben.[303] Bei teilimplantierten Geräten wird die

---

[299] Vgl. *England/England et al.*, Journal of Medical Ethics 33 (2007), 538, 539 f. Warum dies aus rechtlicher Sicht sachgerecht erscheint, wurde oben in Kapitel 4 unter C. I. erläutert. Auch eine Funktionsbeendigung im Rahmen einer sog. ex-post-Triage wäre für integrale Geräte mangels Zuordnung zur Behandlungsmittelkategorie von vornherein ausgeschlossen; vgl. dazu bereits oben in Fn. 209.
[300] Dazu eingehend oben in Kapitel 4 unter C. II. 1.
[301] Hierzu oben in Kapitel 4 unter C. II. 1. lit. a.
[302] Hierzu oben in Kapitel 4 unter C. II. 1. lit. b.
[303] Hierzu und zum Folgenden oben in Kapitel 4 unter C. II. 1. lit. c.

enge Verbindung mit dem Körper dadurch erzeugt, dass die Teilimplantation zu gewissen, nicht ohne Weiteres reversiblen körperlichen Veränderungen führt: Ist für die Implantation des Gerätes die Zerstörung oder Verletzung lebenswichtiger interner Körperstrukturen erforderlich und ist diese irreversibel oder würde im Falle der Entfernung des Gerätes erhebliche chirurgische Reparaturmaßnahmen erfordern, um ein – auch nur vorübergehendes – Weiterleben des Patienten zu ermöglichen, hat die Verbindung des Gerätes mit dem Körper zu derartigen physischen Veränderungen geführt. Eine hinreichend enge Verbindung zwischen teilimplantiertem Gerät und Körper ist in solchen Konstellationen zu bejahen.

Nur wenn ein Gerät, das die beschriebenen Merkmale erfüllt, funktionell und physisch an die Stelle einer lebenswichtigen Körperstruktur tritt, liegt kein integrales Gerät mehr vor, sondern ein Körperbestandteil.[304] Einen physischen Ersatz stellt ein Gerät indes nur dar, wenn es dergestalt physisch an die Stelle einer funktionsgebenden lebensnotwendigen Körperstruktur tritt, dass es selbst oder die Implantationsprozedur die genannte Körperstruktur zerstört, die durch das Implantat funktionell ersetzt werden soll.

Herzschrittmacher und ICD wären nach diesem Maßstab aktive, implantierte Geräte mit einer – angesichts ihrer vollständigen körperinternen Belegenheit – engen Verbindung zum Körper. Da sie in keiner Behandlungskonstellation lebenswichtige natürliche Körperstrukturen sowohl funktionell als auch physisch ersetzen, würden sie nicht die Grenze zum Körperbestandteil überschreiten und wären somit als integrale Geräte einzustufen, die einer Deaktivierung auf Grundlage des (mutmaßlichen) Patientenwillens zugänglich wären.

Da die Einführung der Kategorie integraler Geräte eine Änderung des geltenden Gesetzesrechts erfordern würde, könnte sie nur de lege ferenda umgesetzt werden. Wie erörtert bedürfte es hierzu sowohl strafgesetzlicher als auch zivilgesetzlicher Anpassungen.[305]

Mit der Einführung entsprechender gesetzlicher Regelungen würde für die Zukunft ein auch unter dem Aspekt des Lebensschutzes sowie der Selbstbestimmung sachgerechter Maßstab implementiert und die mangels expliziter gesetzlicher Regelung zur Zulässigkeit des Behandlungsabbruchs und seinen Voraussetzungen für Ärzte, Patienten und Angehörige verbleibende Rechtsunsicherheit bei der Deaktivierung technischer Geräte weitgehend beseitigt.

Bis derartige Regelungen geschaffen wurden, bedarf es jedoch konkreter rechtlicher Maßgaben für Ärzte und Patienten zum aus gegenwärtiger Sicht empfehlenswerten Umgang mit Deaktivierungswünschen, die technische Geräte betreffen. Insoweit ist zu berücksichtigen, dass die de lege lata vorgeschlagene

---

[304] Hierzu und zum Folgenden oben in Kapitel 4 unter C.II.1. lit. d.
[305] Dazu oben in Kapitel 4 unter C.IV.

D. Fazit: Bewertung der Zulässigkeit einer lebensverkürzenden Deaktivierung 261

strafrechtliche Bewertung anhand funktionsorientierter Kriterien in der Rechtspraxis noch nicht etabliert ist. Welche Probleme bei der Umsetzung von Deaktivierungswünschen vor diesem Hintergrund bestehen und wie sie gelöst werden können, soll im nachfolgenden Kapitel am Beispiel der untersuchungsgegenständlichen Herzschrittmacher und ICD erörtert werden.

Kapitel 5

Empfehlungen für den praktischen Umgang mit einem Deaktivierungsbedarf de lege lata

A. Empfehlungen für behandelnde Ärzte

Wird mit dem hier vertretenen Ansatz eine lebensverkürzend wirkende Deaktivierung von Herzschrittmachern und ICD auf Grundlage eines entsprechenden Patientenwillens gemäß geltendem Strafrecht für zulässig befunden, so stellt sich für die ärztliche Behandlungspraxis die Frage nach dem Umgang mit entsprechenden Deaktivierungsbedarfen.

Aus praktischer Perspektive ist insofern bedeutsam, dass sich im Zeitpunkt der Deaktivierung zumeist nicht (sicher) vorhersehen lassen dürfte, ob die Deaktivierung eines Herzschrittmachers oder ICD tatsächlich lebensverkürzende Auswirkungen haben wird, die für die strafrechtliche Bewertung in Kapitel 4 unterstellt wurden.[1] So wird im Zeitpunkt einer ICD-Deaktivierung regelmäßig nicht zu prognostizieren sein, ob auf diese ein tödliches tachykardes Ereignis folgt. Bei einer Herzschrittmacherdeaktivierung dürfte auch im Falle fehlender vitaler Schrittmacherabhängigkeit nicht ausgeschlossen werden können, dass die Deaktivierung im Laufe der Erkrankung todeskausal wird.[2] Um diese in der Praxis ex-ante auftretenden Unsicherheiten abzubilden, soll im vorliegenden Kapitel der Umgang mit (potentiell) lebensverkürzenden Deaktivierungsmaßnahmen Gegenstand sein.

Abgesehen von der strafrechtlichen Zulässigkeit derartiger Deaktivierungsmaßnahmen ist für die Behandlungspraxis von Bedeutung, wie das ärztliche Berufsrecht sowie Fachgesellschaften und andere ärztliche Organisationen diese beurteilen (hierzu I.).

Für Mediziner, die Herzschrittmacher- und ICD-Patienten betreuen, dürfte eine größtmögliche Minimierung rechtlicher Risiken im Rahmen der Gerätede-

---

[1] Hierzu und zum Folgenden bereits oben in Kapitel 3 unter A. VI. Bei einer bekannten vitalen Schrittmacherabhängigkeit besteht hinsichtlich der tödlichen Konsequenz der Deaktivierung eines Herzschrittmachers hingegen Klarheit; hierzu oben in Kapitel 3 unter A. III. 1. lit. a.

[2] Zu denken ist hier insbesondere an die Möglichkeit eines späteren Eintritts vitaler Schrittmacherabhängigkeit; dazu bereits oben in Kapitel 3 unter A. V. 1. lit. b. und in Kapitel 4 unter B. V. 4. lit. a.

aktivierung von besonderem Interesse sein. Daher sollen im Anschluss die aus rechtlicher Perspektive zentralen Aspekte für den praktischen Umgang mit einer (potentiell) lebensverkürzenden Herzschrittmacher- bzw. ICD-Deaktivierung beleuchtet werden (hierzu II.).

I. Deaktivierungen von Herzschrittmachern und ICD aus der Perspektive von Berufsrecht und ärztlichen Organisationen

1. Berufsrechtliche Bewertung

Unter Zugrundelegung des de lege lata befürworteten Ansatzes, demzufolge Herzschrittmacher und ICD strafrechtlich als Behandlungsmittel einzustufen sind, dürfte einer (potentiell) lebensverkürzenden Deaktivierung dieser Geräte auch das Berufsrecht nicht entgegenstehen. Dies zeigt ein Blick auf die relevanten Regelungen der (Muster-)Berufsordnung für die in Deutschland tätigen Ärztinnen und Ärzte (MBO-Ä).[3]

§ 16 Satz 1 MBO-Ä sieht vor, dass es auch zu den beruflichen Aufgaben des Arztes gehört, Sterbenden unter Wahrung ihrer Würde und unter Achtung ihres Willens beizustehen. Diese ärztliche Aufgabe wird nach § 16 Satz 2 und 3 MBO-Ä durch das Verbot begrenzt, Patienten auf deren Verlangen hin zu töten.[4]

---

[3] Da die regionalen Ärztekammern als Körperschaften des öffentlichen Rechts auf Basis des ihnen gemäß den landesrechtlichen Heilberufe- und Kammergesetzen obliegenden Satzungsrechts jeweils eigene Berufsordnungen erlassen haben, existieren verschiedene berufsordnungsrechtliche Regelungen in den einzelnen deutschen Kammerbezirken, die hier nicht im Einzelnen betrachtet werden können. Die Arbeit bezieht sich angesichts dieser Regelungsvielfalt auf die Normierungsvorschläge der Bundesärztekammer in der Musterberufsordnung, die als Vorlage für die Berufsordnungen der Ärztekammern fungiert, jedoch selbst keine unmittelbare Rechtswirkung entfaltet. In vielen Kammerbezirken hat die Musterberufsordnung Regelungen mit entsprechenden Inhalten hervorgebracht. Zum Verhältnis von Berufsordnungen und MBO-Ä auch BVerfG, Urteil vom 26.02.2020 – 22 BvR 2347/15, 2 BvR 651/16, 2 BvR 1261/16, 2 BvR 1593/16, 2 BvR 2354/16, 2 BvR 2527/16, BVerfGE 153, 182 ff., Rz. 292.

[4] Bis zur Änderung der MBO-Ä mit Beschluss des 124. Deutschen Ärztetages vom 05.05.2021 war darin zudem das Verbot geregelt, Hilfe zur Selbsttötung zu leisten. Ob das berufsrechtliche Verbot einer Hilfeleistung zum Suizid, das derzeit kein strafrechtliches Pendant besitzt, verfassungsrechtlich zulässig war, war zweifelhaft; das BVerfG bezeichnete ein solches Verbot als „in seiner Gültigkeit ungeklärtes Recht"; dazu BVerfG, Urteil vom 26.02.2020 – 22 BvR 2347/15, 2 BvR 651/16, 2 BvR 1261/16, 2 BvR 1593/16, 2 BvR 2354/16, 2 BvR 2527/16, BVerfGE 153, 182 ff., Rz. 296; weitere Quellen zum Thema finden sich a. a. O. in Rz. 295. Von anderen Stimmen wurde das berufsrechtliche Satzungsrecht nicht als ausreichende rechtliche Grundlage für ein ausnahmsloses Verbot der ärztlichen Mitwirkung am Suizid angesehen; aus der Rechtsprechung dazu VG Berlin, Urteil vom 30.03.2012 – 9 K 63.09, Rz. 51 ff., zitiert nach juris; aus der Literatur Lipp, in: Laufs/Katzenmeier/Lipp, Kapitel II, Rz. 9. Mit der Streichung des Verbots der Suizidhilfe aus der MBO-Ä und einer zu erwartenden entsprechenden Anpas-

Die bisherige Untersuchung führte zu dem Ergebnis, dass die Herzschrittmacher- bzw. ICD-Deaktivierung in der strafrechtlichen Bewertung als Abbruch einer Behandlung von einer Tötung auf Verlangen gerade zu unterscheiden ist.[5] Anhaltspunkte dafür, dass das Berufsrecht ein davon abweichendes Begriffsverständnis vertritt, sind nicht ersichtlich.[6]

Einer (potentiell) lebensverkürzenden Deaktivierung eines Herzschrittmachers bzw. ICD auf Wunsch des Patienten stehen auf dieser Grundlage keine berufsrechtlichen Verbote entgegen. Vielmehr erscheint eine entsprechende Deaktivierung durch den Arzt bei einem dahingehenden Patientenwillen auf Grund der Vorgaben des Berufsrechts sogar geboten: § 7 Abs. 1 Satz 1 MBO-Ä schreibt vor, dass jede medizinische Behandlung unter Wahrung der Menschenwürde und unter Achtung der Persönlichkeit, des Willens und der Rechte, insbesondere des Selbstbestimmungsrechts von Patienten zu erfolgen habe. § 7 Abs. 1 Satz 2 MBO-Ä betont daran anknüpfend die Pflicht des Arztes, das Recht von Patienten, empfohlene Behandlungsmaßnahmen abzulehnen, zu respektieren. Die Durchführung von Behandlungsmaßnahmen steht, wie auch § 8 Satz 1 MBO-Ä klarstellt, unter dem Vorbehalt, dass der Patient in diese einwilligt. Das Einwilligungserfordernis gilt nicht nur vor Beginn einer Behandlung, sondern fortwährend. Eine Fortsetzung der Behandlung mit einem Herzschrittmacher oder ICD entgegen dem (mutmaßlichen) Patientenwillen würde das in § 7 Abs. 1 Satz 2 MBO-Ä explizierte Ablehnungsrecht und das in § 8 Satz 1 MBO-Ä niedergelegte Einwilligungserfordernis in Bezug auf die Durchführung von Behandlungsmaßnahmen missachten und kann daher auch nach dem ärztlichen Berufsrecht nicht zulässig sein. Ein Widerspruch zwischen Straf- und Berufsrecht ergibt sich bei einer Bewertung auf der Basis des de lege lata bevorzugten Lösungsansatzes somit nicht.

---

sung der verschiedenen regionalen Berufsordnungen dürfte dieser Kontroverse ein zeitnahes Ende beschieden sein. Für den Untersuchungsgegenstand ist sie jedenfalls nicht von Bedeutung, da die Ausführungshandlung bei der Deaktivierung von Herzschrittmachern und ICD nicht in den Händen des Patienten liegt, sodass der die Deaktivierung durchführende Arzt keine bloße Hilfe zum Suizid leistet. Zur Abgrenzung zwischen § 216 StGB und dem freiverantwortlichen Suizid MüKo-StGB/*Schneider*, § 216, Rz. 31 ff.

[5] Zur Differenzierung zwischen Behandlungsabbruch und Tötung auf Verlangen BGH, Urteil vom 25.06.2010 – 2 StR 454/09, BGHSt 55, 191 ff., Rz. 30 ff. sowie BT-Drucks. 16/8442, S. 7, 9.

[6] Vgl. Ratzel/Lippert/Prütting/*Lippert*, § 16, Rz. 13 ff., die in ihrer Darstellung nicht zwischen einem strafrechtlichen und einem berufsrechtlichen Verständnis des Behandlungsabbruchs unterscheiden.

2. Bewertung durch ärztliche Organisationen

Von einer generellen (berufs-)rechtlichen Zulässigkeit der Deaktivierung von Herzschrittmachern und ICD gehen offensichtlich auch ärztliche Organisationen aus, die bereits Empfehlungen bzw. Stellungnahmen zur Deaktivierung von Herzschrittmachern und ICD veröffentlicht haben.[7] Diese medizinischen Beiträge sind für den praktischen Umgang mit einer Deaktivierung von besonderer Bedeutung und sollen daher nachfolgend näher beleuchtet werden.

Unter den Veröffentlichungen befindet sich die nationale Leitlinie zur chronischen Herzinsuffizienz, die die Bundesärztekammer (BÄK) zusammen mit der Kassenärztlichen Bundesvereinigung (KBV), der Arbeitsgemeinschaft der Wissenschaftlichen Medizinischen Fachgesellschaften (AWMF) und weiteren Verbänden im Jahr 2017 herausgegeben hat.[8]

Die Leitlinie empfiehlt, Patienten, die eine ICD-Therapie erhalten, über die Möglichkeit, ihr ICD-System bei Bedarf abzuschalten, aufzuklären.[9] Entsprechende Gespräche sollten demnach bereits vor der Implantation geführt und bei anschließenden Kontrolluntersuchungen wiederholt werden.

Um eine ICD-Deaktivierung rechtssicher vornehmen zu können, bedürfe es einer entsprechenden Zustimmung des Patienten. Dieser solle durch den behandelnden Arzt auf die Möglichkeit, für den Fall seiner Einwilligungsunfähigkeit eine diesbezügliche Regelung in einer Patientenverfügung zu treffen, hingewiesen werden. Dabei empfehle es sich, hervorzuheben, dass eine Ablehnung gerätemedizinischer Behandlungen oder einer Reanimation in einer Patientenverfügung keine ausreichende Legitimationsgrundlage für eine ICD-Deaktivierung

---

[7] An dieser Stelle werden nur einschlägige Stellungnahmen deutscher Ärzteorganisationen berücksichtigt, die sich an in Deutschland tätige Ärzte richten und auf Basis deutscher Behandlungs- sowie Rechtsmaßstäbe entstanden sind. Der Vollständigkeit halber soll aber an dieser Stelle auch auf die Existenz paralleler Stellungnahmen durch Berufsverbände in anderen Ländern hingewiesen werden, insbesondere ein vom American College of Cardiology sowie weiteren amerikanischen Berufsverbänden unterstütztes Positionspapier; *Lampert/Hayes et al.*, Heart Rhythm 7 (2010), 1008 ff. Ein Konsenspapier neueren Datums wurde in Großbritannien durch den Resuscitation Council (UK), der British Cardiovascular Society und des National Council for Palliative Care erarbeitet; *Pitcher/Soar et al.*, Heart 102 (2016), A1 ff.

Ein länderübergreifendes Konsenspapier auf europäischer Ebene findet sich bei *Padeletti/Arnar et al.*, Europace 12 (2010), 1480 ff.; dazu auch unten in Fn. 18.

[8] BÄK/KBV et al., Nationale VersorgungsLeitlinie Chronische Herzinsuffizienz 2019. Als Leitlinie enthält sie Empfehlungen und besitzt damit keine normative Verbindlichkeit; für die medizinische – und auch die rechtliche – Praxis ist der Inhalt von Leitlinien dennoch bedeutsam; dazu näher *Katzenmeier*, in: Laufs/Katzenmeier/Lipp, Kapitel X, Rz. 10 ff.

[9] Hierzu und zum Folgenden BÄK/KBV et al., Nationale VersorgungsLeitlinie Chronische Herzinsuffizienz 2019, 74, 84.

A. Empfehlungen für behandelnde Ärzte

darstelle. Patienten sollten „in ihrer Patientenverfügung dezidiert formulieren, in welcher Situation welches implantierte Gerät ausgeschaltet werden" solle.

Die Leitlinie gibt ergänzend zu bedenken, dass das Gespräch mit Patienten über eine ICD-Deaktivierung schwierig sein könne, Ärzte und Angehörige jedoch im Falle eines Bedarfs für eine ICD-Deaktivierung vor ethischen Dilemmata bewahre. Zur Durchführung der Deaktivierung eines ICD empfiehlt die Leitlinie, diese einem Elektrophysiologen bzw. Kardiologen zu überlassen. Die Auflage eines Ringmagneten[10] solle nur bei einer notfallmäßigen Deaktivierung des ICD erfolgen.

Für eine Herzschrittmacher-Deaktivierung sieht die Leitlinie demgegenüber keine genaueren Empfehlungen vor. Es komme in der Praxis nur „sehr selten" vor, dass ein konventioneller Schrittmacher deaktiviert werde. Regelmäßig bestehe hierfür keine Notwendigkeit. Die Leitlinie weist darauf hin, dass die Deaktivierung eines Herzschrittmachers kurzfristig gar zu einer Verschlechterung der Bradykardie-Symptome des Patienten führen könne.[11]

Die Deutsche Gesellschaft für Kardiologie und ihre Schwester-Gesellschaften haben im Jahr 2017 eine Stellungnahme zur Deaktivierung von ICD veröffentlicht, die am Rande ebenfalls Aussagen zum Abschalten von Herzschrittmachern trifft.[12]

Die rechtliche Situation erachten die Autoren der Stellungnahme – anders als die vorliegende Untersuchung – nach dem BGH-Urteil von 2010 für abschließend geklärt:[13] Sowohl die ICD-Deaktivierung als auch das Abschalten eines Herzschrittmachers sei auf Basis des Urteils als zulässiger Behandlungsabbruch zu bewerten. Dies gelte unabhängig davon, ob die Deaktivierung zum unmittelbaren Tod des Patienten führe, wie dies bei manchen schrittmacherabhängigen Patienten zu erwarten sei.

Für den praktischen Umgang mit einem möglicherweise entstehenden Deaktivierungsbedarf eines ICD empfehlen die Autoren ebenso wie die Leitlinie von BÄK, KBV und AWMF eine frühzeitige und wiederholte Thematisierung der Deaktivierungsmöglichkeit im Gespräch mit dem Patienten.[14] Die diesbezügli-

---

[10] Zu dieser Möglichkeit bereits oben in Kapitel 3 unter A. IV. 2.

[11] Dazu bereits oben in Kapitel 3 unter A. III. 1. lit. b.

[12] Das Papier nimmt einen primär medizinisch-ethischen Blickwinkel ein, soll sich jedoch u. a. auch an Juristen richten; *Waltenberger/Schöne-Seifert et al.*, Der Kardiologe 11 (2017), 383, 384.

[13] Hierzu und zum Folgenden *Waltenberger/Schöne-Seifert et al.*, Der Kardiologe 11 (2017), 383, 389 f. Warum das BGH-Urteil aus hiesiger Sicht Abgrenzungsprobleme bei der Anwendung auf die Deaktivierung von Herzschrittmachern und ICD mit sich bringt, wurde oben in Kapitel 3 unter B. I. erläutert.

[14] Hierzu und zum Folgenden *Waltenberger/Schöne-Seifert et al.*, Der Kardiologe 11 (2017), 383, 391, 394 f.

che Anfangsaufklärung müsse vor der Implantation des ICD erfolgen; wann umfänglich über die Deaktivierungspräferenzen des Patienten gesprochen und diesbezügliche Entscheidungen getroffen werden sollten, hänge von Alter und Erkrankungszustand des jeweiligen Patienten ab sowie von seinen im Gespräch geäußerten Wünschen. Die Verantwortung, derartige Gespräche wiederholt anzuregen, liege in der Verantwortung der behandelnden Kardiologen. Eine vorausschauende Vorgehensweise sei empfehlenswert; in der Praxis werde eine ICD-Deaktivierung häufig erst angesprochen, wenn die betroffenen Patienten selbst nicht mehr einwilligungsfähig seien. Das Papier betont, die behandelnden Kardiologen sollten auch anbieten, Patienten, ihre Angehörigen und ihre Hausärzte zur Möglichkeit eines ICD-Vermerks in einer Patientenverfügung zu beraten und die Situationen darzulegen, in denen ein Deaktivierungsbedarf entstehen könne. Insbesondere am Lebensende müsse eine ICD-Deaktivierung aus palliativen Gründen regelmäßig erwogen werden.[15]

Darüber hinaus sei anzuraten, eine persönliche oder institutionelle Merkliste anzulegen, die eine informierte und dem Patientenwillen entsprechende Entscheidung über die Deaktivierung sowie ihren Modus ermögliche, diesbezügliche Unsicherheiten bei allen Beteiligten vermeide und eine kompetente Durchführung der Deaktivierung sicherstelle.[16] Folgende Schritte, die im unmittelbaren zeitlichen Zusammenhang mit einer ICD-Deaktivierung umzusetzen seien, sollten dabei etabliert werden:[17]

– Der Deaktivierungsbedarf sei unter Einbeziehung der Verlaufsprognose sowie der Lebensqualität des Patienten zu klären, ggf. unter Hinzuziehung weiterer behandelnder Ärzte und Spezialisten wie Palliativmediziner.
– Der Entscheidungsverantwortliche müsse vor der Deaktivierung sorgfältig aufgeklärt werden; dies sei ebenso wie die nach Aufklärung ergangene Deaktivierungsentscheidung entsprechend zu dokumentieren.
– Bei Unstimmigkeiten zwischen den Beteiligten sollten ggf. Ethiker hinzugezogen werden.
– Es sei sicherzustellen, dass der im jeweiligen Einzelfall angemessene Deaktivierungsmodus für den ICD gewählt, die Deaktivierung von einer kompetenten Person durchgeführt werde und eine entsprechende Dokumentation erfolge.

---

[15] Dazu eingehend bereits oben in Kapitel 3 unter A. III. 2.
[16] *Waltenberger/Schöne-Seifert et al.*, Der Kardiologe 11 (2017), 383, 388.
[17] Hierzu und zum Folgenden *Waltenberger/Schöne-Seifert et al.*, Der Kardiologe 11 (2017), 383, 389 f., 396.

Für den Fall, dass der für die Deaktivierung verantwortliche Arzt deren Durchführung aus Gewissensgründen ablehne, müsse er zwingend sicherstellen, dass diese von einem Kollegen, der hierzu bereit sei, übernommen werde.[18]

II. Rechtliche Erwägungen zum Umgang mit der Deaktivierung von Herzschrittmachern und ICD

Die vorgestellten Empfehlungen und Stellungnahmen zum Umgang mit einer Herzschrittmacher- bzw. ICD-Deaktivierung befassen sich schwerpunktmäßig mit medizinischen sowie ethischen Aspekten einer solchen Deaktivierung. Sie betonen jedoch auch die Relevanz einer rechtlichen Betrachtung.[19] Nachfolgend soll nun der praktische Umgang mit einem – bestehenden oder in der Zukunft womöglich entstehenden – (potentiell) lebensverkürzenden Deaktivierungsbedarf aus juristischer Perspektive beleuchtet werden. Die soeben dargestellten Erwägungen zum Umgang mit einer Herzschrittmacher- bzw. ICD-Deaktivierung sollen so um die auch an dieser Stelle relevant werdende rechtliche Dimension ergänzt werden, damit ein möglichst rechtssicheres Vorgehen für die Deaktivierung von ICD und Herzschrittmachern erarbeitet werden kann.

Zentrale Gegenstände der rechtlichen Betrachtung sind die Aufklärung über eine Deaktivierungsmöglichkeit (hierzu 1.), der Umgang mit einer akuten Deaktivierungssituation (hierzu 2.) sowie mit einer Verweigerung der Herzschrittmacher- bzw. ICD-Deaktivierung durch den behandelnden Arzt auf Grund entgegenstehender Glaubens- oder Gewissensgründe (hierzu 3.).

---

[18] *Waltenberger/Schöne-Seifert et al.*, Der Kardiologe 11 (2017), 383, 390.

Neben den hier näher betrachteten Stellungnahmen deutscher Berufsverbände und -organisationen zum Umgang mit der Deaktivierung von Herzschrittmachern und ICD ist auch ein kurzer Blick auf Empfehlungen auf europäischer Ebene interessant, die im Jahr 2010 in einem Expertenkonsenspapier niedergelegt wurden; *Padeletti/Arnar et al.*, Europace 12 (2010), 1480ff. Die Empfehlungen weisen für den medizinisch-praktischen Umgang mit der Deaktivierung von Herzschrittmachern und ICD keine substanziellen Unterschiede zu den soeben erörterten Positionen auf. Im Hinblick auf die Rechtslage in den verschiedenen Nationalstaaten wird dort jedoch zwischen dem Abschalten eines Herzschrittmachers und der Konstellation einer ICD-Deaktivierung differenziert. Es gebe (europäische) Länder, in denen die Herzschrittmacherdeaktivierung bei schrittmacherabhängigen Patienten verboten sei; *Padeletti/Arnar et al.*, Europace 12 (2010), 1480, 1483. Insofern sei es für die medizinische Praxis von zentraler Bedeutung, die jeweils geltenden nationalen Rechtsgrundsätze zu kennen und zu beachten. Das Konsenspapier selbst geht auf diese nicht näher ein.

[19] *Padeletti/Arnar et al.*, Europace 12 (2010), 1480, 1483; vgl. auch *Waltenberger/Schöne-Seifert et al.*, Der Kardiologe 11 (2017), 383, 384.

1. Aufklärung über die Deaktivierungsmöglichkeit

Die ordnungsgemäße Aufklärung des Patienten ist zentraler Bestandteil eines rechtskonformen Behandlungsprozesses und damit auch der Versorgung mit einem Herzschrittmacher oder ICD. Im Hinblick auf die Option einer (potentiell) lebensverkürzenden Herzschrittmacher- bzw. ICD-Deaktivierung stellt sich die Frage, unter welchen Voraussetzungen, über welche Aspekte einer Deaktivierung und zu welchem Zeitpunkt der Patient hierüber aufzuklären ist.

Im Anschluss an grundsätzliche Erwägungen zum „Ob" und „Wann" der Aufklärung über eine (potentiell) lebensverkürzende Herzschrittmacher- bzw. ICD-Deaktivierung (hierzu lit. a.) sollen die erarbeiteten Grundsätze auf eine Deaktivierung beider Gerätearten angewendet werden und jeweils nähere Maßgaben für die diesbezügliche Aufklärung aufgestellt werden (hierzu lit. b. und lit. c.).

a) Grundsätzliches zum „Ob" und „Wann" der Aufklärung

Gemäß § 630e Abs. 1 Satz 1 BGB ist der behandelnde Arzt verpflichtet, den Patienten über sämtliche für die Einwilligung in eine medizinische Maßnahme wesentlichen Umstände aufzuklären. Die ordnungsgemäße Aufklärung ist nach § 630d Abs. 2 BGB Voraussetzung für die Wirksamkeit der Einwilligung des Patienten in eine Behandlungsmaßnahme. Eine unwirksame Einwilligung macht die Vornahme der Behandlungsmaßnahme grundsätzlich rechtswidrig, auch wenn sie kunstgerecht durchgeführt wurde.[20]

In § 630e Abs. 1 Satz 2 BGB ist niedergelegt, dass eine ordnungsgemäße Aufklärung nicht nur Umstände wie Art, Umfang, Durchführung sowie Notwendigkeit, Dringlichkeit, Eignung und Erfolgsaussichten einer medizinischen Maßnahme beinhaltet. Es bedarf zudem einer Aufklärung über die Risiken einer Maßnahme sowie die durch sie zu erwartenden Folgen. Das Gesetz beschränkt die

---

[20] *Katzenmeier*, in: Laufs/Katzenmeier/Lipp, Kapitel V, Rz. 5. Der Arzt kann eine Haftung in einem solchen Fall aber nach § 630h Abs. 2 Satz 2 BGB abwenden, wenn er sich erfolgreich darauf beruft, dass der Patient auch bei ordnungsgemäßer Aufklärung in die Maßnahme eingewilligt hätte. Die in dieser Vorschrift kodifizierte hypothetische Einwilligung lässt den notwendigen Rechtswidrigkeitszusammenhang zwischen Aufklärungsversäumnis und eingetretenem Schaden entfallen; dazu BeckOK-BGB/*Katzenmeier*, § 630h BGB, Rz. 36.
Ein Aufklärungsmangel kann grundsätzlich auch zu einer Strafbarkeit des behandelnden Arztes wegen eines Körperverletzungsdeliktes führen; vgl. MüKo-StGB/*Hardtung*, § 223, Rz. 79. Diese kann aber insbesondere auf Grundlage der auch in der strafrechtlichen Rechtsprechung verwendeten Rechtsfigur der hypothetischen Einwilligung ausscheiden; zuletzt BGH, Urteil vom 20.02.2013 – 1 StR 320/12, NJW 2013, 1688 ff.; BGH, Urteil vom 11.10.2011 – 1 StR 134/11, NStZ 2012, 205 f. Zur hypothetischen Einwilligung im Strafrecht ausführlich und m.w.N. MüKo-StGB/*Hardtung*, § 223, Rz. 118 ff.

Aufklärung dabei nicht auf unmittelbare Behandlungsrisiken und -folgen. Zu berücksichtigen sind somit grundsätzlich auch Risiken und Folgen der medizinischen Maßnahme, die sich erst zu einem späteren Zeitpunkt realisieren können.[21] Die gesetzliche Auflistung der aufklärungspflichtigen Umstände soll nur exemplarischer Natur sein und für den Regelfall gelten; der Gesetzgeber hat ausdrücklich hervorgehoben, dass im Einzelfall der Bedarf bestehen kann, über weitere Umstände aufzuklären.[22] Maßstab ist insofern der Normzweck des § 630e BGB, der dem Patienten eine informierte und selbstbestimmte Entscheidung in Bezug auf eine medizinische Maßnahme ermöglichen will.[23]

Berücksichtigt man diese Grundsätze auch für die Konstellation einer (potentiell) lebensverkürzenden Herzschrittmacher- bzw. ICD-Deaktivierung, so muss man davon ausgehen, dass eine Aufklärung des Patienten über die damit verbundenen Folgen, insbesondere die (potentielle) Lebensverkürzung, spätestens dann zu erfolgen hat, wenn auf Grund von Beschwerden durch die Geräteaktivität eine Gerätedeaktivierung indiziert ist oder der Patient einen entsprechenden Behandlungswunsch äußert. Denn ebenso wie die Implantation stellt die Deaktivierung eines Herzschrittmachers oder ICD eine medizinische Maßnahme im Sinne der §§ 630d, 630e BGB dar, über die der Patient aufgeklärt werden muss, bevor er wirksam in sie einwilligen kann. Dabei sind ihm neben der Durchführung insbesondere auch zu erwartende Deaktivierungsfolgen mitzuteilen.[24]

Schwieriger zu beurteilen ist hingegen, ob eine Aufklärungspflicht über eine (potentiell) lebensverkürzende Herzschrittmacher- oder ICD-Deaktivierung bereits *vor Implantation* eines solchen Gerätes bestehen könnte. Die Deaktivierungsmöglichkeit selbst ist keine zu erwartende Folge oder ein Risiko der Implantation. Als derartige Folgen oder Risiken wären jedoch mögliche Beschwerden anzusehen, die die Herzschrittmacher- oder ICD-Tätigkeit im weiteren Verlauf der Erkrankung bzw. bei einer Verschlechterung des Allgemeinzustands des Patienten verursachen oder intensivieren könnte. Löst die Möglichkeit derartiger Beschwerden eine Aufklärungspflicht aus, muss diese auch etwaige im Eintrittsfall bestehende Abhilfeoptionen als für den Patienten potentiell entscheidungserhebliche Umstände erfassen, also insbesondere die Gerätedeaktivierung.

Ob die Beschwerden durch eine fortgesetzte Herzschrittmacher- oder ICD-Tätigkeit jedoch gemäß § 630e Abs. 1 BGB vor der Geräteimplantation aufklä-

---

[21] Zum Erfordernis der Aufklärung über Spätfolgen *Ulsenheimer*, in: Laufs/Kern et al., § 152, Rz. 32.
[22] BT-Drucks. 17/10488, S. 24.
[23] MüKo-BGB/*Wagner*, § 630e BGB, Rz. 2 und Rz. 7; vgl. auch BT-Drucks. 17/10488, S. 24.
[24] Zu den jeweiligen aufklärungsrelevanten Folgen der Deaktivierung von Herzschrittmacher und ICD näher unten in Kapitel 5 unter A. II. 1. lit. b. und lit. c.

rungspflichtig sind, hängt maßgeblich von der im Falle ihrer Realisierung zu erwartenden Belastung für die Lebensführung des Patienten ab: Selbst über seltene Risiken und Folgen, die im Eintrittsfall eine schwere Belastung darstellen können und für den Eingriff spezifisch, für einen Laien aber überraschend sind, ist aufzuklären.[25] Die Aufklärungspflicht findet erst dort ihre Grenze, wo ein Risiko besteht, für das das Produkt aus Schadenshöhe und Eintrittswahrscheinlichkeit nicht so groß ist, dass ein vernünftiger Patient auf dieser Grundlage in eine Abwägung des Für und Wider der Maßnahme eintreten würde.[26]

Um festzustellen, ob eine Aufklärungspflicht vor der Implantation eines Herzschrittmachers bzw. ICD auch im Hinblick auf eine ggf. erst lange nach der Implantation relevant werdende Gerätedeaktivierung besteht, muss das Risiko bewertet werden, dass das Implantat dem Patienten im weiteren Verlauf nach der Implantation erhebliche Beschwerden verursachen und dadurch seine Lebensführung beeinträchtigen könnte.[27] Ist nicht denkbar, dass die Gerätetätigkeit selbst eine derartige Belastung darstellt, kann die Aufklärung über die Deaktivierungsmöglichkeit dennoch erforderlich sein, wenn es denkbar ist, dass die fortgesetzte Gerätetätigkeit (zukünftig) eine zu einem späteren Zeitpunkt durch den Patienten eventuell nicht mehr gewollte Lebenserhaltung bewirkt. Auch eine derartige Lebenserhaltung, die mit einem längeren Sterbeprozess und längerem Leid für den Patienten verbunden sein kann, könnte dieser als schwere Belastung für seine letzte Lebensphase empfinden.

Ist einer der beschriebenen Fälle gegeben, so muss davon ausgegangen werden, dass die potentielle Belastung am Lebensende bzw. die durch eine fortgesetzte Geräteaktivität womöglich bewirkte längere Lebenserhaltung bereits für die Entscheidung des Patienten über eine Geräteimplantation erheblich sein kann und daher Bestandteil der Aufklärung vor der Implantation sein muss. Um dem Patienten gemäß der ratio legis des § 630e BGB eine informierte Entscheidung in freier Selbstbestimmung zu ermöglichen, müsste dann auch die Deaktivierungsmöglichkeit, die diese Belastung verhindern bzw. verkürzen könnte, Aufklärungsgegenstand sein.[28] Eine derartige Aufklärung ist für den Patienten nicht zuletzt deshalb zentral, weil er sich dazu veranlasst sehen kann, für den Fall des Eintritts einer erheblichen Belastung durch die Gerätetätigkeit frühzeitig

---

[25] BGH, Urteil vom 14.03.2006 – VI ZR 279/04, BGHZ 166, 336ff., Rz. 13, 15; OLG Brandenburg, Beschluss vom 11.02.2020 – 12 U 155/18, NJW-RR 2020, 596, 597, Rz. 13.

[26] MüKo-BGB/*Wagner*, § 630e BGB, Rz. 12.

[27] Beschwerden können natürlich auch durch vorliegend nicht näher betrachtete Gerätefehlfunktionen entstehen; hier dürfte aber regelmäßig ein operativer Wechsel des Implantats deren Behebung herbeiführen können.

[28] Zur ratio legis des § 630e BGB MüKo-BGB/*Wagner*, § 630e BGB, Rz. 2 und Rz. 7; vgl. auch BT-Drucks. 17/10488, S. 24.

Vorkehrungen zu treffen, beispielsweise indem er eine diesbezügliche Regelung in seiner Patientenverfügung niederlegt.[29]

Nach alledem bedürfte es einer Aufklärung über eine Herzschrittmacher- bzw. ICD-Deaktivierung schon vor der Implantation des Gerätes, wenn ein Risiko besteht, dass das Gerät in der Sterbephase Belastungen für die Lebensführung des Patienten hervorruft, oder dass die Geräteaktivität – aktuell oder zu einem späteren Zeitpunkt – eine Lebenserhaltung bewirkt, sodass durch eine Gerätedeaktivierung ein zeitlich früherer Tod eintreten könnte. Während der zuerst genannte Fall ausschließlich den ICD betreffen dürfte, könnte der zweite Fall bei Herzschrittmachern relevant werden.

Sowohl unerwünschte Auswirkungen des ICD als auch solche des Herzschrittmachers, die die letzte Lebensphase betreffen und bereits in Kapitel 3 Gegenstand der Untersuchung waren, sollen in den folgenden beiden Abschnitten rekapituliert werden und genauere Feststellungen zur Aufklärungspflicht ermöglichen sowie rechtliche Empfehlungen zur Aufklärung bezüglich einer Herzschrittmacher- bzw. ICD-Deaktivierung leiten.

b) Nähere Maßgaben zur Aufklärung über eine ICD-Deaktivierung

Wendet man die vorstehenden rechtlichen Erwägungen an, um festzustellen, ob über die Option einer (potentiell) lebensverkürzenden ICD-Deaktivierung immer schon vor der Implantation eines ICD aufgeklärt werden muss, so ist dies zu bejahen.[30] Grund hierfür sind die möglichen gravierenden Einschränkungen der Lebensqualität in Folge mehrfacher, medizinisch nicht sinnvoller Schockabgaben des ICD in der Sterbephase, mit denen nicht nur Schmerzen, sondern auch Übelkeit, Erbrechen, Bewusstlosigkeit sowie unkontrollierter Harn- und Stuhlabgang einhergehen können.[31] Derartige Folgen belasten die Sterbephase vieler ICD-Patienten: Eine Umfrage in amerikanischen Hospizen aus dem Jahr 2008 ergab, dass bis zu 64% der dortigen ICD-Patienten von unnötigen Schockabga-

---

[29] Dazu näher unten in Kapitel 5 unter B.

[30] Davon abweichend empfiehlt *Israel* die Besprechung der Option einer ICD-Deaktivierung erst auf Initiative des Patienten, seiner Angehörigen oder bei einer Verschlechterung seines Zustands; *Israel*, Herzschrittmachertherapie + Elektrophysiologie 28 (2017), 20, 26. Er begründet dies damit, dass der Patient vor der Implantation für eine derartige Information nicht aufnahmefähig sei. Die vorliegende Untersuchung widerspricht der Empfehlung aus rechtlicher Perspektive, geht aber mit *Israel* übereinstimmend davon aus, dass sich eine *detaillierte* Besprechung dieser Option häufig erst im weiteren Verlauf nach der Implantation empfehlen wird; dazu sogleich näher. Auch insoweit bedarf es jedoch stets einer Einzelfallbetrachtung.

[31] *Reith/Janssens*, Medizinische Klinik – Intensivmedizin und Notfallmedizin 109 (2014), 19, 23. Ausführlich zu den möglichen Belastungen durch eine ICD-Therapie am Lebensende oben in Kapitel 3 unter A. III. 2.

ben betroffen waren, davon 42 % in der unmittelbaren Sterbephase.[32] Das Produkt aus Eintrittswahrscheinlichkeit und Belastungsgrad derartiger Schocks muss vor diesem Hintergrund als hinreichend hoch bewertet werden, um eine generelle Aufklärungspflicht über diese möglichen Folgen einer ICD-Versorgung in der Sterbephase bereits vor der Implantation auszulösen. Die Aufklärungsverpflichtung beschränkt sich nach den zuvor aufgestellten Maßgaben jedoch nicht auf die möglichen Folgen einer ICD-Versorgung in der Sterbephase, sondern muss auch die Deaktivierungsmöglichkeiten beinhalten, die in einer solchen Situation Abhilfe schaffen können.[33] Denn nur bei Kenntnis bestehender Abhilfemöglichkeiten kann der Patient entsprechend dem Normzweck des § 630e BGB informiert entscheiden, ob die potentiellen Belastungen, die in der Sterbephase von einem ICD ausgehen können, seine Entscheidung zur Implantation beeinflussen bzw. ob er für einen derartigen Fall Vorkehrungen treffen möchte.[34] Vor diesem Hintergrund ist dem Patienten insbesondere zu verdeutlichen, dass durch eine ICD-Deaktivierung medizinisch nicht mehr sinnvolle Reanimationen und resultierende Leiden verhindert werden können, der Tod jedoch möglicherweise zu einem früheren Zeitpunkt eintritt, als dies mit aktiviertem ICD der Fall gewesen wäre.[35] Bestehen palliative Behandlungsmöglichkeiten, um eventuelle Symptome der tachykarden Herzrhythmusstörungen nach Gerätedeaktivierung zu lindern, sind auch diese dem Patienten auf Grund potentieller Entscheidungsrelevanz mitzuteilen.

Wie ausführlich die anfängliche Aufklärung über eine (potentiell) lebensverkürzende ICD-Deaktivierung im Zuge der Aufklärung vor der ICD-Implantation erfolgt, sollte im Einzelfall von behandelndem Arzt und betroffenem Patienten gemeinsam entschieden werden.[36] Das Gebot vollständiger und richtiger Aufklärung lässt noch hinreichenden Spielraum für ärztliches Ermessen im Hinblick auf den Detailgrad der übermittelten Informationen; insoweit ist zu beachten, dass die Aufklärung möglichst schonend sowie patientenbezogen erfolgen soll.[37] Die

---

[32] *Fromme/Lugliani Stewart et al.*, American Journal of Hospice and Palliative Care 28 (2011), 304, 308. Dazu auch *Carlsson/Paul et al.*, Deutsches Ärzteblatt 109 (2012), 535, 536 sowie *Reith/Janssens*, Medizinische Klinik – Intensivmedizin und Notfallmedizin 109 (2014), 19, 22 f.

[33] Dazu bereits oben in Kapitel 5 unter A. II. 1. lit. a.

[34] Eine damit übereinstimmende Einschätzung aus nicht-juristischer Perspektive findet sich bei *Pitcher/Soar et al.*, Heart 102 (2016), A1, A5.

[35] Zur ICD-Deaktivierung und ihren Folgen im Einzelnen oben in Kapitel 3 unter A. III. 2.

[36] Eine einzelfallorientierte Ausgestaltung des Aufklärungsgesprächs befürworten (aus medizinisch-ethischer Sicht) auch *Pitcher/Soar et al.*, Heart 102 (2016), A1, A5 sowie *Waltenberger/Schöne-Seifert et al.*, Der Kardiologe 11 (2017), 383, 395.

[37] Zum Gebot der vollständigen und richtigen Aufklärung MüKo-BGB/*Wagner*, § 630e BGB, Rz. 45; zum ärztlichen Ermessen im Hinblick auf Art und Weise der Aufklärung und zum

Ausführlichkeit dürfte auf dieser Grundlage entscheidend von Alter und Erkrankungszustand des Patienten sowie seinen im Aufklärungsgespräch geäußerten Wünschen abhängen. Es empfiehlt sich, dem Patienten im Erstgespräch zumindest das Angebot einer umfassenden Beratung zur ICD-Deaktivierung im Falle von Belastungen in der Sterbephase zu unterbreiten und darauf hinzuweisen, dass er dieses auch zu einem späteren Zeitpunkt stets in Anspruch nehmen kann.

Auch wenn noch keine vertiefte Besprechung aller Entscheidungsoptionen in der Anfangsaufklärung erfolgt, sollte der Patient in jedem Fall darauf hingewiesen werden, dass er jederzeit Vorkehrungen für den Fall seines Eintritts in die Sterbephase treffen kann, wenn er dies wünscht.[38] Damit wird ihm die Möglichkeit verdeutlicht, wie er von seinem Selbstbestimmungsrecht in Bezug auf seine ICD-Versorgung auch am Lebensende Gebrauch machen könnte. Wünscht der Patient zu einem späteren Zeitpunkt eine nähere Beratung zu Vorsorgemöglichkeiten bzw. entsteht im weiteren Verlauf seiner Erkrankung ein entsprechender Beratungsbedarf, empfiehlt es sich, das Instrument der Patientenverfügung mit den spezifisch auf den ICD bezogenen Gestaltungsoptionen vorzustellen.[39]

Wird die ärztliche Beratung zur ICD-Deaktivierung in der Sterbephase vertieft, sollte auf die Möglichkeit hingewiesen werden, belastende Teilfunktionen des Gerätes bei Aufrechterhaltung der zustandsverbessernden Teilfunktionen zu deaktivieren sowie eine Beendigung der ICD-Tätigkeit über die Ablehnung eines anstehenden Batteriewechsels zu erreichen. Auch die (möglichen) Folgen der Deaktivierung sollten in einem vertiefenden Gespräch näher dargelegt werden. Der behandelnde Arzt sollte die Aufklärung über die Möglichkeit einer ICD-Deaktivierung in der Sterbephase spätestens dann vertiefen bzw. wiederholen, wenn sich der Eintritt des Patienten in die Sterbephase oder der Eintritt seiner Entscheidungsunfähigkeit konkret abzeichnet.[40] So wird dem Patienten ermöglicht,

---

Gebot patientenbezogener sowie schonender Aufklärung *Katzenmeier*, in: Laufs/Katzenmeier/Lipp, Kapitel V, Rz. 26, Rz. 45; vgl. auch BT-Drucks. 17/10488, S. 25.

[38] Eine Rechtspflicht zu einer diesbezüglichen Aufklärung ist dem Gesetz nicht zu entnehmen. Ein entsprechender Hinweis empfiehlt sich aber (auch) im Interesse einer rechtlichen Absicherung des Arztes; dazu sogleich in Fn. 39.

[39] So auch aus – vorwiegend medizinisch-ethischer Perspektive – *Waltenberger/Schöne-Seifert et al.*, Der Kardiologe 11 (2017), 383, 395 f. Aus rechtlicher Sicht resultiert diese Empfehlung aus der Erwägung, dass entsprechende Niederlegungen in einer Patientenverfügung nicht nur der Selbstbestimmung des Patienten im Sterben dienen, sondern für den behandelnden Arzt im Falle des Eintritts eines Deaktivierungsbedarfes zudem eine rechtliche Absicherung bieten.

Welche konkreten Regelungen sich in einer Patientenverfügung empfehlen, um eine palliative Deaktivierung des ICD in der Sterbephase zu erreichen, ist Gegenstand eines separaten Abschnitts; siehe dazu unten in Kapitel 5 unter B. II. 1.

[40] Dies empfehlen auch *Waltenberger/Schöne-Seifert et al.*, Der Kardiologe 11 (2017), 383, 395 f.

rechtzeitig und selbstbestimmt eine Entscheidung über die Inanspruchnahme der bestehenden Deaktivierungsoption zu treffen.[41]

c) Nähere Maßgaben zur Aufklärung über eine Herzschrittmacher-Deaktivierung

Schwieriger zu beurteilen ist die Frage, ob auch ein Herzschrittmacher-Patient, der vital schrittmacherabhängig[42] ist, auf Basis der unter lit. a. vorgestellten Grundsätze über die Option aufgeklärt werden muss, dass sein Gerät am Lebensende deaktiviert werden kann. Gleiches gilt für den zu empfehlenden Zeitpunkt einer entsprechenden Aufklärung.

Die anti-bradykarde Schrittmacherfunktion sorgt gemäß den Darstellungen in der Fachliteratur regelmäßig für keinerlei zusätzliche Belastungen des Patienten am Lebensende.[43] Vielmehr trage die fortgesetzte Schrittmachertätigkeit dazu bei, dass die Lebensqualität nicht zusätzlich durch Bradykardie-Symptome belastet werde.[44] Im Falle einer vitalen Schrittmacherabhängigkeit führt eine Herzschrittmacher-Deaktivierung jedoch zum Tod des Patienten.[45]

Die aufgezeigten Zusammenhänge zwischen Schrittmachertätigkeit und Lebenserhaltung sind jedenfalls für Patienten erheblich, bei denen bereits vor der Implantation eine vitale Schrittmacherabhängigkeit diagnostiziert wird. Ihnen muss die Bedeutung ihres Herzschrittmachers und die medizinische Sichtweise auf dessen fortgesetzte Tätigkeit am Lebensende vor der Implantation bewusst gemacht werden, damit sie sich gemäß der ratio legis des § 630e BGB informiert und selbstbestimmt zwischen der lebenserhaltenden Behandlung durch die Implantation eines Herzschrittmachers und einer bloßen palliativen Behandlung im Sinne einer Sterbebegleitung entscheiden können.[46] In diesem Kontext muss darauf hingewiesen werden, dass Patienten die Wahlmöglichkeit zwischen Herz-

---

[41] Aus rechtlicher Sicht wird auf diese Weise bei einer drohenden Entscheidungsunfähigkeit des Patienten zudem die rechtzeitige Ermittlung des Patientenwillens ermöglicht und eine Grundlage für erforderliche Behandlungsentscheidungen nach Eintritt der Einwilligungsunfähigkeit geschaffen.

[42] Zum in dieser Untersuchung verwendeten Begriff der vitalen Schrittmacherabhängigkeit ausführlich oben in Kapitel 3 unter A. III. 1. lit. a.

[43] *Aumiller*, CardioVasc 15 (2015), 18, 19; *Lampert/Hayes et al.*, Heart Rhythm 7 (2010), 1008, 1012; *Pitcher/Soar et al.*, Heart 102 (2016), A1, A10. Zum Ganzen bereits oben in Kapitel 3 unter A. III. 1. lit. a.

[44] *Pitcher/Soar et al.*, Heart 102 (2016), A1, A10 f.

[45] *Aumiller*, CardioVasc 15 (2015), 18, 19; *Lampert/Hayes et al.*, Heart Rhythm 7 (2010), 1008, 1017; *Padeletti/Arnar et al.*, Europace 12 (2010), 1480, 1482; vgl. *Reith/Janssens*, Medizinische Klinik – Intensivmedizin und Notfallmedizin 109 (2014), 19, 24.

[46] Zu den hier und im Folgenden genannten rechtlichen Anknüpfungspunkten für die Herleitung einer Aufklärungspflicht siehe bereits oben in Kapitel 5 unter A. II. 1. lit. a.

schrittmacherdeaktivierung und bloßer palliativer Behandlung nicht nur einmalig bei Implantation des Gerätes haben, sondern auch im weiteren Verlauf der Behandlung: Sie können frei entscheiden, auf eine weitere Lebenserhaltung mit Hilfe des Herzschrittmachers zu verzichten und diesen deaktivieren zu lassen. Bei dieser Entscheidungsoption handelt es sich um einen Umstand, den ein vernünftiger Patient für eine Implantationsentscheidung als beachtlich bewerten könnte, da er seinen Zustand zu einem späteren Zeitpunkt als derart belastend empfinden könnte, dass er eine weitere Lebenserhaltung nicht wünscht. In einer solchen Situation würde sich die lebensbeendende Herzschrittmacherdeaktivierung für ihn dann als Option darstellen, um eine Verkürzung seines Leidens herbeizuführen. Der Patient kann diese Information zudem als relevant empfinden, wenn er bestehende Vorsorgemöglichkeiten für einen derartigen Fall nutzen möchte, auf die der Arzt ebenfalls hinweisen und zu denen er bei Bedarf näher beraten sollte.[47]

Bei anfänglicher vitaler Schrittmacherabhängigkeit eines Patienten besteht vor diesem Hintergrund bereits vor der Implantation eine Aufklärungspflicht über die Möglichkeit einer späteren Deaktivierung des Herzschrittmachers; dies gilt auch für die medizinische Bewertung und potentielle Folgen einer solchen Deaktivierung.[48]

Besteht bei der Implantation noch keine vitale Schrittmacherabhängigkeit, ist deren Entstehung im Verlauf der Erkrankung aber medizinisch denkbar, sollte aus Gründen der rechtlichen Absicherung auf die zu einem späteren Zeitpunkt womöglich lebenserhaltend werdende Funktion des Herzschrittmachers und die auch dann erhalten bleibende Wahlfreiheit über Fortsetzung oder Beendigung der Schrittmachertätigkeit vor einer Implantation zumindest hingewiesen werden. Zwar lässt sich diskutieren, ob in einer solchen Situation eine echte Rechtspflicht zu einer entsprechenden Aufklärung besteht, da der spätere Eintritt einer Lebenserhaltungsfunktion weder sicher vorhersehbar ist noch ein direktes Belastungspotential durch den Schrittmacher mit sich brächte.[49] Die Information

---

[47] Letzteres empfehlen auch *Waltenberger/Schöne-Seifert et al.*, Der Kardiologe 11 (2017), 383, 395. Eine Rechtspflicht zu einer diesbezüglichen Aufklärung über Vorsorgemöglichkeiten ist dem Gesetz zwar nicht zu entnehmen; sie ist aber sinnvoll, um für den Fall des Eintritts einer Einwilligungsunfähigkeit des Patienten eine rechtssichere Grundlage für den Umgang mit dem Implantat in der Sterbephase zu haben; vgl. hierzu bereits oben in Kapitel 5 unter A. II. 1. lit. b., Fn. 38, 39.

[48] So wären auch potentielle Bradykardie-Symptome infolge einer Gerätedeaktivierung und etwaige palliative Behandlungsmöglichkeiten, die diese lindern könnten, als potentiell entscheidungserhebliche Gesichtspunkte zum Bestandteil der Aufklärung zu machen. Zu den möglichen Beschwerden infolge einer Deaktivierung vgl. oben in Kapitel 3 unter A. III. 1. lit. b.

[49] Zum fehlenden unmittelbaren Belastungspotential der anti-bradykarden Schrittmacherfunktion bereits zu Beginn des Abschnitts sowie oben in Kapitel 3 unter A. III. 1. lit. a.

über eine mögliche spätere Änderung der Bedeutung der Behandlungsmaßnahme für sein Überleben kann für den Patienten jedoch bereits zum Implantationszeitpunkt Entscheidungsrelevanz entfalten. Wie im Falle einer schon bei Implantation bestehenden vitalen Schrittmacherabhängigkeit kann sich der Patient durch diese Information außerdem zu Vorsorgemaßnahmen veranlasst sehen. Auch in einer solchen Konstellation können daher gute Gründe für die Annahme einer Aufklärungspflicht vor der Implantation angeführt werden, sodass in der Praxis eine entsprechende Aufklärung den sichereren Weg darstellt. Wie ausführlich die anfängliche Aufklärung in diesem Fall erfolgt, sollte der behandelnde Arzt einzelfallbezogen in Abhängigkeit von Patientenalter, Patientenzustand und Patientenwünschen entscheiden.[50] Dem Patienten sollte zumindest das Angebot einer umfassenden Beratung zum Thema Herzschrittmacherdeaktivierung gemacht werden und darauf hingewiesen werden, dass er dieses auch zu einem späteren Zeitpunkt jederzeit wahrnehmen könne.[51]

Eine spätere bzw. umfassende Aufklärung über die Herzschrittmacherdeaktivierung ist aus rechtlicher Sicht nach § 630e Abs. 1 BGB erforderlich, wenn der Patient diese Maßnahme konkret erwägt, eine vitale Schrittmacherabhängigkeit eintritt oder die Deaktivierung ausnahmsweise einmal aus medizinischen Gründen ratsam erscheint.

Auch wenn eine Herzschrittmacherdeaktivierung nach medizinischen Kriterien zumeist unvernünftig erscheinen dürfte, muss eine informierte und freiverantwortlich getroffene Entscheidung des Patienten letztlich hingenommen werden, um seinem Recht, eine Behandlungsmaßnahme selbstbestimmt abzulehnen, zur Durchsetzung zu verhelfen.[52]

---

[50] Zum ärztlichen Ermessen im Hinblick auf Art und Weise der Aufklärung und zum insoweit bedeutsamen Gebot patientenbezogener und schonender Aufklärung siehe auch *Katzenmeier*, in: Laufs/Katzenmeier/Lipp, Kapitel V, Rz. 26, Rz. 45; vgl. auch BT-Drucks. 17/10488, S. 25. Zum Ganzen bereits oben in Kapitel 5 unter A. II. 1. lit. b.
Vgl. aus medizin-ethischer Sicht auch die Empfehlung zur einzelfallorientierten Ausgestaltung des Aufklärungsgesprächs im Falle von ICD bei *Pitcher/Soar et al.*, Heart 102 (2016), A1, A5 sowie *Waltenberger/Schöne-Seifert et al.*, Der Kardiologe 11 (2017), 383, 395.

[51] Selbst wenn keine der beiden vorgenannten Situationen vorliegt, eine vitale Schrittmacherabhängigkeit also weder aktuell noch für die Zukunft wahrscheinlich ist, empfiehlt es sich, den Patienten über die Auswirkungen der Herzschrittmachertherapie in der Sterbephase zu informieren, da die Fehlvorstellung, die Schrittmachertätigkeit hindere auch bei nicht vorhandener Schrittmacherabhängigkeit den Eintritt des natürlichen Todes, nicht ungewöhnlich ist; dazu *Dutzmann/Israel*, Herzschrittmachertherapie + Elektrophysiologie 30 (2019), 204, 207; *Pitcher/Soar et al.*, Heart 102 (2016), A1, A10. Äußert der Patient diesbezüglich konkrete Befürchtungen, besteht insoweit eine Verpflichtung zu einer dahingehenden Aufklärung.

[52] Zum Recht des Patienten auf Verweigerung der Behandlung BT-Drucks. 16/8442, S. 7; BGH, Urteil vom 25.06.2010 – 2 StR 454/09, BGHSt 55, 191 ff.; BGH, Beschluss vom

2. Umgang mit einer akuten Deaktivierungssituation

Entsteht eine Behandlungssituation, in der die (potentiell) lebensverkürzende Deaktivierung des Herzschrittmachers oder ICD in Betracht kommt bzw. ein entsprechender Patientenwunsch bekannt wird, stellt sich die Frage, wie ein rechtlich bestmöglich abgesicherter Deaktivierungsprozess gestaltet werden sollte. Die insoweit maßgeblichen Aspekte werden nachfolgend erörtert. Dabei müssen auch Unterschiede in der Vorgehensweise beachtet werden, die sich bei einem einwilligungsfähigen Patienten, der zu einer expliziten Willensäußerung in der Lage ist, im Vergleich zur Situation eines einwilligungsunfähigen Patienten ergeben, bei dem sich die Deaktivierungsentscheidung gemäß § 1901a Abs. 2 BGB an den Behandlungswünschen bzw. dem mutmaßlichen Willen zu orientieren hat[53] und die Mitwirkung eines Patientenvertreters erfordert. Auf dadurch bedingte Unterschiede im Umgang mit einer Deaktivierungssituation wird in der Darstellung an entsprechender Stelle eingegangen.

Zentrales Fundament für eine rechtlich abgesicherte Deaktivierungsentscheidung ist die ordnungsgemäße und vollständige Aufklärung des Patienten bzw. seines Vertreters. Auch wenn eine (vollständige) Aufklärung des Patienten über bestehende Deaktivierungsoptionen bereits zu einem früheren Zeitpunkt erfolgt ist,[54] sollte sie, wenn eine Deaktivierungsentscheidung unmittelbar bevorsteht, unter Berücksichtigung des aktuellen Erkrankungszustandes des Patienten und etwaiger diesbezüglicher Besonderheiten erneut erfolgen, um sicherzustellen, dass dem Patienten die relevanten Informationen im Entscheidungszeitpunkt präsent sind.[55]

Spätestens zu diesem Zeitpunkt sollte auch das Patientenumfeld eingebunden werden, sofern der Patient bzw. sein Vertreter dies befürwortet.[56] Für die Entscheidungsakzeptanz bei den Angehörigen kann es von erheblicher Bedeutung sein, die Gründe für den Patientenwunsch zu verstehen, den Prozess und die

---

08.06.2005 – XII ZR 177/03, BGHZ 163, 195 ff., Rz. 9; MüKo-StGB/*Schneider*, Vor § 211, Rz. 115; Schönke/Schröder/*Sternberg-Lieben*, § 223 StGB, Rz. 37.

[53] Existiert eine wirksame Patientenverfügung mit entsprechendem Regelungsinhalt, richtet sich die Deaktivierungsentscheidung nach den dortigen Festlegungen, § 1901a Abs. 1 BGB.

[54] Eine Erstaufklärung vor Implantation empfiehlt sich aus rechtlicher Sicht jedenfalls für ICD-Patienten; siehe dazu oben in Kapitel 5 unter A.II.1. lit. b. Bei Herzschrittmacher-Patienten ist zu differenzieren; siehe dazu oben in Kapitel 5 unter A.II.1. lit. c.

[55] Eine bereits durchgeführte Aufklärung kann durch Zeitablauf „entaktualisiert" werden; dazu näher MüKo-BGB/*Wagner*, § 630e, Rz. 46; vgl. auch BGH, Urteil vom 28.01.2014 – VI ZR 143/13, NJW 2014, 1527, 1529, Rz. 21. Näher zur Aufklärung über eine (potentiell) lebensverkürzende Herzschrittmacher- bzw. ICD-Deaktivierung bereits oben in Kapitel 5 unter A.II.1.

[56] Zur Sinnhaftigkeit einer Einbindung der Angehörigen des Patienten auch *Janssens/Burchardi et al.*, MedR 2012, 647, 650.

Folgen der Deaktivierung zu kennen sowie den Patienten in seiner Entscheidung unterstützen und begleiten zu können.[57] Vor der konkreten Deaktivierungsentscheidung sollte in Abstimmung mit dem Patienten bzw. seinem Vertreter nach Möglichkeit auch das weitere medizinische Personal, das ihn betreut, hinzugezogen werden.[58] Dabei kann es sich insbesondere um den Hausarzt des Patienten, Pflegekräfte oder seinen Hospizdienst handeln. Dies stellt sicher, dass im Rahmen der Deaktivierungsentscheidung die verschiedenen Blickwinkel der unterschiedlichen medizinischen Leistungserbringer berücksichtigt werden und eine solide Entscheidungsgrundlage für den Patienten bzw. seinen Vertreter geschaffen wird, deren Angreifbarkeit minimiert ist. Weitere Spezialisten wie Palliativmediziner sollten bei Bedarf zu Rate gezogen werden, um eingehend über mögliche schmerzlindernde Maßnahmen informieren zu können und diese im Zuge der Deaktivierung umzusetzen.

In komplexen Behandlungs- und Entscheidungssituationen im stationären Setting, die in der Praxis vor allem bei einwilligungsunfähigen Patienten auftreten,[59] kann vor einer Entscheidung über die Deaktivierung die Beratung in einer ethischen Fallbesprechung empfehlenswert sein.[60] Anlässe für derartige Fallbesprechungen sind häufig Unstimmigkeiten über die Therapiefortführung bzw. die Therapieziele innerhalb des Behandlungsteams, Unklarheiten in einer Patientenverfügung oder ein vom Patienten (mutmaßlich) gewollter, aber von medizinischer Seite nicht befürworteter Behandlungsabbruch. Im Krankenhaus werden ethische Fallbesprechungen durch die Existenz eines klinischen Ethikkomitees ermöglicht, das interdisziplinär und multiprofessionell besetzt ist.[61] Die Fallbesprechung kann vom gesamten Komitee, einer (fallspezifisch besetzten) Arbeitsgruppe oder einem klinischen Ethikberater moderiert werden. Initiiert werden kann eine solche Fallbesprechung aus dem Kreis des behandelnden Personals oder sonstiger Beteiligter wie dem Patienten oder seiner Angehörigen.

---

[57] Vgl. *Reith/Janssens*, Medizinische Klinik – Intensivmedizin und Notfallmedizin 109 (2014), 19 ff.; *Wallner*, Intensivmedizin und Notfallmedizin 47 (2010), 49 ff. Dabei muss selbstverständlich die ärztliche Schweigepflicht gewahrt werden, die über § 203 StGB strafrechtlich geschützt ist.

[58] Vgl. hierzu und zum Folgenden *Janssens/Reith*, Medizinische Klinik – Intensivmedizin und Notfallmedizin 108 (2013), 267, 277.

[59] Vgl. *Klinkhammer*, Deutsches Ärzteblatt 106 (2009), A2142, A2144.

[60] Hierzu und zum Folgenden *Duttge/Schildmann*, Heilberufe 2009, 15, 16; *Klinkhammer*, Deutsches Ärzteblatt 106 (2009), A2142 ff.; Vorstand der Akademie für Ethik in der Medizin e.V., Ethik in der Medizin 22 (2010), 149, 151. Vgl. auch *Janssens/Burchardi et al.*, MedR 2012, 647, 650.

[61] Hierzu und zum Folgenden *Klinkhammer*, Deutsches Ärzteblatt 106 (2009), A2142, A2143 f. sowie Zentrale Ethikkommission bei der Bundesärztekammer, Deutsches Ärzteblatt 103 (2006), A1703, A1704.

Neben Ärzten und Pflegekräften empfiehlt sich insbesondere die Beteiligung von Krankenhausseelsorgern, Ethikern, Psychologen, Sozialarbeitern und Juristen, die jeweils unterschiedliche Blickwinkel auf ethische Fragestellungen einbringen können. Regelmäßig sollte das Team, das den Patienten auf Station betreut und behandelt, an der Fallbesprechung teilnehmen; wenn dies im Einzelfall sinnvoll und zumutbar erscheint, können jedoch auch der Patient bzw. sein Vertreter oder Angehörige zu den Teilnehmern gehören. Insbesondere im Hinblick auf die Ermittlung des Willens eines einwilligungsunfähigen Patienten können Patientenvertreter und Angehörige oft wertvolle Informationen beitragen, da sie die Lebensgeschichte und ggf. bedeutsame Äußerungen des Patienten im Hinblick auf eine derartige Behandlungssituation erinnern, in die das Behandlungsteam regelmäßig keinen Einblick hat.[62] In die Erörterungen im Rahmen einer ethischen Fallbesprechung fließen neben dem Krankheitsverlauf und dem Therapiestand auch andere Kriterien und Wahrnehmungen der Beteiligten ein, wie z. B. das Kooperationsverhalten des Patienten in der Behandlung.

Ein weiterer wichtiger Baustein eines rechtskonformen Deaktivierungsprozesses ist die ordnungsgemäße Dokumentation in der Patientenakte, die gemäß § 630f Abs. 2 BGB sämtliche aus fachlicher Sicht für die derzeitige und künftige Behandlung wesentlichen Maßnahmen und deren Ergebnisse zu beinhalten hat. Auf dieser Grundlage ist zunächst die Aufklärung über eine Gerätedeaktivierung sowie eine entsprechende Einwilligung zu dokumentieren.[63] Doch auch sonstige Aspekte, die Auskunft über eine ordnungsgemäße Entscheidungsfindung geben, bedürfen der Dokumentation. Dies betrifft insbesondere die Einwilligungsfähigkeit des Patienten bzw. die ordnungsgemäße Identifikation des für ihn entscheidungsbefugten Vertreters.[64] Bei einem einwilligungsunfähigen Patienten ist Gegenstand der Dokumentation zudem die ordnungsgemäße Feststellung seines mutmaßlichen Willens. Findet eine ethische Fallbesprechung statt, so sind nach § 630f Abs. 2 BGB diejenigen Aspekte der Erörterung bzw. ihres Ergebnisses in der Patientenakte zu dokumentieren, die für die Behandlung des Patienten wesentlich sind.[65]

---

[62] Derartige Anhaltspunkte sind aber obsolet, wenn sich der Patient wirksam und eindeutig zu der eingetretenen Behandlungssituation in einer Patientenverfügung positioniert hat; die darin niedergelegten Maßgaben sind in diesem Fall verbindlich, § 1901a Abs. 1 BGB.
[63] Die Dokumentationspflicht im Hinblick auf Aufklärung und Einwilligung spricht § 630f Abs. 2 BGB explizit an.
[64] So auch *Lampert/Hayes at al.*, Heart Rhythm 7 (2010), 1008, 1020. Für eine „akribische Dokumentation der Vorgänge" im Rahmen der Sterbebegleitung aus juristischer Sicht NK-StGB/*Paeffgen/Zabel*, Vor §§ 32 ff., Rz. 165b.
[65] Vgl. zum Erfordernis der Dokumentation der Fallbesprechung auch Vorstand der Akademie für Ethik in der Medizin e.V., Ethik in der Medizin 22 (2010), 149, 153; Zentrale Ethik-

Gerade in Fällen, in denen eine Deaktivierung aus medizinischer Sicht zweifelhaft erscheint, jedoch dem (mutmaßlichen) Willen des Patienten entspricht, sollte auf eine besonders gründliche Dokumentation geachtet werden.

Sind der Vertreter des Patienten und der behandelnde Arzt sich uneins, ob die (potentiell) lebensverkürzende Deaktivierung eines Herzschrittmachers bzw. eines ICD bei einem Einwilligungsunfähigen seinem mutmaßlichen Willen entspricht, bedarf es nach § 1904 Abs. 1, Abs. 4, Abs. 5 BGB einer Entscheidung des Betreuungsgerichts. Bleiben Unsicherheiten betreffend den mutmaßlichen Willen eines einwilligungsunfähigen Patienten bestehen, muss ebenfalls das Betreuungsgericht angerufen werden.[66] Das betreuungsgerichtliche Verfahren soll regelmäßig vom Patientenvertreter angeregt werden; kommt er dieser Pflicht nicht nach, kann aber auch der behandelnde Arzt die Überprüfung anstoßen.[67] Im betreuungsgerichtlichen Verfahren können ggf. bestehende Zweifel bezüglich der Einwilligungsunfähigkeit des Patienten adressiert werden; das Gericht kann das gemäß § 298 Abs. 3 FamFG im Verfahren einzuholende Sachverständigengutachten auf diese Frage erstrecken.[68]

Um für die Entscheidungsfindung sowie -umsetzung im Hinblick auf die Deaktivierung von Herzschrittmachern und ICD am Lebensende im klinischen Alltag einheitliche Standards und eine möglichst rechtssichere Struktur zu etablieren, empfiehlt es sich, interne Vorgaben auszuarbeiten, die die Vorgehensweise in derartigen Fällen beschreiben und damit einen ordnungsgemäßen Entscheidungsfindungsprozess gewährleisten.[69] Prozessuale Vorgaben können auch dazu beitragen, die Akzeptanz einer Deaktivierungsentscheidung bei allen Beteiligten zu erhöhen, indem sie für Nachvollziehbarkeit sorgen. Umgesetzt werden können solche Prozessvorgaben insbesondere in Form von Verfahrensanweisungen. Bei deren Erstellung sollten neben den genannten rechtlichen Aspekten

---

kommission bei der Bundesärztekammer, Deutsches Ärzteblatt 103 (2006), A1703, A1704 sowie *Fahr/Herrmann et al.*, Ethik in der Medizin 23 (2011), 155 ff.

[66] BT-Drucks. 16/8442, S. 19; BGH, Beschluss vom 17.09.2014 – XII ZB 202/13, BGHZ 202, 226 ff., Rz. 19; MüKo-BGB/*Schneider*, § 1904, Rz. 64. In der Praxis wird teilweise auch bei Einigkeit zwischen Betreuer und behandelndem Arzt das Betreuungsgericht angerufen, da das Gericht in diesem Falle das Einvernehmen feststellt und ein sog. Negativattest erteilt, wonach eine Genehmigung des Betreuungsgerichts nicht erforderlich ist; dazu MüKo-BGB/ *Schneider*, § 1904, Rz. 67.

[67] NK-Betreuungsrecht/*Bučić*, § 298 FamFG, Rz. 2.

[68] NK-Betreuungsrecht/*Bučić*, § 298 FamFG, Rz. 8.

[69] Vgl. *Waltenberger/Schöne-Seifert et al.*, Der Kardiologe 11 (2017), 383, 388. Diese sollten auch eine Aufzählung von typischen Konfliktkonstellationen beinhalten, in denen sich die Einbeziehung des Ethikkomitees empfiehlt. Zur Entwicklung interner Leitlinien für Fragestellungen, die wiederholt in ethisch sensiblen Bereichen auftreten, Zentrale Ethikkommission bei der Bundesärztekammer, Deutsches Ärzteblatt 103 (2006), A1703, A1704.

die bereits erörterten Empfehlungen medizinischer Fachgesellschaften berücksichtigt werden.[70]

Durch eine solche Vorgehensweise wird der (medizinisch) angemessene sowie rechtskonforme Umgang mit Deaktivierungssituationen durch organisatorische Maßnahmen bestmöglich sichergestellt.

3. Umgang mit einer Verweigerung der Gerätedeaktivierung aus Glaubens- oder Gewissensgründen

Selbst wenn feststeht, dass die (potentiell) lebensverkürzende Deaktivierung eines Herzschrittmachers oder ICD dem (mutmaßlichen) Willen des betroffenen Patienten entspricht, kann sich ein Arzt, der die Gerätedeaktivierung durchführen soll, aus Glaubens- oder Gewissensgründen dazu außer Stande sehen. Insofern ist zu klären, ob ein Arzt in einem solchen Fall die Durchführung der Herzschrittmacher- bzw. ICD-Deaktivierung ablehnen kann. Um dies festzustellen, werden die konfligierenden Grundrechtspositionen von Arzt und Patient in einer Deaktivierungssituation einander gegenübergestellt und mögliche rechtliche Grundlagen für ein Weigerungsrecht des Arztes untersucht. Abschließend wird eine praxistaugliche Lösung für derartige Konfliktsituationen vorgeschlagen.

Nach der de lege lata befürworteten Einordnung stellt die Tätigkeit eines Herzschrittmachers bzw. ICD ein Behandlungsmittel dar, dessen fortgesetzte Tätigkeit bei einem entsprechenden (mutmaßlichen) Patientenwillen beendet werden kann. Lehnt der Patient bzw. dessen Vertreter eine weitere Behandlung mittels Herzschrittmacher bzw. ICD ab und führt der Arzt die Behandlung unter Berufung auf Glaubens- oder Gewissensgründe dennoch fort, würde dadurch die körperliche Unversehrtheit und das Selbstbestimmungsrecht des Patienten verletzt.[71]

Dieser Eingriff in die Grundrechte des Patienten kann nicht durch die von Art. 4 Abs. 1 GG geschützte Glaubens- bzw. Gewissensfreiheit des Arztes legitimiert werden.[72] Art. 4 Abs. 1 GG gehört zu den elementaren Grundrechten mit Menschenwürdedimension und wird vorbehaltlos gewährleistet.[73] Er dient zuvörderst als Abwehrrecht gegen staatliche Eingriffe.[74] Den Staat verpflichtet das Grundrecht zu religiöser und weltanschaulicher Neutralität und zum Schutz vor Eingriffen Dritter.[75] Hingegen verleihen Glaubens- und Gewissensfreiheit dem

---
[70] Dazu oben in Kapitel 5 unter A.I.
[71] *Hufen*, NJW 2001, 849, 851, 853 f.
[72] BGH, Beschluss vom 08.06.2005 – XII ZR 177/03, BGHZ 163, 195 ff., Rz. 15 sowie *Hufen*, NJW 2001, 849, 853.
[73] Sachs/*Kokott*, Art. 4 GG, Rz. 3; vgl. auch BeckOK-GG/*Germann*, Art. 4, Rz. 1.
[74] Nur im Ausnahmefall können Religions- bzw. Gewissensfreiheit auch Leistungsrechte begründen; zum Ganzen BeckOK-GG/*Germann*, Art. 4, vor Rz. 1, Rz. 60 ff.
[75] BeckOK-GG/*Germann*, Art. 4, Rz. 69 ff. und 79 ff.

Arzt nicht das Recht, die körperliche Unversehrtheit und das Selbstbestimmungsrecht des Patienten durch eine von diesem abgelehnte Behandlungsfortsetzung zu verletzen.[76] Dies muss nach der höchstrichterlichen Rechtsprechung im Fall *Putz* unabhängig davon gelten, ob für die Behandlungsfortsetzung ein aktives Tun des Arztes erforderlich ist, oder die bereits begonnene Behandlung auf Grund automatisierter Behandlungsvorgänge weiterläuft, wie dies bei Herzschrittmacher- oder ICD-Therapien geschieht. In beiden Situationen ist die Fortsetzung der Behandlung dem Arzt als Eingriff in die körperliche Unversehrtheit und das Selbstbestimmungsrecht des Patienten zuzurechnen, der nicht (mehr) von einem Rechtfertigungsgrund getragen wird.[77] Nur wenn der Wunsch des Patienten auf einen tödlichen Eingriff des Arztes in seine körperliche Integrität gerichtet wäre und nicht auf einen bloßen Behandlungsabbruch, wäre der Arzt dazu berechtigt bzw. sogar verpflichtet, das gewünschte Eingreifen abzulehnen.[78] Demnach kann ein Arzt den Abbruch einer Herzschrittmacher- bzw. ICD-Behandlung nicht unter Berufung auf seine grundrechtlich gewährleistete Glaubens- und Gewissensfreiheit nach Art. 4 Abs. 1 GG verweigern.[79]

---

[76] *Hufen*, NJW 2001, 849, 853. Vgl. auch BGH, Beschluss vom 08.06.2005 – XII ZR 177/03, BGHZ 163, 195 ff., Rz. 15. Der BGH bezog diese Rechtsauffassung zwar auf die Situation einer Behandlungsfortsetzung durch aktives Handeln von Pflegekräften bei Zuführung von künstlicher Nahrung. Auf Grund seiner späteren Entscheidung im Fall *Putz*, in der er die Differenzierung zwischen Tun und Unterlassen für den Unrechtscharakter einer Behandlungsfortführung gegen den (mutmaßlichen) Patientenwillen als irrelevant bewertet hat, muss sie jedoch auch für eine Behandlungsfortsetzung gelten, die kein aktives Tun des Arztes erfordert, wie dies bei der Fortsetzung der Gerätetätigkeit von Herzschrittmachern und ICD der Fall ist. Zur Unerheblichkeit der Differenzierung von Tun und Unterlassen im Kontext des Behandlungsabbruchs BGH, Urteil vom 25.06.2010 – 2 StR 454/09, BGHSt 55, 191 ff., Rz. 30 ff.

Demgegenüber können Gewissensgründe – wenn eine ärztliche Untätigkeit keinen vergleichbaren Rechtseingriff hervorruft wie im Falle einer verweigerten Gerätedeaktivierung – zur Befreiung von sonstigen ärztlichen Pflichten grundsätzlich mit Erfolg vorgetragen werden; dazu und zum Maßstab der Substantiierung entsprechender Gewissensgründe BVerwG, Urteil vom 12.12.1972 – I C 30.69, BVerwGE 41, 261 ff., Rz. 30 ff.

[77] Zu dem dieser Bewertung zugrunde gelegten Maßstab näher MüKo-StGB/*Schneider*, Vor § 211, Rz. 115.

[78] *Hufen* führt hierzu aus, ein Arzt sei nicht zu unerlaubten Handlungen gezwungen, wobei es zur Begründung insoweit keines Rückgriffs auf die Gewissensfreiheit bedürfe; dazu *Hufen*, NJW 2001, 849, 853. So auch BGH, Beschluss vom 08.06.2005 – XII ZR 177/03, BGHZ 163, 195 ff., Rz. 15.

[79] Der Arzt könnte sich auch nicht darauf berufen, dass die Verpflichtung zur Durchführung eines Behandlungsabbruchs entgegen seinen ethischen oder religiösen Vorstellungen auf ungerechtfertigte Weise in sein Selbstbestimmungsrecht oder seine Menschenwürde eingreife. Das Selbstbestimmungsrecht wird begrenzt durch entgegenstehende Rechte anderer, hier die körperliche Unversehrtheit und das Selbstbestimmungsrecht des Patienten über seinen Körper. Die Menschenwürde des Arztes wird durch die Verpflichtung, eine Behandlung nicht gegen den Willen des Patienten durchzuführen bzw. fortzusetzen, hingegen gar nicht erst berührt. Eine

Auch über eine Analogie zu § 12 Abs. 1 SchKG lässt sich eine glaubens- oder gewissensbedingte Ablehnung des Arztes, die Herzschrittmacher- oder ICD-Tätigkeit bei einem Patienten zu beenden, nicht legitimieren.

§ 12 Abs. 1 SchKG eröffnet die Möglichkeit, die Mitwirkung an einem Schwangerschaftsabbruch zu verweigern.[80] Eine analoge Anwendung der Norm auf Konstellationen eines Behandlungsabbruchs könnte dem Arzt eine rechtliche Grundlage für die Verweigerung der Mitwirkung auch in diesen Fällen bieten. Für eine solche Analogie bedürfte es einer planwidrigen Regelungslücke und einer vergleichbaren Interessenlage bei Behandlungsabbrüchen und den von der Vorschrift ausdrücklich erfassten Schwangerschaftsabbrüchen.[81]

Bereits das Vorliegen einer planwidrigen Regelungslücke lässt sich bezweifeln, da das Verweigerungsrecht bewusst für die spezifische Konfliktsituation im Rahmen von Schwangerschaftsabbrüchen geschaffen wurde.[82] Jedenfalls lässt sich aber keine vergleichbare Interessenlage identifizieren. Aus der Perspektive des Behandlers kann zwar sowohl die Mitwirkung an einem Schwangerschaftsabbruch als auch die Mitwirkung an einem Behandlungsabbruch Glaubens- oder Gewissenskonflikte aus ähnlichen Gründen auslösen: Beim Schwangerschaftsabbruch wird das im Mutterleib entstehende menschliche Leben im Embryonalstadium beendet; der Behandlungsabbruch führt zur Beendigung voll entwickelten menschlichen Lebens. Jedoch unterscheidet sich die Interessenlage auf Patientenseite in beiden Konstellationen erheblich: Beim Schwangerschaftsabbruch soll erst eine Behandlung aufgenommen werden, die die Abtötung des Embryos zum

---

solche Pflicht stellt die Subjektsqualität des Arztes nicht prinzipiell in Frage; in ihr kommt keine Verachtung des Wertes zum Ausdruck, der dem Arzt kraft seines Personseins zukommt. Zum Ganzen BGH, Beschluss vom 08.06.2005 – XII ZR 177/03, BGHZ 163, 195 ff., Rz. 15. Zum angewendeten Maßstab für eine Menschenwürdeverletzung vgl. BVerfG, Urteil vom 15.12.1970 – 2 BvF 1/69, 2 BvR 629/68, 2 BvR 308/69, BVerfGE 30, 1, Rz. 81.

[80] Zum relevanten Unterschied zwischen der Konstellation eines Schwangerschaftsabbruchs, in der ein Recht zur Verweigerung der Mitwirkung besteht, und der Konstellation des Abbruchs einer künstlichen Ernährung, bei der ein entsprechendes Weigerungsrecht nicht besteht, BGH, Beschluss vom 08.06.2005 – XII ZR 177/03, BGHZ 163, 195 ff., Rz. 15. Der BGH stützt seine Begründung im Beschluss stark auf den Eingriffscharakter der künstlichen Ernährung als positives Tun. Die Begründung kann daher nicht unmittelbar auf Situationen eines Behandlungsabbruchs übertragen werden, in denen nicht die Weiterbehandlung ein aktives Tun erfordern würde, sondern deren Beendigung.

[81] Zu den Analogievoraussetzungen in ständiger BGH-Rspr. siehe nur BGH, Urteil vom 07.11.2019 – I ZR 42/19, Rz. 32, zitiert nach juris; BGH, Urteil vom 13.03.2018 – II ZR 158/16, BGHZ 218, 80 ff., Rz. 31; BGH, Urteil vom 16.04.2015 – I ZR 69/11, NJW 2015, 3511, 3514, Rz. 29; BGH, Urteil vom 04.08.2010 – XII ZR 118/08, NJW 2010, 3087, Rz. 11; BGH, Urteil vom 14.12.2006 – IX ZR 92/05, BGHZ 170, 187 ff., Rz. 14 ff. Zu den Analogievoraussetzungen auch *Danwerth*, ZfPW 2017, 230, 233 m. w. N.

[82] Vgl. BT-Drucks. 12/6643, S. 13 i. V. m. BT-Drucks. 7/554, S. 8.

Ziel hat und nach der geltenden Gesetzeslage gemäß § 218 Abs. 1 StGB grundsätzlich strafbar ist, sofern nicht die strengen Voraussetzungen des § 218a StGB vorliegen. Beim Behandlungsabbruch ist bereits eine Behandlung im Gange, deren Fortsetzung der Patient für die Zukunft selbstbestimmt ablehnt und deren Beendigung zu seinem Tod führt. Ein solcher Behandlungsabbruch ist aber nach der aktuellen Rechtslage nicht strafbar. Während im ersten Fall also von Patientenseite ein erstmaliger – und nur ausnahmsweise straffreier – Eingriff durch den Arzt gefordert wird, den dieser ablehnt, findet ein ärztlicher Eingriff im letztgenannten Fall gerade statt und der Arzt weigert sich, diesen in Einklang mit dem geltenden Recht zu beenden. Die Ablehnung eines Behandlungsabbruchs und die damit verbundene Fortführung der Behandlung ist als Verletzung der körperlichen Integrität des Patienten zu bewerten, während die verweigerte Mitwirkung an einem Schwangerschaftsabbruch eine solche Verletzung regelmäßig nicht bewirkt.[83] Wünscht ein Patient einen Behandlungsabbruch, kann er sich hierfür also auf sein Recht berufen, eine medizinische Behandlung abzulehnen und keiner Zwangsbehandlung unterworfen zu werden.[84] Eine ähnliche Legitimationsgrundlage kann eine Schwangere, die den Abbruch ihrer Schwangerschaft wünscht, regelmäßig nicht geltend machen.[85] Damit sind die betroffenen Rechte und Interessen auf Patientenseite in beiden Konstellationen fundamental verschieden. Konsequenterweise ist die Ablehnung des willensgemäßen Behandlungsabbruchs strafbar, während dies für die Ablehnung der Mitwirkung am Schwangerschaftsabbruch unter den Voraussetzungen des § 12 Abs. 1 SchKG nicht gilt. Eine vergleichbare Interessenlage, die eine Analogie zu § 12 Abs. 1 SchKG rechtfertigen könnte, kann für die Verweigerung des Behandlungsabbruchs aus Glaubens- oder Gewissensgründen folglich nicht hergeleitet werden.

Die vorstehenden Ausführungen führen zu dem Befund, dass ein Recht des Behandlers, die (potentiell) lebensverkürzende Deaktivierung eines Herzschrittmachers oder ICD aus Glaubens- oder Gewissensgründen abzulehnen, nicht be-

---

[83] Vgl. dazu auch BGH, Beschluss vom 08.06.2005 – XII ZR 177/03, BGHZ 163, 195 ff., Rz. 15.
Eine strafbare Körperverletzung (durch Unterlassen) wäre indes ausnahmsweise in einer Situation anzunehmen, in der die Mitwirkung an einem Schwangerschaftsabbruch verweigert wird, obwohl die Voraussetzungen des § 12 Abs. 2 SchKG vorliegen. Danach besteht das Weigerungsrecht nicht, wenn die Mitwirkung notwendig ist, um von der Frau eine anders nicht abwendbare Gefahr des Todes oder einer schweren Gesundheitsschädigung abzuwenden.

[84] Zum Recht des Patienten auf Verweigerung der Behandlung BT-Drucks. 16/8442, S. 7; BGH, Urteil vom 25.06.2010 – 2 StR 454/09, BGHSt 55, 191 ff.; BGH, Beschluss vom 08.06.2005 – XII ZR 177/03, BGHZ 163, 195 ff., Rz. 9; MüKo-StGB/*Schneider*, Vor § 211, Rz. 115; Schönke/Schröder/*Sternberg-Lieben*, § 223 StGB, Rz. 37.

[85] Etwas anderes gilt nur für die Konstellation des § 12 Abs. 2 SchKG; dazu soeben in Fn. 83.

steht.⁸⁶ Vor diesem Hintergrund ist für Glaubens- und Gewissenskonflikte von Ärzten bei einer Deaktivierung von Herzschrittmachern oder ICD in der Praxis zu empfehlen, die ärztliche Betreuung an einen Kollegen abzugeben, der bereit ist, dem Patientenwillen zu entsprechen und die Behandlung zu beenden.⁸⁷ Auf diese Weise muss der Arzt nicht gegen seine religiösen oder ethischen Überzeugungen handeln; zugleich wird aber gewährleistet, dass dem Recht des Patienten entsprochen wird, die Behandlungsfortsetzung abzulehnen.

B. Empfehlungen für betroffene Patienten

Um entscheiden zu können, ob eine (potentiell) lebensverkürzende Deaktivierung eines Herzschrittmachers oder ICD bei einem Patienten vorgenommen werden soll, ist die Ermittlung des (mutmaßlichen) Patientenwillens elementar.⁸⁸ Nicht selten stellt sich aber das Problem, dass eine aktuelle Willensäußerung vor der Deaktivierungsentscheidung nicht eingeholt werden kann, da der Patient nicht mehr einsichts- und urteilsfähig ist. Vor diesem Hintergrund ist es für die Wahrung des Selbstbestimmungsrechts zentral, dass Herzschrittmacher- und

---

⁸⁶ So auch *Hufen*, NJW 2001, 849, 853. Etwas anderes würde für die Durchführung bzw. Weiterführung einer medizinisch nicht mehr indizierten Maßnahme auf Wunsch des Patienten bzw. seines Vertreters gelten; der Behandler wäre in einem solchen Fall nicht zur Mitwirkung an der entsprechenden Maßnahme verpflichtet; dazu Bundesärztekammer und Zentrale Ethikkommission bei der Bundesärztekammer, Deutsches Ärzteblatt 107 (2010), A877, A882.

⁸⁷ *Hufen*, NJW 2001, 849, 853; *Lampert/Hayes et al.*, Heart Rhythm 7 (2010), 1008, 1013; *Waltenberger/Schöne-Seifert et al.*, Der Kardiologe 11 (2017), 383, 390; *Zellner/Aulisio et al.*, Circulation: Arrhythmia and Electrophysiology 2 (2009), 340, 343.
Bei Häufung derartiger Fälle dürfte für betroffene Ärzte eine prinzipielle Abstimmung mit dem Vorgesetzten bzw. Arbeitgeber ratsam sein, um arbeitsrechtlichen Schritten vorzubeugen. Grundsätzlich dürfte eine Kündigung durch den Arbeitgeber bei einem dargelegten Glaubens- oder Gewissenskonflikt und anderweitigen Einsatzmöglichkeiten des Arztes, die ohne größere Schwierigkeiten für den Arbeitgeber zu realisieren sind, nicht in Betracht kommen; vgl. BAG, Urteil vom 24.02.2011 – 2 AZR 636/09, BAGE 137, 164 ff., Rz. 21 ff., 42 ff. Da Behandlungsabbrüche regelmäßig nicht die Hauptaufgabe eines Arztes darstellen, sollte eine anderweitige Einsatzmöglichkeit des Arztes, der deren Durchführung ablehnt, meist keine größeren Probleme bereiten. Die arbeitsrechtliche Betrachtung soll an dieser Stelle aber nicht vertieft werden.

⁸⁸ Etwas anderes würde nur gelten, wenn die Fortsetzung der Behandlung ausnahmsweise medizinisch nicht indiziert ist. Dies wäre nach der in der vorliegenden Untersuchung de lege lata vorgeschlagenen Lösung zumindest im Falle des ICD denkbar, wobei es einer medizinischen Beurteilung im Einzelfall bedarf; vgl. dazu die Ausführungen in Kapitel 3 unter A. III. 2. Zum Behandlungsabbruch auf Grund des Wegfalls der medizinischen Indikation siehe oben in Kapitel 2 unter C. I. 2. lit. f. sowie unter C. I. 3. lit. f. Für die de lege ferenda vorgeschlagene Lösung ist die Möglichkeit eines solchen einseitigen Behandlungsabbruchs für sog. integrale Geräte abzulehnen; dazu oben in Kapitel 4 unter C. I.

ICD-Patienten sich bereits frühzeitig mit potentiellen Entscheidungssituationen befassen, die in Bezug auf ihre Implantate mit fortschreitendem Erkrankungszustand bzw. am Lebensende entstehen könnten. Es ist anzuraten, zur (potentiell) lebensverkürzenden Herzschrittmacher bzw. ICD-Deaktivierung eine Regelung in einer Patientenverfügung zu treffen (hierzu I.). Daher sollen zum Abschluss der Untersuchung Formulierungsvorschläge erarbeitet werden, die für den Fall der Einwilligungsunfähigkeit eines Patienten Angehörigen und Ärzten hinreichende Klarheit über seine Wünsche verschaffen können (hierzu II.).

I. Regelung in einer Patientenverfügung

Die Ermittlung des mutmaßlichen Willens eines nicht mehr einwilligungsfähigen Patienten stellt im Zusammenhang mit einem Behandlungsabbruch in der Praxis häufig die größte Herausforderung dar. Viele Patienten haben ihre Behandlungswünsche zum Zeitpunkt noch bestehender Einwilligungsfähigkeit nicht oder nicht hinreichend konkret fixiert, sodass frühere Äußerungen des Patienten als Grundlage für die Entscheidung über einen Behandlungsabbruch dienen müssen.[89] Diese Situation ist für alle Beteiligten mit erheblichen Belastungen verbunden und führt nicht immer dazu, dass der mutmaßliche Wille des Patienten zweifelsfrei ermittelt werden kann.

Dieses Problem kann sich auch im Hinblick auf den Umgang mit dem Herzschrittmacher oder ICD eines Patienten stellen. Sowohl im Interesse des betroffenen Patienten als auch im Interesse von Angehörigen und Ärzten empfiehlt es sich daher, frühzeitig Regelungen zu (potentiell) lebensverkürzenden Deaktivierungen der Geräte niederzulegen.[90] Patienten sollten dies spätestens dann umsetzen, wenn auf Grund ihres Gesundheitszustandes bzw. eines bevorstehenden Eingriffs antizipiert werden kann, dass die Frage nach einer (potentiell) lebensverkürzenden Deaktivierung ihres Herzschrittmachers oder ICD in absehbarer Zeit entstehen könnte oder der Eintritt ihrer Einwilligungsunfähigkeit droht. Eine Regelung zum Umgang mit dem jeweiligen Implantat am Lebensende sollte sowohl dann niedergelegt werden, wenn ein Patient eine Deaktivierung wünscht als auch dann, wenn eine Deaktivierung nicht seinem Willen entspricht.

Das geeignete Instrument für entsprechende Festlegungen durch einen betroffenen Patienten ist die in § 1901a BGB vorgesehene Patientenverfügung, die es dem Patienten für den Fall seiner späteren Einwilligungsunfähigkeit ermöglicht, Verfügungen in Schriftform zu treffen, mit denen er in bestimmte Untersuchun-

---

[89] Vgl. *Petri/Zwißler et al.*, Der Anaesthesist 69 (2020), 78, 79.
[90] Vgl. *Waltenberger/Schöne-Seifert et al.*, Der Kardiologe 11 (2017), 383, 395 f.; ebenfalls BÄK/KBV et al., Nationale VersorgungsLeitlinie Chronische Herzinsuffizienz 2019, 84.

gen, Heilbehandlungen oder ärztliche Eingriffe einwilligen oder diese untersagen kann; § 1901a Abs. 1 Satz 1 BGB. Tritt im Zustand der Einwilligungsunfähigkeit des Patienten die von der Patientenverfügung adressierte Lebens- bzw. Behandlungssituation ein, so hat der Vertreter des Patienten seinem Willen Geltung zu verschaffen; § 1901a Abs. 1 Satz 2 BGB. Dem Patienten ist es – solange er einwilligungsfähig ist – möglich, die Patientenverfügung ohne Einhaltung einer bestimmten Form zu widerrufen; § 1901a Abs. 1 Satz 3 BGB.[91] Dies gilt auch für einen Teilwiderruf seiner Verfügung.

Möchte der Patient keine eigenen Festlegungen für den Fall seiner zukünftigen Einwilligungsunfähigkeit treffen, jedoch sicherstellen, dass die Entscheidungsbefugnis in diesem Fall einer bestimmten Person zusteht, kann er von den Instrumenten der Vorsorgevollmacht oder der Betreuungsverfügung Gebrauch machen, auf die an dieser Stelle nur ergänzend hingewiesen werden soll.[92]

Entscheidet sich ein Herzschrittmacher- oder ICD-Patient dafür, eine konkrete Regelung betreffend die (potentiell) lebensverkürzende Deaktivierung seines Gerätes in einer Patientenverfügung niederzulegen, kommt es auf eine hinreichend klare, aussagekräftige Formulierung an, damit bei späterer Einwilligungsunfähigkeit sein Wille auf Grundlage der Patientenverfügung eindeutig ermittelt und umgesetzt werden kann. Wie eine entsprechende Formulierung ausgestaltet werden könnte, soll im nächsten Abschnitt aufgezeigt werden.

II. Formulierungen zur Deaktivierung von Herzschrittmachern und ICD in einer Patientenverfügung

Für eine zweckmäßige Formulierung des Deaktivierungswunsches in einer Patientenverfügung muss zwischen Herzschrittmachern und ICD unterschieden werden, da beide Gerätetypen eine unterschiedliche Funktionsweise sowie unter-

---

[91] Für Änderungen der Patientenverfügung, die mit neuen Festlegungen des Patienten für den Fall seiner Einwilligungsunfähigkeit verbunden sind, gilt indes das Schriftformerfordernis des § 1901a Abs. 1 Satz 1 BGB. Zum Ganzen MüKo-BGB/*Schneider*, § 1901a, Rz. 39.

[92] Vorsorgevollmacht und Betreuungsverfügung können auch mit konkreten Handlungsanweisungen für den Entscheidungsbefugten verbunden werden oder neben eine Patientenverfügung treten; es handelt sich nicht um lediglich alternativ einsetzbare Vorsorgeinstrumente. Mit den möglichen Vorsorgeinstrumenten beschäftigen sich beispielsweise *Zimmermann*, S. 26, 37 ff.; *Zuck*, in: Quaas/Zuck/Clemens § 68, Rz. 218 ff. und *Dodegge*, FPR 2008, 591 ff. Zur Gestaltung der Vorsorgevollmacht *Milzer*, NJW 2003, 1836 ff. Welche Kombination von Vorsorgeinstrumenten sich empfehlen kann, erörtert *Milzer*, FPR 2007, 69 ff. Vgl. auch die u. a. von den Ärztekammern herausgegebenen Informationsmaterialien zu den Vorsorgeinstrumenten; beispielsweise Bundesärztekammer und Zentrale Ethikkommission bei der Bundesärztekammer, Deutsches Ärzteblatt 107 (2010), A877 ff.; Ärztekammer Westfalen-Lippe, Patientenverfügung und Vorsorgevollmacht, Leitfaden für Patienten und Angehörige, 7. Auflage 2020.

schiedliches Belastungspotential bei fortschreitender Erkrankung bzw. am Lebensende aufweisen.[93] Nachfolgend soll zunächst untersucht werden, wie sich der Deaktivierungswunsch in einer Patientenverfügung für einen ICD ausgestalten lässt (hierzu 1.); da dieser in der letzten Lebensphase direkte Belastungen für den Patienten erzeugen kann, ist eine Deaktivierungsregelung für den ICD von besonderer Relevanz.[94] Gleiches soll danach für den regelmäßig nicht mit direkten Belastungen verbundenen Herzschrittmacher erwogen werden (hierzu 2.). Begleitet werden sollten derartige Regelungen durch die Erklärung eines Aufklärungsverzichts (hierzu 3.).

Abschließend wird eine Formulierung für den Fall vorgeschlagen, dass der Patient eine Deaktivierung seines Herzschrittmachers oder ICD generell ablehnt (hierzu 4.).

In jedem Fall ist anzuraten, die Deaktivierungswünsche und ihre Formulierung in der Patientenverfügung mit dem behandelnden Kardiologen zu besprechen, um eine den Umständen des jeweiligen Falles angemessene Lösung zu finden.[95] Die nachfolgenden Formulierungen sind insoweit als Vorschläge zu verstehen, die der Anpassung im Einzelfall unterliegen.

1. Formulierung des Deaktivierungswunsches beim ICD

Das Belastungspotential eines ICD resultiert aus möglichen nicht mehr sinnvollen Schockabgaben am Lebensende, verursacht durch die Defibrillationsfunktion.[96] Um in einer solchen Situation eine Deaktivierung der belastenden ICD-Funktionen zu erreichen, können verschiedene Optionen für die Regelung in einer Patientenverfügung genutzt werden, die im Folgenden aufgezeigt werden sollen.

Existiert bereits eine Patientenverfügung, in der die Durchführung von Wiederbelebungsmaßnahmen in der unmittelbaren Sterbephase abgelehnt wird,[97] könn-

---

[93] Dazu ausführlich oben in Kapitel 3 unter A.
[94] Dazu näher oben in Kapitel 3 unter A.III.2. Im Falle eines ICD kann neben den antitachykarden ICD-Funktionen regelmäßig auch eine anti-bradykarde Herzschrittmacher-Funktion aktiv sein. In den nachfolgend vorgeschlagenen Formulierungen wird für ICD auf die Deaktivierung von Funktionen abgestellt, die der Lebenserhaltung oder Lebensverlängerung dienen und nicht zugleich einer Leidensminderung. Damit soll sichergestellt werden, dass im jeweiligen Einzelfall leidensmindernd wirkende Funktionen des Gerätes aufrecht erhalten bleiben. Eine Differenzierung von anti-tachykarder bzw. anti-bradykarder Funktion eines ICD in der Patientenverfügung ist bei Verwendung einer solchen Formulierung nicht erforderlich.
[95] Vgl. für den ICD *Waltenberger/Schöne-Seifert*, Der Kardiologe 11 (2017), 383, 391.
[96] Siehe oben in Kapitel 3 unter A.III.2.
[97] Beispielformulierungen für den Ausschluss von Wiederbelebungsmaßnahmen durch eine Do-not-resuscitate-Anordnung (DNR-Anordnung) in einer Patientenverfügung finden sich auf der Webseite des BMJV, Die Textbausteine für eine schriftliche Patientenverfügung, Ziff. 2.2 und 2.3.4.

te erwogen werden, ob dies schon eine ausreichende Grundlage für eine Deaktivierung der Defibrillationsfunktion des ICD in einer entsprechenden Situation darstellen könnte. Der Ausschluss von Wiederbelebungsmaßnahmen in einer Patientenverfügung erfolgt aber zumeist vor dem Hintergrund der „klassischen" Wiederbelebungssituation, in der Wiederbelebungsmaßnahmen durch den Arzt von außen eingeleitet und nicht automatisiert durch ein bereits vorhandenes implantiertes Gerät in Gang gesetzt werden. Ob der Patient mit dem Ausschluss von Wiederbelebungsmaßnahmen zugleich ein aktives Abschalten der Defibrillationsfunktion seines ICD verfügen wollte, dürfte sich dem bloßen Verzicht auf Reanimationsmaßnahmen zumeist nicht hinreichend klar entnehmen lassen.[98] Daher wird angeregt, im Falle eines verfügten Ausschlusses von Wiederbelebungsmaßnahmen jedenfalls einen klarstellenden Zusatz in die Patientenverfügung aufzunehmen, sofern dieser Ausschluss gleichermaßen und ohne inhaltliche Abweichung die Deaktivierung eines ICD erfassen soll. Folgender Formulierungsvorschlag kann für einen Zusatz zu einem Reanimationsverzicht verwendet werden:[99]

Der von mir für die oben unter ... konkretisierten Situationen verfügte Verzicht auf Wiederbelebungsmaßnahmen schließt eine Deaktivierung von ICD-Funktionen, die einem entsprechenden Zweck dienen, ausdrücklich mit ein.

Wurde in einer Patientenverfügung der Verzicht auf lebenserhaltende oder lebensverlängernde Maßnahmen erklärt, kann ebenfalls die Frage entstehen, ob es der Intention des Trägers entsprach, damit auch ICD-Funktionen zu erfassen, die seine Lebenserhaltung sichern. Auch hier empfiehlt sich zumindest die Aufnahme eines klarstellenden ICD-Zusatzes, wenn der Verzicht auf lebenserhalten-

---

Nachfolgend sollen lediglich Vorschläge für die im Falle des ICD primär relevanten unmittelbare Sterbephase bzw. das Endstadium einer tödlichen Erkrankung gemacht werden. Eine entsprechende Verfügung kann selbstverständlich auch auf andere Situationen ausgeweitet werden, wenn der Patient dies wünscht. Hier empfiehlt sich in jedem Fall eine Rücksprache mit dem behandelnden Arzt. Zu weiteren Situationen, für die eine Verfügung niedergelegt werden könnte, BMJV, Die Textbausteine für eine schriftliche Patientenverfügung, Ziff. 2.2.

[98] Dass in der Praxis eine DNR-Anordnung nicht als klarer Wunsch zur Deaktivierung in der Sterbephase gedeutet wird, lässt das Ergebnis der Substudie von *Sherazi/McNitt et al.*, Pacing and Clinical Electrophysiology 36 (2013), 1273 ff. vermuten. Dass auch bei den Patienten Unsicherheiten bestehen, ob eine DNR-Anordnung eine ICD-Deaktivierung einschließt, zeigt das Ergebnis der Befragung von *Kirkpatrick/Gottlieb et al.*, The American Journal of Cardiology 109 (2012), 91 ff.

[99] Die Formulierung ist angelehnt an einen Vorschlag von *Waltenberger/Schöne-Seifert et al.*, Der Kardiologe 11 (2017), 383, 396 für einen Zusatz zum Verzicht auf lebenserhaltende bzw. lebensverlängernde Maßnahmen, adaptiert an die Situation eines Reanimationsverzichts.

de bzw. lebensverlängernde Maßnahmen die Deaktivierung von ICD-Funktionen einschließen soll.[100] Dieser kann wie folgt formuliert werden:[101]

Der von mir für die oben unter ... konkretisierten Situationen verfügte Verzicht auf lebenserhaltende bzw. lebensverlängernde Maßnahmen, die nicht der Leidensminderung dienen, schließt die Deaktivierung von ICD-Funktionen, die einem entsprechenden Zweck und nicht der Leidensminderung dienen, ausdrücklich mit ein.

Eine weitere Gestaltungsvariante ist ein eigenständiger ICD-Vermerk in der Patientenverfügung. Dieser ist insbesondere dann vorzugswürdig, wenn der Patient für die ICD-Deaktivierung im Vergleich zur „klassischen" Wiederbelebungssituation oder zu sonstigen lebenserhaltenden bzw. lebensverlängernden Maßnahmen abweichende Regelungen treffen will oder für die genannten Situationen im Gegensatz zur ICD-Deaktivierung keine Festlegungen beabsichtigt. Ein eigenständiger ICD-Vermerk mit Ankreuzoptionen kann wie folgt gestaltet werden:[102]

Ich bin Träger eines ICD-Geräts. Hiermit verfüge ich für den Fall, dass ich nicht mehr einwilligungsfähig sein sollte und ich mich

☐ aller Wahrscheinlichkeit nach unabwendbar im unmittelbaren Sterbeprozess befinde,

☐ im Endstadium einer unheilbaren, tödlich verlaufenden Krankheit befinde, selbst wenn der Todeszeitpunkt noch nicht absehbar ist,

die (palliative) Deaktivierung aller derjenigen ICD-Funktionen, die dann nicht mehr der Linderung möglicher Leiden dienen, sondern mein Sterben verlängern oder belasten könnten.

Alle drei Formulierungsvorschläge eröffnen im Hinblick auf die konkret zu deaktivierenden ICD-Funktionen einen Spielraum für patienten- und krankheitsbezogene Entscheidungen von Patientenvertreter und behandelndem Arzt. Dies ist insofern sinnvoll, als im Einzelfall neben der Defibrillationsfunktion, die in der Sterbephase Probleme bereiten kann, auch weitere ICD-Funktionen aus medizinischer Sicht als belastend bzw. leidensverlängernd erachtet werden könnten.[103] Welche dies sind, lässt sich zum Zeitpunkt der Erstellung einer Patientenverfügung ggf. nicht hinreichend antizipieren, sodass eine entsprechend offene Formulierung anzuraten ist, die an der Leidensminderung orientierte Entscheidung-

---

[100] *Waltenberger/Schöne-Seifert et al.*, Der Kardiologe 11 (2017), 383, 395 f.

[101] Die Formulierung übernimmt weitgehend den Vorschlag von *Waltenberger/Schöne-Seifert et al.*, Der Kardiologe 11 (2017), 383, 396.

[102] Die nachstehende Formulierung findet sich bei *Waltenberger/Schöne-Seifert et al.*, Der Kardiologe 11 (2017), 383, 396. Die Beschreibung der Situationen, in denen der ICD-Vermerk zur Anwendung kommen sollte, greift die Empfehlungen des BMJV, Die Textbausteine für eine schriftliche Patientenverfügung, Ziff. 2.2, auf.

[103] Siehe dazu oben in Kapitel 3 unter A. IV. 2.

en durch Behandler und Patientenvertreter zulässt und dennoch hinreichende Aussagekraft besitzt.[104]

2. Formulierung des Deaktivierungswunsches beim Herzschrittmacher

Da der Herzschrittmacher in der Sterbephase durch seine anti-bradykarde Funktion regelmäßig keine Belastungen verursacht, sondern Beschwerden vermeidet,[105] dürfte der Wunsch, ihn deaktivieren zu lassen, nur im Ausnahmefall entstehen.[106] Gerade für die Herzschrittmacherdeaktivierung empfiehlt sich eine enge Rücksprache mit dem behandelnden Kardiologen, der den Patienten bei dem Wunsch, eine Deaktivierungsregelung in einer Patientenverfügung niederzulegen, aus medizinischer Sicht beraten kann.[107] Insbesondere die konkrete Formulierung einer entsprechenden Regelung sollte mit ihm abgestimmt werden, um

---

[104] Auch der Konkretisierungsgrad der im zuletzt genannten Vorschlag formulierten Behandlungssituationen, die eine Deaktivierung auslösen sollen, ist angemessen. Eine Patientenverfügung muss hinreichend konkrete Festlegungen enthalten, um bindende Wirkung entfalten zu können; dazu ausführlich BGH, Beschluss vom 08.02.2017 – XII ZB 604/15, BGHZ 214, 62 ff., Rz. 17; siehe auch BGH, Urteil vom 30.01.2019 – 2 StR 325/17, BGHSt 64, 69 ff., Rz. 32. An die Bestimmtheit der Formulierung dürfen jedoch keine überspannten Anforderungen gestellt werden, zumal der Verfasser „nicht seine eigene Biografie als Patient vorausahnt" und die Patientenverfügung ihren Sinn und Zweck nicht erfüllen kann, wenn sie nur auf eine ganz bestimmte Behandlungssituation zugeschnitten ist; hierzu und zum Folgenden BGH, Beschluss vom 08.02.2017 – XII ZB 604/15, BGHZ 214, 62 ff., Rz. 17 ff. Nach diesen Grundsätzen müssen umschreibende Festlegungen genügen, sofern sie im Fall des Eintritts einer konkreten Behandlungssituation ausreichend erkennen lassen, ob die Verfügung für diese Geltung beanspruchen soll oder nicht. Die Bezugnahmen auf das Endstadium einer unheilbaren, tödlichen Krankheit sowie einen aller Voraussicht nach unabwendbaren, unmittelbaren Sterbeprozess sollten diese Voraussetzung in den meisten Fällen erfüllen. Dennoch ist nicht auszuschließen, dass eine Behandlungssituation eintritt, deren Subsumtion unter diese Kategorien in der Praxis Probleme bereitet. Angesichts des weiterhin notwendigen Abstraktheitsgrads einer Formulierung von Behandlungssituationen wird sich dies kaum verhindern lassen. In derartigen Fällen verliert die Patientenverfügung nicht jegliche Wirkung, sondern dient als Indiz für den zu ermittelnden mutmaßlichen Patientenwillen; BGH, Urteil vom 30.01.2019 – 2 StR 325/17, BGHSt 64, 69 ff., Rz. 32. Bietet der Gesundheitszustand des Patienten im Einzelfall Anhaltspunkte für wahrscheinliche zukünftige Behandlungsszenarien, die eine nähere Konkretisierung der Behandlungssituationen in Patientenverfügung erlauben, kann es aber sinnvoll sein, die vorgeschlagene Formulierung in Rücksprache mit dem behandelnden Kardiologen dahingehend anzupassen.
[105] Siehe dazu näher oben in Kapitel 3 unter A. III. 1.
[106] Eine Herzschrittmacherdeaktivierung soll in der Praxis nur „sehr selten" vorkommen; so BÄK/KBV et al., Nationale VersorgungsLeitlinie Chronische Herzinsuffizienz 2019, S. 84.
[107] Insbesondere kann der behandelnde Kardiologe zu den zu erwartenden Symptomen und Belastungen, die nach einer Deaktivierung auftreten können, sowie zu der Befürchtung, der Herzschrittmacher verhindere einen früheren Todeseintritt, kompetente Beratung leisten. Zu diesen Aspekten siehe oben in Kapitel 3 unter A. III. 1.

Unklarheiten hinsichtlich des Patientenwillens in einer späteren Entscheidungssituation zu vermeiden.

Möchte der Patient Bradykardie-bedingte Leiden in der letzten Lebensphase weitgehend verhindern, verbleibt als Anwendungsbereich für eine Regelung zur Herzschrittmacherdeaktivierung lediglich die Situation vitaler Schrittmacherabhängigkeit[108] in der unmittelbaren Sterbephase bzw. im Endstadium einer unheilbaren und tödlich verlaufenden Erkrankung. Im Falle vitaler Schrittmacherabhängigkeit führt eine Deaktivierung des Herzschrittmachers zu einem zeitnahen Todeseintritt.

Für die Regelung der Herzschrittmacherdeaktivierung in einer Patientenverfügung kommt zunächst ein unselbständiger Zusatz in Anknüpfung an einen verfügten Verzicht auf lebenserhaltende bzw. lebensverlängernde Maßnahmen in Betracht, zumal der Herzschrittmacher im Falle vitaler Schrittmacherabhängigkeit lebenserhaltend wirkt. Inhaltlich sollte die Deaktivierungsverfügung auf den Fall beschränkt werden, dass eine vitale Abhängigkeit des Patienten vom Herzschrittmacher medizinisch festgestellt werden konnte und eine Deaktivierung aller Wahrscheinlichkeit nach seinen unmittelbaren Tod zur Folge hat. Auf diese Weise wird verhindert, dass bei bestehenden Unsicherheiten hinsichtlich des Grads der Schrittmacherabhängigkeit eine Deaktivierung erfolgt, die dann ggf. keinen raschen Todeseintritt, aber erhebliche, leidensverstärkende Bradykardie-Symptome nach sich zieht.[109] Ein unselbständiger Zusatz zu einem Verzicht auf lebenserhaltende bzw. lebensverlängernde Maßnahmen kann wie folgt formuliert werden:[110]

Der von mir für die oben unter ... konkretisierten Situationen verfügte Verzicht auf lebenserhaltende bzw. lebensverlängernde Maßnahmen schließt die Deaktivierung meines Herzschrittmachers für den Fall ausdrücklich mit ein, dass bei mir eine vitale Abhängigkeit von meinem Herzschrittmacher medizinisch festgestellt werden konnte und eine Deaktivierung aller Wahrscheinlichkeit nach meinen unmittelbaren Tod zur Folge hat.

Darüber hinaus kann der Wunsch zur Deaktivierung des Herzschrittmachers über einen eigenständigen Herzschrittmacher-Vermerk in der Patientenverfügung erfasst werden, der mit Ankreuzoptionen wie folgt gestaltet werden kann:[111]

---

[108] Zu dem verwendeten Begriff der vitalen Schrittmacherabhängigkeit sowie den nachfolgend dargestellten Konsequenzen einer Herzschrittmacherdeaktivierung bei vitaler Schrittmacherabhängigkeit siehe oben in Kapitel 3 unter A. III. 1. lit. a.
[109] Vgl. zu derartigen Deaktivierungsfolgen *Pitcher/Soar et al.*, Heart 102 (2016), A1, A10.
[110] Die nachstehende Formulierung ist angelehnt an den diesbezüglichen Vorschlag für ICD bei *Waltenberger/Schöne-Seifert*, Der Kardiologe 11 (2017), 383, 396.
[111] Die nachstehende Formulierung ist angelehnt an den diesbezüglichen Vorschlag für ICD bei *Waltenberger/Schöne-Seifert*, Der Kardiologe 11 (2017), 383, 396. Die Beschreibung der Situationen, in denen der Herzschrittmacher-Vermerk zur Anwendung kommen sollte, greift

Ich bin Träger eines Herzschrittmachers. Hiermit verfüge ich für den Fall, dass ich nicht mehr einwilligungsfähig sein sollte, bei mir eine vitale Abhängigkeit von meinem Herzschrittmacher medizinisch festgestellt werden konnte, sodass dessen Deaktivierung aller Wahrscheinlichkeit nach meinen unmittelbaren Tod zur Folge hat, und ich mich

☐ aller Wahrscheinlichkeit nach unabwendbar im unmittelbaren Sterbeprozess befinde,

☐ im Endstadium einer unheilbaren, tödlich verlaufenden Krankheit befinde, selbst wenn der Todeszeitpunkt noch nicht absehbar ist,

die Deaktivierung aller Herzschrittmacher-Funktionen, die der Aufrechterhaltung eines lebensnotwendigen Herzrhythmus dienen und mein Leben dadurch erhalten bzw. verlängern können.

Ob etwaige Formulierungsanpassungen, insbesondere im Hinblick auf das konkrete Krankheitsbild des jeweiligen Patienten, sinnvoll sind, sollte mit dem behandelnden Kardiologen besprochen werden, bevor eine entsprechende Regelung in die Patientenverfügung aufgenommen wird.[112]

3. Ergänzung durch einen Aufklärungsverzicht

Es empfiehlt sich, die soeben genannten Regelungen zur Deaktivierung von Herzschrittmachern bzw. ICD durch eine ausdrückliche Aufklärungsverzichtserklärung in der Patientenverfügung zu ergänzen. Hintergrund ist, dass die wirksame Einwilligung in eine ärztliche Maßnahme gemäß § 630d Abs. 2 BGB grundsätzlich eine ordnungsgemäße Aufklärung des Patienten voraussetzt und die Deaktivierung von Herzschrittmachern bzw. ICD eine solche ärztliche Maßnahme darstellt. Wird der Patient einwilligungsunfähig und sollen die Regelungen seiner Patientenverfügung zur Anwendung kommen, könnte seine hinreichende Aufklärung im Hinblick auf die verfügte (potentiell) lebensverkürzende Gerätedeaktivierung vor Niederlegung der diesbezüglichen Verfügung in Frage gestellt werden. Diese Angreifbarkeit der getroffenen Regelung kann dadurch beseitigt werden, dass zusätzlich ein Aufklärungsverzicht in die Patientenverfügung aufgenommen wird, für den folgende Formulierung zu empfehlen ist:[113]

Soweit ich bestimmte Behandlungen wünsche oder ablehne, verzichte ich ausdrücklich auf eine (weitere) ärztliche Aufklärung.

Fehlt ein solcher Aufklärungsverzicht in der Patientenverfügung und kann nicht festgestellt werden, dass der Patient vor Verfügung der Gerätedeaktivierung hin-

---

die Empfehlungen des BMJV, Die Textbausteine für eine schriftliche Patientenverfügung, Ziff. 2.2, auf.

[112] Zu etwaigen Bedenken gegen eine hinreichende Bestimmtheit der formulierten Behandlungssituationen siehe bereits oben in Kapitel 5 unter B. II. 1, Fn. 104.

[113] Die nachfolgende Formulierung entstammt den Empfehlungen des BMJV, Die Textbausteine für eine schriftliche Patientenverfügung, Ziff. 2.10.

reichend aufgeklärt wurde, kann die Verfügung keine unmittelbare Verbindlichkeit entfalten.[114] Sie kann jedoch zumindest als beachtlicher Behandlungswunsch im Sinne von § 1901a Abs. 2 BGB Bedeutung erlangen.

4. Formulierung bei nicht gewünschter Gerätedeaktivierung

Sollte eine Deaktivierung von Herzschrittmacher oder ICD in keinem Fall gewünscht sein, so ist Trägern eines entsprechenden Implantats anzuraten, auch dies in einer Patientenverfügung niederzulegen, um spätere Unklarheiten zu vermeiden. Dies gilt vor allem für den ICD, der in der Sterbephase durch Schockabgaben erhebliche Belastungen verursachen kann,[115] weshalb die plausible Annahme entstehen könnte, dass zumindest die Deaktivierung der hierfür ursächlichen Defibrillationsfunktion dem mutmaßlichen Patientenwillen entspreche. Mangels vergleichbarer Belastungen für den Patienten durch eine Herzschrittmachertätigkeit dürfte bei fehlenden anderweitigen Anhaltspunkten zwar regelmäßig davon ausgegangen werden, dass die Deaktivierung des Herzschrittmachers nicht vom mutmaßlichen Willen des Patienten getragen ist.[116] Um insoweit – beispielsweise für den Fall einer lebenserhaltenden Wirkung des Herzschrittmachers und eines verfügten Verzichts auf lebenserhaltende bzw. lebensverlängernde Maßnahmen – Unklarheiten zu vermeiden, sollten aber auch Träger eines Herzschrittmachers eine entsprechende Festlegung in der Patientenverfügung erwägen. Bei nicht gewünschter Herzschrittmacher- bzw. ICD-Deaktivierung kann folgende Formulierung gewählt werden, wobei Unzutreffendes im jeweiligen Fall zu streichen ist:

> Ich bin Träger eines Herzschrittmachers/ICD. Hiermit verfüge ich für den Fall, dass ich nicht mehr einwilligungsfähig sein sollte und eine der oben unter ... konkretisierten Situationen eintritt, in denen diese Patientenverfügung meinem geäußerten Willen entsprechend zur Anwendung kommen soll, dass ich die Deaktivierung von Herzschrittmacher-Funktionen/ICD-Funktionen nicht wünsche, auch wenn dies der Minderung möglichen Leidens dienen soll.

---

[114] Hierzu und zum Folgenden BT-Drucks. 16/8442, S. 14 sowie MüKo-BGB/*Schneider*, § 1901a BGB, Rz. 18.

[115] Zu den möglichen Belastungen durch eine ICD-Therapie am Lebensende siehe oben in Kapitel 3 unter A. III. 2.

[116] Zu den möglichen Belastungen durch eine Herzschrittmacher-Therapie am Lebensende siehe oben in Kapitel 3 unter A. III. 1.

C. Zusammenfassende Bewertung

Um sowohl für behandelnde Ärzte als auch für betroffene Patienten Unklarheiten zu vermeiden und einen dem Patientenwillen entsprechenden Umgang mit Herzschrittmachern bzw. ICD auch im Falle des Eintritts der Einwilligungsunfähigkeit zu ermöglichen, bedarf es in der Praxis einer rechtzeitigen Thematisierung der Entscheidungssituation am Lebensende. Der behandelnde Arzt ist hierzu auf Grund seiner in § 630e BGB niedergelegten Aufklärungspflicht im oben dargestellten Umfang rechtlich verpflichtet.[117] Nach hier vertretener Auffassung ist demnach bereits vor der ICD-Implantation darauf hinzuweisen, dass die Frage einer Gerätedeaktivierung in der Sterbephase bzw. einem späteren Erkrankungsstadium virulent werden kann. Für eine Herzschrittmacher-Implantation besteht jedenfalls im Falle einer bereits vor der Implantation festgestellten vitalen Schrittmacherabhängigkeit eine Aufklärungspflicht über die lebenserhaltende Funktion des Implantats und deren Beendigungsmöglichkeit sowie -folgen.[118] Ob eine ausführliche Aufklärung des Patienten zu seinen Optionen in einem derartigen Fall bereits zu diesem oder erst zu einem späteren Zeitpunkt erfolgt, sollte maßgeblich am Patientenwillen sowie den Umständen des jeweiligen Einzelfalls, insbesondere dem aktuellen Gesundheitszustand des Patienten, orientiert werden. Eine umfassende Aufklärung über die Möglichkeit einer Gerätedeaktivierung, ihre (potentiellen) Folgen und ggf. bestehende anderweitige Optionen hat jedenfalls dann zu erfolgen, wenn sich ein konkreter Deaktivierungswunsch bzw. -bedarf abzeichnet. Der Patient muss dann rechtzeitig vor der Durchführung einer entsprechenden Gerätedeaktivierung vollständig aufgeklärt werden, um eine überlegte Entscheidung in Kenntnis aller potentiell entscheidungsrelevanten Informationen treffen zu können.[119]

Für den Umgang mit Deaktivierungssituationen bei Herzschrittmacher- und ICD-Patienten im Krankenhaus ist anzuraten, standardisierte klinikinterne Abläufe zu entwickeln und in Verfahrensanweisungen zu fixieren. Ein besonderes Augenmerk sollte dabei auch auf potentielle Bedarfe für eine klinische Ethikberatung im Kontext der Herzschrittmacher- und ICD-Deaktivierung gelegt werden. Verweigert ein Arzt den vom (mutmaßlichen) Patientenwillen getragenen Abbruch einer Herzschrittmacher- oder ICD-Tätigkeit aus Glaubens- oder Ge-

---

[117] Siehe dazu oben in Kapitel 5 unter A. II. 1.
[118] Hierzu sowie zur Situation fehlender vitaler Schrittmacherabhängigkeit vor Implantation näher oben in Kapitel 5 unter A. II. 1. lit. c.
[119] Die Rechtzeitigkeit der Aufklärung wird von § 630e Abs. 2 Satz 1 Nr. 2 BGB vorausgesetzt. Näher zum Rechtzeitigkeitserfordernis BeckOK-BGB/*Katzenmeier*, § 630e, Rz. 41 ff. m.w.N; MüKo-BGB/*Wagner*, § 630e, Rz. 44 ff. m.w.N.; Spickhoff/*Spickhoff*, § 630e BGB, Rz. 5 m.w.N.

wissensgründen, empfiehlt sich die Übergabe der ärztlichen Betreuung an einen Kollegen, der dazu bereit ist, die willensgemäße Deaktivierung durchzuführen. Ein Recht, den Behandlungsabbruch aus Glaubens- oder Gewissensgründen zu verweigern, besteht grundsätzlich nicht.

Patienten, die Träger eines Herzschrittmachers oder ICD sind, ist anzuraten, so früh wie möglich das Aufklärungsangebot des behandelnden Arztes zum Thema Gerätedeaktivierung anzunehmen und sich zu einer entsprechenden Regelung in einer Patientenverfügung medizinisch beraten zu lassen. Die in diesem Kapitel vorgeschlagenen Formulierungen können insoweit nur der Orientierung dienen und sollten in Rücksprache mit dem behandelnden Kardiologen fallspezifisch angepasst werden.

Kapitel 6

Resümee

A. Wesentliche Ergebnisse der Untersuchung

Nachfolgend sollen die wesentlichen Ergebnisse, die sich aus der Untersuchung der Abgrenzung von zulässigem Behandlungsabbruch und unzulässiger Tötung auf Verlangen für (teil-)implantierte Versorgungsmaßnahmen am Beispiel der Deaktivierung von Herzschrittmachern und ICD in den Kapiteln 2 bis 5 ergeben haben, kapitelbezogen zusammengefasst werden.

I. Kapitel 2 – Rechtslage zum willensgemäßen Abbruch lebenserhaltender Maßnahmen

Das Urteil des BGH im Fall *Putz* aus dem Jahr 2010[1] stellt eine bedeutende Wegmarke im Strafrecht zur Sterbehilfe dar. Erstmals wurde höchstrichterlich entschieden, dass es strafrechtlich zulässig sei, lebenserhaltende Behandlungsmaßnahmen bei einem dahingehenden (mutmaßlichen) Patientenwillen abzubrechen, unabhängig davon, ob der Abbruch selbst als Tun oder als Unterlassen einzustufen sei.[2]

Den strafrechtlichen Ausgangspunkt des Urteils bildet die Vorschrift in § 216 StGB, die die Tötung auf Verlangen sanktioniert. Auch vor dem Hintergrund der jüngst ergangenen verfassungsgerichtlichen Rechtsprechung zur Verfassungswidrigkeit des § 217 StGB a. F.[3] ist diese Grundlage der Rechtsprechung zum Behandlungsabbruch weiterhin tragfähig.[4] § 216 StGB lässt sich in der Deutung als abstraktes Gefährdungsdelikt ein im Lichte des Verfassungsrechts zulässiger Normzweck entnehmen; die Aufrechterhaltung der Vorschrift bewegt sich im Rahmen des dem Gesetzgeber zustehenden Gestaltungsspielraums.

Im Ergebnis verdient das BGH-Urteil Zustimmung; indes stieß die vom BGH zur Begründung gewählte Einwilligungslösung in der Literatur zu Recht auf Kri-

---

[1] BGH, Urteil vom 25.06.2010 – 2 StR 454/09, BGHSt 55, 191 ff.
[2] Siehe dazu oben in Kapitel 2 unter B. III.
[3] BVerfG, Urteil vom 26.02.2020 – 2 BvR 2347/15, 2 BvR 651/16, 2 BvR 1261/16, 2 BvR 1593/16, 2 BvR 2354/16, 2 BvR 2527/16, BVerfGE 153, 182 ff.
[4] Hierzu und zum Folgenden oben in Kapitel 2 unter A. III. 2.

tik.⁵ Zahlreiche Autoren entwickelten alternative Begründungsansätze sowohl auf Tatbestands- als auch auf Rechtfertigungsebene, um dem vom BGH gefundenen Ergebnis einen überzeugenden dogmatischen Unterbau zu verleihen.⁶ Anknüpfend an Erwägungen aus dem Schrifttum sind willensgemäße Behandlungsabbrüche durch den Arzt nach hier vertretener Auffassung nicht als objektiv zurechenbare Tötung im Sinne der §§ 212, 216 StGB zu bewerten, weil sie auf Grundlage einer verfassungskonformen sowie gesetzesübergreifenden systematischen Normauslegung ein erlaubtes Risiko darstellen.⁷ Die Einwände, die angesichts der an der Lehre von der objektiven Zurechnung teilweise geübten Kritik gegen diesen Lösungsweg zu erwarten sind, greifen nicht durch.⁸ Alternative Begründungsansätze, die in der Literatur für die Straffreiheit von Behandlungsabbrüchen entworfen wurden, vermögen nicht zu überzeugen.⁹

Die Kriterien, die der BGH im Fall *Putz* für die Zulässigkeit eines Behandlungsabbruchs niedergelegt hat, sind für eine hinreichende Abgrenzbarkeit von gemäß §§ 212, 216 StGB sanktionswürdigen Verhaltensweisen auch geeignet. Diese Bewertung der BGH-Rechtsprechung zum Ende von Kapitel 2 schloss jedoch den Bedarf für eine Präzisierung bzw. Konkretisierung einzelner Definitionsmerkmale der höchstrichterlich geschaffenen Begrifflichkeiten im weiteren Verlauf der Untersuchung explizit nicht aus.

II. Kapitel 3 – Abgrenzungsproblem bei der strafrechtlichen Bewertung der Deaktivierung von Herzschrittmachern und ICD

Der Versuch einer Subsumtion der Deaktivierung von Herzschrittmachern und ICD unter den vom BGH geprägten Maßstab für die Zulässigkeit willensgemäßer Behandlungsabbrüche in Kapitel 3 der Untersuchung führte zu dem Befund, dass dieser einer Präzisierung bzw. Konkretisierung bedarf, um auch derartige Versorgungsformen in die Kategorien des zulässigen Behandlungsabbruchs bzw. der unzulässigen Tötung auf Verlangen einzuordnen.

Warum die Deaktivierung von Herzschrittmachern und ICD insoweit Abgrenzungsprobleme verursacht, wurde auf Grundlage der medizinisch-technischen Charakteristika der Geräte erläutert:¹⁰

---

⁵ Siehe dazu oben in Kapitel 2 unter C.I.
⁶ Siehe dazu oben in Kapitel 2 unter C.II.
⁷ Siehe dazu oben in Kapitel 2 unter C.III.1. lit. a.; Anknüpfungspunkte für diesen Lösungsweg finden sich insbesondere bei *Gaede*, NJW 2010, 2925, 2927; *Rissing-van Saan*, ZIS 2011, 544, 548 ff. und *Rissing-van Saan*, in: Bormann, S. 645, 662 ff.
⁸ Siehe dazu oben in Kapitel 2 unter C.III.1. lit. a. ee.
⁹ Siehe dazu oben in Kapitel 2 unter C.III.2.
¹⁰ Hierzu und zum Folgenden oben in Kapitel 3 unter A.

A. Wesentliche Ergebnisse der Untersuchung

Herzschrittmacher und ICD sind vollständig implantierte Herzunterstützungssysteme mit einer langen Lebensdauer, die nach ihrer Implantation mit Hilfe einer integrierten Batterie selbsttätig ihre Funktion erfüllen und bei Bedarf durch den Arzt von außerhalb des Körpers konfiguriert werden können. Die Versorgung mit derartigen Geräten unterscheidet sich damit erheblich von der höchstrichterlich entschiedenen Fallkonstellation der Unterbrechung künstlicher Nahrungszufuhr über eine von außen in den Körper des Patienten geführte PEG-Sonde.

Während Herzschrittmacher bei zu langsamem (bradykarden) Herzschlag für eine ausreichende Pumptätigkeit des Herzens sorgen, um die Versorgung des Körpers mit sauerstoffreichem Blut sicherzustellen, dienen ICD der Beendigung zu schneller (tachykarder) Herzrhythmusstörungen. Beide Geräte erfüllen ihre beschriebene Funktion mittels Aussendung elektrischer Impulse. ICD reagieren dabei auch auf tachykarde Herzrhythmusstörungen in der Sterbephase mit einem elektrischen Schock (Defibrillation), der erhebliche Leiden bei den betroffenen Patienten und traumatische Erfahrungen für die Angehörigen verursachen kann. Aus diesem Grund kann am Ende des Lebens der Bedarf für eine sog. palliative ICD-Deaktivierung entstehen. Herzschrittmacher unterstützen demgegenüber grundsätzlich auch in der Sterbephase die Leidensminderung, indem sie Symptome bradykarder Herzrhythmusstörungen wie Schwindel, Atemnot oder Ohnmacht durch eine regelmäßig nicht wahrnehmbare elektrische Stimulation verhindern. Bei vitaler Schrittmacherabhängigkeit[11] des betroffenen Patienten haben sie jedoch eine lebenserhaltende Funktion, sodass auch für Herzschrittmacherpatienten eine Deaktivierung ihres Implantats relevant werden kann, wenn sie in einer solchen Situation eine Verkürzung ihrer Sterbephase wünschen.

Die Untersuchung verschiedener Fallkonstellationen der Herzschrittmacher- und ICD-Deaktivierung auf Grundlage der §§ 212, 216 StGB hat ergeben, dass in nicht wenigen Situationen ein Abgrenzungsbedarf zwischen unzulässigem Tötungsdelikt und zulässigem Behandlungsabbruch entsteht.[12] Ausgangs- und Anknüpfungspunkt für die strafrechtliche Einordnung von willensgemäßen Deaktivierungshandlungen ist der jeweilige Bezugspunkt des strafrechtlich zu bewertenden Verhaltens:[13] Bezieht sich die Beendigung der lebenserhaltenden Funktion auf ein zur Behandlung eingesetztes Mittel, ist sie als Abbruch einer Behandlung trotz tödlicher Folge erlaubt. Bezieht sich die Beendigung der lebenserhaltenden Funktion hingegen auf einen Körperbestandteil des Patienten, bewegt sie sich außerhalb des strafrechtlichen Sonderkontextes eines Behandlungsabbruchs und ist als Tötung im Sinne der §§ 212, 216 StGB strafbar.

---

[11] Zum Begriff oben in Kapitel 3 unter A. III. 1. lit. a.
[12] Siehe dazu oben in Kapitel 3 unter A. V. und A. VI.
[13] Hierzu und zum Folgenden oben in Kapitel 3 unter B. I.

Während die Abgrenzung zwischen Behandlungsmittel und Körperbestandteil in vielen Fällen unproblematisch möglich ist, bereitet sie bei der rechtlichen Einordnung von Herzschrittmachern und ICD auf Grund der Besonderheiten dieser implantierten Versorgungsmaßnahmen Schwierigkeiten, wie auch der Blick in die wenigen diesbezüglichen Äußerungen im rechtswissenschaftlichen Schrifttum gezeigt hat.[14] Kernproblem bei der rechtlichen Einordnung von Herzschrittmachern und ICD anhand der Rechtsprechung zum Behandlungsabbruch sind die im Strafrecht bislang nicht ausdifferenzierten Grenzen des Behandlungsbegriffs.[15] Sowohl in der Rechtsprechung als auch in der Literatur fehlt bislang eine hinreichende Festlegung von Begriffsmerkmalen für die abgrenzungsscharfe Definition einer medizinischen Behandlung und der hierfür eingesetzten Mittel.

Auch durch eine Rückkehr zu einer strafrechtlichen Einordnung der Beendigung von Versorgungsmaßnahmen auf Grundlage der Unterlassungsdogmatik lässt sich das identifizierte Abgrenzungsproblem nicht umgehen.[16] Deren Anwendung auf die Deaktivierung von Herzschrittmachern und ICD führt ebenfalls zu keiner eindeutigen strafrechtlichen Bewertung, sondern fördert analoge Abgrenzungsprobleme zu Tage. Das aufgedeckte Abgrenzungsproblem eröffnet damit keine Argumentationsgrundlage für eine Abkehr vom Maßstab der BGH-Rechtsprechung, sondern zeigt den Bedarf für eine weitere Ausdifferenzierung der Kategorie des Behandlungsabbruchs auf.

III. Kapitel 4 – Lösungsansätze für das aufgedeckte Abgrenzungsproblem

Um Kriterien für die Unterscheidung von Behandlungsmitteln einerseits und Körperbestandteilen andererseits zu entwickeln, die eine strafrechtliche Einordnung der Deaktivierung von Herzschrittmachern und ICD erlauben, wurden in Kapitel 4 verschiedene Ansätze herangezogen.[17] Dabei handelte es sich zum einen um Ansätze aus der Rechtswissenschaft, die überwiegend im Kontext einer verwandten Problemstellung entworfen wurden.[18] Zum anderen berücksichtigte die Arbeit Lösungsansätze aus einem weiteren Gebiet, in dem sich die Frage nach der Abgrenzung von zulässigem Behandlungsabbruch und unzulässiger Tötung

---

[14] Siehe dazu oben in Kapitel 3 unter B.I.1.
[15] Siehe dazu oben in Kapitel 3 unter B.I.2.
[16] Hierzu und zum Folgenden oben in Kapitel 3 unter B.II.
[17] Hierzu und zum Folgenden ausführlich oben in Kapitel 4 unter B.
[18] Dies gilt für die Ansätze von *Görgens* und *Gropp*, siehe dazu oben in Kapitel 4 unter B.II.1. lit. a. sowie B.V.2. Die Ansätze von *Frister* und *Orentlicher* beziehen sich hingegen direkt auf die Thematik des Behandlungsabbruchs; siehe dazu oben in Kapitel 4 unter B.III.2. und B.V.3.

ebenfalls stellt: der Medizin-Ethik. In der internationalen medizin-ethischen Literatur wurde die Problematik im Kontext vollständig oder teilweise implantierter Geräte bereits ausführlich diskutiert und führte zur Entwicklung verschiedener Kriterien, deren Tauglichkeit für die rechtliche Unterscheidung zwischen Behandlungsabbruch und Tötungsdelikt im Verlauf der Untersuchung überprüft wurde.

Als besonders vielversprechend erwiesen sich insbesondere auf die Implantat-Funktion rekurrierende Vorschläge. Ausgehend von funktionsorientierten Lösungsansätzen, die in der juristischen sowie medizin-ethischen Literatur entwickelt wurden, plädiert die vorliegende Arbeit de lege lata für eine Unterscheidung zwischen sog. Substitutiv- und Supportiv-Implantaten.[19] Substitutiv-Implantate sollen danach als Körperbestandteile, Supportiv-Implantate hingegen als Behandlungsmittel qualifiziert werden. Maßgebliche Kriterien für diese Unterscheidung sind der funktionelle sowie der physische Ersatz einer lebenswichtigen Körperstruktur. Erfüllt ein Implantat beide Kriterien kumulativ, übernimmt es die Rolle einer lebenswichtigen natürlichen Körperstruktur und darf als Substitutiv-Implantat nicht deaktiviert werden, da ein solcher Eingriff gegen das in §§ 212, 216 StGB niedergelegte Tötungsverbot verstoßen würde. Ersetzt ein Implantat lebenswichtige Körperstrukturen nicht funktionell und/oder nicht physisch, ist es hingegen als Supportiv-Implantat und mithin als Behandlungsmittel einer zulässigen Deaktivierung zugänglich. Diese Grundsätze sollen sowohl für vollständige Implantate als auch für teilimplantierte Versorgungsmaßnahmen zur Anwendung kommen.

Ein Substitutiv-Implantat im Sinne des hier entwickelten Ansatzes liegt vor, wenn:

1. das Implantat für die Lebenserhaltung konstitutiv ist, weil es die Funktion einer konkreten lebenswichtigen Körperstruktur, die ganz oder teilweise ausgefallen ist, ganz oder teilweise substituiert (*funktioneller Ersatz lebenswichtiger Körperstruktur*); und
2. das Implantat dergestalt physisch an die Stelle der lebenswichtigen natürlichen Körperstruktur tritt, dass es selbst oder die Implantationsprozedur diejenige funktionsgebende natürliche Körperstruktur irreversibel zerstört, die das Implantat funktionell ersetzt (*physischer Ersatz lebenswichtiger Körperstruktur*).

Die Kriterien für Supportiv-Implantate lassen sich wie folgt zusammenfassen:

1. Das Implantat unterstützt lediglich eine lebenswichtige Körperstruktur funktionell, ohne dass dies erforderlich ist, um dem Patienten ein Weiterleben zu

---

[19] Hierzu und zum Folgenden oben in Kapitel 4 unter B. V. 4. lit. b.

ermöglichen, oder es ersetzt bzw. unterstützt die Funktion einer nicht lebenswichtigen Körperstruktur (*kein funktioneller Ersatz lebenswichtiger Körperstruktur*); oder

2. sofern das Implantat eine Substitutivfunktion wahrnimmt, tritt es nicht dergestalt physisch an die Stelle der lebenswichtigen natürlichen Körperstruktur, dass es selbst oder die Implantationsprozedur diejenige funktionsgebende natürliche Körperstruktur irreversibel zerstört, die das Implantat funktionell ersetzt (*kein physischer Ersatz lebenswichtiger Körperstruktur*).

Der de lege lata für die Abgrenzung von Behandlungsmitteln und Körperbestandteilen bei der Deaktivierung von Implantaten entwickelte Lösungsansatz bringt die von den §§ 212, 216 StGB sowie dem Rechtsinstitut des Behandlungsabbruchs verfolgten Ziele des Lebensschutzes sowie der Selbstbestimmung und des Schutzes der körperlichen Unversehrtheit zu einem angemessenen Ausgleich.[20] Er ist jedoch nicht unangreifbar. Insbesondere bleibt letztlich der Eindruck bestehen, dass sich technische Implantate wie Herzschrittmacher oder ICD einer eindeutigen Zuordnung zu den Kategorien des Behandlungsmittels bzw. des Körperbestandteils entziehen und eine solche binäre Unterscheidung nicht durchgängig zu konsistenten, nachvollziehbaren Ergebnissen führt.

Vor diesem Hintergrund wurde vorgeschlagen, de lege ferenda die Einführung einer dritten Kategorie zu erwägen, die sich wertungsmäßig zwischen den Kategorien von Behandlungsmitteln und Körperbestandteilen einfügt und aus der derzeitigen Gesetzes- und Rechtslage so nicht ableiten lässt. Diese nur durch gesetzgeberisches Tätigwerden implementierbare Kategorie integraler Geräte soll sog. aktive Geräte erfassen, die teilweise oder vollständig in den Körper implantiert sind, eine hinreichend enge Verbindung mit dem Körper aufweisen und keinen funktionellen sowie physischen Ersatz für eine natürliche Körperstruktur darstellen.[21] Die genannten Merkmale sind vor allem durch Begrifflichkeiten aus dem Medizinprodukterecht geprägt. Im Einzelnen könnten sie wie folgt definiert werden:

Aktive Geräte werden von einer Energiequelle betrieben, die weder der Körper noch die Schwerkraft bereitstellen.

Für die *teilweise oder vollständige Implantation* eines aktiven Gerätes ist maßgeblich, dass es ganz oder teilweise in den Körper eingeführt wird und dort nach der Zweckbestimmung des Herstellers für eine Anwendungsdauer von grundsätzlich 30 Tagen oder mehr verbleiben soll.

Eine *hinreichend enge Verbindung mit dem Körper* ist bei komplett implantierten Geräten schon auf Grund ihrer vollständigen Körperintegration gegeben.

---

[20] Hierzu und zum Folgenden oben in Kapitel 4 unter B. V. 4. lit. b. ee.
[21] Hierzu und zum Folgenden ausführlich oben in Kapitel 4 unter C. II. 1.

Bei teilimplantierten Geräten wird die enge Verbindung mit dem Körper über bestimmte, nicht ohne Weiteres reversible körperliche Veränderungen infolge der Teilimplantation definiert: Ist für die Implantation des Gerätes die Zerstörung oder Verletzung lebenswichtiger interner Körperstrukturen erforderlich und ist diese irreversibel oder würde im Falle der Entfernung des Gerätes erhebliche chirurgische Reparaturmaßnahmen erfordern, um ein – auch nur vorübergehendes – Weiterleben des Patienten zu ermöglichen, hat die Verbindung des Gerätes mit dem Körper zu derartigen physischen Veränderungen geführt.

Nur wenn ein Implantat, das die genannten Merkmale erfüllt, zugleich einen funktionellen sowie physischen Ersatz eines Körperbestandteils darstellt, soll kein integrales Gerät mehr vorliegen, sondern ein Körperbestandteil. Wann ein funktioneller und physischer Ersatz in diesem Sinne gegeben ist, richtet sich nach der für eine Bewertung de lege lata vorgestellten Differenzierung. Wie bei der de lege lata vorgeschlagenen Lösung können demnach nur Substitutiv-Implantate, die die beschriebenen Voraussetzungen erfüllen, die Grenze zum Körperbestandteil überschreiten.[22] Die strafrechtliche Zulässigkeit lebensverkürzender Handlungen würde durch die Ergänzung einer Kategorie integraler Geräte de lege ferenda mithin nicht erweitert, sondern lediglich durch eine zusätzliche Abstufung ergänzt, die bestimmte Maßnahmen aus dem Sonderkontext der Behandlung herauslöst und sie einer zusätzlichen Kategorie integraler Geräte zuordnet. Diese Abstufung ermöglicht eine sachgerechte Einschränkung der Zugriffsmöglichkeiten auf derartige Geräte:[23] Der Abbruch einer Behandlung kommt bei einem entsprechenden Patientenwillen, aber auch bei fehlender medizinischer Indikation für ihre Fortsetzung in Betracht. Angesichts der gesteigerten Bedeutung des Selbstbestimmungsrechts des Patienten bei der beschriebenen körperlichen Integration eines Gerätes erscheint es indes angemessen, für integrale Geräte die vom Patientenwillen unabhängige Möglichkeit eines Abbruchs der Geräteversorgung von vornherein auszuschließen. Demgegenüber bleiben funktionsbeendigende Eingriffe in Körperbestandteile in Anbetracht von Sinn und Zweck der §§ 212, 216 StGB auch bei einem dahingehenden Patientenwillen unzulässig.

Sowohl nach dem de lege lata als auch dem de lege ferenda vorgeschlagenen Lösungsansatz lässt sich die untersuchungsgegenständliche Einordnungsfrage dahingehend beantworten, dass eine Deaktivierung von Herzschrittmachern und ICD entsprechend dem Patientenwillen auf strafrechtlich zulässige Weise vorgenommen werden kann. De lege lata stellen sie Behandlungsmittel dar, in die gemäß der BGH-Rechtsprechung aus dem Jahr 2010 auf Grundlage des Patientenwillens funktionsbeendigend eingegriffen werden kann, auch wenn dies zum Tod

---

[22] Dazu oben in Kapitel 4 unter B. V. 4. lit. b. aa.
[23] Hierzu und zum Folgenden siehe oben in Kapitel 4 unter C. I.

des Patienten führt. De lege ferenda handelt es sich bei Herzschrittmachern und ICD um integrale Geräte, die einer willensgemäßen Deaktivierung ebenfalls zugänglich sind.

IV. Kapitel 5 – Empfehlungen für den praktischen Umgang mit einem Deaktivierungsbedarf de lege lata

Im 5. Kapitel der Untersuchung wurden auf Grundlage der de lege lata vorgeschlagenen Bewertung Empfehlungen für den Umgang mit einem (potentiell) lebensverkürzenden Deaktivierungsbedarf von Herzschrittmachern bzw. ICD erarbeitet, die sich an behandelnde Ärzte sowie betroffene Patienten richten. Da Herzschrittmacher und ICD de lege lata als Behandlungsmittel einzustufen sind und eine abweichende Einordnung nach ärztlichem Berufsrecht nicht angezeigt ist, wurde die (potentiell) lebensverkürzende Deaktivierung von Herzschrittmachern und ICD auch berufsrechtlich für zulässig befunden.[24] Ärzte werden somit strafrechtlich und berufsrechtlich keinen widersprüchlichen Normbefehlen unterworfen.

Für den Umgang mit einer zulässigen Deaktivierung von Herzschrittmachern und ICD existieren mehrere Empfehlungen und Stellungnahmen ärztlicher Berufsorganisationen, die näher beleuchtet wurden.[25] Im Rahmen der anschließend vorgenommenen rechtlichen Betrachtung wurde ein besonderes Augenmerk auf die ordnungsgemäße Aufklärung von Herzschrittmacher- bzw. ICD-Patienten über die Deaktivierungsoption gelegt, insbesondere auf den Zeitpunkt einer entsprechenden Aufklärung.[26] In komplexen Behandlungs- und Entscheidungssituationen im stationären Setting, die vor allem bei einwilligungsunfähigen Patienten vorkommen dürften, sollte vor einer Gerätedeaktivierung auch die Inanspruchnahme einer ethischen Fallberatung in Betracht gezogen werden, um nach Möglichkeit Einigkeit über die Vorgehensweise zwischen den Beteiligten herzustellen und der Entstehung von Konflikten mit Eskalationspotential vorzubeugen.[27] Zudem empfehlen sich im klinischen Bereich interne Verfahrensanweisungen, die den Umgang mit einem Deaktivierungsbedarf bzw. einem Deaktivierungswunsch adressieren. Verweigert ein Behandler in der Praxis die Mitwirkung an einer Herzschrittmacher- oder ICD-Deaktivierung, obwohl die rechtlichen Voraussetzungen hierfür vorliegen, hat er für die Übernahme der Deaktivierungsmaßnahmen durch einen qualifizierten Kollegen zu sorgen, da dem Patienten

---

[24] Siehe dazu oben in Kapitel 5 unter A. I. 1.
[25] Siehe dazu oben in Kapitel 5 unter A. I. 2.
[26] Siehe dazu oben in Kapitel 5 unter A. II. 1.
[27] Vgl. *Duttge/Schildmann*, Heilberufe 2009, 15 f. Hierzu und zum Folgenden oben in Kapitel 5 unter A. II. 2.

nach hier vertretener Auffassung das Recht zusteht, seine (weitere) Behandlung mit einem Herzschrittmacher oder ICD selbstbestimmt abzulehnen und der Behandler insofern kein Weigerungsrecht geltend machen kann.[28]

Für Patienten, die einen Herzschrittmacher oder ICD erhalten, wurde eine rechtzeitige Adressierung der Deaktivierungsmöglichkeit in einer Patientenverfügung empfohlen, um für den Fall ihrer späteren Einwilligungsunfähigkeit die Feststellung ihres Willens zu ermöglichen und ihrem Selbstbestimmungsrecht damit auch in dieser Situation weitmöglichst zur Geltung zu verhelfen.[29] In Kapitel 5 wurden daher abschließend Formulierungen für eine entsprechende Verfügung vorgeschlagen, die der Orientierung dienen sollen.[30] Um eine auf den jeweiligen Einzelfall zugeschnittene Regelung treffen zu können, sollte der konkrete Wortlaut jedoch mit dem behandelnden Kardiologen abgestimmt werden.

B. Schlussbemerkung

Eine Debatte um die Zulässigkeit der Beendigung von Versorgungsmaßnahmen bei implantierten Geräten auf Grundlage der Rechtsprechung zum Behandlungsabbruch ist – soweit ersichtlich – in der deutschen Rechtsliteratur bislang nicht geführt worden. Das in dieser Untersuchung herausgearbeitete Abgrenzungsproblem wird zumeist übersehen.[31] Auch die Deaktivierung der Versorgung mit implantierten Geräten wie Herzschrittmachern oder ICD wird daher in der Regel ohne weitere Problematisierung als zulässiger Behandlungsabbruch eingestuft.[32] Soweit Differenzierungsschwierigkeiten hingegen wahrgenommen werden, werden sie nicht genauer analysiert; ebenso wenig werden Lösungsvorschläge unterbreitet.

Während in der rechtlichen Aufarbeitung der Problemstellung also noch Nachholbedarf besteht, wurde in der medizin-ethischen Debatte die Zulässigkeit einer Deaktivierung von Herzschrittmachern und ICD bereits vielfach diskutiert.[33] Die dort erarbeiteten Lösungsvorschläge enthalten wertvolle Ansatz-

---

[28] Siehe dazu oben in Kapitel 5 unter A. II. 3.
[29] Hierzu und zum Folgenden oben in Kapitel 5 unter B.
[30] Hierzu oben in Kapitel 5 unter B. II.
[31] Hierzu und zum Folgenden oben in Kapitel 3 unter B. I. 1. lit. b.
[32] Siehe dazu aus der Rechtsliteratur beispielsweise *Kautz*, Humanes Leben – Humanes Sterben 2010, 8, 10. Aus der medizinischen Literatur siehe dazu *Janssens/Reith*, Medizinische Klinik – Intensivmedizin und Notfallmedizin 108 (2013), 267, 275 f.; *Pfeiffer/Hagendorff et al.*, Herzschrittmacher + Elektrophysiologie 26 (2015), 134, 138; *Waltenberger/Schöne-Seifert et al.*, Der Kardiologe 11 (2017), 383, 389 f.
[33] Siehe dazu die verschiedenen oben in Kapitel 4 unter B. vorgestellten medizin-ethischen Ansätze.

punkte für eine zukünftige rechtliche Diskussion zur Zulässigkeit des Behandlungsabbruchs bei Herzschrittmachern, ICD und anderen Implantaten. Insbesondere eine an der Implantat-Funktion orientierte Einordnung als Behandlungsmittel oder Körperbestandteil erscheint vielversprechend.[34] Für eine künftige gesetzgeberische Lösung bietet sich hingegen die Einführung einer Kategorie integraler Geräte für technische Implantate an, die zwar nicht mehr als bloße Behandlungsmittel eingestuft werden können, aber auch noch nicht die Qualität eines Körperbestandteils besitzen.[35] Derartige technische Implantate könnten so einer differenzierten juristischen Bewertung zugeführt werden, die eine am Patientenwillen orientierte Deaktivierung zulässt, jedoch Funktionsbeendigungen ausschließt, die auf eine nicht mehr vorhandene medizinische Indikation für die fortgesetzte Implantat-Tätigkeit gestützt werden.

Diese Arbeit soll am Beispiel der Deaktivierung von Herzschrittmachern und ICD einen ersten Beitrag zur juristischen Auseinandersetzung mit einer lebensverkürzenden Deaktivierung von Implantaten[36] leisten und mögliche Lösungswege für das sich dabei offenbarende Abgrenzungsproblem der BGH-Rechtsprechung aufzeigen. Der Bedarf für eine solche Auseinandersetzung zeigt sich daran, dass in der medizinischen Praxis begründete Unsicherheiten im Hinblick auf die Rechtslage in derartigen Fallgestaltungen bestehen.[37] Dieser Zustand muss beendet werden, da er die Ausübung des Selbstbestimmungsrechts am Lebensende bei den betroffenen Patienten erheblich beeinträchtigen kann. Mediziner brauchen Klarheit, um ihre Patienten über die für sie bestehenden Optionen aufklären zu können und um dem Patientenwillen möglichst weitgehend zur Geltung zu verhelfen, ohne eine rechtliche Ahndung des eigenen Verhaltens befürchten zu müssen.

Mit dem Urteil des BVerfG zur Verfassungswidrigkeit der Strafbarkeit einer geschäftsmäßigen Förderung der Selbsttötung nach § 217 StGB a. F.[38] ist die Debatte um zulässige Handlungen im Rahmen der Sterbehilfe bzw. Sterbebegleitung jüngst erneut in den Fokus von Politik und Öffentlichkeit gerückt.[39] Die

---

[34] Hierzu oben in Kapitel 4 unter B. V. 4. lit. b.
[35] Hierzu und zum Folgenden oben in Kapitel 4 unter C.
[36] Gemeint sind sowohl vollständige Implantate als auch Teilimplantate, die bei der rechtlichen Einordnung in der Untersuchung ebenfalls Berücksichtigung fanden; dazu oben in Kapitel 4, insbesondere unter B.V.4. lit. b. cc. sowie unter C.III.
[37] Vgl. *Pfeiffer/Hagendorff et al.*, Herzschrittmachertherapie + Elektrophysiologie 26 (2015), 134, 135 ff.; ebenso die Umfrageergebnisse bei *Kramer/Kesselheim et al.*, Heart Rhythm 7 (2010), 1537 ff. Die hierzu verfügbaren Umfragedaten stammen allerdings meist aus dem angloamerikanischen Raum.
[38] BVerfG, Urteil vom 26.02.2020 – 2 BvR 2347/15, 2 BvR 651/16, 2 BvR 1261/16, 2 BvR 1593/16, 2 BvR 2354/16, 2 BvR 2527/16, BVerfGE 153, 182 ff.
[39] Insbesondere eine Neuregelung des Verbotes bestimmter Formen der Suizidhilfe steht

rechtliche Aufarbeitung dieses schwierigen Themenkomplexes, dem auch die in dieser Arbeit untersuchte Fragestellung zuzurechnen ist, steht jedoch erst am Anfang. Fragen nach der Reichweite des Selbstbestimmungsrechts am Lebensende und nach dem Bedarf für eine Liberalisierung des deutschen Strafrechts zur Sterbehilfe erweisen sich nicht zuletzt auf Grund ihrer ethischen, religiösen und bisweilen sehr persönlichen Dimension als in hohem Maße konfliktträchtig. Die Findung eines gesellschaftlichen, politischen und rechtlichen Konsenses bleibt daher auf absehbare Zeit eine ungelöste Aufgabe von fundamentaler Bedeutung. Ob der Frage nach der Zulässigkeit einer Deaktivierung von (Teil-)Implantaten in diesem Rahmen der ihr aus Sicht der vorliegenden Arbeit zustehende Raum eingeräumt werden wird, bleibt abzuwarten. Es steht zu befürchten, dass erst eine (höchst-)richterliche Befassung mit dieser Problematik sie in den Fokus der rechtlichen, politischen und gesellschaftlichen Diskussion zu rücken vermag. Bis dahin dürften die Unsicherheiten bei betroffenen Ärzten, beratenden Juristen, Patienten und ihren Angehörigen im Umgang mit der Deaktivierung von Implantaten am Lebensende weiter fortbestehen.

---

insoweit im Schlaglicht der aktuellen politischen Debatte; vgl. dazu etwa den interfraktionellen Entwurfsvorschlag für ein Gesetz zur Regelung der Suizidhilfe vom 19.04.2021, veröffentlicht als BT-Drucks. 19/28691.

Literatur

AMHE-SterbehilfeG: Gesetz zur Gewährleistung selbstbestimmten Sterbens und zur Suizidprävention. Augsburg-Münchner-Hallescher-Entwurf (AMHE-SterbehilfeG), von Carina Dorneck, Ulrich M. Gassner, Jens Kersten et al., Tübingen 2021.

Antretter, Herwig/Dumfarth, Julia et al., Das komplett künstliche Herz, in: Wiener klinisches Magazin 19 (2016), S. 48 ff.

AnwaltK: AnwaltKommentar StGB, hrsg. von Klaus Leipold, Michael Tsambikakis und Mark A. Zöller, 3. Auflage, Heidelberg 2020.

Ärztekammer Westfalen-Lippe (Hrsg.), Patientenverfügung und Vorsorgevollmacht, Leitfaden für Patienten und Angehörige, 7. Auflage 2020, abrufbar unter dem Link https://www.aekwl.de/fileadmin/user_upload/aekwl/patienten/doc/patientenverf%C3%BCgung_2020_fin.pdf; zuletzt zugegriffen am 23.04.2022.

Arzt, Gunther, Die Delikte gegen das Leben, in: ZStW 83 (1971), S. 1 ff.

Ast, Stephan, Begehung und Unterlassung – Abgrenzung und Erfolgszurechnung, Am Beispiel der BGH-Urteile zum Behandlungsabbruch und zum Eissporthallenfall, in: ZStW 124 (2012), S. 612 ff.

Aumiller, Jochen, In Würde sterben mit einem Defi in der Brust?, in: CardioVasc 15 (2015), S. 18 ff.

BÄK/KBV et al. (Hrsg.), Nationale VersorgungsLeitlinie Chronische Herzinsuffizienz – Langfassung, 3. Auflage, Version 2 (2019).

Baraki, Hassina/Al Ahmad, Ammar et al., Pacemaker dependency after isolated aortic valve replacement: do conductance disorders recover over time?, in: Interactive Cardio-Vascular and Thoracic Surgery 16 (2013), S. 476 ff.

Bartsch, Marco, Sterbehilfe und Strafrecht – eine Bestandsaufnahme, in: Festschrift für Hans Achenbach, hrsg. von Uwe Hellmann und Christian Schröder, S. 13 ff., Heidelberg 2011.

BeckOK-BGB: Beck'scher Online-Kommentar BGB, hrsg. von Wolfgang Hau und Roman Poseck, 61. Auflage, München 2022.

BeckOK-GG: Beck'scher Online-Kommentar Grundgesetz, hrsg. von Volker Epping und Christian Hillgruber, 50. Auflage, München 2022.

BeckOK-StGB: Beck'scher Online-Kommentar StGB, hrsg. von Bernd von Heintschel-Heinegg, 52. Auflage, München 2022.

Benjamin, Emelia J./Muntner, Paul et al., Heart Disease and Stroke Statistics – 2019 Update: A Report From the American Heart Association, in: Circulation 139 (2019), S. e56 ff.

Bischof, Lena, Extrakorporale Membranoxygenierung bei akutem Lungenversagen: Assoziation von Ausgangs- und Verlaufseigenschaften mit der Letalität, Würzburg 2019.

BMJV (Hrsg.), Die Textbausteine für eine schriftliche Patientenverfügung, abrufbar unter dem Link https://www.bmjv.de/SharedDocs/Downloads/DE/Service/Formulare/Patientenverfuegung_Textbausteine_word.html; zuletzt zugegriffen am 23.04.2022.

Bockelmann, Paul, Strafrecht des Arztes, Stuttgart 1986.

Borrmann, Lisa, Akzessorietät des Strafrechts zu den betreuungsrechtlichen (Verfahrens-) Regelungen die Patientenverfügung betreffend (§§ 1901a ff. BGB), Berlin 2016.
Bosch, Nikolaus, Rechtfertigung von Sterbehilfe, in: JA 2010, S. 908 ff.
Bundesärztekammer und Zentrale Ethikkommission bei der Bundesärztekammer (Hrsg.), Empfehlungen der Bundesärztekammer und der Zentralen Ethikkommission bei der Bundesärztekammer zum Umgang mit Vorsorgevollmacht und Patientenverfügung in der ärztlichen Praxis, in: Deutsches Ärzteblatt 107 (2010), S. A877 ff.
Bustos-Ramirez, Juan, Die objektive Zurechnung. Methodologische und systematische Fragen, in: Gedächtnisschrift für Armin Kaufmann, hrsg. von Gerhard Dornseifer, Eckhard Horn, Georg Schilling et al., S. 213 ff., Köln 1989.
Buzzatti, Nicola/Sala, Alessandra et al., Comparing traditional aortic valve surgery and transapical approach to transcatheter aortic valve implant, in: European Heart Journal 2020, Suppl. E, S. E7 ff.
Carlsson, Jörg/Paul, Norbert W., Deaktivierung von implantierbaren Defibrillatoren. Medizinische, ethische, praktische und juristische Aspekte, in: Deutsches Ärzteblatt 109 (2012), S. 535 ff.
Dabir, Darius/Arroyo-Ucar, Eduardo et al., Bildgebung nach Klappenersatz, in: Der Radiologe 53 (2013), S. 896 ff.
Dann, Matthias/Mandera, Anna, Kommentar II zum Fall: „Einmal Schrittmacher – immer Schrittmacher?", in: Ethik in der Medizin 28 (2016), S. 333 ff.
Danwerth, Christopher, Analogie und teleologische Reduktion – zum Verhältnis zweier scheinbar ungleicher Schwestern, in: ZfPW 2017, S. 230 ff.
Deutsche Gesellschaft für Kardiologie, Deutsche Gesellschaft für Thorax-, Herz- und Gefäßchirurgie, Institut für Qualitätssicherung und Transparenz im Gesundheitswesen (Hrsg.), Jahresbericht 2018, in: German Pacemaker Register: Deutsches Herzschrittmacher-Register, abrufbar unter dem Link http://pacemaker-register.de; zuletzt zugegriffen am 23.04.2022.
Dodegge, Georg, Der Schutz des freien Willens durch die Rechtsinstitute Betreuung, Vorsorgevollmacht, Betreuungs- und Patientenverfügung, in: FPR 2008, S. 591 ff.
Dölling, Dieter, Zulässigkeit und Grenzen der Sterbehilfe, in: MedR 1987, S. 6 ff.
ders., Gerechtfertigter Behandlungsabbruch und Abgrenzung von Tun und Unterlassen. Zu BGH, Urt. v. 25.06.2010 – 2 StR 454/09, in: ZIS 2011, S. 345 ff.
Doshi, Rahul N./Daoud, Emile G., Left Ventricular-Based Cardiac Stimulation Post AV Nodal Ablation Evaluation (The PAVE Study), in: Journal of Cardiovascular Electrophysiology 16 (2005), S. 1160 ff.
Dreier, Horst, Grenzen des Tötungsverbotes – Teil 1, in: JZ 2007, S. 261 ff.
ders., Grenzen des Tötungsverbotes – Teil 2, in: JZ 2007, S. 317 ff.
ders. (Hrsg.), Grundgesetz-Kommentar, Band 1, 3. Auflage, Tübingen 2013.
Dürig, Günter/Herzog, Roman/Scholz, Rupert et al. (Begr./Hrsg.), Grundgesetz Kommentar, 95. Auflage, München 2021.
Duttge, Gunnar, Einseitige („objektive") Begrenzung ärztlicher Lebenserhaltung? Ein zentrales Kapitel zum Verhältnis von Recht und Medizin, in: NStZ 2006, S. 479 ff.
ders., Klare Darstellung, in: Deutsches Ärzteblatt 103 (2006), S. A2859.
ders., Sterbehilfe durch Unterlassen (Behandlungsabbruch). Anmerkung, in: MedR 2011, S. 36 ff.
ders., Zur Reichweite von Lebensschutz und Selbstbestimmung im geltenden Sterbehilferecht, in: Lebensbeendende Handlungen. Ethik, Medizin und Recht zur Grenze von ‚Töten' und ‚Sterbenlassen', hrsg. von Franz-Josef Bormann, S. 569 ff., Berlin 2017.

Duttge, Gunnar/Schildmann, Jan, Weiter behandeln oder nicht? Ein Fallbeispiel, in: Heilberufe 2009, S. 15 ff.

Dutzmann, Jochen/Israel, Carsten W., Device-Therapie in der kardiologischen Palliativsituation, in: Herzschrittmachertherapie + Elektrophysiologie 30 (2019), S. 204 ff.

Eidam, Lutz, Wider die Bevormundung eines selbstbestimmten Sterbens. Zugleich Besprechung von BGH, Urteil vom 25.06.2010, in: GA 2011, S. 232 ff.

Engel, Christoph/Brunkhorst, Frank M. et al., Epidemiology of sepsis in Germany: results from a national prospective multicenter study, in: Intensive Care Medicine 33 (2017), S. 606 ff.

Engisch, Karl, Die Strafwürdigkeit der Unfruchtbarmachung mit Einwilligung, in: Beiträge zur gesamten Strafrechtswissenschaft. Festschrift für Hellmuth Mayer zum 70. Geburtstag, hrsg. von Friedrich Geerds und Wolfgang Naucke, S. 399 ff., Berlin 1966.

ders., Tun und Unterlassen, in: Festschrift für Wilhelm Gallas zum 70. Geburtstag, hrsg. von Karl Lackner, Heinz Leferenz, Eberhard Schmidt et al., S. 163 ff., Berlin 1973.

Engländer, Armin, Von der passiven Sterbehilfe zum Behandlungsabbruch, in: JZ 2011, S. 513 ff.

England, Ruth/England, Tim et al., The ethical and legal implications of deactivating an implantable cardioverter-defibrillator in a patient with terminal cancer, in: Journal of Medical Ethics 33 (2007), S. 538 ff.

ErfK: Erfurter Kommentar zum Arbeitsrecht, hrsg. von Rudi Müller-Glöge, Ulrich Preis, Ingrid Schmidt, 22. Auflage, München 2022.

Eser, Albin, Lebenserhaltungspflicht und Behandlungsabbruch aus rechtlicher Sicht, in: Zwischen Heilauftrag und Sterbehilfe. Zum Behandlungsabbruch aus ethischer, medizinischer und rechtlicher Sicht, von Alfons Auer, Hartmut Menzel und Albin Eser, S. 75 ff., Köln 1977.

ders., Freiheit zum Sterben – Kein Recht auf Tötung. Ein Beitrag zum strafrechtlichen Thema des 56. Deutschen Juristentages 1986 in Berlin, in: JZ 1986, S. 786 ff.

Estlinbaum, Werner/Zerkowski, Hans-Reinhard, Aortenklappenstenose, in: Empfehlungen zur Patienteninformation. Kardiologie und Kardiochirurgie, hrsg. von Peter Buser, Hans-Reinhard Zerkowski, Hans-Heinrich Osterhues et al., S. 67 f., Darmstadt 2003.

Fahr, Uwe/Herrmann, Beate et al., Empfehlungen für die Dokumentation von Ethik-Fallberatungen, in: Ethik in der Medizin 23 (2011), S. 155 ff.

Fernandes Godinho, Ines, Der Tod als „Grenzsituation" und die Strafbarkeit der aktiven direkten Sterbehilfe nach § 216 StGB und Art. 134 des portugiesischen StGB, in: GA 2015, S. 329 ff.

Fischer, Thomas, Direkte Sterbehilfe. Anmerkung zur Privatisierung des Lebensschutzes, in: Strafrecht als Scientia Universalis. Festschrift für Claus Roxin zum 80. Geburtstag, hrsg. von Manfred Heinrich, Christian Jäger, Bernd Schünemann et al., S. 557 ff., Berlin 2011.

ders., Kunst der Fehler, in: Kolumne „Fischer im Recht" auf ZEIT ONLINE vom 12.04.2016, abrufbar unter dem Link https://www.zeit.de/gesellschaft/zeitgeschehen/2016-04/buerokratie-bundesgerichtshof-strafrech-justiz-fischer-im-recht/komplettansicht; zuletzt zugegriffen am 23.04.2022.

ders., Joghurt, wem Joghurt gehört, in: Kolumne auf SPIEGEL online vom 21.08.2020, abrufbar unter dem Link https://www.spiegel.de/panorama/justiz/containern-bleibt-strafbar-ist-das-gerecht-kolumne-a-88820720-75a9-422f-b450-fb1eb32d73dd; zuletzt zugegriffen am 23.04.2022.

ders., Strafgesetzbuch und Nebengesetze, Kommentar, 69. Auflage, München 2022.

Frankenberger, Horst, Klassifizierung von Medizinprodukten, in: Medizinprodukterecht, hrsg. von Ehrhard Anhalt und Peter Dieners, § 4, 2. Auflage, München 2017.

Frisch, Wolfgang, Tatbestandsmäßiges Verhalten und Zurechnung des Erfolges, Heidelberg 1988.

ders., Faszinierendes, Berechtigtes und Problematisches der Lehre von der objektiven Zurechnung des Erfolgs, in: Festschrift für Claus Roxin zum 70. Geburtstag, hrsg. von Bernd Schünemann, Hans Achenbach, Wilfried Bottke et al., S. 213 ff., Berlin 2001.

ders., Zum gegenwärtigen Stand der Diskussion und zur Problematik der objektiven Zurechnungslehre, in: GA 2003, S. 719 ff.

Frister, Helmut, Begehung und Unterlassung bei der Steuerung von Maschinen, in: Recht – Wirtschaft – Strafe. Festschrift für Erich Samson zum 70. Geburtstag, hrsg. von Wolfgang Joecks, Heribert Ostendorf, Thomas Rönnau et al., S. 19 ff., Heidelberg 2010.

Fromme, Erik K./Lugliani Stewart, Tanya et al., Adverse experiences with implantable defibrillators in Oregon hospices, in: American Journal of Hospice and Palliative Care 28 (2011), S. 304 ff.

Gaede, Karsten, Durchbruch ohne Dammbruch – Rechtssichere Neuvermessung der Grenzen strafloser Sterbehilfe, in: NJW 2010, S. 2925 ff.

ders., Die objektive Täuschungseignung als Ausprägung der objektiven Zurechnung beim Betrug, in: Strafrecht als Scientia Universalis. Festschrift für Claus Roxin zum 80. Geburtstag, hrsg. von Manfred Heinrich, Christian Jäger, Bernd Schünemann et al., S. 967 ff., Berlin 2011.

Gaede, Karsten/Kubiciel, Michael et al., Rechtmäßiges Handeln in der dilemmatischen Triage-Entscheidungssituation, in: medstra 2020, S. 129 ff.

Geilen, Gerd, Das Leben des Menschen in den Grenzen des Rechts, in: FamRZ 1968, S. 121 ff.

ders., Neue juristisch-medizinische Grenzprobleme, in: JZ 1968, S. 145 ff.

Giesen, Dieter, Ethische und rechtliche Probleme am Ende des Lebens, in: JZ 1990, S. 929 ff.

Goeckenjan, Ingke, Revision der Lehre von der objektiven Zurechnung: Eine Analyse zurechnungsausschließender Topoi beim vorsätzlichen Erfolgsdelikt, Tübingen 2017.

Görgens, Bernhard, Künstliche Teile im menschlichen Körper, in: JR 1980, S. 140 ff.

Gössel, Karl Heinz, Strafrecht Besonderer Teil 1, 1. Auflage, Heidelberg 1987.

ders., Strafrecht Besonderer Teil 1, 2. Auflage, Heidelberg 2004.

Götz, Andreas, Die verfassungskonforme Auslegung – zugleich ein Beitrag zu ihrer Stellung im System der juristischen Methodenlehre, in: StudZR 2010, S. 21 ff.

Gropp, Walter, Ersatz- und Zusatz-Implantat. Rechtspolitische Überlegungen zur Zuordnung künstlicher Körper-Implantate, in: JR 1985, S. 181 ff.

ders., Patientenrechte ernstgenommen: BGHSt 55, 191 – von der PEG-Sonde zum Herzschrittmacher, in: Scripta amicitiae, Freundschaftsgabe für Albin Eser zum 80. Geburtstag, hrsg. von Björn Burkhardt, Hans-Georg Koch, Walter Gropp et al., S. 349 ff., Berlin 2015.

Grünewald, Anette, Selbstbestimmtes Sterben, in: JR 2021, S. 99 ff.

Haas, Volker, Das (nicht mehr ganz) neue Institut des Behandlungsabbruchs. Eine Nachbetrachtung zu BGHSt 55, 191 ff., in: JZ 2016, S. 714 ff.

Harbort, Nikolai, Die Bedeutung der objektiven Zurechnung beim Betrug, Berlin 2010.

Hardtung, Bernhard, Die Körperverletzungsdelikte, in: JuS 2008, S. 864 ff.

Härle, Wilfried, Patienten"autonomie" aus ethischer Sicht. Zur Aufhebung des Widerspruchs zwischen Selbstbestimmung und Fürsorge, in: FPR 2007, S. 47 ff.

Herzberg, Rolf Dietrich, Straffreie Beteiligung am Suizid und gerechtfertigte Tötung auf Verlangen, in: JZ 1988, S. 182 ff.

Hinterseer, Martin/Knez, Andreas, Kardiologie und Angiologie, in: Kurzlehrbuch Innere Medizin, hrsg. von Hanns-Wolf Baenkler, Hartmut Goldschmidt, Johannes-Martin Hahn et al., Kapitel 1, S. 15 ff., 4. Auflage, Stuttgart 2021.

Hirschfeld, Sven/Exner, Gerhard et al., Mechanical ventilation or phrenic nerve stimulation for treatment of spinal cord injury-induced respiratory insufficiency, in: Spinal Cord 46 (2008), S. 738 ff.
Hirsch, Hans Joachim, Behandlungsabbruch und Sterbehilfe, in: Festschrift für Karl Lackner zum 70. Geburtstag, hrsg. von Wilfried Küper, Ingeborg Puppe und Jörg Tenckhoff, S. 597 ff., Berlin 1987.
ders., Zur Lehre von der objektiven Zurechnung, in: Festschrift für Theodor Lenckner zum 70. Geburtstag, hrsg. von Albin Eser, S. 119 ff., München 1998.
ders., Entscheidungen – Straf- und Strafprozessrecht. Anmerkung, in: JR 2011, S. 32 ff.
HK-GS: Gesamtes Strafrecht, Handkommentar, hrsg. von Dieter Dölling, Gunnar Duttge, Stefan König et al., 5. Auflage, Baden-Baden 2022.
Höfling, Wolfram, Patientenautonomie oder (fürsorgliche) Fremdbestimmung? Zu Risiken und Nebenwirkungen provozierter „Grundsatz"-Entscheidungen, in: GesR 2011, S. 199 ff.
Holzhauer, Heinz, Von Verfassungs wegen: Straffreiheit für passive Sterbehilfe, in: ZRP 2004, S. 41 ff.
Honig, Richard, Kausalität und objektive Zurechnung, in: Festgabe für Reinhard Frank zum 70. Geburtstag, hrsg. von August Hegler, S. 174 ff., Tübingen 1930.
Hörr, Christof, Passive Sterbehilfe und betreuungsgerichtliche Kontrolle. Die Strafbarkeit von Arzt und Betreuer beim Behandlungsabbruch an einwilligungsunfähigen Patienten, Baden-Baden 2011.
Huber, Franziska, Die medizinische Indikation als Grundrechtsproblem. Zum Informed Consent als Indikationsäquivalent, Baden-Baden 2020.
Hübner, Heinz, Allgemeiner Teil des Bürgerlichen Gesetzbuches, 2. Auflage, Berlin 1996.
Huddle, Thomas S./Bailey, F. Amos, Pacemaker deactivation: withdrawal of support or active ending of life?, in: Theoretical Medicine and Bioethics 33 (2012), S. 421 ff.
Hufen, Friedhelm, In dubio pro dignitate. Selbstbestimmung und Grundrechtsschutz am Lebensende, in: NJW 2001, S. 849 ff.
ders., Selbstbestimmtes Sterben – Das verweigerte Grundrecht, in: NJW 2018, S. 1524 ff.
Ingelfinger, Ralph, Tötungsverbot und Sterbehilfe, in: ZfL 2005, S. 38 ff.
ders., Patientenautonomie und Strafrecht bei der Sterbebegleitung, in: JZ 2006, S. 821 ff.
Ipsen, Jörn, Sterbehilfe im Grenzbereich von Strafrecht und Verfassungsrecht, in: Festschrift für Bernd Schünemann zum 70. Geburtstag, hrsg. von Roland Hefendehl, Tatjana Hörnle und Luis Greco, S. 107 ff., Berlin 2014.
Israel, Carsten W., ICD im Alter, in: Herzschrittmacher + Elektrophysiologie 28 (2017), S. 20 ff.
Jäger, Christian, Zur (In-)Konsistenz des Strafrechts bei Entscheidungen am Lebensende, in: Lebensbeendende Handlungen. Ethik, Medizin und Recht zur Grenze von ‚Töten' und ‚Sterbenlassen', hrsg. von Franz-Josef Bormann, S. 595 ff., Berlin 2017.
Jakobs, Günther, Zum Unrecht der Selbsttötung und der Tötung auf Verlangen – Zugleich zum Verhältnis von Rechtlichkeit und Sittlichkeit, in: Strafgerechtigkeit. Festschrift für Arthur Kaufmann zum 70. Geburtstag, hrsg. von Fritjof Haft, Winfried Hassemer, Ulfrid Neumann et al., S. 459 ff., Heidelberg 1993.
Janes, Ingrid/Schick, Stefanie, Sterbehilfe – im Spiegel der Rechtstatsachenforschung, in: NStZ 2006, S. 484 ff.
Jansen, Lynn A., Hastening Death and the Boundaries of the Self, in: Bioethics 20 (2006), S. 105 ff.
Janssens, Uwe/Burchardi, Hilmar et al., Therapiezieländerung und Therapiebegrenzung in der Intensivmedizin, in: MedR 2012, S. 647 ff.

Janssens, Uwe/Reith, Sebastian, Der chronisch kritisch kranke Patient aus der Perspektive des Kardiologen, in: Medizinische Klinik – Intensivmedizin und Notfallmedizin 108 (2013), S. 267 ff.

Jarass, Hans D./Pieroth, Bodo (Hrsg.), Grundgesetz für die Bundesrepublik Deutschland, Kommentar, 16. Auflage, München 2020.

Joerden, Jan C., Die neue Rechtsprechung des Bundesgerichtshofs zur Sterbehilfe und der Knobe-Effekt, in: Strafrecht als Scientia Universalis. Festschrift für Claus Roxin zum 80. Geburtstag, hrsg. von Manfred Heinrich, Christian Jäger, Bernd Schünemann et al., S. 593 ff., Berlin 2011.

Kahlo, Michael, Überlegungen zum gegenwärtigen Stand der objektiven Zurechnungslehre im Strafrecht. Zugleich ein Beitrag zur Methode strafrechtlicher Begriffsbildung, in: Festschrift für Wilfried Küper zum 70. Geburtstag, hrsg. von Michael Hettinger, Thomas Hillenkamp, Michael Köhler et al., S. 249 ff., Heidelberg 2007.

ders., Sterbehilfe und Menschenwürde, in: Festschrift für Wolfgang Frisch zum 70. Geburtstag, hrsg. von Georg Freund, Uwe Murmann, René Bloy et al., S. 711 ff., Berlin 2013.

Kapa, Suraj/Mueller, Paul S. et al., Perspectives on Withdrawing Pacemaker and Implantable Cardioverter-Defibrillator Therapies at End of Life: Results of a Survey of Medical and Legal Professionals and Patients, in: Mayo Clinic Proceedings 85 (2010), S. 981 ff.

Karagiannidis, Christian/Bein, Thomas et al., Indikationen und Grenzen der ECMO-Therapie. Überlegungen zur Evidenz, Therapieentscheidung und ethischen Herausforderung, in: Medizinische Klinik – Intensivmedizin und Notfallmedizin 114 (2019), S. 207 ff.

KassKomm: Kasseler Kommentar Sozialversicherungsrecht, hrsg. von Anne Körner, Bernd Mutschler, Stephan Leitherer et al., Stand 117. Ergänzungslieferung, München 2021.

Katzenmeier, Christian, Aufklärungspflicht und Einwilligung, in: Arztrecht, hrsg. von Adolf Laufs, Christian Katzenmeier und Volker Lipp, Kapitel V, 8. Auflage, München 2021.

ders., Arztfehler und Haftpflicht, in: Arztrecht, hrsg. von Adolf Laufs, Christian Katzenmeier und Volker Lipp, Kapitel X, 8. Auflage, München 2021.

Kaufmann, Arthur, Euthanasie – Selbsttötung – Tötung auf Verlangen, in: MedR 1983, S. 121 ff.

ders., „Objektive Zurechnung" beim Vorsatzdelikt?, in: Festschrift für Hans-Heinrich Jescheck zum 70. Geburtstag, Band 1, hrsg. von Theo Vogler, Joachim Hermann, Justus Krümpelmann et al., S. 251 ff., Berlin 1985.

ders., Die Dogmatik der Unterlassungsdelikte, 2. Auflage, Göttingen 1988.

Kautz, Oliver, Der BGH schafft Klarheit bei der „Hilfe zum Sterben". Der BGH bekennt sich zu dem Rechtsinstitut des „Behandlungsabbruchs", in: Humanes Leben – Humanes Sterben 2010, S. 8 ff.

Kay, G. Neal/Bittner, Gregory T., Should implantable cardioverter-defibrillators and permanent pacemakers in patients with terminal illness be deactivated? Deactivating Implantable Cardioverter-Defibrillators and Permanent Pacemakers in Patients With Terminal Illness. An Ethical Distinction, in: Circulation: Arrhythmia and Electrophysiology 2 (2009), S. 336 ff.

Kay, G. Neal/Pelosi Jr., Frank, An ethical analysis of withdrawal of therapy in patients with implantable cardiac electronic devices: Application of a novel decision algorithm, in: The Linacre Quarterly 80 (2013), S. 308 ff.

Kern, Bernd-Rüdiger/Rehborn, Martin, Die ärztliche Behandlung, in: Handbuch des Arztrechts, hrsg. von Adolf Laufs, Bernd-Rüdiger Kern und Martin Rehborn, § 54, 5. Auflage, München 2019.

Kipp, Theodor/Coing, Helmut, Erbrecht: Ein Lehrbuch, 14. Auflage, Tübingen 1990.

Kirkpatrick, James N./Gottlieb, Maia et al., Deactivation of Implantable Cardioverter Defibrillators in Terminal Illness and End of Life Care, in: The American Journal of Cardiology 109 (2012), S. 91 ff.
Klepzig, Harald/Klepzig, Eve-Brigitte, Der große TRIAS-Ratgeber Herzerkrankungen. Informationen und Rat für Sie: Gut leben mit einem kranken Herzen, Stuttgart 2002.
Klinkhammer, Gisela, Ethische Fallbesprechungen. Das Beste für den Patienten, in: Deutsches Ärzteblatt 106 (2009), S. A2142 ff.
Köberl, Katharina, Die medizinische Indikation. Leitfaden oder Hindernis?, in: MedR 2019, S. 203 ff.
Kohl, Hans-Joachim/Mersmann, Stefan, Künstliche Beatmung, in: Medizintechnische Systeme. Physiologische Grundlagen, Gerätetechnik und automatisierte Therapieführung, hrsg. von Steffen Leonhardt und Marian Walter, Kapitel 6, S. 145 ff., Berlin 2016.
Kraemer, Felicitas, Ontology or Phenomenology? How the LVAD challenges the Euthanasia Debate, in: Bioethics 27 (2013), S. 140 ff.
Kramer, Daniel B./Kesselheim, Aaron S. et al., Ethical and legal views of physicians regarding deactivation of cardiac implantable electrical devices: A quantitative assessment, in: Heart Rhythm 7 (2010), S. 1537 ff.
Kramme, Rüdiger, Defibrillatoren/ICD-Systeme, in: Medizintechnik. Verfahren – Systeme – Informationsverarbeitung, hrsg. von Rüdiger Kramme, Kapitel 26, S. 467 ff., 5. Auflage, Berlin 2017.
Kubiciel, Michael, Zur Strafbarkeit des Abbruchs künstlicher Ernährung, in: ZJS 2010, S. 656 ff.
Kusch, Roger, Tabu Sterbehilfe, in: NJW 2006, S. 261 ff.
Kutzer, Klaus, Vorausverfügter Verzicht auf lebenserhaltende Maßnahmen und das Verbot der Tötung auf Verlangen, in: Festschrift für Ruth Rissing-van Saan zum 65. Geburtstag, hrsg. von Thomas Fischer und Klaus Bernsmann, S. 337 ff., Berlin 2011.
Lackner, Karl/Kühl, Kristian (Hrsg.), Strafgesetzbuch, Kommentar, 29. Auflage, München 2018.
Ladwig, Karl-Heinz/Ischinger, Nina F. et al., Umgang mit ICD-Patienten an ihrem Lebensende: Einstellungen, Wissen und Verhalten von Ärzten und Patienten. Eine kritische Literaturanalyse, in: Herzschrittmachertherapie + Elektrophysiologie 22 (2011), S. 151 ff.
Lampert, Rachel/Hayes, David L. et al., HRS Expert Consensus Statement on the Management of Cardiovascular Implantable Electronic Devices (CIEDs) in patients nearing end of life or requesting withdrawal of therapy, in: Heart Rhythm 7 (2010), S. 1008 ff.
Larenz, Karl, Hegels Zurechnungslehre und der Begriff der objektiven Zurechnung. Ein Beitrag zur Rechtsphilosophie des kritischen Idealismus und zur Lehre von der „juristischen Kausalität", Aalen 1927.
Larsen, Reinhard, Anästhesie und Intensivmedizin in Herz-, Thorax- und Gefäßchirurgie, 9. Auflage, Heidelberg 2017.
Laux, Johannes/Röbel, Andreas et al., Rechtsfragen zur ärztlichen Sterbehilfe Teil II – Hilfe im Sterben, direkte aktive und indirekte aktive Sterbehilfe, in: Archiv für Kriminologie 2013, S. 1 ff.
dies., Rechtsfragen zur ärztlichen Sterbehilfe Teil III – Passive Sterbehilfe, internationaler Rechtsvergleich, Fazit für die ärztliche Praxis, in: Archiv für Kriminologie 2013, S. 73 ff.
Leitmeier, Lorenz, Ist § 216 StGB verfassungsrechtlich noch haltbar?, in: NStZ 2020, S. 508 ff.
Lelakowski, Jacek/Majweski, Jacek Pawel et al., Pacemaker dependency after pacemaker implantation, in: Cardiology Journal 14 (2007), S. 83 ff.

Lemmer, Julia/Stiller, Brigitte et al., Das Berlin Heart als Alternative zur ECMO bei Kindern mit Herzversagen bei erhaltener Lungenfunktion, in: Zeitschrift für Geburtshilfe und Neonatologie 210 (2006), S. 5 ff.

Levine, Paul A./Isaeff, Dale M., Follow-up Management of the Paced Patient, in: Cardiac Pacing for the Clinician, hrsg. von Fred M. Kusumoto und Nora F. Goldschlager, S. 647 ff., 2. Auflage, New York 2008.

Lindner, Josef Franz, Grundrechtsfragen aktiver Sterbehilfe, in: JZ 2006, S. 373 ff.

ders., Verfassungswidrigkeit des Verbotes aktiver Sterbehilfe?, in: NStZ 2020, S. 505 ff.

Lipp, Volker, §§ 212, 216, 13 StGB, 1901a BGB: Sterbehilfe durch Behandlungsabbruch [m. Anm. Lipp, S. 1555], in: FamRZ 2010, S. 1551.

ders., Die medizinische Indikation – ein „Kernstück ärztlicher Legitimation"?, in: MedR 2015, S. 762 ff.

ders., Der rechtliche Rahmen der Hospiz- und Palliativmedizin, in: MedR 2018, S. 754 ff.

ders., Ärztliches Berufsrecht, in: Arztrecht, hrsg. von Adolf Laufs, Christian Katzenmeier und Volker Lipp, Kapitel II, 8. Auflage, München 2021.

ders., Rechtsfragen der Transplantation, Transfusion, Sektion und der Intensivmedizin, in: Arztrecht, hrsg. von Adolf Laufs, Christian Katzenmeier und Volker Lipp, Kapitel VI, 8. Auflage, München 2021.

LK-StGB: Leipziger Kommentar zum Strafgesetzbuch, Band 7/1, §§ 211–231 StGB, hrsg. von Heinrich Wilhelm Laufhütte, Ruth Rissing-van Saan und Klaus Tiedemann, 12. Auflage, Berlin 2018.

Lüdemann, Jörn, Die verfassungskonforme Auslegung von Gesetzen, in: JuS 2004, S. 27 ff.

Lüderssen, Klaus, Aktive Sterbehilfe – Rechte und Pflichten, in: JZ 2006, S. 689 ff.

Magnus, Dorothea, Patientenautonomie im Strafrecht, Tübingen 2015.

Maiwald, Manfred, Zur strafrechtssystematischen Funktion des Begriffs der objektiven Zurechnung, in: Festschrift für Koichi Miyazawa. Dem Wegbereiter des japanisch-deutschen Strafrechtsdiskurses, hrsg. von Hans-Heiner Kühne, S. 465 ff., Baden-Baden 1995.

Majewski, Jacek Pawel/Lelakowski, Jacek, Pacemaker dependency – how should it be defined?, in: Europace 20 (2018), S. 1708.

Mandla, Christoph, Sterbehilfe durch Behandlungsabbruch. Anmerkung, in: NStZ 2010, S. 698 f.

von *Mangoldt, Hermann/Klein, Friedrich/Starck, Christian* (Begr.), Grundgesetz, Kommentar, hrsg. von Peter Huber und Andreas Voßkuhle, 7. Auflage, München 2018.

Mar, Philip L./Tu, Yixi et al., Pacemaker dependency – how should it be defined? – Authors' reply, in: Europace 20 (2018), S. 1708 f.

Matt, Holger/Renzikowski, Joachim (Hrsg.), Strafgesetzbuch: StGB, Kommentar, 2. Auflage, München 2020.

Maurach, Reinhart/Schroeder, Friedrich-Christian et al., Strafrecht Besonderer Teil, Teilband 1, 11. Auflage, Heidelberg 2019.

Maurach, Reinhart/Zipf, Heinz, Strafrecht Allgemeiner Teil, Band 1, 8. Auflage, Heidelberg 1992.

Megaly, Michael/Gössl, Mario et al., Outcomes after pacemaker implantation in patients with new-onset left bundle-branch block after transcatheter aortic valve replacement, in: American Heart Journal 218 (2019), S. 128 ff.

Merkel, Grischa, Behandlungsabbruch als Tötung auf Verlangen? Offene Rechtsfragen des Behandlungsabbruchs am Beispiel des Herzschrittmachers eines urteilsfähigen Patienten, in: sui-generis 2019, S. 360 ff.

Merkel, Reinhard, Tödlicher Behandlungsabbruch und mutmaßliche Einwilligung bei Patienten im apallischen Syndrom. Zugleich eine Besprechung von BGH NJW 1995, 204, in: ZStW 107 (1995), S. 545 ff.

ders., Ärztliche Entscheidung über Leben und Tod in der Neonatalmedizin, in: JZ 1996, S. 1145 ff.

ders., Früheuthanasie. Rechtsethische und strafrechtliche Grundlagen ärztlicher Entscheidungen über Leben und Tod in der Neonatalmedizin, Baden-Baden 2001.

Merkel, Reinhard/Augsberg, Steffen, Die Tragik der Triage – straf- und verfassungsrechtliche Grundlagen und Grenzen, in: JZ 2020, S. 704 ff.

Milzer, Lutz, Die adressatengerechte Vorsorgevollmacht, in: NJW 2003, S. 1836 ff.

ders., Delegierte Patientenautonomie – Wahrnehmung von Patientenrechten durch Vorsorgebevollmächtigte, in: FPR 2007, S. 69 ff.

Miyagawa, Shigeru/Toda, Koichi et al., Building a bridge to recovery: the pathophysiology of LVAD-induced reverse modeling in heart failure, in: Surgery Today 46 (2016), S. 149 ff.

Mizutani, Noboru/Kato, Isao et al., Influence of pacing parameters on pacemaker longevity, in: Journal of Artificial Organs 5 (2002), S. 165 ff.

Mueller, Paul S./Jenkins, Sarah M. et al., Deactivating Implanted Cardiac Devices in Terminally Ill Patients: Practices and Attitudes, in: Pacing and Clinical Electrophysiology 31 (2008), S. 560 ff.

Mueller, Paul S./Swetz, Keith M. et al., Ethical Analysis of Withdrawing Ventricular Assist Device Support, in: Mayo Clinic Proceedings 85 (2010), S. 791 ff.

Mühle, Anja/Garbade, Jens et al., Temporäre Herz- und Lungenunterstützung. Wann, was und wie?, in: Zeitschrift für Herz-, Thorax- und Gefäßchirurgie 26 (2012), S. 94 ff.

MüKo-BGB: Münchener Kommentar zum Bürgerlichen Gesetzbuch, hrsg. von Franz Jürgen Säcker, Roland Rixecker, Hartmut Oetker et al.,
– Band 1, 9. Auflage, München 2021.
– Band 5, 8. Auflage, München 2020.
– Band 10, 8. Auflage, München 2020.

MüKo-StGB: Münchener Kommentar zum Strafgesetzbuch, hrsg. von Wolfgang Joecks und Klaus Miebach,
– Band 1, 4. Auflage, München 2020.
– Band 4, 4. Auflage, München 2021.

Müller, Frank, § 216 StGB als Verbot abstrakter Gefährdung. Versuch der Apologie einer Strafnorm, Berlin 2010.

Nationaler Ethikrat, Selbstbestimmung und Fürsorge am Lebensende. Stellungnahme, Berlin 2006.

Neumann, Ulfrid, Der Tatbestand der Tötung auf Verlangen (§ 216 StGB) als paternalistische Strafbestimmung, in: Grenzen des Paternalismus, hrsg. von Bijan Fateh-Moghadam, Stephan Sellmaier, Wilhelm Vossenkuhl, S. 245 ff., Stuttgart 2009.

Neuzner, Jörg, Nichtpharmakologische Behandlungsmethoden zur Frequenzkontrolle bei Vorhofflimmern: Hochfrequenzstrom-Katheterablation und Kathetermodifikation des AV-Knotens, in: Zeitschrift für Kardiologie 89 (2000), Suppl. 3, S. III/110 ff.

NK-Betreuungsrecht: Nomos-Kommentar Betreuungsrecht, hrsg. von Andreas Jurgeleit, 4. Auflage, Baden-Baden 2018.

NK-StGB: Nomos-Kommentar Strafgesetzbuch, hrsg. von Urs Kindhäuser, Ulfrid Neumann und Hans-Ullrich Paeffgen, 5. Auflage, Baden-Baden 2017.

Noah, Lars, Turn the Beat Around: Deactivating Implanted Cardiac-assist Devices, in: William Mitchell Law Review 39 (2013), S. 1229 ff.

van Oorschot, Birgit/Simon, Alfred, Aktive, passive oder indirekte Sterbehilfe? Über subjektive Definitionen und Klassifikationen von Ärzten und Richtern in Entscheidungssituationen am Lebensende, in: Psychologie und Gesellschaftskritik 32 (2008), S. 39 ff.

Orentlicher, David, Deactivating Implanted Cardiac Devices: Euthanasia or the Withdrawal of Treatment, in: William Mitchell Law Review 39 (2013), S. 1287 ff.

Ott, Klaus/Pressl, Hans et al., Schrittmacher, Defi & Co. Der perioperative Umgang mit „cardiac implantable electronic devices", in: Der Anaesthesist 66 (2017), S. 803 ff.

Otto, Harro, Recht auf den eigenen Tod? Strafrecht im Spannungsverhältnis zwischen Lebenserhaltungspflicht und Selbstbestimmung. Gutachten D zum 56. Deutschen Juristentag, in: Verhandlungen des 56. Deutschen Juristentages Berlin 1986, Band I, Gutachten, Berlin 1986.

ders., Grundkurs Strafrecht. Die einzelnen Delikte, 5. Auflage, Berlin 1998.

ders., Die strafrechtliche Problematik der Sterbehilfe, in: Jura 1999, S. 434 ff.

von Overbeck, Alfred, Unterlassung durch Begehung, in: Der Gerichtssaal 1922, S. 319 ff.

Öz, Alpercan, Die Strafwürdigkeit der Tötung auf Verlangen gem. § 216 StGB – Schutzgut und Legitimität der Norm, in: JR 2021, S. 428 ff.

Padeletti, Luigi/Arnar, David O. et al., EHRA Expert Consensus Statement on the management of cardiovascular implantable electronic devices in patients nearing end of life or requesting withdrawal of therapy, in: Europace 12 (2010), S. 1480 ff.

Paola, Frederick A./Walker, Robert M., Deactivating the Implantable Cardioverter-Defibrillator: A Biofixture Analysis, in: Southern Medical Journal 93 (2000), S. 20 ff.

Patientenbroschüre Behandlung der koronaren Herzkrankheit der Medtronic GmbH 2016, abrufbar unter dem Link https://www.medtronic.com/content/dam/medtronic-com/de-de/patients/documents/khk/patientenbroschuere-stents.pdf; zuletzt zugegriffen am 23.04.2022.

Patientenbroschüre Herzschrittmacher der Medtronic GmbH 2015, abrufbar unter dem Link https://www.medtronic.com/content/dam/medtronic-com/de-de/patients/documents/pb-herzschrittmacher.pdf; zuletzt zugegriffen am 23.04.2022.

Patientenbroschüre ICD der Medtronic GmbH 2017, abrufbar unter dem Link https://www.medtronic.com/content/dam/medtronic-com/de-de/patients/documents/icd/icd-patienten broschuere_tachykardie_medtronic.pdf; zuletzt zugegriffen am 23.04.2022.

Pawlik, Michael, Einseitige Therapiebegrenzung und Autonomiegedanke. Über die Kehrseite einer Emanzipationsformel, in: Festschrift für Wolfgang Frisch zum 70. Geburtstag, hrsg. von Georg Freund, Uwe Murmann, René Bloy et al., S. 697 ff., Berlin 2013.

ders., Gut gemeint, aber nicht ungefährlich begründet: Das BGH-Urteil im Fuldaer Fall, in: Lebensbeendende Handlungen. Ethik, Medizin und Recht zur Grenze von ‚Töten' und ‚Sterbenlassen', hrsg. von Franz-Josef Bormann, S. 667 ff., Berlin 2017.

ders., Erlaubte aktive Sterbehilfe? Neuere Entwicklungen in der Auslegung von § 216 StGB, in: Gesamte Strafrechtswissenschaft in internationaler Dimension. Festschrift für Jürgen Wolter zum 70. Geburtstag, Band 1, hrsg. von Mark A. Zöllner, Hans Hilger, Wilfried Küper et al., S. 627 ff., 2. Auflage, Berlin 2019.

Petri, Sabine/Zwißler, Bernhard et al., Behandlung im Voraus Planen – Weiterentwicklung der Patientenverfügung. Was die Anästhesistin/der Anästhesist dazu wissen muss, in: Der Anaesthesist 69 (2020), S. 78 ff.

Petters-Preisendanz: *Petters, Walter/Preisendanz, Holger*, Strafgesetzbuch Lehrkommentar, 29. Auflage, Berlin 1975.

Pfeiffer, Dietrich/Hagendorff, Andreas et al., Implantierbarer Kardioverter-Defibrillator am Ende des Lebens, in: Herzschrittmachertherapie + Elektrophysiologie 26 (2015), S. 134 ff.

Pitcher, David/Soar, Jasmeet et al., Cardiovascular implanted electronic devices in people towards the end of life, during cardiopulmonary resuscitation and after death: guidance from the Resuscitation Council (UK), British Cardiovascular Society and National Council for Palliative Care, in: Heart 102 (2016), S. A1 ff.

Pozzi, Matteo/Giraud, Raphaël et al., Long-term continuous-flow left ventricular assist devices (LVAD) as bridge to heart transplantation, in: Journal of Thoracic Disease 7 (2015), S. 532 ff.

Preuß, Kay, Medizinische Indikation und Patientenwille. Zwischen den Stühlen, in: Deutsches Ärzteblatt 103 (2006), S. A2161 ff.

Ratzel, Rudolf/Lippert, Hans-Dieter/Prütting, Jens, Kommentar zur (Muster-)Berufsordnung für die in Deutschland tätigen Ärztinnen und Ärzte – MBO-Ä 1997, 7. Auflage, Berlin 2018.

Reith, Sebastian/Janssens, Uwe, Sterben mit/trotz Schrittmachers, in: Medizinische Klinik – Intensivmedizin und Notfallmedizin 109 (2014), S. 19 ff.

Richter, Isabell, Indikation und nicht indizierte Eingriffe als Gegenstand des Medizinrechts. Zur Systematisierung der rechtlichen Behandlung nicht-indizierter medizinischer Maßnahmen auf der Grundlage der medizinrechtlichen Bedeutung des Indikationsbegriffs, Berlin 2018.

Rieger, Gregor, Die mutmaßliche Einwilligung in den Behandlungsabbruch, Frankfurt am Main 1997.

Rieger, Reinhard, Grenzen verfassungskonformer Auslegung, in: NVwZ 2003, S. 17 ff.

Rieth, Andreas/Classen, Katharina et al., Herztransplantation – Update 2017, in: Hessisches Ärzteblatt 78 (2017), S. 208 ff.

Rissing-van Saan, Ruth, Strafrechtliche Aspekte der aktiven Sterbehilfe. Nach dem Urteil des 2. Strafsenats des BGH v. 25.06.2010 – 2 StR 454/09, in: ZIS 2011, S. 544 ff.

dies., Das BGH-Urteil 2010, in: Lebensbeendende Handlungen. Ethik, Medizin und Recht zur Grenze von ‚Töten' und ‚Sterbenlassen', hrsg. von Franz-Josef Bormann, S. 645 ff., Berlin 2017.

dies., Das „Sterbehilfe"-Urteil des BGH vom 25.06.2010, 2 StR 454/09 und die These der Gleichsetzung von Tun und Unterlassen, in: Rechtsmedizin 28 (2018), S. 94 ff.

Rönnau, Thomas/Wegner, Kilian, Grundwissen – Strafrecht: Triage, in: JuS 2020, S. 403 ff.

Rosenau, Henning, Die Neuausrichtung der passiven Sterbehilfe. Der Fall *Putz* im Urteil des BGH vom 25.06.2010 – 2 StR 454/09, in: Festschrift für Ruth Rissing-van Saan zum 65. Geburtstag, hrsg. von Thomas Fischer und Klaus Bernsmann, S. 547 ff., Berlin 2011.

Roxin, Claus, An der Grenze von Begehung und Unterlassung, in: Festschrift für Karl Engisch zum 70. Geburtstag, hrsg. von Paul Bockelmann, Arthur Kaufmann und Ulrich Klug, S. 380 ff., Frankfurt am Main 1969.

ders., Gedanken zur Problematik der Zurechnung im Strafrecht, in: Festschrift für Richard M. Honig zum 80. Geburtstag, hrsg. von Eberhard Barth, S. 133 ff., Göttingen 1970.

ders., Die Sterbehilfe im Spannungsfeld von Suizidteilnahme, erlaubtem Behandlungsabbruch und Tötung auf Verlangen. Zugleich eine Besprechung von BGH, NStZ 1987, 365 und LG Ravensburg NStZ 1987, 229, in: NStZ 1987, S. 345 ff.

ders., Zur strafrechtlichen Beurteilung der Sterbehilfe, in: Handbuch des Medizinstrafrechts, hrsg. von Claus Roxin und Ulrich Schroth, S. 83 ff., 4. Auflage, Stuttgart 2010.

ders., Tötung auf Verlangen und Suizidteilnahme, in: GA 2013, S. 313 ff.

Roxin, Claus/Greco, Luis, Strafrecht Allgemeiner Teil, Band 1: Grundlagen. Der Aufbau der Verbrechenslehre, 5. Auflage, München 2020.

Rudolphi, Hans-Joachim, Examensklausur Strafrecht, in: Jura 1979, S. 39 ff.

Sachs, Michael (Hrsg.), Grundgesetz Kommentar, 9. Auflage, München 2021.

Saliger, Frank, Sterbehilfe nach Verfahren. Betreuungs- und strafrechtliche Überlegungen im Anschluß an BGHSt 40, 257, in: KritV 1998, S. 118 ff.

ders., Sterbehilfe ohne Strafrecht? Eine Bestimmung des Anwendungsbereichs von Sterbehilfe als Grundstein für ein interdisziplinäres Strafrecht, in: KritV 2001, S. 382 ff.

ders., The Dam Burst and Slippery Slope Argument in Medical Law and Medical Ethics, in: ZIS 2007, S. 341 ff.

Sanders, Richard S., The Pulse Generator, in: Cardiac Pacing for the Clinician, hrsg. von Fred M. Kusumoto und Nora F. Goldschlager, S. 47 ff., 2. Auflage, New York 2008.

Sattler, Peter B./Schäfer, Simone, Extrakorporale Membranoxygenierung (ECMO) – State of the Art, in: Der Pneumologe 17 (2020), S. 249 ff.

Sax, Walter, Zur rechtlichen Problematik der Sterbehilfe durch vorzeitigen Abbruch einer Intensivbehandlung, in: JZ 1975, S. 137 ff.

Schäfer, Andreas/Conradi, Lenard et al., TAVI für alle. Wohin geht die Reise?, in: Zeitschrift für Herz-, Thorax- und Gefäßchirurgie 33 (2019), S. 155 ff.

Schäfers, Dominik, Einführung in die Methodik der Gesetzesauslegung, in: JuS 2015, S. 875 ff.

Schmid, Christof, Leitfaden Erwachsenenherzchirurgie, 3. Auflage, Berlin 2014.

Schmidhäuser, Eberhard, Strafrecht Allgemeiner Teil, 2. Auflage, Tübingen 1984.

Schmidt-Bleibtreu, Bruno/Klein, Franz/Bethge, Herbert et al. (Hrsg.), Bundesverfassungsgerichtsgesetz, Kommentar, Band 1, 61. Auflage, München 2021.

Schöch, Heinz/Verrel, Torsten et al., Alternativ-Entwurf Sterbebegleitung (AE-StB), in: GA 2005, S. 553 ff.

Schoenfeld, Mark H., Contemporary Pacemaker and Defibrillator Device Therapy. Challenges Confronting the General Cardiologist, in: Circulation 115 (2007), S. 638 ff.

Schönke, Adolf/Schröder, Horst (Begr.), Strafgesetzbuch, Kommentar, 30. Auflage, München 2019.

Schrem, Harald/Barg-Hock, Hannelore, Nachsorge bei Organtransplantierten, in: Deutsches Ärzteblatt 106 (2009), S. 148 ff.

Schumann, Kay H., Von der sogenannten „objektiven Zurechnung" im Strafrecht, in: Jura 2008, S. 408 ff.

Senges-Becker, Julia C./Klostermann, Martina et al., What is the „Optimal" follow-up schedule for ICD patients?, in: Europace 7 (2005), S. 319 ff

Sherazi, Saadia/McNitt, Scott et al., End-of-Life Care in Patients with Implantable Cardioverter Defibrillators: A MADIT-II Substudy, in: Pacing an Clinical Electrophysiology 36 (2013), S. 1273 ff.

Simon, Helmut, Die verfassungskonforme Gesetzesauslegung, in: EuGRZ 1974, S. 85 ff.

Simon, Jeremy R./Fischbach, Ruth L., „Doctor, Will You Turn Off My LVAD?", in: Hastings Center Report 38 (2008), S. 14 f.

Sommer, Torsten/Bauer, Wolfgang et al., MR-Untersuchungen bei Patienten mit Herzschrittmachern und implantierbaren Kardioverter-Defibrillatoren. Konsensuspapier der Deutschen Gesellschaft für Kardiologie (DGK) und der Deutschen Röntgengesellschaft (DRG), in: Der Kardiologe 11 (2017), S. 97 ff.

Spickhoff, Andreas (Hrsg.), Medizinrecht, 3. Auflage, München 2018.

Staudinger, Julius von (Begr.), J. von Staudingers Kommentar zum Bürgerlichen Gesetzbuch: Staudinger BGB – Buch 1: Allgemeiner Teil: §§ 90–124, §§ 130–133, Neubearbeitung, München 2021.

Steenbreker, Thomas, Zivilrechtliche Unbeachtlichkeit eines „natürlichen Willens" für den Widerruf der Patientenverfügung, in: NJW 2012, 3207 ff.

Stoffers, Kristian F., Sterbehilfe: Rechtsentwicklungen bei der Reanimator-Problematik, in: MDR 1992, S. 621 ff.

Sulmasy, Daniel P., Killing and allowing to die: another look, in: Journal of Law, Medicine & Ethics 26 (1998), S. 55 ff.

ders., Within You/Without You: Biotechnology, Ontology, and Ethics, in: Journal of General Internal Medicine 23 (2008), Suppl. 1, S. 69 ff.

Sulmasy, Daniel P./Pellegrino, Edmund D., The Rule of Double Effect: Clearing Up the Double Talk, in: Archives of Internal Medicine 159 (1999), S. 545 ff.

Straube, Jürgen/Sommer, Philipp et al., Implantierbare elektronische Devices in der Rhythmologie, in: Biomedizinische Technik – Vernetzte und intelligente Implantate, hrsg. von Uwe Marschner, Bernhard Clasbrummel und Johannes Dehm, S. 113 ff., Berlin 2020.

Streng, Franz, Straflose „aktive Sterbehilfe" und die Reichweite des § 216 StGB. Zugleich ein Beitrag zum System der Handlungsformen, in: Grundlagen und Dogmatik des gesamten Strafrechtssystems. Festschrift für Wolfgang Frisch zum 70. Geburtstag, hrsg. von Georg Freund, Uwe Murmann, René Bloy et al., S. 739 ff., Berlin 2013.

Squillante, Alphonse M., The Law of Fixtures: Common Law and the Uniform Commercial Code-Part I: Common Law of Fixtures, in: Hofstra Law Review 15 (1987), S. 192 ff.

Taekema, Sanne/van Klink, Bart, On the Border. Limits and Possibilities of Interdisciplinary Research, in: Law and Method. Interdisciplinary Research into Law, hrsg. von Sanne Taekema und Bart van Klink, S. 7 ff., Tübingen 2011.

Tag, Brigitte, Der Körperverletzungstatbestand im Spannungsfeld zwischen Patientenautonomie und Lex artis. Eine arztstrafrechtliche Untersuchung, Heidelberg 2000.

Tenthoff, Christian, Die Strafbarkeit der Tötung auf Verlangen im Lichte des Autonomieprinzips, Berlin 2008.

Tröndle, Herbert, Warum ist die Sterbehilfe ein rechtliches Problem?, in: ZStW 99 (1987), S. 25 ff.

Ulsenheimer, Klaus, Verletzung der ärztlichen Aufklärungspflicht, in: NStZ 1996, S. 132 ff.

ders., Die ärztliche Sterbehilfe, in: Handbuch des Arztrechts, hrsg. von Adolf Laufs, Bernd-Rüdiger Kern und Martin Rehborn, § 133, 5. Auflage, München 2019.

ders., Strafrechtliche Aspekte der Organtransplantation, in: Handbuch des Arztrechts, hrsg. von Adolf Laufs, Bernd-Rüdiger Kern und Martin Rehborn, § 152, 5. Auflage, München 2019.

ders., Strafbarkeit ärztlicher Sterbehilfe, in: Handbuch des Arztrechts, hrsg. von Adolf Laufs, Bernd-Rüdiger Kern und Martin Rehborn, § 159, 5. Auflage, München 2019.

Ulsenheimer, Klaus/Gaede, Karsten, Arztstrafrecht in der Praxis, 6. Auflage, Heidelberg 2021.

Valerius, Brian, Transplantate, Implantate und Prothesen – Teile des Körpers? Eine strafrechtliche Betrachtung, in: medstra 2015, S. 158 ff.

Verrel, Torsten, Ein Grundsatzurteil? – Jedenfalls bitter nötig! Besprechung der Sterbehilfeentscheidung des BGH vom 25.06.2010 – 2 StR 454/09 (Fall Fulda), in: NStZ 2010, S. 671 ff.

Volkmann, Uwe, Allgemeine Grundlehren, in: Handbuch des Verfassungsrechts, hrsg. von Matthias Herdegen, Johannes Masing, Ralf Poscher et al., § 16, München 2021.

Vorstand der Akademie für Ethik in der Medizin e.V. (Hrsg.), Standards für Ethikberatung in Einrichtungen des Gesundheitswesens, in: Ethik in der Medizin 22 (2010), S. 149 ff.

Wagner, Thomas, Bronchialobstruktion in der Intensivmedizin, in: Der Internist 47 (2006), S. 342 ff.

Wallner, Jürgen, Die Indikation. Welche rechtsethische Rolle spielt sie in der klinischen Entscheidungsfindung?, in: RdM 2017, S. 101 ff.

Waltenberger, Johannes/Schöne-Seifert, Bettina et al., Verantwortlicher Umgang mit ICDs, in: Der Kardiologe 11 (2017), S. 383 ff.

Walter, Tonio, Sterbehilfe: Teleologische Reduktion des § 216 StGB statt Einwilligung! Oder: Vom Nutzen der Dogmatik, in: ZIS 2011, S. 76 ff.

Weimar, Wilhelm, Zum Aneignungsrecht am Herzschrittmacher des Erblassers, in: JR 1979, S. 363 ff.

Weiß, Markus, Komplikationen der Zwerchfellschrittmachertherapie bei Patienten mit zentralem Hypoventilationssyndrom (Undine-Syndrom) und hoher Querschnittslähmung, München 2008.

Welzel, Hans, Das deutsche Strafrecht. Eine systematische Darstellung, 11. Auflage, Berlin 1969.

Wiesinger, Gerlinde/Stoll-Salzer, Elisabeth, Stoma- und Kontinenzberatung. Grundlagen & Praxis, 2. Auflage, Stuttgart 2012.

Winter, Stefan/Fehske, Wolfgang et al., Kabellose Herzschrittmacher. Erfahrungen und Ausblick, in: Deutsches Ärzteblatt 2017 – Supplement Perspektiven der Kardiologie, S. 12 ff.

Wissenschaftliche Dienste des Bundestages (Hrsg.), Sachstand, Medikamente zur Selbsttötung, Insbesondere zu Regelungen über die Verschreibung von Natrium-Pentobarbital in Deutschland, der Schweiz, den Niederlanden und Belgien, WD 9 – 3000 – 020/20, Deutscher Bundestag 2020.

Wolff, Thomas/Stierli, Peter et al., Nierentransplantation. Was sollte der Gefäßchirurg wissen?, in: Gefässchirurgie 19 (2014), S. 743 ff.

Wolfslast, Gabriele, Rechtliche Neuordnung der Tötung auf Verlangen?, in: Festschrift für Hans-Ludwig Schreiber zum 70. Geburtstag, hrsg. von Knut Amelung, Werner Beulke, Hans Lilie et al., S. 913 ff., Heidelberg 2003.

Wu, Eugene B., The ethics of implantable devices, in: Journal of Medical Ethics 33 (2007), S. 532 ff.

Zellner, Richard A./Aulisio, Mark P., Should implantable cardioverter-defibrillators and permanent pacemakers in patients with terminal illness be deactivated? Deactivating Permanent Pacemaker in Patients With Terminal Illness, in: Circulation: Arrhythmia and Electrophysiology 2 (2009), S. 340 ff.

Zentrale Ethikkommission bei der Bundesärztekammer (Hrsg.), Stellungnahme Ethikberatung in der Medizin, in: Deutsches Ärzteblatt 103 (2006), S. A1703 ff.

Zieschang, Frank, Rechtfertigungsfragen bei Tötungen unter Privaten, in: Subsidiarität – Sicherheit – Solidarität. Festgabe für Franz-Ludwig Knemeyer zum 75. Geburtstag, S. 449 ff., Würzburg 2012.

Zimmermann, Walter, Vorsorgevollmacht – Betreuungsverfügung – Patientenverfügung für die Beratungspraxis, 3. Auflage, Berlin 2017.

Zippelius, Reinhold, Juristische Methodenlehre, 12. Auflage, München 2021.

Zuck, Rüdiger, Einzelfelder der Biomedizin, in: Medizinrecht. Öffentliches Medizinrecht – Pflegeversicherungsrecht – Arzthaftpflichtrecht – Arztstrafrecht, hrsg. von Michael Quaas, Rüdiger Zuck, Thomas Clemens et al., § 68, 4. Auflage, München 2018.

Zweng, Andreas/Gulesserian, M. et al., Schrittmachertherapie bei Vorhofflimmern, in: Journal für Kardiologie 13 (2006), S. 15 ff.

Sachverzeichnis

Abgrenzungsproblem 147 ff., 159 ff., 167 ff.
abstraktes Gefährdungsdelikt *Siehe* Tötung auf Verlangen
aktives Gerät 236 ff.
amerikanisches Recht 207 ff.
angloamerikanisches Recht 184 ff.
Arrhythmie *Siehe* Herzrhythmusstörung
Aufklärung 270 ff.

Beatmungsgerät 42, 151, 247
Behandlung 156 ff. *Siehe auch* Behandlungsabbruch; Behandlungsmittel
- Behandlungsbezug 48, 147 f.
- Zwangsbehandlung 12 f.
Behandlungsabbruch 20 f., 46 ff., 52 f., 60 ff., 85 ff. *Siehe auch* Behandlung; Behandlungsmittel
- Behandlungsverzicht 53, 62 f.
- einseitiger Behandlungsabbruch 67 ff., 233 ff.
- Konkretisierung 112
- Kriterien 111 f.
Behandlungsmittel 148 f., 169 ff., 218, 245 f. *Siehe auch* Behandlung; Behandlungsabbruch
Behandlungsverzicht *Siehe* Behandlungsabbruch
Belegenheit 171 ff.
Bereichsausnahme 93, 112, 250 f.
Berufsrecht 264 ff.
- (Muster-)Berufsordnung 264 ff.
biofixture 184 ff.

CIED 122, 207 f.

Dammbruch 23, 25, 64, 92 f., 252
Deaktivierung 129 ff., 134 ff., 146 f., 219 ff., 246 ff. *Siehe auch* Herzschrittmacher; ICD

- akute Deaktivierungssituation 279 ff.
- Deaktivierungsbedarf 129 ff.
- Deaktivierungswunsch 289 ff.
- de lege ferenda 231 ff., 259 ff.
- de lege lata 256 ff.
- Verweigerung 283 ff.
Defibrillation 127, 133
de lege ferenda *Siehe* Deaktivierung
de lege lata *Siehe* Deaktivierung

ECMO 182, 220, 248
Einwilligung 47 f., 74, 90, 103, 109 f.
- Einwilligungslösung 47, 50 ff.
- Einwilligungssperre 54, 71
- (mutmaßliche) Einwilligung 53 ff., 63 ff., 109 f.
enger Kausalitätsbegriff 78 ff., 115 f.
Enttabuisierung 25, 92 f.
ethische Fallbesprechung 280 f.
Explantation 154, 203, 224 ff.

Fall Putz 1 f., 33, 46 ff.
feste Verbindung 180 ff.

Garantenpflicht 35, 76 ff., 114
gesetzgeberischer Gestaltungsspielraum 28

Herzinsuffizienz 129
Herz-Lungen-Maschine *Siehe* ECMO
Herzrhythmusstörung 4 f.
- bradykarde Herzrhythmusstörung 124 f.
- Kammerflimmern 127
- tachykarde Herzrhythmusstörung 126 f.
Herzschrittmacher 4 f., 121 ff.
- Aggregatwechsel 126
- Deaktivierung 129 ff., 134 f., 256 ff.
- Funktion 124 ff.
- Indikation 124
- Programmierung 126

ICD 4 f., 121 ff.
– Aggregatwechsel 128
– Deaktivierung 133 f., 135 ff., 256 ff.
– Funktion 126 ff.
– Indikation 126 f.
– Programmierung 128
Implantat 186 f., 202 ff. *Siehe auch*
Implantation
– Ersatz-Implantat 202 ff.
– Substitutiv-Implantat 217 f.
– Supportiv-Implantat 218
– Zusatz-Implantat 202 ff.
Implantation 124, 126 f., 238 ff. *Siehe auch*
Implantat
– Teilimplantation 172 f., 238
integrales Gerät 233 ff., 246 ff., 250 ff.

komplett künstliches Herz *Siehe* TAH
Körperbestandteil 148 f., 169 ff., 217 f., 244 f.
körperliche Unversehrtheit, Recht auf 10 ff., 91 ff., 103, 228, 235, 284
künstliche Herzklappe *Siehe* TAVI

Leben, Recht auf 10 ff.
– Lebensschutz 11, 22 ff., 27, 92 ff.
LVAD 172 f., 220, 243, 249

Medizin-Ethik/medizin-ethisch 167 f., 171, 184 f., 188 ff., 231 ff.
medizinische Indikation 59 f., 67 ff., 123 ff., 233 ff.
Medizinprodukterecht 237 ff.
Menschenwürde 10 ff., 42, 91 ff., 224 f., 265

Normauslegung 51, 70 f., 87 ff., 102 ff.
– gesetzesübergreifende systematische Normauslegung 87 ff.
– Grenzen der Normauslegung 95 ff.
– verfassungskonforme Normauslegung 91 ff.
Normzweck *Siehe* Tötung auf Verlangen
Nothilfe 80 ff., 116 f.
Notstand 82 ff., 117 f.

objektive Zurechnung 74 ff., 86 ff., 102 ff.
– erlaubtes Risiko 87, 100, 102

Patientenautonomie 84, 88, 113, 148 f., 170
– Patientenwille 17 f., 47, 58, 59 f., 67 ff., 88 f., 97 f., 250, 255, 287 ff.
Patientenverfügung 88, 288 ff.
– Aufklärungsverzicht 295 f.
– Deaktivierungswunsch 290 ff., 293 ff.
– Formulierung 289 ff.
PEG-Sonde 1, 44, 47, 150 f., 246
praktische Konkordanz 91 f.

Reform 253 ff.
Rolle des Behandlers 187 ff.
– bystander 188 f.
– ongoing physician agency 188 f.
– Steuerung maschineller Maßnahmen 190

Sache 176 ff., 202 ff., 222 ff., 250 ff.
Sachenrecht *Siehe* Sache
Schrittmacherabhängigkeit 130 ff.
– fehlende vitale Schrittmacherabhängigkeit 132, 138
– vitale Schrittmacherabhängigkeit 130 ff., 137 f., 212, 219, 246 f., 276 ff., 294
Selbstbestimmungsrecht 10 ff., 26 f., 42, 48, 59, 84, 91 ff., 118, 283 *Siehe auch*
Patientenautonomie
– selbstbestimmtes Sterben, Recht auf 26, 254
Sterbehilfe 9 ff., 45 f., 48, 53, 60 ff.
– direkte aktive Sterbehilfe 16, 244, 255
– indirekte aktive Sterbehilfe 16 ff., 61 f., 142 ff.
– passive Sterbehilfe 18 f., 60
– Suizidhilfe 29 f.

TAH 187, 220, 249 f.
TAVI 206 f., 216, 221, 245
teleologische Reduktion 72 ff., 113 f.
Tötung auf Verlangen 1 f., 10 f., 13 ff., 21 ff., 54, 69 ff., 86 f., 254 ff., 265
– abstraktes Gefährdungsdelikt 24 ff.
– Normzweck 21 ff., 96 ff., 234
Transplantat 187, 199, 209 *Siehe auch*
Transplantation
Transplantation 154, 191, 215 *Siehe auch*
Transplantat

Unterlassen 20, 34 ff., 39 f., 42, 45, 48 f., 56 f., 65, 76 ff., 114 f., 160 ff.
- Unterlassen durch Tun 36, 161 f.
- Unterlassungsdogmatik 159

Verfahrensanweisung 282 f.

wesentlicher Bestandteil 176 ff.

Zwerchfellschrittmacher 248 f.

Studien zum Medizin- und Gesundheitsrecht

Herausgegeben von
Steffen Augsberg, Karsten Gaede und Jens Prütting

Die Schriftenreihe *Studien zum Medizin- und Gesundheitsrecht* (MGR) wendet sich an alle, die in Wissenschaft und Praxis mit den komplexen Rechtsproblemen des Gesundheitssektors beschäftigt sind, und dient damit dem intra- und interdisziplinären Austausch.

Das Medizin- und Gesundheitsrecht ist in besonderem Maße durch das Nebeneinander von raschem technologischem Fortschritt und gesellschaftlichen Veränderungen herausgefordert. Die einschlägigen Fragen sind häufig nicht pauschal dem Zivil-, Straf- oder öffentlichen Recht zuzuordnen, sondern verlangen eine Perspektiverweiterung. Sie lassen sich zudem nur beantworten, wenn die Erkenntnisse anderer Wissenschaftsbereiche, namentlich der Medizin, angemessen berücksichtigt werden. Die Schriftenreihe steht gleichermaßen für Habilitationsschriften und herausragende Dissertationen sowie für Monographien offen.

ISSN: 2699-6855
Zitiervorschlag: MGR

Alle lieferbaren Bände finden Sie unter *www.mohrsiebeck.com/mgr*

Mohr Siebeck
www.mohrsiebeck.com